Peter Krug

Etwas mehr Himmel auf Erden

Evangelische Predigten und Ansprachen, Berichte und Vorträge
des Bischofs von Oldenburg (1998 – 2008) und
des Militärbischofs in Deutschland (2003 – 2008)

Peter Krug

Etwas mehr Himmel auf Erden

Evangelische Predigten und Ansprachen, Berichte und Vorträge
des Bischofs von Oldenburg (1998–2008) und
des Militärbischofs in Deutschland (2003–2008)

ISENSEE VERLAG
OLDENBURG

Gedruckt mit Unterstützung der Landessparkasse zu Oldenburg

LzO
Landessparkasse zu Oldenburg

und der Evangelisch-Lutherischen Kirche in Oldenburg

Ev.-Luth. Kirche
in Oldenburg

Bibliografische Information Der Deutschen Bibliothek

Die Deutsche Bibliothek verzeichnet diese Publikation in der Deutschen Nationalbibliografie; detaillierte bibliografische Daten sind im Internet über <http://dnb.ddb.de> abrufbar.

ISBN 978-3-89995-799-0

Gedruckt bei Isensee in Oldenburg

Vorwort

„Mehr Himmel auf Erden" war das Motto des Landeskirchentages in der Oldenburger Innenstadt, der am 25. Juni 2004 in der Lamberti-Kirche eröffnet wurde.
Mir wurde damals klar: Das ist die knappe Formulierung meiner christlichen Überzeugung seit den Jungscharzeiten bis in den bischöflichen Dienst der Ev.-Luth. Kirche in Oldenburg und darüber hinaus.

Die vorliegende Sammlung der 73 von 1101 Texten, die in der Zeit von 1997 bis 2008 zu ganz unterschiedlichen Anlässen entstanden sind, trägt deshalb den Titel „Etwas mehr Himmel auf Erden". Uns ist biblisch-theologisch nicht *der* Himmel auf Erden verheißen, wohl aber ist uns aufgetragen, mit unseren je eigenen Gaben und Fähigkeiten für mehr Gotteslob und Nächstenliebe, für mehr Gerechtigkeit und Frieden in der Welt einzutreten und dauerhaft zu werben.

Das Inhaltsverzeichnis macht deutlich, in welcher Tiefe, Breite und Fülle wir immer wieder gefordert sind, die „Botschaft von der freien Gnade Gottes auszurichten an alles Volk" (6. These der Theol. Erklärung von Barmen 1934). Es war, ist und bleibt eine dankbare, wenn auch oft genug unzureichende und bisweilen scheiternde, Aufgabe, durch Verkündigung und Seelsorge, Diakonie und Oekumene in Kirche, Gesellschaft und Politik Flagge zu zeigen und Farbe zu bekennen. Dabei darf sich unsere Zuversicht jederzeit der Geborgenheit in Gottes Wort und Gegenwart gewiß sein.

Ohne unsere neue Xantener Nachbarschaft wäre diese Textsammlung nicht entstanden.
Franz-Karl Peiß gab den kräftigen Anstoß, Ulla Steltner goß in eine einheitliche und lesbare Form, was meine Oldenburger Sekretärin Dagmar Sudmann über ein Jahrzehnt verschriftlicht hatte. Ihnen gilt mein herzlicher Dank wie auch meiner Frau, die seit 43 Jahren für mehr Himmel in Familie und Gemeinde sorgt.

Xanten, im März 2011

Peter Krug

Inhaltsverzeichnis

Vortrag vor der Synode der Evangelisch-Lutherischen Kirche in Oldenburg am 25. November 1997 in Rastede

Strukturwandel in Kirche und Gesellschaft als Herausforderung an kirchliches Handeln

Hohe Synode, Herr Präsident, Herr Bischof, verehrte Schwestern und Brüder!

Vorbemerkung

Kirchliches Handeln gründet sich „auf das in der ganzen Heiligen Schrift bezeugte Evangelium von Jesus Christus, ihrem alleinigen Herrn" (Art. 1 Abs. 1 der Kirchenordnung der Ev.-Luth. Kirche in Oldenburg). „Die Gemeinde ist dazu berufen, mit Wort und Tat Christus als den Herrn und Heiland vor allem Volk zu bezeugen" (Art. 4 Abs. 4).
„In der Nachfolge ihres Herrn setzen sich christliche Gemeinden aus eigener Kraft oder in Zusammenarbeit mit anderen Trägern dafür ein, daß Menschlichkeit gefördert, Unheil vermieden und Not gewendet wird. Kirchliche Diakonie mit ihrem breitgefächerten Angebot hat stets zugleich den einzelnen Menschen und die Strukturen der Gesellschaft im Blick. Kirche und Gemeinden begleiten das Tun der politisch Handelnden mit kritischer Anteilnahme und in der Fürbitte. vor Gott. Sie setzen sich dafür ein, daß die Gesellschaft nicht in Einzelinteressen zerfällt. Wo die Kirche Grundrechte des Menschen verletzt sieht und die Grundlagen für ein menschenwürdiges Dasein gefährdet sind, erhebt sie um Gottes und der Menschen Willen Einspruch. Die Kirche stellt sich aber auch selbst im Blick auf ihr eigenes Handeln der öffentlichen Kritik." (P. Krug, Entwurf der Ordnung des kirchlichen Lebens der Evangelischen Kirche der Union, 1997, S. 95)

Zunächst möchte ich einige grundsätzliche Bemerkungen zum kirchlichen Handeln machen. (I) Sodann will ich versuchen, Schwerpunkte kirchlichen Handelns mit Hilfe einer vertrauten biblischen Trias zu beschreiben und zu entfalten. Dabei sind Aspekte des Strukturwandels in Kirche und Gesellschaft als Herausforderung zu berücksichtigen. (II)
Schließlich liegt mir daran, einige Leitgedanken zu entwickeln, die mir für die Praxis kirchlichen Handelns in der gegenwärtigen Situation wichtig erscheinen. (III)

I

Vor drei Jahren hat die Evangelische Kirche in Deutschland eine Denkschrift mit dem Titel „Identität und Verständigung" herausgegeben. In dieser Schrift werden Standort und Perspektiven des Religionsunterrichtes in der Pluralität beschrieben. Ich halte die Frage nach Identität und Verständigung für wichtig und hilfreich bei der Begründung und Gestaltung kirchlichen Handelns überhaupt. Zu einer Verständigung mit der katholischen Kirche oder der Kommune über Kindergartenfragen oder Krankenhäuser ist ein evangelischer Träger nur dann wirklich fähig, wenn er um seine Identität in der Sache weiß. Besonderes Gewicht bekommt die Frage, warum ich eine Beratungsstelle oder einen ambulanten Dienst betreibe, wenn das

eigene Geld knapper und die Konkurrenz auf dem Markt der Anbieter größer wird. Nur wenn ich mir meiner christlichen Identität bewußt bin, kann ich glaubwürdig in einen Dialog mit den Muslimen vor Ort oder mit anderen Religionen eintreten. Was für kirchliches Handeln nach außen in einer Zeit der Säkularisierung und Pluralisierung wichtig ist, hat auch seine Bedeutung für das Gespräch innerhalb der Kirche. Auch wenn die Grundstimmung der Kirchenmitglieder ihrer Kirche gegenüber freundlicher ist, als es die öffentliche Meinung vermuten läßt, wie die dritte EKD-Umfrage über Kirchenmitgliedschaft 1993 feststellt, fällt es vielen Menschen außerordentlich schwer zu erklären, warum sie in der Kirche sind. Selbst in Gemeindekirchenräten kann es vorkommen, daß man sich schnell „um des lieben Friedens willen" über ein Projekt verständigen will, ohne nach einer schlüssigen Begründung des Handelns zu fragen.
Seit etwa zwei Jahren beobachte ich bei Diakonischen Werken und Evangelischen Akademien, daß Leitlinien oder Leitbilder erarbeitet werden. Vor 2 Wochen hat die Synode der Evangelischen Kirche von Westfalen Anregungen zur Leitbildentwicklung und Personalplanung beschlossen. Vier Jahre lang haben eine Kommission der Vereinigten Evangelisch-Lutherischen Kirche und eine Kommission der Evangelischen Kirche der Union, im lockeren Kontakt miteinander, an Leitlinien kirchlichen Lebens gearbeitet und ihre Ergebnisse in diesem Jahr veröffentlicht. Offensichtlich wird die Notwendigkeit erkannt, Rechenschaft abzulegen über die Motive christlichen Handelns in einer durch viele Faktoren veränderten Welt.

In seinem Hohenlied der Liebe (1. Korinther 13) stellt der Apostel Paulus am Ende fest: „Nun aber bleiben Glaube,. Hoffnung, Liebe, diese drei; aber die Liebe ist die größte unter ihnen." Diese drei Stichworte möchte ich aufgreifen und mit ihrer Hilfe kirchliches Handeln angesichts der Herausforderungen unserer Zeit etwas näher erläutern. Dabei nehme ich die Liebe in die Mitte zwischen Glaube und Hoffnung, weil sie vor Fundamentalismus auf der einen und vor Schwärmerei auf der anderen Seite bewahren und gleichzeitig von Zweifeln Geplagte aufrichten und von Resignation Befallene beflügeln kann.
Bei niemandem sonst als unserem Herrn Jesus Christus bilden Glaube, Liebe und Hoffnung eine solch überzeugende Einheit, in der er den Menschen in ihrer Not, in ihrem Fragen und Suchen gerecht wird. Je mehr sich die drei Bereiche Glauben, Lieben, Hoffen wie drei Kreisflächen überschneiden, um so dichter orientiert sich unser kirchliches Handeln an seinem heilsamen Wirken. Wenn sich die drei Elemente nicht wenigstens – wie im Bild der Olympischen Ringe – teilweise überschnitten, wäre zu fragen, ob solches Handeln noch als christlich, evangelisch und lutherisch zu bezeichnen ist. Dennoch will ich die drei Bereiche vorübergehend etwas auseinanderziehen und ihnen wichtige Aufgaben kirchlichen Handelns zuordnen. Ich halte diese drei Stichworte auch deshalb für hilfreich, weil jeder Mensch glaubt, liebt und hofft, ganz gleich, ob er in der Kirche beheimatet ist oder in Distanz zur Kirche lebt.

II

1. Glauben

Wer selber Kinder oder Enkelkinder hat oder von Berufs wegen mit ihnen arbeitet, weiß nur zu gut, wie wenig die junge Generation noch über biblische Grundkenntnisse verfügt und wie fremd ihr das Kirchenjahr geworden ist. Bibel, Gesangbuch und Katechismus werden in vielen Familien nur noch gelegentlich als Nachschlagewerk bei der Lösung anspruchsvoller Rätsel herangezogen. Die Zahl der Abgeordneten im nordrhein-westfälischen Landtag, die keiner Kirche angehören, weil sie keine oder nur eine sehr schmale religiöse Sozialisation erfahren haben, nimmt ständig zu. Trotzdem ist der EKD-Umfrage von 1993 zu entnehmen, daß im Westen Deutschlands 57% der Befragten erklären „Für mich kommt ein Kirchenaustritt nicht in Frage" und weitere 26% eingestehen „Wenn ich ehrlich bin, habe ich schon mal daran gedacht, aus der Kirche auszutreten, aber letztlich kommt es für mich doch nicht in Frage".

Lange Zeit sind in Heiligabend-Predigten solche Christen mitunter regelrecht gerügt worden, daß sie anderen den Platz wegnehmen. Die Kirchen selbst haben neben Gründen wie nachlassender Traditionslenkung und wachsender Neuorientierung mit dazu beigetragen, daß sich in den Köpfen vieler Gemeindeglieder eine Art Versicherungsmentalität ausgebreitet hat, die nach Bedarf auf kirchliche Amtshandlungen in Freude und Leid zurückgreift.
Anfang der 70er Jahre strömten die Kinder mit einem großen Schatz biblischer Geschichten in den Kindergottesdienst, so daß es schwer fiel, noch die Pointen zu setzen. Da kamen die drei Vorlesebücher Religion auf den Markt. Fast alle, auch ich, griffen gerne danach, um mittels guter Sekundärgeschichten aus dem Lebenshorizont der Kinder zu den bekannten Jesusgeschichten hinzuführen. Wo das aber 25 Jahre praktiziert wird, gerät das Original in seiner pädagogischen und psychologischen Unüberbietbarkeit zwangsläufig in Vergessenheit, selbst bis zu einem gewissen Grade bei denen, die in Religionsunterricht und kirchlichem Unterricht lehren. Ich meine, das muß sich, wir müssen uns ändern.
Die eben beendete Westfälische Landessynode hatte an einem Tag 200 Jugendliche im Plenum und in Arbeitsgruppen zu Gast. Das Thema der Hauptvorlage lautete „Ohne uns sieht Eure Kirche alt aus". Ein Teil der Ergebnisse wurde in einem Offenen Brief aus Sicht der jungen Leute so formuliert: „Wir fragen Euch Erwachsene, an welchen Gott Ihr glaubt, ob Ihr ihm vertraut und was Ihr von Jesus wißt. Wir fragen auch, wann Ihr betet. Wir möchten bei Euren Gottesdiensten und Festen gerne mitmachen. Warum laßt Ihr uns z.B. nicht überall bei Eurem Abendmahl mitfeiern? Wir bitten Euch, uns erst einmal zu verstehen, bevor Ihr uns beurteilt. Außerdem sollt Ihr das vorleben, was Ihr von uns wollt. Wenn Ihr das nicht könnt, müßt Ihr das lernen." Ich hatte den Eindruck, daß viele Jugendliche Orientierung und Halt in Elternhaus, Kirche und Schule ernsthaft suchen. Ich bezweifle, daß es einen schicksalshaften Hang und Drang zu Sekten und Drogen gibt.
Ich bin davon überzeugt, daß wir weniger um des Erhaltes der Institution Kirche willen, sondern vor allem um der jungen Generation willen, die in schwierigen familiären und gesellschaftlichen Verhältnissen aufwächst, geistliche und finanzielle Kräfte investieren müssen, um die Botschaft von der Liebe Gottes zu seinen Geschöpfen an Mann und Frau zu bringen.
In seiner Predigt zur Eröffnung der EKD-Synode Anfang November in Wetzlar hat der dann später zum Ratsvorsitzenden gewählte Präses Kock folgendes gesagt: „Unsere Gesellschaft braucht die Träume und Visionen der Propheten. Die Menschen brauchen die Befreiungsgeschichten, die Heilungsgeschichten, brauchen vor allem Menschen, die davon angesteckt sind – von dem Mann am Kreuz, dem lebendigen Garanten für die Zukunft des Lebens. Wir brauchen die Visionen Gottes. Bleiben sie aus, bleibt nur das Nichts. Darum ist Kirche heute wichtiger denn je. Deshalb ist es das Gebot der Stunde, dieser Kirche die Treue zu halten. Ja, es ist an der Zeit, daß Menschen zur Kirche zurückkehren."
Wenn die Umkehr des Trends von der Kirche weg zur Kirche hin gelingen soll, bedarf es auch eines neuen Nachdenkens, wie der Inhalt der altkirchlichen Bekenntnisse und der Bekenntnisse der Reformation neu zur Sprache gebracht werden kann. „Die Kirche weiß sich verpflichtet, ihren Bekenntnisstand jederzeit an der Heiligen Schrift neu zu prüfen und dabei auf den Rat und die Mahnung der Brüder (heute fügen wir die Schwestern selbstverständlich hinzu) gleichen und anderen Bekenntnisses zu hören. Sie weiß, daß ihr Bekenntnis nur dann in Geltung ist, wenn es jeweils in seiner Bedeutung für die Gegenwart ausgelegt, weitergebildet und bezeugt wird." (Art. 1 Abs. 3 Oldenburgische Kirchenordnung)
Im Blick auf die demographische Entwicklung der Zahl der Gemeindeglieder und im Blick auf vermutlich weiter zurückgehende Einnahmen der Kirchen, aber auch im Blick auf den lutherischen Grundsatz des Priestertums aller Gläubigen sollte uns viel daran liegen, daß Frauen und Männer unserer Kirche im Glauben wieder sprach- und handlungsfähiger werden. „Wenn ein Häuflein frommer Christenlaien gefangengenommen und in eine Wüstenei gesetzt würde und sie hätten keinen von einem Bischof geweihten Priester bei sich, würden aber miteinander einig und erwählten einen aus ihrer Mitte, verheiratet oder nicht, und beföhlen ihm das Amt zu

taufen, Messe zu halten, zu absolvieren und zu predigen – der wäre in Wahrheit ein Priester, ebensogut wie wenn ihn alle Bischöfe oder Päpste geweiht hätten..." (Martin Luther in seiner Schrift „An den christlichen Adel deutscher Nation von des christlichen Standes Besserung" 1520, Boehmer, 1907, S. 95).

2. Lieben

„Aber die Liebe ist die größte unter ihnen." In der Tat, nicht nur in der Theorie.
Der Apostel Paulus, der sich nun wahrlich intensiv mit Fragen des Glaubens beschäftigt hat, stellt 1. Korinther 13 Vers 2 unmißverständlich fest: „Und wenn ich prophetisch reden könnte und wüßte alle Geheimnisse und alle Erkenntnis und hätte allen Glauben, so daß ich Berge versetzen könnte, und hätte die Liebe nicht, so wäre ich nichts." Glauben und Lieben und dann auch Hoffen gehören wie unzertrennbare Geschwister zusammen.

Im Rahmen des gestellten Themas geht es mir unter dem Stichwort Lieben um das diakonisch-soziale Handeln der Kirche in einer Gesellschaft, in der die strukturelle Lieblosigkeit zunimmt. Einerseits ist die Spendenbereitschaft der Bevölkerung in Notfällen vor Ort und bei landesweiten Katastrophen unvermindert hoch; auch der segensreiche Dauerbrenner „Brot für die Welt" genießt nach wie vor großes Vertrauen. Andererseits geht die Schere zwischen einer über die Maßen reichen Bevölkerungsschicht und einer immer größer werdenden Prozentzahl von Menschen, insbesondere Familien, die sich über Brot und Bier hinaus kaum etwas leisten können, weit auseinander. Die Arbeitslosigkeit, vor allem die Langzeit- und Jugendarbeitslosigkeit, erfaßt immer mehr Menschen, die Rede von einer Halbierung bis zur Jahrhundertwende klingt immer hohler in den Ohren derer, die von „Armut auf hohem Niveau" betroffen sind. Weil Bund, Länder und Kommunen extrem verschuldet sind, werden immer mehr Arbeitsplätze abgebaut, um wenigstens die Zinsen für die Kreditaufnahme aufzubringen. Kirchen dürfen zwar außer bei Investitionen keine Schulden machen, da aber die Einnahmen stagnieren oder zurückgehen, werden auch bei uns Stellen nicht wieder besetzt. In manchen Landeskirchen wird Angestellten betriebsbedingt gekündigt. An dem Prinzip der sozialen Marktwirtschaft wird zwar noch festgehalten, aber ein großer Teil der Gewinne des Marktes wandert in Aktiengestalt von Börse zu Börse rund um den Globus, obwohl nach Art. 14 Abs. 2 GG „Eigentum verpflichtet. Sein Gebrauch soll zugleich dem Wohle der Allgemeinheit dienen." Die Lage ist sehr zuverlässig und eindrücklich beschrieben in dem Wort des Rates der EKD und der Deutschen Bischofskonferenz „Für eine Zukunft in Solidarität und Gerechtigkeit" vom Februar 1997. Die Liebe bleibt immer mehr auf der Strecke im gesellschaftlichen Umbruch zwischen ökologischer Krise und Krise des Sozialstaates, zwischen europäischem Integrationsprozeß und globalen Herausforderungen. Da tröstet auch nicht der Hinweis, daß es uns in der Bundesrepublik und einigen anderen Ländern noch vergleichsweise besser geht als in der neuen Vierfünftelwelt.

Es ist keine Frage, daß in den beiden großen Kirchen Deutschlands durch Diakonie und Caritas viel Gutes durch Hauptamtliche, Teilzeitbeschäftigte und Ehrenamtliche für die Menschen dieser Gesellschaft geleistet wird. Andere Träger der Freien Wohlfahrt und der Staat selbst tun das Ihre auf ihre Weise. Aber die Gefahr nimmt zu, daß es immer weniger gelingt, einzelne, Familien und Gruppen unserer Gesellschaft durch materielle, ideelle und therapeutische Hilfe zur Selbsthilfe zu befähigen. Vielmehr ist zu befürchten, daß immer mehr Menschen den Status und die Statur von „Pflegefällen" annehmen, obwohl sie eigentlich gesund, arbeitswillig, gemeinschaftsfähig und hoffnungsfroh (gewesen) sind. Da Kirchen nicht selbst Politik machen, sondern Politik möglich machen wollen, wie es in dem Gemeinsamen Wort zur wirtschaftlichen und sozialen Lage heißt, sehe ich im Augenblick nur zwei Möglichkeiten für kirchliches Handeln angesichts dieser Herausforderungen. Einmal müssen wir unsere Angebote in den großen diakonischen Einrichtungen und in den vielfältigen Beratungsstellen und sozialen

Diensten vor Ort so gut und so lange wie möglich aufrecht erhalten, um die Menschen in unserer Nachbarschaft Spuren der Liebe Gottes, die uns allen gilt, spüren zu lassen. Zum anderen müssen wir den politisch Verantwortlichen auf Kommunal-, Landes- und Bundesebene unaufhörlich in den Ohren liegen, daß intensiver und parteienübergreifend politische Lösungen gesucht, gefunden und umgesetzt werden zum Wohle der Menschen. Damit wir in unseren Bemühungen ernst genommen und nicht unglaubwürdig werden, muß das, was am Ende des Gemeinsamen Wortes vermerkt ist, bedacht werden: „Es genügt nicht, wenn die Kirchen die wirtschaftlichen und sozialen Strukturen und die Verhaltensweisen der darin tätigen Menschen thematisieren. Sie müssen auch, ihr eigenes Handeln in wirtschaftlicher und sozialer Hinsicht bedenken. Das kirchliche Engagement für Änderungen in der Gesellschaft wirkt um so überzeugender, wenn es innerkirchlich seine Entsprechung findet." (S . 96)

3. Hoffen

Der Apostel Paulus hatte Sehnsucht nach der himmlischen Heimat. Er hatte „Lust, den Leib zu verlassen und daheim zu sein bei dem Herrn" (2. Korinther 5, 8). Diese Naherwartung der Wiederkunft Christi setzte bei Paulus ungeahnte Kräfte frei, unter schwierigen Bedingungen den missionarischen Auftrag Christi in Kleinasien und dann in Europa zu erfüllen, indem er Gemeinden gründete, besuchte und einen pädagogisch-seelsorgerlichen Briefwechsel führte. Seine Zuversicht und Hoffnung gipfelt für mich in den schönen Worten von Römer 8: „Ich bin gewiß, daß weder Tod noch Leben... uns scheiden kann von der Liebe Gottes, die in Christus Jesus ist, unserm Herrn."
Wir leben in der Spannung, daß mit dem Wirken und der Botschaft Jesu von Nazareth das Reich Gottes „schon" angebrochen, aber „noch nicht" vollendet ist. In dieser Zwischenzeit gilt es, so viel wie möglich von unserem Glauben, Lieben und Hoffen weiterzugeben an die Menschen und Völker, mit denen wir die gemeinsame Erde bewohnen. Von dieser missionarischen Dimension sind wir nicht befreit. Aber wir nehmen sie anders war, als dies zu früheren Zeiten geschah. Unser Verhältnis zum Volk Israel ist gekennzeichnet durch einen christlich-jüdischen Dialog. Missionarische Aktivitäten in islamischen Staaten sind, wenn überhaupt, nur sehr begrenzt möglich. Die Ausbreitung des christlichen Glaubens in anderen großen Weltreligionen stößt auf Verständnisschwierigkeiten, wenn von dem dreieinigen Gott und dem Opfertod Jesu Christi die Rede ist. Im eigenen Lande wird wahrgenommen, etwa in der Diskussion um die Wiedereinführung des Buß- und Bettages, daß evangelische Kirche sich oft zurückhält und bereitwilliger als die katholische Kirche zu Kompromissen neigt. Angesichts der großen sozialen und wirtschaftlichen Probleme ist sicherlich kein Kirchenkampf angesagt. Aber es stellt sich schon die Frage, ob sich evangelische Kirche aus dem gesellschaftspolitischen Raum herausdrängen lassen darf in ein abgegrenztes Nischendasein. Die Thesen der FDP von 1974 „Freie Kirche im freien Staat" und die Thesen von Bündnis 90/Die Grünen von 1994 „Für eine gütliche Trennung von Staat und Kirche" sind Ausdruck einer Bewegung, die unter den Überschriften Neutralität und Pluralität ein laizistisches System im Visier hat. In der Evangelischen Kirche im Rheinland ist auf meine Anregung hin eine Broschüre mit Argumenten zur Rolle und zu den Rechten der Kirche erarbeitet worden. Im Rahmen unseres demokratischen Rechtsstaates sollten wir alle Möglichkeiten ausschöpfen, um das Heil, von dem wir leben, bekanntzumachen und von dem Guten, das wir tun, zu reden. Wir sollten beständig in der Hoffnung bleiben, mehr und intensiver mit katholischen Christen vor Ort und der katholischen Kirche als Institution zusammenzuarbeiten, soweit es uns und den Katholiken irgend möglich ist. Als Zeichen gemeinsamer christlicher Hoffnung werte ich das jüngst erschienene Gemeinsame Wort der Kirchen zu den Herausforderungen durch Migration und Flucht. Nicht nur evangelische und katholische Kirche, sondern viele Mitglieds- und Gastkirchen der Arbeitsgemeinschaft christlicher Kirchen in Deutschland (ACK) tragen das Wort mit dem biblischen Titel „...und der Fremdling, der in deinen Toren ist". Diese Schrift will ermuntern und ermutigen, „aus dem Geist

des Evangeliums für Menschen einzutreten, die in ihren Rechten, ihrer Würde, ihrem Wohlergehen oder ihrer Existenz bedroht sind" (Vorwort S. 4). Wenigstens in diesem Teilbereich ist der Konziliare Prozeß ein Stückchen weiter gekommen. Wie schön wäre es, aber wie fern liegt das Ziel, daß römisch-katholische Kirche, die orthodoxen und die reformatorischen Kirchen sich theologisch und kirchenpolitisch näher kommen, um sich gegenseitig Predigtdienst und Abendmahlsgemeinschaft anzubieten.
In Fällen von Rückschlägen und Enttäuschungen, die auch gegenwärtig in der Ökumene leider nicht ausbleiben, mag an die unerschütterliche Hoffnung eines jüdischen Flüchtlings erinnert sein: „Ich glaube an die Sonne, auch wenn sie nicht scheint. Ich glaube an die Liebe, auch wenn ich sie nicht fühle. Ich glaube an Gott, auch wenn er schweigt."

III

„Man geht nicht freiwillig ins Martyrium und nicht freiwillig in die Diaspora." So drückte sich ein evangelischer Bundespolitiker auf einer Akademietagung zur Zukunft der Kirche in unserem Land aus. Jede Gesellschaft braucht Angebote des Glaubens, der Liebe und der Hoffnung. Nach wie vor sind die vielfältigen Dienste evangelischer Kirche in Erziehung und Bildung, in Seelsorge und Diakonie gefragt.
„Gemeinden und Kirche setzen sich für ein höchstmögliches Maß an Frieden, Gerechtigkeit und Freiheit unter den Menschen ein. Beim Werben für Solidarität zwischen Starken und Schwachen, zwischen Reichen und Armen, zwischen Alten und Jungen, zwischen Arbeitenden und Arbeitslosen, zwischen Beheimateten und Heimatlosen kann es zu Bündnissen mit gleichgesinnten Gruppen und Bewegungen kommen. Die Kirche hält fest an dem bewährten Prinzip der Subsidiarität sowohl im kirchlichen als auch im gesellschaftlich-politischen Raum. Bei allem notwendigen Streiten um politische Ziele und konkrete Gesetzgebung tritt sie für die Belange der Schwachen und Stummen ein." (P. Krug, Entwurf der Ordnung des kirchlichen Lebens der EKU, S. 96)
Aber voraussichtlich ist keine der Evangelischen Landeskirchen in Deutschland in der Lage, ihre Dienste in Kirche und Gesellschaft unverändert fortzusetzen. Die Ausgaben für Personal- und Sachkosten müssen fortlaufend den Einnahmen angepaßt werden. Struktur- und Perspektivausschüsse haben überall ihre Arbeit aufgenommen, um diesen Anpassungsprozeß so behutsam wie möglich, aber auch so zielstrebig wie nötig in Gang zu setzen. Dabei mag man sich des Sachverstandes spezialisierter Unternehmen bedienen, die unter den Stichworten Marketing und Management ihre Hilfe anbieten. Viele Träger der verfaßten Kirche und ihrer Werke haben jedoch schon längst begonnen, Arbeitsbereiche stärker zu vernetzen und zu konzentrieren, Doppelarbeit zu vermeiden und die eigenen Dienstleistungen im Blick auf konkurrierende Anbieter zu überprüfen.
Bei allen sogenannten Prioritätendiskussionen, die ja zugleich Posterioritäten beinhalten, bei allen Debatten um Abbruch, Umbruch und Aufbruch, bei den Forderungen nach Umsteuerung von Quantität zu Qualität sehe ich das wichtige Kriterium, daß sich auch in Zukunft kirchliches Handeln in den Bereichen Glauben, Lieben und Hoffen konkretisieren muß. Aus meiner Sicht ist es müßig, vor allem die Bereiche Glauben und Lieben ideologisch gegeneinander ausmanövrieren zu wollen. Es gibt das „Eigentliche" in keinem der drei Bereiche allein.
Bei allen notwendigen Sparüberlegungen und Umstrukturierungsmaßnahmen sollte es nicht nur darum gehen, ausgeglichene Haushalte vorzulegen. Es müßte auch in der Art des Ringens um notwendige Lösungen deutlich werden, daß Kirche eine Gemeinschaft von Schwestern und Brüdern ist und bleibt. Für alle Beteiligten ist es nicht leicht, sich von gewohnten Wachstumsbedingungen auf ungewohnte Sparzwänge uinzuorientieren. Bei allen Veränderungen und Einschränkungen, die unvermeidlich sind, sollten Glauben, Lieben und Hoffen ihre Stärke gerade in der Gemeinsamkeit erweisen, wobei die Liebe die größte unter ihnen bleibt.

Schlußbemerkung

Bei uns allen klafft wohl zwischen dem, was uns als Ziel persönlicher Überzeugung und kirchlichen Handelns vorschwebt, und dem, was sich praktisch umsetzen läßt, eine mehr oder weniger große Lücke. Bei dem immer erneuten Versuch, solche Lücken – wenigstens teilweise - zu schließen, kann ein Wort des Augustinus (354 – 430) hilfreich sein.

Unruhestifter zurechtweisen
Kleinmütige trösten
sich der Schwachen annehmen
Gegner widerlegen
sich vor Nachstellern hüten
Ungebildete lehren
Träge wachrütteln
Händelsucher zurückhalten
Eingebildeten den rechten Platz anweisen
Streitende besänftigen
Armen helfen
Unterdrückte befreien
Gute ermutigen
Böse ertragen
und
– ach –
alle lieben

Herzlichen Dank Ihnen allen für Ihre Geduld und Aufmerksamkeit.

Predigt bei der Einführung als Bischof von Oldenburg am 29. April 1998 in der Lamberti-Kirche zu Oldenburg

Liebe Gemeinde!

Ja. Mit Gottes Hilfe. – Wenn das bei Ordinationen und Einführungen eine Floskel wäre, so dahingesagt und inhaltsleer, dann wäre diese Beteuerung nicht nur nichts nütze, wir würden den Namen Gottes auch unnützlich führen. Davor behüte die Lutheraner das zweite und die Reformierten das dritte der zehn Gebote.
Respekt vor dem Allmächtigen und Barmherzigen ist angesagt. Dabei kann christliche Kirche beim jüdischen Glauben in die Schule gehen. In der Synagoge wird seit eh und je der Name des Höchsten ehrfurchtsvoll umschrieben. Viele Leute in unseren Breiten könnten sich schnell eine Urlaubsreise zusammensparen, wenn sie für jedes „Ach, Gott, o Gott!" Geld in die Spardose legen würden. Aber Vorsicht! Gott läßt sich nicht spotten.
„Unsere Hilfe steht im Namen des Herrn!" (Psalm 124,8) In ihm ist jeder Gottesdienst verankert. Zwischen Geest und Marsch, bei Ebbe und Flut. Denn er hat Himmel und Erde gemacht. Er bleibt in einer geheimnisvollen Spannung der für uns Unverfügbare und ist doch für uns Christen in Jesus von Nazareth menschlich ansprechbar und ein wenig begreifbar geworden.
Und wie hilfsbedürftig sind wir alle miteinander, wenn Krankheit oder Mißerfolg oder Schuld das Herz beschweren. Ganz zu schweigen von der Anfechtung, wenn Menschen zueinander regelrecht in Feindschaft geraten oder in den Krieg getrieben werden.

Das Predigtwort beendet einen kurzen Psalm Davids. „Wäre der Herr nicht bei uns, wenn Menschen sich gegen uns erheben, so ersäufte uns das Wasser'', wie Luther drastisch übersetzt, „Dann hätten die Wasser uns fortgeschwemmt." Welch ein eindrückliches Bild für Menschen, die seit Jahrhunderten nahe am Wasser gebaut, gearbeitet, gelebt haben. 1957 und 1959 habe ich die Sommerferien mit dem CVJM auf Spiekeroog verbracht. Dort habe ich meine erste Andacht gehalten, unter einem Fahnenmast hoch auf der Düne. Am letzten Tag der Freizeit zog uns das rücklaufende Wasser die Füße vom Boden weg und die Wucht der Wellen stellte uns auf den Kopf. Drei Jahre später riß die große Sturmflut die Deiche auf und spülte auch das alte Haus Sturmeck von der Deichkrone weg.

Mit unsrer Macht ist vielfach nichts getan. Nach den schlimmen Erfahrungen des sog. III Reiches, in dem zwar ein paar hundert Kilometer Autobahnen gebaut, aber Millionen von Menschen in den Konzentrationslagern vernichtet worden sind und auf den Schlachtfeldern ihr Leben gelassen haben, nach den schlimmen Erfahrungen mit Größenwahn und Rassenhaß haben die Väter und Mütter des Grundgesetzes in die Präambel geschrieben: „Im Bewußtsein seiner Verantwortung vor Gott und den Menschen hat das Deutsche Volk dieses Grundgesetz beschlossen". Damit wollten sie sagen, daß es überstaatliche Bindungen gibt, die allen von Menschen geschaffenen Normen vorausgehen und der Entscheidungsmacht des Menschen Grenzen setzen.

In einer Rede 1960 hat der Abgeordnete Adolf Arndt im Bundestag hervorgehoben, daß Demokratie nicht allein auf Abstimmung beruhe, sondern „zuerst auf Übereinstimmung hinsichtlich des Unabstimmbaren". Und dann hat er darauf hingewiesen, daß „über letzte Dinge kein Parlament mit Mehrheit entscheiden" kann. Wer heute den Gottesbezug aus den Ver-

fassungen streichen will, öffnet der Gefahr Tor und Tür, daß über kurz oder lang auch andere Grundrechte je nach Mehrheitsverhältnissen verändert werden.
Nach wie vor leisten viele Minister, Ministerpräsidenten, Bundespräsidenten ihren Amtseid mit dem Schlußsatz ab, „so wahr mir Gott helfe". Wer so spricht, tut nicht einer Kirche oder Religion einen Gefallen. Er oder sie gibt einer Größe die Ehre, die allen Bedingungen menschlicher Selbstherrlichkeit entzogen, also wirklich neutral, ist.

„Unsere Hilfe steht im Namen des Herrn." Das gilt es zu bezeugen. Davon ist zu erzählen. Darüber kann es nie genug Lob und Dank geben, auch in Liedern und Motetten, auch mit den Mitteln gestaltender Kunst. Selbst mit heiteren Mitteln im Kirchenkabarett, denn Gott schreibt auch auf krummen Linien grade.

Erfreulicherweise treten weniger Menschen aus der Kirche aus und mehr wieder oder neu ein. Unter dem Strich ist die Bilanz mit etwa einem zu drei Vierteln zwar negativ, aber der Trend hat die Richtung geändert. Das sollte uns anspornen, auf die Menschen in unserer Umgebung zuzugehen, ihnen Gemeinschaft und Hilfen anzubieten und dabei von dem zu reden, was wir selber glauben, hoffen und lieben. Ich werde den ersten 20 Frauen, Männern oder Familien, die im Mai in unsere Kirche eintreten, einen Besuch machen und sie beglückwünschen zu diesem Schritt.
Denn Gott bereichert unser Leben. Und wir dürfen uns auf ihn verlassen — gerade da, wo wir selbst an Grenzen stoßen: sei es am Krankenbett, bei Schwierigkeiten in der Ehe, bei Auseinandersetzungen in der Gemeinde. Aber auch in den Strukturdebatten, wo sich dicker Nebel auf die Gemüter legt und plötzlich keiner mehr so richtig weiß, ob die Kirchensteuern die Kirchen steuern oder ob der Herr noch den Kurs bestimmt und das Ruder in der Hand hat.

Es ist sicherlich eine der Aufgaben des Bischofs, mit treuen Schwestern und Brüdern zusammen die Nebelschwaden des Zweifels und der Angst zu durchdringen in der Gewißheit, daß auf den Nebel die Sonne folgt, auf den Streit die Versöhnung, auf das irdische Sterben das ewige Leben.
Unser aller Hilfe, die Hilfe der christlichen Kirchen in Oldenburg und Görlitz, in Togo und Ghana, unser aller Kraft und Zuversicht gründet sich auf den Gott, der Himmel und Erde ins Dasein gerufen hat und der im Kreuz Christi und in seiner Auferweckung von den Toten Ja zu uns Menschen gesagt hat. In der Nachfolge Jesu haben wir alle unser Kreuz zu tragen. Manchmal können wir anderen tragen helfen und umgekehrt auch. Manchmal scheint eine Last uns zu erdrücken. Aber Gott legt uns nicht mehr auf, als wir tragen können. Das ist Trost und Ermutigung zugleich.

Der Bischof hat nun öfter noch ein besonderes Kreuz zu tragen. Ich verhehle nicht: bei diesem (umgehängten) Kreuz bedarf es noch etwas der Gewöhnung und Übung. In Dresden lutherisch getauft, in Neukirchen reformiert konfirmiert, bei Bad Kreuznach uniert ordiniert und schließlich 18 Jahre in der Alt-Saarbrücker Gemeinde mit Lutherischem Katechismus habe ich immerhin schon gelernt und gerne verinnerlicht, den Schlußsegen mit dem Zeichen des Kreuzes zu verbinden.
Wenn wir uns, liebe Schwestern und Brüder, — ob wir nun evangelisch-lutherisch, reformiert, uniert, römisch-katholisch sind oder ein anderes Glaubensbekenntnis haben — in Oldenburg über den Weg laufen und dabei Tag und Nacht dasselbe kurze Wort einfach oder doppelt herzlich zum Gruß gebrauchen, um uns eine schöne, gute, friedliche Zeit zu wünschen — dann kann es gelegentlich und mit Bedacht ganz nützlich sein, zu sagen: „Moin, Moin – mit Gottes Hilfe!"

Amen.

Predigt im Gottesdienst des Ev. Missionswerkes in Deutschland mit der Einführung des neuen Vorstandes am 9. September 1998 in Rastede

Liebe Gesandtschaft!

Diese Anrede mag ja etwas ungewöhnlich klingen. Aber sie führt – wie ich meine – in die Mitte des Predigttextes.

Ganz gleich, welche Landes- oder Freikirche, welches Amt oder welches Werk uns zu einem besonderen Dienst beauftragt und nach einer gewissen Zeit Rechenschaft über unsere Arbeit fordert: Wir sind und bleiben Gesandte.

Unsere Art der Gesandtschaft ist natürlich nicht zu vergleichen mit dem diplomatischen Dienst zwischen zwei Staaten, obwohl auch einer christlichen Gesandtschaft ein gewisses diplomatisches Geschick gut ansteht.

Als getaufte und im Glauben konfirmierte Christen sind wir Gesandte Jesu Christi, ganz unabhängig davon, ob wir unseren Arbeitsschwerpunkt in einem Missions- oder Diakonischen Werk, in der Weite ökumenischer Beziehungen, in der Übersichtlichkeit einer Kirchengemeinde oder in irgendeinem nichtkirchlichen Beruf suchen und finden.

„Wie Du mich gesandt hast in die Welt, so sende ich sie auch in die Welt." Den Gedanken der Gesandtschaft, den Jesus in seinem hohenpriesterlichen Gebet entwickelt und entfaltet, möchte ein wenig umkreisen.

Ich möchte fragen nach Auftrag und Bindung unserer Gesandtschaft.

Bei manchen Menschen, die getauft und konfirmiert und sogar ordiniert und in den pfarramtlichen Dienst übernommen worden sind, hatte ich manchmal den Eindruck: Die haben ihre Urkunden erhalten und managen fortan Kirche und Christentum nach ihrem Gutdünken. Sie tun das dem Augenschein nach auch recht erfolgreich, wenn man die Jahresberichte hört und die Wirtschafts- und Haushaltspläne liest. Sie bauen Häuser, restaurieren Kirchen, gründen Werke, vernetzen die diakonisch-soziale Arbeit und brauchen keine Konkurrenz zu scheuen. Sie verdienen sich großen Respekt und sind wegen ihrer Kompetenz geradezu gefürchtet. Sie feiern auch Gottesdienste und halten Predigten. Aber in all dem ist immer weniger zu erkennen, ob und wie noch eine innere, eine geistliche Verbindung zu dem Auftraggeber ihres Wirkens besteht. Würden Sie nicht in einem Kultur-, Sozial- oder Wirtschaftsunternehmen ähnlich konsequent und effektiv ihren Job tun?

Der Evangelist Johannes schildert das Selbstverständnis Jesu nicht als ein Nacheinander von in sich abgeschlossenen Lebens- und Glaubensabschnitten, wo der eine die formale Voraussetzung für den nächsten bildet. Im Gegenteil. Jesus weiß sich vom Vater gesandt und bleibt ihn ihm und mit ihm verbunden. Aus dieser inneren Verbundenheit heraus sendet der erste Gesandte Gottes seine Jünger, die dann wieder als Gesandte Menschen für den Christusglauben gewinnen, die ihrerseits wiederum als Gesandte für den Christusglauben werben, damit der

Kreis der Gesandtschaft in der Welt immer größer wird und alle erkennen, daß sie eins sind und bleiben. In diesem Eins-Sein sollen nicht nur die Gesandten der ersten und zweiten Generation bleiben. Die Innigkeit des Verhältnisses vom Vater zum Sohn und vom Sohn zum Vater ist Kernzelle und Kraftquelle für alle, die nachfolgen. Darum weist Jesus mehrmals darauf hin, wie wichtig es ihm ist, daß die Welt glaube und erkenne, daß der Vater ihn gesandt, geliebt und verherrlicht hat.

Man könnte nun darüber nachdenken, vielleicht spekulieren, ob es Jesus mehr oder weniger darauf angekommen ist, seine innige Verbindung zum Vater mehr um seiner selbst Willen oder um des Vaters Willen zu betonen. Man könnte darüber grübeln, ob es in dem Maß der Innigkeit des Vater-Sohn-Verhältnisses im Blick auf die Jünger und die dann jeweils folgenden neuen Gesandten eine Gleichheit oder eine Abschwächung geben darf oder muß. Es ließe sich wohl auch fragen, ob es denn irgendwelcher Kirchen als Vermittlungsinstanz bedarf, damit die, die Jesus als dem Gesandten Gottes glauben und vertrauen, untereinander wirklich „vollkommen eins" sind. Das wiederum wäre, auch auf dem Hintergrund der gegenwärtigen Bewertung der Rechtfertigungsdiskussion, eine radikale Anfrage an das in Deutschland recht friedliche Mit- und Nebeneinander, in anderen Völkern auch deutliche Gegeneinander der Kirchen und Konfessionen. Aber: Welchen Eindruck, welche Botschaft vermittelt unser christliches Uneins-Sein der Welt, die doch wohl ein Recht auf ein einmütiges geistlich-theologisches Zeugnis der Christenheit hätte oder hat?

Ihr merkt, liebe Schwestern und Brüder, daß es womöglich leichter und klüger wäre, diesen Text nur zu lesen, anstatt darüber zu predigen. Von Philipp Jacob Spener, der in der Programmschrift des Pietismus „Pia Desideria" 1675 ein „herzliches Verlangen nach gottgefälliger Besserung der wahren evangelischen Kirche" geäußert hat, wird berichtet, daß er über diesen Text ganz bewußt nie gepredigt hat, ihn sich aber kurz vor seinem Tode dreimal hat vorlesen lassen. Nun soll ein junger Bischof (im Amte!) über diesen Text predigen! Aber wir wollen uns durch diese Zurückhaltung Speners nicht entmutigen lassen.

Auch ohne die johanneischen Überlegungen Jesu in ihrer Tiefe und Weite voll ergründen zu können, lassen sich doch einige Gedanken für unser Christsein ableiten.

Lebendiges und damit auch missionarisches Christsein ist nur denkbar und wirksam, wenn wir uns in unserer Gesandtschaft ganz eng mit dem Eins-Sein Jesu mit dem Vater verbunden wissen. Das muß zu spüren sein, von uns selbst und auch von anderen Menschen. Kirche ist eine unverzichtbare geistliche und soziale Kraft in der Gesellschaft. Ohne die geistliche und soziale Kraft unserer Kirchen sähe es in unserer Gesellschaft schlecht aus. Ich erzähle dem Ministerpräsidenten, den Ministerinnen und Ministern, daß wir ohne diese Kraft der Kirchen in Oldenburg statt einem gleich drei Gefängnisse in der Cloppenburger Straße bauen könnten.

Wo wir uns zu wohlgemeinten Werken in Verkündigung, Seelsorge, Diakonie und Mission treiben ließen, ohne – im Bilde gesprochen – an den Stromkreis der Liebe Gottes in Jesus Christus angeschlossen zu bleiben, wo wir also sozusagen ein eigenes Energie- und Versorgungsnetz aufbauen, das seine Quellen primär in Philosophie, Psychologie oder Sozialwissenschaften sucht, da müßten eigentlich alle Sicherungen, die uns in unser Glaubensleben von Kindheit an eingebaut worden sind, blitzartig herausspringen.
Und wir müßten, mit Hilfe und in Gemeinschaft von anderen, nach Wegen suchen, den Anschluß an den Gleichstrom der Liebe Gottes wiederzufinden.

Ich denke, daß äußere Mission trotz ihrer gewollten oder ungewollten Nähe zur Kolonisation in der Vergangenheit dort erfolgreich war, wo die heidnische Welt spüren konnte: Hinter dem, was diese Menschen glauben und bezeugen, wirkt eine Kraft von ungeahnter Größe und Güte, wie wir sie bisher nicht erkannt haben.

Ich denke, auch bei der Mission in unserem eigenen Lande, das über einen unermeßlichen Schatz von Wissen und Erfahrung in Geschichte, Natur und Technik verfügt, kommt es mehr denn je darauf an, daß wir über uns hinweg auf den verweisen, der uns gesandt hat. Das gilt für uns als Einzelne genauso wie für das Evangelische Missionswerk oder für andere Einrichtungen unserer Ev. Kirche in Deutschland.

Mission ist keine Erfindung der Kirche. Das, wie es in einer Predigtmeditation beschrieben wird, „Sendungsgefälle geht nicht von Klugen und Reichen zu Unterentwickelten, sondern vom Christus Gottes und seinen jeweils Gewählten und Gerufenen in alle Welt, so wie das Licht der Welt ausstrahlt in die Nähe und Weite". ("hören und fragen", Band 3, 1. Teil). Wo wir uns im Lichte dieser Botschaft verklären, Klarheit schenken, erleuchten lassen, sollen wir etwas spüren von der Doxa, von dem Glanz, von der Erhabenheit, von der Ehre Gottes, die in dem innigen Verhältnis zu Jesus von Nazareth aufgeleuchtet sind.

Ich wünsche uns allen, liebe Schwestern und Brüder, Ihnen aber, die Sie Verantwortung im Vorstand des Ev. Missionswerkes in Deutschland übernehmen, in besonderer Weise die Erfahrung einer tiefen geistlichen Verbindung mit den ersten Gesandten Gottes in unserer Welt.

Wo wir diese Verbindung bejahen und pflegen durch Schriftlesung und Gebet, durch Mahl und Gemeinschaft, gewinnen wir die notwendige Identität und ein gesundes Selbstbewußtsein für den Dialog mit Menschen anderen Glaubens. Dann können wir ohne schlechtes Gewissen und ohne verkrampften Leistungsdruck die Situation des religiösen Pluralismus als Herausforderung und Chance annehmen. Dann werden wir, wie es in einem Studienheft des Missionswerkes heißt (Nr. 25), „angesichts vielfältiger Bedrohungen für das Weiterleben der Welt und der Menschheit nach Gemeinsamkeiten der Religionen und nach Wegen der Kooperation mit Menschen unterschiedlichen Glaubens suchen". Und wir werden auf Gottes eigenes Wirken in, durch und manchmal auch trotz aller Bemühungen der Gesandten hoffen.

Schließlich ist es für mich tröstlich, daß der Predigttext Teil eines Gebetes ist, das der Sohn an den Vater richtet. Es bleibt in der Schwebe und ein Stück Geheimnis des Glaubens, wie weit die innige Einheit zwischen Vater, Sohn und Gesandten schon eschatologische Wirklichkeit ist oder wird oder ist und wird.

Irgendwo habe ich den Satz gelesen: „Wir werden niemals verstehen, warum Gott Jesus in die Welt gesandt hat, es sei denn, wir lassen uns ebenfalls von ihm in die Welt senden."
Also, liebe Gesandtschaft in China, Deutschland, wo auch immer, ran an die Arbeit – frisch, fröhlich und innig im Eins-Sein.

Amen.

Predigt im Rundfunkgottesdienst am 13.09.1998 in der Lambertikirche zu Oldenburg

Die Gnade unseres Herrn Jesus Christus und die Liebe Gottes und die Gemeinschaft des Heiligen Geistes sei mit uns allen – hier in der Oldenburger Lambertikirche und überall dort, wo Sie zuhören und diesen Gottesdienst mitfeiern.

Liebe Gemeinde!

Wes Geistes Kinder sind wir?
Eine Frau, die ich besucht habe, stammt aus einem Elternhaus, in dem nicht getauft wurde. Bei der beruflichen Umschulung kommt sie mit der evangelischen Kirche in Kontakt. Eine Nachbarin lädt sie und ihre Kinder zum Familiengottesdienst ein. Sie ist begeistert. „Solch schöne Erfahrungen hat man mir 30 Jahre vorenthalten!" Mit ihren beiden Kindern läßt sie sich taufen.

Ein 45jähriger Vater hatte vor 2 Jahren eine eindrückliche Konfimationsfeier erlebt. Mit der Konfirmation seiner Tochter tritt er wieder in seine alte neue Kirche ein.

Eine 29jährige Mutter, aus der Kirche ausgetreten, meldet ihre Tochter zur Taufe an und sagt: „Jetzt möchte ich auch wieder meiner Kirche angehören."

Wes Geistes Kinder sind wir?
In vielen Gemeinden werden seit einiger Zeit Kurse zur Vorbereitung auf die Taufe angeboten. Erwachsene und Jugendliche, die religionslos aufgewachsen sind, fragen verstärkt nach dem christlichen Glauben. Deutschstämmige aus der ehemaligen Sowjetunion suchen nach den Wurzeln der Glaubensgeschichte ihrer Eltern und Großeltern.

Auf uns bundesdeutsche Christenmenschen, die wir meist als Kinder getauft worden sind, kommt geistliche Arbeit zu. Es gilt, Antworten zu geben auf die Frage, wes Geistes Kinder wir sind?

Wir sind ja nicht nur Mitglieder der evangelischen Kirche, sondern in erster Linie durch Glaube und Taufe Kinder Gottes.

Sich von seinem guten Geist anstecken lassen, sich von seinem Geist der Liebe und der Versöhnung antreiben, sich von seinem Geist kritischer Wachsamkeit und klaren Bekenntnisses bewegen, sich von seinem Geist des langen Atems und der unbeirrbaren Hoffnung bestimmen lassen – das und vieles mehr legt uns Gott ans Herz und aufs Gewissen.
Dabei merken wir, liebe Schwestern und Brüder, wenn wir ehrlich sind, welch ein geistlicher Druck entsteht. Soviel geistliche Kraft und Vollmacht aufzunehmen und ins tägliche Leben umzusetzen, das gelingt nur bruchstückhaft.
Aber diese Erfahrung eines bruchstückhaften Glaubens und Wirkens – und das ist nun typisch evangelisch, vom Evangelium her als frohe Botschaft zu sehen! – diese Erfahrung eines unvollkommenen und fehlerhaften Bemühens kann Kinder Gottes nicht grundlegend erschüttern

oder zur Verzweiflung bringen. Wir sind Kinder und nicht Sklaven, sagt Paulus. Wir haben einen kindlich-beherzten Geist empfangen, der aus der Gnade lebt. Wir haben keinen knechtischen Geist empfangen, der mißtrauisch und ängstlich in jedem Geschenk nur lästige Verpflichtung sieht, die überfordert und immer tiefer in Schuld und Abhängigkeit stürzt.

Kinder Gottes, getaufte und bekennende Christen rufen „Abba", lieber Vater, gute Mutter, gib uns deinen Heiligen Geist, damit wir getrost und voller Zuversicht das tun, was notwendig und möglich ist. Nicht mehr, aber auch nicht weniger.

Jesus fragt einmal seine Jünger: „Wißt ihr nicht, welches Geistes Kinder ihr seid?" (Luk. 9, 55). Aus Verärgerung darüber, daß ihnen im Dorf keine Herberge gewährt wurde, wollten die Jünger auf diesen Ort Feuer vom Himmel fallen lassen. Aber Jesus wies sie zurecht und ging in ein anderes Dorf. Diese Begebenheit macht zweierlei deutlich. Zum einen ist uns nicht verheißen, daß wir als Christen überall mit offenen Armen empfangen werden. Zum anderen rechtfertigt solche Ablehnung nicht, daß wir dieser Geisteshaltung mit dem Ungeist der Bedrohung und Vernichtung begegnen. Leider sind Jahrhunderte der Geschichte des Christentums nicht nur von christusgemäßem, von Heiligem Geist bestimmt gewesen. Welche Abgründe von Ungeist und Gottlosigkeit haben sich im sogenannten Dritten Reich aufgetan, wieviel Millionen Menschen sind in den Abgründen von Konzentrationslagern und Schlachtfeldern jämmerlich zugrunde gegangen, ohne daß es einen lauten, unüberhörbaren Aufschrei der Christenheit gegeben hätte. Viele unserer Brüder und Schwestern haben erst nach und nach erkannt, welche Geister sie getrieben haben.

Der jüdische Religionsphilosoph Martin Buber hat einmal gesagt: „Geist ist nicht eine späte Blüte am Baume Mensch, sondern er ist das, was den Menschen als solchen konstituiert." Dabei sind Geist und Leib untrennbar verbunden, zusammen machen sie den Menschen aus.

Dabei bleibt jedoch die Frage, wes Geistes Kind ein Mensch, eine Familie, ein Volk denn ist oder sein will. Und manchmal wird man die bösen Geister nicht mehr los, die man aus Ärger oder Verletzung heraus gerufen hatte. Von uns Christen ist zu erwarten, daß wir zeigen, wes guten, freiheitlichen, friedlichen Geistes wir sind.

Aber selbst wenn der Geist willig ist, kann das Fleisch schwach werden. Müdigkeit überkommt die Jünger im Garten Gethsemane, als Jesus bei seinem Zwiegespräch mit dem himmlischen Vater ihres seelischen Beistandes bedurft hätte.

Da hilft letztlich nur die einsame oder gemeinsame Bitte um Gottes Leben schaffenden Geist, der herausreißt aus Feigheit oder Gleichgültigkeit. Zwar weht der Geist nach biblisch-reformatorischer Überzeugung, wo und wann er will, aber Gott läßt sich nicht umsonst bitten. Sein Geist will uns auf die Sprünge helfen.

Während der folgenden Orgelmeditation ist uns etwas Zeit gegeben, geistesgegenwärtig zu sein.

Orgelmeditation

Gottes Geist will Menschen auf die Sprünge helfen, liebe Gemeinde. Dabei kann Musik gute Dienste leisten. Aber es gibt keinen Automatismus, die eigenen Interessen, seien sie noch so gut gemeint, durchzusetzen. Das galt für Christus und gilt für Christen gleichermaßen.

Der evangelische Pastor Dietrich Bonhoeffer war einer, der sich von Gottes Wort her zum Widerstand gegen den Nationalsozialismus gerufen wußte. Er hat 1944 in seiner Zelle in Berlin-Tegel Gedanken nach Hause geschrieben, die Geistesgegenwart und Verantwortungsbereitschaft erkennen lassen:

> „Nicht all unsere Wünsche, aber alle seine Verheißungen erfüllt Gott, das heißt, er bleibt der Herr der Kirche, er erhält seine Kirche, er schenkt uns immer neuen Glauben, legt uns nicht mehr auf, als wir tragen können, macht uns seiner Nähe und Hilfe froh, erhört unsere Gebete und führt uns auf den besten und geradesten Weg zu sich. Indem Gott dieses gewiß tut, schafft er sich durch uns Lob."

Als Jesus im Garten Gethsemane mit dem himmlischen Vater um seine irdische Zukunft rang, hat er Gott die Freiheit der Entscheidung überlassen. Wir kennen das kurze Gebet, das mit dem bekannten „Abba" beginnt: „Mein Vater, alles ist Dir möglich; nimm diesen Kelch von mir; doch nicht, was ich will, sondern was Du willst." (Markus 14)

Wo wir in ähnlicher Weise wie Jesus beten und den Weg gehen, den Gott uns öffnet, erweisen wir uns als Kinder Gottes.

Wo wir in ähnlicher Weise wie Bonhoeffer und viele Frauen und Männer der Kirchengeschichte uns dem Geleit Gottes anvertrauen, da wird uns möglicherweise nicht jedes Leid erspart, aber wir werden – wie Paulus beschreibt – „mit zur Herrlichkeit erhoben" und zu Gottes Erben und Miterben Christi. Der Apostel ist fest davon überzeugt, daß sich mit einem solchen Ziel vor Augen frei, fromm und fröhlich leben und auch sterben läßt.

Gottes Geist will seinen Kindern auf die Sprünge helfen, dabei hilft der Blick auf Leben und Wirken Jesu von Nazareth. Er hat nicht nur tiefgründige Gleichnisse erzählt und Menschen wunderbar geheilt. Sein geistreiches Predigen und diakonisches Handeln wirbt für ein neues Verständnis von Gerechtigkeit und Liebe. Diese Botschaft will beherzigt und in Taten umgesetzt werden.

Angesichts der unbestreitbar wachsenden Kluft in unserer Gesellschaft zwischen unvorstellbar reichen Menschen und kaum vorstellbar einkommensschwachen und bildungsarmen Familien müssen wir als Christen die Verwantwortlichen in Politik und Wirtschaft fragen, wes Geistes Kind sie sind und was sie zu tun gedenken.

Als Kirchenleute müssen wir uns mit unserer eigenen Denkschrift zur wirtschaftlichen und sozialen Lage fragen, wie und wie lange wir denn glaubwürdig den Spagat zwischen der Bindung an das Lohnsystem der öffentlichen Hand und dem gleichzeitigen Abbau von kirchlichen Arbeitsplätzen durchhalten wollen. Wes Geistes Kind ist das wirtschaftlich-soziale System heute, das sich vor Jahren und Jahrzehnten einmal bewährt hat?

Angesichts der Zunahme von Eigentums- und Gewaltdelikten gerade bei jungen Menschen sind die Parteien und Abgeordneten zu fragen, was sie für Pläne im Blick auf Familien und familienähnliche Gemeinschaften haben, damit Kinder und Jugendliche wieder mehr Geborgenheit erfahren und Hoffnung auf Ausbildung und Arbeitsplätze entwickeln können.

Es kann nicht Aufgabe der Kirche sein, selbst Politik machen zu wollen. Solche Versuche sind allzu oft gescheitert. Aber Kirche setzt sich im Blick auf den gekreuzigten und auferstandenen Herrn dafür ein, daß Menschlichkeit gefördert, Unheil vermieden und Not gewendet wird.
Das ist nicht nur der Christen Recht als Staatsbürgerinnen und Staatsbürger, das ist ihre Pflicht als Kinder Gottes in einer Welt, in der sich Geistlosigkeit und Gottlosigkeit bisweilen die Bälle zuwerfen.

Welche der Geist Gottes treibt, die sind Gottes Kinder. Eine christliche Familie gehörte über 10 Jahre einer Gemeinschaft mit besonderem Sendungsbewußtsein an. Sie spürte zunehmend die Verengung der christlichen Botschaft. Nun kehrt sie zurück in die Weite und Tiefe unserer evangelischen Kirche. Für sie und viele andere, die ich im Rahmen einer Wiedereintrittsaktion besucht habe, war die Erkenntnis wichtig: Der christliche Glaube gibt meinem Leben Halt, ich möchte der Gemeinschaft der Kirche angehören, auch wenn ich weiß, daß es da und dort „menschelt". Manchmal spüre ich etwas von Gottes Geist, in meiner Gemeinde und bei mir selbst. Von ihm will ich mich treiben lassen zu Gutem und Schönem, zu Frieden und Gerechtigkeit, solange er mir Kraft gibt und Zeit läßt.

Dann lasse ich mich fallen in seine gütige Hand. Das ist mir als Erbteil in meiner Taufe zugesagt worden. Solche guten Aussichten kann allein Gottes Testament eröffnen. In dem Miterben Jesu Christi hat Gott es vor aller Welt beglaubigt – unverbrüchlich.

Amen.

Predigt am Altjahrsabend 1998
in der Lambertikirche zu Oldenburg

Liebe Gemeinde!

Ein Wort aus „Matthäi am letzten" steht am Anfang jedes christlichen Lebens. Allerdings nicht in jenem volkstümlich-ironischen Sinne: Wenn bei jemandem Matthäi am Letzten sei, dann habe er das Schlimmste zu erwarten, dann sei er – meist finanziell – am Ende.
Martin Luther war es, der in seinem Katechismus von 1529 mit dieser Redewendung auf den Schluß des Matthäus-Evangeliums hingewiesen hat. Bei jeder Taufe wird an das alte Versprechen Jesu neu erinnert: „Siehe, ich bin bei euch alle Tage bis an der Welt Ende." Mit dieser Zuversicht lebt die Christenheit von einem Jahr zum anderen. In dieser Gewißheit, letztlich nicht verlassen zu sein, haben Generationen von Gemeinden auch Täler der Schuld, der Gottesferne durchschritten, sind dann wieder auf die grünen Auen der Hoffnung und zum frischen Wasser geistlicher Erneuerung geführt worden. Es stimmt ja einfach, was Martin Luther einmal aufgeschrieben hat. „Wir sind es doch nicht, die da die Kirche erhalten können. Unsere Vorfahren sind es auch nicht gewesen. Unsere Nachfahren werden's auch nicht sein, sondern der ist's gewesen, ist's noch und wird's sein, der da sagt: Ich bin bei euch alle Tage bis an der Welt Ende."

In drei gedanklichen Schritten möchte ich etwas davon erzählen, warum mir die Nähe unseres Herrn Jesus Christus wichtig, ja lebenswichtig ist.

I
Unsere Oberflächlichkeit braucht Gründung in der Tiefe des christlichen Glaubens.

Von Jugendzeiten an hat mich die Geschichte von der Versuchung Jesu stark beeindruckt. Dabei spielt es keine Rolle, ob sich alles so zugetragen hat, wie der Evangelist Matthäus im 4. Kapitel berichtet.
Den äußeren Rahmen bildet die Wüste, aber alle Versuchungen beginnen im Herzen des Menschen. Weder eine Flucht ins Kloster noch die Flucht in gute Werke können wirksam schützen. Wir erinnern uns. Dreimal bietet Jesus dem schmeichelnden und heuchelnden Satan Paroli mit dem Worte Gottes.
In der ersten Versuchung knurrt Jesus nicht nur der Magen, in ihm schreit geradezu der Hunger, sein eigener und mit seinem Hunger die ganze Not der Menschen, ihre Krankheiten und Schmerzen, das Blut so vieler Kriege, die Verletzung der Menschenwürde durch Rassenhaß und Folter. Und doch weiß er: Nicht das gebackene Brot ist es, das den Hunger nach Gerechtigkeit, nach Frieden stillt, sondern allein das Wort, das aus dem Munde Gottes geht.
Jesus durchschaut das teuflische Spiel der zweiten Versuchung, als er durch einen Sprung von der Zinne des Tempels die Macht Gottes herausfordern soll. Aber Jesus entlarvt das Gottesbild des Teufels, das er sich in grenzenloser Machtfülle und Erhabenheit über den Sternen vorstellt, einen Gott, der in unberechenbarer Willkür Furcht und Elend oder Glück und Segen über die Menschheit verteilt. Du sollst den Herrn, auch deinen Gott, antwortet Jesus dem Teufel, nicht versuchen, indem du ein falsches Gottesbild malst, indem du die Menschen anstiftest, Irrsinniges zu tun, von der Zinne des Tempels zu springen und unten tot aufzuschlagen.
Im dritten Anlauf versucht der Teufel seinen größten Bluff. Er bietet Jesus die ganze Welt an, die er gar nicht besitzt. Jesus schleudert dem Satan entgegen: Weg mit dir! Wie einen Schutzschild hält er Gottes Wort zwischen sich und den Teufel. Es steht geschrieben: Du sollst anbe-

ten den Herrn, auch deinen Gott, und ihm allein dienen. Jesus will keine Weltherrschaft vom Teufel annehmen, die andere zu Knechten macht, wenn man selbst ein Oberknecht ist. Er will auf den Reichtum verzichten, der auf der Armut anderer beruht. Er will nicht Macht, die andere ohnmächtig werden läßt. Für uns kann tröstlich und ermutigend sein, daß auch wir in unserer Versuchlichkeit diesen Jesus vor Augen und in der Nähe haben.

Aber, liebe Gemeinde, wie wollen wir den Versuchungen und den Herausforderungen des Lebens erfolgreich begegnen, wenn wir als Einzelne, vielleicht auch als Gemeinden und Kirchen mehr an der Oberfläche einer christlichen Tradition schweben oder schwimmen und zu wenig unseren Halt an dem Jesus Christus suchen, der in der Tiefe des Glaubens gegründet ist. Mir ist in den letzten Jahren meines kirchlichen Dienstes sowohl in Saarbrücken im Gemeindepfarramt als auch als Superintendent und dann in Düsseldorf als Vertreter der Rheinischen, Westfälischen und Lippischen Kirche bei Landtag und Landesregierung und auch in dem ersten Jahr meines Dienstes in der Oldenburgischen Kirche immer klarer geworden, daß wir als kirchliche Mitarbeiterinnen und Mitarbeiter mit allen Mitteln dafür sorgen müssen, daß unsere Kinder und Enkelkinder wieder herangeführt werden – durch uns – an die Schätze des Evangeliums Alten und Neuen Testamentes. Wir machen uns sonst schuldig an einer oder mehreren Generationen von Menschen, die nicht mehr wissen können und vielleicht auch einmal nicht mehr wissen wollen, wem wir unsere Freude und unseren Trost im Leben und im Sterben verdanken.
Auch unsere Gesellschaft, die zur Oberflächlichkeit in Glaubens- und Gewissensfragen neigt, braucht unser Zeugnis für den Herrn, der bei uns ist alle Tage bis an der Welt Ende.

II

Unsere Engherzigkeit braucht Orientierung in der Weite christlicher Liebe.

Im Artikel 1 unserer oldenburgischen Kirchenordnung vom 20. Februar 1950 wird nach dem Hinweis auf das in der ganzen Heiligen Schrift bezeugte Evangelium von Jesus Christus, auf die altkirchlichen Bekenntnisse und die Bekenntnisse der Reformation auch auf die Barmer Theologische Erklärung von 1934 Bezug genommen. In deren VI. Artikel wird nach dem vorangestellten Wort aus Matthäi am Letzten ausgeführt: „Der Auftrag der Kirche, in welchem ihre Freiheit gründet, besteht darin, an Christi Statt und also im Dienst seines eigenen Wortes und Werkes durch Predigt und Sakrament die Botschaft von der freien Gnade Gottes auszurichten an alles Volk."

Mit diesem Auftrag tritt die evangelische Christenheit aus den engen Grenzen ihrer jeweiligen Kirchengemeinde heraus und nimmt öffentliche Verantwortung in Gesellschaft und Politik wahr. In der Glaubensspur Jesu und in der Weite seiner Liebe zu den Menschen, die ihm begegneten, tritt Kirche für Gerechtigkeit und Freiheit, für Frieden und Bewahrung der Schöpfung „in der noch nicht erlösten Welt" (Barmen V) ein. Aus eigener Kraft oder in Zusammenarbeit der Diakonie mit anderen Trägern setzen wir uns dafür ein, daß Menschlichkeit gefördert, Unheil vermieden und Not gewendet wird. Dabei haben wir stets zugleich den einzelnen Menschen und die Strukturen der Gesellschaft im Blick. Kirche fragt sich und die Politik, wie gütig und menschenfreundlich, wie treu und gottesfürchtig, wie gerecht und gemeinschaftsfähig, wie friedfertig und versöhnungsbereit das ist, was wir tun oder lassen (Ps 85, 11). Bei allem notwendigen Streiten um politische Ziele und konkrete Gesetzgebung treten wir – sonst würden wir unserem christlichen Auftrag untreu – besonders für die Belange der Armen und Schwachen ein.

1994 hat die Evangelische Kirche in Deutschland eine Denkschrift mit dem Titel „Identität und Verständigung" herausgegeben. Darin werden Standort und Perspektiven des Religionsunterrichtes in der Pluralität beschrieben. Ich halte die Frage nach der Identität, die in der Tiefe christ-

lichen Glaubens gegründet ist, und nach Verständigung, die sich an der Weite christlicher Liebe orientiert, für wichtig und hilfreich für unseren kirchlichen Dienst überhaupt. Zu einer Verständigung mit der katholischen Kirche oder der Kommune über Kindergartenfragen oder Krankenhäuser ist ein evangelischer Träger nur dann wirklich fähig, wenn er um seine Identität in der Sache weiß. Besonderes Gewicht bekommt die Frage, warum ich eine Beratungsstelle oder einen ambulanten Dienst betreibe, wenn das eigene Geld knapper und die Konkurrenz auf dem Markt der Anbieter größer wird. Nur wenn ich mir meiner christlichen Identität bewußt bin, kann ich glaubwürdig in einen Dialog mit den Muslimen vor Ort oder mit anderen Religionen eintreten.
Das sollen wir dann aber auch in Jesu Namen tun, der die Jünger in die Welt geschickt hat, um das Evangelium in Wort und Tat zu bezeugen und Menschen durch die Taufe in die Gemeinschaft der christlichen Kirche aufzunehmen. Die einladende Art unseres missionarischen Einsatzes unterscheidet sich dabei deutlich von den dunklen Epochen einer Zwangschristianisierung.
Wo wir uns an der Weite der Liebe Christi orientieren, wächst unser Horizont weit über das idyllische Ensemble von Kirche, Friedhof und Pfarrhaus hinaus.

III
Unsere Zaghaftigkeit braucht Erfrischung aus der Kraft christlicher Hoffnung.

Von Vaclav Havel, dem Präsidenten der tschechischen Republik, der lange Jahre inhaftiert war, stammt das Wort: „Hoffnung ist nicht Optimismus. Es ist nicht die Überzeugung, daß etwas gut ausgeht. Sondern die Gewißheit, daß etwas Sinn hat ohne Rücksicht darauf, wie es ausgeht."

Wenn wir den Lebensweg Jesu betrachten, dann fällt uns auf, daß viele der Predigten und Gleichnisse, der Heilungen und Wunder nicht so angenommen und gedeutet wurden, wie es Jesus sich wohl gewünscht hat. Sein Leiden und gänzlich sein Sterben haben viele Menschen, auch die Schar der Jünger, zweifeln lassen, was an diesem Menschen, der im Namen Gottes wirkte, wirklich dran war. Erst die Botschaft seiner Auferweckung aus dem Tode und seine geistlich spürbare Nähe haben sein merkwürdig wunderbares Reden und Handeln in einem hoffnungsvollen Licht erscheinen lassen. Seit jener Zeit haben Frauen und Männer ihren christlichen Glauben während der römischen Christenverfolgungen und in deutschen Konzentrationslagern unerschrocken und hoffnungsfroh bekannt.
In einer Predigt am Silvestertag 1942 im KZ Dachau hat der spätere Propst Heinrich Grüber für Kollegen eine Predigt gehalten. Darin schreibt er u. a.: „Manche erleben schon den zweiten, dritten, ja vierten und fünften Jahreswechsel im Konzentrationslager. Viel Nacht hat unseren Weg beschwert, und doch wußten wir täglich von dem Wort Gottes, das unseres Fußes Leuchte und ein Licht auf unserem Wege ist. Ob sich das Tor zur Welt im kommenden Jahr für uns öffnet, wissen wir nicht – wir haben es bei jedem Jahreswechsel gehofft -, aber daß das Fenster zum Himmel immer offensteht, das wissen wir. So heißt für uns Christen beim Jahreswechsel die Frage nicht: Was steht vor uns im neuen Jahr und was bringt uns das neue Jahr? Sondern: Wer steht vor uns im neuen Jahr und aus wessen Händen empfangen wir die kommende Zeit? Die Antwort lautet: Siehe, ich bin bei euch alle Tage bis an der Welt Ende. Er will sich uns auch heute Abend wieder in den geweihten Zeichen Brot und Wein zu eigen schenken. Wir dürfen die Verheißung mitnehmen, daß der Herr unseres Lebens und der Heiland unseres Herzens auch der Hirte unserer Heimfahrt wird."

Dank des unermüdlichen Einsatzes seiner Frau und anderer Christen wurde der evangelische Theologe nach dreijähriger Haft entlassen. Von 1949 bis 1959 hat er dann noch als Bevollmächtigter des Rates der Evangelischen Kirche in Deutschland bei der Regierung der DDR keine leichte, aber eine wichtige Aufgabe wahrgenommen.

„Hoffnung ist die Gewißheit, daß etwas Sinn hat ohne Rücksicht darauf, wie es ausgeht."

Es ist uns in der Nachfolge unseres Herrn Jesus Christus aufgetragen, aller Welt die biblische Botschaft vom Gericht und von der Gnade Gottes auszurichten. Es ist uns nicht verheißen, daß alle Menschen das Heil in Jesus Christus annehmen werden.
Mich entlastet diese Erkenntnis in meinem persönlichen Glauben und in meinem kirchlichen Dienst von einem falschen Erfolgsdruck. Wenn wir in unserem Verantwortungsbereich das tun, was notwendig und möglich ist, dann dürfen wir getrost Wachstum und Gedeihen dessen, was wir in Glaube, Liebe und Hoffnung ausgesät haben, in Gottes Hand stellen.
Vielleicht ist es für viele Menschen hilfreich, die sich auf ihre Weise für Gerechtigkeit, Frieden und Bewahrung der Schöpfung einsetzen, wenn sie auf Christenmenschen stoßen, die mit evangelischer Zielstrebigkeit und zuversichtlicher, manchmal auch heiterer Gelassenheit auf den Herrn hinweisen, der seine Gegenwart bis zum Ende aller Zeit zugesagt hat.

Von meinem Schwiegervater, der nun schon fast 20 Jahre das Zeitliche gesegnet hat, habe ich einen alten Haussegen erhalten, der mir trotz und wegen seiner altertümlichen Sprache und Bilder sehr eindrücklich ist.

Dies Haus, es ist ein irdisch Haus,
ein Zeitlang geh ich ein und aus,
auch Weib und Kind und Kindeskind,
Geschwister, Gast und Hausgesind.
Du aber, der Du ewig heißt,
Gott Vater, Sohn und heilig Geist,
laß, die hier gehen aus und ein,
Deiner Treue von Herzen befohlen sein.
Gib uns, ich bitt', ein offne Tür,
es gehe Lieb und Leid herfür,
und gib uns auch ein festes Schloß
vor Satans Pfeil und Schildgenoß.
Gesunden Leib, Mut und Geduld,
den Frieden gib, vergib die Schuld,
und schaff, daß wir auch willig sein
und täglich einander die Schuld verzeihn.
Was Du zu Lehn uns gabest hie,
Weizen und Wein und Feld und Vieh,
es geh damit all wie es geh:
Du bist der Herr in Glück und Weh.
In Unrast und in Rast und Ruh
gehn wir der letzten Stunde zu.
O Gott, wes eigen solln wir sein?
In Leben und Sterben Dein, nur Dein.

Ein Wort aus „Matthäi am letzten" steht am Anfang jedes christlichen Lebens, wenn bei der Taufe an das alte Versprechen Jesu neu erinnert wird: „Siehe, ich bin bei euch alle Tage bis an der Welt Ende." Mit dieser Zuversicht lebt die Christenheit von einem Jahr zum andern. Und sie lebt damit gut, weil sie sich in der Nähe ihres Herrn keine Sorgen zu machen braucht um die Tiefe ihres Glaubens, um die Weite ihrer Liebe und um die erfrischende Kraft ihrer Hoffnung.

Amen

Vortrag beim 47. Gilde-Abend der Gesellschaft Union, kaufmännischer Verein e. V. am 25. Januar 1999 in Oldenburg

„Vom Kaufmann, der gute Perlen suchte"
Heiteres und Nachdenkliches zum ökonomischen Prinzip aus biblischer Sicht.

Meine sehr verehrten Damen und Herren,
insonderheit liebe Kaufleute!

Gestatten Sie mir letztere, um etwas Vertrauen und ein wenig Freundschaft werbende Anrede. Sie hilft mir, vielleicht uns beiderseits, die allernächste Zeit des Redens und Hörens in einem „möglichst günstigen Verhältnis von Aufwand und Ergebnis" auszufüllen. Dabei möchte ich nicht verhehlen, daß mich gerade, weil ich von Betriebs- und Volkswirtschaft recht wenig verstehe, das sogenannte ökonomische Prinzip besonders stark beeindruckt. Wie könnte es beispielsweise einem eher auf das Jenseits spezialisierten Kirchenvertreter gelingen, mit einem Input von einer guten halben Stunde bei einer ökonomisch hoch professionalisierten Zuhörerschaft einen maximalen Output von lebenslanger Kirchentreue im Diesseits zu erzielen? Mir ist bei der Vorbereitung auf diesen Abend völlig klar geworden, daß solch ein Optimum natürlich nicht allein durch eine in ihrer Durchsichtigkeit geschickte Werbung zu erreichen ist. Es bedarf vielmehr einer hohen Qualität in der Sache selbst, damit der angestrebte Ertrag wenigstens annähernd erzielt werden kann.

Von einer bedeutenden Persönlichkeit, die in Vergangenheit und Gegenwart,und wohl auch in der Zukunft für außerordentlichen Gesprächsstoff gut ist, stammt die Beschreibung eines Kaufmanns, „der gute Perlen suchte, und als er eine kostbare Perle fand, ging er hin und verkaufte alles, was er hatte, und kaufte sie" (Mt. 13, 45f).

Diese Aussage steht in einem Gleichnis Jesu, dessen kurze Einleitung ich noch für einige Augenblicke zurückstelle, um dem angestrebten Optimierungsprozeß meiner eingangs freimütig geschilderten Bemühungen etwas Spannung zu unterlegen. Deshalb bin ich auch allen Bibelkundigen dankbar, wenn sie sich im Zwiegespräch mit ihrer Nachbarschaft zurückhalten. Da Johannes Rau heute verhindert ist, sind wohl auch keine bibelfesten Zwischenrufe zu befürchten.

Der Kaufmann steht also ganz im Mittelpunkt höheren Interesses. Dabei überrascht in Jesu Gleichnis nicht etwa die Bezugnahme auf den unverzichtbaren Berufsstand des Kaufmanns und der Kauffrau, wobei Sie bei dieser Begrifflichkeit nicht analoge Schlüsse auf die Pfarrfrau und den Pfarrmann ziehen sollten, das sind die jeweils mitarbeitenden Ehepartner, die in dieser Funktion allerdings Ihren Angehörigen verwandt sein mögen. In Jesu Gleichnis überrascht die gelungene Anwendung des ökonomischen Prinzips auf mehrfacher Ebene. Zum Einen: Mit einem Minimum an Text (das ganze Gleichnis besteht aus einem einzigen Satz) wird ein Maximum an Aussage vermittelt. Zum Zweiten: Mit einem Minimum an Bild wird – und da bitte ich nun um einen kleinen Vorschuß an Vertrauen, weil Sie die aus drei Worten bestehende Einleitung noch gar nicht gehört haben -, mit einem Minimum an Bild also wird ein Maximum an Anschaulichkeit erzielt. Es läßt sich ja durchaus die innere Erregung nachvollziehen, als der Kaufmann nach langer intensiver Suche das Prachtstück gefunden hat und nun in geradezu hektischer Wechselwirkung zwischen hochgradiger Kauflust und blitzschneller Kalkulation seiner Vermögensverhältnisse zu ermitteln versucht, ob er sich denn diese kostbare Perle wohl leisten könne. Zum Dritten: Kritische Rechner mögen mit einem genüßlichen Maß an Spott schon längst eingewandt haben, daß der Herr Jesus mit einem Minimum an kaufmännischem Sachverstand ein Maximum an ökonomischer Unvernunft unter Beweis stelle. Denn welcher Kaufmann könnte und würde es sich leisten, alles, was er hat, Bargeld und Sachwerte, Immobilien und Grundstücke, Versicherungen und Kirchensteuer preiszugeben, um eine einzige Perle zu erwerben, die zweifelsohne kostbar und schön sein mag, die aber weder Wärme spendet noch den Hunger stillt, es sei denn, der Kaufmann käme auf die Idee, für das kürzere oder längere Anschauen, das sich von Bruchteilen einer Sekunde bis zu minutenlangem Staunen erstrecken könnte, Besichtigungsentgelte zu erheben, von denen er dann mit der Perle ein auskömmliches Leben führen könnte.

Aber, meine sehr verehrten Kaufleute, nun muß das Geheimnis, nicht nur um der Spötter, sondern um der Wahrheit willen, gelüftet werden, wobei ich die verschwiegene Geduld aller Damen und Herren bewundere, die einen guten Konfirmanden- und Religionsunterricht, besonders auch in der Berufsschule, genossen haben.

Das Gleichnis lautet in der vollständigen Fassung: „Das Himmelreich gleicht einem Kaufmann, der gute Perlen suchte, und als er eine kostbare Perle fand, ging er hin und verkaufte alles, was er hatte, und kaufte sie."

Welch eine Hommage an den Kaufmannsstand, daß einer seiner Vertreter in beispiellos kluger Handlungsweise geradezu beispielhaft für alle anderen Berufsstände mitten auf Erden mit dem Himmelreich in Verbindung gebracht wird. Und das alles in einem Satz mit einem Bild für ein Ziel mit himmlischem Höchstgewinn bei unbegrenzter Haltbarkeit.

In diesem Gleichnis Jesu wird in genialer Weise vorweggenommen und bestätigt, was in dem Kurzlehrbuch von Müller-Merbach, das ich mir eigens für diesen Abend von meiner Nichte ausgeliehen habe, thesenhaft ausgeführt wird. Jesus bestätigt einerseits das Maximumprinzip, weil, wie wir gesehen haben, mit einem wirklich minimalen Aufwand an Gedanken und Bildern ein maximales Ergebnis an Verständnis für das Reich Gottes erzielt wird. Andererseits aber bestätigt Jesus auch das Minimumprinzip, wenn er den vorgegebenen Output eines Raum und Zeit, Welt und Geschichte über- und umgreifenden Reiches mit dem minimalen Input eines pars pro toto, also stellvertretend für alle anderen, handelnden Kaufmannes für im Prinzip erreichbar erklärt. Was bedarf es da noch einer problemindividuellen Definition des Optimalitätskriteriums, wenn das Extremumprinzip generell erreicht ist?

Nun aber, meine Damen und Herren, fangen die Probleme erst an. Oder positiv gewendet: jetzt beginnt es wirklich interessant zu werden.

Denn das Himmelreich ist, wie es biblisch mehrfach heißt, in Jesus von Nazareth „nahe herbeigekommen" (Matth. 4, 17), aber so ganz ist es doch noch nicht greifbar, wohl auch nicht ganz begreifbar. Deshalb werden in der Bibel Alten und Neuen Testamentes fast unerschöpflich Geschichten erzählt, die alle irgendwie mit dem Himmelreich zu tun haben, das sich in Glaube, Liebe und Hoffnung der Menschen schon ansatzweise verwirklicht, aber auch immer wieder durch Kleinglauben, Bosheit und Resignation aufgehalten oder verdrängt wird. Bei der Schilderung solcher Ereignisse mit Erfolg und Mißerfolg, in denen Menschen besser oder schlechter wegkommen, tritt häufig die kaufmännische Welt in Erscheinung. Allein unter den Stichworten Geschäfte und Handel, Kaufen und Verkaufen, Zinsen, Lohn und Schulden findet sich eine Fülle von Anschauungsmaterial. Eine kleine Auswahl davon möchte ich den Mitgliedern und Gästen des Kaufmännischen Vereins im 183. Jahre seines Bestehens ungerne vorenthalten.

Der Standardtext für ein christliches Wirken in der Spanne zwischen Jesu Erscheinen und der endgültigen Verwirklichung des Reiches Gottes ist das Gleichnis von den anvertrauten Zentnern (Mt. 25, 14ff).

Da ruft ein Mensch, der für längere Zeit außer Landes geht, seine Mitarbeiter zusammen und vertraut ihnen sein Vermögen an. Dem einen gibt er fünf Zentner Silber, dem anderen zwei, dem Dritten einen, jedem nach seiner Tüchtigkeit. Als er zurückkehrt, lobt er die ersten beiden Mitarbeiter, weil sie in der Zwischenzeit die fünf und die zwei Zentner jeweils verdoppelt haben.

Der dritte Mitarbeiter wird in höchstem Maße getadelt, weil er seinen Zentner Silber in der Erde vergraben hatte, um ihn seinem Chef unversehrt zurückgeben zu können. Diesem Mann, der keinerlei Risiko eingehen wollte, wird vorgeworfen: Du bist böse und faul gewesen, du hättest mein Geld zumindest anlegen sollen, damit ich das Meine mit Zinsen wiederbekommen hätte. Zur Strafe wird dem dritten Mitarbeiter der eine Zentner abgenommen und den anderen beiden zur Belohnung gegeben. Überdies wird der „unnütze Knecht" in die Finsternis hinausgeworfen, wo „Heulen und Zähneklappern" sein wird.

Wie kluge Kaufleute nach dem ökonomischen Prinzip auch unter dem Aspekt eines gewissen Risikos nach einem möglichst günstigen Verhältnis von Aufwand und Ergebnis trachten, so sollen Christen mit ihren Gaben und Möglichkeiten sich dafür einsetzen, daß Gutes, sagen wir einmal Gerechtigkeit und Frieden, vermehrt wird. Dabei soll sich allerdings ihre Kaufabsicht auf Wahrheit, Weisheit, Zucht und Einsicht richten (Sprüche 23, 23). Und es wird der im Magazin Plusminus schon lang vermißte Rat gegeben: „Kauft euch Weisheit, weil ihr sie ohne Geld haben könnt." (Sirach 51, 33)

Es hat immer wieder glaubensfeste Menschen bis in die Gegenwart hinein gegeben, die sich wenig Gedanken um eine wirtschaftliche Absicherung ihrer Zukunft gemacht haben. Ich denke an den evangelischen Albert Schweitzer, der im Urwald Gabuns, in Lambarene, ein großes Hospital errichtet hat, und an Mutter Theresa, die sich mit anderen Schwestern in den Elendsvierteln des indischen Kalkutta um die Ärmsten der Armen bis zum Tod im hohen Alter eindrucksvoll gekümmert hat. Aber kaum jemand unter uns würde wohl heute bestreiten, daß ein gewisses Maß an wirtschaftlicher Vorsorge in Deutschland und Europa unverzichtbar erscheint. Deshalb lesen wir manche Texte der Bibel so, daß wir sie in ihrer Rigorosität etwas entschärfen. Aber bleibt nicht trotzdem in dem Gleichnis vom reichen Kornbauern, der wegen seiner überreichen Ernten die alten Scheunen abbrechen und größere bauen ließ, eine überaus deutliche Warnung an alle Geschäftstüchtigen jeden Berufes im Ohr? Der Kornbauer sagt zu seiner Seele: „Du hast einen großen Vorrat für viele Jahre; habe nun Ruhe, iß, trink und habe guten Mut!" Da sagt ihm Gott: „Du Narr! Diese Nacht wird man deine Seele von dir fordern; und wem wird dann gehören, was du angehäuft hast?" Und Jesus fügt als Pointe hinzu: „So geht es dem, der sich Schätze sammelt und ist nicht reich bei Gott." (Lukas 12, 16ff)

Eine ähnliche Warnung vor zu viel Selbstsicherheit lesen wir im Jakobusbrief. „Ihr sagt: Heute oder morgen wollen wir in die oder die Stadt gehen und wollen ein Jahr dort zubringen und Handel treiben und Gewinn machen -, und wißt nicht, was morgen sein wird. Ein Rauch seid ihr, der eine kleine Zeit bleibt und dann verschwindet. Dagegen sollt ihr sagen: Wenn der Herr will, werden wir leben und dies oder das tun." (Jakobus 4, 13 ff)

Andererseits hat sich in der Entwicklung der Menschheit der Handel zwischen Menschen und Völkern immer mehr ausgeweitet. Schon längst vor der Verwendung des Begriffes Globalisierung hat es einen Erdteil verbindenden Handel gegeben.

„Die mit Schiffen auf dem Meere fuhren und trieben ihren Handel auf großen Wassern, die in Sturm und Ungewitter gerieten und deren Seele vor Angst verzagte, daß sie taumelten und wankten wie ein Trunkener und wußten keinen Rat mehr, die haben dem Herrn gedankt für seine Güte und für seine Wunder, die er an den Menschenkindern tut". (Psalm 107, 23ff)
Seit eh und je haben Zeiten der Dürre und Not die Menschen zum Handel über die Grenzen des eigenen Volkes hinweg getrieben. Jakob schickte seine Söhne nach Ägypten, um dort Getreide zu kaufen, wobei sie auf einen Landwirtschaftsminister treffen, den sie vor vielen Jahren als Sklaven für 20 Silberlinge verkauft hatten. Sie erkennen in ihm nicht wieder ihren Bruder. Er rächt sich nicht an ihnen, obwohl er nach menschlichem Ermessen Grund gehabt hätte. Er überrascht sie durch Großmut, denn als sie mit den Getreidesäcken wieder zuhause ankommen, findet ein jeder einen Beutel Geld in seinem Getreidesack. Außer in Oldenburg und umzu habe ich ähnlich großzügige Gesten bisher nirgendwo wieder erlebt.

Überhaupt sind die alttestamentlichen Geschichten aus der Anfangszeit des Volkes Israel eine Fundgrube menschlicher Charaktere und dramatischer Entwicklungen, wobei nicht selten Geschäftstüchtigkeit eine große Rolle spiel. Man denke nur daran, mit welcher List und Tücke Jakob dem müde und hungrig von der Arbeit heimkehrenden Esau für ein Linsengericht dessen Erstgeburtsrecht abkauft. Später erschleicht sich Jakob von seinem erblindeten Vater noch den Erstgeburtssegen, indem er sich mit Hilfe seiner Mutter um Hände und Hals Felle von jungen Schafen umlegt und die Stimme seines Bruders imitiert, um den Vater hinters Licht zu führen.

Mit Recht hat der amtierende Bundestagspräsident Wolfgang Thierse vor kurzem darauf hingewiesen, daß Sprache und Kultur unserer Geschichte sowohl durch die Bibel als auch durch Goethe zu einem ausgesprochen hohen Prozentsatz geprägt ist. Ob er dabei auch an Esau und Jakob und an Kain und Abel gedacht hat, ist mir jedoch nicht bekannt.
Gerade weil über ein natürliches Konkurrenzdenken hinaus jeder mehr oder weniger im Umgang und im Handel mit seinem Nächsten auf das eigene Wohl bedacht ist, präsentieren die Schreiber der Heiligen Schrift über das Gebot der Nächstenliebe hinaus eine Fülle von konkreten Mahnungen zur Fairness.

Im ältesten Dokument des Neuen Testamentes schreibt der Apostel Paulus an die Christen in Thessalonichi: „Niemand gehe zu weit und übervorteile seinen Bruder im Handel; denn der Herr ist ein Richter über das alles, wie wir euch schon früher gesagt und bezeugt haben". (1. Thess. 4, 6)

Im Buche Sirach, das zu den Apokryphen des Alten Testamentes gehört, werden, besonders in Luthers kräftig-deftiger Übersetzung, sehr konkrete Ratschläge gegeben: „Sei kein Prasser und gewöhne dich nicht ans Schlemmen, damit du nicht zum Bettler wirst, der andere auf Borgen bewirtet, weil er selber kein Geld mehr im Beutel hat. Ein Arbeiter, der sich gerne vollsäuft, der wird nicht reich; und wer mit Wenigem nicht haushält, der kommt bald zu Fall". (Sirach 18, 32ff) Auf die Verlesung der folgenden Verse verzichte ich an dieser Stelle lieber.

Zur Lohnpolitik werden an einigen Stellen merkwürdige Ausführungen gemacht.

Während im 5. Buch Mose daran erinnert wird, wie wichtig es ist, dem Tagelöhner seinen Lohn nicht vorzuenthalten, sondern ihm seinen Lohn am selben Tage zu geben, damit er seine Familie mit dem Nötigsten versorgen kann (5. Mose 24, 14f), verblüfft die Geschichte von den Arbeitern im Weinberg nur die Verhandlungspartner einer Tarifrunde, die nicht um den Gleichnischarakter der Erzählung wissen. Ein Winzer einigt sich morgens um 6 Uhr mit seinen Arbeitern auf einen Tageslohn von einem Silbergroschen. Um 9 Uhr, um 12 Uhr, um 15 Uhr und eine Stunde vor Arbeitsschluß um 17 Uhr wirbt er jeweils neue Arbeiter und gibt allen den gleichen Lohn in Höhe von einem Silbergroschen. Weder aus der Sicht der Gewerkschaften noch aus der Arbeitgeberverbände würde diese Entlohnung Zustimmung finden. (Matth. 20, 1ff) Aber in der Pointe geht es darum, den Hörern und Lesern deutlich zu machen, daß auch kurz vor Lebensende ein Mensch sich bekehren und Einzug in das Reich Gottes halten kann. Das gilt natürlich für Katholiken und Protestanten, für Orthodoxe und Freikirchliche gleichermaßen. Hier vermischt sich wunderbar Ökumene mit Ökonomie. Oder etwa nicht?

Um so mehr ärgert es Jesus, daß manche Menschen die Großzügigkeit der Güte Gottes einfach als noch nicht an der Zeit beiseiteschieben. In dem Gleichnis vom großen Abendmahl, zu dem viele eingeladen werden, die vielleicht gar nicht damit gerechnet haben, bedient er sich bei den Entschuldigungsgründen wieder zweier Bilder aus der Geschäftswelt. „Der Erste sprach zu dem Boten: Ich habe einen Acker gekauft und muß hinausgehen und ihn besehen; ich bitte dich, entschuldige mich.

Und der Zweite sprach: Ich habe fünf Gespanne Ochsen gekauft und gehe jetzt hin, sie zu besehen; ich bitte dich, entschuldige mich. Und der Dritte sprach: Ich habe eine Frau genommen; darum kann ich nicht kommen." Auch diese Entschuldigung könnte einen ökonomischen Hintergrund haben, wenn die Partnerin nicht nur schön, sondern auch vermögend gewesen sein sollte.

Das Gleichnis endet mit der Bemerkung, daß keiner der Geladenen das Abendmahl schmecken wird im Reiche Gottes. (Lukas 14, 15ff) Gelegentlich sind also kompromißlose Prioritäten zu setzen – wenn es um Gott geht.

Auch die Problematik von Schulden und ihrer Tilgung bzw. eines Schuldenerlasses wird in der Bibel behandelt, wobei Jesus wohl nicht an die Entschuldung ganzer Staaten im dritten Teil der einen Welt vor Augen gehabt hat.

Wiederum, so lesen wir, wird das Himmelreich mit einem König verglichen, der einem völlig überschuldeten Mitarbeiter aus Mitleid gegenüber seiner Familie die Rückzahlung von 10 Zentner Silber erlassen hatte. Als dieser nun gerade die gute Nachricht gehört hatte, traf er einen Kollegen, der ihm nur 100 Silbergroschen schuldig war. Obwohl der Kollege um ein wenig Geduld bat, um seine Schulden zu begleichen, ließ der reich beschenkte Mensch den Schuldner ins Gefängnis werfen. Als das an die Ohren des Königs drang, überantwortete er ihn den Peinigern, bis er alles bezahlt hätte, was er ihm schuldig war. Die Moral von dieser Erzählung ist dann diese:

„So wird auch mein himmlischer Vater an euch tun, wenn ihr einander nicht von Herzen vergebt, ein jeder seinem Bruder." (Matth. 18, 21) Zu solch radikalem Schuldenerlaß wollte sich die Regierung in dem neuen Gesetz nicht durchringen. Etwas Mithilfe über wohl sieben Jahre wird dann doch von den Schuldnern erwartet.

Entsprechend leuchtet dann die Bitte in dem Vaterunser Jesu ein, wenn es heißt: „Vergib uns unsere Schuld, wie auch wir vergeben unseren Schuldigern."

Wir merken, meine sehr verehrten Damen und Herren, daß die Welt des Handels und der Geschäftsbeziehungen ausgesprochen oft herhalten muß, um geistliche Zielvorstellungen zu erläutern.

Dabei wird natürlich das ökonomische Prinzip, das in Oldenburg und dem Rest der Welt gang und gäbe ist, nicht völlig außer Kraft gesetzt. Aber meist bleibt doch ein Körnchen Wahrheit zurück, das zum Schmunzeln oder Runzeln über unsere Wirklichkeit führen kann.

In der Geschichte vom reichen Jüngling, der wohl mit Erfolg die meisten Gebote gehalten hat, antwortet Jesus auf die Frage, was ihm denn noch fehle, um das ewige Leben zu haben: „Willst du vollkommen sein, so geh hin, verkaufe, was du hast, und gib's den Armen, so wirst du einen Schatz im Himmel haben." Die Geschichte endet mit der Feststellung, daß er betrübt davonging, weil er viele Güter hatte. (Matth. 19, 16ff)

In ähnliche Richtung weist ein kurzes Wort Jesu an anderer Stelle: „Verkauft, was ihr habt, und gebt Almosen. Macht euch Geldbeutel, die nicht veralten, einen Schatz, der niemals abnimmt, im Himmel, wo kein Dieb hinkommt und den keine Motten fressen." (Lukas 12, 33)

Sie haben sicherlich schon befürchtet, daß ich noch kurz auf den sogenannten Zehnten zu sprechen kommen muß. Als Jakob auf der Flucht vor seinem Bruder Esau war und ihm träumte, daß eine Leiter Himmel und Erde verband und Gott ihm gnädig sei, versprach Jakob am nächsten Morgen für den Fall wohlbehaltener Rückkehr in die Heimat, in Zukunft den Zehnten zu geben. (1. Mose 28, 10f)
Daraus wurde eine Praxis, die bis in das Urchristentum hinein lebendig war. Im Buche Sirach heißt es einmal: „Was du gibst, das gib gern, und bringe den Zehnten fröhlich dar." (35, 11)

In der Urgemeinde hat es dann so etwas wie einen Urkommunismus gegeben, der nicht mit seinen sprachlichen Nachfolgern in späteren Jahrhunderten verwechselt werden sollte. Da verkauften die Menschen Güter und Habe und teilten sie aus unter alle, je nach dem es einer nötig hatte. So ist in der Apostelgeschichte zu lesen. Dort wird auch von einer schrecklichen Bestrafung berichtet, daß Hananias und Saphira nacheinander tot umgefallen seien, weil sie das Geld für einen der verkauften Acker noch als persönliche Sicherheitsreserve zurückbehalten hatten (Apostelgeschichte 2 und 5).

Welch ein Glück, daß solche radikalen Konsequenzen schon bald abgeschafft worden sind. Die neun Prozent Kirchensteuer, die heute als Mitgliedsbeitrag der Gläubigen für die geistliche und soziale Arbeit unserer Kirchen erhoben wird, macht real höchstens 3,5 % des Einkommens aus. Dabei sind Äcker, Vieh und Häuser als Werte an sich gar nicht einbezogen.

Auch die Kirchen von heute bemühen sich aus eigener Kraft und mit Hilfe von externer Beratung, ein wirtschaftlich optimales Verhältnis von Aufwand zu Ertrag zu erzielen.

Beispielsweise bemühen sich viele Pastorinnen und Pastoren trotz reduzierter Gehälter und vergrößerter Pfarrstellen und vieler Besuche in den Gemeinden um ein Ansteigen der Zahl der Gottesdienstbesucher, um ein noch größeres Engagement im Bereich der Diakonie zugunsten aller, die Hilfe zur Selbsthilfe brauchen, und um ein noch fröhlicheres Gesicht, um so erlöst auszusehen, wie Friedrich Nietzsche es gefordert hat.

Auch wenn Sie dieses Beispiel mit etwas Ironie hören sollten, ist die Fröhlichkeit eines Menschen, der anderen begegnet, nicht zu unterschätzen. Mittlerweile treffe ich in Behörden und Verwaltungen, bei der Zulassung des Kraftfahrzeuges und bei der Auskunft am Bahnhof auf genau dieselben Gesichter mit einem zuvorkommenden Lächeln und einem einladenden Augenzwinkern, wie es in Handel und Gewerbe seit eh und je gang und gäbe ist. Auch in der Freundschaft und Liebe zwischen zwei Menschen läßt sich mit einem minimalen Aufwand einer verbalen oder realen Streicheleinheit ein Maximum an Herzlichkeit in Wort und Tat zurückgewinnen. In Fabriken und Geschäften, in Rathaus und Kirche haben sich mittlerweile soviel Wohlwollen, Zuvorkommenheit und Hilfsbereitschaft ausgebreitet, daß die Vorfreude auf das nahende Himmelreich dezent in den Hintergrund tritt. Es scheint mir fast, daß das ökonomische Prinzip, das seine erste und tiefste Begründung in dem Kaufmann gefunden hatte, der gute Perlen suchte, daß dieses ökonomische Prinzip sich fast überall, auch ökumenisch, durchgesetzt hat.

Da ist es vielleicht nicht so verwunderlich, daß ehemals hoch gehandelte Worte einer göttlichen Ökonomie nicht mehr so gefragt sind. Da heißt es in Psalm 103: „Er handelt nicht mit uns nach unseren Sünden und vergilt uns nicht nach unserer Missetat." (Vers 10) Da überrascht die Einladung zum Gnadenbunde Gottes aus Jesaja 55 kaum mehr einen Menschen: „Wohlan, alle, die ihr durstig seid, kommt her zum Wasser! Und die ihr kein Geld habt, kommt her, kauft und eßt! Kommt her und kauft ohne Geld und umsonst Wein und Milch!" (55, 1)

Liebe Kaufleute! Ich bin mir überhaupt nicht sicher, ob mein Reden und Ihr Hören in einem möglichst günstigen „Verhältnis von Aufwand und Ergebnis" gestanden hat, zumal ich natürlich überhaupt nicht damit rechne, daß ich mit diesem Input einer guten halben Stunde einen Output von lebenslanger Kirchentreue oder gar einen Put-Return erzielen könnte. Aber ganz unabhängig von solchen geistlich ökonomischen Überlegungen bin ich dem Herrn Jesus außerordentlich dankbar, daß er einen Kaufmann ganz in den Mittelpunkt höheren Interesses und mir ein Thema für den heutigen Abend gestellt hat. Und das alles in einem Satz, mit einem Bild, für ein Ziel mit himmlischem Höchstgewinn bei unbegrenzter Haltbarkeit.

Eine solche Perle der Erkenntnis, die auch in unserer Zeit und Welt kostenlos gewonnen werden kann, sollten wir auf keinen Fall vor die Gruppe von Tieren werfen, für die Landwirtschaftskammer zuständig ist. Das stünde nun in krassem Gegensatz zu dem ökonomischen Prinzip, um das sich der Herr Jesus zusammen mit seinem Kaufmann bleibende Verdienste erworben hat. Wem der Verkauf alles dessen, was er oder sie hat, am heutigen Abend als eine ökonomische Überforderung erscheint, sollte sich dann vielleicht lieber mit einem kleineren Input pekuniärer Art begnügen, der einem optimalen Output des therapeutischen Reitens zugute kommen soll. Dann hätte sich das ökonomische Prinzip wieder einmal hervorragend bewährt – auch aus biblischer Sicht, heiter und nachdenklich zugleich.

1. Bericht des Bischofs vor der Synode am 18.5.1999 in Rastede

Hohe Synode, Herr Präsident, verehrte Gäste, liebe Schwestern und Brüder!

I.
Nach einem Jahr in Oldenburg

Es ist keine Floskel, wenn ich mich zu Beginn meines ersten Berichtes vor der Synode der Ev.-Luth. Kirche in Oldenburg für einen großen Vorschuß an Vertrauen bedanke, den ich von Mitgliedern und Gremien unserer Kirche empfangen habe. Das hat mir das Einleben in den neuen Aufgabenbereich, den man vorher nicht üben kann, sehr erleichtert.

Bei meinen Besuchen in Gemeinden und Gemeindekirchenräten, auf Pfarrkonventen und Kreissynoden, bei Werken, Vereinen und Verbänden unserer Kirche habe ich immer wieder um ein Wir-Gefühl geworben. Dabei geht es mir um eine konstruktive Zusammenarbeit sowohl auf der Ebene eines Arbeitsgebietes als auch zwischen den Ebenen der Gemeinde, des Kirchenkreises, der oldenburgischen Kirche mit ihren übergeordneten Aufgaben und Diensten insgesamt. Nur, wo wir aufeinander zugehen, miteinander beraten und füreinander beten, erhalten wir uns die Freude aneinander, sparen wir Geld und gewinnen wir Hoffnung für die Zukunft. In einer ganzen Reihe von Gesprächen, die den Charakter einer kleineren oder größeren Krisenintervention hatten, ist das Gespür für die Positionen der anderen Seite merklich gewachsen. Das ist ein gutes Zeichen dafür, daß das Evangelium, das wir in Wort und Tat auf vielfältige Weise verkündigen, in unseren eigenen vier Wänden Wirkung zeigt.

Mit diesen Feststellungen möchte ich nicht das Recht und die Pflicht zum Streiten um der Sache des Evangeliums willen beeinträchtigt wissen. Im Gegenteil. Mir scheint, daß bisweilen für wirklich wichtige Themen weniger Energie eingesetzt wird als für weniger bedeutsame Fragen des Glaubens und Lebens. Aber wir alle werden es als wohltuend empfinden, wenn beim Ringen um notwendige Ziele und mögliche Wege die Achtung vor der begründeten Meinung der anderen nicht auf der Strecke bleibt. Welch besseres Zeugnis der Liebe Gottes wollten wir vor einer Welt ablegen, die allzu oft von Mißtrauen und Lieblosigkeit gezeichnet ist?

Fast 20.000 Menschen sind in unserer oldenburgischen Kirche von Woche zu Woche haupt-, neben- und ehrenamtlich in irgendeinem Einsatz für die Gemeinschaft unserer Kirche und das Gemeinwohl unserer Gesellschaft tätig. Für diesen größtenteils gerne geleisteten Dienst von Männern, Frauen und Jugendlichen können wir gar nicht genug dankbar sein. Die persönliche Begegnung ist meist ein besserer Werbeträger für die Botschaft der Liebe Gottes zu uns Menschen als ein Stapel von Papier.

Auch bei meinen Besuchen in allen Landkreisen und kreisfreien Städten, beim Ministerpräsidenten und in etlichen Ministerien, bei Parteien, Kammern, Bundeswehr, Polizei, in Krankenhäusern und Gefängnissen, in Gesprächen auf ökumenischer und interreligiöser Ebene, natürlich auch bei den Gästeabenden bei uns zuhause habe ich mal schwächer und mal stärker ein Wir-Bewußtsein für die Belange unseres gesellschaftlichen und politischen Gemeinwesens registriert. Angesichts schwieriger Bedingungen in Teilbereichen der Wirtschaft und damit verbundener Auswirkungen auf die soziale Stabilität in unserem Land mehren sich die Stimmen, die – obwohl sie mitunter gar nicht kirchlich gebunden sind – die Zukunftsfähigkeit der Kirchen für unverzichtbar halten und zu unterstützen bereit sind. So spricht sich beispielsweise der rheinland-pfälzische Ministerpräsident Beck für einen neuen gesellschaftlichen Konsens über die Finanzierung der Kirchen aus. Der Staat sei aus ideellen wie aus finanziellen Gründen darauf angewiesen, daß Institutionen wie die Kirchen subsidiär Aufgaben in der Wohlfahrtspflege oder in Erziehung und Bildung erfüllten, da der Staat weder das ehrenamtliche Engagement im gleichen Umfange wie die Kirchen wecken noch für eine ausreichende Werteorientierung sorgen könne. Im Gegenzug dürfen wir uns mit unserem diakonisch-sozialen Handeln nicht ohne wirkliche Not aus dem Dienst an der Gesellschaft zurückziehen.

Nach der VI. These der theologischen Erklärung von Barmen 1934, auf die sich unsere Kirchenordnung unter anderem gründet, besteht der Auftrag der Kirche darin, „an Christi Statt und also im Dienst seines eigenen Wortes und Werkes durch Predigt und Sakrament die Botschaft von der freien Gnade Gottes auszurichten an alles Volk". Diesem Auftrag sind wir und bleiben wir auf allen Ebenen kirchlicher Verantwortung und in allen Sparten kirchlichen Dienstes verbunden und verpflichtet.

Lassen Sie mich nun, liebe Synodale, unter fünf Zwischenüberschriften einige Themen aufgreifen, die uns je nach unserer kirchlichen Mitarbeit ferner oder näher liegen, die mir aber für unsere oldenburgische Kirche nicht unwichtig erscheinen.

II.
Beobachtungen und Anmerkungen

1. Was betroffen und verlegen macht

Ein Gebet aus unseren Tagen lautet so: „Lieber Vater im Himmel, wir sind erschrocken und entsetzt über die Bilder aus dem Kosovo, wir haben gedacht, unser Volk würde sich nie wieder an einem Krieg beteiligen, aber wir wollen auch nicht mitschuldig werden daran, daß ein ganzes Volk vertrieben wird und viele Tausende erschlagen und vergewaltigt werden. Wir wissen nicht, was wir denken und was wir tun sollen, aber unsere Augen sehen nach dir, Herr! Ergreife die Herzen der Machthaber, daß sie nach deinem Willen fragen. Wehre dem Haß und der Gewalt, daß die Unschuldigen nicht länger leiden müssen, zeige den Verantwortlichen Wege zu einem schnellen Frieden. Gib den Vertriebenen ihre Heimat zurück, mache die Völker Europas willig, ihnen zu helfen, mit allem, was sie brauchen. Laß uns und deine Kirche zum Boten deines Friedens werden, gib uns ein Wort für unsere Zeit und gib uns den Mut, deinen Worten zu folgen. Amen."

Mitten durch Parteien, durch die Bevölkerung, durch Gemeinden und Freundschaften geht ein Riß. Recht große Einmütigkeit besteht noch in der Verurteilung des serbischen Regimes unter Milosevic, das durch planmäßige Unterdrückung, Ermordung, Vertreibung einer ethnischen und politischen Minderheit einen Teil des Landes säubern will. Nach wochenlangen politischen Verhandlungen ohne ein menschenfreundliches Ergebnis erhofften sich auch viele, die keine Freunde kriegerischer Auseinandersetzungen sind, ein schnelles Ende des Krieges zugunsten der gequälten Minderheit. Mittlerweile jedoch ist es wohl für alle unerträglich geworden, daß die als „Friedensdienst" gedachten Bombardements nicht nur zu keinem greifbaren Ergebnis geführt haben, sondern sich immer unkontrollierter auch auf Zivilisten, Botschaften und Nachbarländer ausgeweitet haben. Darum ist der Ruf nach einem Stop der Bombardierung verständlich, aus der Sicht aller, die der Grundüberzeugung sind, „daß Krieg nach Gottes Willen nicht sein soll" (Ökumenischer Rat, 1948).

Viele leitende Geistliche der evangelischen Kirchen in Deutschland haben es bevorzugt, sich nicht wöchentlich zu dem europäischen Konflikt im Kosovo zu äußern. Der Vorsitzende des Rates der EKD, Präses Manfred Kock, hat verschiedentlich zur Entwicklung der Auseinandersetzungen Stellung genommen, wobei er Vereinfachungen vermieden und auf das Dilemma von Kompromissen, die den Opfern der Vertreibung nichts nützen und ihre schnelle Rückkehr unwahrscheinlich machen, hingewiesen hat. Die Landessynode der Evangelischen Kirche in Berlin-Brandenburg hat Mitte April in einem Beschluß ihre Ratlosigkeit und Erschütterung angesichts schwerster Verbrechen gegen die Menschlichkeit und der furchtbaren Kriegsfolgen geäußert und betont, daß alle Kraft darauf verwendet werden müsse, Wege zum Frieden, zur Rettung und Hilfe für die unglücklichen Opfer und zur Wahrung des Heimatrechts der Vertriebenen und Flüchtlinge zu finden. Selbstverständlich wird dann auch zur Fürbitte der Gemeinden im Gottesdienst, zu ökumenischen Friedensgebeten und zur verstärkten Aufnahme und Versorgung von Flüchtlingen aufgerufen. Und es wird, wie denn auch anders, von der Bundesregierung erwartet, „daß sie sich weiterhin und verstärkt für die Beendigung der Gewalt in Jugoslawien einsetzt und ab sofort Mittel für die zivile Konfliktbearbeitung bereitstellt, um für die Zukunft Regelungen zu finden, die das friedliche Zusammenleben ermöglichen." Viel mehr und anderes konnte wohl keine Synode zur Sache äußern.

Wer in der ZEIT den Briefwechsel zwischen Erhard Eppler und Egon Bahr verfolgt hat, konnte einen guten Einblick in die Gesamtproblematik menschenrechtlicher, völkerrechtlicher, politischer, militärischer und friedensethischer Überlegungen erhalten. Wer am Tage Christi Himmelfahrt Teile der Debatte auf dem Parteitag von Bündnis 90 / Die Grünen gesehen und gehört hat, wird natürlich den Primat der Politik vor militärischen Interventionen unterstützen und einen gewaltfreien Interessenausgleich mit sich anschließender Konfliktbearbeitung befürworten wollen. Aber auf welchem Weg die Voraussetzungen für eine solche Wende zu erreichen sind, darüber war man sich zutiefst uneinig. Das Ergebnis von etwa Viersiebteln zu Dreisiebteln in der Schlußabstimmung war ein Beweis für die Schwierigkeit, glasklare Lösungen für die schwierige Situation zu finden.

In einem Papier des Kirchenamtes der EKD vom 30. April 1999 (Anlage 1) wurde zu der Frage Stellung genommen, „was bei friedensethischen Überlegungen und Äußerungen zum Kosovo-Krieg zur Beachtung empfohlen wird". Unter Punkt 4 wird nüchtern festgestellt, daß es „derzeit keine übereinstimmende friedensethische Beurteilung des Kosovokrieges" gibt. Unbeschadet der Hoffnung, daß sich ein Ende der Kampfhandlungen auf allen Seiten unverzüglich einstellt, halte ich eine Nacharbeit der Konfliktlage unter Einbeziehung der orthodoxen Christen in Serbien für unerläßlich.

Wir müssen zu lernen beginnen, ob und wie Grundsätze der Ächtung des Krieges und der Gewalt im konkreten Fall der Verachtung von Menschenrechten und der Vernichtung von Menschengruppen durchzuhalten sind.

Mit meinem Besuch in der zentralen Aufnahmestelle im Kloster Blankenburg wollte ich ein kleines Zeichen der Gastfreundlichkeit und der Mithoffnung auf eine friedliche Wende und Rückkehr der Vertriebenen in ihre Heimat setzen. Wenn nun die Familien auf die Kommunen verteilt werden, sind auch unsere Gemeindeglieder gefragt, diese Menschen Freundlichkeit spüren zu lassen. Wir Deutschen haben Erfahrung mit Vertreibungen in unserer Geschichte gesammelt. Vor 66 Jahren begann die systematische Ausgrenzung, Vertreibung und Vernichtung der jüdischen Bürger aus unserer Mitte. Vor 55 Jahren setzte dann die Vertreibung deutscher Familien auf den östlichen Gebieten des damaligen Deutschland ein.

Aus gegebenem Anlaß habe ich in meinen Mitteilungen vom 12. Mai 1999 alle, die das Anliegen des Friedens vor Gott bringen, darum gebeten, politische Einseitigkeiten und offene oder verdeckte Schuldzuweisungen im Gebet zu vermeiden. Wer darum bittet, daß die Verantwortlichen des Westens endlich mit den Bombardierungen aufhören, muß vor Gott auch um ein Ende der Unbeugsamkeit und Brutalität derer bitten, die das ganze Dilemma ausgelöst haben und nach Kräften weiter betreiben. Friedensgebete waren und sind immer gut, wenn sie Opfer und Täter, deren Rollen mitunter sehr schnell wechseln, im Blick haben.

Vom 10. bis 13. Juni 1999 finden in den nunmehr 15 Mitgliedstaaten die Wahlen zum europäischen Parlament statt. Auf dem Hintergrund der eben geschilderten Friedensproblematik im Kosovo und aufgrund einer Reihe von negativen Schlagzeilen über die Arbeit der europäischen Kommission könnte der Eindruck entstehen, es lohne sich nicht, auf die europäische Politik Einfluß zu nehmen. Ich bin der gegenteiligen Ansicht. Das europäische Parlament hat sich zunehmend Einfluß auf Zielsetzungen und Handlungsweisen europäischer Politik erworben. Gerade eine starke Wahlbeteiligung wird den politisch Verantwortlichen in Brüssel deutlich machen, daß mit dem Maastrichter Vertrag von 1992 den Abgeordneten weitreichende Möglichkeiten der Mitgestaltung bei Gesetzgebungsvorhaben eröffnet worden sind. Viele Entscheidungen, die ihre Auswirkungen in die Bereiche Binnenmarkt, Sozialpolitik, Forschung, Verbraucherschutz, Umwelt und Landwirtschaft haben, werden in Europa getroffen mit bindender Wirkung für bundesrepublikanisches Recht. Deshalb gebe ich gerne den Ökumenischen Informationsbrief (Anlage 2) weiter, der von der Kommission der Kirchen für Ausländerfragen in Europa zusammen mit anderen kirchlichen Organisationen auf europäischer Ebene erstellt worden ist. Der beigefügte Text soll für Christen eine Hilfe sein, ihr europäisches Bürgerrecht wahrzunehmen und sich an den Wahlen zum Europäischen Parlament am 13. Juni 1999 zu beteiligen.

2. Was auf EKD-Ebene hoffen läßt

Nach dem Art. 2 unserer Kirchenordnung wissen wir uns „mitverantwortlich für das Wachsen der Einen Kirche Jesu Christi in aller Welt". Die oldenburgische Kirche ist „Glied der Evangelischen Kirche in Deutschland und bewahrt die darin gewordene Gemeinsamkeit".

Diese Überzeugung war der Grund, daß die Ev.-Luth. Kirche in Oldenburg nicht der Vereinigten Ev.-Luth. Kirche Deutschlands (VELKD) beigetreten ist und nicht einem anderem Verbund, zum Beispiel der Evangelischen Kirche der Union (EKU), beitreten wird. Um so mehr sind wir erfreut darüber, daß, auch mit Beförderung unserer Kirche, die Diskussion um eine begrenzte Stärkung der EKD unter Wahrung der Bekenntnisse und Besonderheiten der jeweiligen Landeskirche neu in Bewegung gekommen ist. Wir stimmen einer anstehenden Änderung der Grundordnung der EKD zu. Geplant ist, die Gesetzgebungskompetenz der EKD zu erweitern.

Wir freuen uns, daß es einer Kommission der VELKD und der EKU gelungen ist, einen Konsens darüber zu erarbeiten, daß die EKD nach der Zustimmung aller 24 einzelnen Landeskirchen auch ihrerseits der Konkordie reformatorischer Kirchen in Europa von 1973 zustimmen kann. Diese „Leuenberger Konkordie" hat festgestellt, „daß Kirchen verschiedenen Bekenntnisstandes aufgrund der gewonnenen Übereinstimmung im Verständnis des Evangeliums einander Gemeinschaft an Wort und Sakrament gewähren und eine möglichst große Gemeinsamkeit in Zeugnis und Dienst an der Welt erstreben" (Art. 29). Wir begrüßen es, daß es ab Oktober 2000 ein einheitliches theologisches Monatsmagazin in der Nachfolge der Lutherischen Monatshefte, Zeichen der Zeit, Evangelischen Kommentare und (hoffentlich) der Reformierten Kirchenzeitung geben wird. Wir sind froh darüber, daß es seit langem ein gemeinsames Evangelisches Kirchengesangbuch mit regionalen Anhängen gibt.

Wir hoffen, daß es gelingt, das evangelische Element in der EKD herauszuheben, ohne die lutherischen, unierten oder reformierten Traditionen zu vernachlässigen. Für meine Begriffe ist es längst überfällig, daß beispielsweise auf offiziellen Briefköpfen der Landeskirchen auch das Logo der EKD auftaucht, weil in den Medien nur die Zeichen der EKD und der Diakonie überhaupt wahrgenommen werden. Wir sollten bei besonderen Anlässen vor unseren Kirchen regelrecht Flagge zeigen, indem wir die Kirchenfahne hissen.

Die Kirchenkonferenz der EKD ist über fortschreitende Tendenzen beunruhigt, den Sonn- und Feiertagsschutz durch weitgreifende Ausnahmen vom Ladenschlußgesetz weiter zu durchlöchern. Seit langem gibt es eine Fülle von Ausnahmen, nach denen an Sonn- und Feiertagen teilweise oder ganztägig Geschäfte geöffnet sein dürfen. Wer im Urlaub oder in Kurorten am Sonntag Kaffeetrinken, Baden, Postkarten kaufen und unterschiedlichste Freizeitangebote wahrnehmen will, ist in der Regel dankbar für diese Möglichkeiten. Daß aber durch sogenannte Bäderregelungen zukünftig die Geschäfte sonn- und feiertags von 11.00 Uhr bis 18.30 Uhr auch für den Verkauf von Gegenständen des täglichen Ge- und Verbrauchs, also auch für den Erwerb von Autos, Kühlschränken, Möbeln und dergleichen vom 15. März bis 31. Oktober geöffnet sein sollen, ist nicht akzeptabel. Wir werden zusammen mit Gewerkschaften, der katholischen Kirche und einem Teil des Einzelhandels auf Landesregierungen und Landesparlament zugehen, um derartige Regelungen zu verhindern oder zurückzunehmen. Wenn zu den schon immer notwendigen Diensten der Feuerwehr, der Polizei, der Krankenhäuser, der öffentlichen Verkehrsbetriebe etc. eine solche Ausweitung des Geschäfts- und Wirtschaftslebens erfolgte, würden noch mehr Familien und das Vereinsleben durch die Berufstätigkeit einzelner Mitglieder belastet und gestört. Die Einführung des Sabbats durch das Volk Israel und die Heiligung des Sonntages durch die christliche Kirche haben ganz bewußt den Ruhetag für die ganze Familie im Blick gehabt. Wer behauptet, jeder solle sich seinen eigenen Ruhetag im Laufe der Woche auswählen können, redet einer individuellen Beliebigkeit auf Kosten gemeinschaftlichen Denkens, Handelns und Feierns das Wort. Dem kann und wird Kirche mit allen ihr zu Gebote stehenden Mitteln widersprechen.

3. Was zuhause Mühe und Arbeit macht

In 5. Mose 6 Vers 4 f werden Eltern und Gemeinde dafür verantwortlich gemacht, daß den Kindern und Kindeskindern die guten Gebote Gottes nahegebracht werden. Besonders das Gebot der Gottesliebe, aber natürlich auch die 10 Gebote und das Gebot der Nächstenliebe, „sollst du zu Herzen nehmen und sollst sie deinen Kindern einschärfen und davon reden, wenn du in deinem Hause sitzt oder unterwegs bist, wenn du dich niederlegst oder aufstehst, und du sollst sie binden zum Zeichen auf deine Hand, und sie sollen dir ein Merkzeichen zwischen deinen Augen sein, und du sollst sie schreiben auf die Pfosten deines Hauses und an die Tore."

Wir wissen, daß in vielen evangelischen Haushalten eine christliche Erziehung im notwendigen Maße kaum noch oder nicht mehr stattfindet. Es ist darum die Pflicht jeder Gemeinde, „die Sorge für die christliche Erziehung und Unterweisung der Jugend, die Schaffung und Erhaltung von Einrichtungen für die Förderung der Jugend im christlichen Leben und Denken, die Unterstützung der evangelischen Jugendarbeit in der Gemeinde" wahrzunehmen (Art. 25 Abs. 1 Punkt 3). „Die Kreissynode trägt die Mitverantwortung für: 1. die christliche Unterweisung der Jugend, 2. die kirchliche Jugendarbeit, besonders durch Bereitstellung von Heimen für Freizeiten und Berufung von haupt- oder nebenamtlichen Jugendarbeitern" (Art. 64 KO).

Diesen eindeutigen Vorgaben unserer Verfassung steht ein größerer Teil kirchlicher Wirklichkeit entgegen. Während vor einigen Jahren noch 50 Diakoninnen und Diakone auf gemeindlicher, kreiskirchlicher und landeskirchlicher Ebene für den Dienst an der Jugend angestellt waren, sind im Augenblick noch 36 Damen und Herren auf diesem für die Zukunft der Kirche und die Stabilität der Gesellschaft wichtigen Arbeitsgebiet tätig. Ein weiterer Abbröckelungsprozeß ist absehbar. Mit der Verabschiedung der „Perspektiven kirchlichen Handelns in der Ev.-Luth. Kirche in Oldenburg" durch die Synode im Mai vergangenen Jahres ist wenigstens die Summe von 1 Mio. DM für die Absicherung kirchlicher Jugendarbeit beschlossen worden. Die Vorsitzende des Bildungs- und Erziehungsausschusses hat diesen Beschluß zu Recht als einen „Notnagel" charakterisiert, nachdem eine weitergehende Konzeption aus dem Jahre 1997 wohl keine Mehrheit gefunden hätte. Es ist kaum zu verhindern, daß Gemeinden und Kirchenkreise nach und nach Jugendmitarbeiterstellen streichen werden in der Hoffnung darauf, für ihre Region an einer der 10 von der Synode beschlossenen Stellen partizipieren zu können. Um den Jadebusen herum herrscht auf dem Sektor professioneller Jugendarbeit mittlerweile „tote Hose".

Ich halte diese Entwicklung für nicht hinnehmbar. Deshalb hat der Oberkirchenrat in Zusammenarbeit mit dem Landesjugendpfarramt eine „Finanzierung von Planstellen für die Jugendarbeit in den Kirchengemeinden und Kirchenkreisen der Ev.-Luth. Kirche in Oldenburg" ausgearbeitet (Anlage 4 zu Vorlage 176).

Dieses Konzept ist in dem für die fachliche Seite zuständigen Bildungs- und Erziehungsausschuß gerade noch begrüßt, aber gegenüber dem Finanzausschuß schon nicht mehr befürwortet worden. Daraufhin hat der Finanzausschuß über die Vorlage nicht mehr befunden. Mit diesem Zustand kann sich weder der Oberkirchenrat noch der Bischof zufrieden geben.

Machen wir uns doch einmal klar, was passiert, wenn die – Gott sei Dank! – noch zahlreich vorhandenen ehrenamtlichen Mitarbeiterinnen und Mitarbeiter in dem breiten Spektrum der Arbeit an Kindern und Jugendlichen (Kindergottesdienst, Konfirmandenunterricht, Jugendgruppen) keine professionellen Kräfte mehr vorfinden, die sie ausbilden, begleiten, mit ihnen Projekte und Freizeiten planen und sie immer wieder für ihren Dienst ermutigen und stärken. Schon bei den Wahlen für den Gemeindekirchenrat im Jahre 2000 wird es da und dort Schwierigkeiten geben, geeignete Kandidatinnen und Kandidaten zu finden. Wie soll das 6 Jahre später aussehen, wenn ganze Landstriche keinen Nachwuchs mehr an jungen Erwachsenen für die Übernahme von Verantwortung in vielen Arbeitsgebieten vorfinden? Unabhängig von dieser Zukunftsperspektive halte ich es aus kirchenleitender Verantwortung (des Gemeindekirchenrates, des Kreiskirchenrates und des Oberkirchenrates) für verfassungswidrig, wenn die Ampeln für eine qualifizierte Jugendarbeit auf gelb-rot gestellt werden.

Ich plädiere nicht einseitig dafür, den Ist-Stand aller Mitarbeiterstellen im Bereich der Jugendarbeit zu erhalten. Das ist genausowenig möglich, wie die Bemessungsgrundlagen aller Pfarrstellen unverändert fortzuschreiben. Darüber hinaus ist für mich eine tarifliche Veränderung der Abgeltung von Dienstzeiten auf Freizeiten im Jugendmitarbeiterbereich erforderlich.

Aber es ist schon ein Mangel, daß in dem, wie ich finde, recht differenzierten Gesamtzuweisungsschlüssel gemäß dem Beschluß des Kirchensteuerbeirates vom 8. Juli 1994 unter den Kriterien der Gemeindeglieder, der Zahl der Pfarrstellen, der Grundbeiträge für Gemeindearbeit und Kirchenmusik, für Energiekosten und Gebäudebewirtschaftung, für Kreiskantorenstellen, für Gebäudebrandkassenwerte und für die Gebäudeunterhaltung eine Rubrik Jugendarbeit für den verfassungsmäßig höchsten (Art. 64) und dritthöchsten (Art. 25) Rang dieser kirchlichen Grundaufgabe fehlt.

Ich sehe zwei Lösungswege in dieser schwierigen Lage. Entweder folgt die Synode trotz der beschlußmäßigen Enthaltsamkeit der beiden zuständigen Ausschüsse im Prinzip dem Vorschlag des Oberkirchenrates mit der Maßgabe, 3,7 % des Gesamtzuweisungsschlüssels für eine mittelfristige Sicherung qualifizierter Jugendarbeit bereitzustellen, notfalls unterstützt durch die Einrichtung eines Härtefonds für Gemeinden, die nach objektiven Kriterien eine Grundversorgung des Gemeindelebens nicht mehr aufrecht erhalten können, oder durch eine Verpflichtung aller Gemeinden, einen entsprechenden Betrag selbst für eine hauptamtlich qualifizierte Jugendarbeit auf regionaler Ebene (Kirchengemeinden und Kirchenkreis) bereitzustellen.

Damit mich niemand mißverstehe: Ich erhebe hier keinen Vorwurf gegen irgendeinen Gemeindekirchenrat oder eine Kreissynode, die sich genötigt gesehen haben, um ihren Haushalt auszugleichen, auf Mitarbeiterinnen und Mitarbeiter in der Jugendarbeit oder anderen Arbeitsbereichen zu verzichten. Ich sehe es allerdings als Bischof, der im Sinne des Wortes über das Ganze blicken soll, als meine Aufgabe, vor einer Entwicklung zu warnen, die evangelische Jugendarbeit nach und nach ausdünnt und austrocknet. Denn durch die Neubewertung der Pfarrstellen vom Mai 1999 (Vorlage 184), die nochmals in vielen Gemeinden eine Reduktion von 100 % auf 75 % oder von 75 % auf 50 % vornimmt, ist die Hoffnung, daß Pastorinnen und Pastoren die Verminderung des Personals im Jugendarbeitsbereich auffangen könnten, illusorisch. In diesem Problembereich ist dringender Bedarf zu neuem Nachdenken und erweiterten Beschlüssen, die – auf welchem Wege auch immer – über die 1 Mio. DM, die etwa 10 Stellen entsprechen, hinausgehen. Diese Angelegenheit läßt mich nicht zur Ruhe kommen.

Unabhängig von diesem Regelungsbedarf haben wir die Chance, innerhalb des Bildungswerkes verstärkt an einem Kompakt-Konzept der geistlich-sozialen Grundversorgung im Kinder- und Jugendbereich zu arbeiten. Nur wenn es uns nach und nach noch besser gelingt, die religionspädagogische Arbeit der Kindergärten, der Kindergottesdienste, des Religionsunterrichtes, des Konfirmandenunterrichtes und der Jugendarbeit zu vernetzen, thematische Schwerpunkte zu setzen und auf eine wechselseitige Ermutigung aller Beteiligten hinzuarbeiten, wachsen neue Früchte im Weinberg des Herrn heran, die sich nach der Blüte- und Reifezeit ernten lassen. Die neue Struktur des Bildungswerkes bietet den verheißungsvollen Rahmen dafür, daß sowohl innerhalb der einzelnen Abteilungen als auch abteilungsübergreifend Fachkonferenzen zusammentreten, um positive Entwicklungen zu verstärken und Defizite in der Arbeit vor Ort und in der Kommunikation der jeweiligen Träger zu minimieren.

Bei meinen bisherigen Visitationen konnte ich feststellen, daß es in der Zusammenarbeit von Kirchengemeinden und Schulen, vor allen den Grundschulen im jeweiligen Einzugsbereich, erhebliche Unterschiede im Grad der Intensität gibt. Wo sich Pastorinnen und Pastoren mit ihren Gemeindekirchenräten in gewisser Regelmäßigkeit mit ganzen Schulkollegien oder zumindest mit den Religionslehrerinnen und Religionslehrern über ihre Arbeitsschwerpunkte austauschen und sich ihrer gegenseitigen Solidarität zum Wohle der Kinder und Jugendlichen, die häufig in schwierigen familiären und sozialen Verhältnissen leben, vergewissern, wachsen der Mut, die Herausforderungen gemeinsam anzunehmen, und die Freude darüber, daß viel mehr gelingt, als was für möglich gehalten wurde.

In Absprache mit unserem Referat für Erziehung und Bildung werde ich im Jahre 2000 mindestens 200 Besuche bei Lehrerinnen und Lehrern verschiedener Schulformen, die evangelische Religionslehre erteilen, machen. Das brauchen nicht alles Einzelbesuche zu sein. Wo Arbeitsgemeinschaften in einer Stadt oder Region existieren, läßt sich die Zahl der Termine senken. Aber die zunehmende seelische Vereinsamung und oft auch zahlenmäßige Vereinzelung von unseren Schwestern und Brüdern im Schuldienst darf weder auf der Gemeindeebene noch auf der Kirchenkreisebene noch auf der oldenburgischen Gesamtebene einfach hingenommen werden. Ich hoffe und erwarte allerdings, daß alle Verantwortlichen auf den genannten Ebenen in diesem Arbeitsfeld ebenfalls, wenn es nicht schon längst geschieht, tätig werden, damit wir in einer konzertierten Aktion das neue Jahrzehnt im neuen Jahrhundert partnerschaftlich und zuversichtlich beginnen.

Im Zusammenhang mit der von der Synode angestrebten Verringerung der Zahl der Kirchenkreise hat die Verwendung des Begriffes Region viele Gemüter bewegt. Was heißt das eigentlich? Das aus dem Lateinischen kommende Wort regio bezeichnet im weiteren Sinne eine Gegend, einen Bezirk oder einen Bereich. Diese mehrschichtige Bedeutung schließt die Diskussion, über Regionalisierung nachzudenken, nicht zu, sondern auf. Je nach Arbeitsgebiet und sachlichen Erwägungen sind schon längst ganz verschiedene „Regionen" in Aktion. Neben einem Oberkirchenrat in Oldenburg existieren zum Beispiel 2 Telefonseelsorgen in Oldenburg und Wilhelmshaven, dreimal Studentenseelsorge in Oldenburg, Vechta und Wilhelmshaven, 4 Regionen aus der Sicht des Landesjugendpfarramtes, 6 Regionalbereiche der Landesgeschäftsstelle des Diakonischen Werkes der oldenburgischen Kirche mit 9 Diakonischen Werken in den Kirchenkreisen, die aber nicht identisch sind mit den 9 vorgesehenen Kirchenkreisen. Darüber hinaus gibt es 18 Diakonie- oder Sozialstationen, die Beispiele ließen sich beliebig fortsetzen.

Es gibt gemeinde- und kirchenkreisübergreifende Regionen für bestimmte Arbeitsgebiete, oft auch deshalb, weil sich Mitarbeiterinnen und Mitarbeiter über eine Aufgabe verständigen und sich als Partner an derselben Sache verstehen und menschlich zusammenarbeiten können. Und es gibt Verwerfungen und Brüche innerhalb von festgeschriebenen Regionen, wo Christenleute nebeneinander her oder gar gegeneinander arbeiten und übereinander reden. Für mich steht schon länger fest, daß vernünftige Leute auch in schlechten Strukturen miteinander zurechtkommen können und gute Strukturen keine Erfolgsgarantie für eine erquickliche Zusammenarbeit verschiedener Personen und Persönlichkeiten bieten. Darum bin ich wahrscheinlich davor gefeit, zum Strukturfanatiker zu werden. Veränderungen von Strukturen sollten wenigstens eine mittelfristige Perspektive haben, damit die sachlichen und personellen Anpassungs- und Eingewöhnungsschwierigkeiten sich auszahlen. Aber wer will die Hand dafür ins Feuer legen, daß der Zuschnitt von Referaten im Oberkirchenrat oder das Bildungswerk mit seinen Abteilungen oder die Zahl der Kirchenkreise auf Jahrzehnte unverändert bleiben können oder sogar dürfen? Der Anpassungsbedarf bei der Bewertung der Pfarrstellenbemessungsgrundlagen oder die immer wieder fällige Diskussion darüber, ob der Gesamtzuweisungsschlüssel überwiegend den Einzel- und Regionalbedürfnissen gerecht wird, sind nur zwei Belege dafür, wie bei gebotener Gelassenheit dennoch Zielvorgaben im Spannungsverhältnis zwischen Theorie und Wirklichkeit gefunden werden müssen und auch können.

Weil ich in den vergangenen 12 Monaten in verschiedenen Gremien und Konventen unserer Kirche danach gefragt worden bin, wie ich denn als Zugang aus einer unierten Kirche mit weit verbreitetem lutherischem Katechismus mit der oldenburgischen Ordnung und Art, Fragen zu stellen und Probleme zu lösen, zurechtgekommen bin, will ich dazu einige meiner Beobachtungen preisgeben und einige Anmerkungen dazu machen.
Dabei trifft es sich gut, daß in diesem Jahre das Gedenken an die Kirchenordnung von 1849 durch die Herausgabe von Festschriften und die Vorbereitung von Festivitäten feierlich begangen werden soll.

Schon bei meinen ersten Kontakten mit dem Findungsausschuß der Synode habe ich betont, wie theologisch gegründet und kirchenpolitisch offen die grundlegenden Bestimmungen im ersten Abschnitt des ersten Teiles der Kirchenordnung gefaßt worden sind.
Auf dieser guten Grundlage haben die folgenden Überlegungen auch nur den Charakter von Fragezeichen, über die nachgedacht werden kann, wenn da oder dort Leidensdruck oder Interesse besteht. Wenn beides nicht vorhanden sein sollte, kann man schnell zur Tagesordnung übergehen.

Als mir zu Beginn meines Dienstes jemand recht erregt ankündigte: „Da gehe ich zum Oberkirchenrat!", habe ich mich ernstlich gefragt, was oder wen er denn meint. Ich bin auf mindestens sieben Bedeutungsnuancen gekommen, die mir seither einzeln, paar- oder gruppenweise immer wieder begegnen. Ist das Gebäude in Oldenburg gemeint, ist die Verwaltung bis zur Ebene der Abteilungsleiter mit oder ohne Kollegium des Oberkirchenrates gemeint, sind alle zusammen gemeint oder das einzelne Mitglied des Oberkirchenrates, ist der Oberkirchenrat als Organ der Verfassung im Unterschied zur Synode und zum Synodalausschuß gemeint, ist der Bischof, als Vorsitzender des Oberkirchenrates mit gemeint oder nicht, weil die Synode, der Synodalausschuß, der Oberkirchenrat „neben dem Bischof als dem Träger des ersten geistlichen Amtes der Kirche" stehen (Artikel 77)?

Unter der Überschrift „Kirchenordnung" folgt Teil I „Leitung und Verwaltung der Kirche und ihrer Gemeinden" mit den Abschnitten I bis X. Nach der Begründung von Oberkirchenrat Dr. jur. H. Ehlers zum Entwurf einer Kirchenordnung für die Ev.-Luth. Kirche in Oldenburg von 1947 war vorgesehen, vier weitere Ordnungen des kirchlichen Lebens (einschließlich der Gottesdienstordnung, der kirchlichen Ämter, der kirchlichen Zucht und der Visitation) folgen zu lassen. Dieses Vorhaben ist bis heute nicht abgeschlossen worden. Es läßt sich natürlich fragen, ob man überhaupt alle diese Ordnungen noch haben will oder sie außerhalb einer im engeren Sinn verstandenen Kirchenordnung auf Gesetzes- oder Verordnungsebene regeln will. Aber wäre nicht ein Jubiläumsjahr der Anlaß dafür, noch vor dem Wechsel in ein neues Jahrhundert wenigstens den Startschuß für ein Überdenken der offenen Fragen zu geben?

Was im Artikel 4 festgestellt wird: „Gemeinde und Amt sind aneinander gewiesen. Sie einander recht zuzuordnen, ist bleibende Aufgabe der lutherischen Kirche.", könnte durchaus zum Gegenstand einer Weiterarbeit gemacht werden, weil eine gewisse Klärung des Begriffes Amt für sich und im Verhältnis zur Gemeinde hilfreich sein könnte bei der Beantwortung von Strukturfragen auf allen Ebenen unserer Kirche.

Die Frage, ob eventuell eine einheitliche Kirchenleitung mit hauptamtlichen Oberkirchenräten und nebenamtlichen Mitgliedern der Synode den Herausforderungen der Zukunft besser gewachsen sein könnte als das Neben- und Miteinander von Synodalausschuß und Oberkirchenrat, wage ich überhaupt nur rhetorisch zu stellen, weil ich weiß, daß dieses Thema zwischen 1947 und 1950 und auch heute noch die Gemüter ganz erheblich bewegen kann. Wollte man also das Leitungsprinzip der gemeinde- und kreiskirchlichen Ebene auch auf die „landeskirchliche" Ebene übertragen, hätte das sicherlich erhebliche Auswirkungen auch auf die vielfache Verwendung des Begriffes Oberkirchenrat. Das wäre keine Arbeit, die von heute auf morgen zu leisten wäre. Aber die Frage möchte ich schon gestellt haben.

Wäre bei einer Verringerung der Zahl der Kirchenkreise nicht auch zu erwägen, die Kreispfarrer, ohne daß sie Superintendenten werden sollen, zu Mitgliedern der oldenburgischen Synode zu machen, damit sie alle besser „der Förderung des geistlichen und kirchlichen Lebens zur Erfüllung gemeinsamer Aufgaben im Kirchenkreis" (Art. 74) dienen können? Mir scheint, daß weder durch die Beratungen der Kreispfarrer, zu denen der Bischof einlädt, noch durch die kirchliche Publizistik noch durch nach der letzten Synode eingeleitete Gemeindebriefvorlagen über wichtige Ergebnisse der synodalen Beratungen ausreichend Informationen über strukturierte Wege in die Kreissynoden und Pfarrkonvente gelangen.

Bedürfte es nicht dringend der Einrichtung eines synodalen Ausschusses für Diakonie- und Sozialfragen? Zwar sind auch nach der neuen Satzung vom 22. April 1999 für das oldenburgische Diakonische Werk alle Kirchengemeinden und Kirchenkreise in der Mitgliederversammlung unseres zentralen Werkes vertreten, aber auch außerhalb der Werksebene stellen sich doch kontinuierlich Fragen nach gemeindlicher und kirchenkreislicher Diakonie (z. B. in den Kindergärten), nach Ausbildung und Arbeit in unserer Gesellschaft, nach ethischen Orientierungen und Richtlinien zur gesellschaftlichen Diakonie überhaupt. Nach meiner Beobachtung ist es vom Grundsatz her weder für das Diakonische Werk noch für die Synode, die für eine breite Palette theologisch-diakonisch-sozial-gesellschaftlich-politischer Fragestellungen verantwortlich ist, günstig und angemessen, auf solch einen synodalen Ausschuß zu verzichten.

Bei der Würdigung der Tatsache, daß viele Mitglieder der Synode in mehreren Ausschüssen und anderen Gremien unserer Kirche tätig sind, könnte sowohl im Blick auf eine fachliche Schwerpunktbildung und die zeitliche Belastung erwogen werden, in die jeweiligen Ausschüsse eine bestimmte Zahl von evangelischen Fachleuten von außerhalb der Synode nicht nur als Gäste, sondern als Mitglieder zu berufen. Je mehr wir vorhandene Kompetenz unserer Kirche in das Nachdenken über den Weg in die Zukunft einbinden, um so mehr schöpfen wir die Ressourcen williger Menschen zum Wohle unserer Kirche und auch der Gesellschaft aus.

Für diesen Katalog von Fragen und Anregungen, den ich vor Ihnen, liebe Schwestern und Brüder, ausgebreitet habe, bin ich verantwortlich, nicht der gesamte Oberkirchenrat, damit auch klar ist, wer dann die Zielscheibe der Kritik zu sein hat. Die Punkte, die ich benannt habe, haben auch unterschiedliches Gewicht und sind, wenn man an ihrer Umsetzung arbeiten möchte, unterschiedlich kurz-, mittel- oder langfristig zu realisieren.
Abschließend zu diesem Komplex möchte ich noch einmal hervorheben, daß man nichts zu verändern braucht, wenn niemand unter gegenwärtigen Strukturen leidet und kein Interesse an einer Veränderung besteht.

Dagegen zeichnet sich immer deutlicher ab, daß ein neues Konzept zur Bemessung der kirchlichen Mitgliedsbeiträge in Gestalt der Kirchensteuer gefunden werden muß. Durch steuerliche Entlastungen im Lohn- und Einkommensteuerbereich sowie durch eine zunehmende Verlagerung des Schwergewichtes von direkten auf indirekte Steuern ist Handlungsbedarf geboten.

Die Steuerkommissionen der evangelischen und katholischen Kirche sind unter sich und mit der Politik in der Beratung. Jenseits dieser Grundsatzgespräche ist die Erhebung des sogenannten Kirchgeldes in glaubensverschiedener Ehe notwendig, um endlich eine Gerechtigkeitslücke zu schließen. Es ist keine neue Steuer, wie zu lesen war, wonach irgendjemand noch zusätzliche kirchliche Abgaben leisten soll. Es geht lediglich darum, die Gemeindeglieder in Zukunft mit vergleichsweise geringen Abgaben heranzuziehen, die bisher für sich und ihre Kinder keinerlei Steuern bezahlt haben, obwohl ihr Ehepartner über ein ausreichendes Einkommen für die ganze Familie verfügt. Die Zustimmung zu dieser Inkraftsetzung einer gesetzlichen Regelung in Niedersachsen aus dem Jahre 1974 ist auch gerade deshalb wichtig, weil sonst bei einer neuen Bemessungsgrundlage der allgemeinen Kirchensteuer derselbe Personenkreis auch in Zukunft keinen Beitrag zu den Lasten leisten, sondern nur von den vielfältigen Angeboten unserer Kirche profitieren würde.

Überdies wollen wir für die oldenburgische Kirche eine Stiftung ins Leben rufen, die den Erhalt, Ausbau und Umbau von Kirchen und Gemeindezentren sichern hilft. Wir können dankbar sein, daß in den vergangenen Jahren die Bausubstanz ganz überwiegend auf einen guten Stand gebracht worden ist. Aber wenn auch in zukünftigen Jahrzehnten die Kirche im Dorf und in der Stadt als Anziehungspunkt erhalten bleiben soll, muß heute mit der Vorsorge begonnen werden. Durch die Erträge einer in eine Stiftung eingebrachten Mittel könnte je nach Höhe der Ausstattung der Etat für andere gemeindliche Aufgaben entlastet werden. Es gibt nicht wenige Gemeindeglieder auch in unserer oldenburgischen Kirche, die danach Ausschau halten, wie sie einen Teil ihres Vermögens für zukünftige Generationen der christlichen Kirche sinnvoll anlegen können. Dem Wunsch soll Rechnung getragen werden, indem die Gründung einer solchen Stiftung vorbereitet wird.

4. Was beflügeln kann

Am 24. November 1999 soll in einer besonderen Veranstaltung, die am Nachmittag in der Lambertikirche und am Abend in einem Teil der Weser-Ems-Halle stattfinden wird, sowohl auf das Ereignis einer damals sehr fortschrittlichen Kirchenordnung von 1849 zurückgeblickt als auch ein Fest des Aufbruchs in das neue Jahrhundert gefeiert werden. Diese Veranstaltung ist eingebettet in die Mitte der diesjährigen Herbstsynode. Sie will eine Art Neujahrsempfang der oldenburgischen Kirche zu Beginn des neuen Kirchenjahres, das in das Jahr 2000 hinüberleitet, sein. Es wird die traditionelle Buß- und Bettagsveranstaltung in dieses Ereignis integriert. Diese Rückblick-Aufbruch-Feier verfolgt ein doppeltes Ziel: Sie soll einerseits einen Beitrag zur Selbstvergewisserung unseres evangelischen Glaubens in ökumenischer Offenheit leisten und andererseits im gesellschaftlich-politischen Umfeld unserer Region Zeugnis unseres Glaubens geben und den vielfach geführten Dialog mit den gesellschaftlich relevanten Kräften vertiefen helfen. An Gästen haben bereits ihre Teilnahme zugesagt: Der Ratsvorsitzende der EKD, Präses Kock, der Bischof von Münster, Herr Dr. Lettmann, der stellvertretende Ratsvorsitzende der Konföderation in Niedersachsen, Herr Dr. von Vietinghoff, die ACK Niedersachsen, Vertreter unserer Partnerschaftskirchen in Görlitz einerseits und in Ghana und Togo andererseits. Für das Land Niedersachsen wird Herr Ministerpräsident Glogowski mit einem Grußwort vertreten sein.

Zu diesem kirchlichen Ereignis im gesellschaftlichen Kontext werden aus jedem Pfarrbezirk je drei Delegierte und aus vielen kirchlichen Arbeitsgebieten kleine Delegationen stellvertretend für ihre Verantwortungsbereiche eingeladen. Werken, Einrichtungen und Verbänden unserer Kirche wird die Möglichkeit gegeben, ihre interessanten Arbeitsgebiete im Eingangsbereich der Weser-Ems-Halle auszustellen und dafür zu werben. Knapp 1000 Gäste und Mitwirkende erwarten wir zu dieser Veranstaltung, die gleichzeitig den Auftakt bilden soll für viele Aktivitäten unserer oldenburgischen Kirche, die sich mit Beginn des neuen Kirchenjahres in das neue Millennium hineinerstrecken.

Das Motto dieser Feierlichkeiten soll das gleiche sein, das auch für die Vorbereitung der Gemeindekirchenratswahlen am 2.4.2000 gilt: Evangelisch – aus gutem Grund. Vielfach höre ich bei meinen Besuchen, daß wir gerade in finanziell schwierigeren Zeiten eines stärkeren Wir-Gefühls in unserer Kirche bedürfen. Gerade wenn sich der Schleier der Lethargie und des Klagens über manche Regionen und Arbeitsgebiete legt, bedarf es eines gemeinsamen Aufbruches unter Gottes wegweisendem Wort.

In Kürze erscheint eine Sammlung mit einer Reihe von Ideen, die auf Gemeinde- und Kirchenkreisebene, auch ökumenisch, umgesetzt werden können. Weil die Veranstaltung am 24.11.1999 zahlenmäßig begrenzt sein muß und die jüngere Generation nur zu einem gewissen Prozentsatz beteiligt sein kann, wird über eine oldenburgische Begegnung der jungen Generation in anderer Gestalt nachzudenken sein.

Der Oberkirchenrat lädt mit seinen Mitarbeiterinnen und Mitarbeitern zu einem Tag der offenen Tür am Samstag, dem 2. Oktober 1999, nach Oldenburg ein. Die Vorbereitungen dafür sind im Gange. Über Einzelheiten wird bald informiert. Auch diese Aktion dient dem Zweck, daß wir alle ein Stück weit aus uns herausgehen, unser Arbeiten und Feiern öffentlich machen.

Es ist schon die Bitte an alle Gemeinden ergangen, unsere Kirchen täglich – wenigstens zeitweise – für Besucher zu öffnen.

Für ein besonderes Projekt Lambertikirche in Oldenburg setze ich mich ein und werbe dafür auch heute bei Ihnen, liebe Synodale. Der Ort der Lambertikirche am Rande der oldenburger Fußgängerzone gegenüber dem Rathaus ist ein Geschenk, das wir in Zukunft für Stadt und Land noch besser nutzen müssen. Bereits jetzt ist ein recht breites Spektrum von Angeboten in den Bereichen Musik und Kunst, Kultur und Ausstellung, Vorträgen und natürlich Gottesdiensten vorhanden.

In der Gemeinde Oldenburg ist in den vergangenen Jahren aus unterschiedlichen Blickwinkeln bereits darüber nachgedacht worden, wie man die Schwelle zum Eintritt in dieses Gebäude für Menschen, die der Kirche nicht ganz nahe stehen, überwindbarer machen könnte. Während der Adventswochen, bei Stadtfesten, Märkten und verkaufsoffenen Wochenenden strömen Tausende von Menschen aus der näheren und ferneren Umgebung durch die Innenstadt. Aber viele empfinden das Gebäude als verschlossen, obwohl die Türen geöffnet sind. Mir schwebt eine Konzeption vor, die ich bereits den zuständigen Pastorinnen und Pastoren, dem Innenstadtausschuß und dem Vorstand der Kirchengemeinde Oldenburg sowie dem Oberkirchenrat vorgetragen habe. Ich nenne jetzt nur kurze Stichworte, weil die Gefahr besteht, wenn ich ins Schwärmen gerate, daß dieser Bericht zu lang wird. Man muß von außen in den jetzigen Kapellenbereich hineinschauen können, um den Eindruck zu gewinnen: Da kann ich mal eben reingehen und sehen, was sich da tut, ohne die Befürchtung, sogleich von einem kirchlichen Mitarbeiter „verhaftet" zu werden. Dazu bedarf es heller Fenster, indem man die Mittelpfeiler herausnimmt, die jetzigen Türen müßten ausgetauscht werden durch freundliche Glastüren, die Zugänge brauchen einladende Laternen, um gerade im Winterhalbjahr oder bei Abendveranstaltungen durch das Licht die Menschen anzuziehen. Aus dem Inneren muß durch die Fenster und Türen hinaus Licht nach außen strahlen, um das transparent zu machen, was in den Räumen geschieht. Und was könnte da geschehen? Im jetzigen Kapellenbereich sollten mehrere Elemente vereinigt werden. Die Möglichkeit zur Erholung bei einer Tasse Kaffee oder Tee nach dem Einkauf in der Stadt, die Gelegenheit, sich über Programmangebote und Dienstleistungen unserer oldenburgischen Kirche durch Prospekte und Personen informieren zu lassen, die Chance, erste Beratung in Lebensfragen und Seelsorge in Anspruch zu nehmen oder sich im „Treffpunkt" Lambertikirche einfach zu treffen. Die Gebeine von Graf Anton Günther sollen in geeigneter Weise für die Öffentlichkeit ansichtig gemacht werden. Die Ausstellungen könnten in die Rotunde der Lambertikirche wandern und dort eine geeignete Aufhängung und Beleuchtung erfahren. Der Eine-Welt-Laden in der Kleinen Kirchstraße, der ein Dornröschendasein führt, könnte integriert werden. Eine zentrale Wiedereintrittsstelle unserer oldenburgischen Kirche und für andere Landeskirchen kann dort plaziert werden. Jugendpfarrer haben Interesse für einen Jugendtreffpunkt in Lamberti geäußert. Die erste Etage, wo jetzt die Kantorei ihre Proben abhält, sollte als Mehrzweckraum mit der Möglichkeit für Begegnungen zwischen Kirche und ihren Partnern in Ökumene, Gesellschaft und Politik einschließlich Bewirtung erhalten bleiben. Der darüberliegende Dachraum mit seinen aufstrebenden neugotischen Wänden bis zum abschließenden Naturgebälk bietet den Raum für eine zweite Kirche in der Kirche mit ganz anderem Charakter. Da könnte die neue Kapelle und das Refugium der Kantorei entstehen. Vor Jahren schon ist über den Einbau eines leistungsfähigen Aufzuges nachgedacht worden, der natürlich nicht fehlen dürfte. In einer Runde von Pfarrmännern ist die Idee angesprochen worden, an der zum Rathaus hin liegenden Querseite der Kirche eine Stahl-Glas-Konstruktion auf dem erhöhten Podest zu konzipieren, um einen weiteren einladenden Raum zu gewinnen.

Für den Betrieb eines solchen vielfältigen, offenen und lebensbejahenden Angebotes unserer Kirche bedürfte es neben den vorhandenen Stellen einiger Pfarrerinnen und Pfarrer im rüstigen Ruhestand, die sich alle 14 Tage einen Tag in ein Team von Zivildienstleistenden, einem Pfarrvikar und anderen Ehrenamtlichen einbringen, um als Gesprächspartner, als Hilfe in akuten Lebensfragen und als Vermittler von Informationen über kirchliche Angebote und Einrichtungen zur Verfügung stellen.

Die baulichen Veränderungen kosten einige Millionen Mark, die in einer Mischfinanzierung aus Mitteln der Kirchengemeinde, der Landeskirche, der einzurichtenden Stiftung, von Sponsoren und der oldenburgischen Einwohnerschaft aufgebracht und erbeten werden sollen.

Mögliche Bedenken aus anderen Städten und Landkreisen unserer Kirche gegen solch eine große Aktion in Oldenburg müssen gehört und bedacht werden. Sicherlich läßt sich nach einer Anlaufphase das ein oder andere Element der Arbeit auch auf andere Objekte übertragen. Aber nirgendwo, deshalb sind die Standorte auch nicht vergleichbar, sind tagtäglich so viele Menschen in unserer oldenburgischen Kirche unterwegs, daß sich eine ähnliche Schwerpunktbildung im Kosten-Nutzen-Vergleich lohnen würde. Wenn das Ganze einmal fertig sein sollte, werden viele Besucher aus Oldenburg zurückkehren mit der Freude darüber, daß es „ihrer" evangelischen Kirche gelungen ist, wenigstens und zunächst an einer Stelle ein besonderes Zeichen der Hoffnung und der Zukunft mitten in der Stadt zu gestalten. Das zahlt sich wiederum aus für die Wertschätzung der oldenburgischen Kirchengemeinden mit ihren kleineren, überschaubareren und wohnungsnahen Räumlichkeiten vor Ort.

Ich möchte die Synode bitten, diese groben Pläne in der Zielrichtung zu begrüßen und grünes Licht für eine gemischte Arbeitsgruppe aus wenigen Vertretern der Synode, der Kirchengemeinde, des Oberkirchenrates und von Fachleuten unter der einstweiligen Federführung des Bischofs zu geben. Die Kirchengemeinde Oldenburg und der Oberkirchenrat unterstützen diesen Schritt auf dem Wege einer sich öffnenden zu einer offenen Kirche in unserer Zeit und Welt.

In einem kleinen Kreis von engagierten Pfarrmännern unserer Kirche ist eine weitere von diesen Plänen unabhängige Idee geboren worden, um den Aufbruch in die Zukunft und in die Öffentlichkeit im Übergang von dem einen zum anderen Jahrhundert an den verschiedensten Standorten unserer Kirche sichtbar zu machen. Für knapp 50.000,-- DM können wir einen gläsernen Container erwerben, in dem sich Kirchengemeinden oder Kirchenkreise oder Werke und Einrichtungen an den verschiedensten Orten unserer Kirche für z. B. eine Woche der Öffentlichkeit präsentieren. Einladende Gemeinde auf Marktplätzen, in Urlaubszentren, im Rahmen der Expo, für Jubiläumsveranstaltungen und Festwochen. Der Transport kostet jeweils 290,– DM. In dieser Art „Glashaus" sind alle Anschlüsse für Strom, Wasser, Abwasser, selbst eine kleine Toilette, vorhanden. Ich suche für dieses Projekt einen Hauptsponsor oder mehrere Teilsponsoren, die es uns ermöglichen, im Jahr des Überganges vom einen ins andere Jahrhundert auf besondere Weise in Stadt und Land präsent zu sein. Auch danach kann dieses transparente Gebilde an den verschiedenen Stellen weiter nützlich sein und auch nach außerhalb vermietet werden. Sie merken, liebe Schwestern und Brüder, wes das Herz voll ist, des läuft der Mund über. Aber ich hoffe, daß Sie sich ein Stück weit mitreißen lassen in eine Aufbruchstimmung, die von Dank über unser Leben, von Freude über Gottes Schöpfung, von Zuversicht bei der Lösung von Problemen, von der Hoffnung auf Frieden und Gerechtigkeit in unserer Welt getragen ist. Wir sind evangelisch, auf den Grund des Evangeliums gegründet und bezogen, darum haben wir Anlaß, ein Stück weit aus unseren Gebäuden, aus uns selbst herauszugehen auf die Menschen zu, die wir erreichen möchten, die uns auf irgendeine Weise begegnen und vielleicht schon darauf warten, Kirche noch einmal von einer neuen Seite kennenzulernen und in die Gemeinschaft der weltweiten Christenheit zurückzukehren oder beizutreten.

50 Jahre Grundgesetz. „Am 22. Mai 1949, also am Tag vor der Verabschiedung des Grundgesetzes, erschien im „Oldenburger Sonntagsblatt" ein Artikel, in dem sich ein Oberkirchenrat öffentlich hinter das Grundgesetz stellte. Das war Hermann Ehlers, Oberkirchenrat in Oldenburg und wenig später Bundestagsabgeordneter der CDU. Ehlers' politische Arbeit war von dem Gedanken durchdrungen, anders als in der Weimarer Republik, „nicht noch einmal eine deutsche Demokratie einem sehr vielfarbigen Verein von mäkelnden Intellektuellen, professionellen Verneinern, verantwortungslosen Revoluzzern und kritiklosen Mitläufern zum Opfer fallen" zu lassen. Im Jahre 1950 wurde er zum Präsidenten des Bundestages gewählt. Es mag sein, daß in der Evangelischen Kirche nach 1945 die Zahl derjenigen gering war, die Demokraten im Sinn einer partizipatorischen Durchdringung der Institutionen Kirche und Staat waren, aber am Haus der Demokratie hat die Evangelische Kirche doch bewußt und aus Überzeugung mitgebaut" (Ev. Kommentare 5/99, Seite 30). Matthias Schreiber, ein persönlicher Mitarbeiter des ehemaligen Ministerpräsidenten Johannes Rau, berichtet von einer „dreifachen Spannung: zwischen einem Engagement, das mit der Verantwortung für die Vergangenheit ernst machte und zugleich Chancen für eine Zukunft in Freiheit und Souveränität ausmaß; zwischen dem Abschied von der Verbindung von Thron und Altar und einem neuen Staat-Kirche-Verhältnis; und zwischen dem Kampf der Weltanschauungen und Blöcke und dem gesamtdeutschen Gedanken. In dieser dreifachen Spannung hat die Evangelische Kirche einen Weg beschritten, der der Festigung und Verankerung der Demokratie in Deutschland förderlich war – vor 50 Jahren bei der Verabschiedung des Grundgesetzes ebenso wie vor 10 Jahren beim Kampf für die Überwindung der Teilung Deutschlands. Die Vertreter der Evangelischen Kirche sollten am 23. Mai 1999 ihr bestes Kleid anziehen und ihre Plätze beim Festakt zum 50. Jahrestag der Verabschiedung des Grundgesetzes in der vorderen Reihe einnehmen. Sie dürfen dankbar und stolz auf die Arbeit ihrer Vorgänger im Amt sein, die 1945 und in den Jahren danach besonders auch der Demokratie verpflichtet waren."

Jutta Limbach, die Präsidentin des Bundesverfassungsgerichtes, hat in einer „Kanzelrede" in der Münchener Erlöserkirche am 21. März hervorgehoben, daß die Mütter und Väter des Grundgesetzes mit der Bezugnahme auf Gott in der Präambel „sich zum einen von der menschenverachtenden nationalsozialistischen Ideologie distanzieren" wollten. Zum anderen wollten sie deutlich machen, „daß der Mensch nicht allmächtig und nicht das Maß aller Dinge sei. Die im Grundgesetz betonte Verantwortung vor Gott ist ein Ausdruck der Demut des staatlichen Verfassungsgebers" (DS, Nr. 13, Seite 5).

Eben ist das Jahrbuch Mission 1999 des Evangelischen Missionswerkes in Deutschland in Hamburg herausgekommen. Es trägt den Titel „Glaube und Globalität". Wie gut, daß wir nach wie vor mit unserer Partnerkirche der schlesischen Oberlausitz in Görlitz verbunden sind. Ende Juni wird der Oberkirchenrat seinen turnusgemäßen Besuch bei der Kirchenleitung der mit 72.000 Gemeindegliedern zweitkleinsten Gliedkirche der EKD machen. Dort findet eine interessante Entwicklung über die Staatsgrenzen hinaus statt. Zur Evangelischen Kirche in Polen und auch zu der evangelischen Christenheit in Tschechien können nach der politischen Wende intensivere Kontakte gepflegt werden. Wir sollen und wollen bei unserem Besuch mit der Kirchenleitung in Görlitz aus dem Blickwinkel der Nichtbetroffenen erörtern, wie diese Kontakte Substanz und Gestalt gewinnen. Das ist eine ehrenvolle Aufgabe. Wie könnten wir davon profitieren, wenn wir den Schlagbaum bei Middoge mutiger in das Ostfriesische hinein passieren und die Beziehungen zur Evangelisch-Reformierten Kirche sowie zur Bremischen Evangelischen Kirche intensivieren würden! Wir sind jedoch in der günstigen Lage, daß diese Grenzen keine wirklichen Grenzen sind, die es als Christenleute zu überwinden gilt. Im Rahmen unserer Konföderation bestehen beständige und lebendige Kontakte auf der Ebene von Gremien und im zwischenmenschlichen Bereich.

In diesen Wochen haben Landesbischof Heinrich Hermanns von der Ev.-Luth. Landeskirche Schaumburg-Lippe, Landessuperintendent Walter Herrenbrück von der Ev.-Reform. Kirche in Bayern und Nordwestdeutschland und Bischof Klaus Wollenweber von der Evangelischen Kirche der schlesischen Oberlausitz die Vollendung ihres 60. Lebensjahres feiern dürfen. Bei zwei der Geburtstagsfeiern war ich selbst anwesend und konnte die Glückwünsche unserer oldenburgischen Kirche überbringen. Im dritten Fall wird dies demnächst in Görlitz geschehen. Darüber hinaus haben wir mit Bischof i. R. D. Dr. Hans-Heinrich Harms am vergangenen Freitag in kleiner Runde sein 60. (!) Ordinationsjubiläum gefeiert.

Wie gut, daß durch die Partnerschaften zu unseren Schwestern und Brüdern in Ghana und Togo kontinuierliche Kontakte über die Norddeutsche Mission bestehen, die die oldenburgische Kirche in ungefähr dem Verhältnis bei der bremischen Mission finanziert, wie die hannoversche Landeskirche die gemeinsame Arbeit der Konföderation in Niedersachsen unterhält. Dr. Baier hat im Frühjahr an einer theologischen Konsultation bei den Partnerkirchen teilgenommen. Nachdem mein Vorgänger in seiner Amtszeit keinen Besuch in den beiden afrikanischen Ländern gemacht hat, plane ich zusammen mit dem Landessuperintendenten der lippischen Kirche einen Besuch in Ghana und Togo im Oktober 2000. Zuvor jedoch werden Vertreter beider Kirchen bei unserem Jubiläum im November 1999 und – das erstmalig – bei einer Sitzung des Oberkirchenrates zu Gast sein.

III.
Gemeinsam in ein neues Jahrzehnt

Hohe Synode, liebe Schwestern und Brüder!

Ob wir wollen oder nicht, ob unsere Computer up to date sind oder nicht, ob wir für Silvester 1999 eine extravagante Party gebucht haben oder nicht, laßt uns als Ev.-Luth. Kirche in Oldenburg in ökumenischer Freundschaft mit der katholischen Kirche und den Freikirchen unserer Region und in Aufgeschlossenheit gegenüber allen Menschen, die guten Willens sind, den Weg in das neue Jahrzehnt, manche sprechen von einem Jahrhundert, andere wieder von einem Jahrtausend, gehen, in Bewegung bleiben, offen sein für das, was kommt, in der Zuversicht, daß ER kommt, auf uns zukommt, in unsere Freude und in unsere Schmerzen und Nöte hinein. Die Präsidentinnen und Präsidenten des Ökumenischen Rates der Kirchen haben eine schöne Pfingstbotschaft für 1999 ausgegeben (Anlage 3). „Wir vertrauen auf Gottes Geist, den Geist von Pfingsten. Er wird uns leiten, daß wir Christen uns trotz unserer verschiedenen Traditionen und Kulturen besser verstehen lernen. Er wird uns auch helfen, daß wir gemeinsam vor der Welt „von den großen Taten Gottes reden" und den Menschen die Zusage Jesu Christi weitersagen „Siehe, ich bin bei euch alle Tage bis an der Welt Ende!""

Was wollen wir mehr?

Predigt im Festgottesdienst zum 100. Geburtstag der Banter Kirche am 6. Juni 1999 in Wilhelmshaven

Liebe Festgemeinde!

100 Jahre Banter Kirche – seit der Grundsteinlegung bis heute. Das muß gefeiert werden. Mit schönen Gottesdiensten und originellen Ausstellungen, mit Jubiläumskonzert und Jahrmarkt der Jahrhundertwende, mit Kirchenratssitzung und Banter Tafel für jedermann – und das umsonst!

Dieses Wörtlein „umsonst" hat es in sich. Zum einen bedeutet es „kostenlos". Dabei denken manche sofort: Was nichts kostet, ist auch nichts wert. Das mag auf Werbeartikel und Kaffeefahrten mit hinterlistiger Verkaufsstrategie ja zutreffen, aber nicht auf Kaffee und Kuchen der Banter Gemeinde. Mir fallen bei der Vokabel „umsonst" biblische Bilder ein, die konkurrenzlos auf dem Markt der Möglichkeiten sind. In Jesaja 55 steht die Einladung zum Gnadenbunde Gottes: „Wohlan, alle, die ihr durstig seid, kommt her zum Wasser! Und die ihr kein Geld habt, kommt her, kauft und eßt! Kommt her und kauft ohne Geld und umsonst Wein und Milch!" (Jesaja 55, 1) Im Buche Sirach werden die Menschen aufgefordert: „Kauft euch Weisheit, weil ihr sie ohne Geld haben könnt." (Sirach 51, 33) Und Jesus sendet seine Jünger aus: „Geht und predigt und sprecht: Das Himmelreich ist nahe herbeigekommen. Macht Kranke gesund, weckt Tote auf, macht Aussätzige rein, treibt böse Geister aus. Umsonst habt ihr's empfangen, umsonst gebt es auch." (Matth. 10, 7+8)

Zum anderen bedeutet das Wörtlein „umsonst" auch „vergeblich". Alle Hoffnung war umsonst. So mahnt der Apostel Paulus die Christen in Korinth: „Ich erinnere euch an das Evangelium, das ich euch verkündigt habe, das ihr auch angenommen habt, in dem ihr auch fest steht, durch das ihr auch selig werdet; es sei denn, daß ihr umsonst gläubig geworden wärt." (1. Korinther 15, 1+2) Das wäre allerdings schade.

Wer wollte wirklich das Geschenk der Taufe, an dem Glaube, Hoffnung und Liebe hängen, dem Teufel einfach vor die Füße werfen; es sei denn, er oder sie habe sich verblenden lassen durch Selbstgerechtigkeit vor Gott und seiner Gemeinde. Wer wollte denn die Zugehörigkeit zur evangelischen Kirche, die trotz mancher Unzulänglichkeit und auch Schuld für Millionen Menschen in Deutschland eine gute Adresse für Gottesdienst und Nächstenhilfe ist, einfach aufkündigen und damit die Gemeinschaft der Heiligen verlassen; es sei denn, er oder sie wolle sterben ohne geistlichen Trost und dereinst vor Gottes Thron treten, ohne die Fürsprache unseres Herrn Jesus Christus.

Darum möchte ich im Jubiläumsjahr alle Frauen und Männer, die irgendwann aus welchen Gründen auch immer aus unserer kirchlichen Gemeinschaft ausgetreten sind, in Gottes Namen einladen, wieder einzutreten, die Gnade der Taufe und die Freude an Gottes Wort und seinem diakonischen Handeln wieder aufleben zu lassen. Die Kirchensteuer zur Finanzierung der weltlichen Dinge ist im Vergleich nur eine Minikollekte für den geistlichen Reichtum, den Gott uns im Evangelium schenkt; umsonst, aus Gnaden, aber hoffentlich nicht umsonst, vergeblich.

100 Jahre Banter Kirche. Das muß gefeiert werden, heute in diesem Gottesdienst und dann die ganze Woche. Zu solchem Feiern gehören für mich Lob und Dank gegenüber dem Herrn

der Kirche, der kritische Rückblick auf die Geschichte mit ihren Licht- und Schattenseiten und der zuversichtliche Ausblick an der Schwelle in ein neues Jahrhundert, das schon in wenigen Monaten beginnen wird.

Vor 66 Jahren stand das kirchliche Leben vor einer inneren Zerreißprobe zwischen sogenannten Deutschen Christen und Bekennender Kirche. Das war keine leichte Zeit für Gemeindeglieder, die sich nicht durch deutsch-nationalistische Parolen und Programme beirren lassen wollten. Etliche haben durch ihre Standfestigkeit Nachteile in Kauf genommen, Hohn und Spott erlitten und mitunter für Glaubensmut und Glaubenstreue mit dem irdischen Leben bezahlt. Aber sie haben die Seligkeit erlangt, von der in der Bergpredigt vorhin die Rede war. Gott sei Dank für dieses Zeugnis der Schwestern und Brüder von damals.

Vor 55 Jahren stand die Kirchengemeinde vor einem Haufen Schutt und Scherben, nachdem zusammen mit vielen Wohngebäuden auch die Kirche, das Gemeindehaus und die Pfarrhäuser zerstört worden waren. Aber wie schon bei den Schwierigkeiten Ende des letzten Jahrhunderts, als die Kirche neben dem Friedhof errichtet werden sollte, so haben es die Verantwortlichen der Kirchengemeinde auch nach dem zweiten Weltkrieg verstanden, mit festem Glauben und unbeirrbarer Hoffnung trotz finanzieller Bedenken des Oberkirchenrates den Wiederaufbau der Gebäude voranzutreiben.

Wichtiger noch war der Neubeginn des ganzen Gemeindelebens zum Wohle der Menschen in der Stadt Wilhelmshaven und zur Ehre Gottes. Dank sei allen, die in der Nachkriegszeit viel Phantasie und Energie in das „Unternehmen Kirche" investiert haben. Es hat sich gelohnt, wie man sieht, auch wenn die Gemeindegliederzahlen aus verschiedenen Gründen zurückgegangen sind.

Die heutige breite und bunte Palette von Veranstaltungen und Dienstleistungen ist nur deshalb möglich, weil viele Frauen und Männer und Jugendliche in „ihrer" Banter Kirche haupt- und ehrenamtlich engagiert und geistlich zuhause sind. Für diesen Dienst am Evangelium, der vielen Bürgerinnen und Bürgern Wilhelmshavens zugute kommt, sage ich allen, die mitgewirkt haben und weiter mithelfen werden, meinen herzlichen Dank!

Im Jahr der 100-jährigen Geschichte der Banter Kirche feiern wir in der oldenburgischen Kirche das 150-jährige Gedenken an die Kirchenverfassung von 1849. Darin wurde der Grundstein gelegt für den Aufbau der evangelischen Kirche von unten nach oben. Von der Gemeindeebene werden Delegierte in die Kreissynoden gewählt und von dort aus wieder Männer und Frauen in die Synode der oldenburgischen Kirche. Diese Synode wählt ihrerseits die Mitglieder des Oberkirchenrates einschließlich des Bischofs. Während ich diese Gedanken gestern mittag aufgeschrieben habe, hörte ich von der Wahl der Bischöfin Margot Käßmann in der hannoverschen Kirche. Das Ergebnis fiel sehr knapp aus. Aber dennoch ist es ein sehr deutliches Zeichen für das Freiheitsbewußtsein evangelischer Kirche, das sich für mich aus biblischer Einsicht, reformatorischer Erkenntnis und neuzeitlichem Verständnis von Gleichberechtigung von Männern und Frauen weiterentwickelt hat. Ab 4. September werden dann in der niedersächsischen Konföderation 4 Bischöfe und eine Kollegin der mit Abstand größten Kirche nach Wegen und Mitteln suchen, wie das große Schiff, das sich Gemeinde nennt, über die Jahrtausendwende manövriert werden kann.

Wir wissen, liebe Schwestern und Brüder, daß in vielen evangelischen Haushalten eine christliche Erziehung im notwendigen Maße kaum noch oder gar nicht mehr stattfindet. Es ist darum unser aller Aufgabe, in der Arbeit an Kindern und Jugendlichen das Bestmögliche zu tun. Die vorhandenen Mitarbeiterinnen und Mitarbeiter im Kindergarten und im Kindergottesdienst, in der Konfirmandenarbeit und in den Jugendgruppen bedürfen geistlicher Begleitung und fachlicher Unterstützung. Gegenwärtig wird in unserer Kirche an einem Konzept gearbeitet, in dem sich die genannten Arbeitsgebiete besser ergänzen und vernetzen, damit bei weniger Geld immer noch viel christliche Erziehung geleistet werden kann.

Während uns beispielsweise die Seniorenarbeit und die Kirchenmusik und die Sozialarbeit der Diakonie meist vertraut sind, weil sie in unseren Kirchen und Häusern geschieht, müssen wir die Kontakte zu den Religionslehrerinnen und -lehrern neu in den Blick nehmen und vertiefen. Dem Vernehmen nach ist das Verhältnis in Bant gut und freundschaftlich. Die „Schwestern und Brüder im Schuldienst" fühlen sich nicht selten etwas von Kirche allein gelassen. Sie leisten eine wichtige, aber äußerst schwierige Aufgabe an unseren Kindern und Enkeln, denen es schwer gemacht wird – durch einen Mangel an Vorbildern und eine Überfülle an Medienangeboten –, den Weg der Nachfolge Jesu Christi fröhlich, gemeinschaftlich und verantwortlich zu gehen.

Deshalb werde ich im nächsten Jahr ein Zeichen setzen und mindestens 200 Religionslehrerinnen und -lehrer besuchen, um deren Rücken zu stärken und für eine bessere Verbindung zwischen Kirche und Schule einzutreten. Ich hoffe, daß viele Gemeindekirchenräte diese Kontakte ihrerseits pflegen und ausbauen.

Im vergangenen Herbst waren kirchenleitende Mitglieder der katholischen und unserer evangelischen Kirche zu Gast hier in Bant und Wilhelmshaven insgesamt. Wir haben das noch recht junge Arbeitsgebiet professioneller Notfallseelsorge kennen- und schätzengelernt. In diesem Feld sind viele Kollegen in menschlicher Not bei Opfern und Helfern tätig. Ich erwähne diesen Dienst dankbar und auch ein Stück zufrieden, weil er zeigt, daß Kirche nicht stehengeblieben und vornehmlich mit der Erhaltung von Gebäuden und der Pflege ihrer Geschichte beschäftigt ist.

Auch das Feld der Hospizarbeit ist ein beeindruckendes Beispiel dafür, wie Christenmenschen sich mit viel Zeit und seelischer Kraft dafür einsetzen, damit Menschen bis zum Ende leben können. Was dann kommt, legen wir getrost in Gottes Hand.

100 Jahre Banter Kirche, das ist ein Grund, Gott von Herzen dankbar zu sein und seine Gnade und Barmherzigkeit zu loben.

Als die Banter Kirche gebaut wurde, fragte man drei Steinmetze nach ihrer Arbeit. Der eine saß und haute Quader zurecht für die Mauern der Wand. „Was machst du da?" – „Ich haue Steine." Ein anderer mühte sich um das Rund einer Säule. „Was machst du da?" – „Ich verdiene Geld für meine Familie." Ein Dritter meißelte an einem Ornament für den Fensterbogen. Auch er wurde gefragt: „Was machst du da?" Er antwortete: „Ich baue an der Banter Kirche." Diese kleine Geschichte könnte sich hier abgespielt haben. In Wirklichkeit wird sie vom Freiburger Münster erzählt.

Aber ich wünsche Dir, liebe Gemeinde und unserer ganzen oldenburgischen Kirche, daß es auch in Zukunft viele Menschen in den Gemeinden und Kirchenkreisen gibt, die mit ihrem Glauben und Leben, ganz gleich mit welchen größeren oder kleineren Diensten, an der Kirche Jesu Christi bauen – mit dem Blick aufs Ganze wie bei dem dritten Steinmetz. Und dabei sollen wir Freude haben und Erfüllung finden in Zeit und Ewigkeit.

Nun aber danket alle Gott mit Herzen, Mund und Händen.

Amen.

Beitrag für den Landesverband Oldenburg der Jungen Union Deutschlands am 13.9.1999

„Zwischen Anspruch und Wirklichkeit: Das C in der Politik"

Vor einiger Zeit bin ich gebeten worden, für eine Broschüre für Kirchenälteste im Rheinland einen kurzen Artikel zum Stichwort „Politik und Kirche" zu schreiben. Die Knappheit der Aussagen für ein kleines kirchliches Lexikon bedarf sicherlich der Erläuterung und des Gespräches. Dennoch können diese Thesen bei der Bestimmung des C in der Politik als Erstinformation hilfreich sein.

Mit der „Botschaft von der freien Gnade Gottes" (Barmen VI) nimmt die christliche Gemeinde auch öffentliche Verantwortung in Gesellschaft und Politik wahr. Sie tritt für Gerechtigkeit und Freiheit, für Frieden und Bewahrung der Schöpfung „in der noch nicht erlösten Welt" (Barmen V) ein. Aus eigener Kraft oder in Zusammenarbeit mit anderen Trägern setzen sich christliche Gemeinden dafür ein, daß Menschlichkeit gefördert, Unheil vermieden und Not gewendet wird. Kirchliche Diakonie hat stets zugleich den einzelnen Menschen und die Strukturen der Gesellschaft im Blick. Kirche befürwortet die Prinzipien der Subsidiarität und der Solidarität sowohl im kirchlichen als auch im gesellschaftlich-politischen Raum. In der parlamentarischen Demokratie mit ihrer Gewaltenteilung sieht die Kirche eine gute Möglichkeit für ihre Mitglieder, sich an der politischen Willensbildung zu beteiligen. Die Zusammenarbeit zwischen Kirche und Parteien soll dem Wohle der Menschen dienen. Bei allem notwendigen Streiten um politische Ziele und konkrete Gesetzgebung tritt Kirche für die Belange der Schwachen ein. Kirche begleitet das Tun der politisch Handelnden mit kritischer Anteilnahme und in der Fürbitte vor Gott. Kirche stellt sich selbst im Blick auf ihr eigenes Handeln der öffentlichen Kritik, weiß sich aber in allem an die „clausula Petri" gebunden: „Man muß Gott mehr gehorchen als den Menschen (Apg. 5, 29)".

Welchen biblisch-theologischen Hintergrund haben solche Aussagen?
Es ist keine Frage, daß Jesus von Nazareth öffentlich geredet und gehandelt und mit seinen Gleichnissen und Wundern oft auch bestehende Strukturen in Frage gestellt hat. In seiner Bergpredigt (Matth. 5 – 7) ist eine Fülle von Leitlinien für das persönliche und gemeinschaftliche Leben der Christen gegeben. Selbst wenn sich diese Botschaft mit den Seligpreisungen, den Worten vom „Salz der Erde" und „Licht der Welt", den Erläuterungen zum Töten, zum Ehebrechen, zum Schwören, zum Vergelten und zur Feindesliebe nicht ungebrochen in den politischen Alltag umsetzen läßt, ist sie als Leitmotiv für das politische Handeln von Christen und Kirche nicht wegzudenken. Das Urchristentum und die Gemeinden der ersten Jahrhunderte respektierten den Staat der Antike als von Gott verordnete Obrigkeit (Röm. 13, 1). Der Apostel Paulus setzte allerdings voraus, daß die Obrigkeit „Gottes Dienerin, dir zugut" ist. Paulus erörterte nicht die Frage, ob dieser Grundsatz uneingeschränkt durchzuhalten ist, wenn eine Obrigkeit zu erkennen gibt, daß sie ihren Auftrag, Gutes zu fördern und Böses in Schranken zu weisen, verfehlt. Da die Christen sich weigerten, an dem im römischen Reich geübten Herrscherkult teilzunehmen, litten sie unter blutigen Verfolgungen.

Erst das „Mailänder Toleranzedikt" von 313 stellte das Christentum rechtlich mit den übrigen im römischen Staat vorhandenen Religionen gleich. Zwei Generationen später wurde das Christentum von Kaiser Theodosius I. zur Staatsreligion erhoben (Abschluß der „konstantinischen Wende").

In den folgenden Jahrhunderten waren Kirche und Staat mehr oder weniger institutionell bzw. personell durch kirchliche und weltliche Repräsentanten verflochten und verwickelt. Zwar hat die Kirche theologisch an ihrer Unabhängigkeit festgehalten. Papst Gelasius I. (492 – 496) hat in seiner „Zwei-Gewalten-Lehre" die Autorität der Kirche, welche durch den Papst repräsentiert wird, und die Macht der Könige unterschieden. In der Praxis wurde die Unabhängigkeit beider Gewalten allerdings nicht durchgehalten. Mit seiner „Zwei-Reiche-Lehre" hat Martin Luther zwei unterschiedliche Weisen beschrieben, mit denen Gott gegen die Sünde des Menschen vorgeht. Während Gott das Herz des Menschen durch das gepredigte Wort ergreift, kommt es unter dem Zwang der Obrigkeit zum äußerlichen Gehorsam gegen das Gesetz. So erfüllt die Obrigkeit in der gefallenen Welt eine notwendige Funktion, damit Frieden und Gerechtigkeit gewahrt werden.

Mit der Aufklärung in der zweiten Hälfte des 18. Jahrhunderts ergeben sich grundlegende Veränderungen im Verhältnis Staat und Kirche, wobei die Durchsetzung der Menschen- und Bürgerrechte, insbesondere der Religionsfreiheit, hervorzuheben sind. Die Evangelische Kirche bejaht die grundsätzliche Trennung und wechselseitige Unabhängigkeit von Staat und Kirche, wie sie ihren Niederschlag im Artikel 137 der Deutschen Verfassung vom 11. August 1919 gefunden hat: „Es besteht keine Staatskirche. Die Freiheit der Vereinigung zu Religionsgesellschaften wird gewährleistet." Dieser Artikel ist über den Artikel 140 Bestandteil des Grundgesetzes für die Bundesrepublik Deutschland geworden.

Die Evangelische Kirche in Deutschland hat sich nach dem zweiten Weltkrieg in einer Fülle von Texten und Denkschriften zu Fragen politischer Verantwortung aus christlicher Sicht geäußert. Großes Aufsehen erregte im Jahre 1965 die Denkschrift über „Die Lage der Vertriebenen und das Verhältnis des deutschen Volkes zu seinen östlichen Nachbarn", die zu erbitterten Diskussionen innerhalb der Kirche und der Gesellschaft führte, letztendlich aber den Anstoß zu einem politischen Dialog auch mit den östlichen Nachbarn gegeben hat. Mit der sogenannten „Demokratiedenkschrift" (Evangelische Kirche und freiheitliche Demokratie) aus dem Jahre 1985 und der Erklärung des Rates der Evangelischen Kirche in Deutschland über das Verhältnis des demokratischen Rechtsstaates zum Christentum unter dem Titel „Christentum und politische Kultur" (1997) ist grundsätzlich unterstrichen worden, daß und auf welch vielfältige Weise Christen am Leben und an der Gestaltung unseres freiheitlichen demokratischen und sozialen Rechtsstaates teilnehmen können und sollen.

In den letzten Jahren haben sowohl die Deutsche Bischofskonferenz als auch der Rat der Evangelischen Kirche in Deutschland in gemeinsamen Worten zu gesellschaftspolitischen Fragen Stellung genommen. So hat der gemeinsame Text Nr. 9 „Für eine Zukunft in Solidarität und Gerechtigkeit" zur wirtschaftlichen und sozialen Lage in Deutschland (1997) zu einem breit angelegten Konsultationsprozeß in der Gesellschaft geführt. Das Gemeinsame Wort der Kirchen zu den Herausforderungen durch Migration und Flucht unter dem Titel „... und der Fremdling, der in deinen Toren ist" (1997) weist auf eine lange theologische Tradition der Auseinandersetzung mit dem Schicksal und dem Recht des Fremden hin. Darin wird die Grundlage und die Zielrichtung herausgearbeitet, nach der Christen und Kirchen verpflichtet sind, „aus dem Geist des Evangeliums für Menschen einzutreten, die in ihren Rechten, ihrer Würde, ihrem Wohlergehen oder ihrer Existenz bedroht sind" (Seite 4).

Auf die Fülle weiterer Denkschriften zu den Stichworten Perspektiven des Religionsunterrichtes in der Pluralität, Strafvollzug, Orientierung für das Zusammenleben in Ehe und Familie, Herausforderungen einer verantwortlichen sozialen Ordnung im Horizont des europäischen Einigungsprozesses kann nur exemplarisch hingewiesen werden.

So sehr die evangelische Christenheit von der Qualität und Güte ihrer in Jesus Christus begründeten Botschaft des Glaubens, der Hoffnung und der Liebe überzeugt ist, so sehr liegt ihr im Rückblick auf die Geschichte mit Zwangsmissionierungen und Religionskriegen eine aggressive Umsetzung des sogenannten Missionsbefehls (Matth. 28) fern. Jesus selbst hat mit seiner Lehre und seinem Wirken nur einen Teil der damaligen Bevölkerung zur Nachfolge gewinnen können. Der heidelberger Theologe Wilfried Härle hat sich für einen „positionellen Pluralismus" ausgesprochen. Demnach besitzt die eigene Wahrheitsgewißheit unbedingte Geltung, gleichermaßen verdienen fremde Wahrheitsansprüche unbedingte Beachtung. Die Weisheit besteht darin, zwischen Wahrheitsgewißheit und Wahrheitsanspruch zu unterscheiden. Diese Unterscheidung ist hilfreich und heilsam, insofern sie keinem Menschen seinen (berechtigten!) Wahrheitsanspruch bestreitet und zugleich die eigene Wahrheitsgewißheit nicht relativieren muß.

„Das C in der Politik" hat sich nach meiner Erkenntnis im Dialog zu bewähren. Gegenüber früheren Generationen ist das eine neue Lage, auf die wir vielerorts noch nicht richtig vorbereitet und entsprechend eingestellt sind. Wenn wir nicht nachdenken, kann es uns immer noch passieren, daß wir meinen, „eigentlich" sei Deutschland doch ein christliches Land und Angehörige anderer Religionen und Überzeugungen hätten sich entsprechend „anzupassen". Es ist eine Herausforderung für die Christenheit, daß sie gegenüber einem großen Teil der Bevölkerung ohne Religion im östlichen Teil unserer Bundesrepublik und gegenüber Bürgern mit anderer Religion, die in unserer Nachbarschaft leben, über ihre Hoffnung Rechenschaft abzulegen hat (1. Petrus 3, 15).

Wer von der Notwendigkeit des Dialogs überzeugt ist und sich durch Schwierigkeiten nicht einschüchtern läßt, wird gelassen „zwischen Anspruch und Wirklichkeit" die Möglichkeiten erkunden, wie das „C" zielgerichtet und glaubwürdig in Gesellschaft und Politik unter das Volk gebracht werden kann. In einem Vortrag 1995 in Iserlohn hat der Fraktionsvorsitzende der CDU, Dr. Wolfgang Schäuble, zum evangelischen Bewußtsein in einer veränderten Situation festgestellt: „Jedenfalls finde ich nicht, daß es mit dem Missionsauftrag zu vereinbaren wäre, wenn sich die Kirche freiwillig in eine Minderheitenposition begäbe. Die Diaspora wird – wie das Martyrium – auferlegt, man strebt sie nicht an".

Ansprache im ökumenischen Gottesdienst auf dem Marktplatz in Vechta am 1. Juni 2000

Liebe Christen in Vechta!

Als vor 31 Jahren der Amerikaner Neil Armstrong auf dem Mond gelandet war, hatte er den historischen Satz zu sagen: „Ein kleiner Schritt für einen Menschen, aber ein Riesensprung für die Menschheit."

Nun ist die Himmelfahrtsprozession durch Vechta sicherlich nicht mit dem Flug zum Mond zu vergleichen. Aber die Entscheidung der katholischen Kirche, auf dem letzten Viertel den Weg mit evangelischen Christen gemeinsam zu gehen, ist ein Weitsprung in der Ökumene zu Beginn des neuen Jahrtausends. Und dass die evangelische Kirche diese denkwürdige Einladung gerne angenommen hat, obwohl die Himmelfahrtsprozession ihren antiprotestantischen Ursprung hat, ist auch bemerkenswert.

In beiden Kirchen gibt es eine Gruppe von Skeptikern, die dieser Sprunghaftigkeit noch nicht trauen können.

Aber wenn es nun die Kraft des Heiligen Geistes ist, der die Herzen der Gläubigen bewegt und sie mit ihrem Gott über Mauern springen läßt, wer wollte, wer könnte, wer dürfte da widerstehen? (Psalm 16, 30)

Was wir gemeinsam tun, soll in der Liebe geschehen. Sowohl in Luthers als auch in der ökumenischen Einheitsübersetzung heißt es in Epheser 4, 2: „Ertragt einer den anderen in Liebe." Das klingt wenig einladend. Das erinnert mich an Eheleute, deren Miteinander fast unerträglich geworden ist. Sie halten noch zusammen, weil ihnen der Bund oder das Sakrament der Ehe wertvoll ist, weil die Kinder noch so jung sind, weil bei einer Scheidung die Großeltern das Testament ändern würden. Also beißen sie in den sauren Apfel und ertragen einander täglich in Liebe oder was auch immer.

In solch ein traurig-zerrüttetes Verhältnis sollten wir als Kirchen nicht hineinstolpern. Der griechische Begriff anechomai läßt nach meiner exegetischen Kleinkunst auch die Übersetzung zu: „Laßt euch einander Liebe gefallen." Nehmt es dankbar und fröhlich an und auf, wenn einer dem anderen Liebe erweist, in Freundschaft unter die ermatteten Arme greift und Mut zuspricht, wenn die Hoffnung flügellahm wird. Geht kürzere und weitere Strecken gemeinsam den Weg durch diese Zeit und Welt – in versöhnter Verschiedenheit, aber immer darauf bedacht, hellhörig und feinfühlig, „zu wahren die Einigkeit im Geist durch das Band des Friedens."

In Christus haben wir Frieden mit Gott. Wir haben den Westfälischen Frieden geschlossen, der in Vechta erst 6 Jahre später Wirklichkeit wurde, wie ja manches im Nord- und Südoldenburgischen mit zeitlicher Verzögerung zum Zuge kommt. Wir haben nach zwei Weltkriegen im letzten Jahrhundert manche Barrieren abgebaut, haben die Taufe anerkannt, haben die sogenannten ökumenischen Trauungen zugelassen, haben gemeinsame Denkschriften erarbeitet, haben die gemeinsame Erklärung zur Rechtfertigung des Sünders vor Gott als Annäherung in theologischen Grundsatzfragen erlebt, in vielen ethischen und sozialen Fragen trennen uns keine Welten, wohl aber unterschiedliche Sichtweisen im Kapitel „Wahrheit, Wunsch und Wirklichkeit".

Wir haben häufig ein wirklich gutes Miteinander an der Basis, die katholischen Bischöfe sind gern gesehene Gäste bei evangelischen Einführungen und Kirchenjubiläen, der evangelische Bischof wird ein halbes Jahr vor der Priesterweihe ins Seminar nach Münster zum Gedankenaustausch eingeladen, vielleicht mit dem Hintergedanken, dass er so abschreckend wirkt, dass die Kandidaten sich umso lieber zum Priester weihen lassen.

In der Schulpolitik haben sich gemeinsame Interessen am Erhalt des Religionsunterrichtes gebündelt, wir gehen mit unserer Ökumenischen Gesprächsrunde, die seit 34 Jahren besteht, gemeinsam zur Notfallseelsorge in Wilhelmshaven oder in die JVA in Vechta.

Wir tun eine ganze Menge in Liebe und im Respekt vor dem Auftrag Jesu, aller Welt das Evangelium von der Liebe und Gnade Gottes zu bezeugen.

In dem diesjährigen Ökumenischen Pfarr- und Gemeindebrief ist am Ende ein Wort von Franz von Assisi (1181-1226) abgedruckt: „Beginne, das Notwendige zu tun. Tue als nächstes das Mögliche. Und plötzlich gelingt dir das Unmögliche."

Liebe Schwestern und Brüder in Christus!
Wir sind schon längst gemeinsam und in Liebe auf dem Weg biblischer Verheißung und christlicher Verantwortung. Darum ist es gut, nachher einen Baum zur Erinnerung an diesen Tag zu pflanzen.

Die Kraft dazu haben wir uns durch Brot und Wein schenken lassen – Sie in der Heiligen Eucharistie, wir im Heiligen Abendmahl – mit denselben Einsetzungsworten, mit demselben Vater unser, mit demselben „Christe, du Lamm Gottes" – aber an getrennten Altären. Ich glaube: Das wird sich – so Gott will und wir uns nicht nur in Liebe ertragen, sondern Seine Liebe gefallen lassen – das wird sich ändern. Ich glaube: Der Tag ist nicht mehr fern, an dem wir uns gemeinsam stärken lassen durch Wort und Sakrament am einen Tisch des Herrn – zur Ehre Gottes und zum Zeugnis vor einer Welt, die darauf wartet und es als Schöpfung Gottes verdient hat. Das wäre dann keine Mondlandung, aber ein ökumenischer Dreisprung im Glauben, in der Hoffnung, in der Liebe.

Amen.

Grußwort zur Eröffnung der Station für Schwerst-Schädel-Hirn-Geschädigte im Ev. Krankenhaus Oldenburg am 3. Dezember 1999

Meine sehr verehrten Damen und Herren,

vor 6 Jahren habe ich an dem Bett eines guten Kollegen gesessen. Der Patient schien in einem tiefen Schlaf zu liegen und vollkommen unempfänglich für jede Art von Stimulation zu sein. Dank künstlicher Hilfe atmete er gleichmäßig. Sein Gesicht machte einen zufriedenen Eindruck. Es schien mir, als ich ihn behutsam ansprach und meine Hand auf seinen Arm legte, als würde er jeden Augenblick die Augen öffnen und mir zulächeln. Dergleichen jedoch geschah nicht.

Habe ich einen Monolog geführt, als ich auf unsere gemeinsame Zeit in der Landeskirche zu sprechen kam? Mit wem, für wen habe ich das altvertraute Vaterunser gebetet? Hätte ich meine Zeit an diesem Tag lieber „nützlicher" in der Gemeinde investieren sollen?

Wenn bei einem SSH-Patienten alle Verbindungen von innen nach außen wie abgeschnitten wirken, ist da vielleicht doch eine Durchlässigkeit von außen nach innen? Wie wohltuend muß es wirken, wenn der Patient bei der ärztlichen und pflegerischen Betreuung auf irgendeine Weise spürt: Da sind Menschen um mich herum, die mir in meiner erbärmlichen Isolation Gutes tun, obwohl ich mich ihnen gar nicht erkenntlich zeigen kann.

Lassen Sie mich einige Verse des Beters aus Psalm 22 in das Hirn eines Schwerstgeschädigten übertragen.

„Ich bin ein Wurm und kein Mensch, ein Spott der Leute und verachtet vom Volke. Alle, die mich sehen, verspotten mich, sperren das Maul auf und schütteln den Kopf: Er klage es dem Herrn, der helfe ihm heraus und rette ihn, hat er Gefallen an ihm." (V. 7, 8)

Welch eine Freude muß den inneren Kreislauf des Vaters, der Mutter, des Kindes durchströmen, wenn sich die Angehörigen um das leibliche und seelische Wohl ihres Patienten mit Herzen, Mund und Händen kümmern und nicht etwa um die Aufteilung des Erbes streiten.

„Ich bin ausgeschüttet wie Wasser, alle meine Knochen haben sich voneinander gelöst; mein Herz ist in meinem Leibe wie zerschmolzenes Wachs. Meine Kräfte sind vertrocknet wie eine Scherbe, und meine Zunge klebt mir am Gaumen, und du legst mich in des Todes Staub. Sie teilen meine Kleider unter sich und werfen das Los um mein Gewand." (V. 15, 16, 19)

Diese biblischen Worte des Ausgeliefertseins stammen aus dem Psalm, den Jesus am Kreuz von Golgatha zitiert hat. Er beginnt mit der lauten Klage: „Mein Gott, mein Gott, warum hast du mich verlassen?" (V. 2)

Das „Urleiden" der Gottverlassenheit wird vom Beter in einer tödlichen Krankheit erfahren. Er ist umringt von Krankheitsdämonen und Feinden und sieht, wie man bereits mit seinem Tode rechnet. Wenn es stimmt, was Viktor von Weizsäcker bereits 1947 kritisierte, daß Humanmedizin sich weitgehend auf Biomedizin reduziert, auf körperliche Vorgänge und Meßbares beschränkt und dabei Seele, Geist und Soziales vernachlässigt, dann ist gerade in einem christlichen, in einem evangelischen Krankenhaus darauf hinzuwirken, daß eine Beziehungsmedizin gefördert wird, die das familiäre Bezugssystem und das soziale Netzwerk genauso einschließt wie die individuelle Biographie mit ihrem Glauben, Hoffen und Lieben. Es ist alte christliche Weisheit und Praxis, die erst in den letzten Jahrzehnten in der Hospizbewegung neu belebt worden ist, Sterben als einen Teil des Lebens zu betrachten. So wird im Nürnberger Ärztekodex von 1997 festgehalten: „Es bedarf der liebevollen Kommunikation, Begleitung und leidensmindernden Hilfe beim Sterben, aber nicht zum Sterben."

Dabei erübrigt sich die Feststellung, den ernsthaften Willen eines Menschen zu respektieren, der für die schwersten Fälle einer Schädigung auf eine Lebenshilfe um jeden Preis verzichten möchte.

Aber die offizielle Eröffnung der SSH-Station im Evangelischen Krankenhaus zu Oldenburg birgt ja gerade die Chance des Nachweises gegen herrschende Vorurteile, es sei alles aus, daß nicht alles aus ist. Mit dem zunehmenden Erfolg der angestrebten Frührehabilitation der auf schwerste Weise geschädigten Patienten wird das Verantwortungsbewußtsein der Öffentlichkeit dafür wachsen, daß die grundgesetzlich verankerte Würde des Menschen auch durch eine ganzheitliche Medizin zu schützen ist. Darum freue ich mich, daß die Einrichtung einer SSH-Station in unserem Krankenhaus ermöglicht worden ist.

In dem zitierten Psalm 22 wird an späterer Stelle der Herr gerühmt: „Denn er hat nicht verachtet noch verschmäht das Elend des Armen und sein Antlitz nicht vor ihm verborgen; und als er zu ihm schrie, hörte er's. Dich will ich preisen in der großen Gemeinde, ich will mein Gelübde erfüllen vor denen, die ihn fürchten." (V. 24 – 26)

Ich schließe mein sicherlich nicht ganz gewöhnliches Grußwort mit einer zweiten Begebenheit aus meinem pfarramtlichen Dienst. Frau W., die jahrelang in der Seniorenarbeit meiner Gemeinde mit großem Engagement mitgearbeitet hatte, war zunehmend verwirrt geworden. Bei meinen Besuchen auf der Pflegestation eines Seniorenheimes war ein Gespräch mit Sinn und Verstand nicht mehr möglich. Auch die Angehörigen litten darunter, daß ihre Mutter ihnen völlig fremd geworden war. Als Frau W. bei einem der Gottesdienste in ihrem Rollstuhl in den Andachtsraum gebracht wurde und wir das altbekannte Geburtstags- und Jubiläumslied anstimmten: „Lobe den Herren, den mächtigen König der Ehren", bewegten sich plötzlich ihre Lippen und sie sang das vertraute Gotteslob aus tiefster Tiefe oder fernster Ferne im Kreise der Gemeinde mit.
Ich wünsche allen, die hier im Hause ärztlich und pflegerisch Verantwortung tragen, und natürlich vielen Angehörigen, dass totgeglaubtes Leben noch einmal erwacht und im Rahmen begrenzter Möglichkeiten aufblüht zur Freude von Kindern und Enkeln und zur Ehre Gottes, der Wort und Treue hält ewiglich und der das Werk seiner Hände, den Menschen, auch im Tode nicht preisgibt.

So wünsche ich Ihnen im Namen unserer Ev.-Luth. Kirche in Oldenburg einen Weg mit zunehmendem Erfolg!

Dankeswort für die Gäste beim Neujahrsempfang der Oldenburgischen Industrie- und Handelskammer am 26.01.2000 in der Weser-Ems-Halle

Verehrter Herr Präsident, hochgeehrter Herr Ministerpräsident,
meine sehr geehrten Damen und Herren!

Heute nacht hatte ich einen ungewöhnlichen Traum. Des Herrn Stimme drang von weitem an mein Ohr. Ich mußte die Hand unter dem Kopfkissen hervorziehen, um alles genau zu hören.

„Bischof", sagte die Stimme, „wenn du heute meinen getreuen Mitarbeitern in Industrie und Handel begegnest, dann sage ihnen Dank für all das Schaffen und Wirken zum Wohle meines geliebten Oldenburg. Sie tun unter einem merkwürdigerweise „Schlecht" genannten Vorsitzenden seit 100 Jahren unendlich viel Gutes für meine Geschöpfe in Staat, Gesellschaft und Kirche."

„Ja", erwiderte ich etwas verwundert über die moderne Terminologie meines geistlichen Dienstherrn. „Ja, diesen Dank an die wackeren Frauen und Männer will ich gerne weitergeben, denn es sind allesamt redliche und fromme Menschen mit sozialem Gewissen und ohne schwarze Kassen."

„Bischof", fuhr die Stimme fort, „wenn du heute den politisch Verantwortlichen in meinem EXPO-nierten Niedersachsen begegnest, dann danke besonders meinem mir namentlich vertrauten Boten, der sich nicht nur mit meiner Hilfe das Beste zu tun vorgenommen hat und mit einem meiner zuverlässigsten und erzreichsten Mitarbeiter verwandt ist, sondern auch durch seine ganze Erscheinung den Engeln um mich herum alle Ehre macht. Danke ihm für seine Sorge und Mühe um wirtschaftlichen Aufschwung und wachsende Zuversicht in Stadt und Land, er soll überschnell, also transrapid, Erfolg haben."

„O ja, das will ich gerne tun", versicherte ich dem Herrn aller Herren, „zumal wir lieber in etwas bescheideneren Verhältnissen leben als in Baden-Württemberg. Es ist ja doch ein besonderer Vorzug für uns Niedersachsen, wenn wir nicht wegen jeder Sache zum Teufel fahren müssen, sondern uns an deinen Gabriel wenden dürfen."

Nach einer kleinen Pause vernahm ich noch einmal die Stimme des Herrn: „Petrus", sagte sie jetzt, „du mußt die IHK noch aus einem anderen Grunde von mir grüßen und sie loben. Wenn ich aus meiner Entfernung ihr Logo richtig deute, dann sehe ich auf griechisch das Jota, das Eta und das etwas verunglückte Sigma; und das ist ja nichts anderes als die geläufige Abkürzung für JHS, meinen Generalbevollmächtigten im Himmel und auf Erden."

„Amen, so soll es sein", erwiderte ich erstaunt und ein wenig gekränkt, „daß ich darauf noch nicht selbst gekommen bin."

„Ja, ja, mein lieber Peter, da liegt das Problem, warum du kein Erzbischof werden kannst."

Gerade wollte ich mit einem unterdrückten Groll aufwachen, als der Herr mir noch nachrief: „Wenn du heute also zu meiner IHK gehst, dann sage ihr noch: Weil du in deiner Jesus-Frömmigkeit kaum zu übertreffen bist, weil deine Mitglieder treue Christen sind, voller Freude ihre Kirchensteuer zahlen, den Sonntag heiligen und am 2. April alle an den Kirchenratswahlen teilnehmen wollen, so sollen schon auf Erden unter der schützenden Hand meines Erzengels Gabriel Milch und Honig durch die Hunte in die Weser fließen."

Gerade wollte mir das Wasser im Munde zusammenlaufen, da riß der Kontakt zu unserem Chef, Herr Ministerpräsident, ab, und ich hatte das dringende Befürfnis, eine Tasse Tee zur Ernüchterung zu trinken.

Um nun nicht noch länger die Gaumenfreuden hinauszuschieben, sage ich im Namen der versammelten Gäste herzlichen Dank – Ihnen, Herr Ministerpräsident, für Ihre zukunftsweisende, nüchtern differenzierende und mutmachende Rede, und Ihnen, Herr Präsident und Herr Hauptgeschäftsführer, für die generöse Einladung zu dem festlichen Neujahrsempfang im 100. Jahre der Oldenburgischen Industrie- und Handelskammer. Das neue Jahr und Jahrzehnt mit seinen vielfältigen Steigerungsmöglichkeiten möge Ihnen und damit auch uns, unserem Land und dieser Welt nützen. Dann ginge der erzhaltige Traum eines Bischofs wenigstens teilweise in Erfüllung. Gott befohlen!

2. Bericht des Bischofs vor der Synode am 18.5.2000 in Rastede

Hohe Synode!

Ostern liegt hinter uns, das Leben liegt vor uns. Darum können Christen fröhliche Leute sein.

Weil wir Ostern und damit auch den Karfreitag hinter uns haben, weil Jesus aus dem Grab des Arimathäers Josef in Gottes Reich gerufen worden ist, weil uns das österliche Halleluja als Siegesfanfare über den Tod noch in den Ohren klingt, deshalb haben wir Christen das Leben vor uns, das zeitliche und das ewige.

Dieses Grunddatum christlichen Glaubens ist unvergleichlich, unverwechselbar und unüberbietbar. Mit der Botschaft von der Auferweckung Jesu von den Toten hat alles begonnen und wird alles enden: unser irdischer Tod, das Elend der Welt, das fortwährend zum Himmel schreit, die Überflüssigkeit der Kirche, wenn die Zeit gekommen ist, alle Träume und Visionen, die Propheten, Apostel und Synodale je gehabt haben.

Ich möchte den Rückenwind von Ostern, den Schub vieler Osternachtsgottesdienste in ein neues Morgen für uns und alle, die uns zuhören und über uns berichten, aufnehmen. Eines der schönsten Osterlieder soll meinen diesjährigen Bericht in Text und Melodie gründen, gliedern und begleiten. Darum laßt uns nun die erste Strophe anstimmen, die vor 620 Jahren im Zisterzienserinnenkloster Medingen bei Lüneburg gedichtet und vor 590 Jahren in der böhmischen Zisterzienser-Abtei Hohenfurt komponiert worden ist.

1. Wir wollen alle fröhlich sein / in dieser österlichen Zeit; /
   Denn unser Heil hat Gott bereit'.
   Halleluja, Halleluja, / Halleluja, Halleluja, /
   gelobt sei Christus, Marien Sohn.

Die Botschaft vom Heil, das Gott uns Menschen in Jesus Christus bereitet hat, bewirkt vielerorts Zuversicht, Freude und Einfallsreichtum in der kirchlichen Arbeit. Das ist immer wieder deutlich und dankbar zu spüren bei Visitationen und Ordinationen, bei Einführungen und Verabschiedungen, bei Kirchenjubiläen und Gemeindeaktionen, bei schönen Gottesdiensten und einfühlsamen Amtshandlungen. Es ist nicht alles „heile Welt", was öffentlich und im Verborgenen geschieht. Gerade die Mitglieder des Oberkirchenrates sehen von Berufs wegen hinter manche Kulisse. Aber das da und dort Dunkle und Ärgerliche kann und darf nicht den Blick auf das weit überwiegende Helle, Heilende und Hilfreiche in unserer Kirche trüben.

Gerade deshalb hätte ich mir eine noch etwas höhere Beteiligung bei den Wahlen in die Gemeindekirchenräte gewünscht. Aber der bescheidene Aufwärtstrend ist nicht zu unterschätzen. In den städtisch geprägten Kirchenkreisen hat es leichte Steigerungen gegeben. In den mehr ländlich geprägten Kirchenkreisen waren dagegen prozentuale Rückgänge zu verzeichnen. Das kann lokale Ursachen haben, aber es sind mindestens zwei allgemeinere Gründe zu erkennen. Bei einem recht stabilen Stammwählerpotential wirkt sich eine höhere Zahl von Zuzügen in der Regel negativ und eine größere Zahl von Wegzügen positiv auf die Wahlbeteiligung aus. Vor allem südoldenburgische Gemeinden mußten von einem hohen Niveau der Wahlbeteiligung im Jahre 1994 zum Teil deutliche Rückgänge in Kauf nehmen. Es wird wohl noch einige Jahre dauern, bis die Mehrzahl der Aussiedler die Möglichkeit der Wahl in ein „Kirchenparlament" als selbstverständliche Chance zur Mitgestaltung des gemeindlichen Lebens erkennt. Integrationsprozesse brauchen in der Kirche wie auch sonst in der Gesellschaft eine längere Phase des geduldigen und beharrlichen Werbens um gemeinsame Verantwortung und Aufgaben. Wenn die Wahlbeteiligung überall dort, wo sie im Vergleich zu 1994 gesunken ist, bei plus minus Null unverändert geblieben wäre, hätten wir mit den zum Teil erheblichen Steigerungsraten ein Gesamtwahlergebnis von knapp 17 % erzielt. So sind wir derweil mit 15,76 % im Durchschnitt zufrieden und setzen darauf, dass durch gute und vertrauensvolle Arbeit in den Gemeindekirchenräten und die angelaufene Unterstützung durch Begleit- und Fortbildungsprojekte des Referates Gemeindeberatung/Mitarbeiterfortbildung die Attraktivität, sich am Wahlgeschehen aktiv und passiv zu beteiligen, erhöht werden kann. Alle ausgeschiedenen Mitglieder der Gemeindekirchenräte erhalten als Dank und Erinnerung eine Urkunde für ihren ehrenamtlichen Dienst. Alle neu- und wiedergewählten Damen und Herren erhalten ein Glückwunschschreiben zu ihrer Wahl und Berufung in die Gemeindekirchenräte. Gerade auf dem Hintergrund des Priestertums aller Gläubigen sind vielfältige Begabungen und Lebenserfahrungen ein Gewinn für das Miteinander in unserer evangelischen Kirche. Viele Älteste haben erst durch ihre Mitarbeit im Gemeindekirchenrat oder in einem der vielen Arbeitskreise und Ausschüsse gemerkt, wie sehr das gemeinsame Fragen und Suchen nach dem Frieden und der Bewahrung der Welt, nach mehr Gerechtigkeit und der Zukunft der nächsten Generationen das Leben bereichern kann. Darüber hinaus ist es für mich ein hoffnungsvolles Zeichen, dass sich um die 1081 Plätze in den Gemeindekirchenräten 1962 Kandidatinnen und Kandidaten beworben haben. Nun ist darauf zu achten, dass die nicht gewählten Damen und Herren ihr Interesse an gemeindlicher Verantwortung auf andere Weise einbringen können.

So richtig es ist, dass – wie es bei jeder Pfarreinführung im Wort an die Gemeinde zu hören ist – „wir alle durch die Taufe zum Zeugnis und Dienst in der Welt berufen sind", so unerläßlich ist es, dass wir auch in der Zukunft Theologinnen und Theologen für den pfarramtlichen Dienst in den Gemeinden und in besonderen Aufgabenbereichen zur Verfügung haben. Leider sind die Planungen für die Zukunft außerordentlich schwierig.

In den nächsten Jahren treten relativ wenige Pfarrerinnen und Pfarrer in den Ruhestand. Ab dem Jahrgang 1942 steigen dann die Pensionierungszahlen sprunghaft an. Die Studienanfängerzahlen in der evangelischen Theologie sind rapide zurückgegangen, dagegen möchten zur Zeit über 30 Theologinnen und Theologen mit dem zweiten Examen in unserer Kirche arbeiten. Es liegt auf der Hand, dass wir viele der Schwestern und Brüder, die sich jetzt in einer beruflichen Warteschleife durch Nebentätigkeiten oder andere Berufstätigkeiten über Wasser halten, in etwa 10 Jahren brauchen werden. Darum bitte ich die Synode, alle möglichen Überbrückungsmaßnahmen (z. B. Beschäftigungsfonds für Pastorinnen und Pastoren, Teilanstellung in gemeindlichen und anderen Aufgabengebieten, befristete Erweiterung des Pfarrstellenkorridors um zwei Stellen, Errichtung einer Beratungs-, Koordinierungs- und Vermittlungsstelle) zu unterstützen.

Obwohl zwei Ereignisse nun schon ein halbes Jahr zurückliegen, soll noch einmal an die guten Erfahrungen mit dem ersten Tag der offenen Tür im Oberkirchenrat und an das feierliche Ereignis am 24.11.1999 in der Lambertikirche und der Weser Ems Halle erinnert werden.

Beim Tag der offenen Tür haben fast alle Mitarbeiterinnen und Mitarbeiter ihren persönlichen Beitrag geleistet, das Innere unserer Behörde in ihrem neuen Gewand der Öffentlichkeit positiv zu präsentieren. Es kamen viele Einzelgäste und kleine Gruppen aus unserer Kirche. Auch die Nachbarschaft in der Umgebung ließ es sich nicht nehmen, einmal in das Gebäude zu schauen, an dem sie Tag für Tag vorübergehen. Ein Ehepaar betrat bewegt die Kapelle, in der die Eheleute sich vor 50 Jahren bei der kirchlichen Trauung das Ja-Wort gegeben haben. Dass obendrein der Erlös für den Verein „Schlüsselblume e.V." (Beratungs-, Kontakt- und Informationsstelle gegen sexuelle Gewalt an Mädchen und Jungen) einen Betrag von DM 6.000,-- ergeben hat, rundet die insgesamt positive Bilanz dieses Experimentes ab. Wofür ich noch besonders dankbar bin, ist die vielfach geäußerte Einschätzung, dass wir als Mitarbeiterinnen und Mitarbeiter im Oberkirchenrat uns ein Stück näher gekommen sind. Dieser Tag hat zu einer Stärkung des Wir-Gefühles beigetragen, das wir für unsere interne und externe Arbeit brauchen.

Nicht alle konnten an der Festveranstaltung zum Gedenken an die oldenburgische Kirchenverfassung von 1849 teilnehmen, die im Rahmen unserer Synode am 24.11.1999 begangen worden ist. Unter dem Motto „Rückblick und Aufbruch" haben vor allem unsere auswärtigen Gäste von der Möglichkeit Gebrauch gemacht, der oldenburgischen Kirche Gutes auf ihrem Weg in ein neues Jahrzehnt eines neuen Jahrhunderts zu wünschen. Welche bessere Werbung kann man sich für ein zukünftiges Großereignis wünschen, wenn etliche Skeptiker, die zuhause geblieben sind, von den Heimkehrern hören, wie schön es gewesen ist. Aus vielen Rückäußerungen erlaube ich mir drei Auszüge zu zitieren. Ein Gemeindepfarrer: „Im Namen aller von unserer Gemeinde, die am Jubiläum zur Kirchenverfassung teilgenommen haben, möchten wir Ihnen und allen „Heinzelfrauchen und Heinzelmännchen" (Kabarett Klüngelbeutel) von ganzem Herzen für dieses wunderbare Fest danken. Die Mischung war's! Und ganz im Sinne des erwünschten „Wir-Gefühls"!" Eine Diakonisse: „Es ist mir ein Anliegen, Ihnen sehr herzlich zu danken für den gestrigen Festabend. Er hat mich tief beglückt. Ich habe noch nie ein so schönes Fest der Kirche erlebt. Die Zusammenstellung des Programmes mit seinen ernsten, fröhlichen und tief aussagekräftigen Beiträgen war wunderbar. Vor allem haben mich auch die vielen engagierten jungen Menschen erfreut. Die Kirche lebt!" Und ein Ruhestandspfarrer: „Fast 50 Jahre bin ich im Dienst unserer Landeskirche, aber ein solch „rauschendes Fest" habe ich hier noch nicht erlebt. Der Herr von der NWZ hat wohl recht, wenn er schreibt, dass unsere Kirche damit wirklich „einladend" geworden ist und die Tür nach draußen sowie nach vorne weit geöffnet hat."

Auf die Publikation der Oldenburgischen Kirchengeschichte, die zeitgleich mit unserer Jubiläumsveranstaltung im November 1999 herausgekommen ist, möchte ich werbend hinweisen. Der lesenswerte und ansehnliche Band über 1200 Jahre Kirchen-, Religions- und Gesellschaftsgeschichte dieser Region mit einer Fülle verarbeiteter Quellen sollte in unserer Kirche weite Verbreitung finden. (Anlage 1) Die fast 1000 Seiten sind wohl nur von Ruheständlern an einem Stück zu lesen. Ich habe vor kurzem mit großem Interesse die Schilderung über den sogenannten Kreuzkampf gegen die Entfernung der Kruzifixe aus den Schulen gelesen, den die katholische Kirche im oldenburger Münsterland 1936 gegen den NS-Staat geführt hat. Dieses Kapitel ist ein Beispiel für viele, wie die Botschaft vom Heil, das Gott uns Menschen in Jesus Christus bereitet hat, unübersehbare Spuren hinterlassen hat, die es für die Zukunft gegen neue und andere Verirrungen und Verführungen zu bewahren gilt.

2. Es ist erstanden Jesus Christ, / der an dem Kreuz
gestorben ist, / dem sei Lob, Ehr zu aller Frist.
Halleluja, Halleluja, Halleluja, Halleluja, / gelobt sei
Christus, Marien Sohn.

Auf Karfreitag folgt Ostern. Gekreuzigt und auferstanden. Sünde, Tod und Teufel sind besiegt. Der Hoffnung wachsen Flügel. Frieden breitet sich aus. Leben ist angesagt.

„Ist jemand in Christus, so ist er eine neue Kreatur; das Alte ist vergangen, siehe, Neues ist geworden. Aber das alles von Gott, der uns mit sich selber versöhnt hat durch Christus und uns das Amt gegeben, das die Versöhnung predigt." (2. Korinther 5, 17+18).

Manch ein Zeitgenosse kann das Stichwort Rechtfertigung nicht mehr hören, weil die Diskussionen um die Gemeinsame Erklärung zur Rechtfertigungslehre so viel theologischen Staub aufgewirbelt haben. Dennoch wird der Reformationstag 1999 ein kirchenhistorisches Datum bleiben, weil es zum ersten Male seit der Reformation gelungen ist, dass die getrennten Kirchen gemeinsame Aussagen zu jener Lehre machen, die damals zum Zerbrechen der Einheit der Kirche geführt hat. Dennoch sind viele Fragen offen geblieben, die weiter bearbeitet werden müssen. In einem Beitrag für das Deutsche Pfarrerblatt teilt der Heidelberger Theologe Wilfried Härle die Argumente Pro und Contra zu der Gemeinsamen Offiziellen Feststellung zur Rechtfertigungslehre in 5 Gruppen ein: psychologische, hermeneutische, theologische, kirchenrechtliche und kirchenpolitische Argumente. Entscheidend für alle Weiterarbeit im evangelisch-katholischen Dialog sei die Verhältnisbestimmung zwischen Evangeliumsverständnis und kirchlicher Lehre, die eigentlich und besser vor der Erarbeitung der gemeinsamen Erklärung zur Rechtfertigung hätte stattfinden sollen. „Es wäre für alle Beteiligten ein großer Gewinn gewesen, wenn die reformatorischen Kirchen vor Beginn der ökumenischen Dialoge dieses Verständnis von Ziel und Weg der Ökumene mit derselben Klarheit und Differenziertheit erhoben, formuliert, öffentlich vorgelegt und dann auch konsequent befolgt hätten, wie dies die römisch-katholische Kirche mit „Unitatis redintegratio" in nicht verschleiernder Weise für ihr Modell getan hat. Dafür ist es nun zwar reichlich spät – aber noch nicht zu spät. Umso wichtiger ist es, dass die reformatorische Seite nun, anstatt auf dem bisher eingeschlagenen Weg zu Lehrgesprächen über Amt und Sakramente weiterzuschreiten, nachholt, was sie an grundlegender Klärung bislang versäumt hat." Die gemeinsame Erklärung von EKD, Arnoldshainer Konferenz und VELKD zum 31.10.1999 lobt die Fortschritte im gemeinsamen Dialog, verschweigt aber auch nicht die offengebliebenen Fragen und Aufgaben. (Anlage 2)

Jenseits aller wissenschaftlichen Fachgespräche um die Rechtfertigungslehre haben die verschiedenen Affären in Parteien und Politik unmißverständlich deutlich gemacht, wie notwendig es für eine Gesellschaft ist, sich ernsthaft mit der Frage von Schuld und Entschuldigung zu beschäftigen. Wir alle machen persönlich und beruflich hin und wieder Fehler, treffen falsche Entscheidungen und müssen dafür gerade stehen. Aber als Christenmenschen haben wir doch hoffentlich gelernt, um Entschuldigung zu bitten – den Höchsten und den Nächsten. Die Perversion der Moral ist weit fortgeschritten, wo jemand – wer auch immer – verkündet: Ich entschuldige mich. Wer seinen Eid auf die Verfassung schwört – mit oder ohne „so wahr mir Gott helfe" – bedarf der Entschuldigung durch die, deren Vertrauen mißbraucht worden ist. Selbstverständlich müssen mildernde Umstände im Einzelfall berücksichtigt werden. Selbstverständlich gilt das alte Prinzip in dubio pro reo. Wer sich aber meint, selbst entschuldigen zu können, bedarf des intensiven Nachhilfeunterrichtes in Sachen göttlicher Demut und sozialer Verantwortung. Kirche kann und muß auf die Gefährdung von Grundwerten unserer Gesellschaft aufmerksam machen. Sie bietet Beratung, Seelsorge und Beichte an, damit Menschen nicht durch Fehler und Schuld erstickt werden.

Unabhängig von der Klärung theologischer und kirchenrechtlicher Fragen läßt das vielfach geschwisterliche Miteinander von katholischen und evangelischen Christen auf dem Wege versöhnter Verschiedenheit für die Zukunft hoffen. In vielen Gebieten unserer Kirche sind nur die beiden großen Kirchen mit ihren Gemeinden vertreten. In den größeren Städten und einigen Regionen dagegen, wo Methodisten, Baptisten und orthodoxe Christen in Gemeinden leben, empfiehlt es sich, über die Gründung einer Arbeitsgemeinschaft Christlicher Kirchen (ACK) nachzudenken. Immer wieder wird die Bitte um ökumenische Gottesdienste aus dem gesellschaftlich-politischen Raum geäußert. Dafür und für den kontinuierlichen Gedankenaustausch zwischen den christlichen Konfessionen ist es hilfreich, auf eine in vielen Landeskirchen erprobte Arbeitsgemeinschaft Christlicher Kirchen zurückgreifen zu können.

Seit 34 Jahren hat sich das ökumenische Gespräch zwischen dem Offizialat Vechta und dem Oberkirchenrat Oldenburg bewährt. Neben theologischen und kirchenrechtlichen Fragen stehen seit einiger Zeit auch gemeinsame Besuche in wichtigen Arbeitsfeldern (z. B. Notfallseelsorge, Gefängnisseelsorge) auf der Tagesordnung. In diesem Jahr sind der Bischof von Münster und der oldenburger Bischof in ökumenischen Gottesdiensten in Vechta und Delmenhorst im Dienst. Auf der EXPO in Hannover laden evangelische und katholische Kirche gemeinsam in den einen Christuspavillon zu Gottesdienst und Gebet ein. Noch offen ist die Frage, wie der Rückzug der katholischen Kirche aus der staatlich geregelten Schwangerschaftsberatung aufgefangen werden kann. In der Arbeit der Liga der freien Wohlfahrtsverbände auf niedersächsischer Ebene besteht, wie sich bei der Einführung des neuen Landespfarrers für Diakonie unlängst zeigte, ein gutes Einvernehmen in dem Bemühen um mehr Menschlichkeit und Gerechtigkeit in unserem Lande.

Die Evangelische Akademie in ihrer bisherigen Organisationsform ist zum Ende des Jahres 1999 aufgelöst worden. Der Start der neu konzipierten Akademiearbeit im Rahmen des Bildungswerkes ist für den 22. September 2000 vorgesehen. Die Planungsarbeiten sind in vollem Gange. Das breit gefächerte Bildungsangebot unserer Kirche bleibt nach wie vor ein wichtiger Pfeiler evangelischer Präsenz im weiten Feld von Sinnsuche und Lebenshilfe einer multi-kulturell-religiösen Gesellschaft.

Dem Wunsch der Synode nach einer Intensivierung der Presse- und Öffentlichkeitsarbeit ist durch die Vorarbeit verschiedener Gremien und Ausschüsse Rechnung getragen worden. Es bedarf nun einer raschen personellen Umsetzung, damit die Imagepflege der Ev.-Luth. Kirche in Oldenburg nach innen und nach außen die notwendige Verstärkung zur Erhöhung der Akzeptanz von Kirche und zur Identifizierung der Mitglieder mit ihrer Kirche erfährt.

Mit der von der Synode angestrebten Kirchenkreisreform, die, wie zu erwarten war, auf ein unterschiedliches Echo gestoßen ist, stellen sich für mich nach wie vor weitere Fragen zur Verwaltung und Leitung unserer Kirche, wie ich sie in meinem Bericht vor einem Jahr ausführlich angesprochen habe.

Die große evangelische Kirche von Westfalen hat soeben ihren Gemeinden und Kirchenkreisen, den Ämtern, Werken und Gruppen eine Reformvorlage zur Beratung und Stellungnahme vorgelegt. Unter dem Titel „Kirche mit Zukunft" ist eine Fülle von Zielorientierungen zusammengetragen worden, wie ich sie in dieser Breite bisher noch nicht gefunden habe. Unter Stichworten wie Wesen, Auftrag und Aufgaben der Kirche, Mitgliederorientierung, Menschen, die in der Kirche arbeiten, Leitungshandeln auf allen Ebenen, Verwaltung, klare Strukturen und Vernetzung, Erfahrungen aus den laufenden Veränderungsprozessen in den Kirchenkreisen und anderem mehr ist ein Diskussionsprozeß eröffnet worden, der nach Zwischenergebnissen im Herbst 2001 bis zum Jahre 2005 abgeschlossen werden soll. Längst nicht alles, was in solch einer großen Landeskirche notwendig erscheint, ist auf oldenburgische Verhältnisse zu übertragen. Aber eine Ergänzung der eigenen Reformbemühungen, die durch die „Perspektiven kirchlichen Handelns der Ev.-Luth. Kirche in Oldenburg" 1998 eingeleitet worden sind, kann durchaus hilfreich sein, um mit geringeren Ressourcen an Finanzen und Personal optimalere Ergebnisse im Blick auf die Zukunftsfähigkeit unserer Kirche zu erzielen.

Gerade wird eine an den Oberkirchenrat angebundene Arbeitsgruppe gebildet, deren Aufgabe es sein soll, größere Aktionen und Veranstaltungen unserer Kirche zu planen und bundesweite Kampagnen der Evangelischen Kirche in Deutschland aufzunehmen und umzusetzen. Diese Arbeitsgruppe zur Planung, Steuerung und Koordination gesamtkirchlicher Aktivitäten und Projekte mit der Bezeichnung „Kirche auf neuen Wegen" ist offen für Ideen und Anstöße, um Bewährtes zu bewahren und Neues zu wagen, damit das Wort von der Versöhnung zwischen Gott und Mensch und zwischen Menschen und Völkern in dieser Zeit und Welt unüberhörbar bleibt.

3. Er hat zerstört der Höllen Pfort, / die Seinen all herausgeführt / und uns erlöst vom ewgen Tod.
   Halleluja, Halleluja, Halleluja, Halleluja, / gelobt sei Christus, Marien Sohn.

Obwohl zu Ostern der Höllen Pfort zerstört worden ist, wurde im sogenannten christlichen Abendland vielen Menschen und Bevölkerungsgruppen das Leben zur Hölle gemacht. Das darf um Gottes und der Menschen willen nie mehr geschehen!

Auf ihrer Tagung im April 1950 in Berlin-Weißensee hat die EKD-Synode ein bemerkenswertes „Wort zur Schuld an Israel" verabschiedet.

Weder in dem Stuttgarter Schuldbekenntnis vom Oktober 1945 noch im Darmstädter Wort des Bruderrats der Bekennenden Kirche vom August 1947 waren unsere Schwestern und Brüder zu einer entsprechenden Äußerung in der Lage. Aber immerhin 50 Jahre vor dem Besuch des Papstes in Jerusalem, wo er sein Bedauern über die Verfehlungen einzelner Söhne und Töchter seiner Kirche zum Ausdruck gebracht hat, und immerhin ein halbes Jahrhundert vor dem Besuch des Bundespräsidenten im israelischen Parlament, wo er um Vergebung für das Leid, das Deutsche den Juden zugefügt haben, gebeten hat, konnte sich die Synode der Evangelischen Kirche in Deutschland mit einem klaren Wort an die Öffentlichkeit wenden.

„Gott hat alle beschlossen unter den Unglauben, auf dass er sich aller erbarme" (Röm. 11, 32). Wir glauben an den Herrn und Heiland, der als Mensch aus dem Volk Israel stammt. Wir bekennen uns zu der Kirche, die aus Judenchristen und Heidenchristen zu einem Leib zusammengefügt ist und deren Friede Jesus Christus ist. Wir glauben, dass Gottes Verheißung über dem von ihm erwählten Volk Israel auch nach der Kreuzigung Jesu Christi in Kraft geblieben ist. Wir sprechen es aus, dass wir durch Unterlassen und Schweigen vor dem Gott der Barmherzigkeit mitschuldig geworden sind an dem Frevel, der durch Menschen unseres Volkes an den Juden begangen worden ist. Wir warnen alle Christen, das, was über uns Deutsche als Gericht Gottes gekommen ist, aufrechnen zu wollen gegen das, was wir an den Juden getan haben; denn im Gericht sucht Gottes Gnade den Bußfertigen. Wir bitten alle Christen, sich von jedem Antisemitismus loszusagen und ihm, wo er sich neu regt, mit Ernst zu widerstehen und den Juden und Judenchristen in brüderlichem Geist zu begegnen. Wir bitten die christlichen Gemeinden, jüdische Friedhöfe innerhalb ihres Bereiches, sofern sie unbetreut sind, in ihren Schutz zu nehmen. Wir bitten den Gott der Barmherzigkeit, dass er den Tag der Vollendung heraufführe, an dem wir mit dem geretteten Israel den Sieg Jesu Christi rühmen werden."

Obwohl ich als Jugendpfarrer bereits in den 70er Jahren internationale Jugendbegegnungen in Polen und in Israel durchgeführt, etliche Konzentrationslager in Deutschland und Polen besucht und überlebende Israelis mit der eingebrannten KZ-Nummer auf dem Arm kennengelernt habe, hat mich die Rede eines etwa gleichaltrigen amerikanischen Juden tief berührt. Er wurde im niedersächsischen Konzentrationslager Bergen-Belsen geboren und hat mit 5 anderen Säuglingen die Befreiung des Lagers vor 55 Jahren erlebt. Als Vertreter der Konföderation habe ich dort in der zentralen Gedenkfeier am 16. April 2000 den Psalm 121 gebetet und einen hebräischen Segenswunsch gesprochen.

Das neue „Haus der Stille", an dessen Finanzierung unsere Kirche durch eine Kollekte beteiligt war, wurde durch den Landtagspräsidenten Prof. Rolf Wernstedt der Öffentlichkeit übergeben. Es ist ein bugartiger Raum mit rhombenförmigem Glasdach, in dem Besucherinnen und Besucher ihre individuelle Art des Gedenkens und Betens finden können. Es ist nach allem, was allein in diesem Jahrhundert an Judenverfolgung (nicht nur durch Deutsche) geschehen ist, für mich erschreckend, wieviel verdeckter und offener Antisemitismus noch in den Gedanken und Gefühlen von – wer weiß wievielen – Zeitgenossen wirkt und arbeitet. Rechtsradikale Kundgebungen, Brandanschläge auf Synagogen und Verwüstung von jüdischen Friedhöfen, so gering ihre Zahl – Gott sei Dank! – auch ist, sind beredter Ausdruck anscheinend unbelehrbarer Männer und Frauen.

Auf meine Gedenkrede zum Volkstrauertag 1999, um die mich der Volksbund Deutsche Kriegsgräberfürsorge in Niedersachsen im Staatstheater zu Oldenburg gebeten hatte, erhielt ich neben viel Zustimmung auch etliche Schreiben, zum Teil anonym, deren antisemitische Verunglimpfungen hier nicht wiederzugeben sind. In der Rede (Anlage 3) bin ich in der ersten Hälfte der Frage „Gedenken – wie?" und im zweiten Teil der Frage „Frieden – aber wie?" nachgegangen. Mir ist bei der intensiven Vorbereitung dieses Beitrages noch einmal ganz neu bewußt geworden, welche Herausforderung mit der Verwirklichung von Menschenrechten vor uns und den nächsten Generationen liegt. In diesen Zusammenhang hinein spielt natürlich die Frage eine entscheidende Rolle, wie der Zielkonflikt zwischen der Aussage „Menschenrechtsverletzungen dürfen nicht sein" und der anderen Aussage „Krieg darf nach Gottes Willen nicht sein" (1948, Ökumenischer Rat der Kirchen) behandelt werden kann. Auf diesem Hintergrund erscheint das Dilemma auf dem Balkan in einem noch nicht geklärten Zwielicht.

Soeben hat die Evangelische Kirche in Deutschland nach 1975 und 1991 ihre dritte Studie zum Verhältnis von Kirche und Israel herausgegeben. (Anlage 4) Im ersten Teil wird im Blick auf viele Landeskirchen, die mittlerweile eine Aussage zum Verhältnis Kirche und Israel in ihre Kirchen- oder Grundordnungen aufgenommen haben, resümiert, was sich als Einverständnis herausgebildet hat, „das für alle Gliedkirchen gelten kann" (Seite 9). Dabei werden fünf Punkte benannt: Die Absage an den Antisemitismus, das Eingeständnis christlicher Mitverantwortung und Schuld am Holocaust, die Erkenntnis der unlösbaren Verbindung des christlichen Glaubens mit dem Judentum, die Anerkennung der bleibenden Erwählung Israels und die Bejahung des Staates Israel. Während in der Beurteilung des Verhältnisses von Volk Israel und Staat Israel sowohl innerhalb Israels selbst als auch in der Beurteilung von außen unterschiedliche Ergebnisse zutage treten, sollte es zu dem Stichwort Judenmission keine grundsätzlichen Differenzen in den christlichen Kirchen geben. Wir haben zum Judentum, dessen hebräische Bibel wir als sogenanntes Altes Testament lesen und deren Psalmen wir in unseren Gottesdiensten beten, ein grundlegend anderes Verhältnis als zu den anderen Religionen einschließlich des Islam. In Aufnahme der rheinischen Synodalerklärung von 1980 hat die Landessynode der evangelischen Kirche von Westfalen im Herbst 1999 für mich einleuchtend erklärt: „Juden und Christen bezeugen je für sich und füreinander die Treue Gottes, von der sie beide leben. Deshalb achten Christinnen und Christen jüdische Menschen als Schwestern und Brüder im Glauben an den Einen Gott. Der offene Dialog über Gottes Gnade und Wahrheit gehört zum Wesensmerkmal der Begegnung von Christen mit Juden. Diese Einsichten lassen nicht zu, dass Christen Juden auf den christlichen Glauben verpflichten wollen. Deshalb distanziert sich die Landessynode der evangelischen Kirche von Westfalen von jeglicher Judenmission." Schon vorher hatte die evangelische Kirche in Berlin Brandenburg im Jahre 1990 festgestellt: „Deshalb ist es heute unsere Aufgabe herauszufinden, wie wir Jesus Christus allen bezeugen können, ohne die heilsgeschichtlich einmalige Stellung des jüdischen Volkes zu nivellieren oder zu negieren." (EKD Studie, Seite 14) Der Verzicht auf eine offensive Mission alten Stiles bedeutet für mich überhaupt nicht eine Verleugnung des christlichen Glaubens, der von Ostern her begründet ist. Selbstverständlich haben wir Zeugnis zu geben von der Hoffnung, die uns erfüllt (Monatsspruch Mai 2000, 1. Petr. 3, 15), aber doch den Juden gegenüber nicht weniger einladend als gegenüber den Heiden im eigenen Land.

Wer sich das alte friedliche Bild der Peterstraße in Oldenburg vor 1938 mit zwei evangelischen Kirchen, einer katholischen Kirche und der Synagoge vor Augen malt, kann sich doch heute nur darüber freuen, dass es sowohl in Oldenburg als auch in Delmenhorst wieder eine kleine jüdische Gemeinde gibt. In wenigen Jahren ist die oldenburgische Synagogengemeinde von gut 30 Mitgliedern auf über 220 Mitglieder angewachsen, weil Aussiedler mit jüdischen Wurzeln nach Oldenburg zugewandert sind. Die kleine jüdische Gemeinde hat in nächster Zeit noch viele religiöse, kulturelle und wirtschaftliche Probleme zu bewältigen. Diejenigen Gemeinden unserer Kirche, die eine größere Zahl von Aussiedlern aus Osteuropa mit christlichen Wurzeln aufgenommen haben, können sich am ehesten vorstellen, was ein Verhältnis von sieben Aussiedlern zu einem Einheimischen für das praktische Gemeindeleben bedeuten würde.

Laßt uns zu den jüdischen Bürgern eine gute Nachbarschaft pflegen und sie dort, wo gewünscht und möglich, zu einer lebendigen Partnerschaft ausbauen. Die Gesellschaft für christlich-jüdische Zusammenarbeit e. V. hilft da gerne weiter.

„Menschenrechte sind universell und für jedes Land wichtig", so Sergej Kowaljow, der neue Preisträger des Carl von Ossietzky Preises. In einer eindrücklichen Laudatio für sein aufklärerisches Lebenswerk im Kampf um Menschenrechte und Demokratie hat am 5. Mai im Kulturzentrum PFL Klaus Bednarz Leben und Werk des russischen Naturwissenschaftlers, Menschenrechtlers und Mitgliedes der Duma, des Abgeordnetenhauses Russlands, gewürdigt. Kowaljow war von Präsident Jelzin zum ersten Menschenrechtsbeauftragten Russlands berufen, dann aber wegen seiner eindeutigen Kritik an der Verletzung der Menschenrechte durch den Krieg in Tschetschenien wieder abgelöst worden.

Immer mehr muß sich die Einsicht auf unserer Erde durchsetzen, dass Menschlichkeit als ein Gebot Gottes oder der Natur oder wessen auch immer ernst zu nehmen ist. Jeder Mensch hat das Recht und die Pflicht, Mensch zu sein. „Du sollst deinen Nächsten lieben wie dich selbst" – so bekennen es Juden und Christen gleichermaßen.

Jeder Fundamentalismus, ob er politisch-diktatorisch oder religiös-radikal gesteuert ist, beschädigt und verletzt das Gleichgewicht der Natur, die wir als Schöpfung Gottes dankbar empfangen und verantwortlich zu bewahren haben.

In einem Vortrag über den Dialog zwischen den großen Religionen habe ich die Position eines „positionellen Pluralismus" vertreten. Der Ausdruck stammt wiederum von dem Heidelberger systematischen Theologen Wilfried Härle. Wenn ich in meinem Glauben um die Verbindlichkeit des Glaubens weiß, so muß ich diese Form der Verbindlichkeit auch Menschen anderen Glaubens zubilligen. Es geht darum, dass ein Mensch zwischen seiner Wahrheitsgewißheit und dem Wahrheitsanspruch des anderen zu unterscheiden hat.

Diese Unterscheidung ist hilfreich und heilsam, insofern sie keinem Menschen seinen (berechtigten!) Wahrheitsanspruch bestreitet und zugleich die eigene Wahrheitsgewißheit nicht relativieren muß. Wenn nach christlicher Lehre der Glaube ein Geschenk des Heiligen Geistes ist, dann muß ich auch annehmen können, dass der Geist Gottes in anderen Religionen wirken kann – und wirkt. Es sei denn, ich wollte seine Macht beschränken. Aber der Geist weht nach neutestamentlichem Zeugnis, wo er will.

Darum kann sich christliche Mission wie in ihren Anfängen nur auf das Wort, aber nicht auf Gewalt stützen (sine vi sed verbo), sie muß es dem Heiligen Geist überlassen, ob er aus Meinem das Seine machen wird. Mit solchem Grundverständnis können wir unverkrampft und frohgemut und voller Hoffnung die Strophe 4 des Osterliedes singen.

4. Es singt der ganze Erdenkreis / dem Gottessohne Lob
und Preis, / der uns erkauft das Paradeis.
Halleluja, Halleluja, Halleluja, Halleluja, / gelobt sei
Christus, Marien Sohn.

Lassen Sie mich in diesem letzten Abschnitt mit einem gewissen Rückenwind von Ostern her noch über einige Aktivitäten und Planungen berichten, die nicht direkt zu paradiesischen Zuständen in unserer Kirche und Welt führen, aber doch Anlaß zur Hoffnung auf ein Gelingen von Leben geben.

Nachdem mir im ersten Jahr meines Dienstes Gespräche und Besuche im Bereich der Kinder- und Jugendarbeit besonders wichtig waren, setze ich in diesem Jahr in Zusammenarbeit mit der Abteilung IV einen Schwerpunkt im Bereich Schule und Kirche. Die Schule ist neben der Familie der wichtigste Ort, wo Zukunftsfähigkeit gelernt werden kann. Alles, was später an Berufsausbildung und Studium folgt, bedarf einer soliden Grundausbildung in der Schule. Das war so und wird so bleiben. Aber es muß von Zeit zu Zeit unterstrichen werden. Denn im Blick auf viele Krisen im sozialen Bereich ist das Lehren und Lernen nicht leichter geworden. Die Schule braucht Zeichen der Solidarität von außen, auch von der Kirche. Besonders unsere Schwestern und Brüder im Religionsunterricht müssen wissen, dass ihre evangelische Kirche hinter ihnen steht. Viele der Lehrerinnen und Lehrer, auch erfreulich viele Schulleitungen, setzen sich kreativ und engagiert dafür ein, dass junge Menschen auf der Basis eines christlichen verankerten Menschenbildes aufwachsen – selbstbewußt, nächstenliebend und gottesfürchtig. Viele solcher Christen haben nach dem zweiten Weltkrieg unsere Gesellschaft mit aufgebaut und geprägt. Auch heute werden glaubwürdige Menschen in Politik und Wirtschaft gebraucht. Es gibt viele Beispiele gelungener Zusammenarbeit zwischen Schule und Kirche. Wechselseitige Einladungen zu Veranstaltungen, punktuelle Zusammenarbeit bei Schulgottesdiensten, pädagogische Arbeitsgemeinschaften, fächerübergreifende Projekte, Kooperationsphasen mit anderen Religionen und Weltanschauungen sind vielerorts selbstverständlich geworden. Schule und Kirche haben ein gemeinsames Interesse daran, dass die Widerstandsfähigkeit der Schülerinnen und Schüler gegen Gewalt, Fundamentalismus, Mediengläubigkeit und schrankenlosen Konsum gestärkt wird. Gottesdienstliche und persönliche Spiritualität bieten Chancen eines Lebens für mehr Frieden, Gerechtigkeit und Bewahrung der Schöpfung. Bis zum Jahresende werde ich in ca. 15 Treffen etwa 400 Lehrerinnen und Lehrer besucht haben. Auch bei den Visitationen wird seitens des Oberkirchenrates immer wieder darum geworben, die gemeindlichen Kontakte zwischen Kirche und vor allem Grundschule aufzunehmen und auszubauen, weil in schwieriger Zeit alle pädagogisch verantwortlichen Leute ihre Kräfte ergänzen müssen, damit junge Menschen sich nicht ins Scheitern verlieben. Auch Schulleiter, die unserer Institution ferne stehen, wissen den Dienst der Kirche zu schätzen.
Für das nächste Jahr wird eine Besuchsdienstaktion bei Organisationen und Gruppen in der Frauenarbeit vorbereitet.

Werden Partnerschaften entbehrlich? – fragte ein Journalist. Im Prinzip nicht! Jede Kirchengemeinde sollte wenigstens eine Partnerschaft pflegen – wie einen guten Weinstock. Wer überhaupt keine Außenkontakte lebt, verkümmert langsam nach innen. Wer einmal länger im Ausland war, z. B. als Schüler oder Student, zehrt von den Eindrücken ein Leben lang. Der Blick auf die eigenen vier Wände verändert sich. Die Urteile über andere Menschen und Völker, Kulturen und Weltanschauungen werden sachlicher und fairer – in beiden Richtungen. Es ist schon in Verwandtschaft und Freundschaft ein Unterschied, ob man fax to fax oder face to face (durch Briefe und E-mails oder von Angesicht zu Angesicht) miteinander Kontakt hält. Die oldenburgische Kirche ist mit den Partnerkirchen in Ghana und Togo verbunden. Diese geographischen Entfernungen und kulturellen Unterschiede fordern mehr heraus als die deutsche Partnerschaft mit der schlesischen Oberlausitz. Dennoch ist von Zeit zu Zeit zu fragen: Was verbindet uns noch oder neu? Grundlage jeder christlichen Partnerschaft ist derselbe Glaube an den Gott, der seine Geschöpfe liebt, in Jesus Christus Türen und Herzen füreinander öffnet und das Miteinander mit Leben und Freude erfüllt. Von den einst 123 Partnerschaften vor der politischen Wende existieren zwischen Görlitz und Oldenburg noch etwa 50 gelegentlich oder regelmäßig. Es wird bereits jetzt darüber nachgedacht, ob und wie im Jahre 2002 ein 50jähriges Jubiläum begangen werden kann.

Nachdem es in der Amtszeit meines Vorgängers zu keinem Partnerschaftsbesuch in den afrikanischen Kirchen der Norddeutschen Mission gekommen ist, plane ich für den Oktober einen 12tägigen Besuch in Togo und Ghana. Ich bin dankbar für viele Brücken lebendiger Partnerschaft, die über die Norddeutsche Mission, über kirchengemeindliche Verbindungen und Einzelpersonen gebaut worden sind.

Manche Gemeinden haben neue Partnerschaften in osteuropäische Länder gegründet. Wichtig ist der Blick über den Tellerrand hinaus – wenigstens in eine Richtung. Horizonterweiterung tut not und gut.

Die württembergische und oldenburgische Kirche, die nach dem Kriege bewußt nicht der VELKD beigetreten sind, befürworten ein Zusammenrücken der evangelischen Christenheit sowohl unter dem Dach der EKD als darüber hinaus. Deshalb begrüßen und unterstützen wir den Vorschlag der württembergischen Kirchenleitung, dass in Zukunft lutherischer und reformierter Weltbund ihre Vollversammlungen gemeinsam an einem Ort und zu den gleichen Themen abhalten sollten. Das würde Kosten sparen und die Position der reformatorischen Kirchen sowohl im Ökumenischen Rat als auch gegenüber der römisch-katholischen Kirche stärken.

Aktivitäten über die oldenburgische Kirche hinaus haben ihr Recht und machen Sinn, wenn wir im eigenen Bereich „Mission" betreiben. Durch gelegentliche Vorträge, Reden und Grußworte bin ich bemüht darum, auch in gesellschaftlich relevanten Gruppen und Kreisen christliches Gedankengut zur Sprache zu bringen. Als ein humoriges Beispiel, das ein durchweg positives Echo fand, lege ich das Dankeswort beim Neujahrsempfang der Oldenburgischen Industrie- und Handelskammer bei. (Anlage 5)

Wie den Unterlagen für diese Synode zu entnehmen ist, hat sich der ursprüngliche Gedanke einer Wiedereintrittsstelle dahingehend erweitert, dass in absehbarer Zeit eine oldenburgische Wiedereintrittsaktion gestartet und an mehreren Orten die ständige Möglichkeit zum Wiedereintritt angeboten wird. Wir müssen, ob wir es wollen oder nicht, zur Kenntnis nehmen, dass viele Zeitgenossen im mittleren Lebensalter die parochialen Grenzen überschreiten und sich danach sehnen, evangelische Kirche in weiterem, offenerem Kontext in Anspruch nehmen zu können. Darum sind Angebote von Gottesdiensten an „profanen" Orten und zu „weltlichen" Anlässen, wie sie seit langem in Kirchengemeinden und Kirchenkreisen gemacht werden, von Herzen zu bejahen. So feiern wir beispielsweise am 21. Mai einen ökumenischen Gottesdienst am Internationalen Museumstag im Staatlichen Museum für Naturkunde und Vorgeschichte in Oldenburg zum Thema Schöpfung. Die Kirchen in Wilhelmshaven haben einen sehr schönen Beitrag zur EXPO 2000 erarbeitet. Besucher sind eingeladen, an Wegstationen zu erleben, wie Kirche ihr Leben begleitet – in ökumenischer Weite. Projekte der Musik, der Kunst, des Gespräches und ganze Kirchenpfade laden zu Tagesausflügen vom 1.6. bis 31.10. ein. Einen anderen Schwerpunkt bietet der Kirchenkreis Delmenhorst an. Unter den Stichworten „Wohnen und Arbeiten an der Datenbahn" und „Wohnen im Alter" sollen neue Technologieprojekte und Kommunikationsmittel erprobt werden. Aber auch die menschliche Betreuung vor Ort soll nicht zu kurz kommen.
In der Evangelischen Zeitung vom 7. Mai 2000 wurde der alle vier Jahre stattfindende 3. Ostfriesische Kirchentag in Esens vom 23. Juni bis 25. Juni 2000 vorgestellt. Thema: Gezeitenwende, Mien Tied in dien Hannen. Paßte es nicht hervorragend in diesen Rhythmus, wenn wir für das Jahr 2002 unter Aufnahme einer lange zurückliegenden Tradition einen oldenburgischen Kirchentag vorbereiten würden?

Ostern, liebe Schwestern und Brüder, liegt hinter uns. Das Leben liegt vor uns. Darum können Christen fröhliche Leute sein.

5. Des freu sich alle Christenheit / und lobe die Dreifaltigkeit/
von nun an bis in Ewigkeit./
Halleluja, Halleluja,/ Halleluja, Halleluja,/
Gelobt sei Christus, Marien Sohn.

Ansprache im ökumenischen Gottesdienst im Staatlichen Museum für Natur- und Vorgeschichte zu Oldenburg am Internationalen Museumstag 21.5.2000

Friede, Shalom, Salam sei mit uns!

Wie soll ich Sie, uns alle, heute anreden? Liebe Gemeinde, liebe Naturfreunde und -freundinnen, liebe Mitgeschöpfe, lieber Moorleichennachwuchs, liebe Herde vor dem Schafstall? Lassen wir es ruhig offen oder bei einer gewissen Mischung des Interesses am Internationalen Museumstag.

Was wir gerade aus dem Psalm 104 (Verse 10 – 24) gehört haben, ist ja mehr als eine schöne Beschreibung der Natur, die Juden und Christen als Werk Gottes bestaunen und dankbar besingen. Wer wollte ernsthaft bestreiten, dass das Ganze der Natur, der Schöpfung, „weise geordnet" ist? Im Makrokosmos von Sonne, Mond und Sternen bis weit ins All hinein und genauso im Mikrokosmos der Atome, der Zellen und Gene? Schon darum ist das Moor zwar weder See noch Land, aber nicht wirklich eine „verlorene Landschaft".

Vor etwa 2500 Jahren ist von Priestern des Volkes Israel die Erzählung von den sieben Schöpfungstagen – ganz am Anfang der Bibel – verfaßt worden. Aber eigentlich ist es viel mehr als eine Erzählung, was da aufgeschrieben worden ist aus Ehrfurcht vor der Größe Gott. Es ist eine Art wunderbare Komposition der Entstehung der Welt und der Entwicklung des Lebens. Joseph Haydn hat mit seinem Oratorium in den Jahren 1795 bis 1798 eine sehr einfühlsam-angemessene Annäherung an das Wunder der „Schöpfung" erreicht. Bekannt ist die Tatsache, dass der greise Meister bei einer Aufführung im März 1807 von dem Eindruck der berühmten Stelle „Und es ward Licht" derart erschüttert war, dass man ihn halb bewußtlos aus dem Saale tragen mußte.

Für mich ist immer unverständlich geblieben, wie Schöpfungserzählung einerseits und die Theorien von der Evolution und vom Urknall andererseits in einen grundsätzlichen Widerspruch gebracht werden konnten – und zwar sowohl von frommen Bibellesern als auch von aufgeklärten Wissenschaftlern. Was unserer Zeit gut anstünde und vielen Menschen wohl auch gut täte, wäre eine aufgeklärte Frömmigkeit und eine fromme Aufklärung auf allen Gebieten unseres Lebens.

Am 6. Tag, so lesen wir in 1. Mose 1, 31, „sah Gott an alles, was er gemacht hatte, und siehe, es war sehr gut". Es war so gut, so schön, so gewaltig und zart zugleich, dass Gott nach der legendären Sintflut als Strafe für die Bosheit der Menschen den Noah wissen läßt: „So lange die Erde steht, soll nicht aufhören Saat und Ernte, Frost und Hitze, Sommer und Winter, Tag und Nacht" und Ebbe und Flut. Und als Zeichen seines Bundes zwischen ihm und der Erde wird fortan der bunte Regenbogen über Geest, Marsch und Moor seine frohe Botschaft verkündigen. (1. Mose 8 + 9)

Seit langem wird der Mensch als Krone der Schöpfung bezeichnet. Sicherlich hat sich im Laufe der irdischen Geschichte eine Überlegenheit des Menschen gegenüber anderen Kreaturen entwickelt. In vieler Hinsicht ist Natur durch Kultur gestaltet worden. Musik und Kunst, Technik und Politik sind Beispiele geistiger Fähigkeiten anderer – nicht unbedingt höherer – Qualität als bei Tieren, Pflanzen, Wasser, Erde, Luft und Feuer. Aber wir wissen alle nur zu gut, dass sich das Gute der Schöpfung unter der Krone Mensch nicht immer nur edel, hilfreich und gut entwickelt hat. Von dem Bilde Gottes, zu dem Mann und Frau erschaffen worden sind, ist in ganzen Epochen und Regionen des Globus kaum etwas zu sehen gewesen.

Der segensreiche Auftrag Gottes lautete: „Seid fruchtbar und mehret Euch und füllet die Erde und „ – jetzt kommt die kritische Stelle – „ machet sie euch untertan und herrschet über die Fische im Meer und über die Vögel im Himmel und über das Vieh und über all das Getier, das auf Erden kriecht." An Wasservergiftung und Luftverschmutzung und Massenhaltung von Hühnern auf engstem Raum und an Versuchskaninchen und Genmanipulation und die Vernichtung von Leben durch chemische Keulen und biologische Waffen war nicht gedacht, als dem Menschen ein hohes Maß an Gestaltungsfreiheit anvertraut worden ist. So war es bitternotwendig, dass sich Ende des letzten Jahrhunderts ein konziliarer Prozeß für Frieden, Gerechtigkeit und Bewahrung der Schöpfung entwickelt hat, der erfreulicherweise auch Einzug gehalten hat in Parlamente und Rathäuser und natürlich auch Naturschutzgesetze und -gebiete und Museen wie an dieser eindrucksvollen Stätte. Die Begriffe „untertan machen" und „herrschen" stammen aus der Hofsprache Babylons und Ägyptens. Sie wurden dann in der Schöpfungserzählung auf die Beherrschung vor allem der wilden Tiere übertragen. In einem Dauermißverständnis und auch in bewußter Fehlinterpretation haben immer wieder Herrscher und ganze Völker sich als „Herren der Schöpfung", gleichsam als „Götter auf Erden", verstanden, indem sie aus einer Mischung aus dreist-dummer Vermessenheit und Unbelehrsamkeit das Antlitz der Schöpfung durch Folter und Mord entweiht und das Gleichgewicht der Natur nachhaltig gefährdet haben. Dem ist entschieden Widerstand zu leisten! Durch Aufklärung in Schulen, durch modern gestaltete Museen wie dieses für Naturkunde und Vorgeschichte, durch eine umwelt-, mitwelt- oder schöpfungsfreundliche Politik rund um den Globus, besonders auch durch einen vernünftigen Lebensstil, zu dem jede und jeder beitragen können. Schonender Umgang mit und in der Natur sind gleichermaßen wichtig wie Menschenrechte und Nächstenliebe in der großen Völkergemeinschaft und in der Nachbarschaft nebenan.

Obendrein spielt für Christen der Blick auf das Schwache und Hilfsbedürftige eine besondere Rolle. Jesus ist dem Menschen in seiner unterschiedlichen Not begegnet und hat geholfen, wo seine Hilfe angenommen wurde. Schon Propheten wie Amos haben den Finger auf das Recht des Armen gelegt. Diese Botschaften werden heute auch auf den Schutz von Tieren und Pflanzen übertragen, die vor dem Aussterben zu bewahren sind. Natürlich hat die Natur auch lange vor den Menschen und mit den Menschen und gegen den Menschen ihre Gewichte verlagert und neue Akzente gesetzt. Gott sei Dank, möchte man sagen, behält der Schöpfer seine Schöpfung im Griff.

Die für mich schönste „Definition" Gottes hat im Konfirmandenunterricht einmal ein junges Mädchen formuliert. Sie schrieb zum Stichwort „Gott" auf ihr Papier: „Die Kraft zum Guten".

„Und Gott sah an alles, was er gemacht hatte, und siehe, es war sehr gut." Von diesem Guten, von seiner Güte leben wir. Geben wir sie weiter an Kinder und Enkel! Dann werden auch Generationen nach uns ihre Freude an Gottes Schöpfung haben und voller Dankbarkeit singen können: „Geh aus, mein Herz, und suche Freud" (dabei war nicht an Sigmund gedacht) „in dieser lieben Sommerzeit an deines Gottes Gaben." Amen

Predigt zum Thema „Hände" in der presbyterianischen Partnerkirche zu Lomé/Togo am 15.10.2000

Liebe Gemeinde, liebe Schwestern und Brüder,

bei uns zuhause hängt ein Bild, darauf sind zwei Hände abgebildet. Die eine Hand gehört einem kleinen Kind, die andere einem Erwachsenen. Beide Hände liegen ineinander so, als ob sie sagen wollten, wir beide gehören zusammen.

Ich habe solch ein Plakat mitgebracht und lese einmal vor, was die kleine Hand zur großen Hand sagt:

Du große Hand, ich brauche dich,
so wie die Blume emporrankt am Holz, das ihr Halt gibt.
Ich bedarf deiner Kraft und deiner Erfahrung
mit all' den Dingen, die du gestaltest.
Ich möchte lernen von dir,
wie man das Schwächere birgt und hegt und behütet,
den jungen Vogel, der aus dem Nest fiel,
und die Geschöpfe, die uns Menschen anvertraut sind,
wie man den Strauchelnden hält und dem Geängsteten Mut gibt,
wie man dem Unrecht wehrt und für das Notwendige einsteht.
Ich bitte dich,
daß ich dir zugewandt sein darf ohne Arg,
und daß du nach Zeiten der Arbeit und Mühe
mit mir spielen wirst und dich auftust
dem Leben, das uns gemeinsam geschenkt ist.

Nun wollen wir auch hören, was die große Hand der kleinen Hand zu sagen hat:

Du kleine Hand, ich brauche dich,
damit ich nach Hasten und Lasten der Tage
einmal ausruhen kann und gelöst sein und feiern,
hingegeben an Sonne und Wind.
Ich möchte lernen von dir
das so lange vergess'ne Vertrauen:
einer ist da, der mich hält und führt und begleitet!
Ich möchte wieder versuchen mit dir ein Gebet,
das sich bittend dem hingibt,
in dessen Treue wir alle geborgen sind, auch die Zweifler.
Ich bitte dich,
wenn ich verkrampft bin in Zorn und Verzweiflung,
müde und matt von den Niederlagen des Tages,
sei einfach bei mir wie heute, hingehalten und offen,
daß meine Schatten vertrieben werden vom Licht.
Du kleine Hand, zeige mir immer wieder das Wunder,
daß wir alle unsagbar geliebt sind.

Aus diesen Worten spüre ich stark heraus: Da vertraut einer dem anderen, und das ist schön, ein Gefühl der Zufriedenheit, des Glückes breitet sich aus.

Wenn ich dieses Bild anschaue, denke ich, so sollte es doch eigentlich immer sein: Einer schenkt dem anderen Vertrauen. Vertrauen ohne die Befürchtung, ich könnte enttäuscht werden. Und wenn ich überlege, wie viele Menschen mir Vertrauen schenken, wie vielen Menschen ich Vertrauen schenke, dann merke ich, wie dankbar ich sein kann, nicht nur den vielen kleinen und großen Händen, sondern auch der Hand Gottes, die mir in den großen und kleinen Händen meines Lebens begegnet.

Dieses Bild von den ineinander gelegten Händen ist für mich ein schönes Gleichnis für unsere Partnerschaft zwischen Togo/Ghana und der oldenburgischen Kirche zusammen mit der reformierten Kirche in Leer, der lippischen Kirche in Detmold und der Kirche in Bremen, aus der die Norddeutsche Mission hervorgegangen ist.

Wenn zwei Menschen sich die Hand reichen, dann begegnen sie einander freundlich, in Freundschaft. Jede hofft, dass sich im Kopfe die Hand nicht einmal zur Faust ballt, die zuschlagen, verletzen oder gar das Leben des anderen auslöschen will.

In früheren Zeiten wurden Verträge mit Handschlag geschlossen. Sie bedurften nicht einer schriftlichen Fixierung. Die Geschäftspartner vertrauten einander, dass das, was abgesprochen und mit dem Handschlag besiegelt war, Gültigkeit hatte. Wer einen Vertrag nicht halten konnte oder wollte, musste mit Bestrafung rechnen.

Seit über 150 Jahren haben unsere Kirchen eine gemeinsame Geschichte. Europäische Missionare sind nach Togo und Ghana gekommen, um das Evangelium von Jesus Christus weiterzugeben.

Nach und nach haben afrikanische Kirchenvertreter die Gemeinden in Deutschland besucht, um davon zu erzählen, wie die Liebe Gottes und die Gnade unseres Herrn Jesus Christus und die Gemeinschaft des Heiligen Geistes sich ausgewirkt haben im Leben der Familien und Gemeinden. In den letzten Jahrzehnten haben immer mehr Christen aus Togo/Ghana und aus Deutschland einander besucht, um sich die Hand zu reichen und den Bund der Partnerschaft zu erneuern. Wir freuen uns, dass die Norddeutsche Mission mit ihren Mitteln und Möglichkeiten viel dazu beigetragen hat, dass die Partnerschaft lebendig geblieben ist und sich weiterentwickeln konnte. Wir hoffen sehr, dass im November auch die reformierte Kirche ihre Zustimmung erteilen wird zu einem neuen Vertrag der Partnerschaft, in dem die beiden Kirchen in Togo und Ghana mit den vier deutschen Kirchen zusammen eine gleichberechtigte Partnerschaft für die Zukunft vereinbaren.

Im Psalm 90 im letzten Vers sagt Mose, der das Volk Israel aus der Knechtschaft durch die Wüste ins gelobte Land geführt und ihm die 10 Gebote Gottes ins Herz geschrieben hat: „Der Herr, unser Gott sei uns freundlich und fördere das Werk unserer Hände bei uns. Ja, das Werk unserer Hände wollest du fördern!"

Diesen Wunsch möchte ich aufnehmen für unsere Kirchen in ihrer jeweiligen Heimat und für das Verhältnis unserer Kirchen untereinander sowohl in Deutschland als auch hier in Togo und Ghana und im Miteinander und Füreinander zwischen Europa und Afrika. Wir leben in unterschiedlichen Kulturkreisen, haben ganz verschiedene Lebens- und Glaubensgeschichten hinter uns, die politischen Verhältnisse bei Euch und bei uns unterscheiden sich in mancher Hinsicht, die technische und wirtschaftliche Entwicklung in unseren Ländern verläuft mit unterschiedlicher Dynamik, aber das Leben der Menschen mit ihren Wünschen und Hoffnungen, mit ihren Sorgen und Nöten, mit ihrer Verantwortung für die Familie und ihrer Wachsamkeit für die politische Entwicklung, mit ihrem Streben nach dem täglichen Brot und der Sehnsucht nach dem Reiche Gottes, dieses Leben in seiner Vielfalt mit der Zuversicht, dass es gelingen möge, verbindet uns miteinander, verbindet die Menschen und Völker ist Ost und West, in Süd und Nord.

Diese Gemeinsamkeit unter der Güte Gottes möchte ich gerne symbolisch zum Ausdruck bringen, indem ich einige Gottesdienstbesucher nach und nach zu mir nach vorne bitte. Weil Gott seine gütige Hand über unser aller Leben hält, weil wir ihn in unseren Gottesdiensten und Gebeten zuhause um seinen Segen bitten, wollen wir uns mit einigen von Ihnen und von uns die Hände reichen.

Dazu brauche ich vier Kinder, zwei Jungen und zwei Mädchen, die besonders gut klatschen können.

Dazu brauche ich zwei Ehepaare, eines, das schon viele Jahre verheiratet ist und sich die Hände reicht, wenn es Hindernisse zu überwinden gilt, und eines, das noch frisch verheiratet ist, und gerne die Arme über die Schultern legt und sich streichelt.

Dazu brauche ich einen Handwerker, der mit Holz arbeitet, einen der mit Metall oder Motoren arbeitet, eine Lehrerin, die unterrichtet, eine Krankenschwester, die andere Menschen pflegt mit ihren Händen.

Dazu brauche ich einen Pastor, der mit seinen Händen tauft und mit seiner Predigt den Weg in die Zukunft weist, und ein Mitglied der Kirchenleitung, das die Hände faltet zum Gebet für unsere Kirchen in Togo/Ghana und Deutschland.

Dazu brauche ich den Herrn Blum von der Norddeutschen Mission und meine Frau, damit schwarze und weiße Kinder Gottes einander die Hände reichen können.

Nachdem wir nun eine bunte Reihe von Jung und Alt, von Frau und Mann, von den verschiedensten Berufen und Verantwortungen hier versammelt haben, rufe ich noch einmal das Wort des Mose aus Psalm 90 in unser Gedächtnis: „Der Herr, unser Gott sei uns freundlich und fördere das Werk unserer Hände bei uns. Ja, das Werk unserer Hände wollest du fördern!"

Und nun lasst uns miteinander ein Lied zum Lobe Gottes anstimmen und dabei hier oben, aber auch in all den Reihen uns die Hände reichen als eine große Gemeinde, als eine große christliche Familie, die Gott vertraut und mit Zuversicht in die Zukunft schaut.

Amen.

Predigt zum Thema „Leuchtturm" in der presbyterianischen Partnerkirche zu Accra / Ghana am 22.10.2000

Liebe Schwestern und Brüder,

wie haben Sie den Weg hierher gefunden?

Viele kennen ihn, manche haben in die Straßenkarte geguckt, etliche sind einfach mitgefahren oder mitgegangen und haben darauf vertraut, dass andere wissen, wo es lang geht. Aber niemand wäre hier angekommen, wenn es kein Licht auf unserem Wege gegeben hätte.

Wir Menschen brauchen Licht, draußen in der Welt und innen im Verstand und im Herzen.

Niemand kommt ohne Licht an das Ziel seines Lebens. Darum bleiben auch viele Menschen geistlich, seelisch, körperlich auf der Strecke liegen. Sie finden trotz künstlicher Beleuchtung nicht die Verbindung zwischen der Rolle als Geschöpf der Natur und als Kind Gottes. Darum ist ihnen vieles wichtig und wertvoll, was aus dem Blickwinkel der Ewigkeit völlig wertlos ist. Was nützt uns letztlich viel Geld, große Macht und weltlicher Ruhm, wenn unsere letzte Stunde schlägt.
Wir können nichts mitnehmen in den Tod und stehen mit leeren Händen vor Gott. Nur das hat vor Gott Bestand und Gewicht, was wir geglaubt, wie wir geliebt und worauf wir gehofft haben. Das sind die Werte mit Leuchtkraft in Zeit und Ewigkeit.

Auch Christen bedienen sich der künstlichen Beleuchtung mit Kerzen und Strom. Wir schalten die Beleuchtung ein, wenn es Abend wird. Aber Christen wissen um die Erleuchtung ihres Lebens, um die Ausleuchtung ihrer Herzen und Sinne, sie wissen vom Grundsatz her um Gut und Böse und machen sich ein Gewissen, wenn Entscheidungen schwer werden, wenn die Nebel des Zweifels an Gottes Güte wie Schwaden durch das Gemüt ziehen und Schwermut oder Resignation zurücklassen. Dabei gibt es keinen Unterschied zwischen Christen in Europa und Afrika, in Togo/Ghana und in Deutschland.

Auch Blinde oder erblindete Menschen, die ohne künstliche Beleuchtung auskommen müssen, wissen um die Gefährdung des Lebens, wenn es im Herzen finster wird und alle Hoffnung zu schwinden beginnt.

Wir brauchen Erleuchtung durch Gottes Wort, durch seinen guten, Heiligen Geist, durch die Gemeinschaft der Heiligen in dieser von Gott geschaffenen und in Jesus Christus geliebten und versöhnten Welt.
Zwei Licht-Worte Jesu an seine Jünger sind uns in den Evangelien überliefert. Das eine steht in Johannes 8, Vers 12 und lautet: Ich bin das Licht der Welt. Das andere finden wir bei Matthäus 5, 14: Ihr seid das Licht der Welt.

Jesus hat das Licht seines Predigens und Wirkens, seines Sterbens und seines Lebens von Gott erhalten. Er lässt es leuchten auf die, die ihm nachfolgen, sie sollen nicht in der Finsternis wandeln, sondern das Licht des Lebens haben.

Und Jüngerinnen und Jünger, die ihm nachzufolgen suchen, sollen und können in seiner Nachfolge Licht der Welt sein, indem sie einfach das durchscheinen lassen durch sich selbst, was

Christus in ihnen angezündet hat an Dankbarkeit für das Leben, an Freude über den Neuanfang nach Scheitern und Schuld, an Zuversicht für ein Leben bei Gott angesichts von Krankheit und Sterben auf vielfältige Weise in der großen Welt und oft genug auch in nächster Umgebung.

Die Bibel ist voller Geschichten, auch im Alten Testament, vor allem aber mit und um Jesus herum, wo Menschen Erleuchtung finden und sich ihr ganzes Leben zum Licht hin wendet. Als er den Blinden heilte, als er den Zachäus vom Baum in die Nachfolge rief, als er sich für die Ehebrecherin aussprach, als er die Kinder zu sich rief, als er die Armen liebte und die Kranken heilte, als er die opfernde Witwe lobte, als er dem Petrus vergab und ihn neu in seine Nachfolge rief, immer leuchtete Licht auf in einer dunklen Umgebung, in einer oft vergifteten Atmosphäre, in einer Welt, von der jeder annahm, sie bleibe immer grau und schwarz.

Das Licht Jesu durchscheinen lassen im eigenen Leben, in meiner und deiner, in europäischer und afrikanischer Nachfolge, das Licht, von dem wir leben, durchscheinen lassen durch Wort und Tat, im Beten und Arbeiten, im Loben und Klagen, im Rasten und Aufbrechen, auf dem Wege vom irdischen Elternhaus zum himmlischen Vater, das Licht durchscheinen lassen – das ist christliche Mission.

Als ein Symbol für das Licht der Welt, für unsere Erleuchtung und unsere Ausstrahlung kann ein Leuchtturm dienen. Der Leuchtturm hat einen festen Standort, während sich um ihn herum das Leben bewegt im Auf und Ab von Ebbe und Flut, im Wechsel von stiller See und hartem Sturm. Zu den Zeiten der Bewölkung und der Finsternis werden die Leuchtfeuer entzündet und ihre Signale zur Orientierung ausgesandt. Aber auch bei guter Sicht sind Leuchttürme unübersehbare Markierungspunkte für die Seefahrt.
Zwei solcher Leuchttürme habe ich mitgebracht. Der eine ist für meinen Besuch in Togo, der andere für Ghana bestimmt. Beide Länder haben wie wir eine Küste. Darum erscheint mir der Leuchtturm als ein gutes Zeichen für unsere Partnerschaft in beiden Richtungen zwischen Afrika und Europa, aber auch für Togo und Ghana untereinander und für die deutschen Kirchen der Norddeutschen Mission untereinander.

Wir lassen füreinander und dann auch miteinander das von uns ausstrahlen, womit wir selbst vom Evangelium Jesu Christi erleuchtet worden sind. Das ist Mission. Ganz einfach. Nicht mehr und nicht weniger. Ihr seid, wir sind das Licht der Welt!

Gewiß gibt es dann noch Fragen, wie jemand strahlt, mit welcher Intensität ein Christ die Energie des Feuers Jesu Christi weitergeben kann. Vielleicht ist das durch kurze Pausen unterbrochene Licht des Leuchtturmes ein tröstliches Merkmal für uns alle, wenn wir nicht immer Feuer und Flamme sein können, weil uns selber Anfechtung und Zweifel plagen. Da mag uns das Wort Gottes bei Jesaja (42, 3) vor geistlicher Umnachtung bewahren, dass der Herr über Leben und Tod den glimmenden Docht nicht auslöschen wird.
Nicht nur in Togo/Ghana wird gerne das Bild einer großen Familie gebraucht. Auch in Deutschland reden wir gerne von der Familie der christlichen Kirchen in aller Welt. Die vier deutschen Kirchen und die beiden presbyterianischen Kirchen in Togo und Ghana sind zu einer großen Familie zusammengewachsen. Über 150 Jahre verbinden uns im gemeinsamen Glauben an Jesus Christus als dem Haupt der christlichen Familie. Ich denke, drei Leuchtpunkte sollten wir immer im Blick behalten, wenn wir aneinander denken, uns schreiben, uns besuchen, miteinander Gottesdienst feiern und darüber beraten, wie wir als christliche Familie den Menschen und Völkern mit anderen Religionen und Weltanschauungen ein leuchtendes Beispiel der Liebe Gottes, der Gnade unseres Herrn Jesus Christus und der Gemeinschaft im Heiligen Geist sein können.

1. Wir haben ein gemeinsames Fundament in der Heiligen Schrift des Alten und Neuen Testamentes. Viele Generationen vor uns haben Männer, Frauen und Kinder durch die Geschichten mit Abraham, Isaak und Jacob, mit David und Salomo, mit der Botschaft der Propheten, mit Johannes dem Täufer, mit den Aposteln und Märtyrern trösten, ermahnen und ermutigen lassen für ihr eigenes Leben. So sind vor etwa 150 Jahren Missionare von Europa aus auch nach Togo und Ghana gekommen, um von dem Licht der Welt in Jesus Christus Zeugnis abzulegen.
   Ihnen war diese Botschaft so wichtig, dass sie oft genug ihre Gesundheit in einem anderen Klima, mit anderen Lebensbedingungen, mit der Gefährdung durch Krankheiten aufs Spiel gesetzt haben und hier begraben worden sind. Aber die Saat ihres Einsatzes zur Vergrößerung der christlichen Familie hat sich gelohnt. Gemeinden wurden gegründet, Schulen gebaut und Krankenstationen eingerichtet. Repräsentanten Eurer Kirche haben die Gemeinden in Deutschland besucht und dort wiederum das alte Evangelium in neuer Weise aus afrikanischer Sicht in Bremen, in Detmold, in Leer und in Oldenburg gepredigt. Unvergesslich ist die Predigt von Pastor Robert Quami im Jahre 1932 in der Lambertikirche zu Oldenburg. Obwohl die damalige nationalsozialistische Regierung alles versucht hatte, diesen Auftritt zu verhindern, fand der Gottesdienst in der überfüllten Kirche statt. Die christliche Familie über die Grenzen von Rassen und Nationen hinweg stand fest wie ein Leuchtturm in der Brandung weltanschaulichen Hasses und politischer Bedrohung. Für dieses leuchtende Beispiel christlicher Verbundenheit in der einen Familie sind wir heute noch dankbar.

2. Jede Familie wie auch jede Partnerschaft entwickelt sich weiter. Die einen werden älter, Jüngere rücken nach, die Verhältnisse in den Ländern verändern sich, Technik und Wissenschaft haben eine riesige Entwicklung gemacht. Auch Christen müssen diese Herausforderungen annehmen und prüfen, wie die alten Gebote in einer neuen Zeit beachtet und gelebt werden können. Auch die Norddeutsche Mission, die aus der Bremer Mission hervorgegangen ist, beschreitet einen neuen Weg. Wir hoffen, dass im November auch die reformierte Kirche mit ihrem Sitz in Leer dem neuen Konzept der Partnerschaft zustimmen wird. Die beiden presbyterianischen Kirchen in Togo und Ghana und die vier Kirchen im Norden Deutschlands wollen dann gleichberechtigt an einem Tisch den Weg in die Zukunft beraten und einander unterstützen, so gut jeder kann. Lernfähigkeit und Hilfsbereitschaft sind notwendig, damit wir einander und für andere das Licht der Welt strahlen lassen können, das Jesus für uns angezündet hat.

3. Für eine Familie und eine Partnerschaft ist die Treue zueinander wichtig. Treue und Verlässlichkeit sind wichtige Voraussetzungen dafür, dass Menschen sich nicht fremd werden, dass eine Familie nicht auseinanderbricht und jeder seine eigenen Wege geht, dass eine Partnerschaft auch in Zukunft Bestand hat.
   Ich bin davon überzeugt, dass jede Gemeinde und jede Kirche mindestens in einer Richtung über ihren eigenen Horizont hinausblicken muss, damit sie nicht in der Düsternis ihrer Probleme einschläft und schließlich abstirbt wie ein alter, morscher Ast an dem Stammbaum der Familie Gottes.

Wir haben heute den Weg hierher zum gemeinsamen Gottesdienst gefunden. Ich hoffe und wünsche, wir finden den Weg auch wieder zurück nach Hause – mit dem Lichte Christi und der Erleuchtung durch sein Wort. Denn ohne Licht kommt niemand an das Ziel des Lebens in Gottes hell leuchtendem Reiche. Dort werden sich dereinst alle Mitglieder der weltweiten christlichen Familie versammeln und Gott ohne Unterlass mit Herzen, Mund und Händen loben und preisen von Ewigkeit zu Ewigkeit.

Amen.

Predigt im ökumenischen Gottesdienst zum 30. Deutschen Seeschifffahrtstag am 10. Mai 2001 in Elsfleth

Liebe Festgemeinde!

Seeschifffahrt (mit 2 oder 3 f) und Kirchengeschichte haben viele Gemeinsamkeiten.

Gerade haben wir das Lied vom Schiff, das sich Gemeinde nennt, gesungen. Die Bilder von Kurs und Ziel, von Flaute und Sturm, von immer neuer Aufbruchstimmung und der Sehnsucht nach der Heimat sind uralt. Der Apostel Paulus berichtet, er sei in Gefahr gewesen durch Flüsse, habe dreimal Schiffbruch erlitten und sei einen Tag und eine Nacht auf dem tiefen Meer getrieben (2. Kor. 11, 25 f). Und wir hören aus der ersten Christenheit, dass einige „am Glauben Schiffbruch erlitten" haben (1. Timotheus 1, 19). Ähnlich ist es den Jüngern im Sturm auf dem See Genezareth ergangen, wie wir vorhin gehört haben (Matth. 8, 23ff), obwohl der Herr Jesus mit an Bord war. So hat sich allmählich der Begriff der christlichen Seefahrt entwickelt. Im Mittelalter waren die Schiffergesellschaften in den Hansestädten zugleich kirchliche Bruderschaften. Und die geistliche Versorgung der Besatzung scheint meist eine selbstverständliche Aufgabe des Kapitäns gewesen zu sein. Spuren solch guter Tradition tauchen auch heute noch auf, wenn man beispielsweise an einem Sonntag mit dem Elsflether Segelschulschiff „Großherzogin Elisabeth" unterwegs ist. Um 11.00 Uhr wird zur Messe eingeladen. Der Kapitän nimmt die Heilige Schrift zur Hand und liest das erste Kapitel des Johannesevangeliums, wie ich es im letzten Herbst erlebt habe. Danach wird zu einer kurzen Stille aufgerufen, bevor allen Messe-Gästen ein Sherry angeboten wird. Es war mir nicht ganz klar, ob einige möglicherweise nur wegen des Frühschoppens unter Deck gestiegen waren. Mich allerdings hat es beeindruckt, aus dem Munde eines Seemannes ein Stück Evangelium weserabwärts zu hören.

Wie eng Schiff und Kirche auch sprachlich zusammengerückt sind, wird auch daran deutlich, dass Sie, liebe Schwestern und Brüder, im von mir aus linken Kirchenschiff sitzen, dass ca. 1500 erbaut wurde für die ortsansässigen Bauern, Fischer und Schiffer, und dass Sie im von mir aus rechten Kirchenschiff Platz genommen haben, das 1690 fertiggestellt wurde. Diese Plätze waren bestimmt für das Zollpersonal, das sehr zum Ärger Bremens den Weserzoll für den oldenburg-dänischen Landesherrn eingezogen hat.

Nun liegt es mir gänzlich fern, Sie zur Rechten mit den Zöllnern und Sündern und Sie zur Linken mit den Schriftgelehrten und Pharisäern in Verbindung bringen zu wollen. Auf beiden Seiten sitzen heute treue Christen, die ihrem Herrn zu Wasser und zu Land nachfolgen, die gerne ihre Kirchensteuer zahlen, damit das Schiff der Kirche erfolgreich in die Zukunft gesteuert werden kann.

Der Weg der Kirche durch die Zeit zur Ewigkeit ist oft verglichen worden mit der Fahrt eines Schiffes über die Weite und Tiefe der Ozeane mit all ihren Reizen und Gefahren.

Wenn ich jetzt die Verse aus Psalm 107 lese, dann werden Sie schnell merken, dass der ganze Text aus einem einzigen langen Satz besteht, der sich in ruhig-kleinen und dann merklich aufbäumenden und bedrohlichen Wellen bewegt, bis sich schließlich die Wetter beruhigen, das Schiff den Hafen findet und Besatzung und Passagiere voller Dank Gott zu loben beginnen.

Die mit Schiffen auf dem Meere fuhren und trieben ihren Handel auf großen Wassern, die des Herrn Werke erfahren haben und seine Wunder auf dem Meer, wenn er sprach und einen Sturmwind erregte, der die Wellen erhob, und sie gen Himmel fuhren und in den Abgrund sanken, dass ihre Seele vor Angst verzagte, dass sie taumelten und wankten wie ein Trunkener und wussten keinen Rat mehr.
Die dann zum Herrn schrien in ihrer Not, und er führte sie aus ihren Ängsten und stillte das Ungewitter, dass die Wellen sich legten und sie froh wurden, dass es still geworden war und er sie zum erwünschten Lande brachte: Die sollen dem Herrn danken für seine Güte und für seine Wunder, die er an den Menschenkindern tut, und ihn in der Gemeinde preisen und bei den Alten rühmen.
(Psalm 107, 23 – 32)

Wir alle, liebe Seeleute oder Landratten, befinden uns, was den Glauben angeht, auf großer Fahrt durch das Meer der Zeit. Das Ziel, das uns die Richtung weist, heißt Gottes Ewigkeit. (EG 572) Auf dieser äußerst lebendigen Reise durch das Leben gilt es, wie auch das Motto des 30. Deutschen Seeschifffahrtstages lautet, den Kurs zu bestimmen und zu halten. Die Navigationsmittel der modernen Schifffahrt sind technisch ausgereifter, schneller und genauer als jemals zuvor. Und der gestern in Betrieb genommene Schiffssimulator wird für noch mehr Sicherheit sorgen. Und doch lassen sich durch menschliches Versagen oder die Tücken des Wetters nicht alle Kollisionen und Havarien vermeiden.

Auch in unserem privaten Leben und im zwischenmenschlichen Bereich geraten wir bisweilen in schwierige, manchmal ausweglos erscheinende Situationen. Meist stellt sich das, was uns im Herzen umtreibt und unser Glaubensschiff bis an den Rand der Verzweiflung zu treiben scheint, als eine Krise heraus, die überstanden werden kann, wenn wir uns dem Höchsten anvertrauen und die Nächsten um Hilfe bitten. Manche von uns, so nehme ich an, könnten aus ihrem Leben erzählen, wie es war, als sie zum Herrn schrien in ihrer Not, als sie SOS, save our souls, gen Himmel funkten und nicht mehr aus noch ein wussten in ihrer Not. Und, so nehme ich an, es könnten etliche erzählen, wie ihre Hilferufe mit einem Male gehört worden sind, vielleicht aus einer Richtung und von Menschen, an die sie nie gedacht hätten. Die zahlreichen Votivschiffe, in den Kirchen an den Küsten und auf den Inseln wie auch hier in Elsfleth, sind eine besonders schöne Form des Dankes für die Erhörung der Gebete in der Zeit der Angst und Not. Wie oft aber haben Menschen in Zeiten des Krieges oder schwerer Erkrankung mit Gott um Errettung verhandelt, haben in ihrem Taumeln und Wanken feierliche Gelöbnisse an Gottes Adresse geschickt, ohne dass sie ihm die Treue gehalten hätten, obwohl er das Ungewitter stillte und die Wellen sich legten. Ob da der allmächtige und barmherzige Gott, der Herr über Leben und Tod, Gnade vor Recht ergehen lassen wird? Wir kennen starke Worte der Heiligen Schrift, die eindeutig vor Übermut und Undankbarkeit warnen: „Irrt euch nicht! Gott lässt sich nicht spotten. Denn was der Mensch sät, dass wird er ernten." (Galater 6, 7)

Andererseits weiß die Bibel auch um den unübertrefflichen Trost der Nähe Gottes in den Turbulenzen des Lebens und den grausamen Spielarten des Todes. Wenn ich an den Untergang der Estonia in der Ostsee, an das Zugunglück in Enschede und an den Absturz der Concorde in Paris denke, dann kommen mir die alten Worte des Königs David aus Psalm 139 in den Sinn. Da heißt es in dem feinfühligen Gebet: „Von allen Seiten umgibst du mich und hältst deine Hand über mir. Diese Erkenntnis ist mir zu wunderbar und zu hoch, ich kann sie nicht begreifen. Führe ich gen Himmel, so bist du da; bettete ich mich bei den Toten, siehe, so bist du auch da." (Psalm 139, 5 – 8) Wir können, liebe Schwestern und Brüder, auch in einer Katastrophe nicht tiefer als in Gottes Hand fallen. Dafür steht die Botschaft vom Kreuz und der Auferwekkung Jesu. Unser Herr Jesus Christus hat dem Tode die Macht genommen und das Leben und ein unvergängliches Wesen ans Licht gebracht durch das Evangelium (2. Timotheus, 1, 10).

Die aber, die froh wurden, dass es still geworden war und er sie zum erwünschten Lande brachte, die, denen das Leben sozusagen noch ein zweites Mal geschenkt wurde, die, wie es der Volksmund sagt, dem Teufel von der Schippe gesprungen sind, die in letzter Minute gerettet worden sind aus welcher Not auch immer, „die sollen dem Herrn danken für seine Güte und seine Wunder, die er an den Menschenkindern tut, und ihn in der Gemeinde preisen und bei alt und jung rühmen". (Vers 31f)

In manche Gefahr brauchen wir Menschen gar nicht erst zu geraten, wenn wir gewisse Zeichen und Regeln beachten. Die Feuerschiffe früher, die Leuchttürme heute, Radar und Funk sind bewährte Mittel der Kommunikation und Orientierung auch in stürmischer See. Die alten und doch ganz aktuellen 10 Gebote, das Doppelgebot, Gott und den Nächsten zu lieben wie mich selbst, die Seligpreisungen aus der Bergpredigt Jesu, das vertraute Vater-unser, das als christliches Gebet die ganze Welt umspannt, sind leuchtende Beispiele für Kurs und Ziel unserer Lebensreise.

Die letzten 8 Jahre meiner Schulzeit habe ich als Vollwaise in einem evangelischen Internat am Niederrhein verbracht. Dort hatten ältere Kameraden einen Seemannsbund gegründet. In einem selbstgemauerten Raum, der halb unter der Erde und halb über der Erde lag, sind wir als Landratten ein wenig in die Welt der Schifffahrt eingedrungen. Wir haben das Morsealphabet gelernt, Knoten geknüpft, von Graf Luckner gehört und Phantasiereisen über die Weltmeere veranstaltet, wir haben Thunfisch gegessen und unter dem Titel Kombüse einen monatlichen Rundbrief erstellt. Und wir haben von unserem begrenzten Taschengeld einen kleinen Betrag abgezweigt und die Summen von 23,67 und 34,80 vierteljährlich an die Seemannsmission in Cuxhaven zu Händen von Herrn Pastor Wapenhensch überwiesen. Und wir haben zur Gitarre Glaubens-, Fahrten- und Seefahrtslieder gesungen. Auf eines dieser Lieder, das wir auch gleich anstimmen wollen, bin ich ganz neu bei meinem Besuch im letzten Herbst in Ghana und Togo gestoßen. Ich traute meinen Ohren nicht, als ich die alte Melodie des Liedes hörte: „Leuchtend strahlt des Vaters Gnade aus dem obern Heimatland, doch uns hat er anvertrauet Rettungslichter längs im Strand." Beiden Partnerkirchen hatte ich ziemlich große Leuchttürme aus Holz als symbolisches Geschenk mitgebracht, weil unsere Länder jeweils Zugang zum Meer haben.

Wenn ich am Anfang auf die Gemeinsamkeit von Schifffahrt und Kirchengeschichte, von Kirche und Schiff hingewiesen habe, so kommt diese gedankliche Nähe auch in dem Kehrreim dieses ursprünglich englischen Liedes aus dem Ende des 19. Jahrhunderts zum Ausdruck. Wer aufbricht ins Leben, möchte an ein Ziel gelangen. Wer die Segel hisst und auf große Fahrt geht, möchte zurückkehren in den Heimathafen. Wir alle in der deutschen Seeschifffahrt und in den christlichen Kirchen können ein Stück weit durch nautische und theologische Kompetenz mit dazu beitragen, dass sich die Sehnsucht vieler Menschen nach Geborgenheit im Glauben und im Leben erfüllt. Darum: „Lasst die Küstenfeuer brennen, lasst sie leuchten weit hinaus, denn sie zeigen manchem Schiffer sicherlich den Weg nach Haus."

Amen.

3. Bericht des Bischofs vor der Synode am 17.5.2001 in Rastede

Hohe Synode, Herr Präsident, verehrte Gäste, liebe Schwestern und Brüder!

Auf den Spuren einer lebendigen Kirche

Wer viele Besuche in Gemeinden und kirchlichen Einrichtungen macht, wer im Einzelgespräch, in Teamsitzungen und bei Visitationen zuhört, was und wie es gesagt wird, und hinblickt auf das, was und wie es geschieht, wer also aufmerksam und mit einem Vorschuss an Vertrauen, den jeder ehrenamtliche oder hauptamtliche Dienst verdient hat, unsere oldenburgische Kirche unter die Lupe nimmt, wird einen Reichtum an geistlicher Kreativität, eine Fülle von gerne geleisteter Einsatzbereitschaft und eine Vielfalt kritisch-konstruktiver Reflexion entdecken. Darüber dürfen wir uns alle trotz der Mängel, die nicht verborgen bleiben, von Herzen freuen. Für die Lebendigkeit unserer Kirche kann die Synode als oberstes Organ der Kirche denen, die trotz einigen Gegenwindes von außen und mancher hausgemachter Unzulänglichkeit im konzeptionellen, strukturellen und personellen Bereich den Acker Gottes pflügen und den Samen seines Wortes auf das Land streuen, nicht genug dankbar sein.

Gerade die guten und schönen Erfahrungen können und müssen heilsamer Ansporn sein, die Spuren der Liebe Gottes zu seiner Schöpfung, der Erlösung des Menschen aus Schuld und Scheitern durch Jesus Christus und der steten Erneuerung der Kirche im Heiligen Geist noch deutlicher in Erscheinung treten zu lassen vor aller Welt.

In sieben Abschnitten möchte ich Spuren einer lebendigen Kirche aufzeigen, damit das göttliche Geschenk der Zeit nicht spurlos an uns und der Welt, in der wir leben, vorüber geht.

1. Wurzeln und Visionen

Unter diesem Titel hat das ZDF im Jahre 2000 53 Fernsehgottesdienste gesendet. In einem Gang durch die Christentumsgeschichte zweier Jahrtausende haben reformierte, unierte, lutherische Gemeinden, Baptisten, freie Gemeinden, Orthodoxe und Katholiken an einem Mosaik christlicher Spiritualität gearbeitet. Insgesamt wollte die Sendereihe auffälligen historischen und theologischen Entwicklungen aus der Geschichte der Kirchen ebenso gerecht werden wie den Erfahrungen von Menschen, die eher von außen Fragen an das Christentum stellen. Dabei wurde festgestellt, „dass entgegen manch berechtigter Kritik unserer Tage die alte jüdisch-christliche Wurzel unserer Zivilisation durchaus noch kräftig ist und die Hoffnung auf die Tragfähigkeit unserer Visionen im 21. Jahrhundert". Die Tatsache, dass bei der Auswahl der Städte und Stätten der Nordwesten der Bundesrepublik ausgespart geblieben ist, lässt ein wenig stutzig werden. Sollte es zwischen Hamburg, Hildesheim und Bethel bei Bielefeld keinen christlichen Ort gegeben haben oder geben, an dem Spuren einer lebendigen Kirche hätten entdeckt werden können?

Dennoch fand ich die Idee überzeugend, einem breiten Publikum in Deutschland und Österreich die Vielfalt von kirchlichen Gebäuden und Ereignissen, von Spiritualität und sozialer Verantwortung, von der Hexenverfolgung im Mittelalter bis zur Zerstörung der Frauenkirche in Dresden mit der Frage vor Augen zu führen, was den christlichen Glauben trägt und prägt. „Wo

Pilger ihren Weg suchten, wo Mönche Jahrhunderte lang gregorianische Choräle sangen, wo Luther predigte, wo Menschen mystische Erfahrungen machten, wo Christen sich gegen Nationalsozialismus und kommunistische Willkürherrschaft engagierten, dort gibt es auch heute noch lebendige Gemeinden von ausstrahlender Vitalität." (Claudius-Verlag 1999)

Wurzeln und Visionen sind grundlegende Elemente und Triebkräfte kirchlichen Lebens. Bei einem Seminar für neue und wiedergewählte Gemeindeälteste im letzten Herbst in Rastede hatte sich eine Frage für den Bischof am Abend ergeben. An der Pinnwand war zu lesen: „Wohin führt der Weg der Kirche?" Die Zuhörerschaft schaute mich etwas verwundert an, als ich mein Statement mit der Antwort einleitete: „Dem Ende entgegen! Wohin denn sonst?" Nun will diese Antwort ja richtig verstanden sein, damit übermorgen nicht in der Zeitung steht, der Bischof stelle das Ende der oldenburgischen Kirche in Aussicht. Richtig ist aber, dass der Dienst der Kirche auf das Kommen des Reiches Gottes ausgerichtet ist und überflüssig wird, wenn Gott die Auferstehung der Toten und das ewige Leben verfügt. Im dritten Artikel des apostolischen Glaubensbekenntnisses heißt es ja eben nicht: Ich glaube an die heilige, christliche, „ewige" Kirche. Bei manchen Debatten um die Zukunft der Kirche geht der Blick auf dieses eschatologische Moment unseres Glaubens verloren. Die Eschatologie, die Lehre von den letzten Dingen, hatte in Zeiten der äußeren Bedrohung und des inneren Verfalles höhere Konjunktur als in Zeiten kirchlicher Stabilität nach innen und nach außen. Martin Luther hat in seinem kleinen Katechismus die Bitte um Gottes Reich im Vater unser so erklärt: „Gottes Reich kommt auch ohne unser Gebet von selbst, aber wir bitten in diesem Gebet, dass es auch zu uns komme." Und wie das geschieht, darauf antwortet Luther: „Wenn der himmlische Vater uns seinen Heiligen Geist gibt, dass wir seinem heiligen Wort durch seine Gnade glauben und danach leben, hier zeitlich und dort ewiglich." Etwas vereinfacht gesagt: Wir steuern mit irdischen Schritten auf himmlische Ziele zu. Wir bewegen uns dabei in der Gewissheit, das Reich Gottes nicht mit eigenen Mitteln erzwingen zu sollen, und in der Zuversicht, dass wir in der Nachfolge Jesu Christi möglichst viele Menschen für die Weggemeinschaft zur Ewigkeit gewinnen. Aus diesem Spannungsverhältnis heraus ergibt sich die Notwendigkeit, von Zeit zu Zeit nach den Zwischenzielen zu fragen, was denn die biblischen Visionen vom Himmlischen Jerusalem und vom kommenden Christus für uns persönlich und für das kirchliche Leben bedeuten.

2. Leitbilder und Vorbilder

Lange bevor in unserer kurzlebigen Zeit auf der politischen Bühne um die Behauptung einer „Leitkultur" gestritten worden ist, hat die Synode der Ev.-Luth. Kirche in Oldenburg im Rahmen der „Perspektiven kirchlichen Handelns" im Mai 1998 ein Leitbild formuliert, „in dem die grundlegenden Aspekte des Auftrages der Kirche ebenso aufgenommen sind wie die uns erkennbaren Herausforderungen durch die gegenwärtige Situation" (Anlage 1). Mittlerweile haben andere Landeskirchen Diskussionsprozesse unter verheißungsvollen Überschriften wie „Kirche mit Zukunft" (Westfalen) und „Was wir glauben, wer wir sind, was wir wollen" (Baden) in Gang gesetzt.

Bereits 1996 sind von der Beratungsstelle für die Gestaltung von Gottesdiensten und anderen Gemeindeveranstaltungen in Frankfurt Materialien zu 8 biblischen Leitbildern veröffentlicht worden: Wanderndes Gottesvolk, Stadt Gottes, Fest Gottes, Leib Christi, Gesandte Gottes, Licht der Welt, Senfkorn, Kreuz Christi. All diese verdienstvollen Ausarbeitungen erzielen nur dann praktische Wirkung, wenn sie auf die Situation der Gemeinde, der Region oder des zentralen kirchlichen Handlungsfeldes umgearbeitet werden. Dabei sind nicht nur die Ergebnisse ein Gewinn für das zukünftige Handeln, sondern der Erarbeitung der Thesen selbst kommt eine hohe Bedeutung für die Beteiligten in ihrem Verhältnis zur Sache und untereinander zu.

Stellvertretend für andere erfolgreiche Bemühungen im Oldenburgischen möchte ich auf die Banter Gemeindekonzeption von 1997 (Anlage 2), das Leitbild der Ev.-Luth. Kirche in Berne vom August 2000 (Anlage 3) und auf „12 gute Gründe, Ihr Kind in den evangelischen Kindergarten zu bringen" der oldenburgischen Kindergartenarbeit vom Frühjahr 2001 (Anlage 4) hinweisen.

Allerdings: Jedes noch so sorgfältig und griffig formulierte Leitbild braucht lebendige Vorbilder, die nach den Grundsätzen leben, die uns in der Heiligen Schrift, in den Bekenntnissen der Kirche und in den Leitbildern der heutigen Zeit gegeben sind. Wenn kluge Leute ihre Weisheit zu Papier gebracht haben, in ihrem Verhalten anderen Menschen gegenüber aber rechthaberisch und unduldsam auftreten, wie soll dann eine Gemeinschaft der Heiligen heranwachsen? Wenn gemeindliche Gruppen sich mit der glänzenden Erfüllung eines Auftrages von der Mitverantwortung für das Gelingen des Ganzen verabschieden und es andere spüren lassen, dass sie nur Erfüllungsgehilfen ihrer Ideen und Pläne sind, wie soll sich da ein vorbildliches Miteinander und Füreinander entfalten, das der Kirche gegenüber kritische eingestellte Menschen überzeugen könnte? Wessen Neugier auf das Evangelium, das ja mit froher Botschaft zu übersetzen ist, sollte durch Männer und Frauen der Kirche geweckt werden, denen kaum ein Lächeln geschweige denn ein Strahlen aus innerer Freude heraus anzumerken ist? Nach Martin Buber kann wirkliche Frömmigkeit nicht gänzlich ohne Humor existieren. Natürlich hat das Weinen und das Lachen, das Klagen und das Tanzen seine Zeit (Prediger 3,3), und der Apostel Paulus beschreibt als ein wichtiges Charakteristikum gemeindlichen Lebens: „Freut euch mit den Fröhlichen und weint mit den Weinenden." (Römer 12, 15) Und in dem Bericht über die Apostelversammlung in Jerusalem wird sehr einleuchtend vor Augen geführt, wie Christen um Ziele und Wege kirchlichen Handelns „lange" streiten können und dann „einmütig versammelt" zu Beschlüssen kommen, die die vorhandenen Gaben und Fähigkeiten aus den Gefährdungen des Durcheinanders, des Nebeneinanders und des Gegeneinanders herausziehen und auf unterschiedlichen Wegen in der Ergänzung fruchtbar werden lassen. (Apostelgeschichte 15)

Neben diesen menschlich – allzu menschlichen Schwächen, unter denen die notwendige Zusammenarbeit leidet, ist immer wieder von der Schwierigkeit zu hören, zu Fragen des Glaubens so Stellung zu nehmen, dass andere einigermaßen begreifen, um was es in der Nachfolge Jesu Christi geht. Auch viele treue Kirchenmitglieder haben es verlernt oder gar nicht mehr richtig gelernt, mit biblischen Geschichten, mit Gleichnissen, mit Liedern aus dem Gesangbuch und mit eigenen Erfahrungen des Zweifelns und des Hoffens anderen Rede und Antwort zu stehen. Dieses Manko muss nach und nach durch Angebote in der Gemeinde, auf der Ebene der Kirchenkreise, durch Bildungsangebote der Akademie bearbeitet werden.

Noch größere Bedeutung als ein umfangreiches biblisches und kirchliches Wissen, das an sich wünschenswert ist, hat seit eh und je die Glaubwürdigkeit eines Menschen, dem anzumerken ist, wie Glauben und Leben, wie Reden und Handeln, wie Arbeiten und Beten, wie menschliche Anteilnahme und gemeinschaftliches Feiern eine stimmige Einheit bilden. Nicht nur unter der Pfarrerschaft ist zunehmend der Wunsch nach Angeboten spiritueller Gemeinschaft zu registrieren. Wo Menschen sich zu unterschiedlichen Zeiten und an geeigneten Orten zum Loben und Danken, zum Hören der biblischen Botschaft und zur Verabredung gemeinsamen Handelns versammeln, da kann durch die Konzentration auf die vereinigende Mitte Störendes und Belastendes seine Wirkung langsam verlieren. In diesem Zusammenhang hat auch die Supervision ihre Bedeutung, die in vielen Fällen schon durch das vertrauensvolle Gespräch zwischen älteren und jüngeren Kollegen oder mit Vertrauenspersonen aus einem anderen Arbeitsbereich Spannungen abbauen und Wege zu einem gedeihlicheren Miteinander ebnen kann.

Eben ist ein neues Buch unter dem vielleicht etwas steilen Titel „Die neue Reformation" erschienen. Darin führt der Theologe und Philosoph Klaus Douglass „96 Thesen zur Zukunft der

Kirche" aus. Jeweils 8 Thesen sind 12 Aufgaben mit folgenden Stichworten zugeordnet: Zur reformatorischen Mitte zurückkehren, Spiritualität freisetzen, den Auftrag wiederentdecken, das allgemeine Priestertum der Gläubigen aktivieren, den Pfarrberuf neu definieren, Führungsverantwortung übernehmen, eine gesunde Kleingruppenstruktur aufbauen, eine Kultur der Liebe entwickeln, den Gottesdienst losketten, die innergemeindlichen Strukturen vereinfachen, den Primat der Gemeinde wiederherstellen und die Kirche nach vorne träumen. Auf den ersten Blick mag man nicht umwälzend Neues entdecken, aber die Einzelthesen und ihre konkrete Beschreibung im gemeindlichen oder sonstigen kirchlichen Kontext können gerade in der Umsetzung von Leitbildern in konkretes Leben ausgesprochen hilfreich sein. Nach meinen ersten Eindrücken eignet sich dieses Buch nicht nur für die Arbeit von Gemeindekirchenräten und Pfarrkonventen, sondern für viele Arbeitsbereiche und Gruppen, die sich nach einem Anschub heraus aus dem Frust zu neuer Lust und Freude am Christsein in dieser Zeit und Welt sehnen.

Aber noch einmal: Ohne Vorbilder bleiben Leitbilder wirkungslos. Der katholische Schriftsteller Günter de Bruyn hat auf seine Weise der Evangelischen Kirche folgendes ins Stammbuch geschrieben: „Was mir ... fehlt an den mir so nahen vertrauten Protestanten, ist ihr sichtbar werdender Wille, sich nicht nur zu behaupten, sondern verlorene Seelen zurückzugewinnen, also falls das Wort noch erlaubt ist: Mission. Früher fuhren glaubensstarke Leute, unsägliche Strapazen nicht scheuend, zu diesem Zweck in die Südsee oder nach Grönland. Heute brauchen sie, ohne jede Entbehrung, nur beim Nachbarn vorzusprechen, in der Öffentlichkeit mehr Selbstvertrauen zu zeigen oder sich in demokratischen Institutionen für die Kirchenbelange einzusetzen." (Brennpunkt Gemeinde, 1/2001, 26) Da ist ja wohl etwas Wahres dran.

3. Kirchenkreisreform und regionale Herausforderungen

Die von der Synode im November 2000 beschlossene Kirchenkreisreform mit der von 14 auf 11 reduzierten Anzahl ist mittlerweile umgesetzt worden. Die neuen Kreissynoden haben sich konstituiert. Die fälligen Berufungen in das Kreispfarramt ab dem 1.7.2001 sind vom Oberkirchenrat ausgesprochen worden. In den Anhörungsverfahren bei den Pfarrkonventen und Kreiskirchenräten sind 9 Kreispfarrer für eine erneute Amtszeit berufen worden: Theuerkauff im Ammerland, Janßen in Butjadingen, Löwensen in Cloppenburg, Rossow in Delmenhorst, Weber in Jever, Stölting in Oldenburg Stadt, Stecker in Stedingen, Möllmann in Vechta und Harrack in Wilhelmshaven. Neu berufen wurden Jaedicke für Oldenburg Land und Winkel für Varel.

Zum 31.12.2000 haben die Pfarrer Schierholz in Brake, Dreyer in Ganderkesee, Onken in Oldenburg II und Kreispfarrerin Millek in Wildeshausen ihren Dienst beendet. Zum 30.06.2001 scheidet Pfarrer Michalke als Dienstältester im Kreispfarramt nach 26 Jahren aus dieser besonderen Verantwortung aus. Allen 5 Mitgliedern der Kreispfarrerkonferenz habe ich im Namen des Oberkirchenrates für ihren Dienst zum Wohle der Gemeinden, Kirchenkreise und unserer Kirche insgesamt gedankt. Im Jahr der Ehrenamtlichkeit, in dem die Mitarbeit vieler Frauen, Männer und Jugendlicher ihre besondere Würdigung findet, ist auch zu betonen, dass sich neben den Kreispfarrern auch in vielen anderen Aufgabenbereichen immer wieder hauptamtliche Mitarbeiterinnen und Mitarbeiter finden, die eine mit nicht geringen seelischen Belastungen verbundene Zusatzaufgabe zu übernehmen bereit sind. Der Aufgabenbereich der Kreispfarrer hat sich seit der Amtszeit von Altbischof Dr. Sievers, dem der Oberkirchenrat vor kurzem zur Vollendung seines 70. Lebensjahres vor Ort gratuliert hat, ständig erweitert. Besonders im Bereich der Visitationen, bei der Planung von kreiskirchlichen Aktivitäten und bei der Mitberatung gesamtkirchlicher Aufgaben ist mir, der ich selbst 15 Jahre das Amt des Superintendenten ausgeübt habe, sehr klar geworden, welch eine wichtige Funktion die mittlere

Ebene einer Kirche zum Erhalt des gesamten Gefüges hat, ohne dass es der Aufgabenerweiterung im Superintendentenamt bedürfte. Das Kreispfarramt ist in der Verfassung unserer Kirche als geistliches Amt definiert, dem der Bischof nicht nur die Einführung, sondern sogar die Ordination der Pfarrer in Einzelfällen übertragen kann (Artikel 110). In einer Zeit, in der aus finanziellen Gründen den Pfarrerinnen und Pfarrern unserer Kirche eine größere Dichte pfarramtlicher Aufgaben zugemutet werden muss und in der auf der Ebene des Oberkirchenrates bereits personelle Einschränkungen vorgenommen worden sind, gewinnt das Kreispfarramt sowohl in der horizontalen Ebene als auch in der vertikalen Verbindung zwischen Gemeinden, Kirchenkreisen und oldenburgischer Kirche an Bedeutung und Gewicht. Darum unterstütze ich das im Ausschuss für Gemeindedienst beratene Konzept einer angemessenen Entlastung in den pfarramtlichen Aufgaben. Gleichzeitig bedauere ich den Beschluss des Finanzausschusses, der Synode nicht vorschlagen zu wollen, ihren Beschluss über das Auslaufen der vergleichsweise geringen Zulage für die Kreispfarrer zu überdenken.

In einigen Kirchenkreisen, die in zwei oder drei Richtungen aufgelöst werden mussten und darüber hinaus ihren Namen verloren haben, wurde das Abschiednehmen aus gewohnten Strukturen und vertrautem Miteinander in Kreissynode, Pfarrkonvent und anderen Arbeitsgebieten als schmerzlich empfunden. Um so wichtiger ist es nun, dass das, was bisher so nicht zusammengehört hat, zusammenwächst. Soweit ich die neue Zusammensetzung der Kreiskirchenräte überblicke, hat man sich große Mühe gegeben, ein ausgewogenes Verhältnis zu schaffen. Die Klärung der finanziellen und personellen Fragen hat behutsam stattgefunden. Wenn im mehr ländlich geprägten Raum die Angleichung der Kirchenkreisgrenzen an die Landkreise vielleicht eine geringere Bedeutung hat, so ist die Bildung des Kirchenkreises Oldenburg Stadt sicherlich ein Gewinn für das kirchliche Leben in Korrespondenz mit der Kommune, den Verbänden und Institutionen in der größten Stadt der oldenburgischen Kirche. Die ursprüngliche Kritik ist mit der zunehmenden Entdeckung der Chancen eines Innenstadtkonzeptes, das sowohl die Mitte als auch das Umzu berücksichtigt, leiser geworden. Auch im Blick auf die städtische Ökumene, die mit der Gründung einer Arbeitsgemeinschaft Christlicher Kirchen mehr Verbindlichkeit erreichen möchte, wird sich die Kirchenkreisreform in der Stadt Oldenburg bewähren.

Unbeschadet der verfassungsmäßig zugewiesenen Aufgaben eines jeden Kirchenkreises werden wir uns zunehmenden Herausforderungen im regionalen Bereich stellen müssen. Dabei sehe ich zur Zeit keine Möglichkeit, den Begriff Region eindeutig zu bestimmen. Seit langem ist das Gebiet unserer Kirche aus der Sicht wichtiger Arbeitsgebiete in ganz unterschiedliche Regionen aufgeteilt worden. Diakonie, Jugendarbeit, Lektorenarbeit, Kirchenmusik, um nur einige Beispiele zu nennen, haben aus sachlichen Erwägungen, die finanzielle und personelle Aspekte einschließen, zu eigenen Einteilungen gefunden. Schon immer hat es innerhalb von Kirchenkreisen kleinere Regionen gegeben, in denen Kirchengemeinden und übergemeindliche Handlungsfelder ihren Zuschnitt nach Bedarf vollzogen haben. Ebenfalls hat es punktuelle oder dauerhafte Zusammenarbeit über die Kirchenkreisgrenzen hinweg gegeben. Im Blick auf eine gewisse Unsicherheit der finanziellen Entwicklung in unserer Kirche sind nach Beendigung der Kirchenkreisreform Regionalkonzepte zu erarbeiten, die mit der notwendigen Differenzierung bekannte Aspekte wie Stadt, Land oder Diaspora berücksichtigen. Bei der Erarbeitung wird es darauf ankommen, unverzichtbare Inhalte kirchlicher Arbeit auf die personellen Ressourcen und finanziellen Möglichkeiten abzustimmen. Dabei werden sich ganz von selbst unterschiedliche Profile kirchlicher Präsenz ergeben. Die Arbeit an den „Perspektiven kirchlichen Handelns in der Ev.-Luth. Kirche in Oldenburg" muss in einigen Linien fortgesetzt werden. Das weist der Bericht der Perspektivgruppe aus. Nach wie vor behält seine Gültigkeit, was der Präsident der Synode und der Bischof im Vorwort zu dem Perspektivpapier geschrieben haben: „Auf allen Ebenen unserer Kirche wird den verantwortlichen Gremien viel Phantasie zugetraut und Arbeit zugemutet, damit wir mit teilweise veränderten Strukturen und Schwerpunkten unserer Arbeit den Herausforderungen der Zukunft gewachsen sind." Folgende Merkmale einer Kirche von morgen halte ich für unverzichtbar, wenn sie nicht heute schon beherzigt und lokal oder regional im Verbund mit anderen Gemeinden und Trägern umgesetzt werden: Biblisch und geistlich fundiert, missionarisch begeistert, transparent und dialogfähig, pastoral vielfältig, jugendbewegt und –bewegend, diakonisch beispielhaft, ökumenisch offen, nach außen kooperationsbereit, gesellschaftspolitisch wachsam. Wir wollen wachsen gegen den Trend. Eine konsequente Förderung von Ideen und Initiativen in der Kirche ist anzustreben. Eine noch effektivere Zuordnung und Verzahnung von parochialen und regionalen Aufgaben, von gemeindlichen und funktionalen Diensten ist nötig. Wir brauchen eine stärkere Identifikation mit den gemeinsamen Zielen und ein ausgeprägteres Wirgefühl – auch und besonders im Verhältnis von Haupt- und Ehrenamt. Diese ausgewählten Perspektiven beziehen sich, wie von selbst deutlich wird, nicht nur auf das kirchliche Handeln in den Regionen, sondern gleichermaßen auf die Arbeit in den Kirchengemeinden und auf der Ebene der oldenburgischen Kirche insgesamt mit ihren speziellen Arbeitsgebieten.

4. Oldenburg in Partnerschaft

Im Blick auf die gemeinsame Arbeit in der Konföderation in Niedersachsen zeichnet sich eine Straffung und Konzentration auf die im Konföderationsvertrag festgelegten Aufgaben ab. Die Synode soll um ein Viertel verkleinert werden, auch der Rat wird eine Verringerung der Mitgliederzahl erfahren. Wesentliche Aufgabe der Konföderation ist die Vertretung evangelischer Interessen gegenüber dem Landtag und der Landesregierung. Die Synode der Konföderation ist in ihrer Aufgabenstellung nicht mit der Synode einer Landeskirche zu vergleichen. Daher kann, auch unter dem Gesichtspunkt der Kosten, bei Vorarbeit dreier Ausschüsse die Zusammenkunft der Synodalen auf in der Regel einen Tag einmal im Jahr beschränkt werden.

Am vorletzten Sonntag ist Bischof Heinrich Herrmanns von der Ev.-Luth. Landeskirche Schaumburg Lippe in den Ruhestand verabschiedet worden. In einigen Wochen wird der neu gewählte Bischof Jürgen Johannesdotter seinen Dienst antreten.

Auch in der evangelischen Landeskirche in Württemberg, mit der wir außerhalb der VELKD lutherisch verbunden sind, ist ein Bischofswechsel vollzogen worden. Am 28. April wurde Landesbischof Eberhardt Renz in einem eindrucksvollen Gottesdienst verabschiedet und gleichzeitig sein Nachfolger Gerhard Maier eingeführt. Mit der württembergischen Kirche besteht seit Kurzem eine Vereinbarung, dass Pfarrerinnen und Pfarrer in der jeweils anderen Kirche einen auf 6 Jahre befristeten Arbeitsauftrag erhalten können.

Im kommenden Jahre besteht unsere Partnerschaft mit der Evangelischen Kirche der schlesischen Oberlausitz 50 Jahre. Vom 31. Mai bis 2. Juni 2002 finden deshalb in Görlitz zahlreiche Begegnungen statt, zu denen die oldenburgischen Gemeinden, die Diakonie und die Jugend herzlich eingeladen sind. Einen besonderen Reiz erhält diese Veranstaltung dadurch, dass die Görlitzer Kirche mittlerweile Partnerschaften nach Polen und nach Tschechien begründet hat und deren evangelische Christen ebenfalls zu der Begegnung über Kirchen- und Staatsgrenzen hinweg eingeladen sind. Einzelheiten zu diesem Begegnungskirchentag sind den neuen Mitteilungen im Monat Mai zu entnehmen.

Am 23. Juni findet die konstituierende Versammlung der Norddeutschen Mission nach Inkrafttreten der neuen Satzung in Bremen statt. Demnach bilden, wie auf der letzten Herbstsynode bereits ausgeführt worden ist, die vier deutschen Kirchen (Bremen, Oldenburg, Lippe,

Reformierte) und die beiden afrikanischen Kirchen (Togo, Ghana) gemeinschaftlich die Norddeutsche Mission. Im Vorlauf zu diesem denkwürdigen Ereignis treffen sich auf meinen Vorschlag hin die leitenden Geistlichen aller sechs Kirchen zum ersten Male zu einer Tagung in Falkenburg. Während des Aufenthaltes der afrikanischen Delegation sind Begegnungen in den deutschen Kirchen vorgesehen. Ich hoffe sehr, dass sich die partnerschaftlichen Kontakte trotz der weiten Entfernung, der wirtschaftlichen und kulturellen Unterschiede weiter festigen. So wichtig es bleibt, im Rahmen der Norddeutschen Mission und über die Aktion Brot für die Welt Kirchensteuer- und Spendenmittel in sorgsam ausgewählte und begleitete Projekte zu investieren, so wichtig ist es für eine lebendige Partnerschaft, von Zeit zu Zeit den Brüdern und Schwestern in das andersfarbige Antlitz zu schauen und gemeinsam mit ihnen unsere geistliche Verbundenheit im Glauben an den einen Herrn und Heiland Jesus Christus im Gottesdienst und in sonstiger Begegnung zu feiern.

Im Oktober vergangenen Jahres konnte Weihbischof Dr. Max-Georg Freiherr von Twickel auf eine 30jährige Arbeit im Offizialat Vechta zurückblicken. Auf evangelischer Seite standen während dieser Zeit 15 Jahre Bischof Dr. Harms, 12 Jahre Bischof Dr. Sievers und 3 Jahre der jetzige Bischof dem Vertreter der katholischen Kirche gegenüber. Bei einer Feier mit dem Ministerpräsidenten habe ich Worte des Dankes an den katholischen Weggefährten gerichtet, der mir von Anfang an „edel, hilfreich und gut" erschienen ist. Im Laufe dieses Jahres wird er in den Ruhestand gehen. Der Nachfolger steht noch nicht fest. Bereits 35 Jahre können beide Kirchen auf die ökumenischen Gespräche in Vechta und Oldenburg zurückblicken. In den letzten beiden Jahren wurde bewusst neben dem theologischen Gedankenaustausch auch das Gespräch vor Ort gesucht, um Arbeitsgebiete in gemeinsamer Verantwortung besser kennenzulernen. So waren wir einmal bei der Notfallseelsorge in Wilhelmshaven und einmal bei der Gefängnisseelsorge in Vechta zu Gast. Zuletzt hat den Gesprächskreis die „versöhnte Verschiedenheit" in Ahlhorn beschäftigt, die unabhängig von gewissen Verlautbarungen aus Rom auch in Zukunft Thema des Dialoges bleiben soll. Vor einigen Tagen schließlich haben beide Delegationen sich ein Bild von der Jugendsozialarbeit in katholischer Gestalt in Lohne und Vechta machen können.

Bei drei Anlässen in Vechta, Delmenhorst und Oldenburg haben Bischof Dr. Lettmann und ich zu den Gläubigen beider Konfessionen gesprochen. Ein Novum in der Geschichte beider Kirchen war die Einladung zum letzten Viertel der Himmelfahrtsprozession durch Vechta. Meine Ansprache (Anlage 5) wurde bei der Veranstaltung am 1. Juni 2000 unter freiem Himmel gerade von den katholischen Christen mit großem Beifall, in der Hoffnung auf eine gemeinsame Feier der Eucharistie in nicht allzu großer Ferne, quittiert.

Am 22. April 2001 ist in Straßburg im Rahmen einer europäischen ökumenischen Begegnung zwischen der Konferenz europäischer Kirchen (KEK) und dem Rat der katholischen Bischofskonferenzen in Europa (CCEE) eine „Charta Oecumenica" verabschiedet worden. Noch nie zuvor in der Kirchengeschichte gab es ein Dokument mit so weitreichenden ökumenischen Verpflichtungen. Die Selbstverpflichtungen in 12 verschiedenen Handlungsfeldern von Verkündigung über Dialog, Europa, Versöhnung bis hin zu Judentum und Islam sind der Bearbeitung durch unsere Kirche wert.

5. Verantwortung in Gesellschaft und Politik

Spätestens seit dem 4. nachchristlichen Jahrhundert, als mit der Erhebung des Christentums zur Staatsreligion die „Konstantinische Wende" zum Abschluss gekommen war, hat das Christentum Spuren im öffentlichen Leben hinterlassen. Nicht immer war das, was in christlichem

Namen geschah, der biblischen Botschaft würdig, die es vor aller Welt zu bezeugen gilt. Blutrote Spuren der Verwüstung und Vernichtung belasten die Geschichte der christlichen Kirchen bis ins 20. Jahrhundert hinein. Aber trotz einer doppelten Krise der Kirche und der Theologie, die der evangelische Theologe Jürgen Moltmann Anfang der 70er Jahre als Relevanzkrise und als Identitätskrise beschrieben hat, sind wertorientierende Zeugnisse und diakonische Dienste im und für das Volk gefragt. Zur Begründung dieses Anspruches und der Herausforderung verweise ich auf einen Vortrag, den ich unter dem Titel „Christliche Verantwortung in Gesellschaft und Politik" im letzten November gehalten habe. (Anlage 7) Unabhängig davon, wie lange es die traditionelle Volkskirche mit ihren Chancen, dem Volke Gutes zu tun, geben wird, unabhängig davon, ob uns auf längere Sicht die finanziellen Möglichkeiten erhalten bleiben, unabhängig davon, wie sich die Zahlen der kirchlichen Mitgliedschaft nach unten oder nach oben entwickeln werden, unabhängig davon, ob uns politischer Gegenwind, religiöse Feindseligkeit oder Gleichgültigkeit mehr oder weniger zu schaffen machen, unabhängig von all diesen und vielen anderen Faktoren muss evangelische Kirche, wenn sie sich auf das Evangelium Jesu Christi gründet, lebendige, offene, kritische und einladende Kirche sein, bleiben oder werden. Nicht, dass andere wohltätige Organisationen auch gute Dienste zur Bewältigung des Lebens anbieten, aber in Gesprächen und Verhandlungen mit politisch Verantwortlichen wird immer wieder hervorgehoben, welch verlässlicher Partner die Diakonischen Werke und Einrichtungen für das Gemeinwesen sind.

Am Beispiel des Streites um die Legitimität aktiver Sterbehilfe, die in den Niederlanden unter bestimmten Umständen legalisiert worden ist, lässt sich gut belegen, dass mit der Zunahme liberalistischer Selbstbestimmungsansprüche auch die Zahl der nachdenklichen Stimmen aus allen politischen Lagern und gesellschaftlichen Richtungen wächst.

In einer von der WELT am SONNTAG am 15. April 2001 veranstalteten Umfrage wird auf der einen Seite der Schriftsteller Martin Walser zitiert: „Wir werden nicht gefragt, ob wir geboren werden wollen. Staat und Kirche pflegen eine Unisono-Tradition der Einschüchterung mit dem Ziel, dass wir auch das Sterben so hinnehmen wie das Geborenwerden. Wem gehören wir denn? Auf keinen Fall den Ethikspendern. Wir wollen sterben dürfen, wann und wie es uns passt. Solange eine Gesellschaft dafür nicht jede erdenkliche Freiheit schafft, ist es keine freie Gesellschaft, sondern ein peinlicher Verein zur Einpferchung des Lebens." Zurückhaltender äußert sich Altbundespräsident Walter Scheel, der dem holländischen Parlament das Verdienst bescheinigt, „die Diskussion über aktive Sterbehilfe angestoßen zu haben. Es wäre zu wünschen, dass Parteien, Parlament, weite Teile der Bevölkerung, Kirchen und Ärzte eine ernsthafte Diskussion ohne Dogmatismus und gegenseitige Verdächtigungen beginnen." Der Politologe Iring Fetscher weist auf einen wichtigen Aspekt des Problemkreises hin, der bei mangelhafter Hilfe die Zustimmung für aktive Sterbehilfe in Meinungsumfragen emporschnellen lässt. „Aktive Sterbehilfe wird nur dann von Leidenden gewünscht, wenn sie keine ausreichende Schmerztherapie erhalten haben, oder wenn sie von ihren Angehörigen und Freunden allein gelassen werden. Die gesetzliche Zulassung dieses Eingriffs (aktive Sterbehilfe mit Todesspritze) ist Ausdruck des Bankrotts einer herzlosen Mitwelt, die Menschen in seelischer Not alleine lässt." Die Mehrzahl der in der Umfrage zitierten Vertreterinnen und Vertreter aus Politik, Ärzteschaft, Kirchen, Sport und gesellschaftlichem Leben plädiert für äußerste Zurückhaltung oder mit klarer Ablehnung gegenüber dem aktiven Eingriff zur Beendigung fremden Lebens. Sterbehilfe bedeutet für mich Hilfe beim Sterben, aber nicht Beihilfe zum Tode.

Evangelische und katholische Kirche haben eine „Christliche Patientenverfügung" herausgegeben, die inzwischen neunmal aufgelegt worden ist und die einen Weg zwischen unzumutbarer Lebensverlängerung und verantwortbarer Lebensverkürzung aufzeigen möchte. Dieser Weg kann als eine Art passiver Sterbehilfe bezeichnet werden. Sie besagt, dass ein Leben ausklingen soll, ohne dass es mit Gewalt verlängert wird und ohne dass es ausgelöscht wird. Meiner Meinung nach ist das der angemessene Weg, einen Menschen bis zu seinem Ende zu begleiten. Selbstverständlich gehören bei dieser Begleitung Schmerztherapie, Verzicht auf lebensverlängernde Maßnahmen und fürsorgliche Begleitung, wie sie beispielsweise in Hospizen geübt wird und von Interessenten gelernt werden kann, dazu. Was am Beispiel der aktiven Sterbehilfe von Verfechtern einer totalen Selbstbestimmung gefordert wird, hat seine durchsichtigen Konsequenzen bei den Eingriffen in die Anfänge entstehenden Lebens.

Mit dem Embryonen-Schutzgesetz aus dem Jahre 1990 hat der Deutsche Bundestag sich ein freiwilliges Tabu auferlegt. Vor dem Klonen von Menschen warnt mittlerweile auch der Forscher, der die Versuche an den Schafen gemacht hat. Die Geburt der Babys mit Genen von drei Menschen in den USA ist im EU-Parlament auf scharfe Kritik gestoßen. Bio-Ethiker warnen vor dem Beginn der Menschenzüchtung. Die zusätzlichen Gene übertragen sich auf alle nachfolgenden Generationen. Abgesehen von theologisch-ethischen Vorbehalten kann kein Wissenschaftler die Folgen in den nächsten Generationen abschätzen. In einem Artikel der ZEIT vom 26. April 2001 unter der Überschrift „Wem gehört das Menschenbild?" werden Töne laut, die nicht unwidersprochen bleiben dürfen. „Das Recht auf Leben, wie es in der Ehrung der Menschenrechte festgeschrieben ist, bezieht sich auf den Schutz der Individuen vor der Gewalt des Staates und anderer übermächtiger Kollektive – darunter nicht zuletzt der organisierten Religionen. Es sagt jedoch nichts darüber aus, nach welchen Wertmaßstäben man das eigene Leben zu bemessen habe." Hier wird mit den Errungenschaften der modernen Welt, die zugegebenermaßen gegen offizielle Kirchenmeinungen vergangener Jahrhunderte, aber mit dem Rückgriff auf christliche Freiheitstraditionen, allerdings unter Einschluss des Gottesbezuges, errungen worden sind, nicht nur gegen den christlichen Glauben, sondern gegen jedweden religiösen Bezug auf eine unverfügbare Instanz polemisiert. So kann der Autor Richard Herzinger den vermeintlichen Angriff auf die liberale Gesellschaft mit einem Gegenangriff auf Vertreter christlicher oder anderer Überzeugungen, die nach wie vor von einem zu verantwortenden Gemeinschaftsmodell überzeugt sind, verbinden. „Das tun sie aber durchaus nicht nur aus genuiner Sorge um das Wohl des Einzelnen, sondern aus ideologischem Vorbehalt gegen die ethischen Selbstregulierungsmechanismen einer säkularisierten Gesellschaft. Und weil sie nicht wahrhaben wollen, dass freie Individuen für sich selbst, ohne Anleitung durch darauf spezialisierte gute Hirten, auch in schwierigen moralischen Grundsatzfragen richtige Entscheidungen treffen können."

Bildung tut Not und gut. Im September vergangenen Jahres wurde die neukonzipierte Akademie unserer Kirche aus der Taufe gehoben. Zahlen und Einschätzungen des ersten dreiviertel Jahres belegen einen guten Start im Wechsel von dem einen Standort Rastede in die Fläche der oldenburgischen Landschaft. Die evangelischen Anstrengungen für Bildungsangebote aus christlicher Verantwortung in der Heimvolkshochschule Rastede, in den Abteilungen unseres eigenen Bildungswerkes, den Familienbildungsstätten, aber auch in der Arbeit mit Kindern und Jugendlichen sollten wir nicht nur über Haushaltspläne fördern, sondern auch durch gesonderte Einladungen an Interessenten und Zielgruppen in unseren jeweiligen Wirkungsbereichen. Am letzten Samstag hat in der Weser-Ems-Halle der Kongress „Kinder in der Kirche" stattgefunden. Es war bundesweit die erste Großveranstaltung dieser Art, bei der alle Fachbereiche einer Landeskirche gemeinsam vertreten waren. Für mich war diese Veranstaltung ein positives Beispiel für die zunehmende Notwendigkeit, sich im Blick auf gleiche Adressaten in einer Art Verbundsystem personeller und finanzieller Ressourcen an die innerkirchliche und außerkirchliche Öffentlichkeit zu wenden. Mit dem Hauptvortrag über die Kirche als Motor einer kinderfreundlichen Gesellschaft hat die oldenburgische Kirche keinen Zweifel an ihrer Entschlossenheit gelassen, Widerspruch gegen alle kinder- und familienfeindlichen Tendenzen in der Welt, in der wir leben, anzumelden. Jeder von uns kennt genügend negative Beispiele aus der Welt der Politik, der Medien, der Arbeit der Polizei und der Gerichte. Unabhängig von allen

Prognosen über die Bevölkerungsentwicklung und die Sicherung der Renten geht es evangelischer Kirche um Kinderfreundlichkeit gegen allen Wahn, der sich auf Geld, Macht und Ruhm gründet. Auf dem Hintergrund des jüngsten Armuts- und Reichtumsberichtes der Bundesregierung sind alle besonnenen Maßnahmen zu unterstützen, die die wirtschaftliche Situation der Familien stärken. Darüber hinaus jedoch dürfen wir nicht nachlassen, den eingeschlagenen Weg einer Intensivierung unserer Jugendarbeit in den Kirchenkreisen und Regionen weiter zu gehen. Übrigens war es das gemeinsame Wort der evangelischen und katholischen Kirche zur wirtschaftlichen und sozialen Lage von 1997, das die regelmäßige Erstellung eines Berichtes über die wirtschaftlichen Verhältnisse der Bevölkerung gefordert hatte. In einer Stellungnahme des Ratsvorsitzenden der EKD wird auf den von der Massenarbeitslosigkeit hervorgerufenen Riss hingewiesen, der durch die Bundesrepublik geht und sich in einer wachsenden Kluft zwischen Wohlstand und Armut und in einer immer noch bestehenden Asymmetrie zwischen den Verhältnissen im Osten und im Westen Deutschlands ausdrückt. Die Marktwirtschaft führe nicht von selbst zum Ausgleich der Interessen. Sie bedürfe immer wieder der Korrektur, damit Solidarität und Gerechtigkeit erhalten bleiben.

Erstmalig hat es im November letzten Jahres in Berlin einen gemeinsamen Bildungskongress der Deutschen Bischofskonferenz und der Evangelischen Kirche in Deutschland gegeben. Präses Kock hat in seiner Eröffnungsrede auf die einseitige Prägung unserer Kultur durch Kommerzialisierung und Wissenschaftlichkeit hingewiesen. In einer Zeit, in der mit Hilfe moderner Kommunikationsmöglichkeiten das Tempo des Weltwissens atemberaubend beschleunigt wird und die Unübersichtlichkeit bei der Orientierung für das eigene Leben wächst, ist der Mensch dazu genötigt, sein tägliches Leben eigenständiger zu gestalten und seinen gesamten Lebensentwurf selbst zu verantworten. Während der Emanzipationsprozess, der den Menschen aus der Vormundschaft von Autoritäten und Institutionen entlässt, an sich zu begrüßen ist, muss jedoch im Gegenzug das Bildungsangebot von bewährten und verlässlichen Institutionen, zu denen die Kirchen zählen, verstärkt werden, damit die Gemeinschaft der Menschen, die mehr ist als die Summe ihrer Individuen, nicht auseinander bricht, fast immer zum Nachteil der Schwachen. In 10 Thesen zur Bildung im Zeitalter der Beschleunigung weisen die beiden großen Kirchen auf drei Leitgedanken hin: „Wissen braucht Maß, Lernen braucht Ziele, Bildung braucht Zeit."

Im Februar dieses Jahres ist in der oldenburgischen Kirche die Dekade des Ökumenischen Rates der Kirchen zu dem Programm „Gewalt überwinden" eröffnet worden. Dank der Initiative des Ökumenischen Zentrums hat in der katholischen Kirche St. Peter zu Oldenburg die 3. Ökumenische Regionalversammlung stattgefunden, bei der Frau Landesbischöfin Dr. Käßmann über Ziele und Wege bei dieser schwierigen Aufgabe referiert hat. Da der konziliare Prozess für Frieden, Gerechtigkeit und Bewahrung der Schöpfung seinerzeit nur sporadisch Eingang in unsere Kirche gefunden hat, liegt mir sehr daran, dass wir auf allen Ebenen und in allen Bereichen die Überwindung von Gewalt thematisieren. Der Oberkirchenrat hat vor kurzem Vertreterinnen und Vertreter des Bildungswerkes, des Diakonischen Werkes, der Frauenarbeit, der Jugend- und der Kindergartenarbeit zu einem Gedankenaustausch zur Umsetzung der Ökumenischen Dekade eingeladen. In einigen Bereichen wird schon länger an präventiven Maßnahmen gearbeitet, damit der faktische Einfluss von Gewalt als Mittel zum Zweck in Familie, Schule und Gesellschaft vermindert wird. Auf dem Allgemeinen Pfarrkonvent im September steht ebenfalls das Thema „Überwindung der Gewalt", insbesondere im Bereich der Jugend, auf der Tagesordnung. Es ist zu wünschen, dass in vielen Kirchengemeinden bzw. Kirchenkreisen diese Dekade des Ökumenischen Rates der Kirchen Fuß fasst und Früchte trägt.

Um unsere christliche Verantwortung in Gesellschaft und Politik mit den begrenzten Kräften, die eine relativ kleine Landeskirche zur Verfügung hat, einigermaßen wahrnehmen zu können, erscheint mir mit der Konstituierung der 46. Synode die Einrichtung eines neuen synodalen Ausschusses für Diakonie, Gesellschaft und Öffentlichkeit (oder mit welchem Titel auch immer) dringend notwendig. Zum einen bedarf es eines synodalen Forums, in dem ethische Fragen im engeren und weiteren Sinne aus christlicher Verantwortung heraus behandelt werden, und zum anderen sollte der neue Oberkirchenrat nicht ohne synodale Unterstützung auf dem schwierigen Weg ethischer Orientierungsarbeit bleiben.

6. Öffentlichkeitsarbeit mit neuem Schwung

Öffentlichkeitsarbeit kann keine Wunder wirken. Aber sie kann die Spuren einer lebendigen Kirche für eine breitere Öffentlichkeit sichtbarer machen. Dank der synodalen Entscheidung, gegen den notwendigen Trend des Sparens neben der Jugendarbeit auch die Öffentlichkeitsarbeit finanziell und damit personell zu verstärken, sind seit Dezember 2000 zwei Mitarbeiterinnen im Referat Presse- und Öffentlichkeitsarbeit tätig. Entsprechend der Vorgabe des synodalen Arbeitskreises haben beide Mitarbeiterinnen eigene Schwerpunkte, die sich teilweise überschneiden und von der Sache her ergänzen. Die Verlebendigung der Auftritte im Internet ist eingeleitet worden. Der Oberkirchenrat beabsichtigt, ein Logo für seinen Bereich einzuführen, das dann den Wert der Wiedererkennbarkeit kirchlicher Angebote auf den Seiten des Internets und den Briefbögen und Flyern, die nach und nach erstellt werden, steigern wird. Die technische Modernisierung der Arbeitsmöglichkeiten ist in vollem Gange. Das neue Logo der Ev.-Luth. Kirche in Oldenburg steht nach seiner Einführung auch den Kirchenkreisen und Kirchengemeinden zur Verfügung. Presse- und Öffentlichkeitsarbeit nehmen regelmäßige Kontakte zu den kreiskirchlichen Öffentlichkeitsbeauftragten auf. Sie wünschen sich eine lebhafte Kommunikation mit Kirchengemeinden und allen übergemeindlichen Arbeitsgebieten und Einrichtungen, damit Berichtenswertes seinen Weg in eine breitere Öffentlichkeit findet.

Jede Öffentlichkeitsarbeit kann nur so gut sein wie das tatsächliche Leben vor Ort. Die Gemeindebriefe, die in unterschiedlichen Rhythmen frei Haus geliefert werden, sind nach wie vor die Publikationsorgane, die am meisten gelesen oder zumindest wahrgenommen werden. Deshalb sind wir darum bemüht, in Zukunft sowohl über das Internet als auch auf dem Landwege Berichtenswertes aus der oldenburgischen Kirche und darüber hinaus auf vervielfältigungsfähigen Vorlagen an die Gemeindebriefredaktionen zu transferieren. Die Redaktionen vor Ort haben die Möglichkeit, sich unter sachlichen und terminlichen Gesichtspunkten dieser Angebote zu bedienen oder nicht. In mindestens einem Kirchenkreis ist es seit längerem Brauch, in die Mitte des Gemeindebriefes Nachrichten aus dem Kirchenkreis einzubinden. Eine entsprechende Erweiterung durch Nachrichten aus der oldenburgischen Kirche und der EKD ist aus meiner Sicht wünschenswert. Nachdem vor 2 Jahren die Evangelische Jugend in Oldenburg einen Preis der EKD für ihre Web-Seiten erhalten hat, geht nun erfreulicherweise ein Preis des Verbandes der Evangelischen Publizistik Niedersachsen-Bremen an den Gemeindebrief der Kirchengemeinde Schortens.

Kirchliche Wochenzeitungen wie die EZ oder monatlich erscheinende Publikationen wie die „Zeitzeichen" haben es wegen des zunehmenden Angebotes elektronischer Nachrichtenübermittlung nicht leicht, neue Leserschaften zu gewinnen. Es bleibt daher die dringliche Aufgabe aller Öffentlichkeitsbeauftragten, die Kontakte zur örtlichen und regionalen Presse zu pflegen, damit über den Veranstaltungskalender hinaus interessante Beiträge aus christlicher Sicht Aufnahme finden.

Mir liegt sehr daran, dass die Neuerscheinungen der EKD-Texte, der Denkschriften und Kundgebungen sowie der gemeinsamen Texte und Erklärungen der deutschen Bischofskonferenz und des Rates der Evangelischen Kirche in Deutschland größere Verbreitrung als bisher finden. Das Internetangebot der EKD befindet sich derzeit in einem Relaunch. Nach Abschluss der Umgestaltung werden die Publikationslisten auch über das Internet abrufbar sein. Ich bitte aber auch um entsprechende Hinweise auf den gemeindlichen und sonstigen Publikationswegen, weil mir mit gewisser Regelmäßigkeit die Frage begegnet, warum sich denn evangelische Kirche nicht zu diesem oder jenem Themenkomplex äußere. In vielen Fällen hat sie das längst und in den meisten Fällen gut getan, nur ist ihr segensreiches Wirken zu wenig bekannt.

Auf der Landesgartenschau im nächsten Jahre in Rostrup wird die Ev.-Luth. Kirche in Oldenburg mit Angeboten gottesdienstlicher und kirchenmusikalischer Art vertreten sein. Der Kirchenkreis Ammerland und die Gemeinde vor Ort sehen sich herausgefordert, ähnlich wie bei den Expo-Angeboten in Wilhelmshaven und Delmenhorst, die Besucherinnen und Besucher zum Ausruhen und zur Ermunterung einzuladen.

Die vom Oberkirchenrat berufene Arbeitsgruppe zur Planung und Koordination gesamtkirchlicher Veranstaltungen und Projekte arbeitet derzeit intensiv an Empfehlungen mit Material und persönlicher Beratung vor Ort, damit möglichst viele Kirchenkreise in den Jahren 2002/2003 sich die Idee zu eigen machen, regionale Kirchentage durchzuführen. Für das Jahr 2004 wird ein oldenburgischer Kirchentag vorbereitet, der Elemente der vorauslaufenden Regionalkirchentage aufnehmen kann. Die Termine und die grobe Struktur werden bis zum Herbst dieses Jahres feststehen und rechtzeitig der inner- und außerkirchlichen Öffentlichkeit mitgeteilt.

Die Lebendigkeit einer Kirche lässt sich durch Öffentlichkeitsarbeit nicht produzieren, sie kann nur abbilden, was wirklich lebt, pulsiert, um Wahrheiten und Wege ringt, damit das christliche Dasein zwischen Wurzeln und Visionen gelingt.

7. Auftanken und Feiern

Auf dem „Tag missionarischer Impulse" am 7. Oktober 2000 in Oldenburg hat Superintendent Dr. Burghard Krause aus Rotenburg ein beeindruckendes Referat unter dem Thema „Wenn Glaube abfärbt ..." gehalten. So farbig und grundiert wie der Vortrag ist auch das Buch, das im letzten Jahr als „Reise ins Land des Glaubens" veröffentlicht worden ist. In 8 Kapiteln stellt der Verfasser viele direkte Beziehungen zwischen biblischen Texten und täglichem Leben und umgekehrt her, in Beispielen, Bildern, Geschichten und in einer Sprache, die jeder und jede verstehen. Vom Land des Glaubens – und wie es sich erkunden lässt, vom Sinn unseres Lebens – und wie wir ihm auf die Spur kommen, von unseren Gottesbildern – und wie Gott sich selbst ins Bild setzt, von der Verwundbarkeit unserer Seele – und wie unsere Verletzungen heilen, von der Falle des Misstrauens – und wie wir aus ihr befreit werden, vom Himmel auf Erden – und wie er über uns aufgeht, von Gottes Anfang mit uns – und wie wir Christen werden, vom langen Atem des Glaubens – und wie wir Christen bleiben. Dieses Buch belehrt nicht, es lädt zum Auftanken ein und ist geeignet für Anfänger und Fortgeschrittene in Sachen Glauben.

Wer auftanken und feiern will, wer Spuren einer lebendigen Kirche sucht, sollte sich einmal mit Freunden oder Nachbarn verabreden, sie vielleicht einladen, eines der vielen Konzerte in den wunderschönen Kirchen unserer oldenburgischen Landschaft zu besuchen. Es wird, falls nicht schon geschehen, eine Internetseite geben, auf der regelmäßig alle Konzerte mit Chören, mit Orgel, mit Posaunen und anderen Instrumenten zusammengestellt werden. Der gemeinschaftliche Besuch einer Veranstaltung in Gottesdienst oder Akademieveranstaltung lädt zum Nachgespräch beim Früh- oder Abendschoppen ein, fördert den Gedankenaustausch über unseren Glauben in den Herausforderungen dieser Zeit. Im Sommerhalbjahr findet eine ganze Reihe von Freiluft-Gottesdiensten in der oldenburgischen Kirche statt, die in ganz anderer Weise Gemüt und Verstand anzusprechen vermögen. Auch in Friesland oder in Bremen oder im Berliner Dom werden Gottesdienste gefeiert und Vorträge gehalten. Auch zweckfreie Einladungen zu besonderen Anlässen oder an ganz normalen Wochentagen können uns einander näher bringen und die Zeit als einen Vorgeschmack auf das, was uns im Reiche Gottes erwartet, erleben lassen. Befreien wir uns gegenseitig, wenn nötig, aus den Machtfängen des Fernsehens, das sich seine eigene Realität schaffen will. Feiern wir die uns vergönnte Zeit als eine Gabe Gottes, indem wir unser Leid teilen und unsere Freude verdoppeln. Die Spuren einer lebendigen Kirche lassen sich auf den Gesichtern ihrer Mitglieder ablesen, nicht an akkurat restaurierten Kanzeln, Altären und Orgeln. Nur dort, wo das Evangelium zu hören ist, das Heilige Abendmahl gefeiert wird und das Lied zur Ehre Gottes erklingt, ist der österliche Sieg über den Schiffbruch des Bösen zu spüren.

Hans Küng, der große Ökumeniker der katholischen Kirche, hat schon 1967 das Buch „Was ist Kirche?" auf den Markt gebracht. Es endet mit schönen Aussichten. „Dies ist das Neue, das noch aussteht, das der Kirche auch nicht Tag für Tag zukommt, sondern das ihr und der Welt durch Gottes neue schöpferische Tat heraufgeführt wird. Wie die Schöpfung der Welt im Anbeginn der Zeit, wie die Auferstehung Christi in der Mitte der Zeit, so ist auch die Neuschöpfung Gottes am Ende der Zeit in der Schrift nicht beschrieben, sondern in Bildern gedeutet. Was der Kirche auf ihrer Wanderschaft von der Auferstehung Christi her als die absolute Zukunft in der Gegenwart verheißen ist, ist die endgültige Überwindung der Sünde, des Leides und des Todes, ist die offenbare Vollendung der Gottesherrschaft durch das Gottesreich: das Reich der vollen Gerechtigkeit, des ewigen Lebens, der wahren Freiheit und des kosmischen Friedens, die endgültige Versöhnung der Menschheit mit Gott in der Liebe, die nicht aufhört. Ja, die Kirche hat eine Zukunft, sie hat die Zukunft! Dies ist der unbeschreibliche und unbestimmbare achte Tag, an welchem Gott sein Schöpferwerk vollendet, die Kirche das Ziel ihrer Pilgerschaft erreicht und die Welt ihren Herrn erkennt." Und dann bildet ein Zitat des heiligen Augustinus den Abschluss: „Das siebte Weltalter wird unser Sabbat sein, dessen Ende kein Abend sein wird, sondern ein ewiger achter Tag, der Tag des Herrn, der durch Christi Auferstehung geheiligt, die ewige Ruhe des Geistes und selbst des Leibes vorausbildet. Da werden wir freisein und werden sehen, werden sehen und werden lieben, werden lieben und werden loben. Siehe, so wird es sein am Ende ohne Ende. Denn was anders ist unser Ende als zu dem Reich zu gelangen, das ohne Ende ist?"

Wenn das keine Spuren einer lebendigen Kirche sind?!

Vortrag vor der Arbeitsgemeinschaft Frauenverbände im PFL zu Oldenburg am 11. Juni 2001

Die eine Hälfte
Zur Rolle der Frau in Kirche und Gesellschaft

Sehr geehrte Damen!

Das Thema eines Referates kann neugierig oder stutzig machen oder beides zugleich. Die Frau – nur eine Hälfte? Als ich vor Monaten über die angefragte Formulierung „Rolle der Frau im 21. Jahrhundert aus der Sicht der evangelischen Kirche" nachdachte, wurde mir bewusst, dass ich so allgemein, umfassend und grundsätzlich nichts sagen könnte und wollte. Was sollten auch Mitglieder und Vorstände von Frauenverbänden von einem Mann, noch dazu von einem Bischof, wenn auch in evangelischer Gestalt, anderes erwarten, was sie nicht selbst schon längst viel besser in Erfahrung gebracht, studiert, erstritten, verteidigt und verwirklicht hätten. Deshalb lag mir viel an dem bescheideneren Untertitel „Zur Rolle der Frau in Kirche und Gesellschaft". Das Wörtlein zur signalisiert den Versuch, einige Gesichtspunkte zu einem wichtigen und komplexen Phänomen zusammenzutragen, die nicht den Anspruch auf Vollständigkeit oder gar episkopale Zuständigkeit erwecken sollen. Dennoch hat mich ein wenig der Ehrgeiz gepackt, eine Überschrift für meine Ausführungen zu finden, die mir bei der vorbereitenden Lektüre mancher Aufsätze und Publikationen noch nicht begegnet ist, die aber im Respekt vor dem notwendigen Miteinander der Geschlechter die Rolle der Frau angemessen und fair beschreibt. Darum der Titel „Die eine Hälfte".

Ich sage bewusst nicht „die bessere Hälfte", mit der Männer gelegentlich zu kokettieren pflegen, wenn sie bestimmte Ziele, meist durchsichtige, bei ihren Frauen oder solchen, die sie als die ihnen gehörigen oder hörigen betrachten, zu erreichen suchen. Ich sage auch nicht „die andere Hälfte", weil darin sofort der Verdacht einer Klassifizierung im zweiten Rang aufkommen könnte, wie sie zweifellos bis ins 20. Jahrhundert hinein im allgemeinen Verständnis der Gesellschaft, der Kirchen und Religionen gang und gäbe war und teilweise ist. Ich überschreibe mein Referat mit den Worten „die eine Hälfte" ohne Wenn und Aber. Diese Aussage ist mir wichtig, weil sie – auch biblisch-theologisch gedacht – über allen Streit um prozentuale Anteile in der Bevölkerung, um Quoten bei der Besetzung von Ämtern und um Einfluss bei der Entwicklung eines partnerschaftlichen Lebens erhaben ist. Konsequenterweise würde ich, wenn ich danach gefragt würde, einen Vortrag „Zur Rolle des Mannes in Kirche und Gesellschaft" nicht etwa unter dem Motto „die andere Hälfte" halten, sondern der Titel müsste genau so lauten „die eine Hälfte", weil nur – dem mathematischen Denken entlehnt – eins plus eins die Zwei ergibt. Ich hoffe, dass die Titulierung sie etwas neugierig und stutzig gemacht hat.

Eigentlich könnte mit dieser Einleitung das Referat schon beendet sein, weil alles Grundlegende zum Kampf der Geschlechter, zur Würde der Frau und des Mannes, zur Verantwortung bei der Erziehung der Kinder und zur Stellung der Menschen vor Gott gesagt ist. Wahrscheinlich aber möchten sie etwas mehr über die Umsetzung dieses Gleichheitsprinzips in den etwas konkreteren Vollzug hören. Darum möchte ich in vier Abschnitten zur Rolle der Frau in Kirche und Gesellschaft Stellung nehmen – als Mann und Vertreter einer Kirche, die sich bemüht, den beiden einen Hälften einigermaßen gerecht zu werden.

1. Keine Frau ist jede Frau

Im „Internationalen Jahr der Familie", das war 1994, hat die Evangelische Frauenarbeit in Deutschland (EFD) die Verantwortlichen in Kirche und Gesellschaft aufgefordert, die Rahmenbedingungen dafür zu schaffen, dass Frauen in ihrer jeweiligen Lebensform ohne ökonomische oder gesellschaftliche Behinderungen und Belastungen leben können. In einem knapp gehaltenen Positionspapier wurde unter der Überschrift „Keine Frau ist jede Frau" folgendes festgestellt, was Sie alle wissen und alle Männer wissen können: „Frauen in der Bundesrepublik Deutschland leben heute in einer Situation, die von zunehmender Individualisierung und Pluralität der Lebensformen geprägt ist. Sie haben im Gegensatz zu früheren Generationen die Freiheit und den Zwang, ihre eigene Biographie zu entwerfen, mit allen Brüchen und Widersprüchlichkeiten. Sie leben in unterschiedlichen Lebenswelten und -kulturen, in der Stadt und auf dem Land, säkular oder christlich geprägt, ethnischen oder religiösen Minderheiten zugehörig. Sie verändern im Laufe ihres Lebens mehrmals gewollt oder ungewollt ihre Lebensform. Sie stecken oft im Dilemma, ein eigenständiges Leben führen zu wollen, ohne die Bezogenheit auf andere aufgeben zu wollen oder zu können. Frauen darin zu unterstützen, für sich und andere die Verantwortung zu übernehmen und diese Spannung auszubalancieren, ist Anliegen der EFD. Ein für alle Frauen verbindliches Leitbild kann es nicht geben." (Seite 2) Sodann werden sechs verschiedene Grundtypen von Lebensformen erfasst, mit Zahlenmaterial und Problemanzeigen und speziellen, auf die jeweilige Lebensform bezogenen Forderungen ergänzt. Demnach werden die „allein wohnende Frau, Lebensgemeinschaften von Frauen mit Frauen, Lebensgemeinschaften von Frauen mit Kindern, Lebensgemeinschaften von Frauen mit Männern, Lebensgemeinschaften von Frauen mit Männern und Kindern und schließlich Frauen in Pflegegemeinschaften unterschieden". Die abschließenden acht Forderungen werden so eingeleitet: „Es geht immer darum, die jeweilige Lebensform ohne Wertung, Diskriminierung und Rangordnung wahrzunehmen und die Leistung der Frauen anzuerkennen. Keine Lebensform darf durch Idealisierung oder Verwerfung und Ablehnung zusätzlich belastet werden. Vielmehr müssen die gesellschaftlichen Rahmenbedingungen dafür geschaffen werden, dass in einer menschlichen und lebensfördernden Weise Frauen in ihrem Alltag unterstützt werden." (Seite 11) Auf ein paar der Forderungen komme ich im nächsten Kapitel noch einmal zurück.

In einem für mich sehr aufschlußreichen Vortrag, den unsere Referentin für Frauenbildungsarbeit, Frau Dr. Schrimm-Heins, im neuen Akademieprogramm anbietet, werden die Individualisierungstendenzen und Wandlungsprozesse in Lebensentwürfen von heute in ihrem Für und Wider genauer untersucht. „Wo Freiheit wächst und Vorgaben schwinden, wird Gestaltung zwingend. Aus vorgegebenen Normalbiographien werden nun Wahlbiographien, mit allem, was dies an Zumutungen mit sich bringt. Damit ist die Doppeldeutigkeit der Freiheit in der Moderne ausgesprochen: Der Mensch ist befreit von biographischer Festgelegtheit und zugleich genötigt, sein eigenes Leben zu gestalten." (Seite 3) Es wird aber zugleich darauf hingewiesen: „Die Individualisierungsprozesse beeinflussen und verändern die Lebensentwürfe von Frauen anders als die von Männern." (Seite 4) Bei der grundsätzlichen Wahlfreiheit, das eigene Leben so oder so zu gestalten, stoßen Frauen nach wie vor auf größere Schwierigkeiten, weil die politischen und gesellschaftlichen Rahmenbedingungen „die eine Hälfte", in diesem Fall die Männer, mehr oder weniger begünstigen.

2. Doppelte Lebensführung

In einem Vortrag am Internationalen Frauentag im März dieses Jahres hat die Oldenburger Soziologin, Frau Prof. Nave-Herz, den Wunsch vieler Frauen nach der Vereinbarkeit von Beruf und Familie empirisch belegt. Während vor etwa 20 Jahren diesem Wunsch nach Erwerbstätigkeit und Familienleben auf gesellschaftspolitischer Ebene nur zögernd Rechnung getragen wurde, ist die zunehmende Kinderlosigkeit von inzwischen bis zu 20 % der Frauen eines Jahrgangs als wachsendes Problem der Gesellschaft erkannt worden. Auf die Veränderung der Alterspyramide mit der Zunahme der älteren Generation und der Abnahme der Zahl von Familien überhaupt und der Anzahl der Kinder in Familien im besonderen reagieren mittlerweile alle Parteien mit Programmen zur Unterstützung familienfreundlichen Lebens und zu einer geregelten Einwanderungspolitik. Erst die kritischen Prognosen im Blick auf die Bevölkerungsentwicklung haben einen tiefgreifenden Sinneswandel in Gesellschaft und Parlamenten bewirkt. Es ist zu bezweifeln, ob sich die Wahlfreiheit der Frauen, sich im Beruf und in der Familie zu verwirklichen, ohne diesen Druck so und so zügig verbessert hätte.

An einigen persönlich erlebten Beispielen möchte ich die kirchliche Entwicklung beleuchten.

Im Jahre 1989 habe ich als Saarbrücker Superintendent eine Pfarrerin in die Innenstadtgemeinde eingeführt, deren Ehemann die Rolle des Hausmannes übernommen hat. So konnte die Pfarrerin auch nach der Geburt ihres dritten Kindes ohne lange Unterbrechung den Dienst auf einer 100-%-Stelle wieder aufnehmen. Im letzten Jahr ist diese Pfarrerin zu meiner Nachnachfolgerin in das Amt der Superintendentin gewählt worden. Man muss allerdings hinzufügen, dass der Ehemann seinerzeit auf den Studienabschluss verzichtet und damit über kein eigenes Einkommen verfügt hat. In der Zwischenzeit ist die Zahl der Pfarrehepaare in allen Landeskirchen erheblich angestiegen, wobei es die unterschiedlichsten Modelle der prozentualen Arbeitsaufteilung gibt. Mit der Wahl der hannoverschen Landesbischöfin ist deren Ehemann zur Versorgung des Haushaltes und der Kinder aus der Rolle des Pfarrers in die des Familienvaters und Hausmannes getreten. Auch in anderen kirchlichen Berufen ist erhebliche Bewegung zugunsten der Flexibilität von Frauen, die Beruf und Familienleben vereinbaren möchten, entstanden, so teilen sich in unserer Bauabteilung zwei Architektinnen eine Stelle, die durch die Pensionierung eines Mitarbeiters frei geworden ist.

In der oldenburgischen Kirche hat zu Beginn des Jahres eine Kirchenkreisreform stattgefunden, die eine Verringerung der Anzahl von 14 auf 11 zur Folge hat. Eine Kreispfarrerin hat sich nicht für eine Neuberufung zur Verfügung gestellt. Eine andere Pfarrerin, die wir gern in diesem Amt gesehen hätten, hat sich trotz Werbens für den Schwerpunkt ihrer gemeindlichen und seelsorgerlichen Arbeit entschieden. In diesen und anders gelagerten Fällen ist zu beobachten, dass nicht immer die Qualifikation, sondern auch die Motivation sowohl der Frauen als auch der Männer bei der möglichen Berufung in leitende Ämter eine besondere Rolle spielen. Auf die jüngst ausgeschriebene Stelle einer Oberkirchenrätin bzw. eines Oberkirchenrates in unserer Kirche sind 34 Bewerbungen eingegangen, darunter die von 4 Frauen. Nach einmütiger Auffassung eines großen Wahlausschusses, dem natürlich Frauen und Männer angehört haben, kamen drei Bewerber in die engere Wahl, obwohl Synode und Oberkirchenrat für die Wahl einer Frau offen gewesen wären.

Mit diesen Beispielen aus dem kirchlichen Bereich will ich zeigen, wie schwierig es mitunter sein kann, Stellenprofile und Lebensentwürfe von Frauen auf einen gemeinsamen Nenner zu bringen. Gleichwohl haben die Forderungen der Evangelischen Frauenarbeit in Deutschland, auf die schon hingewiesen worden war, auch in Zukunft ihre grundsätzliche Berechtigung.

So ist 1994 unter anderem formuliert worden: „Die geschlechtsspezifische Arbeitsteilung muss aufgebrochen werden, damit Frauen nicht länger hauptsächlich für den häuslichen Bereich, Kindererziehung und Pflege verantwortlich sind; Arbeit muss neu bewertet werden, die Höherwertigkeit von Erwerbsarbeit gegenüber anderen Tätigkeiten (Erziehung, Pflege, Ehrenamt) muss abgebaut werden; der Familienbegriff muss neu definiert werden und sich an der Verantwortung für Kinder und Hilfebedürftige orientieren; kirchliche Angebote müssen inhaltlich und zeitlich allen Lebensformen gerecht werden und Frauen auch in schwierigen und ungewöhnlichen Lebenssituationen in ihrem Glauben bestärken und unterstützen." (Seite 11/12)

3. Frauenbildungsarbeit

Mit meinen Schlaglichtern aus der kirchlichen Praxis und dem Hinweis auf das gegenwärtige Wohlverhalten der Politik gegenüber den Wünschen der Frauen nach besserer Vereinbarkeit von Beruf und Familie wollte ich nicht den Eindruck erwecken, es sei für die Frau als der einen Hälfte in Kirche und Gesellschaft für die Zukunft alles zum Besten bestellt. Dies wäre ein Trugschluss. Denn bei einer veränderten gesellschaftspolitischen Lage könnten alte Rollenklischees eine schnelle Wiederbelebung erfahren. Gerade weil eine Reihe von tatsächlichen Fortschritten bezüglich der Rolle der Frau auf Einsicht und Gutwilligkeit verantwortlicher Leute in Staat, Verbänden und Kirchen beruht, ist ein plötzliches Erstarken von Gleichgültigkeit und Distanz gegenüber der Emanzipation von Frauen nicht auszuschließen. Gerade weil es sich unsere Gesellschaft zur Zeit leisten kann und im Blick auf mangelnde Arbeitskräfte leisten muss, Frauen mehr und bessere Arbeits- und Verdienstmöglichkeiten zu gewähren, kann bei veränderter Wirtschaftslage und globalen Einflüssen die Balance in der fairen Umsetzung des Gleichheitsgrundsatzes wieder in Gefahr geraten. Gerade weil keine Frau jede Frau ist und mit der Individualisierung die Auflösung stabiler sozialer Lebensformen einhergeht, kann nicht ohne weiteres von einer Solidarität der Frauen und der Frauenverbände untereinander ausgegangen werden. Darum ist und bleibt Frauenbildungsarbeit wichtig. Frauenbildung wird sich auch in Zukunft ihren Weg zwischen Anpassung und Widerstand, zwischen Resignation und Aufbruch suchen müssen. Ein kurzer Rückblick auf die Entwicklung der Frauenbewegung in der evangelischen Kirche unterstreicht die Notwendigkeit.

In einem Vortrag vor der Deutschen Evangelischen Arbeitsgemeinschaft für Erwachsenenbildung im Dezember 1997 in der Evangelischen Akademie Hofgeismar hat die Berliner Pfarrerin Kahl-Passoth die Frage gestellt: „Haben Frauen die Kirche verändert?" Bei der ersten Konsultation christlicher Frauen in Europa, die 1978 in Brüssel stattfand, wurde der Feminismus als eine Strategie, ein Lebensprinzip, beschrieben, sich als Frauen selbst zu entdecken. „Nachdem Gesellschaft und Kirche ihnen jahrhundertelang vorgeschrieben haben, wer sie sein sollen, was sie zu tun, was sie zu lassen haben, ist es nun Zeit, herauszubekommen, wer sie selber sind, was sie können, was sie tun wollen." (Seite 67) Dabei wurde immer wieder betont, um nicht von vornherein zu scheitern, „dass diese Strategie nicht gegen den Mann gerichtet ist, sondern ihn eher ermutigen soll, seinen gegengeschlechtlichen Anteil zu entdecken. Wir wünschen, in Freundschaft mit ihm zusammenzuleben und ihn als Bündnispartner auf dem Weg der Befreiung zu gewinnen." 1979 legte die Kirchenkanzlei der Evangelischen Kirche in Deutschland die Studie „Die Frau in Familie, Kirche und Gesellschaft" vor, in der zu lesen ist, dass „die Frauenbewegung nicht nur negativ zu sehen" ist. Zeitlich parallel fand die erste Studientagung „Feministische Theologie" in der Evangelischen Akademie Bad Boll statt. Das Forum der Kirchentage bot in den folgenden Jahren eine stärkere Profilierung und Festigung feministischer Positionen in der Kirche. Nach und nach wurden Frauenreferate in den Landeskirchen gegründet, zum Teil jedoch zur Beruhigung der Szene.

Auf der EKD-Synode 1989 in Bad Krozingen stand das Thema „Die Gemeinschaft von Frauen und Männern" auf der Tagesordnung. Seitdem muss auf kirchlichem Parkett nicht mehr grundsätzlich darum gerungen werden, die Rolle der Frau in der Kirche im Verhältnis zur Rolle des Mannes zu thematisieren. Anfang der 90er Jahre hat die Synode der Ev.-Luth. Landeskirche Schaumburg-Lippe als letzte ihren Widerstand gegen eine Frauenordination aufgegeben. Die ökumenische Dekade „Solidarität der Kirche mit den Frauen", die im alten Jahrhundert zuende gegangen ist, hat eine Fülle von Materialien produziert und der Frauenbewegung innerhalb der Kirchen einen kräftigen Schub nach vorne gegeben. Dennoch war der Titel der Dekade von patriarchalischer Arroganz geprägt, denn er grenzte die Frauen als konstitutiven Teil der Kirchen aus. Trotz nicht übersehbarer Fortschritte, was zum Beispiel die inklusive Sprache, die Anstellung von Gleichstellungsbeauftragten, die größere Offenheit und Öffnung für Frauen in Leitungsämtern betrifft, kommt die Referentin zu dem Ergebnis: „Frauen haben die Kirche an sich nicht verändert, allenfalls ist es ihnen gelungen, ein paar Farbtupfer anzubringen." (Seite 70)

Auch wenn die Bilanz in der ein oder anderen Landeskirche positiver ausfallen mag, Frauenbildungsarbeit bleibt im Rahmen des gesamten Bildungsauftrages der Kirche ein Dauerauftrag. Ich begrüße es sehr, dass in der Ev.-Luth. Kirche in Oldenburg eine Arbeitsgemeinschaft Frauenarbeit (AGFA) ins Leben gerufen worden ist. Sie setzt sich aus den Vertreterinnen verschiedener Bereiche kirchlicher Arbeit mit Frauen zusammen. In ihr sind vertreten Frauenhilfe, Frauenarbeit des Gustav-Adolf-Werkes, die Familienbildungsstätten im Rahmen der Evangelischen Erwachsenenbildung, die Büchereiarbeit und der Pfarrfrauendienst. Im Rahmen der neu strukturierten Akademie ist das Forum „Frauen in Kirche und Gesellschaft" gebildet worden. Nur wenn sich die Arbeitsbereiche, die die gleichen Adressaten im Blick haben, in einer Art Verbundssystem zusammentun und damit die personellen und finanziellen Ressourcen in der Ergänzung voll ausschöpfen, haben wir die nötige Kraft und gewinnen wir das notwendige Gehör, die Belange der Frauen in der innerkirchlichen und außerkirchlichen Öffentlichkeit nachhaltig zu vertreten.

Was in dieser Hinsicht für die Kirche gilt, gilt, vermute ich, gleichermaßen für andere Verbände und Institutionen, vielleicht auch für die Oldenburger Arbeitsgemeinschaft Frauenverbände.

4. Gemeinsame Verantwortung von Frauen und Männern

Ein Junge schrieb 1963 seiner Mitschülerin ins Poesiealbum:

> Ein Herrgott im Herzen,
> ein Männlein im Arm,
> das eine macht selig,
> das andere macht warm.

Für Frau Dr. Hefft, Referentin für familienbezogene Bildung bei der Deutschen Evangelischen Arbeitsgemeinschaft für Erwachsenenbildung, die einen Streifzug durch Poesiealben aus 11 Jahrzehnten unternommen hat, ist mit dem folgenden Vers ein zweifelhaftes Koordinatensystem für Frauen abgesteckt: Herrgott – Mann – Eltern – Lehrer.

> Behalte stets der Eltern Wort
> und Deines Lehrers Mahnen,
> So ist Dir Gott ein treuer Hort
> auf allen Deinen Bahnen.

Bei der Durchsicht von 20 Alben aus der Zeit von 1886 bis 1987 ist ihr ein Albumvers aufgefallen, „der Aufmüpfigkeit gegen eine der traditionellen Lebensformen wagt".

> Liebe Petra, werde schlau,
> werde nie 'ne Ehefrau.
> Denn vor der Ehe pflückst Du Rosen,
> nach der Ehe flickst Du Hosen.

In der schon erwähnten Erklärung der Synode der EKD von 1989 zur „Gemeinschaft von Frauen und Männern in der Kirche" heißt es in der Einleitung: „Gemeinschaft ist ein zentraler biblischer Begriff, der die gleiche Teilhabe an der Zuwendung Gottes meint. Die Gemeinschaft, die Gott mit den Menschen gesucht hat, stiftet Gemeinschaft unter den Menschen, zwischen Frauen und Männern, und damit Gleichheit in der Verschiedenheit. Schon in der Schöpfung sind Frau und Mann gemeinsam dazu bestimmt, die Erde zu gestalten (1. Mose 1, 27f). Im Bund Gottes mit seinem Volk Israel soll allen Unterdrückten und Schwachen Recht und Gerechtigkeit widerfahren, auch den Frauen. In der urchristlichen Taufverkündigung wird Frauen und Männern das Einssein in Christus (Galater 3, 28) und damit Befreiung, Ebenbürtigkeit und gleiche Würde zugesichert. Der Heilige Geist, aus dem die Gemeinschaft in der Kirche lebt, ist über Männer und Frauen in gleicher Weise ausgegossen (Apostelgeschichte 2, 16 – 18). Die biblische Sicht von Gemeinschaft ist unserer Wirklichkeit immer voraus. Dankbar empfangen wir zwar Zeichen Gott gegebener Gemeinschaft, die Diskrepanz zwischen der geglaubten Gemeinschaft in der Kirche und der Situation, in der wir leben, ist aber unübersehbar. Wir dürfen uns nicht damit begnügen, solche Diskrepanz nur festzustellen und im übrigen alles beim alten zu lassen. Vielmehr gilt es, im Lichte der Verheißung Schritte zu tun, die heute Kirche als Gemeinschaft von Frauen und Männern erfahren lassen. Noch bestimmt die Vorherrschaft von Männern gegenüber Frauen weitgehend das Bild in unserer Kirche. Zur Überwindung dieser Vorherrschaft kann die Kirche aus der gesellschaftlichen Diskussion entscheidende Impulse empfangen. Hier gilt es, aus der öffentlichen Diskussion über Menschenrechte, Emanzipation und Demokratie zu lernen. Wir wollen, dass Wirklichkeit, Erfahrungen und Fähigkeiten von Frauen in Kirche und Theologie künftig ebenso zur Geltung kommen wie die von Männern." (Seite 9)

Seit jenem Wort der EKD sind 12 Jahre vergangen. Sowohl in der Kirche als auch in dem gesellschaftlich-politischen Raum ist die Entwicklung zugunsten der einen Hälfte vorangeschritten. Dennoch sind „trotz aller Emanzipationserfolge ... klassische Rollenerwartungen auch heute noch präsent – vor allem in familiären Bezügen, bei Männern, aber genauso bei Frauen. Frauenleben hat sich verändert und wird sich weiter verändern. Bleiben wird die Aufgabe, verschiedene Lebensbereiche auszutarieren und scheinbar Unvereinbares zu vereinbaren." (Schrimm-Heins, letzte Seite, 2001)

Aus meiner Sicht wird viel davon abhängen, inwieweit Frauen und Männer die Zukunft gemeinsam zu gestalten bereit sind. Ich möchte das abschließend an einer grundsätzlich wichtigen Lebensfrage deutlich machen.

Der Ökumenische Rat der Kirchen hat für 10 Jahre das Programm „Gewalt überwinden" ausgerufen. Im Februar hat dazu in Oldenburg eine große Veranstaltung mit Frau Kollegin Käßmann und mir stattgefunden. Der Oberkirchenrat hat vor drei Wochen Vertreterinnen und Vertreter des Bildungswerkes, des Diakonischen Werkes, der Frauenarbeit, der Jugend- und der Kindergartenarbeit zu einem Gedankenaustausch eingeladen. Welchen Beitrag können wir zur Umsetzung dieses Zieles leisten?

In einigen Bereichen wird schon länger an präventiven Maßnahmen gearbeitet, damit der faktische Einfluss von Gewalt als Mittel zum Zweck in Familie, Schule und Gesellschaft vermindert wird. Auf dem Allgemeinen Pfarrkonvent im September steht ebenfalls das Thema „Überwindung der Gewalt", insbesondere im Bereich der Jugend, auf der Tagesordnung. Es ist zu hoffen, dass in vielen Kirchengemeinden bzw. Kirchenkreisen diese Dekade Fuß fasst und Früchte trägt. Ich selber gehe auf diese Grundfrage menschlichen Zusammenlebens in Predigten, Referaten und Ansprachen regelmäßig ein. Das Thema ist komplex. Es beinhaltet jede Form von zwischenmenschlicher und struktureller Gewalt, auch zwischen den Völkern. Von dem koreanischen Künstler Hong Chong-Myung stammt das folgende Gedicht „Gegen die Gewalt":

Wenn jemand seinen Nächsten nicht liebt,
dann ist das Gewalt.
Wenn jemand einem Kind, das sich verirrt hat,
nicht den Weg weist,
dann ist das Gewalt.
Wenn jemand einem hungrigen Volk
nichts zu essen gibt,
dann ist das Gewalt.
Wenn jemand Verletzungen der Persönlichkeit zulässt,
dann ist das auch Gewalt!
(Käßmann, Seite 95)

Von einem wirklichen Durchbruch zu einem umfassenden Konzept gewaltfreier Konfliktlösung zwischen den Völkern sind wir noch weit entfernt. Besonders ärgerlich an diesem Zustand ist für mich die Tatsache, dass gerade demokratisch entwickelte Länder, zu denen auch die Bundesrepublik Deutschland gehört, in der Frage von Waffenexporten nicht konsequent genug handeln. Christenmenschen sind mit allen Menschen guten Willens rund um den Globus aufgerufen, Friedensstifter zu sein und den Kreislauf der Gewalt zu durchbrechen.

Der Lobgesang der Maria (Lukas 2, 46 f) wird als ein Lied der Hoffnung für Gottes Schöpfung und alle, die darin leben, verstanden. Dieser Text korrespondiert in enger Weise mit den Seligpreisungen aus der Bergpredigt Jesu (Matth. 5). In dem Lobgesang der Maria, auch Magnifikat genannt, heißt es:

Meine Seele erhebt den Herrn,
und mein Geist freut sich Gottes, meines Heilandes;
denn er hat die Niedrigkeit seiner Magd angesehen.
Siehe, von nun an werden mich selig preisen alle Kindeskinder.
Denn er hat große Dinge an mir getan, der da mächtig ist
und dessen Name heilig ist.
Und seine Barmherzigkeit währt von Geschlecht zu
Geschlecht bei
denen, die ihn fürchten.
Er vollbringt mit seinem Arm machtvolle Taten,
er zerstreut, die im Herzen voll Hochmut sind.
Er stürzt die Gewaltigen vom Thron und erhebt die
Niedrigen.
Die Hungrigen füllt er mit Gütern und lässt die Reichen
leer ausgehen.
(Lukas 2)

Nur wenn die beiden einen Hälften um ihrer selbst Willen und um des Lebens insgesamt Willen zusammenstehen, kann und wird sich die Zukunft freundlicher und friedlicher entwickeln. Vaclav Havel, der Staatspräsident Tschechiens, der viele Jahre seines Lebens unter kommunistischer Herrschaft inhaftiert war, hat für mich eine sehr überzeugende Definition von Hoffnung gegeben. „Hoffnung ist nicht Optimismus. Es ist nicht die Überzeugung, dass etwas gut ausgeht. Sondern die Gewissheit, dass etwas Sinn hat ohne Rücksicht darauf, wie es ausgeht."

Nicht nur an den alljährlich stattfindenden Weltgebetstagen der Frauen am ersten Freitag im März, sondern an jedem Tag des Jahres können Frauen ihre besondere Rolle in Kirche und Gesellschaft positiv spielen und ihre Hoffnung nach mehr Frieden und Gerechtigkeit, nach mehr Freude und Glück, beflügeln lassen. Dazu wünsche ich uns allen viel Erfolg!

Predigt zur konstituierenden Versammlung der neu verfassten Norddeutschen Mission am 23.06.2001 in Bremen

Liebe Schwestern und Brüder in Jesus Christus!

In der vergangenen Woche haben die leitenden Geistlichen aller 6 Kirchen zwei Tage im Lutherstift Falkenburg zusammengesessen. Die Brüder Amiu und Adubra haben uns ahnen lassen, wie schwierig es gegenwärtig für ihre Kirche und das Volk insgesamt ist, ein einigermaßen normales Leben zu führen. Von den Brüdern Buama, Anku und Mawudor haben wir gehört, wie der Gottesdienst und die christliche Erziehung noch mehr Ausstrahlungskraft gewinnen könnten. Wir deutschen Vertreter haben die Situation unserer Kirchen in Licht und Schatten dargestellt, was die Mitgliederentwicklung, die Ökumene und die Mitarbeiterschaft im Pfarramt und vielen anderen kirchlichen Berufen betrifft. Wir haben überlegt, ob es nicht einen Partnerschaftstag am Sonntag Trinitatis geben könne und wie der Austausch von Mitarbeitern verstärkt werden könne. Wir haben sehr darüber verhandelt, wie das Motto der nächsten theologischen Konsultation im April 2002 in Togo lauten sollte. Und wir haben uns gegenseitig ermutigt, trotz mancher Krisen mit und ohne Geld an der Partnerschaft eisern festzuhalten, die sich unter dem Dach der Norddeutschen Mission in beiden Richtungen bewährt hat.

Als wir in der Abendsonne in Ganderkesee zusammensaßen mitten in der Idylle von alten Bäumen, frischen Kräuterbeeten und der Bibelscheune kam mir der Predigttext für den heutigen Tag in den Sinn. Er steht bei Jesaja im Kapitel 55 in den Versen 10 bis 12.

Wie der Regen und Schnee vom Himmel fällt und nicht wieder dahin zurückkehrt, sondern feuchtet die Erde und macht sie fruchtbar und lässt wachsen, dass sie gibt Samen, zu säen, und Brot, zu essen, so soll das Wort, das aus meinem Munde geht, auch sein: Es wird nicht wieder leer zu mir zurückkommen, sondern wird tun, was mir gefällt und ihm wird gelingen, wozu ich es sende. Denn ihr sollt in Freuden ausziehen und im Frieden geleitet werden. Berge und Hügel sollen vor euch her frohlocken mit Jauchzen und alle Bäume auf dem Felde in die Hände klatschen.

Sind das nicht wunderbare Bilder der Hoffnung, die unsere Gegenwart beflügeln können? Wenn ein kräftiger Wind über das Land hinwegzieht, das alte Laub emporwirbelt und die Bäume mit ihren begrünten Ästen und Zweigen in schwingende, fast tänzerische Bewegungen versetzt, da kann man schon den Eindruck gewinnen, dass die deutschen Kiefern und Buchen und die afrikanischen Palmen und Teakbäume voller Freude in die Hände klatschen, weil alles, was morsch ist, abfällt, und alles, was nach Mief riecht, vom Winde verweht wird.

Wie Regen und Schnee einfach vom Himmel fallen, um die Erde zu feuchten, damit Gras und Korn, Tier und Mensch blühen und gedeihen können, so verschwendet sich Gott förmlich mit guten Verheißungen, um Frieden zu wirken und Freude in Maß und Übermaß aus seinen Geschöpfen hervorzulocken. Das gilt für sein erwähltes Volk Israel genauso wie für die Christenheit in aller Welt.

Im Kloster Maulbronn gibt es einen Brunnen mit einer schönen Symbolik. Oben springt das Wasser heraus und fällt in eine erste Schale hinein, die läuft über und gibt das feuchte Element weiter in eine größere Schale in der Mitte, auch die läuft wieder über, und das Wasser ergießt sich in ein noch größeres Becken, aber auch das schwappt über und gibt dem Boden reichlich zu trinken.

Für mich leuchtet in diesem Bild die Vision auf, dass alle genug haben sollen für ihr Leben. Genug, um den Magen zu füllen, genug, um die Seele zu laben, die sich nach Vertrauen und Treue sehnt, genug, um die Zeiten von Entbehrung, Schmerz und Abschied durchzuhalten, genug, um im Leben und im Sterben sich der grenzenlosen Liebe Gottes gewiss zu bleiben. Auch wenn die Realität nur bruchstückhaft diesem Bild entspricht und oft genug das krasse Gegenteil zum Himmel schreit, verliert die biblische Vision nicht an Kraft und Bedeutung. Sie war und ist für viele Menschen das einzige, was letztlich trägt und den Blick zur Höhe hebt.

Gerade weil unsere deutsche und europäische Jugend und ganze Familien von den Strömen lebendigen Wassers wie abgeschnitten leben und das Evangelium für überflüssig halten und dabei verkennen, dass die frohe Botschaft tatsächlich überfließt, im Überfluss vorhanden ist, gerade weil diese Fehleinschätzung in den letzten Jahrzehnten um sich gegriffen hat und teilweise zur Mode eines vermeintlich aufgeklärten Menschen geworden ist, gerade deshalb liegt es auch an uns, liebe Schwestern und Brüder, das von Generation zu Generation weiterzugeben, weiterfließen zu lassen, was uns erfüllt und erquickt.

Eine kleine, gut erfundene Geschichte beleuchtet die Situation in unserer Gesellschaft.

> Aus Angst, einem Irrtum zu erliegen, streckte ein Mensch nicht mehr die Hand nach der Wahrheit aus. Er verirrte sich in der Wüste. Unbarmherzige Sonnenglut dörrte ihn aus. Da sah er in der Ferne eine Oase. Eine Fata morgana – dachte er. Eine Luftspiegelung, die mich narrt! Er näherte sich der Oase, aber sie verschwand nicht. Er sah die Dattelpalmen, das Gras und die Quelle. Eine Hungerphantasie, dachte er, die mir mein wahnsinniges Gehirn vorgaukelt. Er hörte das Wasser rinnen. Eine Gehörhalluzination, dachte er. Wie grausam doch die Natur ist!
> Einige Zeit danach fanden ihn zwei Beduinen tot. Verstehst du das? fragte der eine den anderen. Die Datteln wachsen ihm fast in den Mund. Neben der Quelle liegt er verdurstet. Da erwiderte der andere: Er war ein moderner Mensch.

So soll es nicht sein nach Gottes Willen. Wieviel Güte Gottes begegnet uns im täglichen Leben, wenn wir nur genau hinsehen und hinhören.

Der Dank für gute Nachrichten aus der Arztpraxis oder der Beratungsstelle verdient es ausgesprochen zu werden, im stillen Kämmerlein oder im gemeinschaftlichen Lob der Gemeinde.

Der Kummer über den Verlust eines Menschen und das tastende Suchen nach neuen Wegen soll Gott nicht verschwiegen und den Menschen in der Nähe nicht verborgen bleiben, damit einer des anderen Last mittragen kann.

Der politische Einsatz für soziale Gerechtigkeit und friedlichen Ausgleich widerstrebender Interessen verliert vor Gott und den Menschen nicht an Wert, wenn nicht alle Parteien und Verbände eines Landes zustimmen.

Die Einsicht in die eigene Unzulänglichkeit und schuldhaftes Verhalten ehrt einen Menschen vor Gott, der Vergebung gewährt, und öffnet die Türen zu denen, die verschont geblieben sind von Irrtum und Fehltritt.

Das strahlende Gesicht des Säuglings nach dem Wickeln und Stillen und das hüpfende Kind, nachdem die Tränen abgewischt sind, erinnern an das Jauchzen der Berge und Hügel und an das Klatschen der Bäume auf dem Felde.

Solche Botschaften göttlichen Lobes und menschlicher Zuversicht sollen verkündet werden in allen Kirchen und weitererzählt werden im Freundeskreis, auf dem Markt und in den Gesprächen mit den politisch Verantwortlichen. Und sie sollen nicht leer zurückkommen zu dem, der uns in Jesus Christus Frieden und Freude verheißen hat.

Auch wenn Kritik am Evangelium wehtun und den missionarischen Schwung bremsen kann, Christus zu verkündigen, hat der Herr selbst mit seinem Reden und Handeln, mit seinen Gleichnissen und Wundern zur Nüchternheit gerufen. In dem Beispiel vom vierfachen Ackerfeld wissen wir um das Risiko, dem die Verkündigung des Wortes Gottes ausgesetzt ist. In dem bekannten Gleichnis kommt es nicht darauf an, Erfolg und Misserfolg prozentual zu vierteln. Aber es wird deutlich, wie Jesus selbst die Menschen einschätzte. Es tat ihm leid, dass einige die Wahrheit, die sich in ihm selbst eröffnete, kannten und sich dann – wie etwa Pilatus – aus Feigheit und Opportunismus abwandten und ihre Hände in Unschuld wuschen. Es tat ihm weh, dass die 10 geheilten Menschen wie ein Strohfeuer ins Staunen und Schwärmen gerieten, aber nur einer den Weg zurückfand, um ihm für das Wunder seiner Heilung zu danken.

Es tat ihm leid und weh, wie oft seine Jünger ihm den Weg zum Kreuz erschwert haben durch Sorgen um das irdische Wohl und durch den Reichtum ihrer Zweifel an dem Heil seines Sterbens und Auferstehens. Und wie gut tat es ihm, wenn Männer und Frauen ihm spontan gefolgt sind und alles zurückgelassen haben, was für das Reich Gottes hinderlich war. Immer fällt einiges auf gutes Land, es geht auf und trägt hundertfach Frucht in Geduld. (Markus 4)

Die Sache mit der Geduld fällt vielen Menschen schwer. Mir auch. Ich denke, jeder und jede, die von einer Vision begeistert sind, ein klares Ziel vor Augen haben, vielleicht sogar Mittel und Wege sehen, um die Kosten an Zweifel, Frust und Unlust zu senken und alle geschenkten Kräfte zu bündeln auf den Tag des Jubels und der Freude, dass endlich etwas fertig geworden ist, wofür sich viele eingesetzt haben, ich denke, solche Menschen kann, zumal wenn es um Gottes Wort in dieser Zeit und Welt geht, eine fast heilige Ungeduld erfassen. Diese Ungeduld steht in Gefahr, in Gottes Regie eingreifen zu wollen. Uns ist aufgetragen, dass Unsere zu tun und Gottes Geist das Seine zu überlassen. Das wird uns als Christenheit in Bremen und Oldenburg, in Lippe und Leer, in Lomé und Ho nicht daran hindern, dem Schöpfer, Erlöser und Vollender aller Zeit und Welt in den Ohren zu liegen, das Wasser des Lebens nicht versiegen zu lassen in unseren Kirchen für diese Welt.

> Ein Mann ging einmal über Land und sah einen Bauern einen Johannisbrotbaum pflanzen. Er fragte: „Wann wird das Bäumchen wohl Früchte tragen?" „In siebzig Jahren." Da sprach der Mann: „Du Tor! Denkst du in siebzig Jahren noch zu leben und die Früchte deiner Arbeit zu genießen? Pflanze lieber einen Baum, der früher Früchte trägt, dass du dich noch daran freust." Der Bauer antwortete: „Herr, als ich zur Welt kam, aß ich von Johannisbrotbäumen, ohne dass ich sie gepflanzt hatte, denn das hatten meine Väter getan. Habe ich nun genossen, wo ich nicht gearbeitet habe, so will ich einen Baum pflanzen für meine Kinder oder Enkel, dass sie davon genießen. Wir Menschen mögen nur bestehen, wenn einer dem andern die Hand reicht."

Auf den neuen Vorstand der Norddeutschen Mission kommt eine große Verantwortung zu. Er hat zu prüfen, abzuwägen und zu beschließen, was im Blick auf die westafrikanischen Kirchen und auf die nordwestdeutschen Kirchen zu tun und zu lassen ist. Den Mitgliedern der Hauptversammlung ist auferlegt, der Christenheit in den sechs Kirchen unbeirrt und kontinuierlich deutlich zu machen, dass sich niemand hinwegstehlen kann aus der Verantwortung, die wir seit dem 1. Januar 2001 miteinander und füreinander übernommen haben.

Gott schenke es uns, dass wir – je länger je mehr – „in Freuden ausziehen und in Frieden geleitet werden." Ganz gleich, wo wir uns versammeln, sollen die „Berge und Hügel mit Jauchzen frohlocken und alle Bäume auf dem Felde in die Hände klatschen."

Gott segne und behüte uns. Apeto Yesu Kristo fe nutifafa na mi.
Amen.

Rede auf dem Stoppelmarkt in Vechta am 20. August 2001

Herr Bürgermeister!

Für die Ehre, aber auch die Freude, heute bei Ihnen zu sein und die Festrede halten zu dürfen, möchte ich mich genauso herzlich bedanken wie alle meine Vorredner in den vergangenen Jahren und Jahrzehnten.

Meine sehr geehrten Damen und Herren!

Mir eilt über die Presse ein Ruf voraus, der ja immer noch besser ist als der irgendwann unvermeidliche Nachruf, ich sei kabarettistisch angehaucht. Das hat einen ungeheuren Druck auf mich ausgeübt. Sie mögen selbst am Ende beurteilen, ob das Überdruckventil funktioniert oder versagt hat.

Liebes Publikum!

Seriöse Reden mit Format und Farbe kommen heute in Rundfunk, Fernsehen und Vechta nicht mehr ohne einen gewissen Pfiff aus. (Trillerpfeife)

An der hiesigen Universität läuft gerade ein Forschungsprojekt über die sprachlichen Entwicklungsstufen von Vechta über (p)feifen zu Pfiff. Für die noch längst nicht gründlich genug erforschten Auswirkungen der zweiten Lautverschiebung nördlich der benrather Linie stehen erhebliche Zuschüsse aus EU-Mitteln in Aussicht.

Ohne akustische Signale und bunte Symbole wie die rote Karte auf dem Fußballplatz oder die zweifarbige Kelle auf dem Bahnhof (Kelle) ist kaum noch Aufmerksamkeit in einem südoldenburgischen Großraumzelt zu erreichen. Ohne ein Mindestmaß an psychologischem Einfühlungsvermögen, pädagogischem Geschick und methodischer Kreativität ist im Rathaus keine Abstimmung, in der Schule keine Versetzung und in der Kirche kein Weihwasserkessel zu gewinnen.

Wie sollte sonst ein Aspirin-gedopter Stoppelmärktler nach kurzer Nacht und ausgedehntem Frühschoppen den Ausführungen eines Bischofs, noch dazu eines evangelischen, einigermaßen folgen wollen und können.

Darum habe ich mir folgendes überlegt. Das Publikum muss mit dem Thema weitestgehend einverstanden sein. Ausnahmsweise soll basisdemokratisch darüber abgestimmt werden, worüber der Ehrengast sprechen soll oder nicht.

Es ist ganz einfach. Wenn Sie die rote Farbe sehen, rufen Sie NEIN. Sehen Sie das grüne Zeichen, dann lassen Sie ein JA erklingen. Zusätze wie „oh ja" oder „ja, bitte" sind erlaubt.

Kleine Probe: Rote Kelle – nein! Grüne Kelle – ja!

Erste Frage: Möchten Sie – oder darf ich „Ihr" sagen? (Grüne Kelle- ja!) – möchtet Ihr noch einmal die Predigt von gestern hören? (rote Kelle – nein!) Soll es lieber etwas heiter und erbaulich zugleich sein? (Grüne Kelle – ja!)

Zweite Frage: Soll ich den neuesten Stand des ökumenischen Gespräches über den ersten Geleitbrief zum Stoppelmarkt 1298 nach Mariä Himmelfahrt vor Euch irdisch ausbreiten? (Rote Kelle – nein!)
Möchtet Ihr etwa lieber einen kleinen, wenn auch nicht immer ganz reinen Einblick in das Leben und Wirken eines evangelischen Pfarrers gewinnen? (grüne Kelle – ja!)

Dritte Frage: Wollt Ihr, dass der Krug so lange zur Vechte geht, bis er bricht? (grüne Kelle – ja!)
Oh, welch ein schwerer Tag, Herr Bürgermeister, welch ein Risiko für Leib und Leben eines Bischofs von der Hunte.

Im Bereich des Offizialates und der oldenburgischen Kirche gibt es weit überwiegend gute ökumenische Kontakte vor Ort und auf der Ebene der Kirchenleitungen beider großen Kirchen. Im Norden Oldenburgs nehmen katholische Christen gerne an evangelischen Bibelstunden teil, weil der katholische Pfarrer mittlerweile so viele Gemeinden zu versorgen hat, dass er nicht bei allen Gruppen und Kreisen anwesend sein kann. Bei einer der Zusammenkünfte, wie ich im Rahmen meiner Visitationen vor Ort erfahren habe, geschah folgendes.

> Eine Gruppe saß über der Bibel beisammen. Der Leiter begann aus den Urgeschichten zu lesen: Und Eva war ... (an dieser Stelle musste eine Seite umgeblättert werden. Der Ausleger befeuchtete seinen Finger, schlug um, rückte die Brille zurecht und fuhr – ohne zu bemerken, dass er versehentlich zu weit geblättert hatte – bedächtig fort) ... 300 Ellen lang, 50 Ellen breit und 30 Ellen tief, inwändig und auswändig verpicht mit Pech. Er schloss das Buch, setzte die Brille ab und begann seine Auslegung: Ja, meine lieben Brüder und Schwestern, dass Eva 300 Ellen lang und 50 Ellen breit und 30 Ellen tief war, das können wir wohl verstehen, denn sie war die Stammmutter des ganzen Menschengeschlechts. Dass sie aber inwändig und auswändig verpicht war mit Pech, das, liebe Schwestern und Brüder, das können wir nicht verstehen, das müssen wir einfach glauben.

Diese kleine Anekdote ist natürlich frei erfunden, aber sie markiert auf humorige Weise ein uraltes Mißverständnis beim Lesen der Heiligen Schrift. Das Glauben fängt nicht dort an, wo das Verstehen aufhört. Sondern dort und dann fängt ein Mensch zu verstehen an, wo er von ganzem Herzen dem Evangelium zu glauben begonnen hat.

Mittlerweile können die römisch-katholische und die evangelisch-lutherische Kirche in unserer Region auf 35 Jahre ökumenischer Gespräche zurückschauen, an denen der Herr Freiherr Dr. Max Georg von Twickel in seiner Funktion als Offizial 32 Jahre beteiligt war. Von evangelischer Seite haben ihm während dieser Zeit 15 Jahre Bischof Dr. Harms, 12 Jahre Bischof Dr. Sievers und 3 Jahre ich selbst gegenüber gesessen. Und ich möchte hier noch einmal wiederholen, was ich im vergangenen Jahr bei dem 30jährigen Dienstjubiläum des Weihbischofs gesagt habe: Er erschien mir von Anfang an edel, hilfreich und gut.

In einem ökumenischen Gesprächskreis in Visbek wurde vor kurzem von Herrn Pfarrer Heinrich Timmerevers und Pastor Scheuer die Frage behandelt, ob bei einer Überschwemmung Sonntags Rettungsarbeiten getan werden dürfen. Einige der Gesprächsteilnehmer waren dagegen, andere dafür. Pfarrer Timmerevers, der zukünftige Weihbischof und Offizial des Bistums Münster in Vechta, wies darauf hin, dass auch Christus am Sabbat geheilt habe. Da antwortete ein altes Gemeindeglied: „Herr Pfarrer, das wollte ich immer schon einmal fragen: War nicht der Herr Jesus in manchen Punkten etwas zu liberal?"

Die Frage der Liberalität beschäftigt nicht nur die Kirchen, sondern auch die Politik auf dem schwierigen Gebiet der Bioethik und der Sterbehilfe. Hier ist nicht der Ort, um detailliert diese wichtigen und schwierigen Fragen zukünftiger Entwicklung zu reflektieren. Aber aus meiner Sicht ist in jedem Falle Behutsamkeit angesagt. Was einmal an Möglichkeiten eröffnet worden ist, kann kaum noch ohne Folgen zurückgenommen werden.

Die Zahl der sogenannten ökumenischen Trauungen ist in den letzten Jahren erheblich zurückgegangen. Viele gemischt-konfessionelle Paare lassen sich in einer Kirche trauen, ohne den zuständigen Geistlichen aus der anderen Kirche hinzuzubitten. Als die katholische Religionslehrerin Irene und der evangelische Psychologe Karl-Heinz sich bei einer Freizeit des Diakonischen Werkes kennenlernten, ereignete sich aus der retrospektiven Sicht von Karl-Heinz folgendes:

> Bei einer Exkursion in die noch relativ heile Pflanzenwelt eines kommunalen Parks, die ich vor einiger Zeit als Äquivalent gegen progressive Umweltverschmutzung unternahm, visualisierte sich unerwartet auf einer Parkbank die optimale Realisation der mir adäquaten Partnerin. Eine Affekthandlung war geboten, also institutionalisierte ich mich auf der gleichen Bank, als Alibifunktion beziehungsreich einen Curriculum-Entwurf studierend. Reaktionsmangel seitens der Zielgruppenvertreterin schien Kontaktscheu zu signalisieren; doch im Verlauf des von mir projektorientiert eingeleiteten Sozialisationsprozesses ergab sich eine verbale Kommunikationsmöglichkeit zur Versuchsperson, die indessen offensichtlich unter Edukationsdefiziten autoritärer und faschistoider Genese litt. So begegnete meine Hinterfragung unterbewußten Störfaktoren, die zur Frustrations- und Artikulationsblockade führten.
> Ich bemühte mich durch vorsichtige globale Sensibilisierung, der Praktikantin die soziopolitologische Irrelevanz sexueller Tabus evident zu machen, stieß aber auf verkrustete hierarchische Strukturen, die aufzubrechen einen längeren antiparternalistischen Lernprozess zu bedingen schien. Immerhin gelang es mir auf der Basis von Terminvereinbarungen, eine futurologische Projektion einzubringen, und Irene sagte beim Abschied: Karl-Heinz, du bist irre kreativ!

Meine Großmutter, die ich noch gut vor Augen habe, ist 93 Jahre alt geworden. Sie stammte wie ich selbst aus Dresden. Ihr sächsischer Humor und ihre Gewitztheit haben mich immer beeindruckt. Als ich sie einmal mit meiner Frau in ihrem Berliner Altenheim besuchte, kamen wir auch auf die Sexualität zu sprechen. Ich fragte meine Omi, wie ich sie liebe- und respektvoll nannte, wie sie sich denn als Eheleute begegnet seien. Sie wohnten in Dresden in einem Haus an der Elbe und hatten ein Schlafzimmer, dem rechts und links ein kleiner Raum für die Garderobe angegliedert war. In dem Schlafzimmer sei es immer dunkel gewesen. Daraufhin habe ich meine Großmutter etwas kess gefragt, wie sie denn ihre Kinder bekommen hätte. Darauf antwortete meine verehrte Omi mit kleiner, zeitlicher Verzögerung unschlagbar und auf sächsisch: Genauso wie ihr!

Von dem sächsischen König Friedrich August werden vom Anfang des letzten Jahrhunderts herrliche Annekdoten berichtet, die mich als Student köstlich amüsiert haben. Nach einem Konzert wurde dem König der Musikprofessor vorgestellt, der wegen Kurzsichtigkeit Brille und den damals üblichen Kneifer übereinander trug. Der König teilnahmsvoll: Sagen sie, lieber Professor, kommt das von der Musik – ich meine: von den vielen kleinen Noten, dass sie so schlecht sehen?

Der Professor schweigt ehrfürchtig. Darauf der König leise zu seinem Adjudanten: Das arme Schwein hört wohl auch schon nicht mehr.

Oder die andere Begebenheit, als während einer Audienz am königlichen Hofe seiner Majestät zwei abseits stehende Herren auffielen. Der König fragt seinen Adjudanten, wer sind denn die? Der Adjudant: Majestät, es sind zwei Direktoren von der Feuerversicherung. Darauf der König, jovial auf sie zugehend: Na, ihr beiden Kokelfritzen?

Zurück in die Gegenwart. Die Ökumene lebt von großer Vielfalt. Von der orthodoxen Frömmigkeit in Rußland und in Griechenland über die römisch-katholische Frömmigkeit, das Luthertum, die unierte Ausrichtung und die reformierte Kirche ist ein langer Weg zu den freikirchlichen Gruppierungen bis hin zu den Wanderpredigern auf den Bahnhöfen und in den Fußgängerzonen. Unlängst gab es am Lefferseck in Oldenburg einen großen Auflauf. „Seht die schrecklichen Sünden auf dieser Erde!" rief da ein älterer Herr. „Geschwister in Christo, ich warne euch vor der Zigarette. Sie ist die Wurzel allen Übels. Auf die erste Zigarette folgt unweigerlich das erste Glas Whiskey. Und auf den Whiskey folgt unweigerlich die erste Frau. Schon seid Ihr der Lust verfallen!" Da ruft ein Passant dazwischen: „Wo gibt's denn diese sagenhafte Zigarette?"

Merkt Ihr, liebe Leute, wie das Niveau sinkt. Bevor wir allesamt untergehen, sollten wir einen ganz neuen Lobgesang auf den Stoppelmarkt anstimmen, den ich eigens für diesen Tag getextet habe. Er ist zu singen auf die Melodie des bekannten Volksliedes: Schön ist ein Zylinderhut, juphei-di, jup-hei-da, ...

Schön ist unser Stoppelmarkt, juphei-di, jup-hei-da
Für jeden, der dort fröhlich parkt, juphei-di, jup-hei-da
und seine Seele baumeln lässt
beim allerhöchsten Vechta-Fest, juphei-di, jup-hei-da,
juphei-di vide-ra-la-la, juphei-di, juphei-da, juphei-di, hei-da.

Sitzt man auf dem Riesenrad, juphei-di, jup-hei-da
man seine Riesenfreude hat, juphei-di, jup-hei-da
an Jubel, Trubel, Heiterkeit
in der 5. Jahreszeit, juphei-di, jup-hei-da,
juphei-di vide-ra-la-la, juphei-di, juphei-da, juphei-di, hei-da.

Die Pferde und das liebe Vieh, juphei-di, jup-hei-da
das einst an diesem Orte schrie, juphei-di, jup-hei-da
wird heut ersetzt durch Prominenz
aus Stadt und Land und Residenz. juphei-di, jup-hei-da,
juphei-di vide-ra-la-la, juphei-di, juphei-da, juphei-di, hei-da.

Für Christen und für Heiden auch, juphei-di, jup-hei-da
ist unverzichtbar dieser Brauch. juphei-di, jup-hei-da
Das Angebot bleibt Spitzenklasse
und füllt demnächst die Euro-Kasse. juphei-di, jup-hei-da,
juphei-di vide-ra-la-la, juphei-di, juphei-da, juphei-di, hei-da.

Schön ist's auf dem Stoppelmarkt, juphei-di, jup-hei-da
wo jeder seine Seele parkt, juphei-di, jup-hei-da
und nach des Reizes Hochgenuss
in seiner Kirche beichten muss. juphei-di, jup-hei-da,
juphei-di vide-ra-la-la, juphei-di, juphei-da, juphei-di, hei-da.

Ob Stoppelmarkt in Vechta oder Kramermarkt in Oldenburg, wir bleiben gefragt als Christen und Bürger dieses Landes, wie wir mit vereinten Kräften der aktiven Bosheit und der passiven Gleichgültigkeit in uns selbst und in unserer Gesellschaft begegnen können. Die letzte kleine Geschichte lädt zur Nachdenklichkeit ein.

> Die Hölle war total überfüllt. Noch immer stand eine lange Schlange am Eingang. Da sagte der Teufel: „Den letzten freien Platz muß der ärgste Sünder bekommen." Als er alle in der Schlange nach ihren Verfehlungen gefragt hatte, sah der Teufel noch einen Menschen, der etwas abseits stand. „Was haben sie getan?" „Nichts", sagte der Mensch, ich bin nur aus Versehen hier. Da sagte der Teufel: „Jeder Mensch stellt etwas an". Doch der Mensch beharrte auf seiner Unschuld. „Ich sah viel Böses, aber ich hielt mich davon fern. Ich sah, wie Menschen ihre Mitmenschen verfolgten, wie Kinder verhungerten, wie Völker einander unterdrückten, wie auf den Schwachen herumgetrampelt und die Armen zertreten wurden. Ich allein widerstand der Versuchung und tat nichts." „Sie taten nichts?" fragte der Teufel ungläubig. „Absolut nichts" beteuerte der Mensch am Ende der Schlange. Da sagte der Satan: „Komm herein, mein Sohn, der Platz gehört dir!" Und als er den „guten Menschen" hereinließ, drückte sich der Teufel zur Seite, um mit ihm nicht in Berühung zu kommen.

Nicht die Hölle ist der Wille Gottes, sondern das Reich des Lebens, das die Konturen und Farben des Friedens, der Freude und der Festlichkeit trägt. Möge die Ökumene in unseren Breiten dazu beitragen, dass neben dem Ernst zu seiner Zeit der Humor nicht zu kurz kommt, der sich auch in einem alten Gebet aus dem Jahre 1864 niedergeschlagen hat. Dort heißt es:

> Lieber Gott und Herr, setze dem Überfluss Grenzen und lass die Grenzen überflüssig werden; nimm den Ehefrauen das letzte Wort und erinnere die Männer an ihr erstes; gib den Regierenden ein besseres Deutsch und den Deutschen eine bessere Regierung; schenke uns und unseren Freunden mehr Wahrheit und gib der Wahrheit mehr Freunde; bessere solche Beamten, die wohl tätig sind, aber nicht wohltätig; lass die, die rechtschaffend sind, auch recht schaffen; und sorge dafür, dass wir alle in den Himmel kommen, aber – wenn du es willst – noch nicht gleich.

Noch zwei kurze Fragen zum Schluß. War die Rede zu lang und zu ernst? (Rote Kelle – nein!) Soll der Stoppelmarkt auch weiter grünes Licht und freie Fahrt haben? (grüne Kelle – ja!). Dann geht der Zug jetzt ab (Trillerpfeife!).

Ansprache im ökumenischen Gottesdienst anlässlich der Terroranschläge in den USA am 12. September 2001 in St. Lamberti zu Oldenburg

Trauer, Mahnung, Fürbitte

Liebe Menschen!

Dem blanken Entsetzen über den brutalen Anschlag auf die Menschlichkeit folgt die tiefe Trauer über die Opfer des Terrors und die Solidarität mit den Angehörigen, deren Leben von unbeschreiblichem Leid gezeichnet ist und bleiben wird.

Als der eine Turm brannte, konnte noch an einen tragischen Unfall gedacht werden. Als das zweite Flugzeug auf den anderen Turm zusteuerte und dann in dem Gebäude stecken blieb und explodierte, wurde eine dunkle Ahnung zur Gewissheit: Das muss Absicht gewesen sein. Keiner weiß heute schon, wie viel Tausende von Männern, Frauen und Kindern als Geschäftsleute und Touristen, als Passagiere und Rettungskräfte ums Leben gebracht worden sind – in New York, in Washington, in Pittsburgh.

Welch unbändiger Hass hat sich in diesen Taten entladen, welch abgrundtiefe Ohnmacht überkommt uns alle angesichts dieser Eskalation von Terror.

Nichts kann solche Taten rechtfertigen – kein politisches oder religiöses Motiv, kein erlittenes Unrecht oder gar eine Idee der Weltverbesserung.

Ich frage mich, was hat in den Tätern den letzten Funken von Menschlichkeit zum Erlöschen gebracht? Welche Macht maßt es sich an, wie ein Diktator über dem Leben gottgewollter Geschöpfe den Daumen nach unten zu drehen?

Noch ist nicht geklärt, wer hinter diesem Verbrechen an der Menschheit steht. Etliche, die in Verdacht geraten waren, haben sich distanziert. Es ist in Amerika noch nicht die Zeit der nüchternen Analyse und der angemessenen Reaktion.

Aber: Christen werden vor Rachegelüsten mit Worten der Heiligen Schrift gewarnt. Im 5. Buch Mose hören wir die Worte Gottes: „Die Rache ist mein, ich will vergelten." (V. 35) Jesus schwört seine Jünger auf mehr als Nächstenliebe ein, wenn er sagt: „Liebt eure Feinde und bittet für die, die euch verfolgen." (Matth. 5, 44) Der ehemalige amerikanische Außenminister Kissinger tritt dafür ein, „nicht blind Rache zu üben". Die Gefahr einer Überreaktion auf das Schlimme, was kaum schlimmer zu denken ist, würde der Spirale von Gewalt und Gegengewalt unaufhörlich neuen Schwung verleihen.

Natürlich müssen die Täter gesucht, gefunden und zur Rechenschaft gezogen werden. Aber jedes Todesurteil, wenn es denn gesprochen und vollzogen würde, birgt das Risiko neuer Bluttaten, unabhängig von der umstrittenen Frage der Todesstrafe.

Der Teufelskreis des Hasses muss unterbrochen werden – mit Hilfe gebündelter Besonnenheit, die in Humanismus und Christentum genauso vorhanden ist wie im Judentum und im Islam. Als Religionen des Buches und des gemeinsamen Glaubens an einen Gott, wenn auch in unterschiedlicher Ausprägung, obliegt uns das Recht und die Pflicht, das Leben als ein Geschenk Gottes anzunehmen und in Würde voreinander, in Freundlichkeit zueinander und in Hilfsbereitschaft füreinander in dieser Zeit und Welt Gutes zu fördern und Böses zu mindern und zu hindern.

Ein Gesichtspunkt scheint mir in vielen internationalen Konflikten wichtig wie eh und je. Es kann keinen dauerhaften Frieden geben ohne ein Mindestmaß an Gerechtigkeit. Daran mangelt es in vieler Hinsicht, wenn wir die krassen Unterschiede zwischen Industrie- und Öllländern einerseits und den Entwicklungsländern andererseits bedenken. Auch die Produktion und der profitable Handel mit Waffen trägt nicht wirklich zu Frieden und Gerechtigkeit bei.

Solche Überlegungen kommen für die Leidtragenden der ungezählten Opfer zu früh. Für sie und auch für uns als aus der Ferne Mitleidende bleibt die Suche nach dem, was uns in solch trostloser Zeit dennoch auffängt und trägt.

Es hat einmal ein gläubiger Mensch gesagt: Wir können nicht tiefer fallen als in Gottes Hand. Mich hat bei dem ICE-Unglück in Eschede und bei dem U-Boot-Unfall in der Barentsee ein altes Wort aus Psalm 139 neu beeindruckt. Da betet der König David: „Führe ich gen Himmel, so bist du da; bettete ich mich bei den Toten, siehe, so bist du auch da. Spräche ich: Finsternis möge mich decken und Nacht statt Licht um mich sein –, so wäre auch Finsternis nicht finster bei dir, und die Nacht leuchtete wie der Tag." (8. 11 + 12)

Gott erbarme sich aller Opfer und der Trauernden. Gott sei den Tätern gnädig. Uns alle aber lasse er bedenken, dass auch wir sterben müssen, auf dass wir klug werden (Psalm 90, 12), liebe Menschen!

Grußwort zum 40jährigen Bestehen der Gesellschaft für Christlich-Jüdische Zusammenarbeit Oldenburg e.V. am 20.01.2002 in der Lambertikirche zu Oldenburg

Liebe Frau Vorsitzende, sehr geehrte Mitglieder und Gäste christlich-jüdischer Zusammenarbeit!

Nach diesem musikalischen Beitrag der Frau Kantorin macht es mir noch viel mehr Freude, Sie alle mit freundschaftlichen Worten herzlich zu grüßen. Ich tue das im Namen der evangelischen Christenheit im Oldenburger Land in der Gewissheit, dass die große Mehrheit unserer Gemeindeglieder froh ist über die positive Entwicklung des Verhältnisses zwischen Christen und Juden. Dazu hat ganz entscheidend die 40jährige Arbeit der Gesellschaft für Christlich-Jüdische Zusammenarbeit beigetragen. Deshalb gilt mein Dank allen, die sich dort ehrenamtlich engagiert haben und dies auch in Zukunft mit Kraft und Zeit, mit Beharrlichkeit und Zuversicht zu tun bereit sind.

Auf die biblische Bedeutung der Zahl 40 bei Noah, Mose, Jona und Jesus will ich hier nicht eingehen, vielleicht geschieht das ja in einem anderen Beitrag. Aber in der Anfangszeit mag es den Gründungsmitgliedern hin und wieder so vorgekommen sein, als wanderten sie wie durch eine unbußfertige Nachkriegswüste eines geistig, kulturell und sozial verkümmerten Deutschland, das lange brauchte und vielleicht noch braucht, um zu einer respektvoll-unbefangenen Normalität der Nachbarschaft von christlichen und jüdischen Familien zu finden, so weit es die jüdischen Partner zuzulassen in der Lage sind.

Im Jüdischen Museum in Berlin, dass ich mit meiner Frau um die Jahreswende besucht habe, wird der Abschnitt von 1871 bis 1933 als Ära der Gleichberechtigung deutscher Bürger jüdischen Glaubens dokumentiert. Erfreulicherweise stehen fast täglich Schlangen vor diesem auch architektonisch interessanten Bau. Besonders viele junge Menschen wollen sich über jüdisches Leben in Vergangenheit und Gegenwart informieren. Dabei können sie gar nicht übersehen, welch hohen Anteil die jüdische Bevölkerung zum Wohlstand und Ansehen Deutschlands in der Welt damals geleistet hat.

Um so betrüblicher ist es für einen evangelischen Christen, Baujahr 43, feststellen zu müssen, dass ein unterschwelliger und auch beispielsweise durch den Berliner Hof- und Dompfarrer Adolf Stoecker lautstark gepredigter Antisemitismus lange und resistent nachgewirkt hat.

Weder die Theologische Erklärung von Barmen 1934 mit ihrer christozentrischen Exklusivität noch die Stuttgarter Schulderklärung des Rates der EKD von 1945, die den millionenfachen Mord am jüdischen Volk in die allgemeine Formulierung vom „unendlichen Leid" einschloss, hatten die Einsicht und den Mut, ihr Verhältnis zum Judentum neu zu bestimmen. Erst die Erklärung der EKD-Synode 1950 in Berlin-Weißensee hat die entscheidenden theologischen Hemmnisse für die Begründung eines neuen Verhältnisses zum jüdischen Volk beseitigt. Das waren die Ersetzungslehre, die Rede von Fluch und Gericht über Israel und der Zusammenhang von heilsgeschichtlichen Aussagen über Israel mit der Judenmission. Letztere wird heute ausdrücklich und größtenteils abgelehnt.

Auf diesem Hintergrund der jüngeren geschichtlichen Entwicklung in meiner Kirche wird deutlich, welchen ungeheuer mutigen Schritt vor 40 Jahren Christen und Juden aufeinander zugegangen sind und die Gesellschaft für Christlich-Jüdische Zusammenarbeit gegründet haben.

Auch wenn die gemeindlichen Größenverhältnisse es den jüdischen Freunden kräftemäßig erheblich erschweren, einen ständigen Dialog mit uns „Heiden" zu führen und gemeinsame Aktionen über ein Minimum hinaus zu planen, ist es für mich wunderbar, dass nach allem, was war, ein gutes Miteinander wächst und gedeiht.

Nach dem historischen Nacheinander beider Religionen, ihrem jahrhundertelangen Nebeneinander und häufigen Gegeneinander vom Christentum her ist es nun hohe Zeit, das Miteinander weiter zu pflegen und unser Verhältnis immer mehr durch ein freundschaftliches Füreinander zu vertiefen. Juden nehmen in ihrer Fürbitte Anteil an christlichem Leid und Wohlergehen. Evangelische Christen wünschen der jüdischen Gemeinde aus tiefer Seele „Massel tov" und Schalom, nicht nur hier in Deutschland, sondern auch und ganz besonders im Staate Israel mit seinen Nachbarn und den kleinen christlichen Gemeinden im Heiligen Lande.

Ich bin des Hebräischen nicht so mächtig wie die durch Ihre strenge Schule, Frau Rabbiner, gegangenen Neumitglieder aus Osteuropa und Asien. Dennoch möchte ich, um meinen guten Willen zu zeigen, mit einem kleinen Segenswunsch aus Ihrer Tradition in diesem Grußwort aufwarten.

Möge der Ewige das Haus Israel segnen!
Möge Er das Haus Aaron segnen!
Möge Er, die den Ewigen fürchten, segnen,
Die Kleinen mit den Grossen!

Der Gesellschaft für Christlich-Jüdische Zusammenarbeit in Oldenburg und allen beteiligten Gemeinden seien viele schöne Jahre vergönnt, bis uns nach Jesaja und 2. Petrus ein neuer Himmel und eine neue Erde von dem Allmächtigen und Barmherzigen – gepriesen sei Er! – eröffnet werden.

Schalom alechem!

Wünsche zur Eröffnung der Landesgartenschau am 19.04.2002 in Rostrup

Fünf Wünsche für die fünf Sinne aller Menschen, die die Landesgartenschau besuchen, in ihr beschäftigt sind und sie pflegen als niedersächsisches Paradies im Oldenburger Ammerland.

1. Sehen mögen die Menschen das leuchtende Gelb der Osterglocken, das üppige Grün an Sträuchern und Bäumen, die bunte Vielfalt der Rhododendren,
   im Blick bleibe die Verantwortung für Pflanze, Tier und Mensch, und es wachse die Rücksicht auf die Würde aller Völker unter dem Regenbogen der Güte Gottes.

2. Hören mögen Kinder und Erwachsene das Plätschern des Regens, das Pfeifen des Windes, das Zwitschern der Vögel, das Summen der Bienen und die Stille der Nacht,
   horchen mögen sie auf die Seufzer gequälter Kreaturen und auf das Stöhnen derer, die unter Schmerzen leiden,
   und die Ohren mögen gespitzt sein für das zaghafte Wort der Versöhnung, das unbekümmerte Jauchzen der Jugend und das Tönen der Lieder.

3. Riechen möge das Volk den Duft der Rosen, die Blüte der Linden und das Aroma der Kräuter, eine gute Nase möge es haben für die unnötige Belastung von Wasser, Erde und Luft, ein Gespür für üble Gerüchte und böse Verleumdung,
   Wohlgeruch breite sich aus über Stadt und Land durch die Freude am Guten, die Stärkung der Schwachen, den Dank für Nächstenliebe und die Anerkennung von Redlichkeit und Demut.

4. Schmecken möge die Menschheit die kostbaren Gaben der Natur und Sättigung erfahren durch Getreide und Obst, durch Fischfang und Viehzucht, durch Milch und Honig,
   der Beigeschmack übertriebenen Eigennutzes und bedrückender Wirtschaftsstrukturen möge sich stetig verlieren, und wie Brot und Wein sollen Gerechtigkeit und Frieden denen munden, die sich danach sehnen.

5. Fühlen mögen wir alle die Nähe von Freundschaft und Liebe, die Verlässlichkeit in Ehe und Familie, den Schutz der Einheimischen und Fremden in Staat und Gesellschaft und in dem allen die Gegenwart Gottes, damit der Teufel keine Macht an uns findet.

So oder so ähnlich mögt Ihr, liebe Leute, alle fünf Sinne beisammen halten.

Predigt zur Eröffnung der Bildhauerwerkstatt am östlichen Jadebusen am Pfingstsonntag, 19.05.2002, An der Seefelder Mühle

Liebe Festgemeinde!

An einem Vormittag wurde ein Auftrag erteilt, ohne den wir heute an diesem Orte nicht versammelt wären.

Nun mögen Sie sich mit rasanter Geschwindigkeit fragen, welcher Auftraggeber gemeint sein könnte. Wer hat zu diesem Pfingstgottesdienst eingeladen, auf wessen Initiative geht die Bildhauerwerkstatt zurück?Welcher Herr hält seinen Schirm über die Wanderausstellung der sieben Künstler zum Skulpturenpfad? Welche Spender, Stifter und Sponsoren fördern die Kunst am Deich mit den ins Auge gefassten Seh-Zeichen zwischen Varel und Eckwarderhörne?

Über jenen Vormittag berichtet die biblische Nachrichtenagentur Genesis in einer Kurzmeldung. Ich zitiere: „Und Gott sprach: Es sammle sich das Wasser unter dem Himmel an besondere Orte, dass man das Trockene sehe. Und es geschah so. Und Gott nannte das Trockene Erde, und die Sammlung der Wasser nannte er Meer. Und Gott sah, dass es gut war." (Gen. 1, 9+10) Es wird dann noch mitgeteilt, dass am Nachmittag des selben Tages Gras, Kraut und Bäume ihren Wachstumsprozess gestartet haben. Die Meldung schließt mit der schlichten Feststellung: „Da ward aus Abend und Morgen der dritte Tag."

Längst ist klar: Es ist von der Schöpfung die Rede, als einem Werk Gottes, das vor über 2500 Jahren von frommen Juden auf sieben Tage verdichtet worden ist. Ich habe nie verstanden, was die Evolutionstheorie Darwins im 19. Jahrhundert grundlegend Neues an den Tag gebracht hat. Und mir ist der Versuch, Schöpfung und Entwicklungslehre in einen krassen Gegensatz zu bringen, immer verdächtig und abwegig erschienen.

Wir stehen hier also auf festem Grund, weil es aus Gottes Weisheit heraus so sein soll, und weil der II. Oldenburgische Deichband dafür sorgt, dass das Meer nicht über die von den Menschen mittlerweile gesetzten Grenzen hinaus geht.

Bei meinen Visitationen in diesem und im letzten Jahr in mehreren Butjenter Kirchengemeinden bin ich immer wieder auf den Kampf zwischen Meer und Land gestoßen. Die Menschen an der Küste brauchen keinen Nachhilfeunterricht in Sachen Sintflut. Das ist ja eine lange Geschichte, in der die Bevölkerung schlimme Niederlagen gegen den Blanken Hans in Kauf nehmen musste. Die Clemensflut vom November 1334, die Marcellusflut vom Januar 1362, die an der gesamten Nordseeküste ca. 100.000 Menschen das Leben gekostet haben soll, die Antoniflut von 1570 und die Catharinenflut von 1685 hatten einen immensen Schaden verursacht und vielerorts die Ausdeichung ganzer Dorfteile zur Folge. Über die Weihnachtsflut von 1717 habe ich einiges gelesen und im Staatsarchiv einen sehr eindrücklichen Vortrag gehört.

Mich erfüllt daher der Blick in die Geschichte mit Respekt vor Land und Leuten, deren Vorfahren vielfältige Opfer an Gut und Leben gebracht haben, um ihre Heimat mit Dorf und Kirche auf der Wurt für die Zukunft der Kinder und Enkel zu erhalten. Die Sturmflut vom Februar 1962 schließlich hat das Land Niedersachsen noch einmal zu besonderen Anstrengungen veranlasst, viel Geld in die Erhöhung und Verstärkung der schützenden Deiche zu investieren. Und ich zahle als Oldenburger gerne meinen Beitrag zur Deichumlage, obwohl ich mich als Rheinländer bei der ersten Rechnung vor vier Jahren gewundert habe.

Wundern im positiven Sinne sollen sich in nächster Zeit die Einheimischen und die Touristen, wenn sie den Künstlern bei ihrer Arbeit an den Skulpturen zu biblischen Themen über die Schulter schauen oder schon das fertige Werk erblicken. Es ist eine schöne Idee, in sieben Skulpturen die im biblischen Mythos beschriebene Urgeschichte der Menschheit als Zeichen zum Sehen, zum Nachdenken und zur Wachsamkeit darzustellen. Diese Aktion ist ein gelungenes Beispiel wider die Vergesslichkeit des Menschen gegenüber Gott und seinem Nächsten. Gleichzeitig ruft sie uns alle in die Verantwortung zur Bewahrung der Schöpfung hinter dem Deich, aber auch draußen auf See, damit die ökologische Nachhaltigkeit nicht baden geht.

Zum Sehen gehört auch das Hören. Josef Haydn hat vor 203 Jahren das Oratorium „Die Schöpfung" im Wiener Burgtheater einer begeisterten Öffentlichkeit vorgestellt. Bei einer späteren Aufführung wurde der greise Meister von dem Eindruck der berühmten Stelle am ersten Schöpfungstag „Und es ward Licht" derart erschüttert, dass man ihn halb bewusstlos aus dem Saale tragen musste. Wenn Haydn's Werk, geistlich und weltlich, erklingt, glaubt der Hörer unwillkürlich, in der besten aller Welten zu atmen.

Kein Wunder, dass viele Menschen die Natur als eine wunderbare Komposition mit der Handschrift Gottes begriffen haben und begreifen – bis heute. Im Wald, an der See, auf den Bergen, die blühenden Rhododendren vor Augen, den Duft des reifen Getreides in der Nase, das vielfältige Obst in seiner Süße und Säure als Gaumenfreude, Forelle blau, Rindersteaks medium und Gänsebraten mit Kruste, frisches Brot und alter Wein – das Leben kann genossen werden bei Frost und Hitze, bei Ebbe und Flut, bei Tag und Nacht.

Sind wir uns dabei immer bewusst, wem wir all dies im Grunde verdanken? Oder wäre mal wieder eine Sintflut an der Zeit, um die Menschheit zur Besinnung zu bringen?

Wir wollen hoffen und beten, dass diese Art von Sintflut die Menschheit nicht noch einmal überrollt. Denn Gott hat dem Noah und seinen Nachkommen versprochen, nicht mehr alles, was da lebt, zu vernichten. Und er hat als Zeichen seiner Treue seinen Bogen in die Wolken gesetzt; der soll an den Bund Gottes mit der Erde erinnern; und Gott selbst – so steht geschrieben, will seines Bundes gedenken, wenn man den Regenbogen in den Wolken sieht.

Ist vielleicht demnach das Oberthema der diesjährigen Kunst am Deich „Die Sintflut" ein Thema der Vergangenheit, dem sich Historiker und Bildhauer widmen mögen, aber doch bitte nicht der Rest der Welt?

Ich denke, liebe Schwestern und Brüder, Sintfluten, also Fluten, die etwas mit Sünde zu tun haben, rollen wie die Tide in mehr oder weniger regelmäßigen Abständen auf uns Menschen zu. Sie schwemmen alles mögliche an Strandgut, Müll und Teer in uns hinein. Oft, bei manchen meistens, halten die inneren Deiche die Wucht der gefährlichen Wellen ab, weil die Gebote Gottes wie Stahlspundwände wirken und der Gewalt des Wassers, das über das Bruchsteindeckwerk mit Verguss nach oben drängt, Paroli bieten. Aber nicht immer halten die Deichkronen christlicher Ethik den Anläufen der Verführung Stand. Nicht immer bietet die Konvention der Menschenrechte Schutz vor Terror und Krieg, vor Unterdrückung und Ausbeutung, vor Fremdenfeindlichkeit und Genherrschaft. Sintfluten von Gewaltverherrlichung und sexueller Perversion werden übers Internet und per Video bis in die Wohn- und Schlafzimmer geschwemmt. Und mancher innere Deich gibt langsam nach und bricht dann auseinander. Die schlimmen Folgen solchen Scheiterns stehen fast wöchentlich in der Zeitung. Erfurt und der 11. September sind nur die Schaumspitzen einer permanenten Gefahr sintflutartiger Überschwemmungen.

Nun denke niemand, das kann mir nicht passieren. Das aufrichtige Bekenntnis der Sünde am Anfang vieler Gottesdienste lautet: „Wir bekennen Gott, dem Allmächtigen, dass wir gesündigt haben in Gedanken, Worten und Werken." Glücklicherweise schrecken die meisten Menschen vor den Werken des Mordens und des Stehlens zurück. Aber Worte der Verleumdung von unbescholtenen Menschen und lockere Sprüche der Lästerung Gottes sind schon viel zu oft zu hören. Und die Gedanken, sind die etwa frei von Begehrlichkeit und Süchten?

Liebe Gemeinde, was hilft zur Erhöhung und Verstärkung der inneren Deiche, was stärkt die geistlichen Immunkräfte gegen die Sintflut von Sünde, Tod und Teufel?

An einem Pfingstsonntag fällt die Antwort einigermaßen leicht. Die Ausgießung des Heiligen Geistes ist von der Christenheit von Anfang an als Chance begriffen worden, im Geiste Gottes gegen die Geistlosigkeit des „Was soll's, was geht mich das an?" und gegen den Ungeist der Geringschätzung und Verachtung anderer Menschen und Völker Farbe zu bekennen und einen Sturm der Entrüstung zu entfachen, damit der böse Feind keine Macht an uns finde, wie Martin Luther in seinem Morgen- und Abendsegen gebetet hat.

Mir persönlich helfen in Situationen innerer Müdigkeit oder Schwachheit, in Zeiten geistlicher Armut und menschlichen Elends alte Verse der Heiligen Schrift, zum Beispiel Jesu Wort: „Kommet her zu mir, alle, die ihr mühselig und beladen seid, ich will euch erquicken!", oder Lieder aus dem Gesangbuch, also Geglaubtes und Gereimtes in anderer, aber ähnlicher Notzeit.

Seit meinen Konfirmandentagen schätze ich das Pfingstlied von Philipp Spitta aus dem Jahre 1833, merkwürdigerweise 100 Jahre vor Hitlers Machtergreifung. Wir haben es vorhin gesungen.

> O komm, du Geist der Wahrheit, und kehre bei uns ein,
> verbreite Licht und Klarheit, verbanne Trug und Schein.
> Gieß aus dein heilig Feuer, rühr Herz und Lippen an,
> dass jeglicher getreuer den Herrn bekennen kann.

Das sind markige Worte, die wir heute anders wählen würden. Aber sie machen deutlich: Dammbrüche geistlichen Widerstandes, schwindenden Mutes und nachlassender Solidarität sind um so eher und wirkungsvoller zu verhindern, wenn wir genügend Sandsäcke des Glaubens, der Hoffnung und der Liebe griffbereit haben, wenn die Wellen der Verführung sich heranwälzen.

> Es gilt ein frei Geständnis in dieser unsrer Zeit,
> ein offenes Bekenntnis bei allem Widerstreit,
> trotz aller Feinde Toben, trotz allem Heiligtum,
> zu preisen und zu loben das Evangelium.

Als Pfingsten die Urgemeinde in Jerusalem erfasste, geschah plötzlich ein Brausen vom Himmel wie von einem gewaltigen Wind. Natürlich war dieser Sturm nicht im negativen Sinne „gewaltig", wie uns Gewalt in zerstörerischer Form viel zu oft begegnet – als Brutalität gegen Kinder, Frauen und Männer, als Demütigung von Menschen und ganzen Völkern, als Unterdrückung der Gewissen, als Verstoß gegen ethische Werte und menschliche Würde.

Das Brausen des Geistes begeistert die Menschen, verbreitet Freude und Mut, setzt Kräfte frei und eröffnet neue Wege – gerade der Gewaltlosigkeit in Elternhaus und Schule, in unserer Gesellschaft und zwischen den Staaten.

Aber noch leben wir in dieser Welt, noch nicht im Reiche Gottes, in dem neuen Paradies ohne Furcht vor einer neuen Sintflut welcher Art auch immer. Deshalb – und damit kehre ich zu den sieben Themen der Kunst am Deich zurück – deshalb bleibt manchmal nur noch der begrenzte Rückzug in eine Arche mit Gleichgesinnten, bleibt hin und wieder nur noch das Warten auf die Taube mit dem Ölblatt im Schnabel! Danach aber, unter dem Regenbogen der Güte und des Geistes Gottes, bricht die Zeit des Dankens und Lobens, des Feierns und des Friedens an.

An einem Vormittag ging alles los. Das Wasser unter dem Himmel versammelte sich an besondere Orte. Man sah das Trockene. Und es war gut so. Und so soll es nach Gottes Plan auch bleiben: schöpfungsfreundlich und geistreich – vor, auf und hinter dem Deich!

Amen

Predigt zum Israel-Sonntag mit anschließender Eröffnung der Ausstellung ecclesia und synagoga in der Lambertikirche zu Oldenburg am 4.8.2002

Wir warten auf einen neuen Himmel und eine neue Erde nach seiner Verheißung, in denen Gerechtigkeit wohnt (2. Petrus 3, 13).

Liebe Gemeinde am Israel-Sonntag!

Himmel ist uns verheißen, nicht die Hölle von Auschwitz und Bergen-Belsen. Nicht die unaufhörliche Wiederholung von Anfang und Ende ist uns in Aussicht gestellt, sondern die neue Schöpfung mit einem Anfang ohne Ende. Leben ist angesagt statt Tod.

Mit Israel verbindet uns die Hoffnung auf einen neuen Himmel und eine neue Erde, so haben wir es in der alttestamentlichen Lesung aus dem Propheten Jesaja (65) vernommen. Ähnlich lautet die Botschaft aus dem zweiten Petrusbrief und der Offenbarung des Johannes im Neuen Testament.

Ich habe diese Worte der Heiligen Schrift für die heutige Predigt gewählt, weil ich mit der Perikopenordnung der EKD für den Israel-Sonntag meine Schwierigkeiten habe, die sich noch vergrößern, wenn ich darüber predigen soll. Nicht dass wir uns missverstehen: Es ist für einen Theologen im Prinzip ein Leichtes, einen biblischen Text zu besprechen, auszulegen, nach verschiedenen Richtungen zu drehen, zu wenden und zu beleuchten. Aber es ist schon ein wichtiger Unterschied, ob beim Verlesen und Hören eines Bibeltextes meine inneren Schleusentore, die ja intellektuell und emotional, also vom Gefühl und vom Verstand her gesteuert werden, ob diese an sich wichtigen und oft genug schützenden Schleusentore sich bereits beim ersten Vernehmen einer biblischen Botschaft eher öffnen oder verschließen.

Dieser Umstand bedarf besonderer Beachtung, wenn es um unser Verhältnis zu Israel geht, und das nicht erst seit den Judenverfolgungen im Mittelalter oder seit den Pogromen in der Neuzeit, sondern schon seit dem Auftritt Jesu Christi. Er ist es, der die Kirche an Israel bindet. In welcher Fülle und Dichte der Begriff Israel aus christlicher Sicht zu verwenden ist, was er beinhaltet und was er wahrscheinlich ausschließt, darüber wird noch zu sprechen sein.

Am Israel-Sonntag 2002 sollten wir allerdings auf der Hut sein, dass wir der jüdischen Gemeinde, also der synagoga, mit der Auswahl und Auslegung biblischer Texte nicht unbedacht eine neue Augenbinde um den Kopf legen und bei solchem Unterfangen Gefahr laufen, selbst als die Blinden zu erscheinen. Im Verhältnis zwischen Katholiken und Protestanten wird immer häufiger das betont und hervorgehoben, was uns verbindet, was die trennenden Faktoren natürlich nicht aufhebt. Wenn ich jedoch das Gespräch suche und ein offenes Verhältnis für nützlich oder gar notwendig halte, dann knüpfe ich doch lieber an gemeinsamer Überzeugung an. So will ich es auch im Blick auf Israel, auf das Verhältnis von ecclesia zu synagoga versuchen.

Von den sechs Predigttexten, die für sechs Jahre Israel-Sonntag von einer kirchlichen Kommission vorgeschlagen worden sind, sind für mich auf jeden Fall vier problematisch, weil sie ohne Erläuterung, aber auch mit pastoraler Auslegung den Eindruck vermitteln können, dass alle heutigen und früheren Vorbehalte gegenüber dem Judentum und dem Volke Israel irgendwie schon ihre Berechtigung haben können, oder vorsichtiger, könnten. Und genau das war wohl für viele Jahrhunderte die gefährlichste, weil unterschwellige, Förderung eines Antijudaismus, der unermesslichen Schaden und Schuld verursacht hat.

Zwei der Predigttexte, der eine aus Lukas 19, der andere aus Johannes 2, schlagen die sogenannte Tempelreinigung durch Jesus vor. Die erste Christenheit wollte mit diesen Erzählungen die Autorität des von Gott gesandten Christus herausstellen. Sozusagen im Windschatten dieser guten und wichtigen Absicht läuft aber seit über 1900 Jahren das Negativbild jüdischer Frömmigkeit im Tempel und das Klischee gewiefter Händler mit. Wer nur einmal einen Einblick in die Bildungsarbeit an Jugendlichen und Erwachsenen durch die Frau Rabbiner in der Oldenburger Synagoge nimmt, findet keine Händler und Wechsler für Opfervieh vor, sondern höchst konzentriertes Lernen der 10 Gebote und anderer Inhalte des jüdischen Glaubens.

Ebenso zwiespältig sind die beiden alttestamentlichen Textvorschläge, insbesondere für einen Israel-Sonntag heute, zu bewerten. Die berühmte Tempelrede in Jeremia 7 gipfelt in der vernünftigen und damals wie heute notwendigen Aussage Jahwes: „Bessert euer Leben und euer Tun, so will ich wohnen bei euch an diesem Ort." Hängen bleiben aber die starken Vorwürfe des Propheten damals: „Ihr seid Diebe, Mörder, Ehebrecher und Meineidige und opfert dem Baal und lauft fremden Göttern nach." Durch jahrhundertelanges Wiederholen dieser Geschichte kann der Eindruck bei christlichen Hörern zurückbleiben: So oder so ähnlich sind nun einmal jüdische Menschen veranlagt oder gefährdet, wenn auch nicht alle, aber vielleicht doch mehr als man meint.

Bei solcher Wahrnehmung wird dann völlig ausgeblendet, was Paulus und andere Briefschreiber des Neuen Testamentes in drastischen Worten der christlichen Gemeinde damals vorhalten. In dem Galaterbrief Kapitel 5 listet Paulus einen Lasterkatalog auf mit dem Ziel, die Gemeinde zu warnen vor einem Rückfall in Unzucht, Unreinheit, Ausschweifung, Götzendienst, Zauberei, Zank, Zwietracht, Neid, Saufen, Fressen und dergleichen (Übersetzung Luthers). Niemand von uns käme wohl auf den Gedanken, dies wären die hervorstechenden Wesensmerkmale von Christenmenschen, obwohl auch in christlichen Kirchen solche Laster vorkommen.

Folgten wir dem anderen alttestamentlichen Textvorschlag, müssten wir uns anhand von 2. Könige 25 mit der Zerstörung Jerusalems durch die Babylonier im Jahre 587 v. Chr. beschäftigen. In den vier Versen wird nur von der Vernichtung der Stadt durch Feuer, von der Wegführung des Volkes nach Babylon und von dem Zurückbleiben von Ackerleuten und Weingärtnern gesprochen. Dieser Text wäre eigentlich heute dran. Bin ich der einzige, der bei solchen Bildern die Zerstörung Jerusalems im Jahre 70, die Zerstörung deutscher Synagogen 1938 und die wechselseitigen Massaker in Israel und Palästina in der Gegenwart assoziiert? Bleibt da nicht irgendetwas hängen in christlichen Hinterköpfen, dass es Juden doch irgendwie verdient haben könnten, hin und wieder solche Schicksale zu erleiden, weil sie nicht immer ihrem Gott treu und obendrein unserem Herrn Jesus Christus fremd oder gar feind gewesen sind?

Die beiden letzten Texte stehen im Römerbrief Kapitel 9 und 11. Sie handeln von Israels Gotteskindschaft und von Israels endlicher Errettung nach ihrer geistlichen Verstockung. Paulus gibt sich redlich Mühe, das Verhältnis von synagoga und ecclesia theologisch fair zu klären, wobei die Heidenchristen ausdrücklich vor Überheblichkeit gegenüber dem Judentum gewarnt werden. Aber – und nun kommen wir an einen entscheidenden Punkt! – das Spannungsverhältnis zwischen jüdischer und christlicher Theologie, vor allem in der Frage des Messias und des Christus, wird in dieser Zeit und Welt voraussichtlich nicht aufzulösen sein. Voraussichtlich deshalb, weil wir dem Heiligen Geist und Gottes Barmherzigkeit keine Schranken setzen sollten. Zusätzlich erschwert wird der christlich-jüdische Dialog seit eh und je, wenn er denn gesucht worden ist, durch den Umstand, dass Juden uns Christen für ihr geistliches Leben und theologisches Selbstverständnis nicht brauchen und dass sie sich kaum dagegen wehren können, wenn Christen ihre Bibel lesen, interpretieren und sie auf Christus hin deuten und letztlich doch dem Judentum Blindheit wenn nicht vorwerfen, so doch vorhalten, weil sie in Jesus Christus nicht ihren Messias erkannt haben und bis heute nicht erkennen wollen.

Wie gehen wir nun als Christenheit in Deutschland, das mit dem Holocaust vor 60 Jahren ein trauriges Beispiel bösartigster Blindheit gegeben hat, wie gehen wir mit dem in Christus begründeten Spannungsverhältnis zu Israel um? Es besteht wohl in der Evangelischen Kirche Deutschlands kein Zweifel darüber, dass die rheinische Kirche sich am längsten und intensivsten mit dem Verhältnis von Christen und Juden auf allen Ebenen ihrer Landeskirche beschäftigt hat. Ich selbst war bis 1998 rheinischer Pfarrer und habe als Vorsitzender des Kirchenordnungsausschusses aktiv an dem Vorhaben mitgewirkt, in den Grundartikel der rheinischen Kirchenordnung, also in ihre Präambel, eine Formulierung einzubringen, die, zwar und natürlich aus christlicher Sicht, das Verhältnis zum jüdischen Glauben theologisch korrekt – und nachbarschaftlich einladend beschreibt.

So sind zwei Sätze mit großer Mehrheit verabschiedet worden, die zwei zentrale Gedanken des christlich-jüdischen Miteinanders festhalten. „Sie (die Ev. Kirche im Rheinland) bezeugt die Treue Gottes, der an der Erwählung seines Volkes Israel festhält. Mit Israel hofft sie auf einen neuen Himmel und eine neue Erde."

Als ich seinerzeit den Vorsitzenden der jüdischen Gemeinde in Saarbrücken fragte, wie er diese Formulierung und den gesamten Vorgang einschätze, kam die ehrliche Antwort, dass diese Angelegenheit eine rein christliche sei, aber dieser Prozess zu einer Versachlichung auf christlicher Seite mit Respekt verfolgt werde. Viel mehr kann ein Jude mit seiner theologischen Ernsthaftigkeit gar nicht äußern.

Auf dem Hintergrund einer fast 2000-jährigen antijüdischen Kirchengeschichte war es höchste Zeit, den Blick vom Christentum auf das Judentum in angemessener Weise freizumachen. In der zweiten von drei EKD-Studien hat die Evangelische Kirche in Deutschland 1991 ihre Sicht des Begriffes Israel zu klären versucht.

> „Israel ist von der Kirche in dreifacher Weise wahrzunehmen: als Wurzel, aus der der christliche Glaube gewachsen ist (Röm. 11, 18: Nicht du trägst die Wurzel, sondern die Wurzel trägt dich); als Nachbar seit den Anfängen christlicher Gemeinden; als zeitgenössisches jüdisches Volk im Staat Israel und in der Diaspora. Dieses vielstimmige und vielgestaltige Israel ist und bleibt Gottes erwähltes Volk. Seine Existenz enthält Anfragen an die christliche Kirche und ihre Theologie." (Seite 25)

Wir sind also, liebe Gemeinde, nicht mit dem Staat Israel und seiner Politik verbunden. Genauso wenig wie mit der Politik der Palästinenser.

Deshalb ist das Pochen auf Menschenrechten und das Einleiten eines schrittweisen Friedensprozesses als Forderung an beide Seiten völlig normal, zumal in Israel wie in Palästina die Friedenssehnsucht und Friedensbewegungen zunehmen. Verdächtig und gefährlich wird es für das christlich-jüdische Verhältnis, wenn aus Deutschland oder anderen Staaten Stimmen ihre Kritik an israelischer Politik auf dem Hintergrund eines immer noch vorhandenen Antijudaismus vortragen. Dagegen hat die Evangelische Kirche aus ihrer endlich gewonnenen Einsicht und Verantwortung Einspruch zu erheben. Und das tut sie auch.

Mit Israel hat die Kirche die Bibel, jedenfalls den größeren Teil, den wir das Alte Testament nennen; mit Israel hat sie Jesus, den wir als Christus glauben, der Jude war (Röm. 9, 5); mit Israel hat sie Anteil an Gottes Verheißungen, die in Jesus Christus bekräftigt sind (2. Korinther 1, 19); mit Israel bekennt sie Gott als den Schöpfer (Genesis 1,1; Johannes 1, 1-3); mit Israel hofft sie auf einen neuen Himmel und eine neue Erde.

Von der Vision des „dritten" Jesaja, der in irdischen Bildern himmlische Zustände vor Augen malt, von der Vision eines himmlischen Jerusalem, wie es in der Offenbarung des Johannes am Ende der Bibel vor dem geistigen Auge ausgebreitet wird, von diesen Visionen der von Gott neu geschaffenen Welt sind seit jeher Impulse für das Leben hier und jetzt ausgegangen.

Christenheit und Judenheit, wo sie es denn will und kann, sollten der Welt, also den Heiden, auch wenn sie in anderen Religionen fromm sind, Christen und Juden sollten je für sich und gelegentlich gemeinsam Zeichen der Vorfreude eines neuen Himmels und einer neuen Erde setzen und feiern.

Ich wünschte mir, dass über kurz oder lang neben dem notwendigen Gedenken am 9. November ein Schwerpunkt der gemeinsamen Freude an Gottes Verheißung und Geboten und seiner unverbesserlichen Treue zu seinem Volk und zu seiner Schöpfung insgesamt feierlich zum Ausdruck käme, auch in Oldenburg.

Nur Juden und Christen haben solche Visionen anzubieten. Wir sollten sie den Muslimen, den Hindus und Buddhisten nicht vorenthalten, geschweige denn denen, die meinen, gar nichts glauben und hoffen zu können, zu sollen oder zu dürfen.

Himmel ist uns verheißen, nicht die Hölle vom 11. September oder einem neuen Krieg gegen den Irak. Nicht die unaufhörliche Wiederholung von Geborenwerden und Sterben ist uns biblisch in Aussicht gestellt, sondern die neue Schöpfung mit einem himmlischen Anfang ohne irdisches Ende. Leben ist angesagt in der ungebrochenen Hoffnung auf den verheißenen Messias und in dem uns offenbarten und geglaubten Christus als Retter aus Sünde, Not und Tod.

Mit Israel spreche ich auf diese Vision das hebräische

Amen.

Worte zur Übergabe der Büste von Rudolf-Bultmann an Oberbürgermeister Dietmar Schütz am 07.09.2002 in Oldenburg gegenüber dem Alten Gymnasium

Meine sehr geehrten Damen und Herren!

Zunächst möchte ich mich bewegt und erfreut bedanken für das feine Musizieren, den schönen Gesang und den Reigen der Worte, die das Leben und das theologische Werk Rudolf Bultmanns umkreist, berührt und aufgeschlossen haben. Einen zweifachen Dank möchte ich auch noch einmal im Namen unserer Ev.-Luth. Kirche in Oldenburg den Sponsoren und dem Bildhauer für sein Werk aussprechen.

Mit Spannung wird nun der Akt der Enthüllung erwartet. In wenigen Minuten wird die Büste Rudolf Bultmanns aus der Glaubenssphäre kirchlich-künstlerischer Freiheit in den städtisch-weltoffenen Verstehenshorizont mit denkmalpflegender Verantwortung übergeben.

Der Standort für die Büste ist ausgezeichnet gewählt. Zu Bultmanns rechter Seite steht das Alte Gymnasium mit seiner großherzoglichen Tradition, halb links nach vorn erhebt sich die St. Lamberti Kirche, an der sein Vater um die Jahrhundertwende das Evangelium verkündigt hat. Mit dem Staatstheater als einer Stätte kulturellen Reichtums von der Antike bis in die Gegenwart im Rücken und dem alten Pulverturm als kompakter Mahnung für Gerechtigkeit und Frieden vor Augen, umgeben von Baum und Wasser und frequentiert von Jung und Alt per Rad und zu Fuß, ist zwischen Rudolf Bultmann und der modernen Lebenswelt sinnfällig die Brücke geschlagen, über die wir gleich erwartungsvoll eilen werden.

Damit Ihnen, Herr Oberbürgermeister, und der Stadt Oldenburg nun nicht nur ein Kunstwerk aus Stein, wenn auch mit beredtem Ausdruck, zuteil wird, möchte ich Ihnen ein Exemplar mit ausgewählten Aufsätzen des heute zu ehrenden Theologen überreichen. Es ist sozusagen die Allererstausgabe, denn die Sammlung ist erst in etwa 14 Tagen im Handel erhältlich. „Neues Testament und christliche Existenz" lautet der Titel des Buches, das achtzehn bedeutende Aufsätze Bultmanns aus seinem Glauben und Verstehen enthält. Der erste Beitrag stammt aus dem Jahre 1925 und behandelt die Frage: „Welchen Sinn hat es, von Gott zu reden?" Hintergrund dafür ist übrigens eine oldenburgische Anfrage gewesen wg. der Unsicherheit, was „Glauben" heiße. Der letzte Aufsatz von 1971 „Die protestantische Theologie und der Atheismus" beginnt mit den Worten: „Das Urteil der protestantischen Theologie über den Atheismus hängt davon ab, wie der Gott gedacht ist, dessen Wirklichkeit der Atheismus leugnet." Nun könnte eine spannende Diskussion folgen.

Möge das neue Denkmal Aufmerksamkeit wecken für das theologische Werk Rudolf Bultmanns in Oldenburg und umzu!

Statement zur nötigen und möglichen Reform der EKD beim Studientag der Akademie am 19. Oktober 2002 in Oldenburg

Oldenburg hat sich in jüngerer Zeit zweimal zu Wort gemeldet zu einer Frage, die die ganze EKD betrifft. Das ist ungewöhnlich, aber durchaus verständlich und vielleicht sogar mustergültig, wie ich zeigen möchte.

In der ersten gemeinsamen Erklärung der oldenburgischen und württembergischen Kirchenleitung vom 20.10.1998 wurde zur Reform der gliedkirchlichen Zusammenschlüsse und zur Zukunft der EKD unter anderem festgestellt:

Wir sind in der EKD heute so nahe beieinander wie nie zuvor:

Diese Gemeinschaft gilt es zu fördern im Blick
- auf die Erwartungen der Gemeindeglieder, die sich in erster Linie als evangelische Christen verstehen
  und angesichts der Mobilität innerhalb Deutschlands nur wenig innere Verbindung zu den gliedkirchlichen Zusammenschlüssen bewahren können,
- auf das Erscheinungsbild der evangelischen Kirche in Deutschland gegenüber der Öffentlichkeit, der Politik und nicht zuletzt im partnerschaftlichen Gegenüber zur katholischen Kirche,
- im Blick auf die Gemeinschaft und die Vertretung der evangelischen Christenheit im zusammenwachsenden Europa und in der weltweiten Ökumene.

Auslöser für diese Erklärung war der geplante Zusammenschluss von EKU und Arnoldshainer Konferenz. In letzterer ist die Ev.-Luth. Kirche in Oldenburg Mitglied, während die württembergische Landeskirche einen Gaststatus inne hat. In der 98er Erklärung haben unsere beiden Kirchen ausdrücklich begrüßt, dass EKU und Arnoldshainer Konferenz ihr Nebeneinander zu überwinden suchen, aber den Weg in eine neue verbindlichere Zusammenarbeit mit synodalem Charakter in einer UEK konnten und wollten wir nicht mitgehen. Deshalb wurden EKU und die VELKD gebeten zu prüfen, ob sie sich nicht in Zukunft in Gestalt von Arbeitsgemeinschaften, wie das bisher in der Arnoldshainer Konferenz der Fall war, unter dem Dach der EKD formieren könnten. Gegenüber der VELKD, die uns – wie den Württembergern – einen Gaststatus eingeräumt hat, haben wir auf das DNK des Lutherischen Weltbundes als Forum aller lutherischen Kirchen und Kirchen mit starken lutherischen Anteilen in der EKD (wie z. B. Rheinland und Westfalen) verwiesen. Im letzten Punkt der Erklärung wurde die von der VELKD kritisch hinterfragte „Stärkung der EKD" angesprochen, weil dieses Argument eine besondere Rolle für die befristete Gründung einer UEK aus EKU und Arnoldshain spielt.

> Die Evangelische Kirche in Deutschland stärken heißt für uns, sie stärker Gemeinschaftsaufgaben wahrnehmen zu lassen, die wir ihr in den vergangenen Jahrzehnten aus unterschiedlichen Gründen nicht übertragen konnten und wollten. Dabei sollte ihre föderale Struktur durchaus beibehalten werden. Besonders auf theologischem Gebiet, aber auch auf dem Gebiet rechtlicher Regelungen gibt es hier große Aufgaben. Wenn die gliedkirchlichen Zusammenschlüsse diesen Schritt tun, wäre dies aus unserer Sicht ein Gewinn für die Evangelische Kirche in Deutschland.

Seit 1998 ist die Diskussion zu einer Neuformierung des Protestantismus in Deutschland zunächst mehr in Fachgremien weitergegangen. Mit dem Jahreswende-Papier von Kirchenpräsident Dr. von Vietinghoff (Januar 2002), das eine Reform für nötig und möglich hält, ist eine bundesweite Debatte samt weiteren Reformvorschlägen in Gang gekommen

In der zweiten gemeinsamen Erklärung des oldenburgischen und württembergischen Oberkirchenrates vom 12. September 2002 wird von uns festgestellt:

Wir verknüpfen mit diesem Beratungsprozess die Hoffnung auf eine EKD als gestärkte Gemeinschaft aller Landeskirchen in Deutschland,
- in der die Bekenntnisstände der Reformation zu ihrem Recht kommen und zusammenwirken können,
- in der gemeinsam Sachaufgaben für alle Kirchen wahrgenommen werden können, wie dies der neue Artikel 10a der Grundordnung der EKD ausweist.

Nach dem Hinweis darauf, auch ohne volle Mitgliedschaft in der VELKD und der UEK intensiv mitarbeiten zu wollen, wird abschließend festgestellt:

> Nachdem die EKD sich die Leuenberger Konkordie zu eigen gemacht hat, sehen wir die Möglichkeit, dass die Landeskirchen unter dem Dach der EKD in konfessionellen Gemeinschaften zusammenarbeiten. Auch die bisherige entschiedene Mitarbeit unserer Kirche in der weltweiten Ökumene und in ökumenischen Vereinigungen wird durch diese Position nicht behindert.

Für Außenstehende, aber auch für eine ganze Reihe von Insidern, stellt sich die Frage, wie Oldenburg als 15. von 24 Landeskirchen in der Gemeindegliedertabelle und mittlerweile als vom Netto her betrachtet finanzschwächste Kirche der EKD dazu komme, solch eine – wie ich meine – zukunftsweisende Position zu beziehen?

Die wesentlichen Gründe für diese Entscheidung Oldenburgs liegen zum einen in der Begründung der oldenburgischen Kirche von 1947, der VELKD nicht beizutreten, zum anderen im Artikel 1 Abs. 3 der Kirchenordnung der Ev.-Luth. Kirche in Oldenburg vom 1. April 1950.

In der Erklärung des Oberkirchenrates der Ev.-Luth. Kirche in Oldenburg von 1947

> Zur Frage der „Vereinigten Ev.-Luth. Kirche Deutschlands"

haben Bischof Dr. Wilhelm Stählin, Oberkirchenrat Dr. Hermann Ehlers, Oberkirchenrat Heinz Cloppenburg und Oberkirchenrat Edo Osterloh auf 12 Seiten ausführlich Stellung genommen. Da diese kleine Schrift nicht allzu bekannt ist, möchte ich etliche Passagen ausführlicher zitieren.

> Jede Entwicklung und alle Schritte, die zu einer stärkeren Zusammenfassung und wirksamen Einheit innerhalb der Evangelischen Kirche in Deutschland führen können, sind dankbar zu bejahen, weil sie ebenso der gesamtkirchlichen (ökumenischen) Verantwortung wie einem tiefen und oft leidenschaftlich geäußerten Verlangen der Gemeindeglieder entsprechen. Solche Einheit kann nicht durch organisatorische Maßnahmen von oben her gemacht, sondern sie kann nur auf dem Boden innerer Verbundenheit, aus der gemeinsamen Bindung an das in der Heiligen Schrift bezeugte Evangelium von Jesus Christus und an das in den Bekenntnisschriften der Reformation niedergelegte

> Glaubensverständnis unserer Väter gewonnen werden. Während der alte Deutsche Evangelische Kirchenbund nichts anderes sein konnte als ein Zusammenschluss von Einzelkirchen, die durch verschiedene Bekenntnishaltung geprägt sind, ist in den Erfahrungen des Kirchenkampfes die Erkenntnis gewachsen, dass uns eine über einen solchen Kirchenbund weit hinausgehende Einheit des Glaubens und Bekennens tatsächlich geschenkt worden ist; es ist unser gemeinsamer Wille, dass diese Einheit auch in der Gestalt und der Gliederung der Evangelischen Kirche in Deutschland einen sichtbaren und unmissverständlichen Ausdruck findet. (S. 3 und 4)

Im weiteren Verlauf wird die Austreibung von Millionen evangelischer Deutscher aus ihrer Heimat angesprochen, was zu einer Durcheinandermengung der Glieder verschiedener Landeskirchen geführt hat. Mit dem Wegfall des landesherrlichen Summepiskopates und vollends mit dem Aufhören der Länder hat das Landeskirchentum sein inneres Daseinsrecht verloren.

Darum hat sich die oldenburgische Synode bewusst nicht für den Namen „Landeskirche" entschieden. Und es wird ausführlich dargelegt, dass mit der Gründung der VELKD nur ein Teil des Luthertums in den evangelischen Kirchen Deutschlands erfasst wird.

> Eine solche „klein-lutherische" Lösung entspricht nicht der wirklichen konfessionellen Lage, und entspricht auch nicht dem lutherischen Verständnis von Kirche. Wo das Evangelium nach lutherischem Verständnis lauter und rein gepredigt wird, und wo die Sakramente nach lutherischem Verständnis rein und recht verwaltet werden, da *ist* lutherische Kirche, und es darf nicht die Frage irgendeiner Verfassung sein, ob solche lutherischen Gemeinden und Kirchen zum „Beitritt" zu einer lutherischen Kirche aufgefordert werden oder nicht. Eine lutherische Kirche, die nicht den wirklichen Konfessionsstand der Gemeinde, sondern die geographische Zugehörigkeit zu einem bestimmten Kirchengebiet zum Maßstab macht, ist gerade in der Art dieser ihrer Entstehung nicht wirklich lutherisch. (S. 8)

Sodann weisen die Verfasser auf eine wichtige Weiterentwicklung in den Jahren des Kirchenkampfes hin, die ihren Niederschlag in der theologischen Erklärung der Barmer Bekenntnissynode von 1934 gefunden hat.

> In einer Stunde der äußersten Bedrohung der christlichen Kirche haben Lutheraner und Reformierte dieses Wort gemeinsam gesprochen. Das bedeutet auch nach dem Willen derer, die jene Erklärung verfasst oder ihr zugestimmt haben, nicht, dass der geschichtliche Gegensatz zwischen lutherischem und reformiertem Christentum durch die Kampfgemeinschaft jener Jahre einfach aufgehoben sei. Es ist nichts als Schwärmerei, wenn den Barmer Sätzen in diesem Sinn eine konfessionsstiftende (und also den bisherigen Konfessionsstand aufhebende) Bedeutung beigemessen wird; in der Abwehr dieses Irrtums, der den geschichtlichen Vorgang verfälscht, stehen Lutheraner und Reformierte Seite an Seite. Aber ebenso bezeichnet freilich „Barmen" eine geschichtliche Entwicklung, hinter die zurückzugehen von vielen mit großem Ernst als ein Ungehorsam gegen Gott empfunden würde. (S. 9 und 10)

Und dann folgt noch ein aus meiner Sicht wichtiger Satz, der inhaltlich und sogar bis in Teile der Formulierung Eingang in die Oldenburgische Kirchenordnung von 1950 gefunden hat.

> Die Barmer theologische Erklärung war notwendig, weil jedes geschichtliche Bekenntnis der Kirche jeweils in der Abwehr zeitbedingter Irrtümer ausgelegt, angewandt und weitergebildet werden muss. Damit ist ein rein historisches Verständnis der Bekennt-

> nisschriften abgewehrt, die verpflichtende Bedeutung des Bekenntnisses auch in höchst aktuellen Fragen anerkannt und der Kirche die Aufgabe zugewiesen, ihren angeblichen Bekenntnisstand in jeder geschichtlichen Stunde im Kampf gegen den Irrtum in konkreter Weisung. und Gestalt zu verwirklichen. (S. 10)

Sodann heben die Verfasser der Erklärung hervor, dass die bereits in der Bekenntnissynode von Halle im Jahre 1937 gründlich erörterte Frage, wie sich die Abendmahlsgemeinschaft zwischen Lutheranern und Reformierten mit einer bewussten Treue zu dem besonderen Erbe der beiden Konfessionen vereinigen lasse, dringend weiterer Erörterung und Entscheidung bedarf. Diese Bemühungen um eine Klärung haben dann ihren positiven Niederschlag in der Leuenberger Konkordie von 1973 gefunden.

Abschließend wird die Frage gestellt, was aus der Evangelischen Kirche in Deutschland werden soll? Die Antwort:

> Ein bloßer Kirchenbund als eine Dachorganisation bekenntnisbestimmter Einzelkirchen kann kein eigenes Bekenntnis haben, und er ist darum auch nicht in vollem Sinn Kirche. Es war die gemeinsame Überzeugung der Kirchenversammlung in Treysa im August 1945, dass die Evangelische Kirche in Deutschland mehr sein muss und nach Gottes Willen auch mehr geworden ist als ein solcher Kirchenbund.
>
> Die Frage wird brennend in dem Verhältnis dieser Evangelischen Kirche in Deutschland zu der Ökumene, zu den nicht römisch-katholischen Kirchen der ganzen Welt. (S. 13)

Viele der vor 55 Jahren angesprochenen Fragen tauchen in der gegenwärtigen Diskussion wieder auf. Allerdings ist mit der Konkordie reformatorischer Kirchen in Europa von 1973 der Weg zu einer geistlichen und organisatorischen Kirchengemeinschaft grundlegend geebnet worden. Im gemeinsamen Verständnis des Evangeliums im Blick auf die Rechtfertigungsbotschaft als die Botschaft von der freien Gnade Gottes einerseits und im Blick auf Verkündigung, Taufe und Abendmahl andererseits sind die wechselseitigen Verwerfungen zwischen den lutherischen und reformierten Kirchen nicht mehr in Kraft.

Mit großem Interesse und tiefem Respekt habe ich vor meiner Berufung zum Bischof der oldenburgischen Kirche den Artikel 1 unserer Kirchenordnung aufgenommen. Nach dem Hinweis auf das in der ganzen Heiligen Schrift bezeugte Evangelium von Jesus Christus, als dem alleinigen Herrn unserer Kirche, und der Feststellung, dass die altkirchlichen Bekenntnisse und die lutherischen Bekenntnisse der Reformation in Oldenburg ihre Gültigkeit haben, lautet der Absatz 3 folgendermaßen:

> Die Kirche weiß sich verpflichtet, ihren Bekenntnisstand jederzeit an der Heiligen Schrift neu zu prüfen und dabei auf den Rat und die Mahnung der Brüder gleichen und anderen Bekenntnisses zu hören. Sie weiß, dass ihr Bekenntnis nur dann in Geltung ist, wenn es jeweils in seiner Bedeutung für die Gegenwart ausgelegt, weitergebildet und bezeugt wird. Zu dieser Haltung verpflichtet sie auch die auf der ersten Bekenntnissynode der Deutschen Evangelischen Kirche in Barmen 1934 gefallene Entscheidung und die theologische Erklärung dieser Synode.

Für mich, der lutherisch getauft und reformiert konfirmiert und uniert ordiniert worden ist, aber auch für meine neue Heimatkirche war es aufgrund ihrer Geschichte und ihrer geltenden Ordnungen möglich, dass ein nicht aus der VELKD stammender Pastor Bischof der Ev.-Luth. Kirche in Oldenburg werden konnte.

Drei Feststellungen bilden den Schluss meines Statements.

1. Alles theologisch Notwendige steht bereits in der Präambel der existierenden Grundordnung der EKD.
2. Zu den rechtlichen Aspekten nimmt die Machbarkeitsstudie für die Novellierung der Grundordnung der EKD vom September 2002 qualifiziert Stellung. Notwendige Verbesserungen sind erwünscht und möglich.
3. Die oldenburgische Kirche will bis zur Klärung des Beratungsprozesses auf Seiten der VELKD und auf Seiten der sich neu konstituierenden UEK in der aus oldenburgischer Sicht bewährten Rolle eines Gaststatus vor allem auf theologischem und kirchenrechtlichem Gebiet mitarbeiten. Ein Beitritt in der einen oder anderen Organisationsform kommt für Oldenburg aus den dargelegten Gründen nicht in Frage.

4. Bericht des Bischofs vor der Synode am 14.11.2002 in Rastede

Hohe Synode, Herr Präsident, liebe Schwestern und Brüder!

„Die Evangelische Kirche verkündigt das Evangelium, das dem Leben des einzelnen Menschen und der Gesellschaft eine Zukunftsorientierung im Zeichen der Hoffnung zu geben vermag." So heißt es gegen Ende der Kundgebung, die von der Synode der EKD zum diesjährigen Schwerpunktthema „Was ist der Mensch?" verabschiedet worden ist. Damit stimmt die evangelische Christenheit in Deutschland nicht in die abgehobenen Sphärenklänge religiöser Weltflucht ein. Im Gegenteil. Im nächsten Satz steht wörtlich: „Voraussetzung dafür ist sowohl eine Realitätswahrnehmung, die die bedrohlichen, besorgniserregenden Elemente nicht ausblendet, als auch die Zuversicht, dass die in Jesus Christus Mensch gewordene Liebe Gottes größer ist als alles, was den Menschen und die Welt gefährdet. Und das gilt auch angesichts der Gefährdungen, die vom Menschen selbst ausgehen."

Dieses tiefe Gottvertrauen angesichts der Begrenztheit irdischen Lebens und der Brüchigkeit menschlicher Beziehungen zieht sich im ständigen Wechsel von Lob und Dank, von Klage und Bitte wie ein roter Faden durch die ganze Heilige Schrift. In besonderer Weise geben viele Psalmen sehr ehrliche Einblicke in die Gemütsverfassung und Gedankenwelt der Gläubigen, wenn sie zwischen Zweifel und Zuversicht hin- und hergerissen werden. Aber fast überall, selbst in der leidgeprüften Geschichte eines Hiob und in den depressiven Phasen des Apostels Paulus überwiegen immer wieder die hellen Töne der Hoffnung das tiefe Brummen der Verzweiflung.

Aus solcher Grundhaltung heraus gilt es, positive Ansätze zur Zukunftsgestaltung in Kirche und Gesellschaft zu entdecken, zu entwickeln und zu fördern. Bevor ich in fünf Abschnitten Themenbereiche beleuchten möchte, die mir als Christ und Bürger für unsere Region und unsere oldenburgische Kirche bedenkenswert erscheinen, soll uns ein Psalm ermuntern, den der Christ und Kabarettist Hanns Dieter Hüsch geschrieben hat.

Solange in meinem Herzen
Und in meinem Kopf der Gesang
Von Liebe und Zuversicht wohnt
Das Land der unbegrenzten Unmöglichkeiten
zu spüren ist
Freundschaft und Friede mit allen Kreaturen
In meinen Augen sitzen
Solange wird es auch diese Erde geben
Mit all ihren Menschen
Die guten Willens sind
Die über sich hinauswachsen
Und es eines Tages doch noch schaffen
Den Halsabschneidern und Blutsaugern
Kindermördern und Frauenschändern
Und ihren feinen Handlangern im Hintergrund
Das Handwerk zu legen
Auf dass die Erde Heimat wird für alle Welt

Solange unsere Herzen dafür schlagen
Dass sich die Utopie erfülle
Im Kleinen wie im Ganzen
Solange wir leben und wachsen
Solange gibt es sie auch.

I. Maße des Menschlichen

In der besagten Kundgebung zur Frage, was der Mensch sei, ist der Versuch unternommen worden, das christliche Verständnis vom Menschen in groben Zügen zu beschreiben und es nach innen und nach außen in die gesellschaftlichen Auseinandersetzungen um das Menschenbild einzubringen. Diese Erklärung besteht aus einer Mischung von grundsätzlichen Erwägungen im Spannungsfeld von Philosophie und Theologie einerseits und aktuellen Erörterungen zum Schutz der Menschenwürde in der ganzen Spanne seines Lebens und seiner Einbindung in wirtschaftliche, nachhaltige und bildungspolitische Zusammenhänge andererseits.

In dieser Kundgebung wird auch in Kurzform die Diskussion aufgenommen, die in der Kirche wie in der ganzen Gesellschaft seit Jahren über den Anfang und das Ende menschlichen Lebens geführt wird. Da ich mich in diesem Bericht vor allem der Mitte des Lebens zuwenden möchte, sei hier nur auf die Grundproblematik der strittigen Themen hingewiesen.

Während sich am Lebensende hauptsächlich die Frage stellt, ob eine Sterbehilfe, aktiv oder passiv, moralisch gerechtfertigt und gesetzlich zu regeln sei, wiegt das Bündel von medizin- und bioethischen Fragen am Lebensanfang zunehmend schwerer, so dass eine umfassende Bewertung der vorgeburtlichen Diagnostik mit den pränatalen (PND) und präimplantativen (PID) Aspekten sowie der Nutzung embryonaler Stammzellen aus der In-vitro-Fertilisation zum reproduktiven und sogenannten therapeutischen Klonen nur noch von Fachleuten und spezialisierten Laien vorgenommen werden kann. Mit ihrem Text 71 (August 2002) hat die EKD eine Argumentationshilfe zu den aktuellen Fragen in der Medizin und der Bioethik unter dem Titel „Im Geist der Liebe mit dem Leben umgehen" herausgegeben.

Zu den konkreten Problemen am Anfang menschlichen Lebens wird festgestellt: Es besteht „Einmütigkeit darüber, dass die Menschenwürde und der Lebensschutz, der dem Menschen fraglos zukommt, bis in die allerersten Anfänge des Menschseins reicht und einen ethischen Schutzanspruch begründet. Uneinigkeit besteht jedoch darüber, ob alle menschlichen Embryonen als Menschen zu verstehen sind und ihnen deshalb Würde und Lebensschutz in vollem Umfang zukommt." (S.20) Ungeachtet dieser offenen Frage haben Weihbischof Timmerevers und der Bischof von Oldenburg in einer erstmals gemeinsamen Pressekonferenz die „Woche für das Leben" im April eröffnet. Das Thema lautete: Von Anfang an das Leben wählen statt auswählen.

Im Blick auf die Fragen am Ende menschlichen Lebens vertritt die EKD-Argumentationshilfe erneut die Position der evangelischen Kirche, eine aktive Hilfe zum Sterben des Menschen abzulehnen, aber jede mögliche Hilfe beim Sterben (passive Sterbehilfe) zu befürworten. Auf die schon länger angebotene „Christliche Patientenverfügung" sei noch einmal hingewiesen. Die jüngst erfolgte Gründung der Stiftung Evangelischer Hospizdienst Oldenburg unterstreicht die Entschlossenheit unserer Kirche, dem zunehmenden Bedarf an der Begleitung sterbender Menschen und trauernder Angehöriger mit der Unterhaltung eines ambulanten und stationären Hospizdienstes Rechnung zu tragen.

Schließlich sei angemerkt, dass ich dem Wunsch der Angehörigen von „Euthanasie"-Opfern in der ehemaligen Heil- und Pflegeanstalt Wehnen gerne nachgekommen bin, am ersten September 2002 in einem Gedenkgottesdienst in Ofen die Predigt zu halten. (Anlage 1) „Wat mööt wi hier smachten in de Anstalt Wehnen! De Plegers und de Dokters frät us dat Fleesch ut'n Pott ..." Das war die Frage eines zum Tode durch Hungersterben verdammten Patienten im Nationalsozialismus.

Wenden wir uns nun der Mitte menschlichen Lebens zu, indem wir nach Bildung in menschlichen Maßen aus evangelischer Sicht fragen.

Die Serie von Attentaten eines Mannes mit seinem Stiefsohn im Großraum von Washington vor kurzem und das Massaker im Gutenberg-Gymnasium in Erfurt, bei dem 16 Menschen einschließlich des Täters getötet worden sind, ruft zunächst Entsetzen und Ratlosigkeit hervor. Schnell jedoch setzt die Diskussion darüber ein, ob und wie solche Taten hätten vermieden werden können. Die Frage eines Reporters an mich, ob die Kirche in dem Erfurter Fall versagt habe, hat mich empört und nachdenklich gemacht. Wie soll „die" Kirche in das Herz eines jungen Menschen schauen und Unheil voraussagen können, wenn engste Angehörige und Freunde nicht merken, was sich in einem Menschen unter einer fröhlichen Maske an Enttäuschung, Verzweiflung und Aggression aufgestaut hat. Jedes Jahr sterben deutlich mehr Menschen durch Suizid als durch Verkehrsunfälle, nämlich über 11.000. Aber die Frage bleibt natürlich im Raume stehen an die Verantwortlichen in Kirche, Gesellschaft und Politik, wie wir durch Bildung in einem sehr weiten Sinne Kinder, Jugendliche und Erwachsene mehr und mehr befähigen, keine Hand an das eigene oder an fremdes Leben zu legen. Eine einfühlsam hilfreiche Rolle spielen in Lebenskrisen unsere Beratungsangebote in Delmenhorst, Oldenburg und Wilhelmshaven, die seit 2001 in einem organisatorischen Verbund arbeiten. Die oldenburger Beratungsstelle für Ehe-, Jugend- und Lebensfragen konnte am 31.10.2001 auf fünfzig Jahre wichtiger und seit 26 Jahren ökumenischer Arbeit zurückblicken.

So sehr die Bildungsdiskussion in Deutschland und auf europäischer Ebene durch die Studie PISA 2000 angeregt worden ist und zu einer Fülle von Überlegungen, durch welche Maßnahmen der internationale Rückstand des deutschen Schulwesens überwunden werden kann, geführt hat, so sehr wird auch deutlich, dass durch die Verbesserung der Basiskompetenzen in Lesen, Mathematik und Naturwissenschaften zwar Schulerfolge und Berufschancen eine Förderung erfahren, aber eine umfassende Bildung für das Leben in all seinen Phasen und Facetten nicht gewährleistet werden kann.

Dankenswerterweise hat der Rat der EKD unter dem Titel „Maße des Menschlichen" evangelische Perspektiven zur Bildung in der Wissens- und Lerngesellschaft verabschiedet. Sie werden Anfang 2003 erscheinen.

Die Kernaussagen betreffen Bildung und Menschsein. Gefragt wird nach den Maßstäben, an denen Bildung in ihrer humanen Qualität zu messen ist. Was dient dem Menschen, jedem Einzelnen wie der menschlichen Gemeinschaft, die heute nur noch in einem globalen Horizont verstanden werden kann? Das Bildungsverständnis dieser Stellungnahme unterscheidet sich von dem anderer gesellschaftlicher Instanzen in folgenden Punkten:

- Weil Bildung und Menschsein zusammengehören, werden die konkreten Lebenslagen von Kindern, Jugendlichen und Erwachsenen und damit das zugrunde liegende Menschenbild vor Augen gerückt.
- Das eigene Bildungsverständnis korrespondiert mit theologischen Grundsätzen.
- Das volle Spektrum der Aufgaben einer „zeitgemäßen Bildung" wird diskutiert.

Zu diesem Verständnis einer mehrdimensionalen Bildung wird der Radius um den Blick auf acht Bildungsaspekte erweitert, die für sich genommen alle nicht neu sind, aber in ihrer Kompaktheit als programmatischer Ansatz für evangelische Bildung in allen Lebens- und Bildungsbereichen hilfreich sein können.

Die Stichworte, die ich unkommentiert aneinander reihe, werden in eigenen Kapiteln erläutert. Bildung umfasst Lernen, Wissen, Können, Wertbewusstsein, Handeln und Sinn; Bildung der Zukunft braucht Raum für das Unerwartete; Bildung gliedert ökonomische Leistungserwartungen in die Entwicklung der Person und Kultur ein; Globalisierung erfordert interkulturelle und interreligiöse Bildung; der vernünftige Umgang mit neuen Technologien setzt Bildung voraus; Bildungsprozesse verlangen Zeit und gesammelte Anstrengung; Bildung braucht Geschichtsbewusstsein, Erinnerung und Gedenken; zur Bildung gehören Transzendenz und Gottesfrage. Wenn Bildung sich auf alle Menschen in allen Lebens- und Bildungsbereichen bezieht, muss die Kirche zuerst für sich selbst diese Einsicht beherzigen. Die Bildungsverantwortung der Kirche entfaltet sich zum einen in Gottesdienst, Gemeindearbeit, Arbeit mit Kindern, Jugendlichen, Erwachsenen und Senioren in den Kirchengemeinden, zum anderen als kirchliche Bildungsmitverantwortung in der Kinder- und Jugendhilfe sowie in der Arbeit in Kindergärten, Schulen, Betrieben, Universitäten und anderen Einrichtungen.

Die 7. Synode der Konföderation hat sich auf ihrer letzten Tagung im September in Hannover mit dem Thema Bildung befasst und dazu ein Wort der Synode verabschiedet, in dem es am Ende heißt: „Die Ev. Kirchen in Niedersachsen werden sich in allen Bereichen kirchlichen Lebens verstärkt für christliche Bildung und Erziehung einsetzen und die öffentliche Bildungsdiskussion kritisch begleiten."

An dieser Stelle möchte ich allen Verantwortlichen in den unterschiedlichsten Handlungsfeldern unserer Kirche für ihren Dienst am Menschen danken. Nicht nur bei unseren Profis in der Akademie, in der Erwachsenenbildung, in den Familienbildungsstätten und Beratungsstellen, in der Fort- und Weiterbildung der Mitarbeiterinnen und Mitarbeiter ist das Bewusstsein für eine Erweiterung der Bildungsinhalte und –prozesse gewachsen. Auch in der Aus- und Fortbildung der Pfarrerschaft, der Diakone, der Erzieherinnen in den Kindertagesstätten und der Mitarbeitenden in der Seniorenarbeit sind neue Schwerpunkte gesetzt worden, die den anvertrauten Menschen besser gerecht werden sollen. Stellvertretend für alle Arbeitsbereiche unserer Kirche nenne ich die haupt- und ehrenamtlichen Tätigen in der Jugendarbeit, im Religionsunterricht und in der Frauenarbeit, weil ich dort in den vergangenen Jahren meine Schwerpunkte im Besuchsdienst von Gruppen und Institutionen gesetzt und viele Männer, Frauen und Jugendliche als bildungsbewusste Menschen kennen und schätzen gelernt habe.

Einige Wünsche und Forderungen, die bei meinen Besuchen in der Frauenarbeit im letzten Jahr an 18 Vormittagen, Nachmittagen oder Abenden geäußert worden sind, möchte ich hier als Anregung weitergeben. Mitarbeiterinnen und Mitarbeiter, die in großer Zahl ehrenamtlich tätig sind, sollten wenigstens einmal im Jahre die Anerkennung und Wertschätzung ihrer Arbeit erfahren (zum Beispiel Neujahrsempfang für Mitarbeitende). Als häufig wiederkehrendes Defizit kam die mangelnde Vernetzung aller zum Beispiel in einer Gemeinde mitarbeitenden Frauen und Männer zur Sprache. An verantwortlicher Stelle fehlt manchmal das Bewusstsein dafür, die mit großem Einsatz von Zeit, Phantasie und Geld engagierten Kräfte mit regelmäßigen Informationen aus den anderen Arbeitsgebieten zu versorgen und an den Planungen für das kirchliche Leben zu beteiligen. Auf dem Hintergrund eines umfassenderen Bildungsverständnisses sollten die Kommunikationsmöglichkeiten innerhalb der Gemeinde oder eines übergemeindlichen Arbeitsgebietes verbessert werden. Es sollte selbstverständlich werden, den ehrenamtlich Mitarbeitenden, besonders im jüngeren Alter, Bescheinigungen über ihre Tätigkeit auszustellen, die bei Stellenbewerbungen im Beruf nützlich sind. Wenigstens zweimal wurde der wichtige Gedanke geäußert:

Was nützt uns alle Frauenbildungsarbeit, wenn es keine Angebote einer Männerbildungsarbeit gibt. Der Oberkirchenrat hat zwischenzeitlich eine neue Beauftragung für die Männerarbeit in unserer Kirche ausgesprochen.

Die kontinuierliche Verbesserung kirchlicher Arbeit wird getragen von der Hoffnung, Menschen auch in ihren Krisen zu begleiten und persönliche Katastrophen verhindern zu helfen. Ganz wird das nie gelingen. Aber es ist niemandem verwehrt, sich zu guten Taten anstiften zu lassen, wie es sich die neu gegründete Evangelische Familienstiftung Wilhelmshaven auf ihre Fahnen geschrieben hat. Diese „Stiftung für Leben und Lernen in Familien" will insbesondere den Bestand und die Entwicklung der evangelischen Familien-Bildungsstätte Wilhelmshaven fördern und Projekte Wilhelmshavener Kirchengemeinden unterstützen, die das Leben in und mit Familien stärken. Auch solche Aktivitäten tragen zur Zukunftsorientierung im Zeichen der Hoffnung bei.

Als neues Angebot der EKD ist zunächst als Projekt die religionspädagogische Plattform im Internet eingerichtet worden (www.rpi-virtuell.de). In dem „Haus mit vielen Räumen" findet Kommunikation, Austausch und Information statt. Unterrichtsmaterial, Methoden, Stichwortkataloge, virtuelle Studienzimmer, Online-Seminare und Diskussionsforen können abgerufen werden.

II. Ringen um Gerechtigkeit und Frieden

Einen dauerhaften Frieden ohne ein Mindestmaß an Gerechtigkeit kann es nicht geben, weder im zwischenmenschlichen Bereich noch im Verhältnis von Völkergruppen oder Staaten untereinander. Schon im Psalm 85 wird dieser Zusammenhang gesehen, wenn in der Bitte um neuen Segen der Wunsch ausgesprochen wird, „dass Gerechtigkeit und Friede sich küssen" (Vers 11).

Die brutalen Anschläge in den USA am 11. September 2001 haben die Welt erschüttert, weil mit den Selbstmordattentaten einer neuen Dimension die Überzeugung, sich vor Angriffen von außen militärisch schützen zu können, eine empfindliche Niederlage erlitten hat. Die jüngsten Ereignisse in dem Moskauer Theater, bei dem über 120 Menschen ihr Leben lassen mussten, sind ein weiterer Beleg dafür, wie fanatisierte Gruppen ihre Ziele ohne Rücksicht auf ihr eigenes Leben und das vieler unbeteiligter Frauen, Männer und Kinder verfolgen.

In dem ökumenischen Gottesdienst am 12. September 2001 in St. Lamberti habe ich deutlich festgestellt: „Nichts kann solche Taten rechtfertigen – kein politisches oder religiöses Motiv, kein erlittenes Unrecht oder gar eine Idee der Weltverbesserung." Ich habe aber auch damals schon auf den Mangel an Gerechtigkeit hingewiesen, „wenn wir die krassen Unterschiede zwischen Industrie- und Ölländern einerseits und den Entwicklungsländern andererseits bedenken". (Anlage 2) Der ehemalige amerikanische Außenminister Kissinger trat unmittelbar nach dem Angriff auf New York und Washington dafür ein, „nicht blind Rache zu üben". Die Frage, mit welchen politischen oder militärischen Mitteln die Urheber jeden Terrors zu fassen und vor Gericht zu stellen sind, bleibt nicht nur zwischen Amerika und seinen Verbündeten, sondern auch in den Vereinigten Staaten selbst sehr umstritten. Bei der weltweit zunehmenden Distanzierung von einer Reaktion durch Krieg, selbst mit UNO-Mandat, spielt eine große Rolle, dass in Afghanistan beim Kampf gegen das Terrornetzwerk kein eindeutiger Erfolg erzielt werden konnte, dafür aber weit mehr zivile Opfer in Afghanistan als in New York und Washington zu beklagen sind. Viel zu wenig jedoch wird darüber nachgedacht, welche Motive Volksgruppen oder ganze Staaten dazu treiben, mit Erpressung und terroristischer Gewalt ihre Interessen meinen durchsetzen zu müssen.

Mit dieser neuen Art von „Kriegsführung" kommt der alte Zielkonflikt neu auf die Tagesordnung der Weltpolitik, nach der aus christlicher Sicht einerseits Menschenrechtsverletzungen nicht sein dürfen und andererseits Krieg nach Gottes Willen nicht sein darf, wie es 1948 der Ökumenische Rat der Kirchen formuliert hat. In seinem Aufsatzband „Für eine menschliche Gesellschaft" hat der Bochumer Professor für christliche Gesellschaftslehre, Günther Brakelmann, 1996 Thesen zum Frieden als einen ständigen politischen Leistungsprozess vorgelegt. Brakelmann geht von dem „grundsätzlich nicht aufhebbaren Dilemma" aus, „Friedenspolitik zu betreiben, aber mit der ständigen Möglichkeit von Kriegen gleichzeitig zu rechnen". Daraus folgt für ihn folgende These:

> Das bedeutet, dass man über Frieden nur in Beziehung zum Krieg und über Krieg nur in Beziehung zum Frieden nachdenken und reden kann. Es hat wenig Sinn, eine hohe Friedensethik zu entwerfen, wenn man sich nicht gleichzeitig mit den uns bekannten Kriegsursachen beschäftigt. Krieg ethisch zu verneinen und dagegen Frieden ethisch zu postulieren, reicht nicht aus. Frieden ist das am wenigsten Selbstverständliche in der Geschichte. Jede Friedenszeit ist zugleich immer Vorkriegszeit, da Ursachen zum Krieg immer vorhanden sind. Die Zeit als Friedenszeit zu erhalten bedeutet, die in ihr liegenden möglichen Kriegsursachen zu identifizieren und sie durch zielgerichtetes politisches Handeln zu minimalisieren. Das ethische Postulat, Kriege als Mittel der Politik abzuschaffen, hat nur dann einen Sinn, wenn man gleichzeitig eine Politik konzipiert, die den realgeschichtlichen Ursachen von Kriegen zu Leibe rückt. Die ökonomischen, sozialen, kulturellen, religiösen, ideologischen und anderen Ursachen, die die Bereitschaft zu gewalttätigen Konfliktlösungen fördern, müssen analysiert werden, um durch zielgerichtetes Handeln die politischen Voraussetzungen für andere gewaltfreiere Lösungen der Konflikte zu schaffen. Kriegsursachenforschung ist also die Voraussetzung von Friedenspolitik. (S. 118f)

Mit der Ursachenforschung tun sich viele Länder schwer, wenn sie sie überhaupt ernsthaft betreiben. Was die Vereinigten Staaten angeht, so hat sich bereits im Frühjahr 1999 Robert Bowman zu dem Phänomen terroristischer Angriffe auf die USA geäußert. Er, der als Oberstleutnant 101 Kampfangriffe in Vietnam geflogen hat und heute Bischof der Vereinigten Katholischen Kirche in Melbourne Beach, Florida ist, kommt zu dem Ergebnis: Weil wir gehasst werden. „Wir sind das Ziel der Terroristen, weil unsere Regierung fast weltweit für Diktatur, Sklaverei und Ausbeutung steht." Er belegt seine Sicht der Dinge durch Interventionen der Vereinigten Staaten in vielen Ländern der Erde in den letzten Jahrzehnten. Diese These von R. Bowman ist natürlich umstritten. Es liegt mir fern, mich dem Schwarz-Weiß-Schema von Freunden oder Feinden Amerikas zuordnen zu lassen. Wichtig erscheint mir die Bereitschaft jeden Landes zur Ursachenforschung gegenüber feindlichen Einstellungen von außen, um im eigenen Bereich und im Austausch mit dem potentiellen Gegner nach Möglichkeiten zu suchen, aufgestaute Aggressionen politisch zu bearbeiten und abzubauen. Es ist der Bevölkerung und der Politik in den Vereinigten Staaten und der Russischen Republik zu wünschen, dass sie Wege für eine Deeskalation mit ihren Gegnern finden.

In ihrer Kundgebung von der November-Synode 2001 zur Friedenspolitik in der gegenwärtigen Situation hat die EKD festgestellt: „Über politische und militärische Einschätzungen mögen wir auch in der Kirche unterschiedlicher Ansicht sein. Bei aller Differenz in unserer Sichtweise und bei allem Zwiespalt, der auch unserer Einschätzung anhaftet, bleibt es doch unstrittig: Auch die EKD hat unter Berufung auf das Bekenntnis zu Jesus Christus jeden Einsatz militärischer Gewalt dem Friedens- und Mäßigungsgebot unterstellt und – wo immer möglich – die Gewaltlosigkeit als die dem Christen allemal vorrangig zur Verfügung und zu Gebote stehende Handlungsmaxime bestimmt. Schon deswegen gilt: Die ultima ratio militärischen Handelns muss ultima ratio bleiben."

Auf zwei Publikationen der EKD möchte ich als Möglichkeit zur eigenen Lektüre oder zum Gespräch in der Gemeinde hinweisen. Der EKD-Text Nr. 48 von 1994 mit dem Titel „Schritte auf dem Weg des Friedens, Orientierungspunkte für Friedensethik und Friedenspolitik" hat im vergangenen Jahre eine Ergänzung erfahren durch eine Zwischenbilanz unter der Überschrift „Friedensethik in der Bewährung". In der dritten aktualisierten Auflage sind beide Texte vereinigt. Mit dem Text 72 unter dem biblischen Leitgedanken „Richte unsere Füße auf den Weg des Friedens" werden gewaltsame Konflikte und zivile Intervention an Beispielen aus Afrika erörtert. Auf den Grundlagen aktueller Friedensforschung beleuchtet die Studie die Dynamik der neuen innergesellschaftlichen Kriege. Dabei werden die Faktoren Religion und Ethnie untersucht. Die Schrift zeigt Chancen und Grenzen für kirchliches Handeln auf.
Wenn die These stimmt, dass es einen dauerhaften Frieden nur mit einem Mindestmaß an Gerechtigkeit geben kann, dann wäre nun darüber nachzudenken, wie globale Wirtschaft verantwortlich gestaltet werden kann. Dazu hat sich im vergangenen Jahr die EKD-Synode in ihrem Schwerpunktthema geäußert. Auf dem Allgemeinen Pfarrkonvent unserer Kirche im September dieses Jahres ist das Thema mit Fachleuten aus deutscher Sicht und aus der Perspektive von Entwicklungsländern behandelt worden. In seiner Berliner Rede am 13. Mai 2002 hat auch der Bundespräsident zu dem Komplex Stellung genommen: „Chance, nicht Schicksal – die Globalisierung politisch gestalten". Auf dem Hintergrund verschiedener Bankenkrisen und Börseneinbrüche verschärft sich die Debatte darüber, wem die ökonomische Globalisierung mehr nützt oder schadet. So hat auf der einen Seite das Institut der Deutschen Wirtschaft Köln 2002 eine kleine Broschüre zum „Streitfall Globalisierung: Eine Debatte voller Irrtümer" herausgegeben, um Vorurteile und Missverständnisse aufzuklären und Ängste abzubauen. Sie setze dort an, wo die Gegner der Globalisierung ihre Kritik festmachen, und zeige, wie wichtig es ist, die wirtschaftlichen Zusammenhänge unvoreingenommen zu analysieren. Aus anderer Sicht nimmt mit einer Broschüre vom März 2002 der Ökumenische Rat der Kirchen die Politik der internationalen Finanzinstitute ins Visier. „Führe uns nicht in Versuchung ... „ lautet der Titel dieses Hintergrunddokumentes, das als Antwort der Kirchen auf die wirtschaftliche und finanzielle Globalisierung verstanden werden soll. Schließlich möchte ich auf eine kleine Publikation unseres Evangelischen Entwicklungsdienstes (eed) hinweisen, in der unter dem Titel „Land Gottes, Land für alle" die Bekämpfung der Armut durch Agrarreformen gefordert wird. In einer kurzen Problemskizze heißt es: „An der Schwelle zum 21. Jahrhundert sind 800 Millionen Menschen unterernährt, müssen 1,2 Milliarden mit weniger als einem US-Dollar pro Tag auskommen. Das Gros der Hungernden lebt auf dem Lande, dort wo Nahrung angebaut wird.

Doch vielerorts ist den Armen der Zugang zu Ackerflächen verschlossen. Das erklärt, warum 70 % der hungernden Kinder in Ländern leben, die Nahrungsmittelüberschüsse produzieren. Agrarreformen verkörpern eine Hoffnung auf eine gerechtere und nachhaltigere Entwicklung. Können sie dazu beitragen, den Hunger zu bekämpfen: mittels gerechtem Ressourcenzugang, starker sozialer Mobilisierung und einer selektiven Struktur- und Förderpolitik?" (S. 4)

Die Synode einer Kirche in der Größe Oldenburgs ist überfordert, zu den drängenden weltpolitischen Fragen in aller Tiefe und Breite Stellung zu nehmen. Dafür haben wir keine Fachkräfte, und selbst wenn wir sie hätten, würden wir schnell an dieselben Grenzen stoßen, an denen sich verschiedene Interessen mit missionarischem Eifer scheinbar unversöhnlich gegenüber stehen. Ich halte jedoch den Mindestanspruch für nötig, den wir an uns selbst stellen sollten, dass wir um die Grundproblematik von Frieden und Gerechtigkeit in ihrer Wechselwirkung wissen, sie weiter verfolgen und – soweit es die ökumenische Entwicklung zulässt – mit den Möglichkeiten eines globalen Christentums uns um Fairness in der Weltwirtschaft unter besonderer Berücksichtigung der Schwachen und Unterdrückten bemühen. Dazu gehört auch unsere Fürbitte in den Gottesdiensten, dazu gehören auch unsere Beiträge im Rahmen unserer Partnerschaften mit den Kirchen in Togo und Ghana sowie die Unterstützung der Eine-Welt-Läden und des segensreichen Dauerbrenners „Brot für die Welt".

Das Ringen um Gerechtigkeit und Frieden im internationalen Bereich und im eigenen Lande bleibt eine Grundsatzaufgabe, solange sich in vielen Teilen der einen Welt Gerechtigkeit und Friede nicht einmal umarmen, geschweige denn küssen.

III. Solidarität auf dem Prüfstand

Der Flutwelle an der Elbe folgte eine Spendenflut in Deutschland. Mehr als 400.000 Spender haben ihren Solidaritätsbeitrag allein der Diakonie Katastrophenhilfe zukommen lassen, fast 90 % von ihnen engagierten sich zum ersten Mal. Gemeinden sammelten Sonderkollekten, Jugendliche organisierten Benefizveranstaltungen, Firmenmitarbeiter verzichteten auf einen Teil ihrer Gehälter.

Auch die Medien trugen ihren Teil dazu bei, den Flutopfern größtmögliche Unterstützung zukommen zu lassen. Knapp 70 Mio. Euro, an denen auch das Diakonische Werk unserer oldenburgischen Kirche beteiligt war, hat das Diakonische Werk der Evangelischen Kirche in Deutschland für die Opfer der Flutkatastrophe zusammengetragen. Allein 54 Mio. Euro gingen auf das zentrale Konto der Diakonie ein.

Der Landesbischof der Ev.-Luth. Kirche Sachsens, Volker Kreß, hat den Delegierten der EKD-Synode für die Hilfsbereitschaft ihrer Landeskirchen, auch im Namen der anderen betroffenen Kirchen, ausdrücklich gedankt. Der Präsident des Diakonischen Werkes der EKD, Pfarrer Jürgen Gode, stellte fest: „Von der Ichbezogenheit vieler Menschen in unserem Land war oft die Rede in den vergangenen Jahren, von mangelnder Sensibilität für soziale Belange und fehlendem Engagement.

Bis es in diesem Sommer zum Wunder an der Elbe kam. Wildfremde Menschen waren bereit, Zeit, Geld und Urlaub zu opfern, um den Opfern der Flut beizustehen. Es war für die meisten eine unerwartete Erfahrung." Es ist dankbar festzustellen, dass in Notfällen nachbarschaftliche oder bundesweite Hilfe in großem Umfang von Einzelnen, Gruppen, Vereinen und Institutionen geleistet wird.

In der Krise einer in der Vergangenheit vom wirtschaftlichen Aufschwung getragenen Gesellschaft nimmt die Solidarität im gleichen Maße ab, wie der Interessenkampf für die eigenen Belange zunimmt. Vor fünf Jahren hatten der Rat der EKD und die Deutsche Bischofskonferenz ein Wort zur wirtschaftlichen und sozialen Lage in Deutschland in die Öffentlichkeit gebracht. Unter der programmatischen Überschrift „Für eine Zukunft in Solidarität und Gerechtigkeit" warben beide großen Kirchen für das Grundkonzept der sozialen Marktwirtschaft, das um den ökologischen und globalen Aspekt weiterzuentwickeln ist. Bereits 1991 hatte die Evangelische Kirche in Deutschland eine Denkschrift zum wirtschaftlichen Handeln in Verantwortung für die Zukunft unter dem griffigen Titel „Gemeinwohl und Eigennutz" herausgegeben.

Aufgrund der Diskussionen und Beratungen an sogenannten runden Tischen, die wieder eckiger geworden sind, habe ich den Eindruck gewonnen, dass viele Menschen, insbesondere solche mit keinem übermäßigen Einkommen, zu einem zeitlich begrenzten Verzicht auf Lohnerhöhungen bereit wären und für sozial zumutbare Belastungen durch die Erhöhung von Steuern bzw. Beiträgen zu Kranken- und Versorgungskassen Verständnis hätten, wenn ihnen die Sicherheit geboten würde, zu einer überschaubaren Stabilisierung des Gemeinwohles auf den Ebenen der Kommunen, der Länder und des Bundes beizutragen, ohne den Eindruck oder die Kenntnis zu haben, dass ihr „Opfer" der Solidarität eine Minderheit der Gesellschaft zusätzlich bereichern könnte. Wer in diesen sorgfältig geschilderten Gedankengang den Vorwurf einer „Neiddiskussion" ins Spiel bringt, beschämt die Menschen, die auch bei kargem Mahl nicht den Weg zum Sozialamt suchen oder bei gutem Einkommen keine Steuern zu hinterziehen versuchen. Auf der anderen Seite gibt es – Gott sei Dank! – einkommensstarke Familien, Firmen und Verbände, die über ihre Pflichtbeiträge zum Gemeinwohl der Gesellschaft hinaus als Spender und Sponsoren manche Not lindern bzw. manches Projekt fördern, das sonst keine Chance auf Realisierung hätte. Ich behaupte also: Es gibt in Deutschland ein ansehnliches Potential von Solidarität sowohl der „armen Witwe" als auch des „reichen Kornbauern". Es ist allerdings die entscheidende Frage, ob es in unserer freiheitlich demokratischen Republik den Tarifpartnern und der Politik im Widerstreit der Komponenten staatliche Verschuldung, Arbeitslosigkeit, Konjunkturschwäche, europäische Gesetzgebung und internationaler Finanzmarkt gelingt, einen für die Mehrheit der Bevölkerung maßvoll gangbaren Weg zu finden, der die Reicheren nicht reicher und die Ärmeren nicht ärmer werden lässt.

Seit Monaten verfolge ich das offenkundige Phänomen, dass so gut wie alle Diskutanten aus Politik und Wirtschaft davon ausgehen, dass es nur eine Frage des „Wie" sei, wann der wirtschaftliche Aufschwung die Bevölkerung zu einem neuen Ansturm auf Kaufhäuser und Börsen treibt. Ich bin da skeptisch, lasse mich aber gern durch erfolgreiches Wachstum zum Wohle aller widerlegen. Zur Zeit jedoch erscheint mir die Hoffnung auf große und langanhaltende Aufschwünge in der gesamten Wirtschaft nicht erfüllbar. Die wesentliche Gründe kennen wir eigentlich alle. Die Nachkriegszeit mit dem Wiederaufbauboom ist erfolgreich abgeschlossen. Viele der Menschen, die sich ein eigenes Haus oder eine Wohnung leisten können, haben ihr Ziel erreicht. Fast jede Familie in Deutschland hat die technische Grundausstattung in Küche, Bad und Keller. Nur die Waren und Güter mit begrenzter Haltbarkeit und Lebensdauer müssen von Zeit zu Zeit ersetzt werden. Weit über die Hälfte der in Deutschland produzierten Autos werden exportiert. Bei Schwankungen auf der Dollar-Basis oder bei Importbeschränkungen anderer Länder steigen die Zahlen der Arbeitslosen in Deutschland rapide an, wirtschaftlicher Abschwung ist dann unvermeidlich. In einigen Branchen wird es auch in Zukunft Wachstumsraten geben. Technischer Fortschritt schreitet weiter voran, aber meist auf Kosten der Arbeitskraft Mensch.

Und Spekulationen an der Börse, an denen neben internationalen Konzernen auch Banken und Versicherungen und sogenannte Kleinanleger ihren großen und möglichst schnellen Gewinn zu machen suchen, erleben zunehmend Einbrüche bis hin zum Verlust ihres Einsatzes. Währenddessen steigt die Verschuldung der öffentlichen Hand auf Bundes-, Länder- und Kommunalebene kaum vermindert an. Wenn mir diese Beschreibung meiner Wahrnehmung nicht als unbegründete Schwarzmalerei überzeugend nachgewiesen werden kann, dann erhoffe ich ein Umdenken in Gesellschaft und Politik und die Erarbeitung von Konzepten, die den Gesamtkomplex von Wirtschafts- und Sozialpolitik unter den veränderten Rahmenbedingungen beinhalten. Christenmenschen und Landeskirchen wären wohl die Letzten, die nicht ein Gesamtkonzept befürworten würden, dass alle nach ihren Kräften in die Pflicht nimmt. Oder positiv ausgedrückt: Gerade die Akzeptanz schwieriger Voraussetzungen kann die latent vorhandene und in wirklichen Notsituationen überraschende Solidarität des überwiegenden Teiles der Bevölkerung zu neuen Ufern aufbrechen lassen.

So lange das Ergebnis der notwendigen und wünschenswerten Klärungsprozesse in unserem Gemeinwesen auf sich warten lässt, bleibt den Kirchen keine andere Wahl, als den finanziellen Bedarf für die diakonischen und caritativen Aufgaben, an denen die Kirchen nach dem Subsidiaritätsprinzip beteiligt sind, um eines menschengerechten Standards und um der Beschäftigten Willen zu reklamieren. Mit Datum vom 16.09.2002 hat die Konföderation Evangelischer Kirchen in Niedersachsen und das Katholische Büro in Niedersachsen eine Verlautbarung zur Situation der Pflegedienste veröffentlicht, in der darauf hingewiesen wird, dass die zunehmende Diskrepanz zwischen Aufwand und Ertrag zu einem wachsenden Druck sowohl auf die Träger der Einrichtungen wie auch auf ihre Mitarbeiterinnen und Mitarbeiter führt. Das Netz der ambulanten Pflege droht zum Nachteil der betroffenen pflegeabhängigen Menschen zu zerreißen. Wenn dieser Entwicklung Einhalt geboten werden soll, wozu die Kirchen bereit sind, wird gemeinsam mit Land und Kommunen, Krankenkassen, freigemeinnützigen und gewerblichen Anbietern nach Lösungen gesucht werden müssen. Bei einigen der kirchlichen Sozialstationen im Bereich der Ev.-Luth. Kirche in Oldenburg und weiteren diakonischen Arbeitsbereichen wird die finanzielle Lage immer schwieriger.

Bei meinem diesjährigen Schwerpunktthema habe ich im Blick auf die Zukunft auch positive Erfahrungen machen können. Mit dem Kirchlichen Dienst in der Arbeitswelt (KDA) ist ein Besuchs- und Informationsprogramm entwickelt worden, in welchem sich Kirche und Region als Wirtschaftsraum, Arbeitsmarkt und Lebensbereich begegnen.

Mit den Verantwortlichen aus Wirtschaft, Politik und Kirche haben wir Chancen, Risiken und Prognosen für die Zukunft verschiedener Unternehmen und Projekte erörtert. In der Wesermarsch stand der Wesertunnel und damit verbundene Strukturveränderungen auf dem Programm. Das Technologiecentrum Nordwest (TCN) in Schortens beschäftigt in ca. 60 Unternehmen ca. 3000 Mitarbeitende auf dem ehemaligen Gelände von AEG Olympia. Über die Aussichten im Blick auf Wirtschaft und Arbeitsplätze des Containerterminals im zukünftigen Jade Weser Port sind wir eingehend informiert worden. Bei Bösel haben wir in einem landwirtschaftlichen Betrieb am Beispiel der Putenzucht mit Fachleuten über die Lebensmittelwirtschaft Niedersachsens, die allein in der Region Weser Ems 34.000 Menschen einen Arbeitsplatz bietet, auch im Rahmen des europäischen Wettbewerbes gesprochen. Bei diesen drei Begegnungen sind jeweils auch die Aspekte der Nachhaltigkeit im Blick auf Natur, Tier und Mensch zur Sprache gekommen. In Delmenhorst wurde uns eine Ausbildungswerkstatt der Deutschen Angestellten-Akademie (DAA) vorgestellt, in der im Textilbereich die Integration ausländischer Jugendlicher in die Arbeitswelt mit Erfolg praktiziert wird. In allen Begegnungen waren Vertreter der Wirtschaftsunternehmen, der Kommunen, der zuständigen Behörden und Kirchenkreise kompetente Gesprächspartner. Die Tatsache, dass Kirche den Kontakt zur Arbeitswelt sucht, zuhört, kritisch nachfragt und ermutigt, ist durchweg positiv vermerkt worden. Im Frühjahr folgen zwei weitere Besuche im Ammerland und in Oldenburg.

Im Jahrbuch der Diakonie 2002, das „Die Zukunft der sozialen Dienste" in den Blick nimmt, ist ein Grundsatzbeitrag von Heiner Geissler abgedruckt, den er auf der Diakonischen Konferenz im Oktober 2001 zum Thema „Ethische Herausforderungen des gesellschaftlichen und sozialen Fortschritts" gehalten hat. Diesen Beitrag lege ich Ihnen wiederum als Einladung zur eigenen Lektüre oder zur Gesprächsgrundlage in Gruppen und Kreisen Ihres gemeindlichen und sonstigen Einzugsbereiches bei. (Anlage 3)

Aufmerksam machen möchte ich auf das soeben erschienene Buch der Bundesarbeitsgemeinschaft der Freien Wohlfahrtspflege über ihr Profil und ihre Leistung. Darin wird die Freie Wohlfahrtspflege als eine unverzichtbare Säule des Sozialstaates der Bundesrepublik Deutschland ins Licht gestellt. Dieser Arbeitsgemeinschaft gehören Die Arbeiterwohlfahrt, Der Deutsche Caritasverband, Der Deutsche Paritätische Wohlfahrtsverband, Das Deutsche Rote Kreuz, Das Diakonische Werk der EKD und Die Zentralwohlfahrtsstelle der Juden in Deutschland an.

Ohne die Arbeit der Haupt-, Neben- und Ehrenamtlichen in der freien Wohlfahrtspflege, die der Staat im Respekt vor der Verfassung nach dem Subsidiaritätsprinzip unterstützt, wäre das Gemeinwohl gefährdet. Es ist beeindruckend, wie das bürgerschaftliche Engagement in einer Fülle von Betätigungsfeldern dazu beiträgt, dass auch in wirtschaftlich schwierigen Zeiten das gesellschaftliche Gefüge einigermaßen im Lot bleibt.

Solidarität war auch beim 40jährigen Bestehen der Gesellschaft für Christlich-Jüdische Zusammenarbeit Oldenburg e.V. am 21. Januar 2002 zu spüren. Über mein Grußwort hinaus (Anlage 4) habe ich bei verschiedenen Besuchen der jüdischen Gemeinde meine Freude über das neue Gemeindehaus neben der neuen Synagoge in der Wilhelmstrasse und unsere evangelische Solidarität mit der wachsenden jüdischen Gemeinde in guter Nachbarschaft und Freundschaft zum Ausdruck gebracht. Es bleibt für mich wunderbar, dass nach allem, was war, ein neues Miteinander wächst und gedeiht.

IV. Charta Oecumenica

Hotline zum Himmel – so war eine Titelgeschichte des Spiegel im Mai 2002 überschrieben. Dazu stand in der Einleitung: „Warum beten Menschen Götter an? Bisher grübelten die Kulturforscher über diese Frage nach. Nun bekommen sie Unterstützung von Hirnforschern, die im Geflecht der grauen Zellen den Ursprung der Religion finden wollen. Schon steht eine bestimmte Hirnregion als Sitz Gottes unter Verdacht." Es mag schon sein, dass es in den Windungen des menschlichen Hirns eine kleine Schaltstelle für religiöse Angelegenheiten gibt. Aber die Behauptung, es gäbe ein Gott-Modul im Schläfenlappen, wirkt genauso hirnrissig wie die Frage von Erich von Däniken, ob Jakob in seinem berühmten Traum von der Himmelsleiter vielleicht die göttlichen Diener beim Verladen von Waren ins Raumschiff ertappt habe. Immerhin offenbart der Artikel die Erkenntnis, dass 50 Prozent der Bevölkerung an die Existenz von Schutzengeln glaubt. Und das brauchen ja, wie wir längst wissen, keine Menschen mit Flügeln zu sein.

Ganz und gar irdisch und dennoch auf den Dialog zwischen Gott und Mensch, zwischen Kirchen und Völkern angelegt ist die Charta Oecumenica, die von der Konferenz Europäischer Kirchen (KEK) und dem Rat der Europäischen Bischofskonferenzen im April 2001 in Straßbourg unterzeichnet worden ist. In diesen Leitlinien für die wachsende Zusammenarbeit unter den Kirchen in Europa ist auf zehn Seiten für manche europäische Länder Erstaunliches, für die deutsche Ökumene schon fast Selbstverständliches zusammengetragen worden.

(Inhaltsübersicht Anlage 5) Die knappen theologischen Erläuterungen, die verbunden sind mit einer kurzen Beschreibung der gegenwärtigen Situation, enden jeweils mit Selbstverpflichtungen, die die europäischen Kirchen für sich übernehmen sollen. Da diese Charta möglicherweise noch einmal Gegenstand synodaler Beratung sein wird, sei nur darauf hingewiesen, dass sie ein einmaliges Dokument auf europäischer Ebene ist, einen Beitrag zu mehr Verbindlichkeit leisten möchte und sich gegen ökumenische Resignation und konfessionelle Selbstgenügsamkeit wendet. Mittlerweile sind die Texte in 25 Sprachen erschienen.

Zwar ist diese Charta Oecumenica für die nicht katholischen Kirchen Europas, die in der sogenannten KEK vertreten sind, von einem orthodoxen Metropoliten Jérémie als dem Präsidenten dieser Konferenz unterzeichnet worden, aber orthodoxe Vertreter haben im Rahmen dieses Papiers erfolgreich darauf hin gewirkt, dass man zwar „füreinander", aber nicht „miteinander" beten kann. Schon länger deutete sich der Konflikt zwischen der russisch-orthodoxen Kirche und der übrigen Ökumene an, der in der einseitigen Absage an ökumenische Wortgottesdienste gipfelt und allenfalls ökumenische Andachten zulassen will. Dies war auch der Hauptgrund für den Rücktritt von Landesbischöfin Dr. Käßmann aus dem Zentralrat des Ökumenischen Rates der Kirchen (ÖRK). Dennoch darf diese Ebene oekumenischer Begegnung, Beratung und gemeinsamen Handelns vor der Welt und für die Welt nicht aufgegeben werden.

Die Ökumene im Oldenburger Land dagegen entwickelt im Rahmen der bekannten theologischen und ekklesiologischen Grenzen, die beiden Kirchen auf ihre Weise gesetzt sind, eine zunehmende Dynamik und Vielfalt. Beim Ökumenischen Gespräch zwischen dem Offizialat Vechta und der oldenburgischen Kirche letzte Woche im 36. Jahre seines Bestehens wurde ein Projekt ökumenischer Fortbildung für Kirchenälteste, Pfarrerinnen und Pfarrer und weitere Mitarbeiterinnen und Mitarbeiter für das kommende Jahr in Auftrag gegeben.
Mit zahlreichen Besuchen des katholischen Weihbischofes Timmerevers in Oldenburg und des oldenburgischen Bischofs in Vechta zum Advent, während der Passionszeit, bei Jugendmessen und auf der Landesgartenschau wird auch auf dieser Ebene das meist freundschaftliche Verhältnis zwischen katholischen und evangelischen Geistlichen vor Ort unterstrichen. Eine erstmals durchgeführte gemeinsame Konferenz der Dechanten und Kreispfarrer findet im nächsten Jahr ihre Fortsetzung. Sowohl bei der Eröffnung der Landesgartenschau (Anlage 6) als auch bei den täglichen Andachten um fünf vor fünf und den einmal im Monat stattfindenden Gottesdiensten war die gesamte Ökumene, also auch Methodisten, Baptisten und andere Freikirchen, vertreten. Der Leiter der Vorbereitungsgruppe, Pfarrer Muther, betrachtet den Einsatz der Kirchen als einen vollen Erfolg. „Die kirchliche Präsentation auf der Landesgartenschau hat gezeigt, wie gut und harmonisch die ökumenische Arbeit funktionieren kann. Ein hoffnungsvolles Signal für künftige Projekte." Ich habe mich mit einem Bischofsabend bei diesem Vorbereitungsteam für seinen intensiven Einsatz bedankt.

Im Laufe des Jahres ist es zur Gründung einer Arbeitsgemeinschaft Christlicher Kirchen in dem Großraum Oldenburg (ACKO) gekommen, was die Zusammenarbeit, auch bei besonderen Anlässen, die ein kurzfristiges Handeln notwendig machen, erleichtert. Als Mitglieder gehören der ACKO an: Evangelisch-freikirchliche Gemeinde (Baptisten), Evangelisch-lutherischer Kirchenkreis Oldenburg Stadt, Evangelisch-methodistische Kirche, Freie Christengemeinde, Mennoniten Gemeinde Leer–Oldenburg, Römisch-katholische Kirche, Selbständige evangelisch-lutherische Kirche, als Gastmitglieder sind die freie evangelische Gemeinde und die Siebenten-Tags-Adventisten vertreten. Auch auf der Ebene der Stadt Wilhelmshaven haben sich die verschiedenen Konfessionen zu einer engeren Zusammenarbeit verabredet. Im ländlichen Raum bedarf es keines organisatorischen Aufwandes, weil jeder jeden kennt und man gemeinsam bei vielen Gelegenheiten in der Öffentlichkeit auftritt.

Die Landesausschüsse des Deutschen Evangelischen Kirchentages und die katholischen Laiengremien haben zur Beteiligung am ersten Ökumenischen Kirchentag vom 28. Mai bis 1. Juni 2003 in Berlin aufgerufen. Es ist die Hoffnung des Oberkirchenrates und des Offizialates, dass regionale und lokale Gruppen unserer Kirchen sich auf dieses Ereignis thematisch vorbereiten, möglichst gemeinsam nach Berlin fahren und dort in denselben Bezirken untergebracht werden, um dieses ökumenische Ereignis unter dem Leitwort „Ihr sollt ein Segen sein" gemeinsam zu feiern.

Schließlich sei auf das Jahr der Bibel 2003, das unter dem Motto „Suchen. Und Finden." steht, hingewiesen. Eine Fülle von Material zu besonderen Aktionen, Ausstellungen, Seminaren und Projekten, auch für Jugendarbeit und Religionsunterricht, ist im Angebot. Zur Unterstützung aller Aktivitäten im Jahr der Bibel und als Ausdruck der gemeinsamen Freude an Gottes Wort findet am 23. Februar ein ökumenischer Gottesdienst am Nachmittag in Varel statt, an dem Weihbischof Timmerevers und der Berichterstatter mitwirken. Sollte diese Vielfalt gemeinsamer Gottesdienste und Begegnungen den Eindruck erwecken, Gläubige könnten die Ökumene bereits à la carte genießen, so muss leider darauf hingewiesen werden, dass es in der Charta Oecumenica mit Rücksicht auf die römisch-katholische und natürlich die orthodoxen Kirchen nur heißt:

„Wir verpflichten uns, in der Kraft des Heiligen Geistes auf die sichtbare Einheit der Kirche Jesu Christi in dem einen Glauben hinzuwirken, die ihren Ausdruck in der gegenseitig anerkannten Taufe und in der eucharistischen Gemeinschaft findet sowie im gemeinsamen Zeugnis und Dienst."

V. Evangelische Reformen und Aktionen

Auf der Ebene der Synode und der Kirchenleitungen der Evangelischen Kirche in Deutschland beherrscht spätestens seit Januar 2002 die Frage die lutherischen, unierten und reformierten Gemüter, ob eine Reform der EKD nötig und möglich ist. Mittlerweile ist das Thema so in den Blick der Öffentlichkeit gekommen, dass die Akademie der Ev.-Luth. Kirche in Oldenburg zu einem Studientag am 19. Oktober 2002 ins Friedas-Frieden-Stift eingeladen hatte. Worum geht es? Der Präsident des hannoverschen Landeskirchenamtes, Dr. Eckhard von Vietinghoff hatte zu Beginn dieses Jahres Reformvorschläge zu einer Stärkung evangelischer Identität unter Wahrung konfessioneller Grundüberzeugung und zu einer organisatorischen Straffung der gesamtkirchlichen Arbeit in der EKD aufgerufen. Auslöser waren Schritte zur Bildung einer Union evangelischer Kirchen, in der die alte Evangelische Kirche der Union (EKU) und die Arnoldshainer Konferenz aufgehen sollten.

In der Arnoldshainer Konferenz sind alle reformierten, unierten und lutherischen Kirchen, die nicht der Vereinigten Evangelisch-Lutherischen Kirche (VELKD) angehören, in der Form einer Arbeitsgemeinschaft zu überwiegend theologischen und kirchenrechtlichen Fragen vertreten. Ziel dieses befristeten Zusammenschlusses aller Nicht-VELKD-Kirchen mit Ausnahme der Ev.-Luth. Kirche in Oldenburg und der Evangelischen Landeskirche in Württemberg ist es, dass die vorhandenen Zusammenschlüsse bekenntnisgleicher Kirchen (8 lutherische in der VELKD) und der bekenntnisverschiedenen Kirchen (14 in der neuen UEK) sich auflösen und ihre im engen Sinne konfessionsbezogene Arbeit in Gestalt von Konventen lutherischen und reformierten Bekenntnisses sowie unierter Tradition unter dem Dach der EKD fortführen. Während die Mehrzahl der VELKD-Kirchen bisher mehr Probleme als Vorteile sieht, wird auf der UEK-Seite diese Reform im deutschen Protestantismus überwiegend positiv gesehen. Die Haltung der oldenburgischen Kirche ist eindeutig. Bewußt ist Oldenburg nach dem Kriege nicht der neuen VELKD beigetreten, ebenso entschieden werden wir nun nicht der Übergangskonstruktion UEK beitreten, obwohl wir bisher Mitglied in der Arnoldshainer Konferenz gewesen sind. Allerdings möchten wir, wie auch die württembergische Kirche, wie bisher in der VELKD und neu in der UEK einen Gaststatus einnehmen, um auf theologischem und kirchenrechtlichem Gebiet mitzuarbeiten und das Gespräch der Konfessionen untereinander zu fördern. Die Gründe aus Vergangenheit und Gegenwart befinden sich in dem Statement, das ich auf dem Studientag unserer Akademie abgegeben habe. (Anlage 7) Es ist aber schon ein erstaunliches Phänomen, dass die oldenburgische Synode sich mit der Verabschiedung ihrer Kirchenordnung im Jahre 1950, insbesondere durch den Artikel 1 Abs. 3, über enge konfessionelle Grenzen hinweg für eine Weite ökumenischer Beziehungen in Deutschland und in der Welt ausgesprochen hat. Dieses jüngere Erbe unserer Kirchengeschichte werden wir mit dem reformatorischen Erbe lutherischer Bekenntnisschriften bewahren und bewähren.

Besonders nach der Leuenberger Konkordie von 1973, in deren Geist die reformatorischen Kirchen sich volle Kirchengemeinschaft gewähren, sind von allen Landeskirchen mit ihrer bekenntnisgleichen oder bekenntnisverschiedenen Prägung viele Dinge zur Stärkung eines evangelischen Wir-Gefühles auf den Weg gebracht worden: Evangelisches Gesangbuch, Evangelisches Gottesdienstbuch, gemeinsames Mitgliedschaftsrecht, und ganz frisch die Ratifizierung des modifizierten Militärseelsorgevertrages, um nur einige Beispiele zu nennen. Auch öffentlichkeitswirksame Aktionen wie die Aufkleberkampagne: „Ohne Sonntag gibt's nur noch Werktage." Oder die EKD-Initiative 2002 mit dem Ziel „Gemeinsam Antworten finden". Dazu wird es eine differenzierte Auswertung geben, die das Plus und Minus einer solchen Aktion feststellen wird. Die eingerichtete Hotline wird auf jeden Fall bis April nächsten Jahres weitergeführt, um auf EKD-Ebene eine zentrale Anlaufstelle für Menschen mit ihren Fragen oder ihrer Kritik bedienen zu können.

Werfen wir einen kurzen Blick auf unsere partnerschaftlichen Beziehungen. Der Begegnungskirchentag vom 31. Mai bis 2. Juni 2002 in Görlitz hat nach 50 Jahren Partnerschaft zwischen unseren Kirchen zur Stärkung alter Beziehungen und zur Aufnahme neuer Kontakte geführt. Die Einbettung unserer besonderen Beziehung in eine Begegnung der Görlitzer mit ihren polnischen, tschechischen und slowakischen Nachbarn hat sowohl uns als auch den östlichen Nachbarn gut getan. Es ist wichtig, von Zeit zu Zeit über den Horizont hinauszuschauen.

Mit der Umstrukturierung der Norddeutschen Mission zu einem gleichberechtigten Verbund der Bremischen Evangelischen Kirche, der Ev.-Luth. Kirche in Oldenburg, der Evangelisch- reformierten Kirche in Leer, der Lippischen Landeskirche in Detmold, der Eglise Evangelique Presbyterienne du Togo und der Evangelical Presbyterian Church of Ghana ist ein zukunftsweisender Schritt vollzogen worden, der in Ablösung des ehemaligen Patenschaftsverhältnisses ein echtes Partnerschaftsverhältnis ermöglicht.

Im Frühjahr war Oberkirchenrat Grobleben in Lomé und Accra zu einer theologischen Konsultation zu den besonderen Herausforderungen der afrikanischen Gesellschaft im Allgemeinen und durch die Aids-Problematik im Besonderen. Als neuer Moerateur ist Pfarrer Dr. Bessa eingeführt worden. Er kommt in wenigen Wochen nach Deutschland. Er wird berichten über den politischen Spielraum für die Anstrengungen der evangelischen Kirche für mehr Bildung und Demokratie unter schwierigsten wirtschaftlichen Bedingungen.

Wir sollten sowohl die Arbeit der Norddeutschen Mission weiterhin unterstützen und in unserer Spendenbereitschaft für eine Vielzahl wirkungsvoller Projekte im Schul- und Gesundheitswesen bzw. in der theologischen, diakonischen und kirchenmusikalischen Ausbildung nicht nachlassen.

In der Stadt Oldenburg ist eine Büste des großen evangelischen Theologen Rudolf Bultmann der Stadt übergeben worden. Der aus Wiefelstede stammende Rudolf Bultmann hat am Alten Gymnasium in Oldenburg sein Abitur bestanden und 1907 sein Theologisches Examen beim Oberkirchenrat in Oldenburg abgelegt. Nach Promotion und Habilitation war er nach Zwischenstationen in Marburg, Breslau und Gießen von 1921 bis 1951 Ordentlicher Professor für Neues Testament in Marburg. Der Standort für die Büste ist ausgezeichnet gewählt.

Zu Bultmanns rechter Seite steht das Alte Gymnasium mit seiner großherzoglichen Tradition, halb links nach vorn erhebt sich die St. Lamberti Kirche, an der sein Vater um die Jahrhundertwende das Evangelium verkündigt hat. Mit dem Staatstheater als einer Stätte kulturellen Reichtums von der Antike bis in die Gegenwart im Rücken und dem alten Pulverturm als kompakter Mahnung für Gerechtigkeit und Frieden vor Augen, umgeben von Baum und Wasser und frequentiert von jung und alt per Rad und zu Fuß, ist Rudolf Bultmann leicht zu finden. Etwas schwerer ist es, seine Werke zu lesen. Aber es lohnt sich. Eine Aufsatzsammlung mit dem Titel „Neues Testament und christliche Existenz" ist als UTB-Taschenbuch 2316 bei Mohr Siebeck neu erschienen.

Nach dem ersten Regionalkirchentag in Wilhelmshaven vor einigen Wochen werden im kommenden Jahr die anderen Kirchenkreise unserer oldenburgischen Kirche nachziehen, um sich ihrer eigenen evangelischen Identität in ökumenischer Offenheit zu vergewissern und nach außen in ihre Region ein Zeugnis evangelischen Glaubens und gesellschaftlicher Verantwortung zu geben. Vom 25. bis 27. Juni 2004 soll dann ein großer Landeskirchentag in Oldenburg stattfinden, zu dem schon heute herzlich eingeladen wird. Halten Sie sich jetzt schon den 26. Juni frei und überlegen Sie bitte, wie sie mit den vielen Gemeindegliedern und Mitarbeitenden Ihrer Gemeinde mit welchem Transportmittel zu einem großen Treffen mit Nachdenklichkeit und Freude in thematischen Gruppen, Auftritten an verschiedensten Stellen der Fußgängerzone und einer gottesdienstlichen Feier auf dem Schlossplatz kommen wollen. Am Sonntag soll dann in allen Gottesdiensten der Gemeinden unter einem gemeinsamen Thema mit den Daheimgebliebenen die Verbundenheit aller evangelischer Gemeinden zum Ausdruck gebracht werden.

Zu dem diesjährigen Adventsempfang am 5. Dezember in der Lambertikirche zu Oldenburg müßten Sie alle die Einladung erhalten haben. Ihre Anmeldung können Sie gleich bei mir abgeben. Mit dieser Art einer Begegnung zu Beginn des neuen Kirchen- und Kalenderjahres wollen wir in einer zuversichtlich-fröhlichen Weise auf die Stärken kirchlicher Arbeit aufmerksam machen und dazu einladen, evangelische Kirche als eine sympathische Versammlung wahrzunehmen, der Zukunftsorientierung im Zeichen der Hoffnung am Herzen liegt. Der Gospelchor der Wildeshauser Alexanderkirche wird uns und unsere Gäste begeistern.

Am Anfang dieses Berichtes stand ein Psalm, dem, wenn er vertont würde, die Moll-Tonart gut anstünde. Am Ende soll ein Choral von Hanns Dieter Hüsch uns in Dur-Stimmung ein wenig abheben von Problemen und Querelen, denen wir mitunter ausgesetzt sind. 1995 hat Hüsch ein Buch mit dem Titel herausgegeben „Geschichten zwischen Himmel und Erde". Seine Texte sind entstanden nach einem Besuch beim lieben Gott, der ihn von Dinslaken in den Himmel eingeladen hatte. In dem Psalm am Anfang hat er mehr die irdischen Schritte im Blick. In dem Choral am Ende mehr das himmlische Ziel.

Wir alle sind in Gottes Hand
Ein jeder Mensch in jedem Land
Wir kommen und wir gehen
Wir singen und wir grüßen
Wir weinen und wir lachen
Wir beten und wir büßen
Gott will uns fröhlich machen

Wir alle haben unsre Zeit
Gott hält die Sanduhr stets bereit

Wir blühen und verwelken
Vom Kopf bis zu den Füßen
Wir packen unsere Sachen
Wir beten und wir büßen
Gott will uns leichter machen

Wir alle haben unser Los
Und sind getrost auf Gottes Floß
Die Welt entlang gefahren
Auf Meeren und auf Flüssen
Die Starken mit den Schwachen
Zu beten und zu büßen
Gott will uns schöner machen

Wir alle bleiben Gottes Kind
Auch wenn wir schon erwachsen sind
Wir werden immer kleiner
Bis wir am Ende wissen
Vom Mund bis zu den Zehen
Wenn wir gen Himmel müssen
Gott will uns heiter sehen.

Die himmlische Geduld, die Sie beim Vortrag dieses Berichtes an den Tag gelegt haben, möge Ihnen allen dereinst, ich will mich evangelisch ausdrücken: nicht zum Nachteil gereichen, in der katholischen Version dürfte es lauten: zugute kommen. Auf diesen kleinen Unterschied können und werden wir als Protestanten nicht verzichten.

Grußwort zur Eröffnung des Kolloquiums „Stadt ohne Religion?" am 21.11.2002 im Hanse-Wissenschaftskolleg Delmenhorst

Herr Präsident, werte Professorenschaft, meine sehr geehrten Damen und Herren, liebe Schwestern und Brüder!

Dass die Universität Oldenburg und die Akademie der Ev.-Luth. Kirche in Oldenburg gemeinsame Veranstalter eines interdisziplinären Kolloquiums sind, begrüße ich sehr, weil solche Kooperationen beiden beteiligten Institutionen nützen. Die Universität streckt ihre Fühler in die Bereiche von Wirtschaft, Technologie und Kultur aus, um ideelle Partner und bisweilen auch finanzielle Unterstützung in der Gesellschaft zu finden. Die evangelische Kirche ist daran interessiert, das Institut für Evangelische Theologie und Religionspädagogik, soweit es in ihren Kräften steht, moralisch auf jeden Fall und finanziell in bescheidenem Maße zu unterstützen, weil die Ausbildung zukünftiger Religionslehrerinnen und –lehrer, auch auf dem Hintergrund religiöser Pluralismusdebatten, unverzichtbar erscheint und zumal die Zahl der Studierenden evangelischer Theologie entgegen anderen Trends erfreulicherweise steigt.

Seit meiner ersten Einladung im Jahre 1999 treffen sich die Lehrenden des Institutes und die Mitglieder des Oberkirchenrates einmal im Jahr, um sich über den gegenwärtigen Stand ihrer Arbeit zu informieren und über Chancen, Risiken und Prognosen auszutauschen. Die letzte Begegnung dieser Art fand gestern Abend in einem angenehmen Rahmen statt. Immerhin unterstützt der Oberkirchenrat die wissenschaftliche Mitarbeit eines Pfarrvikares am Institut mit etwa einem Drittel der Personalkosten. Im Haushalt der in das Bildungswerk unserer Kirche integrierten Akademie werden regelmäßig Mittel eingestellt, die eine Veranstaltung wie dieses Kolloquium ermöglichen. Darüber hinaus steuern wir mit vier Fachkräften aus dem evangelischen Bereich, darunter Oberkirchenrat Pohlmann, acht Wochenstunden zu dem Seminarbetrieb des Institutes bei. Im kommenden Februar wird darüber hinaus zum ersten Mal der Allgemeine Pfarrkonvent der oldenburgischen Kirche einen ganzen Vormittag in der Universität verbringen, um in einem Dreischritt von Bibelarbeit, Gruppenarbeit mit den einzelnen professores und einer Diskussion im Plenum gemeinsame Zukunftsperspektiven zu erörtern.

Allein diese Beispiele zeigen, dass die Stadt Oldenburg in Oldenburg nicht ganz ohne Religion ist und sein wird, auch wenn es natürlich Fragen an die Quantität und Qualität religiöser Betätigung und damit auch an die Rolle der Kirchen zu stellen gibt. Sie merken, das Fragezeichen im Motto der Veranstaltung läßt aufhorchen.

Etwa im Jahre 52 spielt die Szene, auf die möglicherweise noch eingegangen wird. Zu jener Zeit hätte man auf das Motto „Stadt ohne Religion?" mit dem Brustton der Überzeugung geantwortet: Unsere Stadt ist voller Religion – Ausrufezeichen! Der Apostel Paulus allerdings fasst sein Urteil über das, was er bei seinem Rundgang durch Athen an Skulpturen von Göttern, Halbgöttern und Heroen wahrnimmt, in den Worten zusammen: „Stadt voller Götzenbilder!" 1950 Jahre später sollten unsere Städte religionslos sein? Gibt es da weniger an Bildhaftem und Ideenreichem, an Mustergültigem und Skurrilem, an Satanismus und Fetischismus?

Dabei denke ich natürlich nicht an die Bultmann-Büste, die die oldenburgische Kirche am 7. September dieses Jahres nach einem Festakt im Alten (großherzoglichen) Gymnasium an die

Stadt Oldenburg übergeben hat. Diese sehr ansehnliche Statue, bei der eine Verwechslung mit einem Götzenbild kaum denkbar ist, lässt sich leicht finden. Sie steht zwischen dem Gymnasium zur Rechten, wo Rudolf 1903 das Zeugnis der Reife erhielt, und der Lambertikirche zur halblinken Seite, wo der Vater über die Jahrhundertwende das Evangelium verkündigte, mit dem Staatstheater als einer Stätte kulturellen Reichtums von der Antike bis in die Gegenwart im Rücken und dem alten Pulverturm als kompakter Mahnung für Gerechtigkeit und Frieden nach vorne.

In der vor kurzem erschienenen Sammlung von 18 Aufsätzen aus Bultmanns Glauben und Verstehen unter dem Titel „Neues Testament und christliche Existenz" ist viel von Gott und Mensch und Religion die Rede und von den Kriterien ihrer Beurteilung. Von dem ersten Beitrag von 1925 unter der Frage „Welchen Sinn hat es von Gott zu reden?" bis zum letzten bisher unveröffentlichten Aufsatz von 1971 über „Die protestantische Theologie und der Atheismus" spannt sich ein großer Bogen theologischer Reflexion. Übrigens war der Anlass für den Aufsatz von 1925 eine oldenburgische Anfrage wegen der Unsicherheit, was „Glauben" heißt.

Heute stellt sich die Lage sowohl im Institut als auch im Oberkirchenrat wissenschaftlich aufgeklärt und voller frommen Elans dar, „in der noch nicht erlösten Welt" (Barmen V) „die Botschaft von der freien Gnade Gottes auszurichten an alles Volk" (Barmen VI). Oder sollte ich mich irren? Bei der in dem Programm ausgewiesenen Fachkompetenz wird es nicht schwer fallen, eine Transformation des Religiösen in Bildung und Kultur im Kontext von Stadtentwicklungsprozessen einzubringen, wobei der Riemen für die gleichermaßen rationalen wie humanen Transformationsprozesse wohl nicht in einem religiösen Pluralismus an sich, sondern wohl eher in einem positionellen Pluralismus zu finden ist, für den wir in der oldenburgischen Kirche gerne werben.

So wünsche ich Ihnen in der Vielzahl und Vielfalt der Vorträge und Diskussionen einen am Ende hoffentlich erhellenden Beitrag auch für die Stadt Oldenburg und umzu und natürlich für die Tagesordnung der nächsten Begegnung zwischen dem lutherischen Oberkirchenrat und dem Institut für evangelische Theologie und Religionspädagogik an der Universität Oldenburg.

Vortrag zum Stand der Ökumene aus evangelischer Sicht vor der Bezirksgemeinschaft der Katholiken in Wirtschaft und Verwaltung (KKV) am 28. November 2002 in Oldenburg

Meine sehr geehrten Damen und Herren,
liebe Schwestern und Brüder!

Als ich vor etlichen Monaten meine grundsätzliche Zusage für diesen Abend gegeben habe, ertönte im Hinterkopf die zuversichtliche Botschaft: Die Vorbereitung dieses Vortrages wird dir nicht allzu viel Arbeit machen, denn du stehst mitten drin im ökumenischen Dialog sowohl in der Ökumene vor Ort als auch im Oldenburger Land und auch im noch größeren Zusammenhang einer weltweiten Ökumene. Als ich mich am vergangenen Sonntagmittag konkreter mit der Materie befaßte, wurde mir sehr schnell deutlich: Eine locker-fröhliche Aufzählung und Bewertung ökumenischer Highlights in den letzten Jahren und das euphorische Hinsteuern auf den ersten ökumenischen Kirchentag in Berlin im nächsten Jahre reicht nicht aus. Darum bitte ich um Verständnis, wenn ich mit Ihnen eine Art Mittelweg zwischen theologisch-ekklesiologischer Orientierung und einer zunehmenden Vielfalt ökumenischer Praxis zu beschreiten versuche.

1. Was wird unter Ökumene verstanden?

Bemüht man den Duden, so werden drei Begriffsebenen angeboten. Zum Einen ist aus dem Griechischen abgeleitet „die bewohnte Erde"; zum Zweiten ist an die „Gesamtheit der Christen" gedacht; zum Dritten wird unter Ökumene die „ökumenische Bewegung" verstanden. Bei letzterer gehe es, so der Duden, um eine Bewegung zwischen- und überkirchlicher Bestrebungen christlicher Kirchen und Konfessionen zur Einigung in Fragen des Glaubens und der religiösen Arbeit. Schließlich wird unter dem Stichwort Ökumenismus auf die „Gesamtheit der Bemühungen um die Einheit der Christen" der katholischen Kirche hingewiesen.

In dem Katechismus der Katholischen Kirche, der 1993 in lateinischer und deutscher Fassung erschienen ist, taucht das Stichwort Ökumene bezeichnenderweise nur ein einziges Mal an untergeordneter Stelle in dem größeren Kapitel „Die eine, heilige, katholische und apostolische Kirche" auf. In dem Unterabschnitt „Auf die Einheit hin" wird aus dem Ökumenismus-Dekret „Unitatis redintegratio" vom 21. November 1964 festgestellt: Die Einheit „hat Christus seiner Kirche von Anfang an geschenkt, eine Einheit, die nach unserem Glauben unverlierbar in der katholischen Kirche besteht, und die, wie wir hoffen, immer mehr wachsen wird bis zur Vollendung der Zeiten" (UR 4). Es wird dann als Grundlage und Ziel an das Wort Jesu erinnert: „Wie du, Vater, in mir bist, und ich in dir bin, so sollen auch sie in uns eins sein, damit die Welt glaubt, dass du mich gesandt hast" (Joh. 17, 21). Und dann heißt es in einer Aufzählung von Hinweisen und Vorschlägen, wie dem Ruf nach Einheit richtig zu entsprechen sei, dass es auch des gemeinsamen Gebetes bedürfe, denn „die Bekehrung des Herzens und die Heiligkeit des Lebens ist in Verbindung mit dem privaten und öffentlichen Gebet für die Einheit der Christen als die Seele der ganzen ökumenischen Bewegung anzusehen; sie kann mit Recht geistlicher Ökumenismus genannt werden" (UR 8).

Es werden dann ferner noch die gegenseitige brüderliche Kenntnis, die ökumenische Bildung der Gläubigen und vor allem der Priester, das Gespräch zwischen den Theologen und die Begegnungen zwischen den Christen der verschiedenen Kirchen und Gemeinschaften sowie die Zusammenarbeit der Christen in den verschiedenen Bereichen des Dienstes am Menschen genannt. (Katholischer Katechismus Nr. 820 und 821)

In der sechsten, völlig neu bearbeiteten Auflage des Evangelischer Erwachsenenkatechismus vom Jahre 2000 werden der Ökumene 17 Seiten vom grundsätzlichen Verständnis über Einheit und Vielfalt bis zur Ökumene vor Ort gewidmet. Das Kapitel beginnt – ich bin versucht zu sagen: typisch evangelisch – mit einer Beschreibung der Wirklichkeit: „So beziehungsreich das menschliche Miteinander ist, so vielschichtig und unübersichtlich ist die christliche Ökumene. Dieser Komplexität entgehen zu wollen durch „den festen Willen zur guten Nachbarschaft", ist zwar ehrenwert, doch wenig hilfreich, manchmal sogar fahrlässig. Verantwortete Ökumene muss sich mit dem anderen auseinandersetzen und sich dem Anderssein des anderen aussetzen. Und es geht nicht ohne Erinnerung an den Anfang der Kirche, die ja nicht in sich selber besteht, sondern durch einen anderen, Jesus Christus, ins Leben gerufen wurde. Und dies geht nicht ohne Wissen um die anderen Kirchen und Konfessionen, um die Unterschiede und Gemeinsamkeiten." (S. 672f)

Es wird an dieser Gegenüberstellung wohl auch Laien schnell bewußt, dass sich in dem Selbstverständnis der römisch-katholischen Kirche auf der einen Seite und den reformatorischen Kirchen als einem wichtigen Teil der nichtkatholischen Ökumene andererseits zwei ganz unterschiedliche Denk- und Lehrgebäude mit jeweils ausgeprägtem Selbstbewußtsein gegenüberstehen. Die Grundunterschiede der kirchengeschichtlichen Entwicklung in der Bewertung des Verhältnisses von Heiliger Schrift und kirchlicher Traditionsbildung, des Amtsverständnisses, des Umgangs mit dem Wirken des Heiligen Geistes sowohl in der Vergangenheit als auch in der Gegenwart und in der Zukunft treten dann deutlich hervor, wenn man die Grundkonzepte des katholischen und des evangelischen Glaubens- und Kirchenverständnisses miteinander vergleicht. Diese Diskussion können und wollen wir heute abend nicht führen. Darüber zerbrechen sich schon genug Kommissionen seit Jahrzehnten den Kopf und bringen auch gelegentlich Dokumente auf den Markt, die das Etikett der „versöhnten Verschiedenheit" tragen, wobei es dann noch unterschiedliche Bewertungen darüber gibt, ob das Versöhntsein oder die Verschiedenheit im Einzelfall stärker zu betonen sind. Das jüngste Beispiel war die „Gemeinsame Erklärung zur Rechtfertigungslehre", die am 31. Oktober 1999 in Augsburg seitens des Vatikans und des Lutherischen Weltbundes unterzeichnet worden ist. Es bedurfte aber vorher noch einer „Gemeinsamen offiziellen Feststellung" des Lutherischen Weltbundes und der katholischen Kirche vom 11.06.1999: „Die in dieser Erklärung vorgelegte Lehre der lutherischen Kirchen wird nicht von den Verurteilungen des Trienter Konzils getroffen. Die Verwerfungen der lutherischen Bekenntnisschrift treffen nicht die in dieser Erklärung vorgelegte Lehre der römisch-katholischen Kirche."

In einem Anhang konnte dann noch folgendes geklärt werden: „Trotz unterschiedlicher Akzentsetzungen können beide Seiten

- den Christen als „Gerechten und Sünder zugleich" verstehen,
- sich zur Rechtferigung „allein durch Glauben" bekennen,
- die Rechtfertigungslehre als Maßstab oder Prüfstein des christlichen Glaubens bejahen,
- sich als gleichberechtigte Dialogpartner verstehen und
- die unterschiedlichen Verfahrensweisen der Entscheidungsfindung respektieren."
  (Ev. EK, Seite 687)

Bemerkenswert war darüber hinaus eine Aussage über das ökumenische Ziel. Es gehe um eine Kirchengemeinschaft, eine Einheit in Verschiedenheit, in der verbleibende Unterschiede miteinander versöhnt werden und keine trennende Kraft mehr haben. Dies bedeute eine Absage an alle Formen einer „Rückkehrökumene".

2. Gebremste Fortschritte

Kaum war die Freude über die Annäherung in der Frage der Rechtfertigung des Sünders vor Gott verklungen und die Kritik vieler evangelischer Professoren in den Hintergrund getreten, fand eine neue Erklärung der römisch-katholischen Kongregation für die Glaubenslehre ein unerwartetes Echo. Am 6. August 2000 wurde das Dokument Dominus Jesus veröffentlicht, in dem die Einzigkeit und die Heilsuniversalität Jesu Christi und der Kirche ausgelegt werden. Von römischer Seite wurde betont, dass sich der Text hauptsächlich an Theologieprofessoren richte und zur Positionsbestimmung im Blick auf die anderen Religionen verfaßt worden sei. Der evangelische Theologe Eberhard Jüngel aus Tübingen kam im September 2000 zu einer differenzierten Würdigung des Papiers. So wertet er die Aussagen über die Menschwerdung Gottes als eines der ganzen Menschheit zugute kommenden Heilsereignisses in Jesus Christus ebenso positiv wie die Konzentration auf den Wahrheitsanspruch des Evangeliums. Deutlich widersprechen mußte er jedoch dem erneuten Versuch katholischer Lehre, „aus der Einzigartigkeit Jesu Christi und der zu ihm gehörenden einen heiligen, katholischen und apostolischen Kirche" den Anspruch abzuleiten, „dass diese eine und einzige Kirche Jesu Christi nur und ausschließlich im römisch-katholischen Kirchentum ‚subsistiert'". (Rheinischer Merkur 29.09.2000)

In einem Beitrag unter der Überschrift „Dominus Jesus?" vom Dezember 2000 (Sammelband LIT-Verlag 2001) erinnert Hans Küng an die behutsame Öffnung des Zweiten Vatikanums mit seinem Ökumenismus-Dekret von 1964. Während die katholische Kirche früher nur Häretiker und Schismatiker gekannt habe, spreche sie nun die anderen Christen allgemein als „getrennte Brüder" an. Während sie früher nur einzelne Christen ausserhalb der Kirche zur Kenntnis nahm, anerkenne sie nun die Existenz von „Gemeinschaften" von Christen ausserhalb der katholischen Kirche. Sie verstehe diese Gemeinschaft nicht nur als soziologische Größen, sondern als „kirchliche Gemeinschaften" oder „Kirchen". Der Katechismus der katholischen Kirche räumt den Ostkirchen, die mit der katholischen Kirche nicht in voller Gemeinschaft stehen, aber die Eucharistie mit großer Liebe feiern, den Status von Kirchen ein. Dagegen haben die aus der Reformation hervorgegangenen, von der katholischen Kirche getrennten kirchlichen Gemeinschaften „vor allem wegen des Fehlens des Weihesakramentes die ursprüngliche und vollständige Wirklichkeit des eucharistischen Mysteriums nicht bewahrt" (UR 22), deshalb kann ihnen auch nur der Status einer kirchlichen Gemeinschaft zuerkannt werden. (Nr. 1399 und 1400)

Die Reaktionen auf den wiederum vorgebrachten katholischen Alleinvertretungsanspruch in Sachen Jesus Christus waren um kaltes Kochen bemüht: „Die evangelische Kirche will die ökumenische Gemeinschaft mit der katholischen Schwesterkirche weiter voranbringen" (Präses Kock). Desgleichen bemühte sich der frühere Bischof von Stuttgart / Rottenburg, der jetzt in Rom in der päpstlichen Kongregation für die Einheit der Kirchen arbeitet, um Schadensbegrenzung: „Die Erklärung nimmt nichts zurück von dem, was vor allem das Zweite vatikanische Konzil und die Ökumene-Enzyklika von Johannes Paul II. „ut unum sint" gesagt haben.

Ausdrücklich wiederholt wird die Aussage des Konzils, wonach der Heilige Geist die anderen Kirchen und kirchlichen Gemeinschaften in Dienst nimmt für die Heiligung von deren Mitgliedern. Damit ist jedem Heilsmonopolismus eine Absage erteilt. Umgekehrt wird von der Wunde gesprochen, welche die Trennung für die katholische Kirche bedeutet. Man muss die Erklärung also ernst nehmen, aber man darf sie nicht überinterpretieren. Sie hat den ökumenischen Dialog vorübergehend belastet. Sie bedeutet jedoch keine ökumenische Kehrtwendung der katholischen Kirche. Sie ist vielmehr gerade dort, wo sie unbequem ist, eine Herausforderung zum weiteren Dialog." (Walter Kaspar in KNA, 3.10.2002)

Ein helles Licht auf dem ökumenischen Wege ist die Charta Oecumenica, die von der Konferenz Europäischer Kirchen (KEK) und dem Rat der Europäischen Bischofskonferenzen (CCEE) im April 2001 in Straßburg unterzeichnet worden ist. In diesen Leitlinien für die wachsende Zusammenarbeit unter den Kirchen in Europa ist auf 10 Seiten für manche europäische Länder Erstaunliches, für die deutsche Ökumene schon fast Selbstverständliches zusammengetragen worden. Ich habe Ihnen eine Inhaltsübersicht des Papieres, die im Bistum Münster erarbeitet worden ist, mitgebracht. Die knappen theologischen Erläuterungen, die verbunden sind mit einer kurzen Beschreibung der gegenwärtigen Situation, enden jeweils mit Selbstverpflichtungen, die die europäischen Kirchen für sich übernehmen sollen. Mittlerweile sind die Texte in 25 Sprachen erschienen.

Ein Wermutstropfen besteht darin, dass nun die orthodoxen Kirchen immer mehr auf Distanz sowohl gegenüber der katholischen Kirche als auch gegenüber den reformatorischen Kirchen zu gehen scheinen.

Zwar ist die Charta Oecumenica von einem orthodoxen Metropoliten Jeremie als dem Präsidenten der KEK, in der alle nichtkatholischen Kirchen Europas vertreten sind, unterzeichnet worden, aber orthodoxe Kirchen haben im Rahmen der Beratungen dieses Papiers erfolgreich hingewirkt, dass man zwar „füreinander", aber nicht „miteinander" beten kann. Schon länger deutete sich der Konflikt zwischen der russisch-orthodoxen Kirche und der übrigen Ökumene an, der in der einseitigen Absage an ökumenische Wortgottesdienste gipfelt und allenfalls ökumenische Andachten zulassen will. Dies war auch der Hauptgrund für den Rücktritt von Landesbischöfin Dr. Käßmann aus dem Zentralrat des Ökumenischen Rates der Kirchen. Dennoch darf diese Ebene ökumenischer Begegnung, Beratung und gemeinsamen Handelns vor der Welt und für die Welt nicht aufgegeben werden.

3. Die Ökumene im Oldenburger Land

Ungeachtet der Großwetterlage mit Hochs und Tiefs im ökumenischen Reden und Handeln hat sich die Ökumene im Oldenburger Land erfreulich entwickelt.

Bereits 36 Jahre besteht das Ökumenische Gespräch, an dem von beiden Seiten jeweils 11 Personen unter dem Vorsitz der Bischöfe teilnehmen. Nach zwei Weltkriegen im letzten Jahrhundert sind manche Barrieren abgebaut worden. Wir haben die Taufe wechselseitig anerkannt, haben die sogenannten ökumenischen Trauungen zugelassen, haben gemeinsame Denkschriften errabeitet (z. B. Für eine Zukunft in Solidarität und Gerechtigkeit, 1997), haben die schon erwähnte gemeinsame Erklärung zur Rechtfertigung des Sünders vor Gott als Annäherung in theologischen Grundsatzfragen erlebt.

In vielen ethischen und sozialen Fragen trennen uns keine Welten, wohl aber unterschiedliche Sichtweisen unter den Stichworten „Wahrheit, Wunsch und Wirklichkeit". Die katholischen Bischöfe sind gern gesehene Gäste bei evangelischen Einführungen, Kirchenjubiläen und Adventsempfängen. Umgekehrt nimmt der evangelische Bischof viele Einladungen in Vechta und bei ökumenischen Auftritten im Oldenburger Land wahr. Gerade im vergangenen Jahr sind

Weihbischof Timmerevers und ich in Jugendmessen, bei Passionsandachten und auf der Landesgartenschau aufgetreten. Eine erstmals durchgeführte gemeinsame Konferenz der Dechanten und Kreispfarrer findet im nächsten Jahr ihre Fortsetzung. Der evangelische Bischof wird einmal im Jahr ins Priesterseminar nach Münster zum Gedankenaustausch gebeten, vielleicht mit dem Hintergedanken, dass er so abschreckend wirkt, dass die Kandidaten sich um so lieber zum Priester weihen lassen. In der Schulpolitik haben sich starke gemeinsame Interessen am Erhalt des Religionsunterrichtes gebündelt, wir waren mit unserem Ökumenischen Gespräch bei der Notfallseelsorge in Wilhelmshaven und in der JVA in Vechta vor Ort, um den Menschen zu zeigen, dass und wie viel wir beide als große Kirchen bezeugen und bewirken können. Beim letzten Ökumenischen Gespräch vor ein paar Wochen wurde ein Projekt ökumenischer Fortbildung für Kirchenälteste, Pfarrerinnen und Pfarrer und weitere Mitarbeiterinnen und Mitarbeiter für das kommende Jahr in Auftrag gegeben.

Meist denkt man unter dem Stichwort Ökumene nur an das katholische Offizialat und die evangelische Landeskirche. Auf der evangelischen Seite gibt es jedoch eine größere christliche Vielfalt, als sie allgemein bekannt ist. So haben sowohl bei der Eröffnung der Landesgartenschau im Frühjahr 2002 als auch bei den täglichen Andachten um fünf vor fünf und den einmal im Monat stattfindenden Gottesdiensten auch Methodisten, Baptisten und andere Freikirchen mitgearbeitet. Der Leiter der Vorbereitungsgruppe, der evangelische Pfarrer Muther, betrachtet den Einsatz der Kirchen als einen vollen Erfolg. „Die kirchliche Präsentation auf der Landesgartenschau hat gezeigt, wie gut und harmonisch die ökumenische Arbeit funktionieren kann. Ein hoffnungsvolles Signal für künftige Projekte."

Im Laufe dieses Jahres ist es zur Gründung einer Arbeitsgemeinschaft Christlicher Kirchen in dem Großraum Oldenburg (ACKO) gekommen, was die Zusammenarbeit, auch bei besonderen Anlässen, die ein kurzfristiges Handeln notwendig machen, erleichtert. Als Mitglieder gehören der ACKO an: Evangelisch-freikirchliche Gemeinde (Baptisten), Evangelisch-Lutherischer Kirchenkreis Oldenburg Stadt, Evangelisch-methodistische Kirche, Freie Christengemeinde, Mennonitengemeinde Leer-Oldenburg, Römisch-katholische Kirche, Selbständige Ev.-Luth. Kirche, und als Gastmitglieder sind die Freie Evangelische Gemeinde und die Siebenten-Tags-Adventisten vertreten. Auch auf der Ebene der Stadt Wilhelmshaven haben sich verschiedene Konfessionen zu einer engeren Zusammenarbeit verabredet. Im ländlichen Raum bedarf es keines organisatorischen Aufwandes, weil jeder jeden kennt und man gemeinsam bei vielen Gelegenheiten in der Öffentlichkeit auftritt.

Zwei besondere Ereignisse und Herausforderungen stehen im nächsten Jahre an. 2003 ist als das Jahr der Bibel ausgerufen worden. Es steht unter dem Motto „Suchen. Und finden." Eine Fülle von Material zu besonderen Aktionen, Ausstellungen, Seminaren und Projekten, auch für Jugendarbeit und Religionsunterricht, ist im Angebot.

Zur Unterstützung aller Aktivitäten im Jahr der Bibel und als Ausdruck der gemeinsamen Freude an Gottes Wort findet am 23. Februar ein ökumenischer Gottesdienst am Nachmittag in Varel statt, an dem Weihbischof Timmerevers und der oldenburgische Bischof mitwirken.

Im Mittelpunkt großen Interesses steht schon seit längerer Zeit der erste Ökumenische Kirchentag vom 28. Mai bis 1. Juni 2003 in Berlin. Die Landesausschüsse des Deutschen Evangelischen Kirchentages und die katholischen Laiengremien haben zur gemeinsamen Beteiligung aufgerufen. Es ist die Hoffnung des Oberkirchenrates und des Offizialates, dass regionale und lokale Gruppen unserer Kirchen sich auf dieses Ereignis thematisch vorbereiten, möglichst gemeinsam nach Berlin fahren und dort in denselben Bezirken untergebracht werden, um dieses ökumenische Ereignis unter dem Leitwort „Ihr sollt ein Segen sein" wirklich gemeinsam zu feiern. Sollte diese Vielfalt gemeinsamer Gottesdienste, Begegnungen und Aktionen den Eindruck erwecken, Gläubige könnten die Ökumene bereits à la carte genießen, so muss leider darauf hingewiesen werden, dass es in offiziellen Verlautbarungen und auch in der Charta Oecumenica heißt: „Wir verpflichten uns, in der Kraft des Heiligen Geistes auf die sichtbare Einheit der Kirche Jesu Christi in dem einen Glauben hinzuwirken, die ihren Ausdruck in der gegenseitig anerkannten Taufe und in der eucharistischen Gemeinschaft findet so wie im gemeinsamen Zeugnis und Dienst." (Selbstverpflichtung Nr. 2).

Ein bedeutsames Ereignis für den evangelischen Bischof von Oldenburg war die Einladung der katholischen Kirche, in Vechta bei der Himmelfahrtsprozession am 1. Juni 2000 an dem letzten Viertel teilzunehmen. Ich habe das seinerzeit als einen Weitsprung in der Ökumene zu Beginn des neuen Jahrtausends bezeichnet.
Und dass die evangelische Kirche diese denkwürdige Einladung gerne angenommen hat, obwohl die Himmelfahrtsprozession ihren antiprotestantischen Ursprung hat, ist auch bemerkenswert.

Am Ende meiner Ansprache auf dem Marktplatz von Vechta vor etwa 1000 Menschen habe ich folgendes gesagt: „Wir sind schon längst gemeinsam und in Liebe auf dem Weg biblischer Verheißung und christlicher Verantwortung. Darum ist es gut, nachher einen Baum zur Erinnerung an diesen Tag zu pflanzen. Die Kraft dazu haben wir uns durch Brot und Wein schenken lassen – Sie in der Heiligen Eucharistie, wir im Heiligen Abendmahl – mit denselben Einsetzungsworten, mit demselben Vater unser, mit demselben „Christe, du Lamm Gottes" – aber an getrennten Altären. Ich glaube: Das wird sich – so Gott will und wir uns nicht nur in Liebe ertragen sondern seine Liebe gefallen lassen, – das wird sich ändern. Ich glaube, der Tag ist nicht mehr fern, an dem wir uns gemeinsam stärken lassen durch Wort und Sakrament am einen Tisch des Herrn – zur Ehre Gottes und zum Zeugnis vor einer Welt, die darauf wartet und es als Schöpfung Gottes verdient hat. Das wäre ein ökumenischer Dreisprung im Glauben, in der Hoffnung, in der Liebe."

Die evangelische Kirche respektiert es, wenn die katholische Kirche noch keine Möglichkeit sieht, sich selbst theologische und kirchenrechtliche Brücken zu bauen, über die eine gastweise Teilnahme evangelischer Christen an der Eucharistie und katholischer Christen am Heiligen Abendmahl stattfinden kann. Die evangelische Seite ruft auch nicht zu zivilem Ungehorsam auf. Allerdings sind nach evangelischem Verständnis alle Menschen, die getauft sind und einer christlichen Kirche angehören, beim evangelischen Abendmahl gern gesehene Gäste am Tisch des Herrn.

Deshalb werden weder beim ökumenischen Kirchentag in Berlin noch in vielen Gottesdiensten in der Bundesrepublik Deutschland Menschen von der gläubigen Teilnahme am Sakrament sowohl des Abendmahles als auch der Eucharistie ausgeschlossen. Die Praxis ist vielerorts weiter als die Kirchen in dem Nachvollziehen dessen, was aus Sehnsucht nach geistlicher Einheit in Wort und Sakrament schon längst vollzogen wird.

Als Hans Küng und Josef Ratzinger noch Kollegen in einer glücklichen Tübinger Zeit waren, haben sie 1967 im Geleitwort zum Band 1 „Ökumenische Forschungen" geschrieben: „Die Zeit ist reif geworden für eine systematische Bereinigung der theologischen Differenzen zwischen den christlichen Kirchen. Mit der überraschenden ökumenischen Begegnung der verschiedenen christlichen Kirchen in den letzten Jahren hat die ökumenische Begegnung der verschiedenen christlichen Theologien nicht Schritt gehalten. Und doch werden die christlichen Kirchen einander bestenfalls auf Rufweite näherkommen, wenn nicht die theologischen Blöcke und manchmal auch Sandbänke, die zwischen ihnen liegen, ausgeräumt oder überhaupt neue

Wege der Begegnung gefunden werden, die – oft nach Abwerfen unnötigen theologischen Ballastes – einen Austausch ihrer Gaben möglich machen." Dieses Vorwort ist 35 Jahre alt. Manches hat sich positiv weiterentwickelt. Für viele menschliche Begegnungen in Bibelarbeit und Gottesdienst, im Weltgebetstag der Frauen und im gemeinsamen Eintreten für Frieden, Gerechtigkeit und Bewahrung der Schöpfung können wir Gott von Herzen dankbar sein. Für mich bedarf es keiner Einheitskirche, um das Seelenheil und den Einzug in das Reich Gottes zu erlangen. Aber auf dem Weg dahin sich gemeinsam durch Brot und Wein im Opfer und in der Nachfolge Jesu Christi stärken und ermutigen zu lassen, das sollten wir uns um der Glaubwürdigkeit vor anderen Religionen und anderen atheistischen Weltanschauungen, aber auch um der Ehre Gottes Willen, der Jesus Christus als Opfer für alle Sünde und Trennung in der Welt geschenkt hat, nicht mehr lange offiziell verweigern.

Von einer mich sehr bewegenden Begegnung möchte ich zum Abschluss berichten, bevor wir dann sehr gerne in einen regen Gedankenaustausch zu meinem Vortrag eintreten können.

Samstag, 22. Juni 1996, Paderborner Dom. Seine Heiligkeit, Papst Johannes Paul II, zieht als letzter in dem Mittelgang des Gotteshauses zum ökumenischen Gottesdienst ein. An jeder Bankreihe zu seiner Rechten hält er einige Augenblicke an, um die beiden nächstplazierten Gäste zu begrüßen. Unaufhaltsam, aber ohne Eile, nähert sich der Heilige Vater dem Eckplatz, den mir ziemlich weit vorne ein umsichtig-freundliches Protokoll zugewiesen hat. Ich überlege. Was wird der Papst sagen, was soll ich sagen? Während das katholische Oberhaupt langsam voranschreitet, kommt mir meine alte Großmutter, die 93 Jahre gelebt hat, in den Sinn. Sie schrieb mir jahrelang Briefe auf einem DIN A 5 Format mit ihrer alten deutschen Handschrift. Sie legte diesen Briefen auch immer einen Geldschein bei, der das Herz jedes jungen Menschen erfreut. Am Ende ihrer Briefe stand jedoch immer der eine kurze Satz, den ich mit zunehmendem Alter mehr und mehr geschätzt habe. Er lautete: Gott behüte dich! Als der Papst mit seinem weißen Gewand und den hellbraunen Slippern an den Füßen vor mir steht und unser beider Hände sich auf den Weg zur Begrüßung machen, spricht der damalige Kirchenrat beim Düsseldorfer Landtag Peter Krug dem Papst die Worte zu: „Gott behüte Sie!" Darauf antwortet das Oberhaupt der römisch-katholischen Kirche mit kleiner zeitlicher Verzögerung: „Gott behüte Sie auch!"

Segensreiche Wortwechsel überspringen nicht einfach den Graben katholischer und evangelischer Geschichte. Und doch sind ökumenische Begegnungen in ihrer vielfältigen Gestalt – auch heute abend – ein hoffnungsvolles Zeichen dafür, dass das, was eigentlich zusammengehört, in seinem notwendigen Maße auch zusammenwächst.

Ansprache anlässlich der großen Massendeportation von Sinti und Roma aus Norddeutschland in das KZ Auschwitz-Birkenau vor 60 Jahren am 2. März 2003 in der Gedenkstätte Bergen-Belsen

Verehrte Gäste der Gedenkveranstaltung, liebe Gemeinde,
liebe Sinti- und Roma-Familien!

Wahrscheinlich fühlen Sie es so wie ich. Persönliche Berichte gehen mehr unter die Haut als das, was sachlich und nüchtern aufgeschrieben ist. Beides ist notwendig, um dem Verdrängen und Vergessen entgegenzusteuern. Aber von dem, was ein Mensch selbst erlebt, durchlitten und überstanden hat, zu hören, das wirkt tiefer und nachhaltiger. Deshalb möchte ich Ihnen, lieber Bruder Weiss, sehr dafür danken, dass Sie uns einige Minuten lang Ihre Erinnerung und Ihr Herz einen Spalt weit geöffnet haben. Das ist ein Geschenk, keine Selbstverständlichkeit. So werden wir als Zeugen des Gedenkens zu Weggefährten in die Zukunft, die füreinander eintreten und in Gottesfurcht und Menschenliebe für mehr Gerechtigkeit und Frieden in der Welt beten und arbeiten.

Ein großer Bogen der Hoffnung spannt sich von der Vision des Propheten Jesaja durch die jüdisch-christliche Theologie zur Offenbarung des Johannes am Ende der Heiligen Schrift. In Jesaja 65, 17 verkündigt der Prophet die Absicht Gottes: „Siehe, ich will einen neuen Himmel und eine neue Erde schaffen, dass man der vorigen nicht mehr gedenken und sie nicht mehr zu Herzen nehmen wird. Freuet euch und seid fröhlich immerdar über das, was ich schaffe." Daran knüpft etwa 600 Jahre später der Seher Johannes an, wenn er schreibt (Offenbarung 21, 1): „Ich sah einen neuen Himmel und eine neue Erde; denn der erste Himmel und die erste Erde sind vergangen, und das Meer ist nicht mehr."

Himmel ist uns verheißen, nicht die Hölle von Auschwitz und Bergen-Belsen. Nicht die unaufhörliche Wiederholung von Anfang und Ende ist uns in Aussicht gestellt, sondern die neue Schöpfung mit einem neuen Anfang ohne Ende. Leben ist angesagt statt Tod. Solche schönen Bilder treten in den Hintergrund, wenn Angst, Verfolgung und Vernichtung Leib und Seele in höchste Nöte bringen.

Gestern vor 60 Jahren am Montag, dem 1. März, fanden in Hannover Verhaftungen statt. Man brachte die Sinti vom Platz im Altwarmbüchener Moor und aus der Stadt in das Gestapo-Gefängnis in Ahlem.

Heute vor 60 Jahren wurden die Gefangenen über den Lindener Bahnhof deportiert. Es wurde ihnen gesagt, sie würden nach Polen gebracht, wo sie ein Haus, Land und Vieh bekämen, um sich selbst zu ernähren.

Morgen vor 60 Jahren am Mittwoch, dem 3. März 1943, kam der Transport in Birkenau bei Auschwitz an.

Aber nur für wenige der insgesamt 23.000 Sinti und Roma aus Deutschland und Europa gab es ein wirkliches Übermorgen.

Über 20.000 verhungerten, starben an Seuchen oder wurden vergast. Darunter waren viele, viele Kinder. An etlichen machte der Lagerarzt Dr. Mengele pseudomedizinische Versuche und verschlimmerte damit menschliches Elend.
Wer schließlich nach 17 Monaten Terror als letzte Station dieses Konzentrationslager Bergen-Belsen überlebte, dem wurde noch längst nicht soziale Anerkennung und eine angemessene wirtschaftliche Entschädigung zuteil.

Von einem neuen Himmel und einer neuen Erde, in denen, wie es im 2. Petrusbrief 3, 13 heißt, „in denen Gerechtigkeit wohnt", konnte nach dem Kriege keine Rede sein.

Aber von solchen biblischen Visionen, die in irdischen Bildern himmlische Zustände vor Augen malen, von der Vision eines himmlisches Jerusalem, wie es im Alten und Neuen Testament ersehnt wird, von solchen Aussichten in eine von Gott neu geschaffene Welt sind seit jeher Einsichten und Impulse für das Leben hier und jetzt ausgegangen. Nur Juden und Christen haben solche Hoffnung anzubieten. Wir sollten sie den Muslimen, den Hindus und Buddhisten nicht vorenthalten, geschweige denn denen, die meinen, gar nichts glauben und hoffen zu können, zu sollen oder zu dürfen. Aber wir müssen dabei als Christen ein Doppeltes bedenken. Direkt oder indirekt ist im Namen von getauften Menschen und christlichen Kirchen in einer irregeleiteten Auslegung der Heiligen Schrift viel Unrecht und Leid über die Erde ausgebreitet worden. Auch heute besteht bei jedem Christen die grundsätzliche Gefahr, dass ich erbitte, was ich möchte und für richtig halte, und dabei meine Hörfähigkeit auf das Wort Gottes nachlässt, weil keine neuen Erkenntnisse das Rauschen meines religiösen Tinnitus durchbrechen können. Jeder von uns steht immer wieder einmal in der Gefahr, sich selbst für gut zu halten und alles andere als böse zu bewerten. Darum lasst uns das Jahr der Bibel als Chance nutzen, intensiv und kritisch nach Werten und Zielen zu fragen, den Lebenskurs zu überprüfen, uns zu orientieren, allein und mit anderen zusammen, im Hören und Schweigen, im Beten und Ringen um Gerechtigkeit und Frieden.
Himmel ist uns verheißen, nicht die Hölle vom 11. September 2001 oder die Vergeltung des Bösen durch Böses. Nicht das unaufhörliche Rotieren in den Teufelskreisen von Unrecht und Krieg ist uns biblisch in Aussicht gestellt, sondern Gottes Reich mit einem himmlischen Anfang ohne irdisches Ende. Leben ist angesagt in der ungebrochenen Hoffnung auf den verheißenen Messias und in dem uns offenbarten und geglaubten Christus als Retter aus Sünde, Not und Tod.

Das Gedenken an die Verachtung und Vernichtung der Sinti und Roma damals soll und kann uns heute vereinen in politischer Wachsamkeit und demokratischer Geschlossenheit gegenüber allem, was den Himmel über der Erde verdunkelt, und für alles, was an Zuversicht und Freude zu blühen beginnt.

Amen

Predigt zur Konstituierung des Niedersächsischen Landtages am 4. März 2003 in der Marktkirche zu Hannover

Liebe Gemeinde, insbesondere: Meine sehr geehrten Damen und Herren des neugewählten Parlamentes in Niedersachsen!

Sie bilden den größten Landtag aller Zeiten!

Zur Überraschung von gut zwei Dritteln der Wahlberechtigten, die staatstreu und frohgemut angekreuzt und dabei jeweils 14 Überhang- und Ausgleichsmandate produziert haben, ohne sich Gedanken geschweige denn Sorgen über die Finanzierung und die Unterbringung der Abgeordneten in der Enge des Landtages zu machen.

Zur Freude derer, die ganz unvermutet einen neuen Arbeitsplatz bekommen, und zum Leidwesen derer, die ihre Arbeit möglicherweise verlieren, es sei denn, es fänden freundliche Übernahmen statt, so wie es im Blick auf den evangelischen Pastorenüberschuss und den katholischen Priestermangel ganz vernünftig erschiene, wenn da nicht die Unterschiede im Kirchen- und Amtsverständnis wären.

Viel Glück und viel Segen ist Ihnen allen zu wünschen, damit Sie selbst als Regierung und Opposition und mit Ihnen die Menschen im Lande am Ende der Legislaturperiode zu dem Urteil gelangen: An Gerechtigkeitsliebe und Friedfertigkeit, an Leistungskraft und Durchsetzungsvermögen war das tatsächlich der größte Landtag in der Geschichte Niedersachsens.

In einer schwierigen Zeit der wirtschaftlichen, sozialen und geistlichen Not, als die Städte zerstört waren und das Volk heimkehrte aus Exil und Gefangenschaft, empfing der Prophet Jesaja vor 2500 Jahren eine himmlische Vision in irdischen Bildern für das niedergeschlagene Volk.

> Du sollst erkennen, dass ich, der Herr, dein Retter bin. Anstatt des Kupfers will ich Gold herbeibringen und anstatt des Eisens Silber herbeischaffen. Und ich will zu deiner Obrigkeit den Frieden machen und zu deiner Regierung die Gerechtigkeit. Nicht wird man künftig von Gewalttaten in deinem Lande hören, von Verheerung und Verwüstung innerhalb deiner Grenzen, sondern deine Mauern wirst du „Heil" nennen und deine Tore als „Ruhm" bezeichnen. (Jesaja 60, 16-18 nach Menge)

Lässt sich auf einem Tiefpunkt der allgemeinen Lage leichter regieren, weil es eigentlich nur aufwärts gehen kann?

Kaum jemand, der in Deutschland oder Europa auf einen oder zwei Weltkriege zurückblickt, wird auf die absurde Idee kommen, den Kindern oder Enkeln einen Krieg zu wünschen, um die Voraussetzungen für einen neuen wirtschaftlichen Aufschwung und eine moralische Erneuerung zu schaffen. Wie Bürgerkrieg und Völkerschlacht, Erwachsene und vor allem junge Menschen seelisch entwurzeln und sozial enthemmen können, das wird uns leider fast täglich vor Augen geführt. In afrikanischen Ländern wird Bin Laden zum Idol einer Jugend, die nur Armut, Aids und Arbeitslosigkeit kennt.

Nein, das kann keine Lösung sein. Es macht keinen Sinn, mit dem vielzitierten Prediger Salomo einfach festzustellen: „Töten hat seine Zeit, Heilen hat seine Zeit; Abbrechen hat seine Zeit, Bauen hat seine Zeit." (3,3) Aus solch einer nüchtern-resignativen Beschreibung darf auch nicht insgeheim ein programmatischer Ansatz für verantwortungsvolle Politik abgeleitet werden.

Wer von Grund auf Pazifist ist, wird jeglichem Versuch, einen Krieg zu begründen, widersprechen, auch wenn er Unterdrückung und Terror selber erleidet oder anderen zumutet. Wer als allerletzter Möglichkeit, größeren Schaden zu verhüten, einer ultima ratio militärischen Angriffs – wenn auch widerwillig – zustimmt, wählt genauso zwischen einem vermeintlich größeren oder kleineren Übel. Und ohne Schuld vor Gott und den Menschen kommt keiner aus diesem teuflischen Dilemma heraus. In den Kirchen wird deshalb ständig und inständig darum gebetet, dass Politik und Militär, die Verantwortlichen im Irak, in den USA und in der UNO in ihrer Kreativität und Geduld für Frieden und Gerechtigkeit nicht nachlassen, damit die Krise nicht zur Katastrophe eskaliert.

Die Sorge um den Frieden in der Welt wird uns weiter begleiten, auch wenn heute mit Recht die Landespolitik im Mittelpunkt zu stehen hat. Der Landeskatholikenausschuss in Niedersachsen hatte fünf Schwerpunktthemen für die Wahlentscheidung für besonders wichtig gehalten: Glaubwürdiges und verantwortliches Handeln der Politikerinnen und Politiker, eine moderne Familien- und Bildungspolitik, erfolgreiche Wirtschaft und Arbeit für alle, eine humane Flüchtlings- und dem Menschen zugewandte Sozialpolitik sowie die Bewahrung der Schöpfung. Viele dieser Themen waren im Wahlkampf der Parteien plakativ vertreten.

Diese Vertretung katholischer Laien hat dann unter dem Leitmotiv sozialer Gerechtigkeit und gesellschaftlichen Friedens eine, wie ich meine, sehr wichtige und mutige Feststellung getroffen: „Die Finanzlage der öffentlichen Haushalte zwingt zur Prioritätensetzung. Eine stärkere Beteiligung aller Bürgerinnen und Bürger an den gesellschaftlichen Aufgaben insbesondere nach ihrer finanziellen Leistungsfähigkeit ist dabei unverzichtbar."

Liebe Schwestern und Brüder! Unsere Frage 58 Jahre nach Kriegsende ist doch die, oder ist sie es vielleicht nicht, weil die Rolle, die wir in unseren – Gott Lob! – demokratischen Strukturen spielen zu müssen meinen, einen Konsens in Grundfragen nicht zulässt, unsere Frage ist doch wohl die, wie es gelingt, eine in vieler Hinsicht an Geist und Gold reiche Gesellschaft einigermaßen gerecht zu gestalten, um das Land in Wohlstand und Frieden zu halten. Denn ohne ein Mindestmaß an Gerechtigkeit gibt es keinen dauerhaften Frieden, weder nach innen noch nach außen.

Wir brauchen, so sehe ich es auf dem Hintergrund biblischer Visionen, wir brauchen für die Zwillingsherausforderung von Gerechtigkeit und Frieden eine parteiübergreifende Koalition der Vernunft, damit uns nicht das an materiellen und ideellen Werten verloren geht, was in knapp sechs Jahrzehnten stetig aufgebaut worden ist.

Über viele andere Themen, die eine Sollte– oder Könnte-Qualität haben, mag man sich und muss man sich wohl auch streiten, um das besondere Profil der einzelnen Parteien herauszustellen. Und bei den Abstimmungen über ganz am Rande des wirklichen Lebens liegende Gesichtspunkte, könnte der Herr Präsident noch eine vierte Entscheidungsmöglichkeit anbieten: Wer ist dafür, wer ist dagegen, wer enthält sich, wem ist es egal?

Für die grundlegenden Aufgaben politischer Verantwortung mit einer Muss-Qualität hat Richard von Weizsäcker letzte Woche zumindest mir sehr einleuchtend gesagt: „Die wichtigste Aufgabe einer weitsichtigen Führung ist es, das langfristig Notwendige kurzfristig mehrheitsfähig zu machen. Hierzu bedarf es großer Überzeugungskraft und vor allem eines gewaltigen Mutes auf jenem Spielfeld, wo jede Wahrheit wie eine Grausamkeit wirkt und wo jeder, der sie ausspricht, von der Abstrafung durch die Wähler bedroht ist." (DIE ZEIT, 27.02.2003, S. 11)

Ähnlich hat der Ratsvorsitzende der EKD, Präses Kock, Mitte Januar votiert. „Die Politik muss die Angst vor den Bürgern überwinden. Sie muss ihre Angst vor dem politischen Konkurrenten überwinden, der die Ängste der Bürger ausnutzen könnte." Und dann appelliert er an uns alle:

„Die Menschen müssen lernen, auf einzelne lieb oder bequem gewordene Ansprüche zu verzichten – und zwar nicht, weil der Sozialstaat demontiert werden soll, sondern weil er erhalten werden muss." (15.01.2003, Berlin)

Wir Kirchen sind zum konstruktiven Dialog mit dem Landtag, der Regierung und den Parteien bereit, weil uns Visionen geschenkt sind beim Propheten Jesaja, in der Bergpredigt Jesu, in dem gesamten Evangelium der Heiligen Schrift, und das nicht nur im Jahr der Bibel 2003.

Weil Gott sowohl in der jüdischen als auch in der christlichen Theologie vom Auszug aus Ägypten bis zum verlorenen Sohn Gnade vor Recht ergehen lässt, weil Gott um Jesu Christi Willen scheiternde Menschen entschuldigen und vor sich selbst und der Welt gegenüber für gerechtfertigt erklären will, darum können wir gar nicht genug für Gerechtigkeit und Frieden beten und arbeiten.

Visionen sind noch nicht die Wirklichkeit. Aber sie sind tragender Grund und treibende Kraft, nicht um Kupfer durch Gold zu ersetzen, sondern um für ein Parlament zu werben, das sich dem Frieden verschreibt, und für eine Regierung, die sich der Gerechtigkeit verpflichtet weiß, wobei beide nicht zu trennen sind.

Im Psalm 85 hofft der Beter, „dass Gerechtigkeit und Friede sich küssen". (V. 11) Das mag im Himmel so sein, für Hannover würde ja schon eine Umarmung reichen.

Am Ende der Legislaturperiode wird sich die Frage nach dem größten Landtag aller Zeiten wieder stellen. Das Leitwort des ersten ökumenischen Kirchentages im Mai in Berlin ermahnt und ermutigt die Christenheit in Deutschland: „Ihr sollt ein Segen sein." Das wünschen wir, die wir die katholischen Bistümer und evangelischen Kirchen in Niedersachsen vertreten, auch Ihnen und unserem Lande.

Lassen Sie mich schließen mit einem Gebet aus dem Jahre 1864, dessen innewohnender Humor gut tut, weil Gerechtigkeit und Frieden ohne Freude kaum zu ertragen sind. Ähnlichkeiten mit heute lebenden Personen und Parteien wären rein zufällig. Zu Risiken und Nebenwirkungen stellen Sie bei Bedarf eine kleine Anfrage im Landtag oder suchen Sie das Gespräch im Pfarramt.

Lieber Gott und Herr, setze dem Überfluss Grenzen
und lass die Grenzen überflüssig werden;
nimm den Ehefrauen das letzte Wort und erinnere die Männer an ihr erstes;
gib den Regierenden ein besseres Deutsch
und den Deutschen eine bessere Regierung;
schenke uns und unseren Freunden mehr Wahrheit
und gib der Wahrheit mehr Freunde;
bessere solche Beamten, die wohl tätig sind,
aber nicht wohltätig;
lass die, die rechtschaffen sind,
auch recht schaffen;
und sorge dafür, dass wir alle in den Himmel kommen,
aber – wenn du es willst – noch nicht gleich.

Amen

Ansprache zum Beginn des Irak-Krieges am 20.03.2003 in der Garnisonkirche zu Oldenburg

Für mich ist das Entsetzen heute ein anderes als das am 11. September 2001. Und von diesem zweierlei Entsetzen zu unterscheiden ist mindestens noch ein drittes, von dem in der Apostelgeschichte 2 die Rede ist: „Sie entsetzten sich aber alle und wurden ratlos und sprachen einer zu dem anderen: Was will das werden?"

Bevor ich dieser Unterscheidung etwas nachgehen will, möchte ich vieler Menschen gedenken, die sich in diesen Stunden und Tagen größte Sorgen machen um Leib und Seele ihres eigenen Lebens und um das ihrer Mitmenschen, auch der Gegner.

Es ist angesagt derer zu gedenken, die um ihr Leben fürchten müssen, weil sie gegenüber Raketen, Giftgas und tödlicher Strahlung kaum eine Chance haben, die ohnmächtig in die Zukunft blicken, weil sie überrascht werden könnten von Feuer und Schwefel, ausgeliefert vermeintlichen Zwängen und verteufelten Zwecken.

Es ist angesagt derer zu gedenken, die ihr Leben aufs Spiel setzen müssen, weil sie einen Eid geschworen haben auf Fahne, Führer oder Verfassung, aber nicht wissen, was über sie entschieden wird, die Befehle empfangen und weitergeben, die Zerstörung und Vernichtung auslösen für Städte und Regionen.

Es ist angesagt derer zu gedenken, die sich höherer Sendung rühmen und zu Opfern werden von Verblendung, die von Heiligen Kriegen und Kreuzzügen reden und dabei zu wenig oder gar nicht bedenken, welche traumatischen Folgen Terror und Krieg in den Seelen der Besiegten auslösen bis ins zweite und dritte Glied ihrer Kinder.

Es ist angesagt derer zu gedenken, die abseits der Orte der Entscheidung und der Schlachten in Talk-Shows und beim Bier zuhause die Lage betrachten und kommentieren, ohne sich über sich selbst zu entsetzen, weil sich niemand aus dem teuflischen Dilemma durch Tun oder Lassen ohne Schuld herausstehlen kann.

Am 11. September, vor anderthalb Jahren, war das Entsetzen so groß und ging es uns allen so nahe, weil wir über das Fernsehen zeitgleiche Zeugen wurden der nicht für denkbar und für möglich gehaltenen Zerstörung der beiden Türme in New York mit all den Folgen für die überraschten Opfer und ihre hilflosen Helfer.

Heute ergreift mich das Entsetzen, dass in unserer für aufgeklärt gehaltenen Welt mit ihren mühsam und langwierig entwickelten Strukturen zur nicht kriegerischen Eindämmung und politischen Lösung von regionalen Konflikten, dass in dieser Welt des 21. Jahrhunderts Recht durch Macht gebrochen wird und sich sowohl Zustimmung als auch Widerspruch quer durch viele Parlamente und Völker ziehen, von denen ich eigentlich gedacht und gehofft hätte, dass die Lehre von zwei Weltkriegen und 100 weiteren Kriegen in ihrer pädagogischen Wirkung ausgereicht hätte. Hans Küng, der katholische Theologe, hat noch einmal die Kriterien zusammengetragen, nach denen ein Präventivkrieg gerechtfertigt erscheinen kann für die Menschen, die nicht von Grund auf Pazifisten sind und dafür lieber Unterdrückung und Terror selber erleiden und anderen zumuten.

Küng benennt die sechs Kriterien eines gerechten Grundes (bis heute war kein neuer Angriff des Irakes erfolgt), ehrlicher Absicht (in den letzten Wochen wurden die Motive und Ziele einer Intervention mehrfach verändert und sogenannte Beweise liegen nur dürftig vor), der Verhältnismäßigkeit (unter der Drohkulisse hätte noch länger weiter abgerüstet werden können), der bevollmächtigten Instanz (die Zustimmung der UNO lag und liegt nicht vor), einer ultima ratio (Die Kirchen – auch die amerikanischen – und der Papst waren sich darin einig, dass noch ein gutes Vorkriegsquantum an Vernunft vorhanden war und ist) sowie des internationalen Völkerrechtes.

Küng benennt die sechs Kriterien und stellt fest, dass kein Entscheidungsgrund gegeben ist für diesen Krieg. Das ist für mich eine entsetzliche Entwicklung. Wenn das wieder Schule machen sollte, dass der Mächtige das Recht setzt, wie er will, dann fällt die Menschheit zurück um Jahrhunderte.

Und wenn solcher Rückfall religiös überhöht wird, und das gilt natürlich gleichermaßen für den Islam wie für das Christentum, dann verschwindet langsam der Regenbogen als Zeichen der Treue Gottes gegenüber seiner ganzen Schöpfung hinter dem ideologischen Nebel und dem Qualm der Flächenbrände, die den verheißenen Himmel über der verfluchten Erde verdecken.

Ein Hoffnungsschimmer leuchtet in dem dritten Entsetzen auf. Wir waren und sind doch weiter seit dem ersten Pfingsten. Als die Jüngerschaft zusammenhockte nach Karfreitag, Ostern und Himmelfahrt, da geschah ein Brausen vom Himmel und es erschienen ihnen Zungen wie von Feuer und sie wurden alle erfüllt von dem heiligen Geist und jeder hörte die Apostel in seiner Sprache reden und verstand die frohe Botschaft als das Ende der Sprach- und Geistesverwirrung von Babel und als den Anfang einer neuen Zeit und Schöpfung in Jesus Christus.

Das Ereignis hat zunächst Entsetzen hervorgerufen, ein Entsetzen, das von dem alten Gestühl emporriss und zu neuer Gemeinsamkeit für uns Christen in der Nachfolge Jesu führte. Was will das werden? fragten sie damals. Friede soll einkehren, schnellstens, antworten wir heute.

Gott schenke uns hier und allen, die Krieg führen zu müssen meinen und denen, die Opfer sind und Hilfe brauchen, Gott schenke seinen heiligen Geist, damit die Welt wieder zur Vernunft kommt, zur ersten Vernunft, zur prima ratio, damit das Gerede von der ultima ratio endlich verstummt. Denn Gott selbst hat und behält und spricht das erste und das letzte Wort – zum Gericht und zur Gnade.

Amen.

Gastpredigt in der Kreuzkirche der evangelisch-freikirchlichen Gemeinde in Oldenburg am 6.7.2003

Liebe Gemeinde, evangelisch, frei, kirchlich – alles in einem!

Am 1. Mai 1944, am Tag der Arbeit, mitten im Krieg, bin ich unserer Dresdener Wohnung getauft worden. Im Alter von 8 Monaten bekommt ein Kleinkind nicht viel mit von dem, was da aufs Haupt geträufelt und an Segenswünschen ausgesprochen wird.

Das ist bei einer Taufe im Jugend- oder Erwachsenenalter, wie sie in dem großen Becken hinter mir vollzogen wird, natürlich anders. Da geht eine längere Phase des Christwerdens voraus. Das Bekenntnis zu Jesus Christus als dem Herrn und Retter der Welt gehört auf der Seite des Menschen zur gläubigen Vorleistung, um in der Heiligen Taufe Gottes Ja sola gratia als ein geistliches Geschenk für das ganze Leben zu empfangen. Ich hoffe, ich habe Ihr Verständnis der Taufe als ein Geschehen von Wort und Wasser, Geist und Glaube einigermaßen richtig beschrieben, wobei dann der neue Mensch den alten Adam und die junge Eva ablöst.

Zu diesem Ergebnis bewusster Annahme des Glaubens, fröhlicher Bejahung der Gottes- und der Nächstenliebe und unerschütterlicher Hoffnung auf den Frieden Christi in Zeit und Ewigkeit, zu diesem Ergebnis möchten wir auf dem Weg von der Taufe über die Konfirmation zur selbständigen Teilnahme am Abendmahl ebenso gelangen. Dabei kommt es natürlich auf eine möglichst gute christliche Begleitung und Erziehung an. Mittlerweile nimmt die Zahl der Erwachsenentaufen in unserer Kirche zu, nicht nur im Osten, sondern auch in unseren Breiten.

Vor kurzem wollte eine fromme Zeitschrift von mir wissen, wie ich Christ geworden sei. Ich habe darauf ganz bewusst geantwortet: Durch die Taufe. Daraufhin bekam ich einen Anruf des über 70jährigen Chefredakteurs: So habe schon einmal ein Bischof geantwortet, meinte er etwas vorwurfsvoll. Er wollte eigentlich wissen, wann ich denn bekehrt worden sei. Den Gefallen einer solchen Antwort konnte und wollte ich ihm nicht tun. Denn, von wenigen Ausnahmen mit besonderen und manchmal auch besonders fragwürdigen Bekehrungserlebnissen abgesehen, wachsen und reifen Glaube, Hoffnung und Liebe über einen kürzeren oder längeren Zeitraum heran – mit der Taufe im Rücken oder als Ziel vor Augen.

In den Jugendjahren beim CVJM in Neukirchen am Niederrhein bin ich auf meinen Taufspruch gestoßen, der auf der Urkunde vermerkt ist. Das Wort stammt aus 1. Mose 12 am Anfang und lautet: „Ich will dich segnen, und du sollst ein Segen sein." Was da dem großen Abraham von Gott auf den Weg gegeben worden war, das sollte auch mein Leben als recht frühes Waisenkind bestimmen? Und dann wurde mir bei der Konfirmation von dem alten Pastor Gustorff, mit einem Holzbein aus dem Krieg zurückgekehrt, der Spruch aus 2. Timotheus 2, 3 auf die Schultern gelegt: „Leide mit als ein guter Streiter Christi Jesu." Das Spannungsverhältnis zwischen Segenszusage und Leidenserfordernis hat mich in manchen Situationen nachdenklich gemacht. Wichtiger jedoch als alle Psychologie in Glaubensfragen ist die tiefe Dankbarkeit des Menschen gegenüber dem gnädigen Gott, der seine Geschöpfe liebt und in Jesu Namen herauslöst aus den Fängen von Sünde, Tod und Teufel, wie schrecklich sie sich auch gebärden mögen im persönlichen Leben und im Terror oder Krieg einer Welt, der eine von Gottes Geist gewirkte Buße und Taufe wahrlich gut täte.

Im Kolosserbrief 3, 16 steht über die neuen Menschen, die mit Christus schon auferstanden sind (V. 1), ein schöner dreigliedriger Satz, auch für uns heute morgen:

> Lasst das Wort Christi reichlich unter euch wohnen;
> lehrt und ermahnt einander in aller Weisheit;
> mit Psalmen, Lobgesängen und geistlichen Liedern singt Gott dankbar in euren Herzen.

Der Reichtum der Botschaft Jesu von Nazareth, nicht nur im Jahr der Bibel, das Lehren und Lernen in christlicher Weisheit, auch im ökumenischen Dialog, und das Danken für alles Gute durch Gottes Güte, auch und besonders in geistlicher Musik, sind drei gemeindliche Elemente, auf die keine Kirche dauerhaft verzichten kann.

Zum ersten Element:

Mit einer Kinderbibel fingen meine Neugier und meine Freude an der biblischen Botschaft an. Sie trägt den Titel: Schild des Glaubens. Mit ausgewählten Texten und schlichten Zeichnungen habe ich mich beeindrucken lassen von den Schätzen der Heiligen Schrift, das Vorwort hat mich erst Jahrzehnte später interessiert, als ich als Pfarrer längst selbst meinen eigenen und anderen Kindern im Kindergottesdienst von Gleichnissen und Wundern erzählte. In diesem Vorwort ist zu lesen, geistlich-pädagogisch durchdrungen: „Liebes Kind! Was du in der Jugend deinem Herzen einprägst, das wird dein unverlierbarer Besitz, das arbeitet an deinem Geist und an deiner Seele, das wird dir zu einer Lebenskraft. Was du nicht in deiner Jugend lernst, das geht dir später nur sauer ein, und leicht bleibt dein Herz arm und leer."

Das Wörtlein „reichlich" im Predigtvers könnte zur Annahme führen, es komme in erster Linie auf die Menge biblischer Lektüre an, und es reiche, an einer Bibelleseaktion im ICE-Tempo teilgenommen zu haben. Aber welchen nachhaltigen Nutzen sollte es haben, wenn die Heilige Schrift in zwei oder drei Tagen leise oder laut verlesen wird? Was soll da hängen bleiben und vertieft werden können? Auch die tägliche Benutzung der Losungen der Herrnhuter Brüdergemeine ist nicht der Weisheit letzter Schluss. Die ausgelosten Verse führen doch leicht zu einer fast-food-Verköstigung des Christen, der immer im Dienst und in Aktion ist. Viel intensiver wirkt ein Jahresbibelleseplan, der in kleineren Abschnitten durch ganze Bücher der Heiligen Schrift führt und größere Zusammenhänge erschließt.

„Lasset das Wort Christi in seinem Reichtum bei euch zuhause sein." Darauf kommt es im wesentlichen an, was Christum treibet, wie Luther sagt, zu glauben und zu verstehen. In geistlicher Tiefe und ökumenischer Weite.

Drei Jahre vor der großen Sturmflut an der Küste, die 1962 auch das CVJM-Heim vom Deich der Insel Spiekeroog wegspülte, habe ich dort auf dem kleinen Hügel unter dem Fahnenmast meine erste, sozusagen öffentliche, Andacht gehalten. Auf drei kleinen Zetteln in Postkartenformat hatte ich meine Auslegung notiert. Weil das Geländespiel am Nachmittag länger gedauert hatte und das Abendessen verschoben worden war, konnte ich in der Dämmerung kaum meine Aufzeichnungen lesen. Wie gerne hätte ich damals schon einen Talar getragen, mit dem ich das Zittern meiner Knie hätte verbergen können. Irgendwie bin ich durch die schwierige Situation geführt oder getragen worden.

Der Text meiner Ansprache stammte aus der großen Rede des Petrus, Apostelgeschichte 4, 12: „Im Namen Jesu Christi von Nazareth: In keinem andern ist das Heil, auch ist kein anderer Name unter dem Himmel den Menschen gegeben, durch den wir sollen selig werden." Solche Worte behalten prägende Kraft. Und das sollen sie ja auch, wie der Flyer Ihrer Gemeinde als grundsätzliches Ziel formuliert: „Wir wollen den Menschen unserer Umgebung die Barmherzigkeit und Liebe Gottes zeigen. Sie sollen Nachfolgerinnen und Nachfolger Jesu werden und Hilfe in der Lebensgestaltung erfahren. Auf diese Weise lassen wir uns in Gottes Handeln einbeziehen." Schön, so soll es sein oder werden und vor allem bleiben!

Zum zweiten Element:

„Lehrt und ermahnt einander in aller Weisheit." Auf das Wörtlein „einander" kommt es mir an. Es sind in den letzten Jahrzehnten große Fortschritte im ökumenischen Miteinander bei Wahrung der jeweiligen Identität als Kirche oder Verbund von Gemeinden gemacht worden.

Die Arbeitsgemeinschaften christlicher Kirchen (ACK) in Deutschland, auf der Länderebene Niedersachsens oder auf der Stadtebene Oldenburg sind, wie ich finde, Ausdruck einer stärkeren Betonung des Wir. Die Landeskirchen und die Freikirchen spüren ja gemeinsam, dass die Traditionsabbrüche christlichen Lebens fortschreiten und gleichzeitig ein diffuses Sehnen nach multireligiösem Halt und Segen wächst. Darum habe ich gestern beim hundertjährigen Jubiläum eines katholischen Gymnasiums gesagt: „In einer Zeit zunehmender Orientierungslosigkeit, was menschliche Würde und gesellschaftliche Werte angeht und bei der weitverbreiteten Meinung, religiöse Überzeugungen seinen alle gleich gültig und damit relativ gleichgültig, ist für mich die christliche Botschaft von Gotteslob und Nächstenliebe unverzichtbar. Die Kirchen haben mit ihrer nicht immer rühmlichen Vergangenheit die große Chance, das binnenchristliche Modell versöhnter Verschiedenheit in den Dialog der Völker und Religionen einzubringen als einen konstruktiven Beitrag für Frieden mit einem Mindestmaß an Gerechtigkeit."

Wie anders, liebe Schwestern und Brüder, sollte der Weg zu solchen Zielen besser beschrieben und beschritten werden als in weitgehender ökumenischer Gemeinsamkeit, und das nicht nur nach einem 11. September 2001 in St. Lamberti, sondern auch an einem 6. Juli 2003 hier an diesem Ort. Wie oft bin ich schon an dem gelungenen Zentrum evangelisch-freikirchlicher Arbeit vorbeigefahren, heute darf ich zu Gast sein und mit ihnen Gottesdienst feiern.

Auf dem Ökumenischen Kirchentag in Berlin ist die Charta Oecumenica für Deutschland feierlich unterzeichnet worden. In ihr stehen Leitlinien für die wachsende Zusammenarbeit unter den Kirchen in Europa, die von der Konferenz Europäischer Kirchen (KEK) einerseits und dem Rat der Europäischen Bischofskonferenzen andererseits verabschiedet worden sind. Diese Charta trägt unter 12 Punkten mit knappem Text zum gemeinsamen Lehren und Lernen „in aller Weisheit" hoffentlich bei.

Schließlich zum dritten Element geistlicher Erbauung,
auf das keine Kirche dauerhaft verzichten kann.

Wörtlicher als bei Luther steht da im griechischen Original: „Mit Psalmen, Hymnen und pneumatischen Oden (also Gedichten und Liedern, die vom Geist gewirkt sind) singt – die ihr in Gnaden seid – Gott in euren Herzen."

Nichts gegen gute Volks- und Kinderlieder, nichts gegen Beethovens Violinkonzert in D-Dur oder Dvoraks Sinfonie „Aus der neuen Welt" in e-moll, nichts gegen Opern und Operetten, wenn die Handlung einigermaßen übersichtlich gestrickt ist, und nichts gegen afrikanische Rhythmen und lateinamerikanische Combos. Aber diese riesengroße Vielfalt an vokaler und instrumentaler Kunst kann nicht ersetzen, was der Christenheit nicht erst, aber vor allem seit der Reformation an geistlicher Musik geschenkt worden ist. Motetten und Kantaten, Requien, Choräle und Gospels, Weihnachtsoratorium und Matthäuspassion sind und bleiben großartige Schätze christlichen Glaubens und europäischer Kultur.

Für das Singen im Herzen brauchen wir nicht unbedingt Gesangbücher. Aber für den Gottesdienst ist es schon gut, wenn die Gemeinde ein und dasselbe Lied anstimmt. Das wird die Organistin und Chorleiterin mit ihrer Familie sicher bestätigen. Bei einem Wechsel des Gesangbuches kann es zu Irritationen kommen. Ein neues Buch ist gewöhnungsbedürftig. Vielleicht weniger das landeskirchliche Umschalten vom EKG, das ja immer an Elektrokardiogramm erinnerte, auf EG, Evangelisches Gesangbuch. Schwerer fällt es, die neuen Nummern zu behalten. 234 war früher eindeutig „Lobe den Herrn, den mächtigen König der Ehren", heute steht da ein Beichtlied, das ich noch nie gesungen habe.

Zum Ausklang eine kleine Anekdote. Im 19. Jahrhundert sollte in Westfalen ein neues Gesangbuch eingeführt werden. Aber in einer Dorfgemeinde wollten die Bauern – westfälische Dickschädel! – das alte behalten. Doch Pfarrer, Organist und Küster mussten sich der Bielefelder Verfügung beugen. Die neuen Nummern standen auf den Tafeln, aber die Bauern sangen aus ihrem alten Gesangbuch. Gegen die Orgel, jeden Sonntag. Das Konsistorium wollte keine hymnologischen Streitereien und gewährte der Gemeinde eine „Schonfrist", wie lange ist nicht bekannt.

Es ist für mich ein hoffnungsvolles Zeichen christlicher Verbundenheit über die Konfessionsgrenzen hinweg, wenn wir am Ende das Lied gemeinsam anstimmen, das auch gestern in Wilhelmshaven in der katholischen St. Petri Kirche zum Schluss gesungen wurde. „Komm, Herr, segne uns, dass wir uns nicht trennen." Denn: „Keiner kann allein Segen sich bewahren", ganz gleich, wann und wo er oder sie getauft worden ist. Wie heißt es einladend im Kennenlernprospekt dieser Gemeinde: „Wer dennoch an der Gültigkeit seiner Kindertaufe festhält, ist in unseren Gemeinden als Freund oder Freundin gerne gesehen."

Also denn – in aller Freundschaft: Gott befohlen!

Amen.

Begrüßung und Verabschiedung bei der Kampagne für Menschlichkeit in der Altenpflege am 30. September 2003 in Hannover

Meine sehr geehrten Damen und Herren, liebe Gäste aus Nah und Fern!

Sie hören die Stimme des Oldenburger Bischofs Peter Krug. Ich heiße Sie herzlich willkommen im Namen der fünf evangelischen Kirchen in Niedersachsen mit ihren Diakonischen Werken und dem Fachverband der Altenpflege. Es tut not und gut, dass wir an diesem Vormittag im Zentrum Hannovers versammelt sind.

Wir stehen Hand in Hand um Marktkirche und Landtag unter dem Leitwort „Für Menschlichkeit in der Altenpflege".

Wir, das sind Sie als ältere Menschen und Sie als Pflegekräfte, die Sie aus ganz Niedersachsen mit Bahn oder Bus angereist sind, weil Sie sich Sorgen machen um die Zukunft einer menschenwürdigen Altenpflege.

Wir, das sind leitende Frauen und Männer aus Kirche und Diakonie, die erstmals mit einer solchen gemeinsamen Aktion an die Öffentlichkeit treten, weil die Situation in der Altenpflege sehr ernst geworden ist.

Wir, das sind Gäste aus Gesellschaft und Politik, Abgeordnete aus dem Landtag, die ihre Arbeit dort unterbrechen, um diese halbe Stunde ihre Bereitschaft zum Dialog zu bekunden. Stellvertretend für alle Teilnehmenden aus dem öffentlichen Leben begrüße ich Frau Ministerin Dr. von der Leyen, die auch noch ein Grußwort an uns richten wird. Vielen Dank, dass Sie da sind.

Wir, das sind auch die Vertreter der Medien und Sie, die Sie irgendwo gerade stehen bleiben und Interesse zeigen für ein Thema, das die ganze Bevölkerung zunehmend bewegt.

Noch einmal: Herzlich Willkommen, sehr geehrte Damen und Herren, liebe Schwestern und Brüder aus den Kirchengemeinden, aus den Diakonischen Werken und aus den sozialen Einrichtungen im Gebiet der Konföderation Evangelischer Kirchen in Niedersachsen.

Warum ist die Lage ernst? Warum blickt an 2000 Orten in Niedersachsen ein alter Mensch von Großflächenplakaten auf die Passanten? Warum starten wir heute eine landesweite Kampagne „Für Menschlichkeit in der Altenpflege"?

Aus drei Hauptgründen sehen wir die Menschlichkeit in der Altenpflege in Gefahr.

1. Die Pflege alter Menschen steht unter kaum mehr erträglichem Zeitdruck.

2. Zahlreichen Pflegeeinrichtungen droht der wirtschaftliche Kollaps.

3. Die Zahl pflegewilliger Fachkräfte nimmt ab, während die Zahl pflegebedürftiger Menschen zunimmt. Allein in Niedersachsen fehlen jetzt schon 1500 Mitarbeiterinnen und Mitarbeiter.

Weil die aktuellen Umstände in der Altenpflege nicht mehr lange hinnehmbar sind, haben wir uns zu der ungewöhnlichen Maßnahme einer Kampagne entschlossen. Neue Impulse zu einer konzertierten Aktion aller Beteiligten und Betroffenen sind nötig. Um die gemeinsame Verantwortung von Kirche, Gesellschaft und Politik zu unterstreichen, bilden Seniorinnen und Senioren einen großen Kreis um die Marktkirche, den Landtag und die belebten Straßen dazwischen.

Alte Menschen und Pflegende wünschen sich mehr Menschlichkeit in der Altenpflege. Aber die gesetzlichen und wirtschaftlichen Vorgaben lassen kaum Zeit für ein Gespräch, für ein Gebet, für eine Pflege jenseits von Essen und Körperpflege. „Satt und sauber" reicht keinem Menschen auf Dauer. Eine solche Beschreibung der Wirklichkeit entspricht nicht dem Grundverständnis von Kirche und Diakonie. Unsere Vorstellungen von einer menschlichen Pflege haben wir in einem Pflegeleitbild aufgeschrieben. Da sich die Vorgaben nun weiter verschlechtern, wird es Zeit, dass wir uns lauter zu Wort melden.

Wir brauchen die Unterstützung aller, die alt geworden sind und einmal alt werden, damit das Thema „Alter und Pflege" nicht nur als Finanzproblem, sondern unter den Gesichtspunkten „Würde und Menschlichkeit" diskutiert wird. Diese Kampagne, der regionale Aktionstage folgen, soll die allgemeine und die kirchliche Öffentlichkeit, die Angehörigen von Pflegebedürftigen, die Medien, Politiker, Kostenträger und Mitarbeitende in der ambulanten und stationären Pflege ansprechen.

Die Kampagne hat bereits im Vorfeld sehr viel Unterstützung von den Mitarbeitenden bekommen. Sie erfahren durch die gemeinsame Aktion eine Wertschätzung ihrer Arbeit und fühlen sich verstanden, weil sich Kirche und Diakonie zusammen mit den hochmotivierten Pflegekräften, Ehrenamtlichen und Angehörigen für eine menschenwürdige Pflege im Alter einsetzen. Mit Themengottesdiensten und Gesprächskreisen in den Kirchengemeinden soll erreicht werden, dass das Thema dort diskutiert wird, wo es angesichts der demographischen Entwicklung hingehört: In die Mitte der Gesellschaft, in die Gruppen und Kreise aller Ortsgemeinden, in die diakonischen Einrichtungen und überall dort, wo sich Menschen unterschiedlichen Alters mit oder ohne Behinderung begegnen. Wir möchten mit der Kampagne der Verdrängung des Themas „Alter" entgegenwirken und anwaltschaftlich eintreten für die, die sich nicht wehren können gegen die Dreistigkeit der hämischen Frage: „Was spricht gegen eine Sterbepflicht mit 80?" Mit der Zurückweisung solcher verächtlichen Parolen ist gleichzeitig die Forderung an alle älteren Menschen, denen es finanziell gut und besser geht, verbunden, sich stärker an den Kosten für ein menschenwürdiges Altwerden zu beteiligen. Es können nicht alle Kosten der demographischen Entwicklung der jüngeren Generation aufgebürdet werden. Fairness ist geboten von Jung und Alt und allen, die dazwischen leben.

Wir wollen mit unserer Kampagne den alten und kranken Menschen ein Gesicht geben, mit einfachen und klaren Botschaften wie „Berühr mich", „Bete mit mir" und „Streite mit mir".

Ich erinnere mich genau an sie. Ihr Gesicht ist mir unvergesslich. Die Runzeln ihrer Stirn waren nicht zählbar. Darüber das weiße Haar, in einen fast unsichtbaren Schleier mit kleinen Perlen sorgfältig verpackt. Auf der Nase klemmte der bügellose Kneifer mit wenig Erfolg gegen den Grünen Star auf dem einen und den Grauen Star auf dem anderen Auge. Gütig und weise, auch ein wenig verschmitzt saß sie mit leichtem Buckel auf ihrem Sessel und schrieb ihrem Enkel alle 14 Tage einen kurzen Brief in deutscher Schrift. Über den beigelegten Geldschein, dessen Wert von Zeit zu Zeit ein wenig stieg, freute sich der Enkelsohn. Je älter er in seiner Jugend wurde, verstand und schätzte er den Satz am Ende eines jeden Briefes: „Gott behüte Dich!" 93 Jahre alt wurde sie – meine geliebte und verehrte Großmutter, die mir viel mehr als ein Ersatz wurde für den Vater, der in der Gefangenschaft verschollen blieb, und für die Mutter, die starb, als ich knapp 13 Jahre alt war.

Im Psalm 71 betet ein frommer Mensch: „Auch im Alter und wenn ich grau werde, Gott, verlass mich nicht, bis ich deine Macht verkündige Kindeskindern und deine Kraft allen, die noch kommen sollen." (Vers 17 + 18)

Graue Haare sind in der Heiligen Schrift eine Krone der Ehre (Sprüche 16, 31). „Vor einem grauen Haupt sollst du aufstehen und die Alten ehren und sollst dich fürchten vor deinem Gott." (3. Mose 19, 32)

Und der Prophet Jesaja spricht im Namen Gottes: „Auch bis in euer Alter bin ich derselbe, und ich will euch tragen, bis ihr grau werdet. Ich will heben und tragen und erretten." (Jesaja 46, 4)

Meine sehr geehrten Damen und Herren! Die Kampagne unserer evangelischen Kirche und ihrer Diakonie richtet sich nicht gegen die Politik, die Pflegeversicherung, Kostenträger welcher Art auch immer. Wir werben für eine Interaktion aller Zuständigen und Verantwortlichen zum Wohle der alten Menschen, die in den Jahrzehnten nach dem 2. Weltkrieg durch harte Arbeit die Voraussetzungen für eine soziale Marktwirtschaft mit den Grundprinzipien der Solidarität und der Subsidiarität geschaffen haben. Es ist höchste Zeit, dass die Pflegeversicherung weiterentwickelt, die Bürokratie abgebaut, der Pflegekräftemangel behoben und das Fiasko drohender Insolvenzen gemeinschaftlich bewältigt wird. Wir brauchen und fordern ein Gesamtkonzept für Menschlichkeit in der Altenpflege. Evangelische Kirche, Diakonie und Altenpflege haben ein Eckpunktepapier erarbeitet, in dem Forderungen und Vorschläge zur Weiterentwicklung der Altenpflege enthalten sind. Wir sind zur Beratung auf Fachebene und zum kirchlich-politischen Dialog jederzeit bereit.

Denn es ist Zeit, nicht nur zu verhandeln, sondern zu handeln, nicht gegen jemand, sondern Hand in Hand für mehr Menschlichkeit in der Altenpflege.

Ich freue mich und bin dankbar dafür, dass Abgeordnete der Landtagsfraktionen der CDU, der SPD und der FDP in meiner unmittelbaren Nähe vertreten sind und uns gutes Gelingen wünschen. Der Präsident des niedersächsischen Landtages, Jürgen Gansäuer, und der niedersächsische Ministerpräsident, Christian Wulff, können nicht anwesend sein, begrüßen aber diese wichtige Zeichensetzung und wünschen uns eine große Resonanz.

Es ist mir nun eine große Freude, wenn Sie, Frau Dr. von der Leyen, als niedersächsische Ministerin für Soziales, Frauen, Familie und Gesundheit das Wort an uns richten.

(Grußwort der Frau Ministerin in der Länge von etwa 5 Minuten)

Für Ihre Anwesenheit bei dieser ungewöhnlichen Aktion von Kirche und Diakonie und für Ihren Redebeitrag, der uns auf mehr Menschlichkeit in der Altenpflege hoffen lässt, sage ich Ihnen im Namen aller Beteiligten meinen herzlichen Dank. Die evangelischen Kirchen und ihre Diakonie sehen mit Ihnen die Notwendigkeit, eine breite gesellschaftliche Diskussion zu der Frage zu führen, wie Leben im Alter menschenwürdig gestaltet werden kann. Wir werden uns wie bisher einbringen in die Sicherung und Weiterentwicklung eines integrierten Systems von häuslicher, ambulanter, teilstationärer und stationärer Pflege.

Die Zukunft einer humanen und menschenwürdigen Pflege ist nur mit einem Sinneswandel und Reformen möglich. Wir bieten allen an der Pflege Beteiligten eine konstruktive Zusammenarbeit an, um zukunftsfähige Lösungen zu entwickeln, die zu angemessener eigener und sozialer Verantwortung, zu Solidarität und Gerechtigkeit im Umgang mit den alten Menschen führen. Wir sind bereit zum Gespräch und zum Streit für Menschlichkeit in der Altenpflege.

Wir kommen zum Schluss des offiziellen Teiles dieser Aktion von Kirche und Diakonie für die Altenpflege. In dem Gebet einer Äbtissin kommt zum Ausdruck, was wir Älteren von 60 aufwärts beherzigen sollten im Umgang mit den jüngeren Jahrgängen in unseren Familien und in unserer Gesellschaft.

Herr, du weißt, dass ich altere und bald alt sein werde. Bewahre mich davor, dass ich schwatzhaft werde und vor der fatalen Angewohnheit, bei jeder Gelegenheit und über jedes Thema mitreden zu wollen. Befreie mich von der Einbildung, ich müsse anderer Leute Angelegenheiten in Ordnung bringen.

Bei meinem ungeheuren Schatz an Erfahrungen und Weisheit ist es freilich ein Jammer, nicht jedermann daran teilnehmen zu lassen. Aber du weißt, Herr, dass ich am Ende ein paar Freunde brauche.

Ich wage nicht, dich um die Fähigkeit zu bitten, die Klagen meiner Mitmenschen über ihre Leiden mit nie versagender Teilnahme anzuhören. Hilf mir nur, sie mit Geduld zu ertragen, und versiegele meinen Mund, wenn es sich um eigene Kümmernisse und Gebrechen handelt. Sie nehmen zu mit den Jahren und meine Neigung, sie aufzuzählen, wächst mit ihnen.

Ich will auch nicht um ein besseres Gedächtnis bitten, nur um etwas mehr Demut und weniger Selbstsicherheit, wenn meine Erinnerung nicht mit der anderer übereinstimmt. Schenke mir die wichtige Einsicht, dass ich mich gelegentlich irren kann. Hilf mir, einigermaßen milde zu bleiben.

Mache mich teilnehmend, aber nicht sentimental, hilfsbereit, aber nicht aufdringlich. Gewähre mir, dass ich Gutes finde bei Leuten, wo ich es nicht vermutet habe. Und schenke mir, Herr, die Liebenswürdigkeit, es ihnen auch zu sagen.

Für Ihr Kommen zu der Aktion „Hand in Hand – Für Menschlichkeit in der Altenpflege" sage ich Ihnen herzlichen Dank.

Dank gilt auch allen, die in den Monaten und Wochen zuvor diese bisher einmalige Veranstaltung geplant, gefördert, heute durchgeführt und morgen nachgearbeitet haben werden. Über dieser Aktion zugunsten der Altenpflege sind die Diakonischen Werke unserer fünf evangelischen Kirchen in Niedersachsen fachlich und menschlich so nahe zusammengerückt, wie das in der Vergangenheit wohl noch nicht der Fall gewesen ist. Ein besonderer Dank gilt auch vielen Zeitungen in unserem Einzugsbereich, die zu unserer Aktion Sonderseiten geschaltet haben.

Auf die beiden großen regionalen Veranstaltungen am 1. Oktober vormittags in Braunschweig und am 8. Oktober vormittags im oldenburgischen Westerstede weise ich mit nachdrücklicher Empfehlung hin.

Nach einem Schlusslied, das die meisten von uns kennen, und der Bitte um Gottes Segen sind sie alle eingeladen, zur Marktkirche zu kommen. Für einen Imbiss und Erfrischungsgetränke haben wir gesorgt. Wir können miteinander ins Gespräch kommen und dabei auf eine Wende zum Guten hoffen.
Lassen Sie uns gemeinsam die eine Strophe singen: Komm, Herr, segne uns, dass wir uns nicht trennen, sondern überall uns zu dir bekennen. Nie sind wir allein, stets sind wir die Deinen, Lachen oder Weinen wird gesegnet sein.

(Gesang der 1. Strophe von Lied EG 170)

Es segne und behüte uns der allmächtige und barmherzige Gott, Vater, Sohn und Heiliger Geist. Amen

Herzlichen Dank und Gott befohlen!

5. Bericht des Bischofs vor der Synode am 13.05.2004 in Rastede

Kirche sein und werden

Oldenburgische Perspektiven

Herr Präsident,
liebe Schwestern und Brüder,
werte Gäste!

Im Mai 1998 haben der Präsident der Synode und der Bischof ein Vorwort zu den ersten „Perspektiven kirchlichen Handelns in der Ev.-Luth. Kirche in Oldenburg" geschrieben. Darin heißt es, dass wir uns auch in Zukunft berufen wissen, „mit Wort und Tat Christus als den Herrn und Heiland vor allem Volk zu bezeugen". Im Anschluss an diesen Artikel 4, Absatz 4 unserer Kirchenordnung haben wir seinerzeit eine Art Selbstverpflichtung zum Ausdruck gebracht: „Unseren Kindern und Enkeln sind wir eine lebendige, offene und vielfältige Kirche schuldig. Allerdings müssen wir nach Antworten auf die Frage suchen, wie wir mit geringerer Finanzkraft im Wandel der Zeit eine solche Kirche sein können. Auf allen Ebenen unserer Kirche wird den verantwortlichen Gremien viel Phantasie zugetraut und Arbeit zugemutet, damit wir mit teilweise veränderten Strukturen und Schwerpunkten unserer Arbeit den Herausforderungen der Zukunft gewachsen sind."

Mittlerweile sind sechs Jahre vergangen, in denen eine ganze Reihe von Beschlüssen für eine mittelfristige Struktur-, Personal- und Finanzplanung umgesetzt worden ist. Damals war ich gerade vier Wochen im Amt und habe mit Respekt vermerkt, wie kompetent Auftrag, Leitbild und Gestalt unserer Kirche herausgearbeitet und wie früh, im Unterschied zu den meisten anderen Landeskirchen, angesichts des zu erwartenden Rückgangs der Finanzen strukturelle Konsequenzen für die kirchlichen Handlungsfelder beschlossen worden sind. Wie sich in den folgenden Jahren herausstellen sollte, war dieser erste Schritt notwendig, aber bei weitem nicht ausreichend. Den Abschlussbericht der zweiten Perspektivgruppe wird heute Nachmittag der Vorsitzende, Kreispfarrer Werner Rossow, einbringen.

Ich möchte in meinem diesjährigen Bericht nach einigen grundsätzlichen Überlegungen (A.) unsere Kirche in einigen Handlungsfeldern auf dem Hintergrund neuer Herausforderungen (B.) aus eigenen Erfahrungen und Einschätzungen beleuchten und schließlich einige Anmerkungen zur oldenburgischen Kirche in Kooperation und in Partnerschaft (C.) machen.

A. Grundsätzliche Überlegungen

1. Zum Leitbild

In der Einleitung der „Gelben Perspektiven" (1998) wurde sympathischerweise nicht der mir seit vielen Berufsjahren aussichtslos erscheinende Versuch gemacht, von hohen theologischen

Prämissen aus direkte Linien zur Prioritätensetzung unter finanziellem Druck ableiten zu wollen. Es wird nüchtern festgestellt: „Wir haben nicht den Auftrag der Kirche zu begründen – dieser ist ihr vorgegeben und konstituiert sie, sondern wir haben darüber nachzudenken, wie wir Kirche sein und werden können unter den erkennbaren gesellschaftlichen Entwicklungen und Veränderungen." (S. 6)

Diesem Zitat habe ich das Thema für meinen Bericht entnommen: Kirche sein und werden. Es ist bezeichnend, dass 1998 der Begriff „Volkskirche" kaum verwendet wird. Nur in der als falsch verstandenen Alternative „Hier Gemeindekirche, dort vielfältig gestaltete Volkskirche" kommt er einmal vor. Für die konzeptionelle Weiterentwicklung in Gestalt der „Grünen Perspektiven" (2004) ist der Titel gewählt worden: Volkskirche bleiben. Ich kann mir vorstellen, welche Motive bei dieser Wahl leitend gewesen sein mögen. Wir werden darüber sicherlich noch etwas hören. Ich halte die Wahl dieses Mottos jedoch für nicht ganz unproblematisch. Zum einen ist zu fragen, was für ein Begriff von Volkskirche denn gemeint ist. Zum anderen kann der Begriff bleiben sowohl theologisch als auch entwicklungsdynamisch ambivalent gehört und gedeutet werden. Zum dritten wird mit der Kombination recht plakativ der Eindruck erweckt, dass mehr oder weniger alles beim Alten bleiben könne und solle, was angesichts radikaler Einschnitte auf allen Ebenen und an vielen Orten kirchlichen Handelns nicht der Fall sein wird. Mir geht es mit dieser Feststellung nicht um eine oberflächliche Wortklauberei, sondern um die Frage, ob die erarbeiteten Vorschläge zur strukturellen Einsparung von etwa 12,5 Millionen Euro bis 2010 einer solchen Titulierung bedürfen.

2. Zum Begriff „Volkskirche"

Der Begriff Volkskirche wurde von Schleiermacher im 19. Jahrhundert geprägt und seither in Anlehnung an das jeweilige Verständnis von Volk verschiedenartig interpretiert. Phänomenologisch spricht man von Volkskirche, wenn folgende vier Merkmale zusammentreffen. (Taschenlexikon, Religion und Theologie)

a) „Die Zugehörigkeit zur Kirche ist in einer Bevölkerung von Herkunft und Sitte her weitgehend Normalsituation." Spätestens seit der Vereinigung beider deutscher Staaten nach der politischen Wende 1989 kann im Blick auf die Volkskirche nicht mehr von einer normalen Situation die Rede sein. Auch in unserer oldenburgischen Kirche gibt es erhebliche prozentuale Differenzen in der Kirchenzugehörigkeit der Bevölkerung zwischen beispielsweise Wilhelmshaven einerseits und dem südlichen Oldenburg andererseits.

b) „Die Praxis der Kindertaufe." Zwar werden in Ehen mit zwei evangelischen Elternteilen oder zumindest mit einem noch sehr viele Kinder zur Taufe gebracht, auf die Gesamtzahl der in der Bundesrepublik geborenen Kinder nimmt dieser Anteil unabhängig von der Zahl der im Zusammenhang mit der Konfirmation getauften Jugendlichen ab. Im Gegenzug allerdings steigt die Zahl von Erwachsenen, die sich taufen lassen möchten, wenn auch nur in kleinen Schritten, an.

c) „Erziehung und Lebensgestaltung, Sitte und Kultur, Ethik und Recht erhalten starke Einflüsse durch christlich-kirchliche Normen." Wir bemerken wohl alle, dass bei vielen in der Gegenwart diskutierten Themen christliche mit anderen Normen und Werten in starker Konkurrenz stehen. Als Beispiele nenne ich nur einmal Bioethik und Gentechnologie auf der einen und aktive bzw. passive Sterbehilfe auf der anderen Seite. Nicht in allen Bundesländern wird der Religionsunterricht wie selbstverständlich erteilt. Es wird aktuell darüber gestritten, ob in der europäischen Verfassung Gott oder wenigstens der Hinweis auf das Erbe jüdisch-christlicher Tradition verankert werden soll.

d) „Die Gesellschaft gewährt einer solchen Kirche Geltung und Förderung." Abgesichert durch Konkordate der katholischen Kirche und Staatskirchenverträge der evangelischen Kirche ist den beiden großen Kirchen noch ein recht großer Spielraum eröffnet, mit ihrem kirchlich-diakonischen Profil zum Wohle ihrer Mitglieder und der Allgemeinheit tätig zu sein. In gewissen Abständen sind jedoch immer wieder politische Vorstöße gegen eine angebliche Bevorzugung der Kirche in unserer Gesellschaft zu registrieren.

Aus diesen Gründen wird schon seit langem mehr von der Gesellschaft als dem faktisch vorgegebenen Daseins- und Arbeitsraum kirchlichen Dienstes gesprochen. Ungeachtet dieser Problematik ist Gemeinde und Kirche nach wie vor dazu berufen, „Christus als den Herrn und Heiland vor allem Volk zu bezeugen". Mit diesem kleinen Ausflug in die Geschichte des Begriffes Volkskirche will ich weder für eine Freiwilligkeitskirche welcher konfessionellen Ausrichtung auch immer plädieren. Noch liegt es mir fern, wie die meisten von Ihnen wissen, die Chancen einer noch vorhandenen volkskirchlichen Offenheit im Oldenburger Land nicht zu nutzen, was gleichermaßen unbarmherzig gegenüber den Nachfragen aus der Gesellschaft und töricht im Blick auf unseren Auftrag wäre. Wir können und wollen als evangelische Christenheit Kirche im Volk und als solche auch Kirche für das Volk sein und werden. Das ist eine etwas zurückhaltendere Definition unserer Rolle angesichts der missionarischen Herausforderung in unserer Gesellschaft nicht erst seit der Leipziger EKD-Synode 1999.

Unsere „volkskirchliche" Situation spiegelt sich in Zahlen von 2002 so wider: Mitglieder aller christlichen Kirchen haben einen Anteil an der deutschen Bevölkerung von 65,7 % (75,5 % im Westen, 28 % im Osten). Der Anteil der Mitglieder der EKD-Kirchen beträgt davon 31,8 % (34,5 % westliche, 21,3 % östliche Gliedkirchen). Der Anteil unserer Oldenburgischen Kirche an der Gesamtmitgliederzahl der 24 EKD-Kirchen beträgt (2002) 473.000 von 26.211.000, das sind etwa 1,8 %. In Oldenburg sind im Vergleich zwischen 2001 und 2002 die Zahlen der Austritte von 4.823 auf 3.850 zurückgegangen und die Zahlen der Eintritte von 1.404 auf 1.444 leicht gestiegen. Dieser etwas günstigere Saldo im Jahre 2002 bleibt jedoch negativ. Zusammen mit der Differenz zwischen den Zahlen der Kindertaufen in Höhe von 4.779 und der Bestattungen in Höhe von 5.593 sinkt die Gesamtmitgliederzahl in unserer Kirche jährlich um etwa 3.000 Männer, Frauen und Kinder, wie OKR Schrader zu „predigen" nicht müde wird.

3. Zur Annäherung evangelischer Bekenntnisstände

In diesem Jahre ist in den evangelischen Kirchen lutherischer, reformierter und unierter Prägung an „Die Theologische Erklärung der Bekenntnissynode von Barmen" zu erinnern, die vom 29. bis 31. Mai 1934 getagt hat. Der Text ist in unserem Evangelischen Gesangbuch abgedruckt (810) und liegt noch einmal als Anlage (1) diesem Bericht bei.

Die Barmer Theologische Erklärung wurde von der ersten Bekenntnissynode der Deutschen Evangelischen Kirche verabschiedet, die in der Gemarker Kirche zu Wuppertal-Barmen vor 70 Jahren zusammentrat. 139 Abgeordnete aus 18 evangelischen Landeskirchen, Lutheraner, Reformierte und Unierte, bekannten sich damals, im zweiten Jahre der nationalsozialistischen Herrschaft, gemeinsam zu den in den sechs Thesen ausgesprochenen „evangelischen Wahrheiten", wie es im Vorspruch zur Erklärung heißt. Die Synode wollte mit dieser Erklärung nicht ein neues Bekenntnis neben die reformatorischen stellen, sondern einen klaren Weg weisen „angesichts der die Kirche verwüstenden und damit auch die Einheit der DEK sprengenden Irrtümer der Deutschen Christen und der gegenwärtigen Reichskirchenregierung". Den Entwurf der Erklärung hatte Karl Barth verfasst und gemeinsam mit Hans Asmussen und Thomas Breit der Synode vorgelegt.

In Art. 1 Abs. 3 unserer Kirchenordnung vom April 1950 wird auf diese theologische Erklärung ausdrücklich Bezug genommen. Zuvor wird in Abs. 1 festgestellt, dass sich die oldenburgische Kirche „auf das in der ganzen Heiligen Schrift bezeugte Evangelium von Jesus Christus, ihrem alleinigen Herrn" gründet. Dieses Grundbekenntnis ist den Grünen Perspektiven als Präambel mit gutem Grund vorangestellt worden. In Abs. 2 werden die altkirchlichen und die Bekenntnisse der Reformation benannt. Damit endet aber für die Verfasser der Kirchenordnung nicht die Auslegungsgeschichte von Schrift und Tradition. Es folgt der Abs. 3, den ich je länger je mehr für mindestens so fortschrittlich halte wie die Kirchenordnung von 1849, derer wir im November 1999 in der Lamberti-Kirche und Weser-Ems-Halle zu Oldenburg in Rückblick und Aufbruch gedacht haben.

„Die Kirche weiß sich verpflichtet, ihren Bekenntnisstand jederzeit an der Heiligen Schrift neu zu prüfen und dabei auf den Rat und die Mahnung der Brüder gleichen und anderen Bekenntnisses zu hören. Sie weiß, dass ihr Bekenntnis nur dann in Geltung ist, wenn es jeweils in seiner Bedeutung für die Gegenwart ausgelegt, weitergebildet und bezeugt wird. Zu dieser Haltung verpflichtet sie auch die auf der ersten Bekenntnissynode der Deutschen Evangelischen Kirche in Barmen 1934 gefallene Entscheidung und die theologische Erklärung dieser Synode." (KO Art. 1 Abs. 3)

Dieses Prüfen und Hören im Blick auf das Prinzip „Kirche sein und werden" hat dann im Jahre 1973 zur Konkordie Reformatorischer Kirchen in Europa geführt. Sie ist in Auszügen ebenfalls in unserem Evangelischen Gesangbuch (811) abgedruckt. Diese Leuenberger Konkordie, nach dem Tagungsort Leuenberg bei Basel benannt, die in ihrer letzten Fassung vom 16.3.1973 die Kanzel- und Abendmahlsgemeinschaft zwischen den beteiligten lutherischen, reformierten und unierten Kirchen herstellte, lässt die verschiedenen Bekenntnisse bestehen, stellt aber ausdrücklich fest, „dass sich ihr Verhältnis zueinander seit der Reformationszeit gewandelt hat". Bis 2003 sind der Leuenberger Konkordie 103 Kirchen in Europa und in Lateinamerika durch Unterschrift beigetreten. Als 100. Mitglied haben Vertreter der EKD dieses Dokument unterzeichnet.

Hinter die theologische und ekklesiologische Annäherung reformatorischer Kirchen in Europa kann und will, soweit ich sehe, in der EKD niemand zurück. Im Gegenteil. Bei der neuerdings angestrebten „Strukturreform" der EKD ist die Frage zu klären, wie die bestehenden gliedkirchlichen Zusammenschlüsse besser in die EKD eingefügt werden können. Der lutherische Zusammenschluss in der Vereinigten Evangelisch-Lutherischen Kirche Deutschlands (VELKD), dem acht Gliedkirchen als Vollmitglieder und Baden Württemberg und Oldenburg über das Deutsche Nationale Komitee des Lutherischen Weltbundes als Gäste angehören, und der im letzten Jahr in Kraft getretene Zusammenschluss aller anderen Gliedkirchen mit Baden-Württemberg und Oldenburg wiederum im Gaststatus, sollen unter dem Dach der EKD die sinnvolle Möglichkeit erhalten, ihre jeweiligen Angelegenheiten in Konventen bzw., wenn erforderlich, in Bekenntnisversammlungen zu regeln. Der VELKD und der UEK (= Union evangelischer Kirchen in der EKD) steht es frei, als gliedkirchliche Zusammenschlüsse fortzubestehen oder bei einer Auflösung (UEK vielleicht in einigen Jahren) sich nur noch der Konvente der Kirchenkonferenzen und der Synode zu bedienen.

Diese Entwicklung kommt der Beobachtung entgegen, dass zunehmend viele Menschen in den Gliedkirchen der EKD sich nur noch als „evangelisch" betrachten und immer weniger zwischen typischen Merkmalen lutherischer, reformierter oder unierter Kirche zu unterscheiden wissen.

Dieser Tendenz hat die Kirchengemeinschaft schon längst dadurch Rechnung getragen, dass alle evangelischen Kirchen in Deutschland ein Evangelisches Gesangbuch mit Stammteil (1 – 535) und einem besonderen Regionalteil herausgeben. Seit dem 1. Advent 1999 verfügen zudem die Mitgliedskirchen der VELKD und EKU (jetzt: UEK) über ein Evangelisches Gottesdienstbuch mit zwei Grundformen und variablen Möglichkeiten zur vielfältigen Gestaltung und Feier evangelischer Gottesdienste. Wie in vielen anderen Fällen ist dieses Buch in unserer Kirche nicht regulär und verbindlich eingeführt worden, aber zur Verwendung vieler Formen und

Texte freigegeben, zumal die angebotenen Grundformen schon längst in unseren Kirchengemeinden verwendet worden sind.

In vielem, was sich mit und nach Leuenberg entwickelt hat, liegen Fortschritte, wie es sich die Verfasser unserer Kirchenordnung 1950 bei der Formulierung des Art. 2 kaum vorgestellt haben: „Die Evangelisch-Lutherische Kirche in Oldenburg weiß sich mitverantwortlich für das Wachsen der Einen Kirche Jesu Christi in aller Welt. Sie ist ein Glied der Evangelischen Kirche in Deutschland und bewahrt die darin gewordene Gemeinsamkeit."

Über die EKD-Strukturreform wird selbstverständlich auch in unseren zuständigen Ausschüssen und auf der Synode beraten. Ich kann nur sehr empfehlen, die in unserer Verfassung angelegte und über viele Jahrzehnte bewährte Position der Unabhängigkeit von Vollmitgliedschaften in dem einen oder anderen Block zu bewahren und wie bisher im Gaststatus in den gliedkirchlichen Ausschüssen Theologie und Recht nach Kräften mitzuarbeiten und damit an den aktuellen Diskussionsprozessen der gliedkirchlichen Zusammenschlüsse (VELKD u. UEK) beteiligt zu sein. Wir brauchen weder mehr noch weniger. Außerdem sparen wir Zeit, Kraft und Geld.

In diesem Jahre gedenken wir des 100. Geburts- und des 50. Todestages von D. Dr. Hermann Ehlers, der als Oberkirchenrat entscheidend an der Erarbeitung unserer Kirchenordnung beteiligt war. Er lebte von 1904 bis 1954 und war neben seiner oldenburgischen Aufgabe Präsident des Deutschen Bundestages sowie erster Bundesvorsitzender des Ev. Arbeitskreises der CDU. Auf dem Symposion am 1./2. Oktober in Oldenburg werden vor allem die Vorträge von Ministerpräsident Wulff am Abend und Altbundespräsident Dr. von Weizsäcker großes Interesse finden.

4. Zum Verhältnis zur römisch-katholischen Kirche

Bedenken wir, wie viel Zeit seit den Tagen der Reformation über die Barmer Theologische Erklärung von 1934 bis zur Leuenberger Konkordie 1973 vergangen ist, so kann es eigentlich nicht verwundern, dass von Reformbewegungen innerhalb der römisch-katholischen und der evangelischen Kirche erhoffte und gewünschte Annäherungen z.B. in der Feier des Gottesdienstes nicht nur auf sich warten lassen, sondern auf lange Sicht schwierig bleiben.

Das zweite Vatikanische Konzil, 1962 von Papst Johannes XXIII eröffnet und 1965 durch Papst Paul VI beschlossen, hat mit seiner grundlegenden Reform des kirchlichen Lebens in der katholischen Kirche und mit seiner „Öffnung" zur modernen Welt und der Neubestimmung seines Verhältnisses zu anderen christlichen Kirchen und den nichtchristlichen Religionen große Erwartungen geweckt. Die Ökumene im Oldenburger Land hat sich im Rahmen der bekannten theologischen und ekklesiologischen Grenzen, die beiden Kirchen auf ihre Weise gesetzt sind, vielfältig entwickelt. Nicht nur die Tradition des Ökumenischen Gespräches zwischen dem Offizialat Vechta und der oldenburgischen Kirche, das sich 2004 zum 38. Male jährt, sondern auch in vielen Schritten gemeindlicher und diakonisch-caritativer Praxis ist das Vertrauen zwischen der katholischen und evangelischen Christenheit über die Jahrzehnte gewachsen. Nach zwei Weltkriegen im letzten Jahrhundert sind manche Barrieren abgebaut worden, wir haben die Taufe wechselseitig anerkannt, sogenannte ökumenische Trauungen zugelassen, haben gemeinsame Denkschriften erarbeitet und die gemeinsame Erklärung zur Rechtfertigung des Sünders vor Gott als Annäherung in theologischen Grundsatzfragen 1999 erlebt. In vielen ethischen und sozialen Fragen trennen uns keine Welten, wohl aber unterschiedliche Akzentuierungen. In Fragen des Lebensschutzes am Anfang und am Ende verlaufen die Diskussionslinien quer durch die Kirchen.

Der Ökumenische Kirchentag in Berlin im vergangenen Jahre hat ein großes positives Echo, vor allem an der Basis unserer Kirchen, erfahren. Aber es sind auch noch einmal die Grenzen deutlich aufgezeigt worden in der Beurteilung eines gemeinsamen Abendmahles oder zumindest einer wechselseitigen Gastfreundschaft bei Eucharistie und Abendmahl. Die jüngste päpstliche Instruktion „Redemptionis sacramentum" über einige Dinge bezüglich der heiligsten Eucharistie, die einzuhalten und zu vermeiden sind, betont noch einmal die bekannten Abgrenzungen der römisch-katholischen zu anderen Kirchen und sorgt auch innerkatholisch für anhaltenden Diskussionsstoff. Die schon in der Instruktion über die Mitarbeiter der Laien am Dienst der Priester (1997) erkennbare Tendenz, einer Verwischung des Unterschieds zwischen dem Dienst der Kleriker und der Laien im sakramentalen Bereich zu wehren, setzt sich in dem neuen Dokument fort. Als evangelische Kirchen haben wir das Selbstverständnis in Lehre und Liturgie der römisch-katholischen Kirche zu respektieren, wie auch wir Respekt vor unserem Weg des Seins und Werdens evangelischer Kirche erwarten. Durch die klaren Grenzziehungen an wichtigen Punkten des katholischen Verständnisses vom Gottesdienst am Sonntag und im Alltag der Welt sind und bleiben wir frei, das uns nach dem Evangelium Gebotene zu tun oder zu lassen. Wir bleiben dabei, den getauften Menschen, die einer anderen christlichen Kirche angehören, am Tisch des Herrn die Gemeinschaft mit Christus in Brot und Wein anzubieten.

Wir teilen das Bedauern der VELKD über die Ablehnung der römisch-katholischen Bischofskonferenz, den Pfingstmontag als Tag oder Fest ökumenischer Annäherung zu begehen.

Wir wünschen uns weiter, dass das Prinzip der mit der Leuenberger Konkordie erreichte Ziel einer „versöhnten Verschiedenheit" unter den protestantischen Kirchen auch ein Modell für das Miteinander der römisch-katholischen Kirche und der Kirchen der Reformation sein kann, wenn der Heilige Geist uns nicht gänzlich neue Wege zu einem geistlichen Miteinander in der Zukunft eröffnet.

Unabhängig von diesen unterschiedlichen Sichtweisen in dem ökumenischen Kapitel „Wahrheit, Wunsch und Wirklichkeit" finden im Herbst das nächste Ökumenische Gespräch und die dritte Begegnung der Dechanten und Kreispfarrer statt. Die bewährten lokalen und regionalen Aktionen im Laufe des Kirchenjahres, wie z.B. der Weltgebetstag der Frauen, gehen weiter.

Der erste Ökumenische Studientag im Februar 2004 in Stapelfeld war ein Erfolg. 50 Pfarrerinnen und Pfarrer, Pastoralreferenten und Pastoralrefentinnen, Diakoninnen und Diakone haben sich dem Thema „Ist die Kirche noch zu retten?" gestellt. Der Verfasser des gleichnamigen Buches, Professor Grözinger, aus Basel referierte über die Orte und die Formen religiöser Erfahrung in postmoderner Zeit und über die Leitfrage „Abbruch der Tradition – Aufbruch wozu?" Das Thema betrifft beide großen Kirchen in Deutschland gleichermaßen. Die guten Erfahrungen der je zur Hälfte evangelischen und katholischen Teilnehmenden führen zu einer weiteren Veranstaltung 2005, dann in der HVHS in Rastede. Seitens unserer Kirche sind an der Planung und Leitung die Pastoren Dr. Konukiewitz und Nowak beteiligt.

Nach Zahlung einer Kriegsentschädigung durch den Fürstbischof von Galen zogen 1654 sechs Jahre nach dem Ende des 30jährigen Krieges die schwedischen Besatzungstruppen aus Vechta ab. Seitdem findet alljährlich am Himmelfahrtstag eine Dankprozession statt. Zu dem 350jährigen Jubiläum wird ins Rathaus der Stadt Vechta zu einer Festveranstaltung eingeladen. Neben dem katholischen Bischof von Schweden und unserem Ministerpräsidenten soll der Bischof von Oldenburg nicht fehlen, wenn im Zeichen von Versöhnung ein Friedensmahl am Mittag gefeiert wird.

B. Kirche in alten Handlungsfeldern vor neuen Herausforderungen

1. Zur Lage

Von außen betrachtet scheint alles gar nicht so schlimm zu sein. In einer Untersuchung deutscher Institutionen von 2004 durch „Perspektive Deutschland" bekommt der ADAC mit nur 10,2 % Verbesserungsbedarf und 6,1 % Misstrauen die beste Bewertung. Nach Greenpeace stehen evangelische Kirche (19,9 % VB) und Diakonie (20,9 % VB) an dritter und vierter Stelle, gefolgt von Caritas, privaten Krankenversicherungen, Bundeswehr und katholischer Kirche (38,1 % VB). Allerdings schneiden die Kirchen in der Misstrauensbewertung ziemlich schlecht ab. Nur zum Vergleich: Den letzten Platz nehmen nach Rentenversicherung und Arbeitsamt die politischen Parteien mit 68,4 % Verbesserungsbedarf ein.

Nach einer anderen Umfrage, die IDEA 2003 zitiert, steht im Ansehen der Berufe nach dem Arzt (72 %) der Pfarrer mit 39 % an zweiter Stelle mit einigem Abstand vor Hochschulprofessoren, Unternehmern und Grundschullehrern.

Was die Institutionenbewertung angeht, könnten die Kirchen in der Vertrauensskala zurückfallen, wenn die finanziellen Einsparmaßnahmen greifen, was aber nach allen Prognosen unvermeidbar ist. Bezahlte Arbeit muss – leider – auch in der Kirche reduziert werden. Wir dürfen keine Schulden für die laufende Arbeit machen, und wir können es auch nicht wollen, den nächsten Generationen die Arbeit durch Schuldenabbau zu erschweren. Übrigens hat die evangelische Kirche in der Vergangenheit 80 % ihrer Einnahmen in Arbeitsplätze investiert und damit einen ganz erheblichen Beitrag zur Beschäftigung in der Bundesrepublik Deutschland geleistet.

Obwohl wir die Verminderung von Arbeitsplätzen so sozial wie möglich vollziehen wollen, wird es nach den Vorschlägen der Grünen Perspektiven zu mehr oder weniger harten Einschnitten kommen. Nicht von heute auf morgen, aber von morgen an bis 2010. Das wird in den stärker betroffenen Handlungsfeldern und Ebenen unserer Kirchen als Krise empfunden werden, weil das Zurücknehmen von Ansprüchen persönlich und vom Ethos für die jeweilige Arbeit her nach Jahrzehnten des konjunkturellen Aufschwunges, an dem die Kirchen gut beteiligt waren, nie geübt werden musste. Ausnahmen waren und sind die Schwestern und Brüder im Vikariat und im Pastorenamt auf Probe, die zum Teil jahrelang warten müssen, bis sie eine feste Stelle und die auch nicht mit 100 % erhalten.

Für die Kirche insgesamt wird dieser Prozess des notwendigen Sich-Beschränkens nicht zu einer Katastrophe führen. Allerdings wird es sehr darauf ankommen, nicht nur Beschlüsse über einzusparende Summen zu fassen, sondern die Mitarbeiterschaft in den einzelnen Bereichen in den Umstrukturierungsprozessen zu begleiten und sie – und das wird das Schwerste sein! – langsam für eine innere Bejahung um des Ganzen willen zu gewinnen. Dabei wird eine entscheidende Rolle spielen, ob die Beschlüsse der Synode einigermaßen auswogen sind und nachvollziehbar vermittelt werden, und zwar von allen Beteiligten in ihrer jeweiligen Leitungsverantwortung.

Um bei meinen folgenden Ausführungen jedem Missverständnis vorzubeugen, will ich deutlich sagen, dass ich der von der Perspektivgruppe vorgelegten finanziellen Zielprojektion zustimmen muss, weil ich keine tragfähige Alternative sehe. In der Feinjustierung mag noch gerungen und gestritten werden. Es wäre merkwürdig, wenn das nicht der Fall wäre. Aber insgesamt muss das Ziel konsequenter Anpassung der Ausgaben an die zu erwartenden Einnahmen verfolgt werden.

Der Theologinnenkonvent will im Juni die Finanz- und Strukturveränderungen unter der Überschrift beraten „Weniger Geld – weniger Kirche!?". Dabei wird, wie in allen Diskussionsprozessen nach der Synode, zu differenzieren sein zwischen einem Mehr oder Weniger an Quantität oder Qualität, zwischen einer höheren oder geringeren Priorität eines Handlungsfeldes und auch zwischen einer günstigeren und weniger günstigen Belastung und Auslastung derer, die sich beruflich und ehrenamtlich an einer oder mehreren Stellen unserer Kirche engagieren. Es wird auch zu prüfen sein, ob andere Träger diakonisch-sozialer Arbeit denselben Dienst genauso gut oder gar besser leisten können. Dass es eine Reihe von kirchlichen Aufgaben gibt, die regional oder in Kooperation mit anderen Einrichtungen oder Kirchen kostengünstiger durchgeführt werden können, ist mittlerweile eine Binsenwahrheit.

Ohne die im Einzelfall entstehenden Härten wegen veränderter Zukunftsperspektiven geringschätzen zu wollen, müssen wir insgesamt feststellen, dass Kirchen in anderen Ländern und Kontinenten uns um die Lösbarkeit dieser Probleme aus eigenen Kräften „beneiden". Das ist kein wirklicher Trost für das teilweise Abschiednehmen von gewissen Standards, mit denen wir als Kirche gut gelebt haben und Gutes tun konnten weit in unsere Gesellschaft hinein. Aber diese Erkenntnis kann uns helfen, unsere gegenwärtigen Schwierigkeiten nüchterner und angemessener auf der Skala von Problem, Krise und Katastrophe einzuordnen.

Nicht nur im Blick auf innerkirchliche Belange, sondern auch angesichts der allgemeinen wirtschafts- und sozialpolitischen Lage tritt zu leicht in den Hintergrund, wofür wir gar nicht genug danken können: Wir haben Frieden in Deutschland und weitgehend in Europa, wir leben in großer Freiheit als Bürgerinnen und Bürger und ohne Unterdrückung unserer Kirchen. Das sollte uns Mut machen und uns die Besonnenheit verleihen, von den Gelben über die Grünen Perspektiven mit unserem Auftrag auf Kurs zu bleiben, „die Botschaft von der freien Gnade Gottes auszurichten an alles Volk" (Barmen VI).

2. Verkündigung und Seelsorge

Obwohl bei jeder Einführung eines Pfarrers oder einer Pfarrerin auch die Gemeinde daran erinnert wird, „dass wir alle durch die Taufe zum Zeugnis und Dienst in der Welt berufen sind", obwohl es in der Kirchengeschichte ganze Epochen gab und gibt, in denen Hausväter oder Großmütter die frohe Botschaft an die nächsten Generationen weitergeben, obwohl diese Synode ein Beauftragungsgesetz verabschiedet hat, nach dem auch befähigte und ausgebildete Männer und Frauen anderer Berufsstände in einem abgesteckten Bereich (pro loco) und befristet (pro tempore) das Evangelium verkündigen und die Sakramente verwalten dürfen, bleibt der Dienst der öffentlichen Wortverkündigung und Sakramentsverwaltung sowie der Seelsorge samt Beichtgeheimnis den Geistlichen vorbehalten. Das wird auf absehbare Zeit so bleiben. Noch haben wir ein reichliches Angebot an theologischem Nachwuchs. Noch wird der pastorale Dienst zu je einem Sechstel auf 50 %- bzw. 75 % Stellen versehen. Sollten Gemeindegliederzahlen und die kirchlichen Einnahmen weiter zurückgehen und sollte der theologische Nachwuchs ausbleiben, wären wir gerüstet, Verkündigung und Seelsorge mit einer Kombination von ausgebildeten Theologen und qualifizierten Laien aufrecht zu erhalten. Mit unserem reformatorischen Ansatz des Priestertums aller Glaubenden sind wir dazu berechtigt und befähigt. Es ist schön, dass Jahr für Jahr Lektorinnen und Lektoren in großer Zahl sich aus- und fortbilden lassen!

In der Gegenwart bin ich dankbar dafür, dass wir pastores in Gemeinde- und Funktionspfarrstellen haben, denen Verkündigung und Seelsorge am Herzen liegen. Vor einiger Zeit hat der Verband der Vereine Evangelischer Pfarrerinnen und Pfarrer in Deutschland eine Check-Liste mit Begabungen und Fähigkeiten herausgegeben (Anlage 2). Bei der Durchsicht dieser Stärken stellt sich schnell der Zweifel ein, ob diese ideale Mischung irgend jemand erfüllen kann.

Das ist auch in einigen Pfarrkonventen sehr deutlich geworden, als wir uns über diese Profile ausgetauscht haben. Jeder achte Geistliche fühlt sich ausgebrannt (burn-out-Syndrom). Er leidet unter der Fülle der Arbeit und ist mit der Vielfalt der Ansprüche an ihn überfordert. Ein Pfarrer schreibt mir betroffen über Aussagen von Kollegen: „Meine Predigten ziehe ich aus dem Internet, passe sie meinen Bedürfnissen ein wenig an und den Rest mache ich mit meinem Charme." Dem setzt der Pfarrer entgegen: „Die Gemeinde hat einen Anspruch auf den Schweiß der Theologen und sehr viel weniger auf den der ach so fröhlichen Kommunikatoren. Der Mühsal des Übersetzens alter Symbole und schwieriger Gedanken dürfen wir uns nicht entziehen."

Wenn im Zuge der Pfarrstellenreduzierung der Pfarrerschaft höhere Gemeindegliederzahlen und neue Aufgaben zugemutet werden, ist sehr darauf zu achten, ob und wie auch Entlastungen möglich sind. Dabei ist und bleibt es schwierig, bewährte Gewohnheiten und persönliche Vorlieben mit neuen Arbeitsschwerpunkten in Einklang zu bringen. Und wir müssen auch dafür sorgen, dass trotz einer Ausdünnung pastoraler Präsenz in der Fläche eine regionale Rufbereitschaft an Wochenenden, in Urlaubszeiten oder bei Krankheit garantiert ist. In dieser Hinsicht hat sich die Notfallseelsorge aus der Sicht von Polizei und Feuerwehr sehr bewährt.

Bei meinem Treffen mit dem Konvent für Krankenhausseelsorge ist mir noch einmal deutlich geworden, wie wichtig die hauptberufliche oder ehrenamtliche Präsenz bzw. Erreichbarkeit von Seelsorgerinnen und Seelsorgern ist. Ich könnte jetzt eine Reihe von Praxisbeispielen aufzählen, wo schwere Erkrankungen, Unfallfolgen oder missglückte Selbstmord-Versuche Seelsorge in Gestalt menschlicher und geistlicher Nähe unverzichtbar machen. Bei der Einrichtung des Abschiedsraumes der neuen Kinderklinik in Oldenburg war es für mich gut zu wissen, dass Eltern, Geschwister und Großeltern sich auf seelsorgerliche Begleitung verlassen können.

Verkündigung und Seelsorge sind und müssen Schwerpunkte pastoralen Dienstes bleiben. Nicht nur im Krankenhaus oder Gefängnis, sondern in allen Bereichen kirchlicher und gemeindlicher Verantwortung.

Ich hebe in meinem Bericht einmal besonders diese Handlungsfelder hervor, weil der Bischof nach Art. 107 KO von der Synode berufen ist, „als erster Pfarrer der Kirche durch Verkündigung und Seelsorge das Hirten- und Wächteramt auszuüben". So sehr das Amt des Bischofs nach alter Tradition als pastor pastorum verstanden wird, was gelegentlich als eine Art Exklusivanspruch der Pfarrer auf den Bischof ausgelegt wird, so eindeutig und so einleuchtend ist nach diesem Artikel, dass die bischöfliche Aufmerksamkeit und Zuwendung allen Amtsträgern zu gelten hat. Deshalb versucht der Bischof je nach Anlass oder Notwendigkeit seine Sympathie vielen Ämtern und Diensten in Gemeinden, Werken und Einrichtungen zu bekunden. Darüber hinaus soll er auch noch darüber „wachen", „dass das Wort der Kirche vor Volk und Staat laut wird", auch wenn die leiseren Töne mitunter mehr Wirkung erzielen.

3. Jugendarbeit und Erwachsenenbildung

Was im engeren Sinne als Verkündigung und Seelsorge beschrieben und betrieben wird, drängt nach Entfaltung, Vertiefung, Gemeinschaft, Verantwortung, Weiterbildung, Korrektur und Neuanfang während aller Lebensphasen.

Die Arbeit mit Kindern und Jugendlichen muss immer das besondere Augenmerk der Gemeinde behalten, weil das Heranbilden zu Eigenständigkeit und verantwortlichem Handeln geübt und begleitet werden muss, bei manchen länger, bei anderen kürzer. Aber auch die mittlere oder die ältere Generation bedarf christlicher Angebote zu Fragen der Werte und Normen in unserer sich dauernd verändernden Gesellschaft. Darum ist es begrüßenswert, dass bei dem wieder wachsenden Interesse der Synode an Themen morgen die „Herausforderungen einer älter werdenden Gesellschaft" auf der Tagesordnung stehen.

Der Ratsvorsitzende der EKD, Bischof Dr. Wolfgang Huber, hat vor kurzem in einer Pressekonferenz noch einmal den Bildungsbegriff in evangelischer Perspektive unterstrichen. „Ohne die Orientierung an Werten entwickle die sich immer schneller ändernde Lebenswirklichkeit mit ihrer Fülle stets neu verfügbaren Wissens zu einer Welt ohne Richtung und ohne Ziel – sie verliert ihr menschliches Maß." Ein Zusammenspiel von Verfügungs- und Orientierungswissen sei erforderlich. Wichtig seien nicht nur Bildungsinhalte, die jemand brauche, um für die Informationsgesellschaft fit zu sein. Genauso bedeutend seien Bildungsinhalte, die Menschen bräuchten, um sich in ihrer Welt zu orientieren und ethisch verantwortlich handeln zu können. „Bildung meint den Zusammenhang von Wissen, Können, Wertbewusstsein, Handlungsfähigkeit und Sinn."

Es ist davon auszugehen, dass sich in evangelischen Kindergärten Erzieherinnen und Pastoren auch religionspädagogisch einfühlsam einbringen, um unseren Kindern und Enkeln christliche Werte und Traditionen in Wort und Lied und Feier nahezubringen. Es ist zu hoffen, dass über Familienbildungsstätten viele Menschen in der Hilfe zur Bewältigung des täglichen Lebens auch den Zugang zum Glauben und zum Feiern in der Gemeinde finden. Unsere Arbeitsstelle für Religionspädagogik bemüht sich kontinuierlich darum, den, wie ich es vor einigen Jahren einmal formuliert habe, Schwestern und Brüdern im Schuldienst, bei der Vermittlung des christlichen Glaubens und der kritischen Auseinandersetzung mit unserer Gegenwart zur Seite zu stehen und Hilfen anzubieten. In der Zusammenarbeit mit dem Landesjugendpfarramt und unserer Ausbildung der Vikarinnen und Vikare wird unter Schülerinnen und Schülern für „Religion als Beruf" geworben. Dabei werden drei Berufsziele als Alternativen vorgestellt: Pfarrerin/Pfarrer, Religionslehrerin/Religionslehrer und Diakonin/Diakon. Wir können und dürfen im Bildungsbereich der Schule, der Jugendarbeit und der Gesellschaft insgesamt nicht den Rückzug antreten und das Feld scheinbar wertneutralen Philosophien, Sekten oder anderen Religionen überlassen.

Bei dem letzten meiner jährlichen Gespräche mit den Diakoninnen und Diakonen unserer Kirche ist sehr deutlich die Sorge artikuliert worden, dass die Jugendarbeit insgesamt und damit auch die Stellen für Mitarbeiterinnen und Mitarbeiter auf der Gemeinde- und Kirchenkreisebene reduziert werden könnten. Ich habe natürlich wie auch sonst niemandem Zusagen oder Hoffnungen gemacht, dass alles beim Alten bleiben könne. Aber in der Jugendarbeit tritt auch seitens des Staates eine Verschärfung der Situation ein. Durch den Wegfall der Fördermittel des Landes Niedersachsen, insbesondere bei den Maßnahmemitteln und Lohnersatzzahlungen für Ehrenamtliche wird es, gerade in der Diaspora, immer schwieriger, ehrenamtliche Jugendliche zu finden, die unsere kirchliche Arbeit unterstützen und ohne die ein gutes Angebot von Jugendarbeit kaum möglich ist.

Die Evangelische Jugend eröffnet jungen Menschen Räume, in denen sie in altersgemäßer Weise entdecken und ausprobieren können, was für eine Bedeutung das Evangelium Jesu Christi für ihr Leben haben kann. „Angebote und Aktionsformen der Evangelischen Jugend Oldenburg sind bunt und vielfältig, fromm und sozial, kreativ und musisch, sportlich und partnerschaftlich und ... vor allen Dingen evangelisch!" so Landesjugendpfarrer Peuster in einem Heft zur Dokumentation evangelischer Jugendarbeit in Oldenburg.

Über die Konfirmandenzeit hat sich die Synode auf ihrer letzten Tagung intensiv informiert und die neue Rahmenordnung verabschiedet sowie die Rahmenrichtlinien zur Kenntnis genommen. Wir können uns nach der Konfirmation keine Abbrüche der Kommunikation mit den älteren Jugendlichen und den Erwachsenen leisten. Wir brauchen ein gewisses Maß an Angeboten in der Frauen- und Männerarbeit, in der evangelischen Erwachsenenbildung und durch die Akademiearbeit unserer Kirche. Ihre Aufgabe bleibt es, die Vermittlung zu ermöglichen zwischen zunehmender Problembelastung der Menschen und Familien einerseits und der Ratlosigkeit weiter Kreise unserer Bevölkerung andererseits im Blick auf unser aller Zukunft. Vorträge, Seminare und Studientage in Stadt und Land sind notwendig, um Menschen wieder neugierig auf die christliche Botschaft zu machen und sie einzuladen zum Mitbedenken aktueller Fragen und Sorgen und zur Mitarbeit in Gruppen, Kreisen und Gremien unserer Kirche. Das sind wir dem Evangelium Jesu Christi schuldig, das uns dazu aufruft: „Gehet hin und machet zu Jüngern alle Völker!" (Mat. 28, 18)

Im Jahre 1998 waren 11.136 Frauen und Männer ehrenamtlich in den 123 Kirchengemeinden tätig. Mit 330 Pastorinnen und Pastoren, 4.100 Mitarbeiterinnen und Mitarbeitern im Bereich der Kirchengemeinden, der Kirchenkreise und der oldenburgischen Kirche insgesamt und mit 4.200 Mitarbeiterinnen und Mitarbeitern in den Diakonischen Werken und selbständigen Einrichtungen waren fast 20.000 Menschen von Woche zu Woche unterwegs, um mit ihren Gaben und Fähigkeiten Gutes zu tun. Die Zahlen werden für das nächste Jahr auf den neuesten Stand gebracht. In den Gemeinden sollten aber jetzt schon Überlegungen beginnen, wer für eine nächste Amtszeit ab 2006 im Gemeindekirchenrat oder neu in die vielfältigen Dienste und Gremien unserer Kirche gewählt oder berufen werden könnte.

4. Beratung und Diakonie

Wenn unsere Kirche auch in zurückgenommener Weise Volkskirche bleiben will, dann wird sie neben ihrem geistlichen auch an ihrem diakonisch-sozialen Engagement gemessen werden. Soziale Verantwortung klingt neuzeitlich. Die Sache selbst hat urchristliche Wurzeln. Mit der „Botschaft von der freien Gnade Gottes an alles Volk" nimmt Kirche immer auch diakonische Verantwortung in der „noch nicht erlösten Welt" wahr (Barmen VI und V).

Aus eigener Kraft oder in Zusammenarbeit mit dem Staat oder anderen Trägern setzen sich evangelische Gemeinden und Diakonische Werke gemeinsam dafür ein, dass Menschlichkeit gefördert, Unheil vermieden und Not gewendet wird. Kirche fragt sich und die Politik, wie gütig und menschenfreundlich, wie treu und gottesfürchtig, wie gerecht und gemeinschaftsfähig, wie friedfertig und versöhnungsbereit (Ps. 85) die Gesellschaft ist. Es geht darum, auch bei veränderten Finanzierungsanteilen von Gemeinschaftsaufgaben die geistlich-geistige und diakonisch-soziale Verantwortung zusammenzuhalten. Das gilt für die Kindergärten, das gilt für die Vielfalt der Beratungsstellen mit den Stichworten Jugend, Ehe, Familie, Schwangerschaftskonflikte, Sucht, Schuldner, das gilt für die Werkstätten für Menschen mit Behinderung, das gilt für die ambulante und stationäre Hospizarbeit und vieles mehr. Kirche ist dabei dankbar für viel ehrenamtlichen Einsatz ihrer Mitglieder an Zeit und Kraft und Zuversicht, sie ist dankbar für Sponsoring und Fundraising. Aber die freiwilligen personellen Ressourcen sind begrenzt. Auf dem Spendenmarkt werben immer mehr Stiftungen und Initiativen. Regierung und Opposition blockieren sich in den wichtigen Entscheidungen, die freie Marktwirtschaft wieder enger mit sozialer Verantwortung zu verbinden. Der Staat allerdings braucht die Unterstützung seiner Bürgerinnen und Bürger für eine Reform, die alle Gruppen der Gesellschaft nach ihrem Leistungsvermögen mit Kapital und Arbeitskraft heranzieht. Solange ohnehin schon sehr reiche Leute vor aller Öffentlichkeit immer reicher werden und möglicherweise der Spitzensteuersatz noch weiter gesenkt wird, ist es der großen Masse der Bevölkerung mit mittlerem oder kleinen Einkommen weder sachlich noch psychologisch zuzumuten, die – wohl gemerkt – notwendigen Einschnitte in unserem Sozialsystem klaglos hinzunehmen oder gar mit weitsichtiger Vernunft zu bejahen. Das sind keine neuen Erkenntnisse. Aber es ist notwendig, dass wir als Kirchen das beim Namen nennen, was uns vom Evangelium Alten und Neuen Testamentes her aufgetragen ist.

Ungeachtet dieser politischen Großwetter- oder Gewitterlage gibt es viel Lebendigkeit, Kreativität und Fröhlichkeit in Gemeinde und Kirche.

Da ist ein Pfarrer, der bietet seit neun Jahren jeden Sonntag nach dem 10.00 Uhr-Gottesdienst um 11.15 Uhr einen Katechumenengottesdienst an. Von 66 Vorkonfirmanden kommen etwa 20 bis 40 (mindestens einmal monatlich müssen sie teilnehmen). Sie haben ausgeschlafen und wachsen nach und nach in die liturgischen Stücke, ins Kirchenjahr, in biblisches Grundwissen und in die Glaubensgeschichte bedeutender Christenmenschen aus Vergangenheit und Gegenwart hinein.

Da wurden in einer Stadt unserer Kirche vor Ostern Abendandachten an 10 „wunden" Punkten städtischer Geschichte gehalten, um die Leidenserfahrung von Menschen in Beziehung zu setzen zu dem Leidensweg Jesu nach Jerusalem.

Da wirbt ein Pfarrbezirk jedes Jahr mit Spendenprojekten, die kurz und bündig beschrieben werden unter der Überschrift „Diese Objekte möchten wir in naher Zukunft realisieren", z.B. Fortführung der Hausaufgabenhilfe für benachteiligte Kinder, weitere Geräte für den Kindergartenspielplatz, zusätzliche Stühle für die ständig sich neu gründenden Gemeindegruppen, für die Bezuschussung von Freizeiten sozial bedürftiger Menschen, die Weiterführung des Entwicklungshilfeprojektes in Brasilien, für die Stärkung der Ehrenamtlichenarbeit durch Fortbildung ... Jeder, der spendet, bekommt innerhalb von 10 Tagen Dank und Quittung. Einmal im Jahr wird Rechenschaft über alles gegeben. Pfarrer und Älteste besuchen Neuspender und Firmen. Auf diese Weise kommen jährlich zwischen 20.000 und 25.000 Euro zusätzlich zu Kirchgeld und Kollekten zusammen. Was aber noch wichtiger ist: Gemeinde wird lebendig.

Mit diesen drei Beispielen sei allen in unserer Kirche gedankt, die mit großem Einsatz, viel Phantasie und himmlischer Geduld den Weinberg des Herrn pflegen.

C. Kirche in Kooperation und Partnerschaft

1. Konföderation Evangelischer Kirchen in Niedersachen

Über die 1. Tagung der 8. Synode der Konföderation wird noch berichtet werden. Deshalb kann ich mich kurz fassen und auf meinen Bericht als Ratsvorsitzender am 13. März 2004 in Hannover verweisen (Anlage 3). Die Kampagne zum Thema Altenpflege war zeitlich in Vorbereitung und Durchführung sehr aufwendig, aber auch ein großer Erfolg. Unsere fünf Kirchen und ihre Diakonischen Werke sind über einer gemeinsamen Herausforderung zusammengewachsen, wie das bisher noch nicht der Fall war. Ein anderer Schwerpunkt waren die zahlreichen Begegnungen zwischen Staat und Kirche. Im ersten Vierteljahr fanden die Begegnungen zwischen dem Rat der Konföderation und der Nds. Landesregierung sowie Gespräche mit den vier im Landtag vertretenen Fraktionen statt. In allen Gesprächen stand das Thema Bildung mit besonderer Berücksichtigung der Schulreform, der Streit um das Kopftuch und der Sonntagsschutz auf der Tagesordnung. Im nächsten Jahr bietet die Konföderation auf einer Tagung für die Abgeordneten des Nds. Landtages Vorträge von Prof. Steffenski zur Erinnerungs- und Feiertagskultur und von Prof. Minx zum Thema „Zukunftsfähiges Handeln von Unternehmen, Staat und Kirche" an. In der Mitte nächsten Jahres soll dann das Ereignis von 50 Jahren Loccumer Vertrag in einem festlichen Akt begangen werden. Es ist zu hoffen, dass ein neuer Bundespräsident oder eine neue Bundespräsidentin den ersten Vertrag zwischen einem Bundesland und der evangelischen Kirche nach dem zweiten Weltkrieg durch die Festansprache zu würdigen bereit ist.

Im April/Mai 2004 ist in der evangelisch-reformierten Nachbarkirche der Wechsel in dem Amt des Leitenden Geistlichen vollzogen worden. Auf den Landessuperintenden Walter Herrenbrück folgte vor kurzem Jann Schmidt in dem neu gefassten Amt eines Kirchenpräsidenten. Gegenüber beiden habe ich Dank und Hoffnung zum Ausdruck gebracht für eine angemessene Weiterführung der traditionsreichen Norddeutschen Mission, für die konstruktive Zusammenarbeit in der niedersächsischen Konföderation und bei den Begegnungen der sog. K4 Konferenz, Kleine Küstenkirchenkonferenz, zu der neben Leer und Oldenburg Bremen einmal im Jahr hinzukommt.

2. Evangelische Kirche in Deutschland

Über die regelmäßigen Kontakte auf der Referentenebene des Oberkirchenrates und die jährlichen Treffen vieler Beauftragter hinaus gibt es eine ganze Reihe weiterer personeller Verzahnungen. So stellt die oldenburgische Kirche mit Pfarrer Amling in Moskau, dem Pfarrehepaar Dr. Fendler in Lima/Peru, Pfarrer Dr. Welz in Lissabon und Pfarrer Dallas in Großbritannien vier Auslandspfarrer, die sich in den jeweiligen Auswahlverfahren haben durchsetzen können. Schon seit längerer Zeit ist Pfarrer Finkbeiner der Sprecher aller Geistlichen in deutschen Justizvollzugsanstalten. Frau Pfarrerin Bühler-Egdorf ist vor einiger Zeit zur Vorsitzenden aller Pfarrerinnen und Pfarrer in der Kinderkrankenhausseelsorge berufen worden. Pastor Brok leitet seit einigen Jahren die Internetarbeit im Kirchenamt der EKD in Hannover. Pfarrer Schmidt ist seit vielen Jahren in der Zentrale des Gustav-Adolf-Werkes in Leipzig geschäftsführend tätig. Etliche unserer Pfarrer arbeiten in der Evangelischen Seelsorge in der Bundeswehr, wie seit 1. Januar 2004 die frühere Militärseelsorge kirchenintern genannt wird. Seit einem Dreivierteljahr nimmt der oldenburgische Bischof die Leitung dieser Seelsorge nebenamtlich im Auftrage der EKD wahr. Um Ihnen einen kleinen Einblick aus seelsorgerlicher Perspektive in den Dienst deutscher Soldatinnen und Soldaten, insbesondere nach den Ereignissen vom 16. bis 18. März d. J. im Kosovo, zu geben, lege ich meine in Prizren am 21. April 2004 gehaltene Predigt diesem Bericht bei (Anlage 4).

3. Schlesische Oberlausitz

Die landeskirchliche Partnerschaft zwischen der Evangelischen Kirche der schlesischen Oberlausitz und der Ev.-luth. Kirche in Oldenburg, deren 50jährigen Bestehens wir vor zwei Jahren im Rahmen eines Vier-Länder-Treffens in Görlitz gedacht haben, ist zum 31.12. 2003 zuende gegangen, weil sich die Görlitzer und die Berlin-Brandenburger zu einer neuen Evangelischen Kirche Berlin-Brandenburg-schlesische Oberlausitz vereinigt haben. Das offizielle Ende soll aber, wie Bischof Wollenweber und ich in einem Schreiben an die Gemeinden unserer Kirchen betonen, nicht die Partnerschaften zwischen den Gemeinden der oldenburgischen Kirche und der schlesischen Oberlausitz beendigen. Da, wo gewachsene und lebendige Kontakte bestehen, soll das Miteinander von südöstlicher und nordwestlicher Kirche in Deutschland weiter gepflegt werden, so wie andere Gemeinden in den letzten Jahren neue Kontakte aufgebaut haben zu Gemeinden beispielsweise im Baltikum. Auf dem bevorstehenden Landeskirchentag werden Frau Oberkirchenrätin Kempgen und Bischof Wollenweber zugegen sein und zu uns sprechen.

4. Norddeutsche Mission

Die beiden leitenden Geistlichen der Partnerkirchen in Togo, Moderateur Dr.Bessa, und in Ghana, Moderator Dr. Buama, die zu dieser Zeit ohnehin in Deutschland weilen, werden ebenfalls beim Landeskirchentag vertreten sein und im Gottesdienst mit einem Predigtteil und in der Fürbitte mitwirken.

Sie erinnern sich vielleicht an mein Rundschreiben vom Oktober des letzten Jahres, in dem ich zusammen mit den anderen deutschen Kirchen der Norddeutschen Mission um eine Sondespende für die EEPT, unsere Partnerkirche in Togo, geworben habe. Durch den wirtschaftlichen

Niedergang in Togo in den letzten Jahren ist vor allem die Mittelschicht verarmt, die eigentlich die Stütze der Kirche ist. Dadurch geriet die Kirche finanziell in eine extreme Notsituation. Als Folge konnten nicht mehr die Beiträge für die kirchlichen Mitarbeiter und Mitarbeiterinnen in die staatliche Pensionskasse bezahlt werden. Es sind große Schulden entstanden. Diese beliefen sich auf etwa 120.000 Euro. Pensionierte Pastoren und Katecheten erhielten als praktische Konsequenz keine Rente mehr. Durch drastische Sparmassnahmen wie Kürzung der Gehälter und Streichung von Stellen konnte die Kirche eine weitere Verschuldung stoppen und sogar einen Teil der alten Schulden abbauen. Mittlerweile hat sich die Lage, auch mit unserer Hilfe aus Deutschland, etwas entspannt. So ist bis jetzt knapp die Hälfte zugesagter Mittel unserer Kirchen eingegangen. Es sind noch Lücken zu füllen.

Zum Schluss, liebe Schwestern und Brüder, möchte ich Sie, Ihre Angehörigen, Ihre Gemeinden und Arbeitsgebiete, in denen Sie beruflich oder ehrenamtlich für unsere Kirche tätig sind, herzlich zu den Veranstaltungen unseres Landeskirchentages am 25. und 26. Juni in Oldenburg und am 27. Juni in allen Gemeinden unserer Kirche einladen. Gerade in einer Zeit notwendiger Strukturdiskussionen, die mit finanziellen Einschränkungen verbunden sind, erscheint es mir als ein ganz wichtiges Zeichen der Ermutigung nach innen und nach außen, das Licht des Evangeliums nicht unter den Scheffel zu stellen. Viele Veranstaltungen mit über 100 thematischen Angeboten sind zusammengetragen worden. Im Horizont der Bitten des Vaterunsers werden in einer Mischung aus Gottesdienst und Forum, Information und Musik, Markt und Begegnung Akzente gesetzt unter dem Leitwort „Mehr Himmel auf Erden".

Zwar ist uns Christen nicht verheißen, den Himmel auf Erden zu verwirklichen. Für die Sehnsucht vieler Menschen und Völker nach mehr Himmel auf Erden haben wir jedoch aus der jüdisch-christlichen Tradition reiche Schätze anzubieten. Ein großer Bogen der Verheißung spannt sich von den Anfängen bis zum Ende der Heiligen Schrift. In Jesaja 65 und in der Offenbarung ist von dem neuen Himmel und der neuen Erde die Rede. Dann wird Gott abwischen alle Tränen von unseren Augen, und der Tod wird nicht mehr sein; denn das Erste ist vergangen, Gott wird alles neu machen.

Der frische Wind von 11 regionalen Kirchentagen, die hinter uns liegen und als Vorbereitung auf den Landeskirchentag gedacht sind, kann uns mit dem Geist von Pfingsten im Rücken beflügeln, auch und gerade jetzt Farbe zu bekennen und Flagge zu zeigen für mehr Himmel auf Erden.

Also: Herzlich willkommen besonders am 26. Juni in der Oldenburger Innenstadt. Wir wollen aufeinander zugehen und miteinander feiern – vom Vormittag bis zum Abend. Der Tag soll so bunt und anregend sein wie so Vieles in unserer Kirche von den Dammer Bergen bis auf die Insel Wangerooge. Lasst uns in großer Zahl das Signal in Kirche und Gesellschaft geben: Wir sind da, wir sind für Euch da!

Grußwort zur Auftaktveranstaltung des Landeskirchentages am 25. Juni 2004 in der Lambertikirche zu Oldenburg

Werte Gäste aus der Ferne und aus der Nähe, meine sehr geehrten Damen und Herren, die Sie an diesem Abend mitwirken und die Sie über die Auftaktveranstaltung berichten wollen!

Der erste Landeskirchentag dieser Art in der oldenburgischen Kirche mit Pauken und Trompeten, mit Gospelchor und Orgelmusik, mit rotem Sofa und prominenten Gästen eröffnet: Wenn das kein Auftakt nach Maß ist, wobei das Maß vom Motto bestimmt wird.

Mehr Himmel auf Erden!

Den Assoziationen zum Thema sind kaum Grenzen gesetzt.

Von dem polnischen Schriftsteller und Aphoristiker Stanislaw Jerzy Lec, der von 1909 bis 1966 lebte, stammt folgendes Zitat: „Wer den Himmel auf Erden sucht, hat im Erdkundeunterricht geschlafen".

Von Konrad Adenauer, dem Bundeskanzler von 1949 bis 1963, der vier Jahre später verstarb, ist folgender Ausspruch überliefert: „Wir leben alle unter dem gleichen Himmel, aber wir haben nicht alle den gleichen Horizont."

Und schließlich ein Wort von dem amerikanischen Philosophen Ralph Waldo Emerson, der im 19. Jahrhundert lebte: „Der Himmel ist das tägliche Brot der Augen".

Wir alle vom Vorbereitungsteam bis zum Oberkirchenrat finden das Motto sowohl an sich als auch auf biblischem Hintergrund gut, für manche war es am Anfang gewöhnungsbedürftig, für andere zu biblisch oder zu banal, für wieder andere fragwürdig, wenn sie den Zustand der Christenheit kritisch sehen oder die Veränderungsmöglichkeiten von Kirche in der Gesellschaft gering schätzen.

Insgesamt jedoch erfahre ich Respekt vor dem Mut der oldenburgischen Kirche, nach dem 150jährigen Verfassungsjubiläum im Jahre 1999 nun einen Landeskirchentag mit einem prall gefüllten Samstagsprogramm in der Stadtmitte Oldenburgs zu planen und durchzuführen. Die Idee ist schon 5 Jahre alt. Es hat dann zwei Jahre länger gedauert, bis sie jetzt verwirklicht wird. Es hat sich aber bewährt, in den letzten beiden Jahren 11 Kreiskirchentage zu feiern, die je ihren eigenen Charakter in den unterschiedlichen Regionen hatten.

Rechnet man alle hauptberuflichen und ehrenamtlichen Kräfte, die bei der Vorbereitung, Durchführung und Nacharbeit beteiligt sind, zusammen, kommen wir auf etwa 1000 Frauen, Männer und Jugendliche. Schon allein für diese Zahl der Mitwirkenden bin ich sehr, sehr dankbar. Zeigt sie doch, dass die Ev.-Luth. Kirche in Oldenburg von den Dammer Bergen bis auf die Insel Wangerooge lebendig ist mit einer großen Vielfalt an Verkündigung und Seelsorge, Bildungsangeboten und diakonischer Hilfe, ökumenischer Vernetzung und kommunaler Zusammenarbeit, partnerschaftlichen Verbindungen, z. B. seit über 150 Jahren nach Togo und Ghana und seit der Nachkriegszeit zwischen Görlitz und Oldenburg.

Mehr Himmel auf Erden. Das Thema wird vor allem morgen in über 100 Veranstaltungsangeboten von Bibelarbeiten, Vorträgen, Foren, Aktionen, Workshops, Konzerten und dann in dem zentralen Gottesdienst von 17.00 Uhr bis 18.30 Uhr entfaltet. Am Sonntag dann werden in den Gemeinden wieder dezentral aber unter demselben Motto Gottesdienste gefeiert, um Anstöße und Aufbrüche dieses Landeskirchentages weiterzugeben in den Raum unserer Kirche und die Zeit, die uns geschenkt ist. Gerade in einer kirchengeschichtlichen Phase der finanziellen Einschränkungen und der Neuorientierung gemeindlicher und übergemeindlicher Arbeit ist es wichtig, hin und wieder mit Veranstaltungen größerer Art die Gemeindeglieder zu sammeln, uns des eigenen Glaubens zu vergewissern, als evangelische Kirche der Reformation Profil zu zeigen und in die Gesellschaft, in der wir leben, die Botschaft zu vermitteln: Wir sind da, wir sind für Euch da!

Zum heutigen Abend begrüße ich stellvertretend für viele bekannte und noch unbekannte Gesichter aus Politik, Gesellschaft und Kirche die Gäste bei der Interviewaktion „Rotes Sofa", die von der Evangelischen Zeitung mit Herrn Chefredakteur Eberstein erdacht worden ist.

Als ersten Interviewpartner heiße ich Herrn Dr. Henning Scherff willkommen, der schon am Vorabend zum ersten Mai in dieser Kirche gesprochen und dabei seinen biblischen Lieblingstext aus Matthäus 20 verraten und als christlicher Politiker auf originelle Weise ausgelegt hat. Da Sie, lieber Bruder Scherff, seinerzeit aus Ihrer alten Bibel – das ehrt Sie! – vorgelesen haben, deren Textüberlieferung noch aus der Zeit vor der Bibelrevision 1984 stammt, erlaube ich mir Ihnen nicht etwa als Ersatz, sondern als Ergänzung für Ihre Arbeit mit und an der Heiligen Schrift ein neues Exemplar zu überreichen.

An der zweiten Stelle in der Reihenfolge Ihres Auftretens freue ich mich sehr, die Oldenburger Rechtsanwältin Sabine Blütchen, seit vielen Jahren Mitglied der Synode unserer Kirche, in dieser Runde begrüßen zu können. Auch Sie sollen ein neues Exemplar der Heiligen Schrift Ihr eigen nennen dürfen, auch für den Fall, dass Sie zur Verteidigung in einem Streitfall zwischen Himmel und Erde berufen werden.

Als dritten Interviewpartner ist es mir eine besondere Freude und Ehre, den Filmemacher Karl-Heinz Heilig in dieser Runde willkommen zu heißen, vielleicht auch deshalb, weil er am eindeutigsten dem Himmel zugeordnet werden könnte, oder etwa nicht? Auch Ihnen eine neue Ausgabe der Heiligen Schrift Alten und Neuen Testamentes, die ja dann möglicherweise als Dekoration oder als Gebrauchsgegenstand in einem Ihrer nächsten Werke zur Aufführung gelangen kann.

Wenn Sie nun, meine sehr geehrten Damen und Herren, auf die Verlesung verschiedener biblischer Texte mit dem Stichwort Himmel, dass Hunderte mal biblisch belegt ist, warten und gespannt sein sollten, muss ich Sie heute Abend etwas enttäuschen. Wir wollen dem Gottesdienst morgen nicht vorgreifen, nur ein Wort möchte ich nach einer kleinen Anekdote, die der Herr Bundespräsident gelegentlich erzählt, in den Raum unter der Kuppel der Lambertikirche stellen.

Zwei Spiekerooger sitzen in einer milden Sommernacht auf einer Bank und betrachten den Himmel. Der eine gerät ins Schwärmen und drückt sein tiefes Erstaunen über die Millionen von Sternen und Lichtern am Firmament aus. Darauf antwortet der andere Herr: Jau, und wenn man bedenkt, dass das nur der Himmel des Kreises Wittmund ist!

Dem gegenüber betet der König David im Psalm 36 in einem etwas weiteren Horizont: „Herr, deine Güte reicht, so weit der Himmel ist, und deine Wahrheit, so weit die Wolken gehen."

Herzlichen Dank allen Mitwirkenden am heutigen Abend und, wenn möglich, etwas himmlisches Vergnügen an den verbalen und musikalischen Beiträgen, ganz gleich wo wir sitzen, auf den angenehmen Bänken oder auf dem feuerroten Sofa!

Predigt zur Eröffnung der ersten Wiedereintrittsstelle der Ev.-Luth. Kirche in Oldenburg am 14. Juli 2004 auf Wangerooge

Liebe Gemeinde und liebe Gäste
auf der einzigen Insel der Ev.-Luth. Kirche in Oldenburg!

Wangerooge scheint seit langem prädestiniert zu sein für die erste dauerhafte Wiedereintrittsstelle. Das hat mehrere Gründe.

Zum einen ist es die Urlaubssituation auf der Insel, die den Schritt zurück in die Kirche als einen Schritt nach vorne in die Gemeinschaft weltweiter Christenheit erleichtert.
Zum anderen wird es auch an der Arbeit und der Person des Inselpastors Raschen liegen, dass Menschen schneller in die evangelischen Puschen zurückfinden. Puschen sind bekanntlich Hausschuhe, die ein Gefühl der Behaglichkeit, vor allem bei feuchter und stürmischer Witterung, vermitteln.
Zum dritten aber macht die Deutsche Bahn eine vorzügliche, zudem noch kostenlose Werbung für unsere Daueraktion. Wenn Sie auf den Jugendstilbahnhof über die Zedeliusstraße zugehen und den Kopf etwas anheben, dann kommt zuerst die Uhr in den Blick, die uns alle an die Endlichkeit der Zeit erinnert, und darüber stehen zwei Worte, die von nun an eine ganz neue Bedeutung erhalten: Kehre wieder! Das heißt natürlich: Komm noch ein zweites, zehntes oder hundertstes Mal zurück auf die Insel. Ab heute lautet die Botschaft aber vor allem: Tritt wieder ein – in deine Kirche!

Wiederkehr – Rückkehr – Heimkehr!

Was schwingt in solchen Begriffen mit an emotionaler Sehnsucht auf beiden Seiten, bei denen, die weggehen, und bei denen, die zu Hause bleiben. Wer im Ärger oder Zorn das Elternhaus, die Heimat oder seine Kirche verlässt, mag sich, zumindest anfänglich, wie befreit fühlen. Was als Bevormundung oder Zwang erfahren wurde, fällt mit einem Male von den Schultern.

Es gibt im Lukas-Evangelium das lebensnahe Gleichnis vom verlorenen Sohn, eigentlich von den verlorenen Söhnen. Der Jüngere von beiden, so erzählt Jesus, verlangte vom Vater das Erbteil, das ihm zusteht. Der Vater kommt der Bitte nach und teilt Hab und Gut unter ihnen auf. Nicht lange danach sammelt der jüngere Sohn alles zusammen, zieht in ein fernes Land und bringt dort sein Erbteil durch „mit Prassen", wie Luther übersetzt hat. (Lukas 15, 11 ff)

Nun muss man sich hüten, einen Menschen, der die Kirche verlässt und dafür meist mehr als einen Grund oder Anlass hat, als einen Bruder Leichtfuß zu bezeichnen. Vielen, die irgendwann austreten, fällt es gar nicht leicht, als getaufte, konfirmierte, gar kirchlich getraute Mitglieder ihrer Kirche den Rücken zu kehren.

Ich kenne die ganze Bandbreite von Gründen, die zu solch einem Schritt führen können. Wir haben in Saarbrücken einmal die Gründe der 90 von 300 zurückgesandten Fragebögen eines Jahres ausgewertet. Da gab es Austritte, um überzutreten in eine Freikirche oder in die katholische Kirche oder sich einer Sekte anzuschließen. Da gab es Unzufriedenheit mit dem Bodenpersonal Gottes in der Gemeinde oder einer diakonischen Einrichtung. Da spielte der Ärger über den Kurs der evangelischen Kirche eine Rolle, den einen zu fromm oder zu liberal, den anderen zu politisch links oder rechts, wieder anderen zu sehr der Jugend oder den Alten zugewandt.

Bei etwa der Hälfte war auch die Kirchensteuer ein oder der Hauptgrund für den Auszug aus der Gemeinschaft der in Taufe und Abendmahl von Gott gesegneten Gemeindeglieder. Dabei muss man wissen, wie gering der Mitgliedsbeitrag für das geistlich-diakonisch-kulturelle Angebot in der Kirche ist. Wer im Monat 2.500 Euro brutto oder weniger verdient, verheiratet ist und zwei Kinder hat, zahlt keinen Cent Kirchensteuer. Die meisten Angebote kirchlicher Arbeit sind frei. Wer 3.500 Euro im Monat in derselben Familiensituation verdient, zahlt 15,07 Euro. Für den Einzelnen ist das kein hoher Betrag, aber für die Gemeinschaft der Kirche insgesamt kommt über die Jahre hinweg ein stattlicher Minusbetrag zusammen, der die Qualität und Quantität in der Jugendarbeit, in der Kirchenmusik, in den Familienbildungsstätten, in der Diakonie und Seniorenarbeit, in der Telefon- und Notfallseelsorge und an vielen anderen Stellen nicht nur beeinträchtigt, sondern mittlerweile gefährdet.

Jenseits der materiellen Einbußen liegt aber die Traurigkeit bei mir und vielen Mitarbeitenden darin, dass das Evangelium von der Gnade Gottes zu uns Menschen, das nur in der Gemeinschaft gelebt und im Gottesdienst gefeiert werden kann, mit einem Male zurückgelassen wird.

Wenn ich von Menschen höre, die ausgetreten sind und die ich etwas kannte, kommt mir das schottische Volkslied in den Sinn: „Nehmt Abschied, Brüder" oder Schwestern, „ungewiss ist alle Wiederkehr, die Zukunft liegt in Finsternis und macht das Herz uns schwer. Der Himmel wölbt sich übers Land, ade, auf Wiedersehn! Wir ruhen all in Gottes Hand, lebt wohl, auf Wiedersehn!" Das ist die große Hoffnung trotz der subjektiven Traurigkeit, dass es doch über kurz oder lang eine Wiederkehr, eine Rückkehr, eine Heimkehr in die Kirche gibt.

Auch bei denen, die einen Wiedereintritt vielleicht schon länger erwogen haben, spielt die Sehnsucht, zurückzukehren, wieder in geordneten Verhältnissen zu leben, wie manche sagen, oder den Frieden mit Gott zu haben, eine entscheidende Rolle. Das weiß ich aus den 18 Gesprächen, die ich im Sommer vor sechs Jahren im Oldenburgischen geführt habe. In meiner Antrittspredigt hatte ich versprochen, die ersten 20 Menschen, die im Mai 1998 wieder eintreten, persönlich zu besuchen. Ich habe dann mein Wort gehalten. Zwei wollten keinen Besuch, haben sich aber für das Angebot bedankt. Zwei haben darum gebeten, so unauffällig zu kommen, dass es die Nachbarn nicht merken. So habe ich mich im offenen Hemd auf den Weg gemacht und den Dienstwagen in der Nachbarstraße stehen lassen.

Weil wir wissen, dass es manchen leichter fällt, am anderen Ort mit anderen Pastoren als zu Hause den Wiedereintritt in die Tat umzusetzen, deshalb richten wir auch in der oldenburgischen Kirche solche Wiedereintrittsstellen ein.

Wir nennen das ein niedrigschwelliges Angebot. Man muss keine hohen Hürden überspringen, keine Katechismusstücke aufsagen oder Lieder auswendig vorsingen. Was wir erwarten, ist der Wunsch und dann die Freude, wieder zu Hause zu sein in der Gemeinschaft derer, die sich mit Gott und untereinander versöhnt wissen.

Wer zurückkehrt, hat das Bedürfnis nach Versöhnung, nach menschlicher und nach der mit dem Herrgott, der es mit seiner Schöpfung, mit den Menschen gut meint, selbst wenn es Streit und Terror oder gar Krieg zwischen Einzelnen oder ganzen Völkern gibt, wie wir leider fast täglich miterleben müssen.

In der Lesung vorhin hieß es: „Ist jemand in Christus, so ist er eine neue Kreatur; das Alte ist vergangen, siehe, Neues ist geworden.“ (2. Korinther 5, 17 – 21) Und warum kann das so sein? Weil unser himmlischer Vater immer neu die Chance gibt und durch einen menschlichen Sinneswandel die Initiative ergreift, das Wort von der Versöhnung wie ein Kreuzeszeichen aufzurichten, damit Menschen darunter Ruhe und Frieden finden.

In dem Gleichnis Jesu von dem verlorenen Sohn kehrt der junge Mann, nachdem er das Geld, sein Selbstwertgefühl und alle seine vermeintlichen Freunde verloren hat, zum Vater zurück. Der läuft ihm schon von weitem entgegen und schließt ihn voller Freude in seine Arme. Nur der ältere Sohn ärgert sich. Er war zu Hause geblieben, war fromm und treu dem elterlichen Betrieb zur Hand gegangen. Es bleibt am Ende des Gleichnisses offen, ob auch er sich mit seinem heimgekehrten Bruder versöhnt hat und Verständnis für die Vaterliebe gewinnen konnte. Auch wer in der Kirche bleibt, kann sich in der Gemeinschaft verloren fühlen und nach dem Nutzen seiner Treue fragen, obwohl es ihm eigentlich besser als schlechter geht, zumindest dem Augenschein nach.

Im Anschluss an unseren Landeskirchentag in Oldenburg am 26. Juni 2004 erhielten wir unter vielen Rückäußerungen auch diese Mail. Der über 50jährige Mann fand die Veranstaltung gelungen, fand bisher „Kirche immer gut und Diakonie wichtig“. Nun aber fragt er, auch im Blick auf sein Geld:

„Ich gehöre nicht zur Zielgruppe Jugendlicher, für die Herr Krug sich einsetzt. Ich bin nicht suchtabhängig und habe kein sonstiges aktuelles Leiden. Musik finde ich klasse, aber mein Gesang ist nur etwas für die Dusche. Und der Pastor hat nur eine Dreiviertelstelle. Wie soll er da vernünftig arbeiten und so einen Normalo betreuen? Was bleibt an Möglichkeiten?“

Wir werden ein Gespräch mit ihm führen, damit er drin bleibt in der Kirche. Er soll sich freuen, dass es ihm recht gut geht und Gott dafür danken. Es gibt eine Menge Angebote für Erwachsene, zwar nicht an jedem Ort, aber doch in erreichbarer Nähe. Es gibt die Gottesdienste am Sonntag und solch einen wie heute am Mittwoch. Es besteht die Möglichkeit, wenn man selbst eigentlich nichts braucht, zusammen mit anderen an irgendeiner Aufgabe für andere etwas Gutes zu tun.

Wie heißt es im 2. Korintherbrief: „So sind wir nun Botschafter an Christi Statt, so bitten wir nun an Christi Statt: Lasst euch versöhnen mit Gott!“ (5, 17 – 21)

Unser Blick als Kirche muss aber noch weiter über unseren Kirchturm hinausgehen, hinein in die Gesellschaft, wo durch die kirchliche Lage in den östlichen Bundesländern, aber auch durch Zuzug von Familien mit anderer Weltanschauung oder Religion im Westen sich der Anteil der Christen an der Gesamtbevölkerung von über 90 % auf ca. 65 % verringert hat. Als ich das Lied vor der Predigt auswählte (EG 293), dessen erste Zeile lautet: „Lobt Gott den Herrn, ihr Heiden all“, habe ich an unsere Schwiegertochter gedacht. Sie ist kein Fall für den Wiedereintritt. Sie hat keine Sehnsucht nach Heimkehr im geistlichen Sinne. Sie ist – wie ich schmunzelnd sage – Heidin. 40 Jahre atheistische Erziehung in der DDR hat ihre unübersehbaren Spuren hinterlassen. Aber immerhin, Franziska aus Berlin-Grünau lässt sich am 31. Juli in der Schloßkirche zu Köpenick um unseres Sohnes willen von dem Schwiegervater kirchlich trauen, wobei die Traufrage für sie etwas anders lauten wird, und sie ist damit einverstanden, dass der kleine Sohn, am 27. März geboren, gleich mit getauft wird. Sie selbst kann diesen Schritt nicht, vielleicht noch nicht, gehen. Aber sie spürt, nachdem wir uns schon einige Jahre kennen, ein Stück Vertrauen in den Glauben, der uns als Schwiegereltern und die für sie neue Familie trägt.

Kehre wieder! Oder weiter gefasst als am Inselbahnhof auf Wangerooge zu lesen: Kehre ein! Lass es dir gut sein in der Gemeinschaft derer, die ihr Leben dem allmächtigen und barmherzigen Gott getrost zu danken versuchen – in Freud und Leid, in Zeiten der Lebenskrisen und in den Hochzeiten festen Glaubens, beflügelter Hoffnung und geliebter Liebe.

Wangerooge scheint seit langem prädestiniert zu sein für die erste dauerhafte Wiedereintrittsstelle unserer Kirche. Die Urlaubssituation, das Angebot der Kirche, die Werbung der Deutschen Bahn und diese evangelische Nikolaikirche mit diesem Fenster im Chorraum, in dem das Symbol des Heiligen Geistes uns Betrachter auf andere, auf friedliche, auf Gedanken der Versöhnung kommen lässt, all dies zusammen, aber vor allem Gott selbst, der uns im besagten Gleichnis wissen lässt: „Dieser mein Sohn war verloren und ist gefunden worden. Lasst uns fröhlich sein!", all dies und Gott selbst lädt uns ein: „Kiek mol wedder rin!" Und er fügt hinzu, wie ich gestern im Traum vernommen habe: „Un bliv ook drin!"

Amen

Predigt im Soldatengottesdienst am 21. November 2004 in Kabul

Liebe Gemeinde!

Gott wird abwischen alle Tränen! Ist das nicht ein schönes, tröstliches und ermutigendes Bild?

Gott wird abwischen die Tränen des Kindes, das sich das Knie aufgeschlagen hat und in den Armen der Mutter weinen kann. Die Tränen des Vaters über den Verlust seines Arbeitsplatzes, weil Großaktionäre noch mehr Geld verdienen wollen. Die Tränen der Enttäuschung, weil einer den anderen hintergangen hat. Die Tränen des Schmerzes in einer Krankheit, die Tränen des Abschiedes von einem Kameraden, der tödlich getroffen wird oder sich aus Verzweiflung das Leben nimmt.

Am heutigen Toten- oder Ewigkeitssonntag wandern viele Gedanken zu Verwandten oder Freunden, die im vergangenen Jahre das Zeitliche gesegnet haben, wobei diese gehobene Ausdrucksweise andeuten möchte, dass der Mensch nicht einfach tot, sondern im Tod bei Gott gut aufgehoben ist.

Gott wird abwischen alle Tränen. Nicht mit einem großen Taschentuch. Nicht nach Menschenart, sondern mit göttlicher Liebe, die selbst in Jesus Christus Tränen des Leidens und Sterbens vergossen hat, damals in Jerusalem und heute irgendwo auf dieser Erde, wo ein Mensch weder aus noch ein weiß.

Männern, noch dazu Soldaten, ist das Weinen zwar nicht verboten, aber Männer mit feuchten Augen und tränenerstickter Stimme gelten immer noch als weich und in manchen Augen vielleicht sogar als Sicherheitsrisiko für die Truppe. In unserer Seelsorge darf gelacht und geweint werden. Niemand braucht sich seiner Tränen zu schämen. Das Herz darf ausgeschüttet und mit Zuversicht vollgetankt werden.

Gott wird, so die andere Vision im Predigttext von heute, Gott wird einen neuen Himmel und eine neue Erde ins Leben rufen, er, der Allmächtige und Barmherzige, wird die abgebrochenen Brücken zwischen sich und der Menschheit, zwischen Nachbarn und Völkern durch neue Verbindungen ersetzen. Gott hat aus christlicher Sicht in Jesus von Nazareth die Basis gelegt für eine neue Welt, auf immer und ewig.

Diese biblische Sicht einer Zukunft ohne Tränen und Tod, ohne Leid und Geschrei und Schmerz erscheint traumhaft schön. Wer hat nicht schon einmal einen Traum geträumt, in dem er sich himmlisch wohl fühlte, aus dem er gar nicht mehr zurück wollte in die nüchterne Wirklichkeit, wo Alpträume eher die Regel sind.

Aber Vorsicht ist angesagt. Sagt man nicht mit Recht, Träume seien wie Schäume, die beim Aufwachen wie Seifenblasen zerplatzen? Hat es nicht viele falsche Propheten und selbsternannte Führer gegeben, die mit frömmsten Worten und politischen Verführungskünsten ganze Völker in Angst und Schrecken versetzt und Schutt und Asche als höhnisches Vermächtnis hinterlassen haben? Nicht nur unsere deutsche Geschichte kennt solche Gestalten, die Europa und andere Teile der einen Schöpfung Gottes mit ihrem Größenwahn verunstaltet und zutiefst gedemütigt haben.

In dem Film „Der Untergang", der die letzten Tage und Stunden Hitlers und seiner engsten Verbündeten nachzeichnet, wird besonders an der Familie Goebbels deutlich, zu welcher teuflischen Verirrung Menschen fähig sind.

Erschütternd ist für mich die Szene, wie ein Arzt und Frau Goebbels ihre Kinder erst mit einem Löffeltrunk betäuben und dann die Mutter den schlafenden Kindern eigenhändig die Giftkapsel zwischen den Zähnen zerdrückt. Begründung: Ich und meine Kinder können in einer Welt ohne den Führer nicht mehr leben.

Gott Lob, liebe Schwestern und Brüder, der uns ein neues Stück Geschichte schreiben lässt. Unsere Bundeswehr will mit ihrem Auftrag, Frieden zu sichern oder vorzubereiten, ihren Beitrag zu mehr Gerechtigkeit und Versöhnung leisten. Es soll verhindert werden, so gut wie möglich, dass einzelne Machthaber, Gruppen oder Parteien immer wieder ihr Volk mit Hirngespinsten verblenden und ganze Regionen in Krieg und Terror stürzen.

Sie als Soldaten wissen viel besser als ich, wie schwer die Umsetzung, die Transformation dieses Auftrages, ist oder bei Rückschlägen wie im März im Kosovo gar unmöglich erscheint. Wenn nicht eine Friedenssicherung mit politischen, wirtschaftlichen, sozialen und kulturellen Mitteln voraus- und parallel läuft, können militärische Einsätze als äußerstes Mittel keinen dauerhaften Frieden bewirken, schon gar nicht erzwingen.

Um so wichtiger sind unsere Auslandseinsätze mit ihrem Zwischen-die-Fronten-treten, um Schlimmeres zu verhüten, um Zeit und Raum für politische Lösungsansätze zu schaffen und die Hoffnung auf ein Ende der Gewalt zu stützen und zu stärken.

Die Vision von neuem Himmel und neuer Erde, die der betagte Seher Johannes auf der Insel Patmos mit seinem geistigen Auge schaut, ist alt. Schon der Prophet Jesaja verkündet im Namen Gottes: „Siehe, ich will einen neuen Himmel und eine neue Erde schaffen, dass man der vorigen nicht mehr gedenken und sie nicht mehr zu Herzen nehmen wird." (65,17) Ein großer Bogen der Verheißung spannt sich von den Anfängen bis zum Ende der Heiligen Schrift. Zwar ist uns Christen nicht verheißen, den Himmel auf Erden zu verwirklichen. Für die Sehnsucht vieler Menschen und Völker nach mehr Himmel auf Erden haben wir jedoch reiche Schätze anzubieten.

Unter dem Motto „Mehr Himmel auf Erden" haben wir im Juni in Oldenburg den ersten großen Landeskirchentag gefeiert. Statt 10.000 strömten etwa 15.000 Menschen durch die Innenstadt, die manche von Ihnen kennen werden. Zwischen Rathaus und Schloss und rund um die Lambertikirche waren nur Stände von Kirche, Diakonie und Militärseelsorge aufgebaut.

In einer Bank-Etage hat der ehemalige Generalinspekteur der Bundeswehr, Hans Peter von Kirchbach, ein Referat gehalten zum Thema: Dienen in christlicher Verantwortung. Dabei ist uns allen noch einmal deutlich geworden, wie trotz bester Absichten und guter Planung wir beruflich und persönlich in Situationen kommen können, wo wir nur noch zwischen einem größeren oder kleineren Übel zu wählen haben. Das gilt auch für den Einsatz militärischer Gewalt. Keiner politischen oder militärischen Führung bleibt im Ernstfall der Gewissenskonflikt erspart, sorgfältigst abzuwägen, ob und wie ein militärischer Einsatz weniger Hölle und mehr Himmel für die leidende Bevölkerung bewirken kann.

Aber, und das ist nun im Unterschied zu anderen Religionen typisch christlich, wer sich beim Befehle geben und ausführen ein Gewissen macht und darüber ins Zweifeln gerät und traurig wird im Herzen, weil die Lage unter ethischen Gesichtspunkten so aussichtslos verfahren erscheint, wer darunter leidet und sich nicht in die Illusion einer Schwarz-Weiß-Malerei treiben oder verführen lässt, der darf des Trostes und der Vergebung gewiss sein, dem gilt die Zusage Gottes: Siehe, ich mache alles neu!

Etwas wirklich neu machen kann nur Gott. Wir Menschen versuchen vieles besser zu machen. Das ist aller Anerkennung wert. Manche schreiben in ihre Reden und Programme, dass sie alles anders machen wollen. Damit sind schon viele gescheitert. Wir Christen vertrauen darauf, dass Gott tatsächlich das A und O, das Alpha und Omega ist. Der Anfang und das Ende der Zeit, der Welt und unseres eigenen Lebens.

Gott will nicht nur abwischen alle Tränen von unseren Augen. Es heißt im Predigttext auch: „Ich will dem Durstigen geben von der Quelle des lebendigen Wassers umsonst."

Wie trocken eine Kehle sein kann im Wüstenstaub, beim stundenlangen Wache schieben oder beim Besuch am Krankenbett oder beim Lesen eines Briefes aus der Heimat, brauchen wir uns nicht auszumalen. In solchen Situationen mag schon einmal ein kräftiger Schluck aus der Pulle vorübergehend helfen. Wenn jedoch Herz und Seele auszutrocknen beginnen, wenn noch nicht einmal mehr Tränen fließen können, weil Angst und Entsetzen alle Regungen erstarren und alle Gefühle erfrieren lassen, dann ist echte Seelsorge notwendig, dann können nach unterschiedlich langen Zeiten des Zuhörens und Schweigens Worte Gottes Wunder wirken.

Jesus hat einmal gesagt: Wen dürstet, der komme zu mir und trinke! (Joh. 7,37) Sein geistreiches Reden und wunderbares Handeln, sein Leben und Wirken, sein Sterben am Kreuz und seine Auferstehung zu Gott, vermag den menschlichen Durst nach Geborgenheit zu stillen und den inneren Blick auf den neuen Himmel und die neue Erde zu öffnen.

Ein Pfarrer hat einmal von dieser himmlischen Vorfreude eine Kopie für unsere irdische Wirklichkeit erstellt.

Die Friedhöfe werden endgültig geschlossen. Kein Polizist muss mehr Hausbesuche machen und Angehörigen einen Unfalltod melden. Selbstmordkandidaten geben sich dem Leben zurück. In Kalkutta und Soweto werden die Kinder mit ihren Eltern satt. Arbeit und Freizeit machen den Menschen sich selbst und anderen nicht mehr fremd. Die Gefängnisse öffnen sich wie die Krankenhäuser. Kirchen und amnesty international stellen ihre Arbeit ein. Die Telefonseelsorge hört wie alle Menschen, dass Freiheit und Frieden, Gerechtigkeit und Liebe allgegenwärtig sind wie Gott.

Diese Vision in der alten Welt zu verwirklichen, wird eine Illusion bleiben.

Aber für etwas mehr Himmel auf dieser Erde zu sorgen, ist und bleibt unsere Aufgabe in der Nachfolge Jesu von Nazareth. Warum sollten wir selbst in unserer Gesellschaft nicht folgende Leitbilder als Vorgeschmack auf das Reich Gottes entwickeln?

Wer auf den Friedhof gehen muss, kann dies mit Zuversicht tun. Die Rücksichtnahme auf den Nächsten mindert die Zahl der Unfälle und lindert den Hunger vieler Völker. Lebensfreude und Sinnerfüllung prägen das Dasein, auch wenn nicht alle Wünsche in Erfüllung gehen. Die Gefängnisse verlieren ihren Ruf als Endstationen. In den Krankenhäusern braucht niemand einsam und verlassen zu sterben.

Gott wird abwischen alle Tränen von unseren Augen. Nicht mit einem Taschentuch. Das ist unsere vornehme Aufgabe in Freundschaft und Nachbarschaft. Deshalb erlaube ich mir, Ihnen allen ein kleines weißes Taschentuch als Erinnerung an diesen Gottesdienst und als praktische Hilfe für den Fall eines Falles zu schenken. Das Winken mit den Tüchern bei der Ablösung durch ein neues Kontingent ist erwünscht. Bei anderer Verwendung im Angesicht des Feindes ist an das Verbot der Wehrkraftzersetzung zu denken, es sei denn, die Menschen auf der anderen Seite winken auch mit weißen oder bunten Tüchern.

Der Predigttext endet mit den Worten: „Wer überwindet, der wird alles ererben, und ich werde sein Gott sein und er wird mein Sohn sein." Wenn uns über diesen schönen, tröstlichen und ermutigenden Bildern und Aussichten die Herzen hüpfen und die Augen feucht werden sollten, dann ist es gut zu wissen: Das Material dieser Tücher ist besonders gut geeignet für die Aufnahme von Tränen der Freude, die Gott uns schenkt, umsonst, wie alles, was er tut.

Amen.

Vortrag zum Thema Ev. Seelsorge in der Bundeswehr am 25.01.2005 beim Lions-Club Oldenburg-Lappan

Sehr geehrte Damen und Herren!

Nach einer kurzen Einleitung möchte ich in zwei Hauptteilen einerseits zu den Rahmenbedingungen und Grundlagen und andererseits zu der konkreten Arbeit evangelischer Militärseelsorge sprechen und zum Schluss einige Fragen an die Politik richten.

1. Zur Einleitung

Hätte man 2004 zur Wahl des Wortes des Jahres nur die Angehörigen der Bundeswehr gefragt, dann wäre wohl dieser Begriff klarer Favorit gewesen: Transformation.
Welch ein Wort mit dynamischen Bedeutungsnuancen: Umformung, Umwandlung, Umgestaltung. Welch ein Begriff auch theologischer Tiefe und Weite: In dem Kreuz von Golgotha ist die Transformation des Sünders zum Gerechtfertigten begründet, Gott lässt in Jesus Christus Gnade vor Recht ergehen. Kaum ein anderer Kirchenvertreter als der Apostel Paulus beschreibt treffender den Kern christlicher Transformation, wenn er in 2. Korinther 5, 17 notiert: „Ist jemand in Christus, so ist er eine neue Kreatur; das Alte ist vergangen, siehe, Neues ist geworden."

Am 9. August 2004 hat der Herr Bundesminister für Verteidigung diesen Begriff in die „Grundzüge der Konzeption" aufgenommen und kurz und bündig festgestellt:

„Die Transformation der Bundeswehr bestimmt Denken, Konzepte, Ausbildung, Organisation und Ausrüstung – sie schafft etwas völlig Neues."

Natürlich ist allen Beteiligten bewusst, dass trotz fast gleichlautender Transformationsbeschreibung Kirche und Staat nicht nur seit 1919 verfassungsmäßig getrennt sind, sondern beide auch ihre je eigene Aufgabe und Verantwortung vor Gott und für die Menschen haben. Allerdings nimmt die evangelische Seelsorge in der Bundeswehr an der „Gestaltung eines fortlaufenden, vorausschauenden Anpassungsprozesses an die sich ändernden Rahmenbedingungen", wie sie sich insbesondere nach der politischen Wende 1989 ergeben haben, in Auslandseinsätzen und in der Familienbetreuung, in der persönlichen Beratung und im lebenskundlichen Unterricht teil, ohne ihrem geistlichen Auftrag untreu zu werden.

2. Rahmenbedingungen und Grundlagen

a) Militärseelsorgevertrag

Am 22. Februar 1957 wurde der Vertrag der Evangelischen Kirche in Deutschland mit der Bundesrepublik Deutschland zur Regelung der Evangelischen Militärseelsorge in Bonn in zwei Urschriften unterzeichnet. Für die Evangelische Kirche in Deutschland haben der damalige Ratsvorsitzende der EKD Bischof Dibelius, der Leiter der Kirchenkanzlei Brunotte, für die Bundesrepublik Deutschland Bundeskanzler Adenauer und Bundesminister Strauß ihre Unterschrift unter einen Vertrag gesetzt, der einige Zeit später in fast gleichlautender Form auch für das Verhältnis zwischen der katholischen Kirche und der Bundesrepublik Deutschland Gültigkeit gefunden hat.

Die Vertragsunterzeichner waren sich einig „in dem Bestreben, die freie religiöse Betätigung und die Ausübung der Seelsorge in der Bundeswehr zu gewährleisten in dem Bewusstsein der gemeinsamen Verantwortung für diese Aufgabe und in dem Wunsche, eine förmliche Übereinkunft über die Regelung der evangelischen Militärseelsorge zu treffen." Im Artikel 2 heißt es: „Die Militärseelsorge als Teil der kirchlichen Arbeit wird im Auftrag und unter der Aufsicht der Kirche ausgeübt. Der Staat sorgt für den organisatorischen Aufbau der Militärseelsorge und trägt ihre Kosten." Darüber hinaus heißt es im Artikel 4: „Aufgabe des Militärgeistlichen ist der Dienst am Wort und Sakrament und die Seelsorge. In diesem Dienst ist der Militärgeistliche im Rahmen der kirchlichen Ordnung selbständig. Als kirchlicher Amtsträger bleibt er in Bekenntnis und Lehre an seine Gliedkirche gebunden." Und schließlich wird im Artikel 5 der Grundsätze festgelegt: „Dem Soldaten ist im Rahmen der dienstlichen Möglichkeiten Gelegenheit zu geben, sich am kirchlichen Leben zu beteiligen."

Gerade wegen ihrer besonderen Freiheit in dem Organismus Bundeswehr liegt den Pfarrerinnen und Pfarrer das Wohl und Wehe aller am Herzen, die sich verpflichtet haben, „der Bundesrepublik Deutschland treu zu dienen und das Recht und die Freiheit des deutschen Volkes tapfer zu verteidigen", wie es in Eid und Gelöbnis der Angehörigen der Bundeswehr zum Ausdruck kommt.

b) Neue Konzeption der Bundeswehr

Im Jahre 2005 wird die Bundeswehr 50 Jahre alt. Aus drei Gründen ist für den Bundesverteidigungsminister die weitere Entwicklung der Bundeswehr unerlässlich.

„Erstens: Die Sicherheitslage hat sich entscheidend verändert. Deutschland wird absehbar nicht mehr durch konventionelle Streitkräfte bedroht ... Gefahren muss dort begegnet werden, wo sie entstehen. Denn sie können die Sicherheit auch aus großen Entfernungen beeinträchtigen, wenn nicht gehandelt wird. Zweitens: NATO und Europäische Union befinden sich in weitreichenden Anpassungsprozessen an die veränderte Situation. Dies bringt neue Verpflichtungen für Deutschland, auch im militärischen Bereich, mit sich. Die Transformation der NATO verlangt eine Transformation der Bundeswehr. Drittens: Die Einsatzrealität der Bundeswehr hat sich längst der neuen Sicherheitslage angepasst, und die Anforderungen an die Streitkräfte steigen weiter. Das Einsatzspektrum der Bundeswehr umfasst mittlerweile alle denkbaren Einsatzformen von der Patrouille am Horn von Afrika über zivil-militärische Projekte bis zur Beobachtermission in Georgien. Immer häufiger übernimmt die Bundeswehr dabei Führungsaufgaben. Deutschland wird absehbar einer der größten Truppensteller für internationale Friedenseinsätze bleiben." (Vorwort, Grundzüge der Konzeption, 2004)

c) Mein Besuch im Kosovo Ende April 2004

Vier Wochen nach den ethnisch begründeten Ausschreitungen der Albaner im ganzen Kosovo und auch im deutschen Verantwortungsbereich in Prizren konnte ich sehr offene und intensive Gespräche mit Soldaten und unseren Seelsorgern über die Situation vor Ort führen und mir einen Überblick über die Stadt und einige Außenbezirke verschaffen. Längere Zeit sah es so aus, als könnte die konzertierte Aktion der NATO die Hoffnung auf ein friedlicheres Miteinander von Albanern und Serben, die 10 Jahre zuvor die Kosovo-Albaner großem Druck und unerbittlicher Verfolgung ausgesetzt hatten, unterstützen und sichern. Von einem freundlichen Miteinander oder gar herzlichen Füreinander der jahrhundertealten Gegnerschaft war ohnehin nur zu träumen. Aber die Ruhe in der südserbischen Provinz war offenbar trügerisch. Der Tod zweier Kinder, bis heute nicht zweifelsfrei geklärt, hatte zu neuen Gewalttaten geführt. Wie sich später herausstellte, war die militärische Einschätzung der Lage und die Ausrüstung der Bundeswehr für polizeiliche Aufgaben verbesserungsbedürftig. Aber ich habe in einem Gottesdienst meinen Respekt bekundet vor der Besonnenheit, mit der die Soldaten versucht haben, Menschenleben auf der Seite der Demonstranten und der Soldaten zu retten, um eine Eskalation mit risikoreichem Ausgang zu vermeiden. Vom höchsten Gebäude der Stadt aus wurde mir sehr deutlich bewusst, wie einfach es für Demonstranten mit Frauen und Kindern in der vordersten Reihe ist, die engen Zufahrtsstraßen einer Stadt für militärische Verstärkung und Rettungskräfte zu blockieren.

Allerdings litten die Soldaten darunter, dass sie die Zerstörung von Kirchen, Bischofssitz und Wohnvierteln der serbischen Bevölkerung nicht verhindern konnten. Dort ist ein Stück Kultur in weitem Sinne zerstört worden. Die Hoffnung auf ein multi-ethnisches Kosovo scheint vorerst gestorben zu sein.

Um so wichtiger bleibt der KFOR-Einsatz mit seinem Zwischen-die-Fronten-treten, um Schlimmeres zu verhüten, um Zeit und Raum für politische Lösungsansätze zu schaffen und die Hoffnung auf ein bisschen Frieden auf Sparflamme zu halten. Aber das Risiko neuer Auseinandersetzungen bleibt.

d) Friedensethische Grundsätze

1994 veröffentlichte der Rat der Evangelischen Kirche in Deutschland die Schrift „Schritte auf dem Weg des Friedens", der eine Ergänzung unter der Überschrift „Friedensethik in der Bewährung" im Jahre 2001 folgte. Dieser friedensethische Grundriss, mit dem die Kirche nicht Nachzügler war, sondern die neue sicherheitspolitische Lage nach dem Ende der atomaren Ost-West-Konfrontation frühzeitig bedachte, betont einige Grundsätze.

Gemeinsam mit der römisch-katholischen Kirche wird der „gerechte Friede" als Leitbegriff christlicher Friedensethik allen Überlegungen vorangestellt. Die präventive Friedenssicherung mit politischen, wirtschaftlichen, sozialen und kulturellen Maßnahmen und Mitteln hat als Weg, den Frieden zu wahren oder wiederherzustellen, Priorität. Es gibt eine vorrangige Option für Gewaltfreiheit. Dennoch schließt die Schrift die Notwendigkeit militärischer Mittel zur Wiederherstellung des Friedens nicht grundsätzlich aus. Denn im Konfliktfall muss Recht auch durchgesetzt werden. Allerdings ist höchster Wert darauf zu legen, dass solche Maßnahmen immer nur als „ultima ratio" umgesetzt werden. Unter einem allerletzten Mittel ist nicht unbedingt die zeitliche Dimension zu verstehen, es ist auch an ein äußerstes Mittel im präventiven Sinne zur Abschreckung zu denken.

Die Kriterien für eine „legitime Gewaltanwendung" sind weitgehend der alten Tradition vom „Gerechten Krieg" entnommen, wie sie sich als Zusammenfügung römischer Staatsphilosophie (Cicero) und christlicher staatskirchlicher Ethik (Augustin, Thomas von Aquin) entwickelt haben. Unter den sieben Kriterien sind die gerechte Autorität, die gerechte Absicht, die angemessenen Mittel, das Ende einer Intervention sowie die vorhin genannte ultima ratio von besonderer Bedeutung für eine Gewaltanwendung, die das Attribut legitim verdient.

Heute wird häufig in Politik, Militär und auch Kirche die Ansicht vertreten, dass ein entschlosseneres Anwenden der UN-Resolutionen mit der Folge eines früheren und entscheidenderen militärischen Eingreifens im früheren Jugoslawien den furchtbaren Bürgerkrieg verkürzt und vielen Menschen das Leben gerettet hätte. Immerhin sind allein in Bosnien-Herzegowina während des Bürgerkrieges 200.000 Menschen ums Leben gekommen.

Andererseits zeigt aber die Diskussion um den letzten Irakfeldzug, dass das Argument vom Einsatz militärischer Gewalt als „ultima ratio" zur Konflikteindämmung missbraucht werden kann. Es ist daher wichtig zu betonen, dass die o. g. strengen Beurteilungskriterien schon in der Tradition vom „Gerechten Krieg" in erster Linie zur Begrenzung militärischer Gewalt vor ihrem Einsatz dienen sollten. In der aktuellen friedensethischen Debatte müssen sie daher so weiterentwickelt werden, dass entschieden werden kann, inwieweit der Hinweis auf die „ultima ratio" zur Legitimation militärischer Einsätze wirklich glaubwürdig ist oder nicht.

3. Konkrete Arbeit evangelischer Militärseelsorge

a) Einsatzbegleitung

Das neue Aufgabenspektrum der Bundeswehr hat auch das Anforderungsprofil an die Militärpfarrer und das berufliche Selbstverständnis unserer Pastoren und Pastorinnen verändert.

Der Dienst in den Streitkräften heute verlangt von unseren Militärpfarrern ein hohes Maß an Offenheit für komplexe Handlungssituationen, an persönlicher Belastbarkeit in vier bis sechs Monaten Auslandseinsatz und an geistlichem Rüstzeug im Konflikt- oder Krisenfall.

Wir sprechen im Auslandseinsatz von den gläsernen Menschen, weil jeder und jede über die Zeit mit allen Stärken aber auch Schwächen erkennbar und durchschaubar wird.

Am 29. September 2004 wird aus 800 Meter Entfernung eine Granate auf das Camp der Streitkräfte am Rande der Stadt Kundus abgefeuert.

Der Pastor schreibt in sein Tagebuch: „Mittwoch: Gegen 21.40 Uhr gibt es einen mächtigen Wumms, und wir lassen uns alle auf den Boden fallen. Unverkennbar hat es in unmittelbarer Nähe eine Detonation gegeben. Ein durchaus eigenes und seltsames Gefühl tiefen Staunens und tiefer Verwunderung erfüllt mich, dass ich allen Ernstes in eine Bedrohungslage geraten bin; aber ich habe nicht das Empfinden von Angst ... Nun folgen Alarmierung und Eigenschutzmaßnahmen, die uns die ganze Nacht beschäftigen; ich laufe durchs Lager und besuche diesen und jenen, helfe hier und dort, vier Kameraden sind im Rettungszentrum mit Knalltraumata stationiert, einer ist splitterverletzt und wird mehrere Stunden lang operiert.

Donnerstag: Frühstück, Wochenbericht schreiben und so weiter: Alles mit Weste und Helm, irgendwann schlafe ich ein bis zwei Stunden; ich besuche die Patienten, der Operierte soll gegen Mittag nach Termez, später nach Koblenz geflogen werden. Zwei Seelsorgegespräche mit einem jungen Kameraden, dessen sechs Wochen alter Neffe gerade an plötzlichem Kindstod gestorben ist. Ich helfe beim Telefonat mit der Schwester ...
Freitag: Ob ich nun endlich meine Predigt hinkriege ..."

Was trägt in solchem Auftrag? Das biblische Bild vom Hirten und seiner Herde im 10. Kapitel des Johannesevangeliums kann hilfreich sein. Dort unterscheidet Jesus zwischen „dem guten Hirten" und dem „Mietling". Der Mietling, der nicht Hirte ist, des die Schafe nicht eigen sind, sieht den Wolf kommen und verlässt die Schafe und flieht; der Wolf erhascht und zerstreut die Schafe. Der gute Hirte aber flieht nicht, er teilt also das Schicksal der Schafe, ja, er lässt sein Leben für die Schafe.

Auf das Selbstverständnis unserer Pfarrerschaft in der Bundeswehr bezogen: Wir lassen unsere Gemeinde, die Soldaten, nicht im Stich, wenn es kritisch wird. Was trägt, ist das Getragensein im Glauben, in der Hoffnung und in der Liebe.

Glaube als tragender Grund, Liebe als treibende Kraft, anderen beizustehen, Hoffnung als beflügelte Zuversicht, dass das Tun sinnvoll ist, unabhängig davon, wie der Einsatz endet.

Wie auch sonst im Leben eines Christenmenschen sind alte biblische Texte die geistliche Ration in der Not, wie z. B. der Psalm 23 oder die Worte des Apostels Paulus im Römerbrief Kapitel 8, wenn er schreibt: „Ich bin gewiss, dass weder Tod noch Leben, weder Engel noch Mächte noch Gewalten, weder Gegenwärtiges noch Zukünftiges, weder Hohes noch Tiefes noch eine andere Kreatur uns scheiden kann von der Liebe Gottes, die in Christus Jesus ist, unserm Herrn."

b) Familienbetreuung

Die bisher sechsmonatige Abwesenheit von Verlobten, Ehemännern, Familienvätern oder Söhnen macht eine intensive Betreuung der Angehörigen zuhause erforderlich.
Dazu gibt es seitens der Bundeswehr stationäre Familienbetreuungszentren oder auch, wie z. B. in Varel, monatliche Treffen der engsten Angehörigen, um sich über die Situation im Einsatzland auszutauschen, sich gegenseitig Mut zu machen, Verabredungen zu treffen und einfach zu erzählen, wie die Schwierigkeiten der Trennung und die Probleme mit den Kindern in der Schule zu bewältigen sind.

Ich selber habe im letzten Jahr an solch einem Treffen teilgenommen und miterleben können, mit welcher Fürsorge die Vorgesetzten, Psychologen und unsere Pfarrer auch an dieser Stelle engagiert sind, die Trennungszeit überbrücken zu helfen, damit Verlöbnisse nicht zerbrechen oder Ehen nicht auseinandergehen.

c) Der lebenskundliche Unterricht

Seit Bestehen der Bundeswehr erteilen Pfarrer beider Konfessionen neben der Seelsorge und gottesdienstlichen Angeboten ihren Soldaten auch den sogenannten lebenskundlichen Unterricht, er bearbeitet ethische Fragestellungen zu den Stichworten Gewissen, Umgang mit Schuldgefühlen, Kriterien für den Einsatz von Gewalt, Bewältigung der Erfahrung von Verwundung und Sterben und vieles andere mehr.

Seit einiger Zeit wird kritisch aus dem Bereich der Politik und des Militärs gefragt, ob angesichts eines Bevölkerungswandels, insbesondere nach der Vereinigung mit den östlichen Bundesländern, mit nur noch oder immer noch über 60 % Christen der lebenskundliche Unterricht nicht von anderen geeigneten Fachleuten erteilt werden solle oder müsse. Ich bin der festen Überzeugung, dass die Pfarrer sehr wohl unterscheiden können zwischen ihrer Rolle als Seelsorger und ihrer Verantwortung als Lehrende in einem Unterricht, der sowohl ethische Grundsätze wie auch die Herausforderungen des täglichen Lebens im Einsatz der Soldaten in geeigneter Weise verbindet. Denn die Pfarrer sind es in erster Linie, die sowohl an den Standorten in der Bundesrepublik als auch in den Auslandseinsätzen, da natürlich besonders, von Tag zu Tag und von Container zu Container mit den Soldatinnen und Soldaten zusammen leben, um ihre Sorgen und Gemütsschwankungen wissen und sie auch in kritischen Fragen des Einsatzes und ihres Verhältnisses zu den Kameraden oder Vorgesetzten wie auch in Glaubensfragen fachkundig und einfühlsam beraten. Ich sage immer wieder: Keiner macht das besser und preiswerter als die Kirche. Psychologen kommen für den LKU nicht in Frage, desgleichen auch nicht die Vorgesetzten, die sofort in einer Krise in einen Gewissenskonflikt gegenüber politischer oder militärischer Weisung geraten. Pfarrer sind in ihrer Libero-Rolle mit der ihnen vertraglich zugestandenen Freiheit und Verantwortung ideale Partner im Normal- und im Krisenfall.

d) Die Akzeptanz der Militärseelsorge

Pfarrer sind als Seelsorger gewünscht. Wenn sie mit den Herausforderungen des Lagerlebens zurecht kommen, fließt ihnen großes Vertrauen entgegen.
Darüber hat das Sozialwissenschaftliche Forschungsinstitut der Bundeswehr 1997/1998 eine Erhebung unter den Soldaten zum Einsatz der Militärseelsorge durchgeführt. Die positive Re-

sonanz kommt vor allem darin zum Ausdruck, dass über 88 % der Soldaten ohne konfessionelle Bindung betonen, dass es „gut" ist, „dass Pfarrer im Lager" sind.

Bei den kirchlich Gebundenen ist die Zustimmung noch höher, sie geht gegen 100 %.

Darüber hinaus ist einer Umfrage im letzten Jahr unter den religiös nicht gebundenen Soldaten zu entnehmen, dass 30 % dieser Gruppe einen Seelsorger in Anspruch nehmen wollen, wenn es nötig ist.

Der Wiefelsteder Pfarrer Manfred Kahl musste 1991 während des Golfkrieges kurzfristig für einen verhinderten Kollegen in Ostanatolien einspringen. Erst später erfuhr er, dass sich die Soldaten mit 80 % dafür ausgesprochen hatten, dass ein Militärpfarrer sie unbedingt begleiten solle. Seine Anwesenheit empfanden sie als Beruhigung. Der Kommandoführer sagte damals bei seinem Eintreffen:

„Wenn in unserer Situation kein Pfarrer hierher gekommen wäre, hätten wir in Zukunft ganz auf die Militärseelsorge verzichten können." Daran hat sich grundlegend nichts geändert.

Auch als Gesprächspartner und Berater der militärischen Führung leisten die Militärgeistlichen einen wichtigen Dienst zur Bewältigung eines schwierigen Alltages fern der Heimat.

e) Ökumenische Zusammenarbeit

An den Einsatzorten mit einer großen Zahl deutscher Soldaten steht ein evangelischer und ein katholischer Seelsorger zur Verfügung. An anderen Einsatzorten wechseln sich die Konfessionen in einem Rhythmus von etwa 3 Monaten ab. Je besser die Chemie zwischen den Geistlichen der beiden großen Kirchen ist, um so besser funktioniert die Zusammenarbeit zum Wohle der Soldatinnen und Soldaten, die immer weniger von den Unterschieden der katholischen und evangelischen Kirche wissen. Sie wollen einen Pfarrer, der ihnen zur Seite steht. Darüber hinaus stehen die Geistlichen allen Soldaten mit Rat und Tat zur Verfügung, die ein Gespräch suchen oder um konkrete Hilfe bitten.

Bis vor kurzem hat es im Wechsel Wortgottesdienste, die auch weiter unproblematisch sind, und Eucharistie- bzw. Abendmahlsgottesdienste gegeben, in denen der Pfarrer jeweils der anderen Konfession die Predigt gehalten hat.

Dies ist aus evangelischer Sicht bedauerlicherweise nach einer Verfügung der katholischen Kirche nicht mehr erlaubt. Aufgrund einer päpstlichen Instruktion mit dem Titel „Redemptionis sacramentum" muss in einem Eucharistiegottesdienst der katholische Pfarrer das Evangelium lesen und die Predigt halten. Der evangelische Geistliche darf lediglich eine Epistellesung machen und in der Fürbitte mitwirken.

In evangelischen Gottesdiensten werden nach wie vor alle getauften Christen, die einer Kirche angehören, zur Feier des Heiligen Abendmahles eingeladen. Auch besteht weiterhin der Wunsch, dass katholische Pfarrer in einem evangelischen Abendmahlsgottesdienst die Predigt halten mögen. Bei allem Respekt vor dem Selbstverständnis der katholischen und der evangelischen Kirche wird diese Entwicklung von vielen Menschen als beschwerlich und bekümmernd empfunden, weil gerade in Extremsituationen, wie sie sich im Auslandseinsatz ergeben, das gemeinsame Zeugnis der Christenheit in Wort und Sakrament bisher als ausgesprochen hilfreich empfunden worden ist.

4. Zum Schluss

a) Fragen an die Politik

Viele Soldaten aller Dienstgrade und natürlich meine Pfarrerinnen und Pfarrer in der Militärseelsorge stellen sich in einer Art Dauerreflektion Fragen nach den Kriterien des Einsatzes der Bundeswehr in Europa und darüber hinaus. In den eineinhalb Jahren meines Dienstes als Militärbischof im Nebenamt habe ich mit vielen leitenden Persönlichkeiten im militärischen und politischen Bereich zum Teil mehrmals über die geostrategischen Interessen Deutschlands oder Europas sowie über die Legalität und Legitimität von Einsätzen der Bundeswehr allein oder im Bündnis gesprochen. Aus diesem Dialog heraus bin ich wahrscheinlich der erste Militärbischof, der im letzten Jahr im Verteidigungspolitischen Ausschuss des Bundestages eine Reihe von Fragen zu den Kriterien, nach denen der Deutsche Bundestag über den Einsatz der Bundeswehr entscheidet, gestellt hat.

Ist ein UN-Mandat eine zwingende Voraussetzung oder nicht?

In welchen Krisenregionen der Erde ist ein deutscher Einsatz noch oder nicht mehr vertretbar?

Und wie steht es mit einem absehbaren Rückzug aus dem Krisengebiet?

Ich halte die Diskussion der Kriterien, sofern sie nicht einem erhöhten Sicherheitsinteresse unterliegen, wichtig für die Akzeptanz des Dienstes der Bundeswehr, auch im Blick auf die unterschiedlichen Auffassungen zur Wehrpflicht oder zur Berufsarmee, vor allem aber im Blick auf die Soldatinnen und Soldaten, die mit ihrer Entscheidung für die Bundeswehr ein hohes Risiko für sich selbst und im Blick auf ihre Angehörigen zuhause auf sich nehmen.

b) Mein Besuch in Kundus

Ein wichtiger Bestandteil meiner Reise nach Afghanistan im November letzten Jahres war für mich der Besuch des PRT in Kundus, auf deutsch etwa: Regionales Wiederaufbauteam.

Dort sind etwa 400 militärische und zivile Mitarbeiter aus Deutschland tätig. Das Modellprojekt wird von vier deutschen Ministerien gemeinsam verantwortet: Verteidigungsministerium, Innenministerium, Außenministerium und Ministerium für wirtschaftliche Zusammenarbeit und Entwicklung.

Der Grundgedanke ist, zivilen Wiederaufbau unter militärischem Schutz zu betreiben nach der Formel: Sicherheit plus Wiederaufbau gleich Stabilität.

Bereits im SFOR-Einsatz in Bosnien wurden von Beginn an zivil-militärische Kräfte eingesetzt, um militärisches Handeln und ziviles Umfeld in Einklang zu bringen. Doch ist in Kundus die Kombination dieser beiden Ansätze am weitesten gediehen. Auf dem Programm dieses Einsatzes stehen Projekte wie der Wiederaufbau von Schulen, Straßen und Brücken, die Unterstützung bei Entwicklungsprojekten sowie die Verbesserung der Trinkwasserversorgung oder Alphabetisierungskurse vor allem für Frauen.

Dem Netzwerk, das neun Nationen in Kundus bedienen, gehören die verschiedenen Akteure aus dem Bereich der UN, der NGOs und der Vertretung der Bevölkerung und der Ethnien an.

Gelegentliche Anschläge, kritische Anmerkungen von Hilfsorganisationen und vor allem die Probleme des Drogenanbaus und –handels erschweren die Umsetzung dieses Projektes, das mir persönlich als ein sehr zukunftsträchtiges Unternehmen erscheint und sehr nahe an die friedensethischen Grundsätze unserer evangelischen Kirche herankommt.

Ich hoffe, Ihnen deutlich gemacht zu haben, dass wir den Transformationsprozess der Bundeswehr mit vollziehen. Deutlich geworden ist hoffentlich auch, dass gerade angesichts der neuen sicherheitspolitischen Herausforderungen die Bundeswehr die Seelsorge mit all ihren Angeboten und ihren Pfarrern dringend benötigt, um auch in Zukunft als Parlamentsarmee, die in der Gesellschaft Rückhalt hat, ihren Friedensdienst zu leisten, der sich sowohl in seinem politischen Selbstverständnis als auch in der militärischen Umsetzung, ich will nicht sagen wohltuend, aber doch deutlich wahrnehmbar von dem anderer Länder unterscheidet.

Ich schließe mit den einzigen beiden Befehlen, die mich als Zivilisten beeindruckt haben und die ich gerne weitergebe: „Rührt euch!" und „Gott befohlen!"

Predigt im Festgottesdienst 625 Jahre St.-Laurentius-Kirche zu Hasbergen am 18. September 2005

Liebe Festgemeinde!

Dieses Jubiläumsjahr 2005 wird in der Kirchengemeinde Hasbergen wohl lange und hoffentlich in guter Erinnerung bleiben. 40 Jahre Lutherkirche in Stickgras mit 50 Jahren Bläserkreis, 30 Jahren Kindergarten und 25 Jahren Seniorenkreis im Mai – das hätte als besonderer Höhepunkt im gemeindlichen Leben ja schon gereicht. Im Bungerhof wird manches auf den Weg gebracht. Räume werden umgestaltet, die Jugendarbeit strebt aufwärts. Zukunft ist angesagt. Nun aber noch ein ganzer Jubiläumsseptember in Hasbergen mit dem dankbaren Gedenken an 625 Jahre St.-Laurentius-Kirche – Gott schenke Euch viel Speicherkapazität in Herz und Hirn, um von der Jubiläumsfreude in den kommenden Jahren zehren zu können, wenn die Normalität des Gemeindelebens mit wesentlich kleineren Höhepunkten wieder den Jahresrhythmus bestimmt!

Über den Namenspatron dieser Kirche aus dem Jahre 1380 ist nur wenig bekannt. Sicher ist jedoch, dass St.-Laurentius ein Märtyrer der frühen Kirche in Rom war. Weil er, so steht im Gemeindebrief zu lesen, den vom Kaiser begehrten Kirchenschatz lieber an die Armen und Kranken der Gemeinde verteilt hatte und seinem christlichen Glauben trotz Folter nicht abschwören wollte, wurde er unter Kaiser Valerian auf schreckliche Weise hingerichtet. Das war um das Jahr 255.

Der Glaubensmut dieses Laurentius hat so intensiv nachgewirkt, dass etwa 80 Jahre später unter dem Kaiser Konstantin bei dem Grab des Märtyrers eine Basilika errichtet wurde. Sie gehört zu den sieben Hauptkirchen Roms.

Was hat die Christenheit in den ersten Jahrhunderten für eine Glaubensstärke in dem Bekenntnis zu Jesus Christus als dem gekreuzigten und auferstandenen Herrn bewiesen. Natürlich haben auch in späteren Jahrhunderten nicht alle Gemeindeglieder dem Druck der Verfolgung und der Bedrohung durch den Tod standgehalten. Viele haben die Flucht nach innen angetreten. Etliche haben ihren Glauben verleugnet, um die Familie und ihre eigene Haut zu retten. Und manche sind zu Bekennern und schließlich zu Märtyrern herangewachsen, denen später Bewunderung und Verehrung zuteil wurde.

Als ich auf den Wochenspruch zu diesem 17. Sonntag nach Trinitatis stieß, kam mir der Gedanke: Das könnte ein biblisches Wort gewesen sein, von dem sich unsere christlichen Vorfahren durch die Jahrhunderte hinweg in Freude und Leid getragen wussten. Im ersten Johannesbrief Kap. 5 Vers 14 heißt es: Unser Glaube ist der Sieg, der die Welt überwunden hat.

Dieser Wochenspruch war einmal Jahreslosung in meiner Jugendzeit. Er weckt bei mir schöne Erinnerungen, die ich nicht missen möchte. Dieser kurze Satz strahlt ein ungeheure Siegesgewissheit unseres christlichen Glaubens aus, die mich und viele andere junge Männer und Mädchen begleitet und geprägt hat bis heute.

Wenn wir über Pfingsten vom Niederrhein ins Siegerland zum Zelten oder in halb offene Feldscheunen fuhren, haben wir auf den Bahnsteigen die Wartezeit mit Fahrten- und Bekenntnisliedern überbrückt. Einer der Klassiker für uns junge Leute im CVJM war das Lied:

> Wir jungen Christen tragen ins dunkle deutsche Land
> ein Licht, den schweren Tagen als Fackel, in der Hand.

Und dann folgte der Kehrreim, alles in C-Dur, mit der Gitarre recht leicht zu begleiten:

> Wir wollen Königsboten sein des Herren Jesu Christ, der frohen
> Botschaft heller Schein uns Weg und Auftrag ist.

Nun konnte damals und könnte heute der Einwand kommen, das klinge ziemlich schwärmerisch, von den wirklichen Problemen und Sorgen in der Welt abgehoben. Im Einzelfall mag diese Sichtweise zutreffen. Mir und vielen anderen jungen Christen hat die Gemeinschaft um Gottes Wort geholfen, den Alltag von einer zuversichtlichen Grundposition aus zu bewältigen.

Die Botschaft Jesu, wie sie uns überliefert wird im Zeugnis der Evangelisten und Apostel, überspringt oder überspielt keineswegs das Leid und das Elend dieser Welt. Dann hätte Jesus nicht Krankheiten zu heilen brauchen und den Menschen für ihre Schuld und das Böse in der Welt nicht die Augen öffnen müssen.

Er hatte stets beides im Blick: Das Leben in Freude und Leid hier und jetzt und das mit ihm anbrechende Reich Gottes dort und dereinst. Beides gehörte in ihm, seinem Leben und seiner Botschaft, untrennbar zusammen.

Wenn uns in unserem christlichen Alltag etwas gelingt, wenn wir ein Jubiläum vorbereiten und spüren, welche Vorfreude uns durch viel Arbeit und manche Schwierigkeiten hindurchträgt, wenn sich mit unserer Hilfe da und dort eine gestörte oder gar zerbrochene Beziehung zwischen zwei Menschen oder Gruppen in der Gemeinde wieder neu beleben lässt, wenn es uns gelingt, nach langen Beratungen mit abnehmenden finanziellen Mitteln doch noch ein ordentliches Programm für die kirchliche Arbeit zu erstellen, wenn nach einem Frust über Gott und die Welt wieder Lust auf die Gemeinschaft im Gottesdienst und in gemeindlicher Verantwortung wächst, dann mag es ja vordergründig unser Erfolg sein, mit Geschick und Geduld und Zuversicht die anstehenden Schwierigkeiten zu überwinden, aber mit einem tieferen Blick erkennen wir womöglich den Sieg Gottes, der uns zu diesem Tun oder jenem Lassen geführt und beflügelt hat.

Theologisch lassen sich diese Überlegungen noch einmal anders ausdrücken. Weil wir Ostern und damit auch den Karfreitag mit der Kreuzigung Jesu hinter uns haben, weil uns das österliche Halleluja als Siegesfanfare über den Tod noch in den Ohren klingt, gerade weil Jesus aus dem irdischen Tod in Gottes himmlisches Reich gerufen worden ist, deshalb liegt das Leben vor uns, das zeitliche und das ewige Leben.

Allerdings muss auf die Gefahr solcher kerniger Botschaften hingewiesen werden, weil sich damit immer wieder in der Geschichte von Menschen und Völkern ein zweifelhaftes Sendungsbewusstsein aufgetan hat, das zu Terror und Krieg führte und führt. Der Satz „unser Glaube ist der Sieg, der die Welt überwunden hat" in den Mund von Goebbels oder Hitler gelegt, ist im Nachhinein genau so unerträglich wie ähnliche Parolen von Diktatoren und Religionsführern zu jeder Zeit und in jedem Land der Erde. Die Botschaft, auch mit anderen Worten, und die Folgen sind immer gleich:

Man teilt die Welt in Gute und Böse ein und verführt die Masse des Volkes zu blinder Gefolgschaft mit kalkulierter Todesfolge von Hunderten, Tausenden oder gar Millionen von Menschen, die eigentlich nur leben möchten wie Du und ich.

Besonnene Theologen muslimischen Glaubens lesen den Koran und legen ihn so aus, dass daraus keinerlei Selbstmordattentate abzuleiten, geschweige denn zu rechtfertigen sind. Besonnene Theologie christlicher Lehre versteht den Missionsbefehl am Ende des Matthäusevangeliums längst nicht mehr als Aufforderung zur Zwangsmissionierung andersgläubiger Menschen und Völker, wohl aber als ein in Jesus Christus verankertes Angebot zu Gotteslob und Nächstenliebe über alle Grenzen hinweg.

Dietrich Bonhoeffer, der ja nicht nur Widerstandskämpfer im sogenannten Dritten Reich war, hat als Ausbilder junger Pfarrer etwas sehr Hilfreiches gesagt.

> Eine christliche Gemeinschaft lebt aus der Fürbitte der Glieder füreinander, oder sie geht zugrunde. Einen Bruder, für den ich bete, kann ich bei aller Not, die er mir macht, nicht mehr verurteilen oder hassen.
> Sein Angesicht, das mir vielleicht fremd und unerträglich war, verwandelt sich in der Fürbitte in das Antlitz des Bruders, um dessentwillen Christus starb, in das Antlitz des begnadigten Sünders.

Wir können uns diesen schönen Rat zur Fürbitte zur Regel machen. Wenn ich mich im Laufe des Tages über einen Menschen geärgert habe, zu Recht oder zu Unrecht, das lassen wir mal offen, dann schließe ich diese Schwester, diesen Bruder am Abend in meine Fürbitte ein und sehe in diesem Menschen wie in mir selbst Geschöpfe Gottes, die von Gott geliebt sind und untereinander der Liebe bedürfen.

Wenn wir dieses Prinzip auf Menschen und Völker anderen Glaubens ausdehnen, dann wird die Nacht für die große Zahl der Fürbitten nicht ausreichen, aber es wird sich an unserer Grundeinstellung zum nahen oder fernen Nächsten einiges ändern.

Solch ein Kirchenjubiläum, wie wir es heute gemeinsam feiern dürfen, soll ausstrahlen in die Gemeinde einerseits und in unsere nichtchristliche oder unchristliche Umgebung, in der wir leben. Uns liegt am Herzen, dass die Getauften in der Kirche bleiben, und andere zurückkehren oder neu eintreten, indem sie sich taufen lassen.

Wer in ein Gotteshaus wie dieses ehrwürdige Gebäude tritt, Altar und Kanzel bewundert, den Taufstein betrachtet und den Klängen der Orgel oder des Chores lauscht, kommt innerlich zur Ruhe, tankt auf und kann Zuversicht gewinnen für den neuen Tag mit seinen Herausforderungen. Wer das Evangelium von Gottes Liebe in dem gekreuzigten und auferstandenen Christus in seinem Herzen wirken lässt, wird kuriert von manchem Kummer und Leiden. Wer am Tisch des Herrn Brot und Wein zur geistlichen Stärkung empfängt, steht in der weltweiten, ökumenischen Gemeinschaft der Christenheit.

Die viel bewunderte Mutter Teresa im indischen Kalkutta, die sich bis zum 87. Lebensjahr den Kranken und Sterbenden verpflichtet wusste, und der evangelische Theologe Roger Schutz, der als 90jähriger in Taizé erstochen wurde, beide, stellvertretend für viele andere Gläubige, hätten nie daran gedacht, ohne die geistliche Gemeinschaft ihrer Kirche leben und sterben zu wollen.

Bei den Bemühungen, Kontakte herzustellen, zum Nachdenken anzuregen, zum Gespräch mit Ehren- und Hauptamtlichen in unserer Kirche einzuladen, soll die neue Informationsbroschüre eine Hilfe sein.

Unter der Überschrift „Willkommen bei der Ev.-Luth. Kirche in Oldenburg" ist ein 16-seitiges Heft erschienen, das sowohl über das gemeindliche Leben und kirchliche Angebote als auch über den Aufbau der Kirche und die Einbindung in die weltweite Ökumene informiert. Neben kirchlichen Eckdaten und Kontaktadressen bietet der Prospekt auch Informationen über den evangelischen Glauben und das Kirchenjahr.

In der dritten Eintrittsstelle unserer oldenburgischen Kirche, die ich vor drei Wochen in Bad Zwischenahn nach Wangerooge und Oldenburg eröffnet habe, habe ich gesagt: Wer die Kirchenbank auf die Dauer mit der Sonnenbank vertauscht, wird außen Farbe gewinnen, aber in der Seele vertrocknen.

Unser Glaube ist der Sieg, der die Welt überwunden hat, weil Christus selbst uns Menschen in all unserer Fragwürdigkeit und Hinfälligkeit zu überwinden bereit ist, täglich neu.

In einem großen Namenstagskalender über katholische Heilige werden dem St.-Laurentius eine Fülle von Zuständigkeiten zugeschrieben.

Er ist Patron der Armen, der Bibliothekare, Archivare, der Schüler und Studenten, der Köche und Kuchenbäcker, der Wäscherinnen und Büglerinnen, der Bierbrauer und Wirte. Sein Patronat wirkt gegen Feuersbrunst, Qualen des Fegfeuers, Fieber, Hautjucken, Ischias, Hexenschuss, Augenleiden und für ein Gedeihen der Weintrauben.

Unserer evangelischen Christenheit liegt solche volkstümlich-christliche Interpretation des Evangeliums ferner. Aber warum sollte nicht über diesem Jubiläum anlässlich 625 Jahre St.-Laurentius-Kirche in Hasbergen doch der eine oder die andere für die Botschaft des Evangeliums aufgeschlossen werden und darüber neue Lebensfreude gewinnen.

In einer größeren Zahl von Gottesdiensten und auch heute wird gerne ein neueres Lied gesungen. Es heißt: Vertraut den neuen Wegen. Aber lasst uns bei der Aussicht auf das nächste Jubiläum dieser Kirche in 25 Jahren doch sehr genau auf das sich anschließende Textstück achten. Es geht um die neuen Wege, „auf die der Herr uns weist".

Aus diesen schönen Strophen des erblindeten Theologen Klaus Peter Hertzsch in Jena sprudelt förmlich die Zuversicht und Lebensfreude heraus, wie sie sich in dem Wochenspruch vor knapp 2000 Jahren schon ausgedrückt hat: „Unser Glaube ist der Sieg, der die Welt überwunden hat."

Amen

Ansprache zur Eröffnung der Ausstellung „Erzähl' mir was vom Tod" am 27. September 2005 im Gemeindezentrum Versöhnungskirche zu Oldenburg

Meine sehr geehrten Damen und Herren!

Dass das Thema „Sterben, Tod und Leben" im Laufe religionspädagogischer Begleitung junger Menschen gelegentlich vorkommt, quasi aus dem Hintergrund latenter Befürchtung oder Verdrängung vorübergehend in den Mittelpunkt des Gespräches in Familie und Kindergarten, in Kindergottesdienst und Schule tritt, ist uns allen bewusst. Mitunter jedoch stellt sich die Frage nach dem Umgang mit allem, was mit dem Stichwort Tod verbunden ist, so plötzlich und so massiv, wenn wir an Unfälle, Attentate oder frühes Sterben denken, dass ein Ausweichen unmöglich ist.

Nun wird aber in Oldenburg die Chance geboten, dass Kinder, Jugendliche und Erwachsene sich dank der heute zu eröffnenden Ausstellung und eines umfangreichen Rahmenprogramms mit dem Davor und Danach in Sachen Tod qualifiziert beschäftigen, auseinandersetzen und die Scheu vor dem Tabu Tod etwas ablegen können, auch deshalb, weil aus christlicher Sicht sowohl vor dem Tod als auch danach Leben angesagt ist, zeitliches und ewiges Leben.

Allerdings setzt die Heilige Schrift den klaren Akzent, dass es zunächst und allererst auf ein erfülltes Leben vor dem Tod ankommt.

Für die Initiative, die bisher nur in Großstädten gezeigte Ausstellung der Bevölkerung Oldenburgs und umzu nicht vorzuenthalten, danke ich dem Organisator, Herrn Schulpfarrer Eden. Allerdings wäre ohne fachliche und finanzielle Unterstützung der Plan nicht Realität geworden. Darum gilt mein herzlicher Dank stellvertretend für alle Förderung und Mitarbeit dem Vorstandsvorsitzenden der VR-Stiftung der Volksbanken und Raiffeisenbanken in Norddeutschland, Herrn Harald Lesch, dem Vorstandsmitglied des Verbandes deutscher Bestattungsunternehmer (VDD) und Bestatter in Oldenburg, Herrn Hans-Hermann Speckmann, und der Hospizbeauftragten der Ev.-Luth. Kirche in Oldenburg, Frau Pfarrerin Evelyn Freitag.

Dankbar bin ich natürlich auch der Bürgermeisterin der Stadt Oldenburg, Frau Germaid Eilers-Dörfler, für ihr Grußwort und Frau Claudia Lorenz vom FEZ – Kindermuseum in Berlin, die uns die pädagogische Konzeption gerade eben sehr aufgeschlossen und nahe gebracht hat.

Darüber hinaus freue ich mich über Sie alle, meine Damen und Herren, die Sie als Gäste zu dieser Eröffnung der Ausstellung „Erzähl' mir was vom Tod" heute in das Gemeindezentrum Versöhnungskirche nach Oldenburg gekommen sind.

Der Kirchengemeinde Ohmstede wird damit ein besonderes Pensum Arbeit zugemutet, was vielleicht darin einen gewissen Ausgleich findet, dass Gruppen und Kreise wegen der geographischen Nähe intensiver als andere das Angebot nutzen können. Auch allen Verantwortlichen und Mitarbeitenden hier im Hause sage ich herzlichen Dank.

Nun soll ich nach dem Wunsche von Pfarrer Eden für die Ehre und Freude, die mir als Schirmherr der Ausstellung zuteil wird, die Zeit bis zur ersehnten Eröffnung und Besichtigung der Ausstellung mit einer Art Referat noch etwas hinausschieben. Ich hoffe, dass die Gruppe der Konfirmanden wie auch Sie als interessierte Gäste und Presse sich dabei nicht so langweilen, wie es sprichwörtlich mit dem Thema in Verbindung gebracht werden könnte.

Meine Gedanken habe ich in vier Punkten unterschiedlicher Länge und Gewichtung zusammengefasst.

1. Alles hat seine Zeit
2. Mitten wir im Leben sind
3. Einsam – aber nicht verlassen
4. Meine Zeit steht in deinen Händen

1. Alles hat seine Zeit

Wer einmal den Konzertzyklus „Die vier Jahreszeiten" von Antonio Vivaldi aus dem Jahre 1725 am Stück gehört hat, empfindet noch einmal in beschwingter Weise nach, was die Schöpfung an reicher Vielfalt und Schönheit im Wechsel der Jahreszeiten zu bieten hat, es sei denn ein Tsunami oder ein Hurrikan mit solch sanften Namen wie Katrina und Rita unterbricht mit tödlicher Gewalt die Gewöhnung an den ewigen Kreislauf der Natur.

Auf mehr kalkulierbarer Seite sind wir mit dem Kirchenjahr, das mit dem ersten Advent um den ersten Dezember herum beginnt, aber seinen eigentlichen Grund und Höhepunkt zu Ostern hat mit der christlichen Botschaft: „Christ ist erstanden von der Marter alle; des solln wir alle froh sein." (EG 99)

Allerdings verschiebt sich das Datum des Osterfestes zwischen dem 22.3. und 25.4. hin und her, weil sich die alte Kirche auf dem Konzil von Nizea 325 auf den ersten Sonntag nach dem ersten Frühlingsvollmond und damit auf ein Wechseldatum festgelegt hat.

Unabhängig von Jahreszeit und Kirchenjahr hat jedes Lebensalter seine Zeit, von dem es im Blick auf ein friedliches und frommes Ende in Psalm 90 heißt: „Unser Leben währet 70 Jahre, und wenn's hoch kommt, so sind's 80 Jahre."

Allerdings wird vom Beter auf die Gefahr von Ausnahmen hingewiesen, wenn er warnt: „Lehre uns bedenken, dass wir sterben müssen, auf dass wir klug werden." Ein weiser Rat, der durch die Todesanzeigen mit wesentlich früherem Sterbealter unterstrichen wird.

Schließlich ist auf den bekannten Abschnitt im Prediger Salomo, Kapitel 3, hinzuweisen, nach welchem ein Jegliches seine Zeit hat und alles Vorhaben seine Stunde. „Geboren werden hat seine Zeit, sterben hat seine Zeit." Und es heißt sogar: „Töten hat seine Zeit, Leben retten hat seine Zeit."

Unabhängig von der persönlichen Überzeugung des einzelnen Menschen, ob alles Leben von Gott schon vorherbestimmt ist oder ein Gestaltungsspielraum für uns Menschen besteht, wird an diesem Satze deutlich, dass der Tod „irgendwie" zum Leben gehört.

2. Mitten wir im Leben sind

Nach einem lateinischen Wechselgesang aus dem 11. Jahrhundert ist 1456 folgende Liedstrophe entstanden: „Mitten wir im Leben sind mit dem Tod umfangen." Martin Luther fügte später noch zwei weitere Strophen hinzu.

Dabei dachte er an ein unerwartetes Ende, ohne dass der Mensch noch Buße vor Gott tun könne und unversöhnt sterben müsse.

Bei den meisten Menschen steht wohl der Blick auf das Danach eher im Hintergrund. Schwerer wiegt wohl der zeitliche Verlust an Lebensjahren, wenn der Tod allzu früh den Plänen und Wünschen quer kommt.

Es ist in den meisten Fällen die Plötzlichkeit des Sterbens, von der selbst bei betagten Menschen in Todesanzeigen zu lesen ist. Manchmal frage ich mich, wie naiv Angehörige davon ausgehen, als ginge es immer weiter in dieser Zeit und Welt. Jeder von uns kennt eine ganze Reihe von Beispielen, wo eine Erkrankung, ein Unfall, auch eine Selbsttötung oder Mord selbst an Kindern mitten im Leben alles zerstören, was an Programm und Illusion vorhanden war.

Wer eine Todesnachricht zu überbringen hat, wer in der Notfallseelsorge, in der Sterbebegleitung oder als Bestatter tätig ist, weiß um die Orientierungslosigkeit der Angehörigen in solchen Situationen. Um so wichtiger ist es, sich von Zeit zu Zeit aus nicht aktuellem Anlass mit dem Gedanken an den Tod vertraut zu machen.

Unter dem Motto „Leben bis zuletzt" kann der Benediktiner-Mönch Anselm Grün sagen: „Wir leben erst intensiv, wenn wir den Tod in das Leben integrieren." Oder für Wolfgang Amadeus Mozart, der ja bereits mit 35 Jahren verstarb, war das Bedenken des Todes der Schlüssel zur Glückseligkeit. Zu solcher Betrachtung bedarf es eines starken Glaubens, der von der Gewissheit getragen ist, dass dem „vor dem Tod" ein „nach dem Tode" folgen wird.

Als ich vor 15 Jahren meinen Vorgänger im Amt des Saarbrücker Superintendenten auf Wunsch der Familie zu beerdigen hatte, fand ich in seinem Gesang- und Gebetbuch ein schönes Wort des Kirchenvaters Hieronymus, der im Jahre 420 in Bethlehem gestorben ist. Ein Denkmal erinnert an ihn. Er hat in zwei lateinischen Worten eine doppelte Botschaft ausgedrückt.

Morientes nascimur! Das kann in der deutschen Übersetzung zweierlei heißen.

Zum einen: Als solche, die sterben, werden wir geboren. Zum anderen: Als die Sterbenden werden wir (neu) geboren. Wir Theologen reden hierbei von der eschatologischen Spannung des „schon" und „noch nicht", das meint: Das mit Jesus Christus angebrochene Reich Gottes ragt und wirkt schon hinein in diese Zeit und Welt.

Aber erst nach dem Tod sollen die Gläubigen schauen, was sie geglaubt haben.

3. Einsam – aber nicht verlassen

Nicht nur, aber gerade in der Trauerbegleitung von Kindern war, ist und bleibt eine gewisse Trauerkultur in Familie, Schule, Gemeinde und Öffentlichkeit wichtig und hilfreich. Darauf hat z. B. Gertrud Ennulat hingewiesen. Sie hat sich in den letzten Jahren besonders mit dem Erleben und Erleiden von Tod und Trauer bei Kindern beschäftigt.

Trauer verändert. Sie ist eine Antwort auf Verlust. Dazu schreibt die Autorin: „Ich kenne mich nicht wieder. Wenn ich in den Spiegel blicke, sehe ich meine etwas nach vorne geneigte Haltung, das starre Gesicht. Zu einem Lächeln muss ich mich zwingen. Ich fühle mich erschöpft. Es ist, als ob sich ein dichter dunkler Schleier über das Leben legt und eine resignierte Stimme sagt: „Was hat das für einen Sinn? Wozu soll ich das aushalten?" (S. 7)

Unter uns sind erfahrene Fachleute, die viel länger und intensiver trauernden Menschen zur Seite stehen, als es meine beruflichen Aufgaben von mir in den letzten Jahren verlangen. Wichtig erscheint mir eine einfühlsame Begleitung von Eltern und Geschwistern, von Pädagogen und Pfarrerinnen.

Gertrud Ennulat beschreibt das Problem eines richtigen Timings der Trauer. „Bei Kindern und Jugendlichen verlaufen Trauerprozesse nicht so kontinuierlich wie bei Erwachsenen. Sie trauern gleichsam auf Raten. Ganz plötzlich bricht die Trauer aus ihnen heraus, wirft sie weinend zu Boden, und genau so plötzlich können sie wieder aufspringen und sich lachend entfernen. Dann hat es den Anschein, als ob nichts gewesen wäre. Dieses Verhalten schützt Kinder und Jugendliche vor Überbeanspruchung.

Da ihre Persönlichkeit noch im Aufbau ist, wären längere Trauerphasen lebensbedrohlich. Es scheint in ihnen ein natürlicher Schutzmechanismus zu wirken, der es ihnen nur von Zeit zu Zeit gestattet, Trauer auszudrücken. Aber mit dieser Sprunghaftigkeit kindlicher Trauer haben wir Erwachsenen große Mühe. Sie verleitet uns dazu, zu meinen, das Kind habe den Tod weggesteckt, es mache ihm eigentlich nichts mehr aus."

Als ich drei Jahre alt war, habe ich meinen Vater in russischer Kriegsgefangenschaft verloren. Als ich gerade 13 wurde, hat mir die Leiterin des Internates, in dem ich schon ein Jahr lebte, von dem Tod meiner Mutter in einer fernen Stadt erzählt. Es war der Tag, an dem die Beerdigung dort statt fand. Ich hätte gar nicht mehr dort hinfahren können.

Das war offensichtlich so gewollt. Man versuchte mich – und wahrscheinlich auch sich selbst – zu schonen. Ich habe dann auf meinem Zimmer einmal lange und kräftig den Tränen freien Lauf gelassen.

Aber ich war einsam und trotz der Quicklebendigkeit im Internat verlassen. Ein älterer Junge, der auch Vollwaise geworden war, hat mich dann von Zeit zu Zeit getröstet. Wenn ich ihn und meinen Glauben nicht gehabt hätte, wer weiß, wie ich die Zukunft gemeistert hätte.

Es war für mich ein gutes Erlebnis, als vor einem Jahr in der Oldenburger Kinderklinik ein Raum in Dienst genommen wurde, wo sich ganze Familien, Geschwister und Großeltern, von den verstorbenen Jungen oder Mädchen verabschieden können und dabei spüren: Ich bin je nach dem Grad der Betroffenheit einsamer geworden, aber ich fühle mich nicht verlassen. Wir müssen und werden einen Weg finden, mit dem Verlust zu leben.

4. Meine Zeit steht in deinen Händen

Mit diesen Worten betet der König David im 31. Psalm zu Gott. Er spricht im Angesicht des möglichen Todes von der Geborgenheit in Gottes Händen. Solch starker Glaube fällt nicht allen Menschen in Not und Elend zu.

Es ist oft die Frage nach dem Warum des Todes, die einen schnellen Trost unmöglich macht. Auch wir Pfarrer stehen im Gespräch vor der Beerdigung und in der Trauerhalle bisweilen vor einer schwarzen, schweigenden Wand von Menschen mit versteinertem Gesicht und weit abwesendem Blick. Und dennoch ist es gut und richtig, wenn es ein noch dazu christliches Ritual gibt, eine gottesdienstliche Verabschiedung von dem getauften Glied der Gemeinde Jesu Christi.

Als junger Vikar im Alter von 26 Jahren hatte ich die Beerdigung eines ganz jungen Zwillingskindes zu halten. Zu diesem Zeitpunkt war unsere Tochter etwa fünf Monate alt. Ich habe mir sehr zeitaufwendig und innerlich hin und her bewegt Gedanken gemacht, was ich denn bei der Trauerfeier sagen könne und was nicht. Ich habe mich dann zu folgenden Worten entschlossen:

„Kinder haben ihren Platz bei Gott. Sie sind nicht zu klein oder zu unmündig für Gottes Erbarmen. Wir verstehen nicht, warum der eine Junge gesund und munter sein darf, warum der andere nach einem Jahr und drei Monaten seine Augen für immer schließt. Wir begreifen nicht, warum Gott Leben gibt und warum er es nimmt.

Wollen wir verstehen oder begreifen, so finden wir keine Erklärung. Wir tappen im Dunkeln. Unser Grübeln über Wenn und Aber macht uns das Leben schwerer, als es ohnehin schon ist.

Nur dies kann uns Christen trösten, dass Gott uns allen gnädig ist. Ob wir alt und betagt geworden sind oder ob wir das Leben erst zaghaft begonnen haben, wir alle haben unseren Platz bei Gott."

Ich freue mich, dass diese interaktive Ausstellung über das Davor und Danach des Todes hier und heute eröffnet wird. Sie kann Kindern, Jugendlichen und Erwachsenen helfen, Leben, Tod und neues Leben bei Gott als Zusammenhang zu begreifen, zumindest aber den Tod als Teil des Lebens anzunehmen. Seelisch lebendig bleibt nur, wer den Tod ins Leben integriert. Davon war der Freud-Schüler C. G. Jung überzeugt.

Es ist gut, im Rahmen der Ausstellung auch den Blick in alte und andere Religionen und Kulturen zu werfen. Es ist günstig, die Ausstellung im Herbst anzubieten, wenn die Tage kürzer werden und der November mit seinen oft umnebelten Gedenktagen Allerheiligen, Volkstrauertag, Buß- und Bettag und Ewigkeitssonntag auf viele Menschen bedrückend wirkt.

Auf die Frage nach dem Danach dieser Zeit und Welt redet die Bibel nur in Visionen. Sie beschreiben nicht das Wie eines ewigen Lebens, dann würden sie genau missverstanden. Sie unterstreichen das Dass der Liebe Gottes, die für uns als Christenmenschen in Tod und Auferweckung Jesu Christi verbürgt ist. Bei meiner Beerdigung sollen Lieder der Hoffnung und der Freude gesungen und der Text aus Römer 8 am Ende gelesen und ausgelegt werden. Dort steht: „Denn ich bin gewiss, dass weder Tod noch Leben, weder Engel noch Mächte noch Gewalten, weder Gegenwärtiges noch Zukünftiges, weder Hohes noch Tiefes noch eine andere Kreatur uns scheiden kann von der Liebe Gottes, die in Christus Jesus ist, unserm Herrn."

Mit einem nochmaligen Dank an alle Beteiligten eröffne ich nun unter dem Schirm des Höchsten diese eindrucksvolle Ausstellung in der Hoffnung, dass viele Besucherinnen und Besucher über den Erzählungen vom Tod an ihrem eigenen Leben umso mehr Freude finden, in Krisen Hilfe erfahren und ansonsten quicklebendig bleiben in jeder Zeit des Kirchen- und Kalenderjahres. Denn alles hat seine Zeit.

Rede zum Oldenburger Kramermarkt am 1. Oktober 2005 in der Weser Ems Halle

Prosit, meine sehr geehrten Damen und Herren,
liebe Kramer-Markt-Gesellschaft,
in einschlägigen Kreisen auch KMG genannt!

Der Herr Oberbürgermeister hat mangels eines Kohlkönigs einen Krug gebeten, eine launige Rede zu halten. Das kann teuer werden. Denn KMG heißt auch: Krug mag Gerstensaft. Leere Krüge wollen immer wieder gefüllt werden. Die Luft ist hier ziemlich trocken.

Sicherheitshalber habe ich mir meinen eigenen Krug schon einmal füllen lassen. In dieses schöne Exemplar passt einiges rein. Das bedeutet aber ein gewisses Risiko.

Wenn ein Krug zu voll ist, dann geht er womöglich so lange zur Hunte, bis er bricht. Das ruft dann den Umweltschutz auf den Plan.

Bevorzugt der Krug aber zu sehr einen mittleren Pegelstand, dann fragt sich das Publikum, ob der Krug halb voll, halb leer oder noch ganz bei Trost ist, auf dem Kramermarkt fromme Sprüche zu machen.

Denn KMG kann natürlich auch heißen: Krug's missionarische Gelegenheit. (Eintrittsformulare habe ich in der Tasche.) Aber von dieser Seite droht wohl keine echte Gefahr. Denn eine bischöfliche Überprüfung der Gästeliste hat ergeben, dass der Oberbürgermeister nur treue Christenmenschen eingeladen hat. Das Datenschutzgesetz tritt erfreulicherweise in der fünften Jahreszeit außer Kraft.

So viel über den Krug, der fünf mal in der Bibel sehr nützlich erwähnt wird. Einmal allerdings heißt es von einer Frau: „Sie ließ ihren Krug stehen und ging in die Stadt." Das war natürlich nicht meine Adelheid. Worum es damals ging, kann man in Johannes 4, 28 nachlesen und eine interessante Entdeckung über Jesus und die Samaritanerin machen.

Aber was steht eigentlich über den Oberbürgermeister in der Bibel? Erstaunlich Zutreffendes seit fast 3000 Jahren.

In Jesaja 37, 34 heißt es als ein Wort des Herrn: „Ich will diese Stadt schützen." Jerusalem ist zwar nicht Oldenburg. Aber sollte der Herr nicht schon damals das einst aufblühende Oldenburg mit Olantis-Bad und EWE-Arena im Blick gehabt haben?

Im Psalm 91, 14 lesen wir: „Er liebt mich, darum will ich ihn erretten; er kennt meinen Namen, darum will ich ihn schützen." Und im Psalm 119, 114 heißt es gar aus der Sicht des Beters: „Du bist mein Schütz und mein Schild, ich hoffe auf dein Wort."

Natürlich – damit ich nachher keine Proteste von Dauerleserbriefeschreibern bekomme – natürlich ist dort von dem allmächtigen und barmherzigen Gott die Rede. Aber warum sollte nicht so ein bisschen Glanz des Evangeliums auf Oldenburg und sein Rathaus fallen? Haben wir nicht gerade ein ge-scherf-tes Beispiel erhalten, wie ein selbstbestimmter Übergang von des Amtes Bürde in des Alters Würde möglich ist?

Schnell breche ich jetzt diese unge-schütz-ten Gedanken ab. Hatte doch der Oberbürgermeister vor kurzem eindringlich gemahnt: „Bevor man hier nur noch Blödsinn redet."

Dazu musste es jetzt keinen Beifall geben. Eine gerade erschienene Untersuchung von Stiftung Warentest hat ergeben, dass zu kräftiges und lang anhaltendes Klatschen drei bis vier Tage krank macht, weil man die Finger nicht mehr richtig bewegen kann. Das ist wirklich nicht zumutbar, zumal zwei Feiertage vor uns liegen.

Man sollte überhaupt das Händeklatschen gerade dann unterlassen, wenn es fröhlich wird und der Humor sich Luft verschaffen will. Das Falten der Hände und das Gott ergebene In-Sich-Gehen ist viel gesünder. Wenn ich also nichts mehr von Ihnen höre, dann sind sie alle im Gebet vertieft.

Darf man eigentlich beim Beten trinken, wenn man doch beim Trinken beten darf? Lassen wir die Frage offen. Prost!

Diesen Krug habe ich von der Inneren Führung in Koblenz geschenkt bekommen. Eine Handarbeit, wie unten drauf steht. Und mit einem schönen Zinndeckel. Da kann keiner außer mir zu tief hineinschauen. Allenfalls am Kippwinkel beim Trinken lässt sich ablesen, wann Nachschub erforderlich ist.

Innere Führung, das wird und muss in meinem Nebenamt als evangelischer Militärbischof anders verstanden werden, als ich es für mich und meinen Glauben verstehen darf.

Darf ich Sie mal ganz offen fragen: Haben Sie Ihre innere Führung bei sich? Ihr Grundwertesystem? Funktioniert das? Gehören Sie zu denen, die nicht nur morgens auf die Waage treten, sondern auch am Abend noch abwägen: Was war gut, oder was könnte schlecht gewesen sein?

Sie brauchen jetzt nicht spontan zu antworten! Halten Sie sich lieber, wenn Sie nicht ganz sicher sind und die Qual der Wahl haben, an Menschen und Meinungen, die völlig unverdächtig sind. Eine Fundgrube für entscheidungsabnehmende und zugleich humorige Empfehlungen mit bisweilen Horoskopcharakter sind die kleinen Notizen in der Nordwest- Zeitung ganz links unten auf der ersten Seite der sogenannten Bücher.

Da war am 11.09., wohlgemerkt 2005, zu lesen: „Sie wissen ja, was Sie zu wählen haben."

Gibt das Ergebnis dem Vorsitzenden einer Mittelstandsvereinigung recht in der Übernahme einer Rolle, die früher eine andere christliche Vereinigung für sich beansprucht hatte? Bei allem schrödern und merkeln weiß ich schon gar nicht mehr, was für ein Kreuz mir meine innere Führung am Tag der Wahl auferlegt hatte. Und ist es nicht endlich Zeit, Arbeitslosengeld- und Sozialhilfe-Empfänger von dem Hartz-Syndrom zu befreien?

Kürzlich war von der klaren Feststellung des Chefs des kriminologischen Forschungsinstitutes Niedersachsen zu lesen: „Ein Übermaß an Medienkonsum macht dick, dumm, krank und traurig." Da ist im Blick auf manche Menschen, besonders Jugendliche, etwas dran. Wenn drei Komponenten auf eine Person zutreffen. Wer jedoch heute hier ist, kann zumindest nicht krank und traurig sein. Das ist doch tröstlich! Ein bisschen Drall und Knall kann doch nicht schaden. Oder doch?

Da hat vor kurzem ein Fliege die Mücke gemacht – allerdings nicht auf eigenen Wunsch, wie zu lesen war. Was sagt mir denn meine innere Führung, wenn mir immer wieder gesagt wird – von einem Theologen, ich solle auf mich aufpassen und dann passiert trotzdem etwas? Dann doch lieber dicker sein als dünne Ratschläge hören. Oder täusche ich mich?

„Freunde und Partner sind wichtiger als Geld." War das nicht eine gute Meldung vor 18 Tagen. 1002 Befragte im Alter von 18 bis 55 Jahren sollten drei Dinge nennen, die für sie zu einem guten Leben gehören.

Weit abgeschlagen landeten mit 18 % die Zeit, mit 20 % der Sex (das waren wohl mehr die 53jährigen) und mit 21 % das Geld auf den hinteren Plätzen. Freunde und stabile Beziehung waren neben Gesundheit die Top-Wünsche.

Ist das nicht ein hoffnungsvoller Trend, zu dem sich unser Volk bekennt – noch dazu am Tag der Deutschen Einheit? Obwohl: Nur 22 % entschieden sich im Osten für gutes Essen und Trinken. Im Westen sind die kulinarischen Genüsse für immerhin 39 % wichtig für ein gutes Leben. Na denn, Prost!

Ja, und die verkaufsoffenen Sonntage? Was flüstert mir da meine innere Führung ins Ohr? Wie bitte? Zurückhaltung ist geboten. Um Gottes und der Menschen Willen!

Ja, Herr, ich will das so weitergeben. Und was noch? „Sechs Tage sollst du arbeiten und deine Werke tun. Aber am siebten Tag ist der Sabbat des Herrn, deines Gottes." (2. Mose 20, 9) Ja, Herr. Die Jungen und Mädchen im Konfirmandenunterricht lernen die Gebote nur noch in der ökonomisierten Kurzform.

Das ist in der Tat ein Manko, aber kein Blankoscheck für die Ausnahmen von der Regel.

Ja, das sehe ich auch so, auch wenn wir, lieber Gott, dafür wenig Beifall erhalten werden. Das Publikum faltet gerade die Hände und betet. Zu wem? Das müsstest du doch wissen!

Wer die Wahl hat, hat die Qual. Zu Risiken und Nebenwirkungen stellen Sie bei Bedarf eine kleine Anfrage im Landtag oder suchen Sie das Gespräch in Ihrem Pfarramt.

Bei aller Ernsthaftigkeit tut ein Lachen wieder gut.

Eine Studie hat das Lachen der oldenburgischen Männer untersucht, die weibliche Lach-Quote war nicht Gegenstand der Ermittlungen.

Nach den Ergebnissen in der Zeitschrift Men's Health lacht der Oldenburger täglich nur 6 Minuten und 19 Sekunden. In der bundesweiten Lachparade ist das nur Platz 39, zwischen Bielefeld und Dresden. Immerhin kein Scherz: Wir sind deutlich vor den Osnabrückern. Die bringen es nur auf 6 Minuten. Es wird vermutet, die finden dann im Keller statt.

In der evangelischen Kirche zu Zeiten der ehemaligen DDR sind Lebensweisheiten formuliert worden für solche, die über ein Minimum an Humor verfügen und Weisheit erlangen wollen. Mit einer kleinen Auswahl möchte ich nun zum Ende meiner Rede kommen.

Selig, die über sich selbst lachen können; sie werden nie aufhören, fröhlich zu sein.

Selig, die einen Maulwurfshügel von einem Berg unterscheiden können; sie werden vielen Schwierigkeiten entgehen.

Selig, die denken, bevor sie handeln, und beten, bevor sie denken; sie vermeiden viele Dummheiten.

Selig, die fähig sind, sich auszuruhen und zu schlafen, ohne sich dafür zu entschuldigen; sie sind auf dem Weg zur Weisheit.

Nun geht der Krug zur Neige, darum lasst uns schnell noch ein kleines Lied singen, das sich vor ein paar Tagen bischöflich verdichtet hat. Es ist nach der bekannten Melodie zu singen: Schön ist ein Zylinderhut.

Und es ist zugleich eine Uraufführung in der KMG, der Oldenburger Kramer-Markt-Gesellschaft mit unbeschränkter Haftung im 398. Jahre ihres Bestehens.

Ein kleines Lied zum Kramermarkt 2005

(Melodie: Schön ist ein Zylinderhut)

Schön ist unser Kramermarkt, jupheidi, jupheida
für jeden, der dort fröhlich parkt, jupheidiheida
und seine Seele baumeln lässt
auf Oldenburg's Oktoberfest.

Jupheidi, jupheida, jupheidi viderallala
jupheidi, jupheida, jupheidiheida.

Der Ursprung lag im Erntedank, ...
Graf Anton Günther – Dir sei Dank, ...
dass du anno sechzehn null acht
uns dieses Volksfest eingebracht. ....

Für Christen und für Heiden auch, ...
ist unverzichtbar dieser Brauch. ...
Das Angebot ist richtig bunt
und spricht sich schnell im Lande rund. ....

Auf Karussell und Geisterbahn, ...
bahnt sich so manche Ehe an, ...
Wenn dann die Mutter Kinder stillt,
sich bald die Rentenkasse füllt. ....

Doch, liebes Volk, bedenke dies, ...
fern noch liegt das Paradies, ...
Nur wer in Ehrfurcht lebt vor Gott
entgeht am End der Höllen Not. ....

Wenn jeder seine Seele parkt, ...
mit Herz und Hirn beim Kramermarkt, ...
dann freuet sich mit Augenmerk
die Nächstenlieb aufs Feuerwerk. ....

6. Bericht des Bischofs vor der Synode am 24.11.2005 in Rastede

Herr Präsident, hohe Synode, liebe Schwestern und Brüder!

Zur Einleitung lassen Sie mich ein wenig schwärmen, obwohl mir diese Eigenschaft nicht so nahe liegt.

> Zur Einweihung der wiederaufgebauten Frauenkirche in Dresden hieß es: „Symbol eines selbstbewussten Protestantismus." (zeitzeichen 10/2005, Seite 10)

Die evangelische Frauenkirche wurde im bewussten Unterschied zur etwa gleichzeitig errichteten katholischen Hofkirche nicht im Stile einer römischen Basilika mit der alleinigen Ausrichtung auf den Altar konzipiert, sondern als Rundbau mit einer zentralen Kanzel als Ort der Verkündigung des Wortes Gottes und einem für alle Gläubigen zugänglichen Altar bei der Feier von Taufe und Abendmahl errichtet.

> „Ein Wunder, in Stein gegossen. Es war ein unmögliches Projekt – doch dank Hartnäckigkeit, Bürgersinn und Handwerkskunst strahlt nun ein Monument der Einheit." (Süddeutsche Zeitung 30.10.2005, S. 3)

Die Februarnächte der alliierten Angriffe 1945 verbrachten meine Mutter und meine Großeltern mit mir als eineinhalbjährigem Kind in dem Keller ihres Hauses in Dresden – Blasewitz. Ich kann mich natürlich nur aus späterer Sicht an die Trümmer in der Innenstadt erinnern. Um so mehr war ich dankbar, den Gottesdienst zur Einweihung in der Frauenkirche mitfeiern zu können. 60.000 Menschen erlebten die Übertragung bei sonnigem Herbstwetter draußen vor dem Martin-Luther-Denkmal. 2,5 Mio. feierten an ihren Fernsehgeräten Gottesdienst und Festakt mit.

> „Symbol der Versöhnung: Die wiederaufgebaute Dresdner Frauenkirche heute." (NWZ, 9.10.2005, S. 1)

In seiner eindrücklichen Predigt führte Landesbischof Jochen Bohl unter anderem aus: „Die Versöhnung begann mit den Kerzen, die Jugendliche am 13. Februar 1982, dem Jahrestag der Zerstörung Dresdens, an der Ruine als Ausdruck des Leidens an der Feindseligkeit, die Europa über so lange Jahrzehnte gequält hat, und ihrer Friedenssehnsucht entzündeten ... Zu dem Versöhnungswerk und in die Geschichte des Wiederaufbaus gehört auch jener denkwürdige Abend wenige Tage vor Weihnachten im Jahr 1989, als die Einheit Deutschlands zu einer realen Möglichkeit wurde, und an der Ruine der Frauenkirche Anspannung und Erwartung der Menschen jene Dichte erreichten, die es nur selten in der Geschichte gibt, von der sie aber bewegt wird.

Wenig später nahm der „Ruf aus Dresden" die Hoffnungszeichen an der Ruine auf und verband sie mit dem Impuls zum Wiederaufbau, „das Evangelium des Friedens" solle in dem wiederaufgebauten Gotteshaus verkündet werden."

So beschrieb Bischof Bohl am 30. Oktober das langsame Wachsen einer Idee in der Größe eines Senfkorns, aus dem auf wunderbare Weise ein großes Werk geworden ist, das die Bevölkerung in Ost und West, das Protestanten und Katholiken, das Deutsche, Engländer, Amerikaner und viele andere mit ihrer Spendenbereitschaft ermöglicht haben. Die Kollekte des Festgottesdienstes war übrigens für die internationale Versöhnungsarbeit der Christen im englischen Coventry bestimmt, dessen Kathedrale 1940 durch deutsche Luftangriffe stark zerstört worden war.

Den Gedanken des gemeinschaftlichen Engagements nach der Wende 1989 / 1990 unterstrich Bundespräsident Horst Köhler in seiner Festansprache: „Freiheit braucht man wie die Luft zum Atmen. Gleichzeitig will Freiheit auch immer gestaltet werden, nicht egoistisch und selbstkritisch, sondern in der Gemeinschaft mit anderen. Dieses verantwortliche Miteinander in Freiheit, das ist es, was Zusammenhalt, was Einheit stiftet. Das ist es, was Menschen dazu befähigt, sich große Ziele zu setzen und die Welt um sich herum zum Guten zu verändern."

Hauptteil: Wir sind wert(e)voll

Wir sind wertvoll, und unsere Kirche ist voller Werte. Wir sind deshalb wert(e)voll, weil Gott uns in Jesus Christus für wert achtet, als getaufte Geschöpfe in verantwortlicher Freiheit für versöhnte Verschiedenheit in dieser Zeit und Welt zu beten und zu arbeiten, bis der Herr kommt in Herrlichkeit.

Als die Zeitschrift „stern" vor zwei Wochen eine Serie unter dem Titel „Die neue Sehnsucht nach alten Werten" startete, tauchten im ersten Teil interessanterweise nicht sogenannte Sekundärtugenden auf wie Pünktlichkeit und Sauberkeit. Vielmehr war von Werten wie Treue, Gerechtigkeit und Verantwortung die Rede. Das sind für uns vertraute und bewährte Werte, die in der Heiligen Schrift Alten und Neuen Testamentes immer wieder begegnen im Blick auf Gottes Verhältnis zum jüdischen Volk und zur christlichen Kirche und als Richtlinie für das Miteinander von einzelnen Menschen und ganzen Völkern.

Dass vielen Zeitgenossen, zumal im Osten Deutschlands, die geschichtliche Dimension und die inhaltliche Fülle dieser Botschaft nicht oder nicht mehr bewusst ist, bedeutet für uns alle die große Herausforderung und Chance, behutsam und zielstrebig biblisches Glaubensgut wieder ins Gespräch zu bringen. Im Gottesdienst, im Unterricht, in der Beteiligung am Bildungs- und Kulturdialog, aber natürlich auch im gesellschaftlich-politischen Gedankenaustausch.

Solchermaßen motiviert und durch die auf vollen Touren laufende Wertediskussion geradezu legitimiert, möchte ich das gemeindliche und kirchliche Geschehen im Oldenburgischen und etwas darüber hinaus unter vier Überschriften beleuchten: Das Geschenk der Freiheit, das Werben um Liebe, der Kampf um Gerechtigkeit und der Preis des Friedens.

1. Das Geschenk der Freiheit

Martin Luther hat am 31. Oktober 1517 die Freiheit eines Christenmenschen aus der Versenkung der Kirchengeschichte hervorgeholt und neu belebt. In seinen 95 Thesen setzt er sich kritisch mit der Beichtpraxis der katholischen Kirche auseinander.

Luther war nicht dagegen, dass ein Christ von Zeit zu Zeit oder aus konkretem Anlass zum Pfarrer geht, um große oder kleine Sünden auszusprechen und Gott um Vergebung der Schuld zu bitten. Worüber Luther sich empörte, war die Möglichkeit, sich die Vergebung der Sünden mit Geld zu erkaufen.

Damals machte ein Werbespruch von Wanderpriestern die Runde: „Wenn die Münze in dem Kasten klingt, die Seele aus dem Fegefeuer in den Himmel springt."

Luther hat unermüdlich betont: Gott allein vergibt uns Menschen die Schuld für das, was wir Böses getan oder an Gutem unterlassen haben. Einzige Voraussetzung ist: Wir glauben und vertrauen darauf, dass Gott uns gnädig ist um Jesu Christi Willen.

Die Freiheit des Glaubens gibt allerdings keinen Freibrief zur Sünde. Je mehr Freiheit ich habe und genieße, um so mehr wächst meine Verantwortung vor Gott und gegenüber den Menschen. Luther wollte nicht gute Taten abschaffen, sondern ihre innere Logik umkehren: Nicht weil ein Mensch gute Werke tut, wird er vor Gott gerecht; sondern weil er von Gott geliebt wird, wird er frei und fähig, anderen Menschen Gutes zu tun.

Und dazu braucht man nicht Priester oder Pfarrer zu sein. Jeder getaufte Christenmensch soll selbst die Bibel lesen und sich an Gottes Wort orientieren. So hat sich langsam aus der Reformation heraus die evangelische Kirche entwickelt. Lebensnah, glaubensstark, hilfsbereit.

In unseren Gemeinden tragen Frauen und Männer mit und ohne theologisches Studium gemeinsam die Verantwortung für das kirchliche Leben. Wir bilden zusammen das Priestertum aller Gläubigen. Natürlich sind im Normalfall Pastor und Pastorin für die Predigt und für die Darreichung der Sakramente zuständig. Aber in der Notlage soll und darf jeder Christ einen anderen Menschen taufen und die Feier des Heiligen Abendmahles leiten.

Diese Spannung von verantwortlicher Freiheit und freiheitlicher Verantwortung ist ein evangelischer Wert, der seit 488 Jahren unserer Kirche und der Entwicklung in Europa zunehmend Profil gegeben hat.

In dieser Freiheit eines Christenmenschen sind und bleiben wir offen für den ökumenischen Dialog mit der römisch-katholischen Kirche vor Ort und auf der Leitungsebene im Oldenburger Land. So haben wir im September gemeinsam zurückgeblickt auf 40 Jahre Ökumenischen Gesprächskreis, zu dem Bischof Dr. Lettmann von Anfang an gehörte.

Dabei habe ich unterstrichen, dass es derzeit auf dem Prinzip versöhnter Verschiedenheit nüchternerweise nur eine Komplementärökumene geben kann. Weder eine Rückkehrökumene der evangelischen Christenheit in den Schoß der katholischen Kirche noch eine Kuschelökumene, die alle strittigen Fragen kontinuierlich ausklammert, kann für uns alle in Frage kommen.

Es gibt eine ganze Reihe von regelmäßigen Kontakten und gemeinsamen Aktionen, in denen wir uns gut ergänzen, z. B. in der zweiten, erweiterten Auflage der Oldenburgischen Kirchengeschichte, die – bisher bundesweit einmalig – ökumenisch erarbeitet worden ist. Den Verfassern Rolf Schäfer, Joachim Kuropka, Reinhard Rittner und Heinrich Schmidt sei Dank für diese großartige Leistung.

Auch wenn wir aus himmlischer Perspektive alle in einem Boot sitzen mögen, gilt es für unsere evangelische Kirche lutherischer Prägung, die Freiheit, zu der uns Christus befreit hat (Gal. 5, 1), zu bewahren und zu bewähren. Das möchte ich auch an drei innerevangelischen Herausforderungen der Gegenwart deutlich machen.

a) Die Gemeindekirchenratswahlen am 26. März 2006

Wer wählt und sich wählen lässt, gibt ein lebendiges Zeugnis von der Freiheit der Christenmenschen und stärkt das evangelische Ehrenamt. Denn Mitbestimmung und Mitverantwortung sind und bleiben ein hohes Gut der Reformation. Die theologisch geschulte Sicht der Geistlichen muss immer wieder ergänzt werden aus dem Blickwinkel anderer Berufe und Bereiche gemeindlichen Lebens.

Das Motto der Kirchenwahlen lässt Spielräume der Ergänzung, wenn es heißt: KIRCHE LEBT DURCH ... Bibelstunde oder Kindertagesstätte, durch Kirchenmusik oder politische Verantwortung. Allerdings muss allen Beteiligten klar sein oder gemacht werden: Zu allererst lebt Kirche durch die Kraft des Evangeliums. Aus ihm leitet sich alles ab, was durch uns oder andere ergänzt wird.

Im Jahre 2000 habe ich acht Gemeinden einen Besuch gemacht, die über 40 % Wahlbeteiligung hatten. Das konnten unter volkskirchlichen Bedingungen nur kleine Gemeinden sein. In diesem Winter möchte ich die vier Gemeinden durch einen Besuch vor der Wahl ermutigen, die bei der letzten Wahl die geringste Wahlbeteiligung hatten. Die Namen verrate ich hier nicht. Nach der Wahl am 26. März will ich dann die vier Gemeinden mit einem Bischofsabend beglücken, die den größten Zuwachs an Wahlbeteiligung zu verzeichnen hatten.

Kirche lebt unter anderem von dem Geschenk, in Freiheit zu wählen und Flagge zu zeigen für Gottes Gegenwart in dieser Welt.

b) Zusammenarbeit in den Regionen

An vielen Stellen in der EKD, auf Konföderationsebene und in unserer oldenburgischen Kirche sind derzeit perspektivische Überlegungen im Gange. Sie richten sich generell auf die Frage, wie die Kirche auf den gesellschaftlichen Wandel, der sich abzeichnet, reagiert, und wie sie in diesem Wandel ihrem Auftrag treu bleibt.

Auf der einen Seite bestehen gesteigerte Erwartungen an Dienst und Zeugnis der Kirche. Auf der anderen Seite stehen wir als Kirche – vor allem in Folge der demographischen Entwicklung, die sich in den östlichen Gliedkirchen ungleich schärfer auswirkt – vor großen Herausforderungen.

Dem Ratsvorsitzenden der EKD, Bischof Dr. Huber, ist aus meiner Sicht zuzustimmen, wenn er feststellt: „Der Strukturwandel, der uns abverlangt ist, darf nicht zu einer Abwendung von den Menschen führen. Die Lösung kann nicht darin bestehen, dass wir uns der Milieuverengung auf immer engere Kreise kirchlich gebundener Menschen ausliefern. Der kirchliche Auftrag wird nicht erfüllt, wenn wir uns auf die Verwaltung immer kleiner werdender Bestände beschränken."

Unsere oldenburgische Kirche war vergleichsweise früh mit den gelben Perspektiven von 1998 und der grünen Weiterentwicklung der Perspektiven von 2004 an der Arbeit.

In den letzten Monaten ist eine sich stetig verstärkende Kooperationsbereitschaft zwischen Gemeinden und Kirchenkreisen zu erkennen. Ich will nur drei Beispiele nennen, die ich aus der Fülle von Ansätzen registriert habe.

Die Kirchenkreise Vechta und Cloppenburg haben einen Regionaljugenddienst „Oldenburger Münsterland" beraten und vereinbart. Die Kreissynode Oldenburg hat einen Arbeitskreis für „Regionalisierung und Kooperation" beschlossen. Die Kirchenkreise Wilhelmshaven, Jever und Varel haben in einer ganzen Reihe von Aufgabenbereichen eine starke Zusammenarbeit in Gang gesetzt.

Den Vorschlag der Steuerungsgruppe, in unserer Kirche sechs Kooperationsregionen zu bilden, begrüße ich sehr. Bildet er doch eine planungssichere Möglichkeit für viele Arbeitsgebiete, stärker als bisher oder ganz neu die Zusammenarbeit zu fördern und voneinander zu profitieren.

Nun kann man feststellen, dass ohne den finanziellen Druck solches Aneinanderrücken nicht stattgefunden hätte. Man kann aber auch positiv sagen, dass aus einer gewissen Verlegenheit heraus, nicht mehr alle kirchlichen und diakonischen Angebote gleichermaßen aufrecht erhalten zu können, die vernünftige Gelegenheit erwachsen ist, größerflächig Zeit und Kraft, Kreativität und Geld zu bündeln und so zu teilen, dass viele Menschen und Gemeinden sich über den Kirchturm hinaus zu entdecken und zu schätzen beginnen.

Für mich ist in solchen Prozessen eine doppelte Freiheit sichtbar, die Freiheit, weniger auf Selbstdarstellung Wert zu legen, und die Freiheit, mehr auf das gemeinsame Werben um Menschen für die Sache Jesu Christi in die Mitte zu rücken. Das lässt sich auf viele Bereiche kirchlicher Arbeit beziehen. Auf Kinderbibelwochenenden und Jugendfreizeiten, auf Chorarbeit und konzertante Aufführungen, auf diakonische Projekte und Zusammenarbeit in der Verwaltung.

Zu letzterem Bereich gestatten Sie mir die Bemerkung, dass in der noch zu findenden geeignetsten Form, natürlich mit zeitlicher Streckung um der Mitarbeitenden Willen, ein kostensenkender Beitrag zur Stabilisierung unserer gesamten Kirche zu fordern ist, wie er z. B. von einer konsequenten Stellenreduzierung im pastoralen Bereich vorausgesetzt wird. Hier wie in anderen Zusammenhängen müssen wir lernen, uns freizuschwimmen von vertrauter Verwaltung im Trockendock hin zu unternehmerischer Gestaltung bei Wind und Wellengang. Wir kennen ja alle das Lied vom Schiff, das sich Gemeinde nennt.

c) Änderung der Leitungsstruktur

Gerne war ich dem Wunsch der Synode gefolgt, in einer Untergruppe mitzuarbeiten, die die Änderung der Leitungsstruktur bedenken sollte.

Das vorläufige Ergebnis der Beratungen finden Sie in der Vorlage 134 im Beschlussvorschlag I A. Abgesehen von kleinen Klarstellungen gehöre ich zu der Mehrheit derer, die die Bildung einer Kirchenleitung aus den Organen Synodalausschuss und Oberkirchenrat als eine vernünftige Leitungsstruktur für die Zukunft begrüßt.

Wir haben die Freiheit, alles so zu belassen, wie es war und wie es sich in Zeiten wirtschaftlich und gesellschaftlich günstiger Bedingungen für die Volkskirche nach dem 2. Weltkrieg bewährt hat.

Wir haben aber auch die Freiheit, den sich stetig verändernden Eckdaten in Gesellschaft und Kirche mit einer neuen Leitungsstruktur zu begegnen, die von vornherein den synodalen und den oberkirchenrätlichen Sachverstand in dem in seiner Verantwortung aufgewerteten Synodalausschuss institutionell zusammenführt.

Das bedeutet weder eine Schwächung der Synode noch des Oberkirchenrates. Vielmehr wächst die gemeinsame Verantwortung für die Behandlung grundsätzlicher Aufgaben unserer Kirche in einer Kirchenleitung zusammen, die weiterhin der Synode als legislativem Verfassungsorgan verantwortlich bleibt und die dem verkleinerten Oberkirchenrat schwerpunktmäßig das operative Leitungsgeschäft zuweist.

Wer historisch interessiert ist, wird in den Jahren bis 1950 diese besonders von Oberkirchenrat Hermann Ehlers favorisierte Alternative zur gegenwärtigen Struktur wiederfinden. Er plädierte damals schon für eine aus Ehrenamtlichen und Hauptamtlichen, aus Theologen und anderen Oberkirchenräten zusammengesetzte gemeinsame Kirchenleitung.

Die Zeit, eine solche Änderung der Leitungsstruktur vorzubereiten, ist auch deshalb günstig, weil in den nächsten Jahren fast der gesamte Oberkirchenrat einschließlich des Bischofs aus Altersgründen ausscheidet.

Uns ist die Freiheit geschenkt, auch auf der Ebene der Ev.-Luth. Kirche in Oldenburg das reformatorische Leitungsprinzip von Christenmenschen mit und ohne theologisches Studium abzubilden, wie es auf der Gemeinde- und Kirchenkreisebene seit langem bewährt ist.

2. Das Werben um Liebe

Auf den ersten Blick mag die Formulierung verwundern, weil sie Assoziationen weckt, die wir wohl alle kennen. Aber das ist gerade reizvoll an der Heiligen Schrift, dass sie menschliches Werben um Liebe in Ehe, Familie, Freundschaft aus der Liebe Gottes zu seinem Volk, zu seinen Geschöpfen überhaupt ableitet. „Wie ein Bräutigam sich freut über die Braut, so wird sich dein Gott über dich freuen." So wird in Jesaja 62, 7 die zukünftige Herrlichkeit Zions umschrieben. Das Bild des Bundes zwischen Gott, der sein Volk aus der Knechtschaft in Ägypten herausgeführt hat, und Israel sowie des neuen Bundes, der im Abendmahl Jesu als Sühnezeichen für menschliche Schuld begründet ist, charakterisiert das Verhältnis Gottes zu den Menschen.

Wo dem Menschen der Glaube für diesen Gott eröffnet wird, entwickelt sich für sein Leben eine neue Perspektive zum Mitmenschen und zu Gott. Diese neue Blickrichtung unterstreicht auch die hebräische Lesart der 10 Gebote, die nicht mit „Du sollst" oder „Du sollst nicht" beginnen. Sondern: Für dich, als den von Gott aus Liebe umworbenen Menschen, gilt: Du wirst den Feiertag heiligen und du wirst nicht töten oder stehlen.

Dem entspricht das Kompaktverständnis im Doppelgebot der Liebe. Du wirst, wenn Du gläubigen Herzens die Taten Gottes würdigst, Gott und deinen Nächsten lieben wie dich selbst.

In einer Welt, in der diese Grundwerte nicht mehr oder in manchen Regionen gar nicht präsent sind, ist es unsere missionarische Aufgabe, aus dem Geliebtsein heraus um Liebe zu werben und für Liebe zu sorgen.

Das sollte ununterbrochen und überall in unserem persönlichen Leben und in der kirchlichen Arbeit sichtbar und spürbar werden, nicht nur in der Feier des Gottesdienstes oder in dem Genuß von Konzerten und Oratorien, sondern auch in Handlungsfeldern wie z. B. Diakonie und Bildung.

a) Diakonische Arbeit

Tagtäglich werden Menschen in unserer Kirche besucht, beraten, gepflegt. Dabei erfahren beide Trost und Ermutigung, die, denen Hilfe zuteil wird, und die, die Hilfe bringen. Das liebevolle Geben und Nehmen, wobei die Rollen wechseln können, wertet zwischenmenschliche Beziehungen auf, die oft genug belastet oder gestört sind, und es sorgt für sozialen Rückhalt in einer Gesellschaft, die nicht grundlegend vom Werben um Liebe begeistert ist.

Um so wichtiger ist die Forderung nach einem generationenübergreifenden Denken für neue Lebensmodelle, wie sie Diakoniepräsident Jürgen Gohde erhoben hat. „Unsere Gesellschaft muß in der Lage sein, sowohl die Versorgung der Kinder als auch der älteren Menschen aus eigener Kraft sicherzustellen. Eine Gesellschaft des langen Lebens braucht neue solidarische Arrangements. Wir müssen neu über Ehrenamtlichkeit und über Nachbarschaftshilfe nachdenken. Wir brauchen Menschen, die mit einem diakonischen Geist leben, für die es selbstverständlich ist, in der Nachbarschaft präsent zu sein." (Diakonie Report 5, 2005, S. 9)

In einer gerade erschienenen Broschüre unseres Diakonischen Werkes in Oldenburg werben wir für Freiwillige Mitarbeit in der Diakonie. Die Kurzberichte von Frauen und Männern ganz unterschiedlichen Alters sind schöne Beispiele, wie ein Ehrenamt das eigene Herz erfüllen und anderen Menschen helfen kann. Freiwillig und hauptberuflich Mitarbeitende gehören zusammen – in Kirche und Diakonie.

Neben diakonischer Präsenz in Konflikt- und Notsituationen, neben dem professionellen Engagement in der Altenpflege und an Menschen mit Behinderungen kommt auch dem stellvertretenden Werben für benachteiligte Einzelne und Gruppen große Bedeutung zu. Das gilt vor allem für Menschen, die von sinnvoller Erwerbstätigkeit ausgeschlossen sind. „400.000 offene Stellen gegenüber 4,7 Mio. Arbeitslosen: Das ist ein strukturelles Problem und keine konjunkturelle Frage." So der Diakoniepräsident.

Für den tatsächlichen Anstieg der Kosten von Hartz IV gibt es zahlreiche Gründe, wobei Sozialmissbrauch keine entscheidende Rolle spielt. Besteht in der großen Koalition die Chance, die Debatte zu versachlichen und dabei den ramponierten Hartz-Begriff endlich zu ersetzen?

Die EKD setzt sich dafür ein, dass Arbeit in unserer Gesellschaft gerechter verteilt und sinnvoll gestaltet wird. Während der Synode in Berlin wurde das Arbeitsplatzsiegel „Arbeit plus" an Unternehmen verliehen, die durch hervorragende Beschäftigungspolitik im Rahmen ihrer Möglichkeiten Arbeitsplätze schaffen und erhalten.

In meiner Festansprache zur Ehrung der 60 Sieger der Handwerksjugend am 1.11. in der Weser-Ems-Halle konnte ich dankbar vermerken, dass in unserer Region ausreichend Lehrstellen angeboten werden, weil Betriebe, die bisher gar nicht oder länger nicht mehr ausgebildet hatten, dieses Jahr Plätze zur Verfügung gestellt haben, allerdings nicht immer dort, wo junge Menschen sie gerne hätten.

Diakonie beschränkt sich in ihrem Werben um Liebe nicht nur auf Sorgen vor der Haustür. Ein wichtiger Zweig ist die Katastrophenhilfe. Für die Folgen des Tsunami-Erdbebens, bei dem etwa 1,5 Mio Menschen ihr Zuhause und ihren gesamten Besitz verloren haben, wurden der Diakonie in Deutschland 53 Mio Euro zur Verfügung gestellt. Auf dem Diakonischen Abend der Begegnung im September hat freundlicherweise Frau Christina Rau über die Verwendung dieser und der anderen Spendengelder eindrücklich berichtet.

b) Bildungsarbeit

In Zeiten zurückgehender finanzieller Möglichkeiten ist Respekt angezeigt, wenn die Evangelische Familienbildungsstätte Wilhelmshaven im September in neue Räume umgezogen ist. Aus der 1970 in der Kantstraße gegründeten Elternschule hat sich ein Bildungszentrum der evangelischen Bildungsarbeit im Wiesenhof entwickelt. Der Schwerpunkt liegt im Eltern-Kind-Bereich. Die EFBS erreicht mit ihrer Programmpalette für die Kirchenkreise Wilhelmshaven, Jever und Varel 40 % an Menschen, die keine oder noch keine Kirchenbindung haben.

Wenn von Zeit zu Zeit die Forderung nach mehr missionarischem Engagement erhoben wird, dann bietet das Forum dieser Arbeit eine gute Chance zur Begegnung auch mit anderen kirchlichen Angeboten in Kindergarten- und Gemeindeveranstaltungen einschließlich Gottesdienst.

Die nächste Kreispfarrer- und Dechantenkonferenz im Januar wird sich über die Familienbildungsarbeit in der evangelischen und katholischen Kirche austauschen. In einer Zeit vieler instabiler Familienverhältnisse bedeuten diese Einrichtungen mitunter den Rettungsanker, um nicht in Sorgen und Schulden zu versinken.

Die Vorträge, Seminare und Studientage unserer Akademie wenden sich an Menschen mit unterschiedlichen Interessen an Kunst, Kultur, Religion, Kirche und Gesellschaft. Gerade solche Menschen, die der Kirche passiv die Treue halten oder gedanklich auf dem Wege zum Eintritt sind, suchen über Themen eine Plattform zum kritischen Dialog mit Gott und der Welt, mit sich und der Kirche.

Die Arbeit der Akademie ergänzt die traditionelle Gemeindearbeit, die überwiegend junge und alte Menschen als Zielgruppen im Blick hat. Die Entscheidung, mit den Angeboten in die Fläche zu gehen, war gut, denn sie erreicht Menschen, die sich am Abend nicht mehr auf den Weg nach Rastede, Oldenburg oder Ahlhorn machen würden.

Auch für diesen Zweig kirchlichen Handelns gilt das Werben um Liebe, damit Gott und Menschen miteinander ins Gespräch kommen, bleiben und selbst Botschafter werden für mehr Wertebewußtsein und Barmherzigkeit im Oldenburger Land und darüber hinaus.

Schließlich ist noch hinzuweisen auf das 40jährige Bestehen der Evangelischen Erwachsenenbildung in Niedersachsen, das am 13.04. in Hannover gefeiert wurde und nun in einer Festschrift seinen Niederschlag gefunden hat. Die EEB plädiert dafür, dass nach evangelischem Verständnis der Mensch mehr und anderes ist als die Summe seiner Zwecke. „Wir verstehen uns Menschen als Geschöpfe Gottes." Von daher bekommt das Leben seinen Wert und seine Würde – nicht durch seine Zweckorientierung, nicht durch seine ökonomische Verwertbarkeit und auch nicht durch seine Bildungsfähigkeit. Es besteht die Hoffnung, dass das Land weiter seinen Verpflichtungen nachkommt, „den kirchlichen Einrichtungen der Erwachsenenbildung im Rahmen der allgemeinen Förderung finanzielle Hilfe zu gewähren".

3. Der Kampf um Gerechtigkeit

60 Jahre nach Ende des II. Weltkrieges und angesichts nicht enden wollender Bürgerkriege, bilateraler Bekämpfung und terroristischer Anschläge kann der Begriff „Kampf" auf inneren Widerstand stoßen. In den Reden zum Volkstrauertag ist an das unsägliche Leid erinnert worden, das Millionen von Familien in Konzentrationslagern, in Krieg, Flucht und Vertreibung zugefügt wurde. Wachsamkeit ist zu jeder Zeit in jedem Land geboten, wenn Parteien oder Regierende zu wissen vorgeben, was gut und was böse ist, wer leben darf oder nicht.

Unserer Generation, die überwiegend nach dem II. Weltkrieg erwachsen geworden ist, fällt ein hohes Maß an Verantwortung zu für eine sachgerechte und faire Aufarbeitung der Geschichte. Elternhaus, Schule, Erwachsenenbildung, wir alle müssen beständig daran arbeiten, dass Ursache und Wirkung in historischen Abläufen nicht verfälscht und Schuld nicht mit Schuld aufgerechnet wird, so als ob unter dem Strich alles zu Null aufginge.

Mir liegt mit dem Begriff kämpfen an dem guten Kampf des Glaubens, zu dem der Apostel Paulus in seinen Briefen an Timotheus auffordert. Insbesondere hat mich das Wort angesprochen: „Wenn jemand auch kämpft, so wird er doch nicht gekrönt, er kämpfe denn recht." (2. Tim. 2,5) Dazu habe ich vor der Ostsee-Anrainer-Konferenz evangelischer Militärseelsorge im August die Predigt gehalten. Thema war die alte Lehre des Augustin vom „gerechten Krieg", der nur unter Berücksichtigung von sieben Kriterien für legitim erachtet wurde.

Wir reden in der Friedensschrift der EKD von 1994/2001 vom „Gerechten Frieden", um den erst in letzter Konsequenz (ultima ratio) mit Waffen gekämpft werden darf, wenn alle politischen, wirtschaftlichen und kulturellen Präventionsmaßnahmen als aussichtslos bewertet worden sind und internationales Recht wieder hergestellt werden soll.

Im Psalm 85 ist im Vers 11 visionär von der Hoffnung die Rede, dass Gerechtigkeit und Friede sich küssen. Dieses Motto jeder christlichen Friedensbewegung schwebt mir vor Augen, wenn ich vom Kampf, vom konzentrierten und konzertierten Einsatz, für Gerechtigkeit und Frieden rede. An einigen Beispielen möchte ich zeigen, wo wir als evangelische Kirche gefordert sind.

a) Der Loccumer Vertrag

Der am 19. März 1955 im Kloster Loccum unterzeichnete Vertrag zur Regelung freundschaftlicher Beziehungen zwischen Staat und Kirche, die seit 1919 verfassungsrechtlich getrennt sind, hat sich aus beider Sicht bewährt. Das kam in den Redebeiträgen der Jubiläumsveranstaltung im Juni deutlich zum Ausdruck. Der Konföderation evangelischer Kirchen in Niedersachsen, die auf dieser Vertragsgrundlage 1971 gebildet wurde, ist durch den Vertrag mit dem Land partnerschaftlich in folgenden Arbeitsfeldern verbunden: Schulbereich, Kindertagesstätten, Sozialgesetzgebung, Schwangeren- und Schwangerschafts-konfliktberatung, ambulante und stationäre Pflege, Ausländerrecht, Erwachsenenbildung und kirchlicher Dienst in Polizei, Zoll und Justizvollzugsanstalten.

Hin und wieder wird um Standards oder um finanzielle Zuschüsse einer Aufgabe „gekämpft". Das letzte Streiten für eine gute Sache war die menschliche Entscheidung des Landes für ein zumindest befristetes Bleiberecht der Frau Zarah Kameli, der nach ihrem Übertritt vom Islam zum Christentum bei Abschiebung die Todesstrafe gedroht hätte.

b) Dekade zur Überwindung der Gewalt

Seit 2001 engagiert sich die oldenburgische Kirche in vielen Handlungsfeldern vom Kindergarten über Jugendarbeit und Beratungsstellen bis zur Erwachsenenbildung in der Frage, wie mit dem dem Menschen inne wohnenden Gewaltpotential verantwortlich umgegangen werden kann.

Deshalb war es für mich eine Freude, dass ich zusammen mit Eva Hermann vom NDR die Schirmherrschaft für die Aktion „Kinderrechte heute" übernehmen durfte, die im Amtsgericht zu Oldenburg gut 14 Tage zu sehen war. Anziehungspunkt dieser vom Präventionsrat Oldenburg initiierten Veranstaltung war die Ausstellung der Lebenswelt von Astrid Lindgren. Viele Schulklassen strömten über die in Krachmacherstraße umgetaufte Elisabethstraße, um die sehr anschaulich dargestellte Welt von Pipi Langstrumpf und anderen Figuren zu bewundern.

In ihrer Dankesrede anlässlich der Verleihung des Friedenspreises des Deutschen Buchhandels 1978 sagte Astrid Lindgren unter anderem: „Ob ein Kind zu einem warmherzigen, offenen und vertrauensvollen Menschen mit Sinn für das Gemeinwohl heranwächst oder aber zu einem gefühlskalten, destruktiven, egoistischen Menschen, das entscheiden die, denen das Kind in dieser Welt anvertraut ist, je nachdem, ob sie ihm zeigen, was Liebe ist, ober aber dies nicht tun."

c) Bitte um Recht und Gerechtigkeit

Im Laufe des Jahres haben wir an alle Gemeinden ein Fürbittengebet versandt, aus dem ich ein paar Passagen zitieren möchte.

„Herr, unser Gott, vor dich tragen wir unsere Sorge und Angst um unsere Schwestern und Brüder, deren Land Togo eine schwere politische Krise durchmacht und die einer ungewissen Zukunft entgegensehen. Vor dir klagen wir, weil die Macht in den Händen Weniger Recht und Gerechtigkeit verhindert, weil Unterdrückung und Angst die Menschen einschüchtern.

Wir bitten dich für die verantwortlichen Politiker der internationalen Staatengemeinschaft und in Togo, dass sie dem Recht zum Durchbruch verhelfen."

Das, was Christen in dem bedrückten Volk und unsere Kirche, die wir seit über 150 Jahren mit der presbyterianischen Kirche in Togo und Ghana verbunden sind, so traurig macht, ist die Tatsache, dass die Herrscherfamilie Mitglied dieser Kirche ist und ein wirklicher Dialog zum Thema Gerechtigkeit nicht möglich ist. Der Moderateur dieser Partnerkirche wird am Sonntag in Altengroden mit uns Gottesdienst feiern und von der neuesten Entwicklung berichten.

Ebenfalls am 1. Advent startet „Brot für die Welt" die 47. bundesweite Spendenaktion. Der Eröffnungsgottesdienst wird erstmals von den evangelischen Freikirchen und den Alt-Katholiken im sächsischen Herrnhut ausgerichtet. Das Motto für die neue segensreiche Aktion lautet „Gottes Spielregeln für eine gerechte Welt", wobei in diesem Jahr das Menschenrecht auf Nahrung betont wird.

Zu dem diesjährigen Adventsempfang des Oberkirchenrates am 8. Dezember sei nochmals herzlich eingeladen. Es spricht der Wehrbeauftragte des Deutschen Bundestages, Reinhold Robbe, zu uns. Sein Thema: Politik in der Verantwortung vor Gott und den Menschen. Auch dieser Abend wird wie Vieles in unserer Kirche zum Wertbewußtsein für uns selbst und für unsere Gäste beitragen.

4. Der Preis des Friedens

Nach den Stichworten Freiheit, Liebe und Gerechtigkeit möchte ich noch den Frieden, den irdischen und himmlischen, als einen Wert des Glaubens für das Leben, das zeitliche und das ewige, ansprechen. Sicherlich hundert mal ist in der Bibel vom hebräischen Shalom und von der griechischen Eirene die Rede. Der Gruß des auferstandenen Christus „Friede sei mit euch!" und der Wunsch des Apostels Paulus im Philipperbrief sind uns wohl vertraut: „Und der Friede Gottes, der höher ist als alle Vernunft, bewahre eure Herzen und Sinne in Christus Jesus." (4, 7)

Mit dem Preis des Friedens kann ein Doppeltes gemeint sein: Der Friedenspreis, den Menschen für ihren Einsatz für mehr Frieden in der Welt erhalten, oder der Preis, den ein Mensch – mitunter auch mit dem Einsatz seines Lebens – für friedlichere Lebensbedingungen zahlt. Der dritte Aspekt ist dann noch dieser, dass wir Christen in den Frieden eingehen, den Gott den Seinen schenken will in seinem Reich. Requiescat in pace, er oder sie ruhe in Frieden!

a) Dag Hammarskjöld

In diesem Jahr wurde an Dag Hammarskjöld erinnert, der vor 100 Jahren geboren wurde und von 1953 bis 1961 Generalsekretär der Vereinten Nationen war. Als alle politischen Vermittlungsversuche im Bürgerkrieg im Kongo gescheitert waren, beschloss Hammarskjöld am 17. September 1961, selbst ins Kriegsgebiet zu fliegen. Die Umstände des Flugzeugabsturzes wurden nie zweifelsfrei geklärt. Posthum erhielt der schwedische Generalsekretär den Friedensnobelpreis. Sein Umgang mit der Macht und sein Einsatz für einen Frieden durch Gerechtigkeit gelten bis heute als vorbildlich.

Dag Hammarskjöld war überzeugter Christ. Am Tag seiner Wahl zum Generalsekretär schrieb er in sein Tagebuch: „Das Leben der Christen ist gegründet und getragen von Gott, und fern liegt ihnen jeglicher Stolz, sie vergelten ihm, was er Gutes getan hat; sie rühmen sich nicht, und all ihr Tun geschieht zum Ruhme Gottes allein."

Von drei Aktionen in unserer Kirche möchte ich kurz berichten.

b) Erzähl' mir was vom Tod

Die zweimonatige interaktive Ausstellung über das Davor und Danach des Todes endet morgen im Oldenburger Gemeindezentrum Versöhnungskirche. Über 6.000 Kinder, Jugendliche und Erwachsene haben die bisher nur in sechs Großstädten gezeigte Ausstellung besucht und dabei die Scheu vor dem Tabu Tod etwas ablegen können. Schulpfarrer Eden mit weiterer fachlicher und finanzieller Unterstützung hat das Thema Sterben, Tod und Leben aus der Verdrängung vorübergehend in den Mittelpunkt des Gespräches in Familie und Kindergarten, in Kindergottesdienst und Schule gebracht.

In den meisten Fällen ist es die Plötzlichkeit des Sterbens, die alles zerstören kann, was an Programm und Illusion vorhanden war. Um so wichtiger ist es, sich von Zeit zu Zeit aus nicht aktuellem Anlass mit dem Gedanken an den Tod vertraut zu machen. Allen, die in der Notfallseelsorge, in der Sterbebegleitung und als Bestatter tätig sind, sei für ihren unverzichtbaren Dienst einmal ausdrücklich gedankt.

Der Kirchenvater Hieronymus, der im Jahre 420 in Bethlehem gestorben ist, hat das doppeldeutige Wort geprägt: morientes nascimur. Das kann heißen zum einen: Wir werden geboren als solche, die sterben. Zum anderen:

Als die Sterbenden werden wir neu geboren. Darin leuchtet die eschatologische Spannung auf, die besagt: das mit Jesus Christus angebrochene Reich Gottes ragt und wirkt schon hinein in diese Zeit und Welt, auch wenn wir erst dereinst schauen, was wir geglaubt haben.

c) Himmlische Fortbildungstage

Unter diesem Motto waren über 100 Leute, die sich in der Arbeit mit Kindern und Jugendlichen engagieren, zu einer mehrtägigen Fortbildungsveranstaltung im Januar versammelt. Das gleichermaßen anspruchsvolle und abwechslungsreiche Programm mit dem Untertitel „durchkreuzen" war für mich, der ich einen Abendmahlsgottesdienst mitgefeiert und Gespräche geführt habe, ein schönes Erlebnis. Da wächst eine neue Generation heran, die mit Freude und Einsatzbereitschaft mit dafür sorgen wird, dass die frohe Botschaft unseres christlichen Glaubens nicht verstummt. Überall, wo wir die Arbeit mit jungen Menschen, persönlich und gemeindlich, unterstützen, brauchen wir um die Zukunft unserer Kirche weniger besorgt zu sein.

d) Gott sehen

Natürlich hat noch niemand Gott gesehen, in diesem Leben wenigstens. Aber schon die Bibel ist voller Hinweise, wie Gott gesehen werden könnte. Auf das Wörtlein „wie" kommt es dabei an. Gott ist wie ein guter Vater oder wie eine gute Mutter. Gott ist wie ein Fels und eine Burg für Menschen im jüdischen und christlichen Glauben. Und in Jesus Christus und seiner Botschaft wird das Wirken Gottes in seiner Schöpfung auf einzigartige Weise sichtbar und spürbar.

Vom 2. Advent bis Mitte Februar findet eine Ausstellung in der Kunsthalle Wilhelmshaven statt, in der Risiko und Chancen religiöser Bilder zu studieren sind. Teil des Projektes ist der Austausch von Altarbildern in die Kunsthalle und in umgekehrter Richtung, woran die evangelische Christus- und Garnisonkirche und die katholische St. Willehad-Kirche beteiligt sind. Ein Ergebnis des Projektes kann in klareren Positionen liegen: Was ist von der Kunst in Bezug auf Kirchen zu erwarten? Was ist von den Kirchen in Bezug auf Kunst und Bilder zu erwarten?

Zum Schluss: Reichtum und Vielfalt oldenburgerischer Kirchen und Gottesdienste

„Wer das Oldenburger Land erkundet, erlebt im Bereich des Kirchbaus immer wieder Überraschungen. Eine derartige Vielfalt der Architektur und einen solchen Reichtum an Ausstattung, Kanzeln, geschnitzten Altären, Taufsteinen und Orgeln aller Stilepochen hätte man zwischen Marsch und Moor, Meer und Geest nicht erwartet. 147 Kirchen gibt es im Bereich der Ev.-Luth. Kirche in Oldenburg. Dieses einzigartige Erbe unserer Kultur und Gesellschaft muss gepflegt und erhalten werden. Die Kirchbaustiftung möchte gemeinsam mit den Kirchengemeinden und den örtlichen Kirchbauvereinen zu dieser großen Aufgabe beitragen." So steht es im Informationsprospekt in werbewirksamer Aufmachung.

Auch wenn man für die wiederaufgebaute Frauenkirche in Dresden schwärmen und sich an Kathedralen ergötzen kann, brauchen wir im Oldenburger Land keine Dome. Uns erfreuen die vielen schönen Kirchen, die der Seele Raum geben. Wer heute die Kirchbaustiftung finanziell unterstützt, würdigt das Werk unserer Vorfahren und baut mit an der geistlichen Heimat unserer Nachkommen.

Mit der Aktion „Verlässlich geöffnete Kirchen" wurde im April in Bad Zwischenahn darauf hingewiesen, dass etwa 40 mit einem Logo am Eingang kenntlich gemachte Kirchen an mindestens fünf Tagen in der Woche mindestens vier Stunden zu Besuch und Besichtigung geöffnet sind. Ebenfalls in Bad Zwischenahn fand im August die Eröffnung der dritten Eintrittsstelle unserer Kirche nach Wangerooge und St. Lamberti in Oldenburg statt.

Die ersten Kurse für Kirchenpädagogik sind erfolgreich abgeschlossen worden. Der Arbeitskreis Kirchenpädagogik, die Arbeitsstelle für Religionspädagogik, Akademie und Pfarrerfortbildung sowie der Bundesverband Kirchenpädagogik und die Museumspädagogik im Landesmuseum für Kunst- und Kulturgeschichte arbeiten zusammen, um geeignete Damen und Herren für Kirchenführungen vorzubereiten. Ziel der Maßnahme ist es, Mensch und Kirchenraum miteinander ins Gespräch zu bringen, die Kirchen mit verschiedenen Sinnen als Rastplätze für die Seele zu erschließen. Angesprochen sind Gruppen jeden Alters, die (ihre) Kirche neu kennenlernen möchten: Schulklassen und Konfirmandinnen, kirchliche MitarbeiterInnen und Interessierte und Gemeindegruppen jeder Art.

Die meisten der Kirchen in der Ev.-Luth. Kirche in Oldenburg sind gut in Schuss, dank der vorausschauenden Sorge und Sorgfalt in den vergangenen Jahren. Die einen schwärmen von der frisch restaurierten Kirche in Wildeshausen, die anderen freuen sich über die Stadtkirche in Delmenhorst, wieder andere hoffen auf eine Verwirklichung des Lambertiprojektes in Oldenburg.

In meinem ersten Bericht vor dieser Synode im Mai 1999 habe ich für einen Ausbau und Umbau der Lambertikirche geworben. Meine Ausführungen zu der Einzigartigkeit dieser Kirche, was ihre historische Bedeutung für das Oldenburger Land, ihre geographische Lage zwischen Schloss und Rathaus im Bereich der Fußgängerzone, ihrem baulichen Charakter mit dem klassizistischen Kern und der neugotischen Ummantelung und ihrer Ausstrahlung als Gotteshaus mit geistlicher Tiefe, ökumenischer Weite und kultureller Präsenz angeht, wurden mit großer Zustimmung quittiert.

So hieß es damals: „Die Synode begrüßt die Überlegungen des Bischofs zu einer Umgestaltung der Lambertikirche. Sie bittet den Oberkirchenrat, eine Arbeitsgruppe einzusetzen, in der Vertreter der oldenburgischen Kirche, der Oldenburger Kirchenkreise und der Kirchengemeinde Oldenburg unter Hinzuziehung von Fachkräften eine Konzeption ... erarbeiten." Seither ist an dem inhaltichen und baulichen Konzept gearbeitet worden mit dem erfreulichen Ergebnis, wie es in der ausgelegten Broschüre seinen ansprechenden Niederschlag gefunden hat. Ein fähiger Architekt wurde gefunden, Kirchenführungen mit möglichen Sponsoren großer Institute und Stiftungen lassen eine Summe von etwa einer halben Million Euro erwarten. Die Kirchengemeinde Oldenburg wird etwa 600.000 Euro zu der Maßnahme beisteuern verbunden mit der Hoffnung, dass die oldenburgische Kirche in zwei Schritten je etwa 400.000 Euro in diese einmalige Maßnahme investiert, wobei die Summe durch Mehreinnahmen von Kollekten, Sammlungen und Verkaufsaktionen, die den Betrag von 200.000 Euro überschreiten, reduziert werden kann.

Mit vielen Unterstützern des Projektes aus Kirche, Gesellschaft und Politik bin ich der festen Überzeugung, dass wir bei allen notwendigen Schritten zu einer strukturellen Veränderung unserer Kirche hin und wieder Zeichen der Hoffnung und des Aufbruches setzen müssen, damit auch künftige Generationen in ihrer Zeit Mut gewinnen, sich auf ihre Weise für die Erhaltung der Kirchen und für die Lebendigkeit von Kirche als Gemeinschaft der Gläubigen einzusetzen. Die Symbolwirkung des Baus einer zugänglichen Gruft für Graf Anthon Günther und seine Frau, für die Verbindung von Rotunde und Kapelle und die Neugestaltung eines Saales im 1. Stock mit verbesserter Zugänglichkeit unter anderem durch einen Fahrstuhl sowie der Einrichtung eines Empfangsraumes für alle Besucherinnen und Besucher während der durchgehenden Öffnungszeiten wird ihre Wirkung nicht verfehlen.

Unsere Kirchen würden ihrer Grundbestimmung nicht gerecht, würden sie nur in qualitativ hochwertigen Ansprüchen musealen Interessen genügen. Darum bin ich von Herzen dankbar für die reiche Vielfalt von Gottesdiensten ganz unterschiedlicher Art, die Woche für Woche und Monat für Monat in der Länge und Breite unserer oldenburgischen Kirche gefeiert werden, auch wenn nicht jede Predigt jedermanns Erwartungen zufriedenstellt, zufriedenstellen kann.

Wer regelmäßig die Pressespiegel liest, gewinnt einen guten Überblick über viel Kreativität und Solidität des gottesdienstlichen Angebotes für jüngere, mittelalterliche und ältere Menschen in unseren Gemeinden und Kirchenkreisen. Wenn auch der regelmäßige Gottesdienstbesuch nicht überwältigend ist, so sind unsere Kirchen doch über das Jahr gesehen zu den unterschiedlichsten Anlässen von den Sonntagsgottesdiensten über Themen- und Familiengottesdienste bis hin zu den Gottesdiensten anlässlich von Amtshandlungen und besonders musikalisch gestalteten Gottesdiensten gefragter, als wir es für möglich halten.

Darum war es höchste Zeit, mit einer kleinen Broschüre unter dem Titel „Willkommen bei der Ev.-Luth. Kirche in Oldenburg" auf die Schönheit, den Reichtum und die Vielfalt kirchlichen Lebens im Oldenburger Land aufmerksam zu machen. Überall, wo ich das kleine Heft im Westentaschenformat persönlich oder per Post unter die Leute bringe, sind die Adressaten oder Gesprächspartner voller Anerkennung für die kleine Darstellung unserer Kirche, auch wenn nicht alle Arbeitsgebiete lückenlos darin vertreten sind.

Kirche lebensnah – mit weitem Horizont, mit geistlichem Proviant für das Leben, mit der Möglichkeit für Atempausen für die Seele, mit der Offenheit für Wunder, und mit allen Registern für die Nächstenliebe, das stärkt die Identität bei aller ökumenischen Offenheit und Dialogbereitschaft für Menschen mit anderem Glauben und uns fremder Überzeugung.

Unsere Kirchen sind voller Werte. Der Protestantismus bietet alte biblische Werte in lebendiger Frische an. Und wir selbst sind auch nicht ohne Wert. Aber das ist bei unserer evangelischen Bescheidenheit ja eigentlich nicht der Rede wert.

Grußwort zum Katalog der Ausstellung „Gott sehen" am 4.12.2005 in der Kunsthalle in Wilhelmshaven

Es gehört Mut dazu, in einer Kirche, noch dazu in einer prominenten, etwas zu verändern, noch dazu im Altarraum, wenn auch auf Zeit.

Als ich im September von den Plänen eines Bildertausches zwischen Kirchen und Kunsthalle erfahren habe, war mein Herz sofort aufgeschlossen für dieses Experiment.

Kirche, Kunst, Kultur pflegen seit vielen Jahrhunderten enge Beziehungen, wobei die Bilderfreundlichkeit bis hin zur Begeisterung von den orthodoxen und katholischen Kirchen über die lutherischen bis hin zu reformierten Gotteshäusern graduell abnimmt bzw. aufhört.

Unsere Ev.-Luth. Kirche in Oldenburg wird gelegentlich als „mildes Luthertum" klassifiziert, das für die reiche Ausstattung der Altäre, Kanzeln und Emporen unserer 147 Kirchen dankbar sein kann. Der Gemeinde, die sich in der Christus- und Garnisonkirche zum Gottesdienst versammelt, wird mit dem temporären Bildertausch etwas zugetraut und zugemutet, wie das in Kunst und Kultur immer der Fall war und ist. Woher sollten neue geistige und geistliche Anregungen kommen, wenn nicht auch durch Bilder und Objekte, von Künstlerinnen und Künstlern aus ihrem Empfinden und ihrer Glaubensüberzeugung heraus gestaltet, herausfordernd zu Spruch und Widerspruch, zum Dialog über das, was einen Menschen trägt und prägt, wenigstens vorübergehend. Der Mensch, auch der Christ, entwickelt sich mit dem eigenen Lebensalter und im Kontext seiner Zeit, hoffentlich, wobei die Verankerung des Glaubens in der biblischen Botschaft nicht zur Disposition stehen sollte.

„Gott sehen" – der Titel mag provozieren. Denn niemand hat Gott je gesehen, in diesem Leben wenigstens. Dennoch ist die Bibel voller Hinweise, wie Gott gesehen werden könnte.

Auf das Wörtlein „Wie" kommt es dabei an. Gott ist wie ein guter Vater oder eine gute Mutter. Gott ist wie ein Fels und eine Burg für Menschen im jüdischen und christlichen Glauben. Und in Jesus Christus und seiner Botschaft wird das Wirken Gottes in seiner Schöpfung auf einzigartige Weise sichtbar und spürbar.
Auch in dem Prospekt der Kunsthalle wird werbend auf das Wort Jesu hingewiesen: „Wer mich sieht, sieht den Vater." (Johannes 14, 9) Aber all dieses „Gott sehen" ist ein indirektes Betrachten der Allmacht und Barmherzigkeit des Höchsten.

Die zwischen Kunsthalle und den drei beteiligten Kirchen ausgetauschten Bilder werden auf ihre Weise die Betrachtenden dazu anregen, über Gott und die Welt, über den Schöpfer und sich selbst, nachzudenken, nach dem Woher, Wohin und Wozu des eigenen Lebens zu fragen. Damit ist schon viel gewonnen, da mit dem Fragen, Suchen und Tasten mit Hirn und Herz sich Konturen Gottes in seinem So-sein und Für-mich-sein zu entwickeln vermögen – in Demut, Dankbarkeit und Zuversicht.
Und sollte jemand unter dem Austausch der Bilder leiden, dann mag es tröstlich stimmen, dass nach einigen Wochen die Bilder wieder am alten Ort zu sehen sind. Ich danke für unsere Kirche allen Beteiligten, die dieses Experiment initiiert und umgesetzt haben, für die Möglichkeit, vielleicht in neuer Weise den vertrauten Gott zu „sehen", wenn auch nur im Bilde.

Begrüßung zum 5. Adventsempfang des Oberkirchenrates am 8. Dezember 2005 in der Lambertikirche zu Oldenburg

Der Friede Gottes, der höher ist als alle Vernunft, bewahre eure Herzen und Sinne in Christus Jesus!

Mit diesem Friedenswunsch, den der Apostel Paulus einst an die Gemeinde in Philippi geschrieben hat, begrüße ich Sie alle als Gemeinde und als Gäste zu dem mittlerweile fünften Adventsempfang des Ev.-luth. Oberkirchenrates in Oldenburg.

„Friede sei mit euch!" So grüßt der auferstandene Christus die ersten Christen. Shalom alejchem – das wünschen sich jüdische Gläubige, wenn sie sich begegnen. Salam aleikum, so rufen die einen, aleikum salam, so antworten die anderen in der arabisch-muslimischen Welt.

Die Sehnsucht nach Frieden wächst um so mehr, als Familien und ganze Völker unter Terror und Krieg zu leiden haben. Noch intensiver als eine größere Zahl von Toten und Verletzten wirkt das herausgehobene Einzelschicksal von Frauen und Männern, die Opfer werden von Anschlägen oder Entführung. Ihr Erleiden rührt die Herzen aller an, die sich zumindest einen Rest von Ehrfurcht vor dem Leben, das Gott geschenkt hat, bewahrt haben.

Es lebt, so bin ich überzeugt, mehr Verantwortung vor Gott und den Menschen in unserer Zeit und Welt, als uns der Irrsinn von Selbstmordattentaten und Völkerschlachten vermuten lässt.

Wir Deutschen haben nach zwei Weltkriegen mit Konzentrationslagern, Flucht und Vertreibung unsere Lektion gelernt. Mit der durch die deutsche Vereinigung gewonnenen Freiheit erhöht sich unser aller Verantwortung, zu mehr Gerechtigkeit und Frieden beizutragen sowohl im eigenen Land als auch in der Rechtsgemeinschaft der Völker. Shalom und Salam, Peace und Mir, der Friede auf Erden nimmt Gestalt an, wo Gott die Ehre gegeben wird.

Wort – Antwort – Verantwortung, das ist nicht eine einfache Aneinanderreihung von Wörtern, sondern die Entwicklung von dem Worte Gottes in die menschliche Realität einer sachgemäßen Antwort, die zu verantwortlichem Handeln im persönlichen, gemeindlichen und gesellschaftlichen Leben führen soll. Der Apostel Paulus weiß um die Schwierigkeit der Umsetzung des Evangeliums, wenn er in Römer 7, 18 einmal schreibt: „Wollen habe ich wohl, aber das Gute vollbringen kann ich nicht. Denn das Gute, das ich will, das tue ich nicht; sondern das Böse, das ich nicht will, das tue ich."

Auch das getaufte Gemeindeglied bedarf immer wieder der Vergebung von Schuld und Sünde und der Befreiung und Ermutigung, Frieden zu stiften, den Hunger und Durst nach Gerechtigkeit zu stillen und die Menschen zu trösten, die Leid zu tragen haben.

Von Dietrich Bonhoeffer, dessen Leben vor 60 Jahren mit der Hinrichtung durch eine Willkürherrschaft beendet wurde, stammt das zur Nachdenklichkeit und damit zum Vorausdenken geeignete Wort, das er jungen Theologen in ihrer Ausbildung mit auf den Weg gegeben hat.

„Wer hält stand? Allein der, dem nicht seine Vernunft, sein Prinzip, sein Gewissen, seine Freiheit, seine Tugend der letzte Maßstab ist, sondern der dies alles zu opfern bereit ist, wenn er im Glauben und in alleiniger Bindung an Gott zu gehorsamer und verantwortlicher Tat gerufen ist, der Verantwortliche, dessen Leben nichts sein will als eine Antwort auf Gottes Frage und Ruf."

Gott sei Dank, dass nicht jedes Eintreten für mehr Gerechtigkeit und Frieden mit dem Risiko des Märtyrertums verbunden ist. Gott sei Dank, dass uns in Deutschland und in weiten Teilen Europas Freiheit geschenkt ist. Bundespräsident Horst Köhler sagte anlässlich der feierlichen Eröffnung und Weihe der Dresdener Frauenkirche am 30.10.2005:

„Freiheit braucht man wie die Luft zum Atmen. Gleichzeitig will Freiheit auch immer gestaltet werden in der Gemeinschaft mit anderen. Dieses verantwortliche Miteinander in Freiheit, das ist es, was Zusammenhalt, was Einheit stiftet. Das ist es, was Menschen dazu befähigt, sich große Ziele zu setzen und die Welt um sich herum zum Guten zu verändern."

Ich freue mich sehr, dass wir für den heutigen Abend einen evangelischen Christen gewinnen konnten, der in seiner neuen Funktion parteiübergreifend in ökumenischer Offenheit zu dem Thema „Politik in der Verantwortung vor Gott und den Menschen" sprechen wird. Begrüßen Sie mit mir den neuen Wehrbeauftragten des Deutschen Bundestages, den ehemaligen Abgeordneten Reinhold Robbe!

Herzlich Willkommen, lieber Bruder Robbe! Es ehrt Sie und uns gleichermaßen, so will ich es einmal formulieren, dass Sie als Ostfriese und reformierter Christ sich nicht gescheut haben, zu uns nach Oldenburg zu kommen.

Die Zeiten gehören ja längst der Vergangenheit an, als sich der Horizont des Oldenburger Landes auf die theoretische Fluchtmöglichkeit über das Wasser an Wangerooge vorbei hinaus auf der Welten Meere beschränkte. Der symbolische Schlagbaum mit Schilderhäuschen am Ortsausgang von Middoge ist der einzige sichtbare Hinweis auf einen imaginären eisigen Vorhang in der Vergangenheit.

Zudem ist von dem ehemaligen leitenden Geistlichen der reformierten Kirche, Landessuperintendent Walter Herrenbrück, unserer Kirche ein mildes Luthertum bescheinigt worden. Ob das stimmt, lassen wir heute mal offen.

Aber das stärkere Zusammenwachsen der noch 23 evangelischen Kirchen in der EKD, bei Wahrung der lutherischen und reformierten Bekenntnisse, lässt es nicht nur zu, sondern macht es gar wünschenswert, dass gelegentlich ein reformiertes Gemeindeglied in einer lutherischen Kirche das Wort ergreift. Umgekehrt war das auch schon mehrfach der Fall, dass der oldenburgische Bischof nicht nur in der lutherischen Gemeinde mit reformiertem Pfarrer in Accum gepredigt hat, sondern auch in Leer oder Emden zu Wort gekommen ist. Das Recht, in einer evangelischen Kirche ein freundliches Wort zu sagen, räumen wir ja sogar römisch-katholischen Christen ein. Weihbischof Timmerevers lässt uns grüßen, er ist wieder einmal auf dem Wege nach Rom.

Warum ich diese Konfessionalia so hervorhebe? Wenn wir noch nicht einmal unter Christenmenschen unsere gemeinsame Verantwortung vor Gott bezeugten, woraus ließe sich dann ein Mandat ableiten, unter anderen Religionen und Weltanschauungen für mehr Demut und Respekt gegenüber einem allmächtigen und barmherzigen Gott zu werben.

Der Wehrbeauftragte Robbe war von 1994 bis zur Mitte dieses Jahres Mitglied des Deutschen Bundestages, zuletzt als Vorsitzender des Verteidigungsausschusses.

In seiner Heimat hat er sich u. a. in der christlich-jüdischen Zusammenarbeit und in der Lebenshilfe für Menschen mit geistiger Behinderung engagiert. Das mag als Information zur Person für den heutigen Abend genügen.

Wiederum sind viele engagierte Damen und Herren aus ziemlich allen Verantwortungsbereichen im Oldenburger Land vertreten. Und ich freue mich auch über die Anwesenheit vieler Gemeindeglieder, die diese adventlichen Andachten mit feiern. Im Namen des Oberkirchenrates heiße ich Sie alle herzlich willkommen.

Weil das Kirchenjahr mit seiner christlichen Botschaft dem Kalenderjahr immer um ein paar Wochen voraus ist, sind wir gerne die ersten, die ein Prosit auf das neue Jahr des Herrn ausrufen. Es möge Ihnen und uns allen in vielfältiger Weise nützen!

Nun lasst uns gemeinsam das erste Lied unseres Gesangbuches anstimmen in der fröhlichen Gewissheit, dass Gott selbst in Herrlichkeit, Barmherzigkeit und als Freudensonne uns in Land und Stadt begegnen möchte.

Vortrag am 14. März 2006 in der Agora des Gymnasiums Brake

Eine Stadt feiert ihren 150. Geburtstag

Suchet der Stadt Bestes

Meine sehr geehrten Damen und Herren,
liebe Schwestern und Brüder!

Mein Vortrag gliedert sich in Einleitung, Hauptteil und Schluß, wie wir das früher in der Schule gelernt haben.

Einleitung: Suchet der Stadt Bestes

Ein Brief enthält das Thema des heutigen Abends. Er wurde vor langer Zeit geschrieben, als noch niemand an Brake dachte. Er wurde auch nicht per Schiff befördert.

Die kleine Papyrus-Rolle befand sich im Gepäck einer Gesandtschaft, die in einer Karawane auf dem Weg durch die Wüste von Jerusalem in einem großen nördlichen Bogen unterwegs nach Babel war.
Absender des Briefes ist der Prophet Jeremia im seit 597 vor Christus babylonisch besetzten Jerusalem. Empfänger sind die deportierten Spitzenvertreter der Verwaltung, des Handwerks und des geistlichen Standes des jüdischen Volkes in der alten Stadt Babel, von der heute noch Ruinen an einem alten Lauf des Euphrat im Irak zu besichtigen sind.
Krieg, Flucht und Vertreibung, dann aber auch nach Jahrzehnten des Exils Rückkehr in die alte Heimat und Wiederaufbau der Städte und des Tempels in Jerusalem lassen Parallelen an die deutsche und europäische Geschichte im letzten Jahrhundert erkennen, obwohl nach über 2500 Jahren ganz andere historische Konstellationen und nationalistische Führer eine tragende bzw. tragische Rolle gespielt haben.

Im Unterschied zu vielen anderen Epochen der Menschheitsgeschichte geht es der entwurzelten jüdischen Gemeinde im heidnischen Babylon relativ gut. Die Deportierten waren keine Sklaven. Sie lebten in geschlossenen Siedlungen, mußten Dienstleistungen verschiedener Art verrichten, konnten sich Häuser bauen, Familien gründen und ihren Glauben leben.

In diese Situation schreibt Jeremia einen Brief mit dem Thema des heutigen Abends: „Suchet der Stadt Bestes und betet für sie zum Herrn; denn wenn's ihr wohl geht, so geht's auch euch wohl."

Seit jener Zeit wird diese prophetische Anweisung auch gerne im christlich-abendländischen Kontext aufgenommen, wenn das Verhältnis von kirchlicher und kommunaler Beziehung thematisiert wird.

Hauptteil: Christengemeinde und Bürgergemeinde

1. Zum Verhältnis von Staat und Kirche in Brake und in Niedersachsen

a) Was Brake betrifft

Es gibt ein lesenswertes Buch zur Geschichte der Seehafenstadt Brake an der Unterweser. 1981 ist es zur 125jährigen Wiederkehr der Verleihung der Stadtrechte erschienen.

Verfaßt wurde es in der Reihe „Oldenburgische Monographien" von Albrecht Eckhardt, Wolfgang Günther, Friedrich-Wilhelm Schaer, Heinrich Schmidt und Friedrich-Helmut Winter.

In der Einführung des Herausgebers bedauert A. Eckhardt, dass viele wichtige Aktenvorgänge, insbesondere aus der Gemeinde Golzwarden, aber auch aus Hammelwarden und Brake selbst, in früheren Zeiten entsorgt worden sind. Es war für die Verfasser dennoch selbstverständlich, „dass eine Braker Stadtgeschichte nicht erst mit der Stadtgründung beginnen durfte, sondern auch die ältere Entwicklung der Vorgängergemeinden Golzwarden und Hammelwarden bis ins Mittelalter zurückzuverfolgen hatte und die Geschichte dieser 1913/1974 bzw. 1933 eingemeindeten Landgemeinden auch nach 1856 ... berücksichtigen musste". (S. 9)

In vier der fünf Kapitel zu den Epochen vom Mittelalter bis zur jüngeren Gegenwart wird jeweils ein Abschnitt den Kirchen und Schulen im Kontext von Kultur und Gesellschaft gewidmet. Schon daraus geht deutlich hervor, dass es in Brake wie auch sonst im Oldenburger Land eine mehr oder weniger enge Beziehung oder Verbindung zwischen städtischer und kirchlicher Entwicklung gegeben hat und gibt.

So wird am Ende des letzten Kapitels neben der Entwicklung der katholischen Gemeinde, deren Mitgliederzahl mit und nach dem 2. Weltkrieg von 400 Gläubigen in den 20er Jahren auf 2000, vor allem wegen der Aufnahme der Heimatvertriebenen, angestiegen war, und der Erwähnung der Neuapostolischen Kirche mit ihrem neuen Gotteshaus 1975 besonders das sozial-diakonische Wirken der evangelischen Kirchengemeinde hervorgehoben.

Beispiele dafür sind die Gemeindeschwestern-Station, die Institution „Essen auf Rädern" und der Baby-Sitter-Dienst der Gemeinde.

Weiter werden das Altenwohnheim Christophorus-Haus e. V., das „mit weltlichen Zuschüssen, u. a. von Seiten der Stadt", errichtet wurde, und die „beträchtlichen Aufwendungen der Kirchengemeinde für den Braker Stadtfriedhof, insbesondere der Bau der Friedhofskapelle, die einen würdigen Rahmen für die Bestattungen darstellt", herausgestellt. (S. 379/380)

b) Was Niedersachsen betrifft

Im letzten Sommer wurde in einem Festakt an das 50jährige Bestehen des Loccumer Vertrages erinnert. Als Ratsvorsitzender der Konförderation evangelischer Kirchen in Niedersachsen (Hannover, Oldenburg, Braunschweig, Reformierte, Schaumburg-Lippe) habe ich in meinem Vorwort zu der Festschrift mit dem Titel „In Freiheit verbunden" zu dem Verhältnis zwischen Land und Landeskirchen etwas grundsätzlicher Stellung genommen.Der am 19. März 1955 im Kloster Loccum unterzeichnete Vertrag ... hat sich aus der Sicht von Staat und Kirche bewährt, wie den Grußworten und Aufsätzen zu entnehmen ist.

Trotz der verfassungsrechtlichen Trennung von Staat und Kirche seit 1919 („Es besteht keine Staatskirche.", Art. 137 (1) Weimarer Verfassung) ist es vernünftig und für beide Seiten förderlich, in geregelten Beziehungen dem Gemeinwohl zu dienen. Kirche und Staat sind, unbeschadet ihrer verschiedenen und zu unterscheidenden Aufträge, beide auf den Menschen ausgerichtet. Die in Freiheit eingegangenen Verbindungen zum gemeinsamen Nutzen sind die Grundlagen freundschaftlicher Beziehungen von Staat und Kirche.

Als gemeinsame Arbeitsgebiete sind Diakonie und Anstaltsseelsorge, Religionsunterricht und Erwachsenenbildung, Denkmalschutz und Kirchensteuererhebung gegen Erstattung der Unkosten zu nennen.

Zur inhaltlichen Ausfüllung unseres christlichen Auftrages im Verhältnis von Staat und Kirche habe ich seinerzeit folgendes ausgeführt:

> Mit der „Botschaft von der freien Gnade Gottes" (Barmen VI) nimmt die christliche Gemeinde auch öffentliche Verantwortung in Gesellschaft und Politik wahr. Sie tritt für Gerechtigkeit und Freiheit, für Frieden und Bewahrung der Schöpfung „in der noch nicht erlösten Welt" (Barmen V) ein.
>
> Aus eigener Kraft oder in Zusammenarbeit mit anderen Trägern setzen sich christliche Gemeinden dafür ein, dass Menschlichkeit gefördert, Unheil vermieden und Not gewendet wird. Kirchliche Diakonie hat stets zugleich den einzelnen Menschen und die Strukturen der Gesellschaft im Blick. Kirche befürwortet die Prinzipien der Subsidiarität und der Solidarität sowohl im kirchlichen als auch im gesellschaftlich-politischen Raum.
>
> In der parlamentarischen Demokratie mit ihrer Gewaltenteilung sieht die Kirche eine gute Möglichkeit für ihre Mitglieder, sich an der politischen Willensbildung zu beteiligen. Die Zusammenarbeit zwischen Kirche und Parteien soll dem Wohle der Menschen dienen.
>
> Bei allem notwendigen Streiten um politische Ziele und konkrete Gesetzgebung tritt Kirche für die Belange der Schwachen ein. Kirche begleitet das Tun der politisch Handelnden mit kritischer Anteilnahme und in der Fürbitte vor Gott. Kirche stellt sich selbst im Blick auf ihr eigenes Handeln der öffentlichen Kritik, weiß sich aber in allem an die „clausula Petri" gebunden: „Man muss Gott mehr gehorchen als den Menschen." (Apg. 5, 29)

Ich denke, in der thesenartig zusammengestellten Selbstverpflichtung kommt sehr deutlich zum Ausdruck, dass und wie evangelische Kirche sich um das bestmögliche Wohl der Stadt und des Landes bemüht.

2. Das Modell Volkskirche

Wahrscheinlich sind die meisten von uns im Blick auf unser kirchengemeindliches Verhältnis zu den kommunalpolitischen Gemeinden mit dem Begriff Volkskirche groß geworden. Der Begriff Volkskirche wurde von dem evangelischen Theologen und Philosoph Friedrich Daniel Ernst Schleiermacher im 19. Jahrhundert geprägt.

Phänomenologisch spricht man von Volkskirche, wenn vier Merkmale zusammentreffen. Die vier Merkmale habe ich in meinem Bericht vor der Frühjahrssynode unserer Kirche im Jahre 2004 kritisch erläutert.

a) „Die Zugehörigkeit zur Kirche ist in einer Bevölkerung von Herkunft und Sitte her weitgehend Normalsituation". Spätestens seit der Vereinigung beider deutscher Staaten nach der politischen Wende 1989 kann im Blick auf die Volkskirche nicht mehr in allen Landesteilen von einer normalen Situation die Rede sein. Auch in unserer oldenburgischen Kirche gibt es erhebliche prozentuale Differenzen in der Kirchenzugehörigkeit zwischen beispielsweise Wilhelmshaven und dem südlichen Oldenburg.

b) „Die Praxis der Kindertaufe". Zwar werden in Ehen mit zwei evangelischen Elternteilen oder zumindest mit einem noch sehr viele Kinder zur Taufe gebracht, auf die Gesamtzahl der in der Bundesrepublik geborenen Kinder nimmt dieser Anteil jedoch unabhängig von der Zahl der im Zusammenhang mit der Konfirmation getauften Jugendlichen ab. Im Gegenzug allerdings steigt die Zahl von Erwachsenen, die sich taufen lassen möchten, wenn auch in kleinen Schritten, an.

c) „Erziehung und Lebensgestaltung, Sitte und Kultur, Ethik und Recht erhalten starke Einflüsse durch christlich-kirchliche Normen." Wir bemerken wohl alle, dass bei vielen in der Gegenwart diskutierten Themen christliche mit anderen Normen und Werten in starker Konkurrenz stehen.
Als Beispiele nenne ich nur Bioethik und Gentechnologie auf der einen und aktive bzw. passive Sterbehilfe auf der anderen Seite. Nicht in allen Bundesländern wird der Religionsunterricht wie selbstverständlich erteilt. Es wurde heftig darüber gestritten, ob in der europäischen Verfassung Gott oder wenigstens der Hinweis auf das Erbe jüdisch-christlicher Tradition verankert werden soll.

d) „Die Gesellschaft gewährt einer solchen Kirche Geltung und Förderung." Abgesichert durch Konkordate der katholischen Kirche und Staatskirchenverträge der evangelischen Kirche ist den beiden großen Kirchen noch ein recht großer Spielraum eröffnet, mit ihrem geistlich-diakonischen Profil zum Wohle ihrer Mitglieder und der Allgemeinheit tätig zu sein. In gewissen Abständen sind jedoch immer wieder politische Vorstöße von Parteien oder von den in zwei Verbänden organisierten Humanisten gegen eine angebliche Bevorzugung der Kirche in unserer Gesellschaft zu registrieren.

Wie wir aus jüngsten statistischen Erhebungen wissen, spiegelt sich unsere „volkskirchliche" Situation in je einem Drittel evangelischer und katholischer Christen sowie in einem religiös oder weltanschaulich anders orientierten Drittel der deutschen Bevölkerung wider.

Ungeachtet dieser Problematik ist Gemeinde und Kirche nach wie vor dazu berufen, „Christus als den Herrn und Heiland vor allem Volk zu bezeugen".

Deshalb will ich weder für eine Freiwilligkeitskirche welcher konfessionellen Ausrichtung auch immer plädieren. Noch liegt es mir fern, die Chancen einer noch vorhandenen volkskirchlichen Offenheit im Oldenburger Land nicht zu nutzen, was gleichermaßen unbarmherzig gegenüber den Nachfragen aus der Gesellschaft und töricht im Blick auf unseren Auftrag wäre. Wir können und wollen als evangelische Christenheit weiter Kirche im Volk und als solche auch Kirche für das Volk sein und werden.

So ist auch der Titel „Volkskirche bleiben" der im Mai 2004 von der Synode beschlossenen Weiterentwicklung der Perspektiven für die Ev.-Luth. Kirche in Oldenburg zu verstehen.

Das kommt in den beiden Grundaussagen zur zukünftigen Entwicklung unserer Kirche zum Ausdruck.

a) Die oldenburgische Kirche will in vier Dimensionen das Evangelium bezeugen: Durch die Einladung zum Glauben, durch die Vermittlung von Orientierung, in dem Angebot von Gemeinschaft und durch das Eintreten für Gerechtigkeit. Sie will ihre Arbeit auf allen Ebenen an diesen Zielen ausrichten.

b) Die Grundrichtung ist die einer missionarischen Volkskirche. Die oldenburgische Kirche will ihr evangelisches Profil schärfen und ihre geistliche Substanz stärken, um beides einladend weiterzugeben.

Die Vermittlung des Glaubens spielt dabei die zentrale Rolle. Sie will dazu die Chancen einer Volkskirche nutzen. (S. 7)

Auch im Rahmen knapper werdender Ressourcen an Finanzkraft und Personalstärke will und wird unsere Kirche für Stadt und Land lebensnah, glaubensstark und hilfsbereit bleiben, indem sie das relativ Beste sucht, findet und anbietet.

3. Das Modell Christengemeinde und Bürgergemeinde

Nun hat die Akademie regional im Kirchenkreis Stedingen zum 150. Geburtstag der Stadt Brake an ein mittlerweile 60 Jahre altes Denk- und Handlungsmodell für ein Miteinander und Füreinander von Christengemeinde und Bürgergemeinde erinnert, das möglicherweise der Evangelischen Kirche in Deutschland helfen kann, ihre in unserer Gesellschaft nicht mehr ganz selbstverständliche Position von einer geistlichen Mitte her in einer Art konzentrischer Kreise in das Volk, in dem wir leben und dessen Teil wir sind, einzubringen.

Der reformierte Theologe Karl Barth hat 1946 eine Abhandlung unter dem Obertitel „Rechtfertigung und Recht" zum Thema Christengemeinde und Bürgergemeinde geschrieben. Statt wie in der Vergangenheit von Kirche und Staat zu sprechen, was von dem Gedanken einer Abgrenzung nach innen und außen bestimmt war, wollte Barth mit der Verwendung des einen Begriffs „Gemeinde" auf die zwischen den beiden bezeichneten Größen bestehende positive Beziehung und Verbindung hinweisen. Er griff dabei auf die Unterscheidung Augustins zurück, der von der civitas coelestis und terrena gesprochen hatte, und er nahm den Reformator Zwingli in den Blick, der das Bild von göttlicher und menschlicher Gerechtigkeit verwendet hatte. Zudem lag ihm daran, die fünfte der sechs Thesen der Barmer Theologischen Erklärung von 1934 zum Verhältnis von Staat und Kirche zu entfalten.

Barth skizziert zunächst Kirche als „Christengemeinde" und den Staat als „Bürgergemeinde" folgendermaßen:
Die „Christengemeinde" ist das Gemeinwesen derjenigen Menschen eines Ortes, einer Gegend, eines Landes, die als „Christen" durch die Erkenntnis und zum Bekenntnis Jesu Christi aus den Übrigen im Besonderen herausgerufen und vereinigt sind. (S. 49)

Dieses Leben der Christengemeinde stellt sich innerlich dar als der eine Glaube, die eine Liebe, die eine Hoffnung, von denen alle ihre Glieder bewegt und getragen sind und äußerlich als das gemeinsame Bekenntnis, zu dem sie alle stehen, als ihre gemeinsam anerkannte und ausgeübte Verantwortlichkeit für die Verkündigung des Namens Jesu Christi an alle Menschen.

Die „Bürgergemeinde" ist das Gemeinwesen aller Menschen eines Ortes, einer Gegend, eines Landes, sofern sie unter einer für einen Jeden und Alle in gleicher Weise gültigen und verbindlichen, durch Zwang beschützten und durchgesetzten Rechtsordnung beieinander sind.

Die Bürgergemeinde als solche ist geistlich blind und unwissend. Sie hat weder Glauben, noch Liebe noch Hoffnung. Sie hat kein Bekenntnis und keine Botschaft. In ihr wird nicht gebetet und in ihr ist man nicht Bruder und nicht Schwester. (S. 50)
Nach der für Barth notwendigen Zwischenüberlegung, dass auch die Christengemeinde „in der noch nicht erlösten Welt" weder den Glauben noch die Liebe noch die Hoffnung „hat", entwickelt er die positive Beziehung zwischen den beiden „Gemeinden", „dass die konstitutiven Elemente der Bürgergemeinde auch der Christengemeinde eigentümlich und unentbehrlich sind". (S. 52)

Die Christengemeinde weiß um die Notwendigkeit der besonderen Existenz der Bürgergemeinde, weil alle Menschen bedürftig sind, „unter einer, durch überlegene Autorität und Gewalt geschützten, äußerlichen, relativen und vorläufigen Rechtsordnung zu stehen". Denn die Christengemeinde weiß um des Menschen Übermut und um dessen zerstörerische Konsequenz. (S. 53)

Und dann nimmt Karl Barth ein Bild auf, das sich von innen nach außen weitet: Die Christengemeinde, deren Aufgabe die Verkündigung der Gnade Gottes ist, „weiß und dankt Gott dafür, dass sie – als innerer Kreis inmitten jenes weiteren – im Schutz der Bürgergemeinde existieren darf". (S. 54)

Im Raum der Bürgergemeinde ist die Christengemeinde mit der Welt solidarisch und hat sie diese Solidarität resolut ins Werk zu setzen. Die Christengemeinde betet für die Bürgergemeinde. Indem sie aber für sie betet, macht sie sich Gott gegenüber für sie verantwortlich, und sie würde das nicht ernstlich tun, wenn sie es beim Beten für sie bewenden haben lassen, wenn sie nicht, eben indem sie für sie betet, auch tätig für sie arbeiten würde. (S. 57)

Nun, meine sehr geehrten Damen und Herren, wird es etwas konkreter. Auf wen soll sich das Beten und Arbeiten der Christengemeinde in der Bürgergemeinde beziehen?

Die Christengemeinde ist gegründet auf die Erkenntnis des einen ewigen Gottes, der als solcher Mensch und so des Menschen Nächster geworden ist, um Barmherzigkeit an ihm zu tun. Das zieht unweigerlich nach sich, dass die Christengemeinde sich im politischen Raum immer und unter allen Umständen in erster Linie des Menschen und nicht irgendeiner Sache annehmen wird. (S. 67)

Im weiteren Verlauf seiner Abhandlung zeigt Karl Barth an 12 theologischen Begriffen, welche politischen Konsequenzen sich für ihn und möglicherweise für uns ergeben. Drei Beispiele möchte ich kurz vorstellen als Grundlage und als Anreiz auch für die folgende Aussprache.

Das erste Beispiel nimmt den Begriff der Rechtfertigung auf und legt ihn auf das Recht des Menschen bzw. auf den Rechtsstaat aus.
Die Christengemeinde ist Zeuge der göttlichen Rechtfertigung, d. h. des Aktes, in welchem Gott in Jesus Christus sein ursprüngliches Recht auf den Menschen und eben damit das Recht des Menschen selbst gegen Sünde und Tod aufgerichtet und befestigt hat.

Das zieht nach sich, dass die Christengemeinde in der Bürgergemeinde auf alle Fälle da zu finden sein wird, wo deren Ordnung darauf begründet ist, dass von der Beugung unter das gemeinsam als Recht Erkannte und Anerkannte, aber auch vom Schutze dieses Rechtes keiner ausgenommen, dass alles politische Handeln unter allen Umständen durch dieses Recht geregelt ist. Sie steht immer für den Rechtsstaat, immer für die maximale Geltung und Anwendung jener doppelten Regel und darum immer gegen alle Entartungen des Rechtsstaates als solchen. (S. 68)

Konktete Frage: „Altfall"-Regelung und Härtekommission.

Das zweite Beispiel nimmt theologisch die Rettung der Verlorenen auf und entfaltet sie im politischen Bereich als soziale Gerechtigkeit.

Die Christengemeinde ist Zeuge dessen, dass des Menschen Sohn gekommen ist, zu suchen und zu retten, was verloren ist. Das muss für sie bedeuten, dass sie – frei von aller falschen Unparteilichkeit – auch im politischen Raum vor allem nach unten blickt. Es sind die nach ihrer gesellschaftlichen und wirtschaftlichen Stellung Schwachen und dadurch Bedrohten, es sind die Armen, für die sie sich immer vorzugsweise und im Besonderen einsetzen, für die sie die Bürgergemeinde besonders verantwortlich machen wird. (S. 68)

Die Christengemeinde steht .... also notwendig im Einsatz und Kampf für die soziale Gerechtigkeit.

Konkrete Frage: Wirtschafts- und Sozialpolitik.

Die letzte hier vorzustellende Analogie zwischen theologischem Begriff und politischer Konsequenz bezieht sich auf die Berufung zur Freiheit der Kinder Gottes einerseits und auf das Grundrecht der Freiheit andererseits.

Die Christengemeinde ist die Gemeinde derer, die durch das Wort der Gnade und durch den Geist der Liebe Gottes in Freiheit Gottes Kinder zu sein berufen sind. Das bedeutet in der Übersetzung und im Übergang in die ganz andere politische Gestalt und Wirklichkeit:

Sie bejaht als das jedem Bürger durch die Bürgergemeinde zu garantierende Grundrecht die Freiheit: Die Freiheit, seine Entscheidungen in der politisch rechtlichen Sphäre nach eigener Einsicht und Wahl und also selbständig zu vollziehen und die Freiheit einer Existenz in bestimmten politisch rechtlich gesicherten, aber nicht politisch rechtlich geordneten und regulierten Sphären (Familie, Bildung, Kunst, Wissenschaft, Glaube).

Der mündige Christ kann nur ein mündiger Bürger sein wollen und er kann auch seinen Mitbürgern nur zumuten, als mündige Menschen zu existieren. (S. 69)

Konkrete Frage: Karikaturenstreit und Folgen.

Es wird zu fragen sein, ob dieses Modell des Miteinanders und Füreinanders der Christengemeinde und der Bürgergemeinde, das Karl Barth 1946 nach den Erfahrungen der Kirche im sogenannten Dritten Reich entworfen hat, auch heute noch oder wieder Impulse setzen kann, um uns bei der Suche zum Besten der Stadt Orientierung zu geben. An sich ist die Agora der geeignete Platz, um Fragen im Grenz- bzw. Überschneidungsbereich von Kirche und Staat zu diskutieren.

Möglicherweise strahlt ja etwas Licht der Erkenntnis von den neuen Stelen, die die Weserpromenade erleuchten sollen, auch zu uns hinüber in die Räumlichkeit des Gymnasiums Brake.

Brake war ja längere Zeit ein sich wirtschaftlich lohnender Umschlagsort für die Verladung von Waren und Gütern, die von See her angeliefert und auf kleineren Schiffen nach Bremen weitertransportiert worden sind. Heute dient der Braker Hafen in der Konkurrenz zu Bremerhaven im Wesentlichen dem Getreide- und Zellulose-Umschlag. Immerhin wird demnächst mit einem maritimen Gottesdienst die Seemannsmission in ökumenischer Verantwortung neuen Glanz bekommen. Insofern bleibt die politische Gemeinde Brake ein Tor zur großen Welt mit der längsten Flussinsel Europas gegenüber der Promenade.

C. Schluss: Und betet für sie zum Herrn

„Suchet der Stadt Bestes und betet für sie zum Herrn; denn wenn's ihr wohl geht, so geht's auch euch wohl." Dazu steht weiterhin die oldenburgische Kirche in Brake mit seinen Gemeindeteilen Golzwarden und Hammelwarden. Dem dienen viele Gottesdienste und gemeindliche Angebote nicht nur im Laufe dieses Festjahres anlässlich des 150. Geburtstages der Stadt Brake. Der Gemeindebrief spiegelt eine schöne Vielfalt gottesdienstlicher, kirchenmusikalischer und diakonisch-sozialer Angebote für die Christengemeinde und Bürgergemeinde wider.
In der Märzausgabe der evangelischen Zeitschrift „zeitzeichen" ist im Gedenken an den verstorbenen Altbundespräsidenten Johannes Rau, der in besonders eindrucksvoller Weise Christ und Politiker, Politiker und Christ gewesen war, ein Gebet zu finden, das er 1989 in einem Gemeindegottesdienst im schweizerischen Zürich gesprochen hat. Mit einigen Auszügen daraus möchte ich diesen Vortrag schließen.

Lieber himmlischer Vater, die wir hier zusammen sind, wir bitten dich für die, die jetzt allein sind. Für die, die einsam sind, um die sich keiner kümmert, die auch wir vergessen oder vernachlässigt haben.
Ändere du uns, damit es weniger einsame Menschen gibt. Mach aus uns Menschen, die den anderen sehen und für die anderen da zu sein versuchen. Gib, dass das keine Sonntagssache ist, sondern, dass sie unser Leben bestimmt.
Schenke du denen, die Verantwortung haben, Einsicht und Weisheit, damit sie den Frieden erhalten. Schieb du alles weg, was es an Ideologien gibt, die den Frieden gefährden.
Gib du, dass wir zu der einen Welt werden, die du gewollt hast, dass die Grenzen nicht mehr trennen, dass wir sie überwinden lernen.
Wir bitten dich für alle, die Verantwortung übernehmen in Verwaltungen und Behörden, in Hochschulen und Schulen, da, wo Kinder erzogen und Menschen ausgebildet werden.
Wir bitten dich darum, dass dein Geist nicht etwas ist, dem wir nachtrauern, sondern etwas, das uns bewegt und das Menschen bewegt, Christen und Nichtchristen.

Gib uns Geduld, gib uns Fröhlichkeit. Lass du uns zeigen, dass Christen Humor haben und dass sie nicht bitter ernst zu sein brauchen.

In diesem Sinne: Gott befohlen! Vielen Dank für Ihre Aufmerksamkeit und Geduld!

Ansprache anlässlich der Bestattung von Bischof i. R. Dr. Hans Heinrich Harms am 24. April 2006 in der St. Lamberti Kirche zu Oldenburg

Liebe Gemeinde, in Sonderheit liebe Familie Harms-Jetter!

Ostern liegt hinter uns, das Leben liegt vor uns. Gerade weil wir Ostern und damit auch den Karfreitag mit der Kreuzigung Jesu hinter uns haben, gerade weil uns das österliche Halleluja als Siegesfanfare über den Tod noch in den Ohren klingt, gerade weil Jesus aus dem irdischen Dasein in Gottes himmlisches Reich gerufen worden ist, deshalb liegt Leben vor uns, das zeitliche und das ewige Leben.

Das gilt auch für unseren Altbischof und Bruder im Herrn, Hans Heinrich Harms, den Gott der Herr am Gründonnerstag im Alter von 91 Jahren heimgerufen hat. Das alte Bild der himmlischen Heimat leuchtet in vielen biblischen Texten und Liedern des Gesangbuches auf, so auch in der Strophe, die wir eben gesungen haben:

> „Lass mich, lass mich hingelangen, da du mich und ich dich leiblich werd umfangen."

Als es dem Ende zuging, fragte Bischof Harms: Wie geht es weiter?

Aus dem Kreise der versammelten Familie kam die Antwort: Das legen wir in Gottes Hand. Darauf wohl die letzte Erwiderung: Das ist gut und tröstlich.

Es war sein Wunsch, bei der Trauerfeier das erste Gebot in der Fassung des Kleinen Katechismus in den Mittelpunkt der Ansprache zu stellen. Das sei der Haupttext für Luther und die Zusage Gottes für den Menschen überhaupt, so die Überzeugung des Theologen Harms. „Alles, was ich gewollt habe, war, diesen Gott groß zu machen und weiterzugeben. Es ist für mich ein Trost, dass diese Zusage Gottes ohne Bedingungen gemacht wird."

Die theologisch geschulten Schwestern und Brüder und alle, die einen guten Konfirmandenunterricht genossen haben, wissen, dass die hebräische Formulierung des ersten Gebotes eigentlich nicht mit „Du sollst nicht", sondern mit „Du wirst keine anderen Götter neben mir haben." zu übersetzen ist.

Das Geschenk der Freiheit, dass dem Volke Israel mit dem wunderbaren Auszug aus der damaligen Unterdrückung in Ägypten zuteil wurde, lässt der jüdischen Gemeinde theoretisch und praktisch gar keine andere Möglichkeit, als Gott wie selbstverständlich zu fürchten, zu lieben und zu vertrauen.

Wer Gottes Gnade am lebendigen Leibe erfahren hat, kann gar nicht anders, als dem allmächtigen und barmherzigen Gott die alleinige Ehre zu erweisen. Hans Heinrich Harms hat seinen Kindern erzählt, wie er im Krieg wie durch ein Wunder bewahrt wurde. Ein auf ihn gerichteter Schuss richtete keinen großen Schaden an, weil er die kleine Bibel in der Brusttasche trug.

„Lobe den Herrn, meine Seele, und vergiss nicht, was er dir Gutes getan hat."

Gerhard von Rad, bei dem manche älteren Semester unter uns noch studiert oder seine Theologie des Alten Testamentes gelesen haben, betont, das erste Gebot habe nichts zu tun mit einem theoretischen Monotheismus. Vielmehr werde – angesichts der Machtwelt der Götter und übermenschlicher Gewalten – der schroffe Ausschließlichkeitsanspruch des Gottes Israels in „schneidender Intoleranz" geäußert.

Juden wie Christen, die wir das Geschenk der Freiheit in Tod und Auferstehung Jesu von Nazareth als Überwindung des Bösen und als Erlösung zu Gotteslob und Nächstenliebe erfahren, Juden wie Christen droht immer wieder die Gefahr des Rückfalls in den Bann anderer Götter und finsterer Mächte.

In der heutigen Diskussion um eine Wiederkehr der Religion müssen wir bei aller Dialogbereitschaft mit Andersgläubigen sehr darauf achten, dass wir die Identität und das Profil unseres christlichen Glaubens nicht preisgeben um einer Kulti-multi-Harmonie willen, der gedankliche Klarheit und redliches Ringen um Wahrheit von Natur aus fremd ist.

Der reformierte Theologe Karl Barth sah die Sünde Israels damals nicht in einem direkten Abfall von Jahwe, „wohl aber in der Kombination und Vermischung seines Dienstes, seiner Anrufung, seiner im praktischen Gehorsam zu vollziehenden Anerkennung mit der Verehrung der Götter Kanaans und der umliegenden Völker."

Vor allem während seiner Zeit im Kirchlichen Außenamt der EKD und beim Ökumenischen Rat der Kirchen lag Bischof Harms sehr an der missionarischen Dimension kirchlichen Handelns durch Zeugnis und Dienst in allen Teilen der Welt, natürlich mit friedlichen Mitteln der argumentativen Überzeugung und des Vorbildes im christlichen Glauben und Leben. So war es für ihn eine sichtbare Freude, im September 1998 bei der Einführung des Vorstandes des Evangelischen Missionswerkes der EKD letztmalig als Lektor in der Rasteder Kirche mitzuwirken, zumal seine Tochter Dorothea zu dem Kreise der Vorstandsmitglieder gehörte.

Der Oldenburger Bischof war aber auch durch seinen großen Einsatz für die Ökumene weit über die landeskirchliche Grenze hinaus bekannt. Auf dem gemeinsamen Gebiet der oldenburgischen Kirche und des Offizialates Vechta hat er den evangelisch-katholischen Dialog im Ökumenischen Gesprächskreis sehr gefördert. Lange schon vor der Leuenberger Konkordie 1973, die protestantischen Kirchen die Möglichkeit der Kanzel- und Abendmahlsgemeinschaft eröffnete, hat er um die Notwendigkeit eines beständigen Ringens um Klarheit und Klärung im Kirchen-, Amts- und Abendmahlsverständnis zwischen katholischer und evangelischen Kirchen gewusst und unter der scheinbaren Unüberbrückbarkeit gegensätzlicher Auffassung gelitten.

Dennoch oder gerade deshalb zog es ihn viele Jahre zum seelischen Auftanken und zur geistlichen Erneuerung in die Benediktiner Abtei zu Maria Laach. Er nahm an den Gebets- und Mahlzeiten teil und kommt 1993 in „sehr persönlichen Betrachtungen", die er in einem Aufsatz über seine „Ferien zum Ich" niedergelegt hat, zu der Erkenntnis: Alles hängt von unserem Vertrauen auf das Wirken des Heiligen Geistes ab. Ihn können wir aber nicht zwingen, er zwingt uns. Das war einer der Kernsätze seines Schwankens zwischen Resignation und Hoffnung.

„Aufgeben hieße, an der Wirklichkeit des Heiligen Geistes zu zweifeln.
Deshalb ist Hoffnung gegen die Hoffnung nicht nur erlaubt, sondern sie ist uns geboten", so fasste er seine Einschätzung des ökumenischen Gespräches zusammen.

Gottvertrauen und die daraus entspringende Zuversicht für das, was kommt, leuchtet auch in dem biblischen Wort auf, dass 1995 nach 55 Jahren Gemeinsamkeit bei der Trauerfeier für die Ehefrau und Mutter der beiden Töchter im Mittelpunkt der gottesdienstlichen Nachdenklichkeit stand. Josua 1, 9: „Siehe, ich habe dir geboten, dass du getrost und unverzagt seist. Lass dir nicht grauen und entsetze dich nicht; denn der Herr, dein Gott, ist mit dir in allem, was du tun wirst."

Es hat sein Herz erfreut, dass nun in der Enkelgeneration der pastorale Dienst weitergeführt wird und damit die Verkündigung des Wortes Gottes Alten und Neuen Testamentes, auch in seiner Fokussierung auf das erste Gebot, nicht verstummen wird.

Martin Luther hat die grundlegende Bedeutung des ersten Gebotes für das Verständnis aller Gebote unterstrichen: „Siehe, das ist das Werk des ersten Gebots, da geboten wird: Du sollst nicht andere Götter haben. Da ist gesagt: Dieweil ich allein Gott bin, sollst du zu mir allein deine ganze Zuversicht, Trauen und Glauben setzen und auf niemand anders. Denn das heißt nicht einen Gott haben, so du äußerlich mit dem Mund Gott nennst oder mit dem Knien und Gebärden anbetest, sondern so du herzlich ihm traust und dich alles Guten, Gnaden und Wohlgefallen zu ihm versiehst, es sei im Wirken oder Leiden, im Leben oder Sterben, in Lieb oder Leid."

Für den Rat der EKD, dem Bischof Harms von 1973 bis 1985 angehörte, läßt der Vorsitzende, Bischof Huber, Sie, liebe Familie Harms-Jetter, und die hier versammelte Gemeinde herzlich grüßen. In einem Schreiben an die Angehörigen hat er die Verdienste Ihres Vaters gewürdigt.

Laßt uns nun als oldenburgische Kirche Abschied nehmen von einem Seelsorger, der auf die geistliche Zurüstung der Pastorenschaft sehr bedacht war, dessen bevorzugtes Kommunikationsmittel bis zuletzt das Telefon war, so dass man ihn schon fast als eine Art Telefonseelsorger bezeichnen konnte, und lasst uns Abschied nehmen von dem Theologen, der in Predigt und Vortrag das Evangelium glaubwürdig mit der ihm eigenen zupackenden Art knapp, präzise und auch mit Humor vertreten hat. Altbischof Harms bleibt in der Geschichte der oldenburgischen Kirche in dankbarer Erinnerung. Wir danken Gott für seinen vielfältigen und langen kirchlichen Dienst, der im 71. Lebensjahr, fast schon eine katholische Länge, geendet und ihm noch einen gesegneten Ruhestand ermöglicht hat.

Ostern liegt hinter uns, das Leben liegt vor uns. Gerade weil uns das österliche Halleluja noch in den Ohren klingt, deshalb liegt Leben vor uns, das ewige für unseren Bruder im Herrn Hans Heinrich Harms und das zeitliche für Sie, liebe Angehörige, und für uns alle, die wir den Verstorbenen auf seinem letzten irdischen Weg begleiten wollen.

Möge es uns allen geschenkt sein, im Glauben verbunden und unserer Kirche treu zu bleiben, wie es in der Strophe heißt, die wir gleich anstimmen werden: „Ich hang und bleib auch hangen an Christus als ein Glied; wo mein Haupt durch ist gangen, da nimmt er mich auch mit."

Amen.

Begrüßung zur Auftaktveranstaltung der „Woche für das Leben" am 27. April 2006 in Stapelfeld

Frau Ministerin, lieber Bruder Timmerevers,
meine sehr geehrten Damen und Herren!

„Kind, du bist uns anvertraut. Wozu werden wir dich bringen? Wenn du deine Wege gehst, wessen Lieder wirst du singen? Welche Worte wirst du sagen und an welches Ziel dich wagen?"

Mit diesen Gedanken beginnt ein Tauflied aus dem Jahre 1973. Es will Eltern, Paten und Gemeinde gewinnen, das junge Leben als ein Geschenk Gottes zu würdigen und alles Mögliche zu tun, damit dieses donum Domini für ein Leben im ganzheitlichen Sinne heranwächst.

In der diesjährigen „Woche für das Leben" setzen beide großen Kirchen den Akzent auf das „von Anfang an uns anvertraut". Im Jahre 2004 stand „die Würde des Menschen am Ende seines Lebens" im Mittelpunkt der ökumenischen Aktion.

Die Kriterien für einen behutsamen Umgang mit dem werdenden und ausklingenden Menschsein werden von Frauen und Männern aus der Mitte des Lebens heraus entwickelt. Wir werden in den folgenden Beiträgen von kirchlicher und politischer Seite davon hören, was aus der Sicht erwachsener Menschen ein Leben lebenswert und was eine menschliche Existenz in unserer Gesellschaft als erschwert oder gar unerträglich erscheinen lässt.

Darum ist es gut und notwendig, zum einen die Unverfügbarkeit werdenden Lebens als nicht verhandelbar zu erklären und zum anderen den Eltern oder Elternteilen in den Konflikt- und Notsituationen ihres eigenen Lebens, die sich aus dem gewollten oder ungewollten Nachwuchs ergeben, mit Rat und Tat zur Seite zu stehen. Es geht meiner Überzeugung nach darum, einen Bogen zu schlagen von der Dogmatik zur Seelsorge und zurück.

Der Scheck mit dem eindeutigen Ja zu Wert und Würde des ungeborenen Lebens ist nur gedeckt, wenn diesem Bekenntnis auch ein Ja zur Mutter und zum Vater in dieser „noch nicht erlösten Welt" entspricht. (Barmer Theologische Erklärung, 1934)

Der Präsident des Diakonischen Werkes in Deutschland, Dr. h.c. Jürgen Gohde, hat deshalb vor kurzem erklärt: „Schwangere Frauen, die wirtschaftliche und soziale Probleme haben, junge Mädchen, die ungewollt schwanger sind, Frauen, die sich mit einem weiteren Kind überfordert sehen und existenzielle Ängste haben – solche und andere Lebenssituationen schaffen seelische Not, in der Menschen Beratung und Hilfe brauchen." Dem dienen Schwangeren- und Schwangerschaftskonfliktberatungsstellen, deren Gespräche im Blick auf das Kind und die Mutter ermutigen, aber ergebnisoffen geführt werden.

Meine Frau und ich sind 38 Jahre verheiratet, wir haben drei Kinder und fünf Enkelkinder, von denen das letzte mehrfach behindert geboren wurde und in bewundernswerter Weise von den Eltern umsorgt und gepflegt wird. Wir wissen um den seelischen Konflikt des Zutrauens und der Zumutung, dieses Kind als donum vitae anzunehmen und ins Herz zu schließen. Wie viel schwerer haben es junge Frauen, die Opfer einer kriminologischen Indikation geworden sind.

Ich würde meiner Tochter kein schlechtes Gewissen machen, wenn sie nicht zu einer Annahme solch einer Schwangerschaft finden könnte.

Solchen extremen Belastungen steht – Gottseidank! – die große Zahl gewollter und angenommener Schwangerschaften gegenüber, die in voller Freude geschriebenen und gestalteten Geburtsanzeigen ihren Ausdruck finden. Wenn heute vielfach beklagt wird, dass die Geburtenrate zurückgeht, dann stellt der Ratsvorsitzende der EKD, Bischof Dr. Wolfgang Huber mit Recht fest: „Das Ja zum Kind darf nicht mit der Sicherung der Rente begründet werden." Darüber denken wohl auch die wenigsten Menschen vorher nach, wenn sie sich für eine Schwangerschaft entscheiden. Allerdings wollen verantwortungsvolle junge Paare sich häufig erst eine wirtschaftliche Existenz aufbauen, bevor sie ein erstes Kind bekommen. Unabhängig von solchen Überlegungen ist es schwer zu verstehen und kaum zu rechtfertigen, wenn jährlich 130.000 Abtreibungen vollzogen werden und davon 90 % aus sozialen Gründen.

Deshalb sind wir alle, Kirche und Gesellschaft, Wirtschaft und Politik, gerufen und gefordert, die Rahmenbedingungen für ein Ja zum Kind weiter so zu verbessern, dass erst gar kein Zweifel über das Menschsein vor der Geburt entstehen kann. Aus guten Gründen veranstalten wir deshalb die „Woche für das Leben" und betonen das „von Anfang an".

Das eingangs zitierte Tauflied endet mit der dritten Strophe: „Freunde wollen wir dir sein, sollst des Friedens Brücken bauen. Denke nicht, du stehst allein; kannst der Macht der Liebe trauen. Taufen dich in Jesu Namen. Er ist unsre Hoffnung. Amen." (Friedrich Karl Barth, Peter Horst, 1973)

Redeskizze zur öffentlichen Vorstellung des Lamberti-Projektes am 29. April 2006 in Oldenburg

Mit unserer St.-Lamberti-Kirche in Oldenburg sind wir im Aufbruch. Warum?

1. Dieses Gotteshaus, sein Standort inmitten der Stadt und die Zeit zu Beginn des 21. Jahrhunderts machen Mut zu einem neuen Aufbruch.

   a) Zum Haus
   Überrascht sind die meisten Gäste, wenn sie die Lamberti-Kirche betreten. Das äußere Erscheinungsbild mit seinen gotischen Formen und Türmen umschließt im Inneren eine Rotunde aus der Zeit des Klassizismus. Mit dieser Ummantelung wurde unsere Kirche zu einem Unikat, einem einzigartigen Gotteshaus. Doch schon seit dem Mittelalter gab es hier eine Kirche als Ort der Anbetung und der Sammlung christlicher Gemeinde.
   Die Lamberti-Kirche war und ist Gemeindekirche, sie war und ist Stadtkirche, sie war Hofkirche und ist Hauptkirche im Oldenburger Land.

   b) Zum Ort
   Die Lamberti-Kirche verdankt ihre Position auch der einzigartigen Lage zwischen Schloß und Rathaus in der Fußgängerzone der Oldenburger Altstadt.
   Sie ist der Ort des Gedenkens an die für das Oldenburger Land bedeutende Gestalt des Grafen Anton Günther, für den endlich eine würdige Grabstätte zu schaffen ist.
   Sie ist gleichzeitig Ort des Gottesdienstes und der Begegnung, der Kunst und der Kultur, der ökumenischen Offenheit und des Dialoges mit anderen Religionen und Weltanschauungen für Gerechtigkeit und Frieden in der Zukunft.

   c) Zur Zeit
   Es ist an der Zeit, ihre ungenutzten oder ungünstig genutzten Möglichkeiten für Kirche und Gesellschaft sinnvoller zu gestalten und besser zugänglich zu machen. Der Architekt, Herr Professor Hirche, trägt mit seinem baulich-künstlerischem Konzept den Wünschen und Notwendigkeiten für die Zukunft in beeindruckender Weise Rechnung.
   Insgesamt vereinigen sich in dem Lamberti-Projekt der Respekt vor der oldenburgischen Geschichte mit ihren Grafen, Herzögen und Großherzögen und die Perspektiven christlicher Präsenz in evangelischer Gestalt für eine identitätsstiftende Zukunft in Stadt und Land.

2. Die Fort-Schritte des Lamberti-Projektes im Zeitraffer

   Eine grobe zeitliche Übersicht vom Beginn des Lamberti-Projektes bis zu seiner hoffentlichen Vollendung, was die baulichen Maßnahmen angeht, kann in Zweijahresschritten festgehalten werden.
   1997: Eine Projektgruppe erarbeitet Empfehlungen zu einer „Stadtkirchenarbeit Oldenburg". Neben inhaltlichen Schwerpunkten der zukünftigen Arbeit liegen erste Pläne für eine bauliche Umgestaltung und eine Schätzung ihrer Kosten vor.
   1999: Die Synode begrüßt die Überlegungen des Bischofs zu einer Umgestaltung der Lamberti-Kirche. Auf Antrag des Synodalen Notholt wird eine Arbeitsgruppe mit Vertretern des Oberkirchenrates, der oldenburgischen Kirchenkreise und der Kirchengemeinde Oldenburg unter Hinzuziehung von Fachkräften eingerichtet.

Sie soll eine Konzeption für die Präsenz von Kirche im Zentrum Oldenburgs und detaillierte Pläne zur entsprechenden baulichen Umgestaltung der Lamberti-Kirche erarbeiten.
2001: Eine Machbarkeitsstudie und eine ziemlich realitätsnahe Kostenschätzung liegt vor. Ein Leitbild für die Stadtkirchenarbeit unter Berücksichtigung lokaler, regionaler und landeskirchlicher Interessen wird erarbeitet.
2003: Professor Bernhard Hirche aus Hamburg wird im Einvernehmen von Kirchengemeinde und Oberkirchenrat als Architekt für die Planung der Umbaumaßnahmen gewonnen. Alle kirchlichen Gremien und Instanzen sind beteiligt.
2005: In einem Grundsatzbeschluss begrüßt der Oberkirchenrat die Bemühungen um ein gemeindlich, stadtkirchlich und regional abgestimmtes Arbeitskonzept in der St. Lambertl Kirche zu Oldenburg. Der Präsident der Oldenburgischen Landschaft und der Bischof beginnen mit der Einwerbung von finanziellen Mitteln bei Kreditinstituten, Versicherungen und Stiftungen. Das Projekt stößt auf uneingeschränkt positives Interesse. Die Bereitstellung finanzieller Eigenmittel der Kirchengemeinde einerseits und des Kirchensteuerbeirates der oldenburgischen Kirche andererseits kommt Anfang
2006 zu einem für das Projekt positiven Ergebnis. Am 4. Oktober 2006 soll mit den Baumaßnahmen begonnen werden.
2007: Zum 1. Advent 2007 soll das Lamberti-Projekt im wesentlichen abgeschlossen sein, wenn bis dahin die kalkulierte Finanzierungslücke durch Spenden, weitere Sponsoren, Vermächtnisse und den Verkauf von einer Fülle interessanter und nützlicher Artikel geschlossen worden ist. Dem Projekt würde sehr geholfen, wenn neben vielen kleinen Beträgen auch größere Spenden eingingen. Zum Beispiel: 40 x 2.500,-- Euro, 10 x 10.000,-- Euro, 5 x 20.000,-- Euro und 2 x 50.000,-- Euro. Für die Lambertikirche und die Spender ist jeder Beitrag eine Investition in Zukunft – ideell und materiell.

3. Zwischendank und Zuversicht

Der große Dank an alle, die mit irgendeinem unterstützenden Beitrag fachlicher und finanzieller Natur das Projekt unterstützt haben, wird nach der Vollendung des Umbaus und der Renovierung der Lamberti-Kirche ausgesprochen werden.
Schon jetzt aber möchte ich allen Persönlichkeiten und Institutionen in Kirche und Gesellschaft ein bischöfliches Dankeschön sagen, die mit ihrer Fürsprache hinter verschlossenen Türen von Gremien und Ausschüssen und in der Öffentlichkeit dieses Halbjahrhundertprojekt einer zukunftsfähigen Lamberti-Kirche in Oldenburg und umzu befördert haben.
Altes muss erneuert werden und Neues soll wachsen – vor allem im Geiste des Evangeliums, das uns in der Nachfolge Jesu immer wieder ermutigt und ermuntert, die frohe Botschaft zu jeder Zeit unter das Volk zu bringen und angemessene und ansprechende Räume bereit- und offenzuhalten für Menschen in Freude und Leid, in Not und auf der Flucht, im Übergang von der Zeit in die Ewigkeit.
Zuversicht ist für mich persönlich und in meinem Dienst als Bischof der Ev.-Luth. Kirche in Oldenburg eines der schönsten und wichtigsten Worte. Wir sind den nachfolgenden Generationen auch in baulicher Hinsicht Zeichen der Hoffnung schuldig, für die unsere Vorfahren in den vergangenen Jahrhunderten wesentlich größere Opfer gebracht haben, als sie uns in der Gegenwart zugetraut und zugemutet werden. Darum bin ich ziemlich sicher, theologisch gesprochen: gewiss, dass die Mitglieder unserer Kirche und die Bevölkerung in der Stadt und im Oldenburger Land sich dieses Projekt der St.-Lamberti-Kirche im Aufbruch so zu eigen machen, dass wir keinen Schiffbruch erleiden.

Herzlichen Dank und Gott befohlen!

Grußwort in sechs Strophen: 175 Jahre Offizialat in Vechta – 10. 6. 2006

Was Gott tut, das ist wohlgetan,
sein Wille ist der rechte.
Vor hundertfünfundsiebzig Jahr'n
schuf er im frommen Vechte
von Münster aus
das neue Haus
mit einem Offiziale –
bisher zum einz'gen Male.

Was Gott tut, das ist wohlgetan.
So sah man's auch im Norden.
Der Großherzog war angetan
und öffnete die Pforten
für Herolds Ziel,
sein Kirchenspiel
als Bistum zu errichten.
Doch Münster sprach: Mitnichten!

Was Gott tut, das ist wohlgetan.
Seither lebt man solide
in Vechtas „lüttke Vatikaon"
und an der Küste Tide.
Diaspora –
Halleluja! –
mußt nicht nur traurig klagen.
Man kann sich auch vertragen.

Was Gott tut, das ist wohlgetan.
ER freut sich über beide,
wenn sie nach streng geheimem Plan
auf seiner Schöpfung Weide
als Katholik
und Protestant
von Christi Botschaft zehren
und Gottes Lob vermehren.

Was Gott tut, das ist wohlgetan.
Es soll doch Friede werden
trotz vieler Völker Größenwahn
auf dieser schönen Erden.
Verständigung
und neuer Schwung
in Glaube, Hoffnung, Liebe
sind wahrer Menschen edle Triebe.

Was Gott tut, das ist wohlgetan.
Ihm wolln wir uns verschreiben,
auch in den nächsten 100 Jahr'n
bei seiner Fahne bleiben.
Offizialat,
immer parat!
Auf allen deinen Wegen
sei Gottes reicher Segen!

(nach der Melodie
„Was Gott tut, das ist wohlgetan",
Gotteslob 294 / Ev. Gesangbuch 372)

Grußwort beim Genossenschaftsverband Weser-Ems-e.V. am 6. September 2006 in Oldenburg

Herr Verbandspräsident Ewald,
Herr Ministerpräsident Wulff,
meine sehr geehrten Damen und Herren der Aufsichtsräte,
Vorstände und Geschäftsführungen!

Sie sind mindestens in einer Hinsicht zu beneiden!

Neben einer guten wirtschaftlichen Entwicklung, zu der fast jede Branche zu beglückwünschen ist, und einer bewährten Tradition „als regionale Universalbanken von vergleichsweise geringer Betriebsgröße" (Meyer, Taschenlexikon), die in dem Westerwälder Landbürgermeister Friedrich Wilhelm Raiffeisen den Pionier des Genossenschaftswesens nach dem Prinzip der Selbsthilfe zu verehren hat, neben dem Dach, unter dem auch kirchliche Geldinstitute gute Geschäfte machen, neben günstigen Krediten und vielem mehr sind Sie um Ihren noch jungen Slogan zu beneiden: Wir machen den Weg frei!

Die Idee und die Umsetzung dieser V+R-Botschaft ist eine biblisch-hermeneutische Meisterleistung und dabei V+R = vollkommen richtig.

Schon der Prophet Jesaja (40, 4.5) entwickelt die Vision eines freien, unbeschwerten Weges, wenn er schreibt: „Bereitet dem Herrn den Weg, macht in der Steppe eine ebene Bahn unserem Gott! Alle Täler sollen erhöht werden, und alle Berge und Hügel sollen erniedrigt werden, und was krumm ist, soll gerade werden."

Johannes der Täufer nimmt dieses Bild auf, deutet es auf Jesus und ruft in der Wüste: „Ebnet den Weg des Herrn!" (Joh. 1, 23)

Und Jesus selbst spricht von der Gerechtigkeit Gottes, die uns in Schuld und Schulden verstrickten Menschen durch Kreuz und Auferstehung zukommen soll: „Die Wahrheit wird euch frei machen." (Joh. 8, 32)

Und nun 2000 Jahre später ist da der Genossenschaftsverband Weser-Ems, der in treuer Nachfolge des Herrn die Losung ausgibt: „Wir machen den Weg frei."

Mit dem Respekt für diese Glaubenstreue ist allenfalls die kleine Anfrage verbunden, ob denn die geistlichen Urheberrechte schon beglichen sind. Aber das lässt sich nachher ganz unbürokratisch mit dem Bischof klären.

Auf jeden Fall zeichnet sich der Markenauftritt der 60 Volks- und Raiffeisenbanken sowie der über 170 Ländlichen Genossenschaften „durch große, emotional anziehende Bilder aus. Es sind Motive, die durch ihre Weite gekennzeichnet sind". Die Farben wirken freundlich warm. Bei dem himmlischen Blau mit dem feinen Wolkenschleier kommt noch der Song von Reinhard May in den Sinn: „Über den Wolken muss die Freiheit wohl grenzenlos sein." Darum endet das Motto auch ohne Punkt oder Ausrufezeichen.

Es gibt aber im irdischen Leben – das wissen wir alle – keine absolute Freiheit. Schon in der gymnasialen Oberstufe gehörte zum Standard heranreifender Nachdenklichkeit das Aufsatzthema: „Freiheit – wovon und wozu?" Vor zwei oder drei Jahren haben wir bei dem traditionellen Abend im Schloss, zu dem der Kleine Kreis der Wirtschaftlichen Vereinigung dankenswerterweise einlädt, einen Vortrag über die Freiheit gehört, in dem nicht ein einziges Mal der Begriff Verantwortung vorkam.
Selbst unter den Wirtschaftsfachleuten, die schon von Berufs wegen die Unabhängigkeit von gesetzlichen und bürokratischen Einschränkungen reklamieren und für einen möglichst freien Wettbewerb plädieren, war das verhaltene Kopfschütteln während der Rede ausdrucksstärker als der pflichtgemäß freundliche Applaus am Ende des Vortrages.

In dem Auf und Ab ökonomischer Wellenbewegungen gibt es sicherlich Phasen, wo die Notwendigkeit eines florierenden Marktes stärker zu akzentuieren ist als die soziale Komponente um des gesellschaftlichen Friedens willen. Da kann dann der Gedanke von einer neuen Gerechtigkeit durch mehr Freiheit als Impuls für wirtschaftlichen Aufschwung vernünftig sein. Aber grundsätzlich ist über Jahre hinweg ein gewisses Ausgleichen von globalisierender Freiheit und gesellschaftlicher Verantwortung theologisch und politisch geboten.

Der Frau Bundeskanzlerin ist voll zuzustimmen, wenn sie weiterhin an dem Prinzip der sozialen Marktwirtschaft festhalten will, dabei die drei Grundwerte Freiheit, Gerechtigkeit und Solidarität hervorhebt und dazu bemerkt, dass es keine Hierarchie unter diesen Werten geben kann. (22.08.2006)

In der neuen Denkschrift der EKD (2006) wird die normative Frage nach sozialer Gerechtigkeit neu gestellt, weil dieser Begriff, wie sich in gesellschaftspolitischen Diskussionen immer wieder zeigt, „alles andere als klar bestimmt" ist. (S. 43)

Diese Publikation mit dem Obertitel „Gerechte Teilhabe" stellt die „Befähigung zu Eigenverantwortung und Solidarität" ins Zentrum aller Überlegungen. Beide Aspekte tun Not und gut. Das Konzept der „Teilhabe- oder Beteiligungsgerechtigkeit" zielt wesentlich auf eine möglichst umfassende Integration aller Gesellschaftsglieder.

„Niemand darf von den grundlegenden Möglichkeiten zum Leben, weder materiell noch im Blick auf die Chancen einer eigenen Lebensführung, ausgeschlossen werden." (S. 43)

„Teilhabe-, Befähigungs- und Verteilungsgerechtigkeit markieren das Fundament eines theologisch-sozialethisch begründeten Verständnisses von Gerechtigkeit". (S. 44)

Dass sich in dem gesellschaftspolitischen Prozess des Austarierens einer Fülle von Komponenten wie Wirtschaftswachstum, Arbeitsmarkt, Bildungschancen, Eigenverantwortung und Solidarität die Kirchen immer wieder auch für die Armen, Schwachen und Benachteiligten einsetzen, kann und darf nicht verwundern.

Zum einen ist diese Option biblisch geboten. Zum anderen begegnen Diakonie, Caritas und die anderen Wohlfahrtsverbände täglich in ihren unterschiedlichen Einrichtungen den Kindern, Frauen und Männern, die – aus welchen Gründen auch immer – über kaum eine oder keine gerechte Teilhabe an der Gestaltung ihrer Zukunft verfügen.

Diese nur in ein paar Strichen gezeichnete Mitverantwortung der Kirchen „muss im Zusammenspiel zwischen dem diakonischen Engagement der Kirchen und den institutionellen Mitteln der Träger geschehen." Sie „muss sich mit anderen Akteuren der Zivilgesellschaft vernetzen" und sie „muss stets auch öffentliches Engagement sein". (S. 72)

Nach wie vor wollen wir nach Kräften „den Weg frei machen" für mehr gerechte Teilhabe durch Befähigung zur Eigenverantwortung und Solidarität.

Lassen Sie mich noch kurz auf eine aktuelle Entwicklung in Delmenhorst hinweisen, wo auf eine Überschreitung von Grenzen jeder menschengerechten Freiheit gemeinschaftlich reagiert wird.

In den letzten Wochen hat die ganze Stadt eine beispielhafte Anstrengung unternommen, um dem Ungeist einer verblendeten Vergangenheit in großer Geschlossenheit entgegenzutreten.

Dafür ist dem Oberbürgermeister, dem Stadtrat, den Einzelpersonen und Verbänden vom DGB über die Wirtschaft, die Parteien, Kirchen und Religionsgemeinschaften bis in weiteste Kreise der Bevölkerung hinein Dank und Respekt auszusprechen.

Vordergründig geht es um Gebäude. Gefährlicher jedoch sind die Hirngespinste im Hintergrund, die nach dem Zusammenbruch der Nazi-Diktatur als überwunden erhofft waren, aber in der Gestalt des Rechtsextremismus sich mit neuen Gewändern ihre Opfer besonders unter jungen Menschen suchen.

Ich erinnere mich noch genau an das Gespräch mit dem jetzt 93jährigen Onkel meiner Frau, der vor 20 Jahren unseren konfirmierten Sohn im geeigneten Augenblick zur Seite nahm und ihm unter dem Siegel der Verschwiegenheit eröffnete, Konzentrationslager habe es nicht gegeben, das sei alles eine Erfindung und Propaganda der Amerikaner.

Delmenhorst hat vor etlichen Jahren mit Erfolg den Präventionsrat zur Überwindung jugendlicher Gewalt gegründet.

Jetzt scheint es an der Zeit, alle demokratischen Kräfte zu bündeln, um dem Spuk von rechts mit Vernunft und Augenmaß, aber auch mit Verständnis für die Sorgen und Ängste junger Menschen zu begegnen.

Niemand wird als Extremist geboren. Es kommt auf unser Vorbild und auf ein gesellschaftliches Klima von mehr Gerechtigkeit und gemeinschaftlicher Lebensfreude an.

Das sind wir der Ehrfurcht vor dem Leben schuldig, ob wir in Jesus Christus die Menschenfreundlichkeit Gottes preisen oder in anderer Weltanschauung die Menschenwürde zu achten und zu schützen bereit sind.

Auch in dieser Hinsicht, meine sehr geehrten Damen und Herren, lasst uns den Weg genossenschaftlich frei machen für eine Zukunft, in der Menschen sich gerne befähigen lassen zu mehr Eigenverantwortung und Solidarität.

An dieser Stelle darf nicht unerwähnt bleiben, dass die Stiftung der Volksbanken und Raiffeisenbanken in vielfacher Weise wohltätige und kulturelle Maßnahmen unterstützt. Ich bin sehr dankbar, dass unser Lamberti-Projekt eine ansehnliche finanzielle Hilfe erfahren hat, so dass der Weg für die Einrichtung einer Gruft für Graf-Anton-Günther und seine Frau, die Restaurierung verschiedener Gebäudeteile und die Renovierung der einzigartigen Rotunde immer mehr geebnet wird. Herzlichen Dank!

Liebe Mitglieder des Genossenschaftsverbandes Weser-Ems, die Idee und die Umsetzung Ihrer V+R-Botschaft ist vollkommen richtig. Lassen Sie sich auf dem Hintergrund dessen, dass wir in allem, was auf uns zukommt, den Herrn über Zeit und Ewigkeit erwarten, um Ihren Slogan ruhig beneiden: Wir machen den Weg frei!

Predigt auf der Generale-Admirale-Konferenz am 20. Januar 2007 in Erfurt

Der Wochenspruch für die morgen beginnende Woche lautet: „Es werden kommen von Osten und von Westen, von Norden und von Süden, die zu Tisch sitzen werden im Reich Gottes." (Lukas 13, 29)

Liebe Geschwister im Herrn!

Zu meiner Begrüßung bei einem Gemeindeseminar stand auf einer grünen Tafel mit weißer Kreide die provokante Frage: Wohin führt der Weg der Kirche? Darauf habe ich nach kurzem Nachdenken geantwortet: Dem Ende entgegen! Den Gesichtern war die Verblüffung deutlich anzumerken. Aber es scheint mir nötig zu sein, die eschatologische Dimension des christlichen Glaubens von Zeit zu Zeit in Erinnerung zu rufen.

Die Leute in dem Seminar wollten natürlich wissen, wie die Kirche mit voraussichtlich weniger Mitgliedern, weniger Einnahmen und weniger Personal in 20 Jahren aussieht. Diese zur Zeit viel diskutierten Fragen sind berechtigt. Aber wenn sich kirchliche Gruppen und Gremien fast nur noch mit Problemanalysen beschäftigen und die Debatten oft in Aporien enden, verliert die Kirche in der Nachfolge Jesu Christi nach und nach den Schwung und die Überzeugungskraft für den Auftrag, die Botschaft vom Kommen des Reiches Gottes auszurichten.

Wie anders – so könnte man den Eindruck gewinnen, sieht das in der Bundeswehr aus, deren Neuorientierung klare Ziele hat und sich jüngst auf ein politisches Weißbuch mit umfassender Konzeption zur Bewältigung der Zukunft berufen kann. Für die beiden Schwerpunkte von Sicherheitsvorsorge in Deutschland und mehr Frieden in der Welt lässt sich, ohne ins Detail zu gehen, denn da versteckt sich ja der Teufel, beherzt eintreten und kämpfen. Allerdings ist allen Verantwortlichen bewusst, dass mit menschlicher Macht der Himmel auf Erden nicht zu schaffen oder gar zu erzwingen ist.

Es stellt sich mir immer drängender die Frage, ob die Militäreinsätze überwiegend christlich geprägter Länder in ganz überwiegend muslimischen Staaten auf die Dauer Erfolg haben können.

Das Wort Jesu, das uns durch die kommende Woche geleiten soll, malt daher eine wirkliche Vision vor Augen, ohne die gerade nachdenkliche und friedensbewegte Menschen kaum ihr Leben meistern können. Diese Vision im Unterschied zur Utopie enthält eine Art von Ökumene aller Himmelsrichtungen.

Von allen Seiten werden sie kommen, die Schwarzen, Gelben, Weißen und Gemischten, die Frauen und Männer.

Es wird im Reiche Gottes keinen Unterschied geben, der sonst trennend war, weder reich noch arm, gebildet oder ungebildet, hässlich oder schön, krank oder gesund. Sie werden alle mit Christus zu Tische sitzen oder liegen, und das himmlische Mahl mit ihm feiern. So oder so ähnlich sieht das Gemälde vom Reich Gottes aus.

Eine biblische Vision gibt keine Antwort auf die Fragen wie, wo und wann so etwas Großartiges geschehen könne. Das hindert aber nicht die menschliche Phantasie, sich doch – auch schmunzelnd – ein paar Gedanken zu machen. Nach Luthers Motto: Wo der Glaube ist, da ist auch Lachen.

Da könnte es ja ein riesiges Gedränge geben, wenn Millionen Menschen zusammenströmen. Müssen da nicht vielleicht Schilder aufgestellt werden mit dem Hinweis: Wegen Überfüllung geschlossen.
Dürfen da alle kommen? Joint and combined, dienstgradunabhängig, konfessionsübergreifend? Wird es Sicherheitsüberprüfungen und Einlasskontrollen geben? Was ist mit einer separaten Lounge für Very Important Persons?

Werden da neben Christen und Juden möglicherweise auch Sunniten und Schiiten und andere Weltanschauungen auftauchen und Einlaß fordern?

In dem Kontext, den Dr. Brandt verlesen hat, fragt schon vor 2000 Jahren einer der Jünger den Herrn: „Meinst du, dass nur wenige selig werden?" An anderer Stelle streiten die Jünger darüber, wer aus ihrem kleinen Kreise im Reiche Gottes zur Rechten und zur Linken des Herrn sitzen dürfe.

Und der große reformierte Theologe Karl Barth hat einmal auf die naive Frage einer hochgestellten Dame, ob sie denn im Himmel alle ihre Lieben wiedersehen werde, schlagfertig geantwortet: ja, aber die anderen auch!

Nach dem Gespräch Jesu mit seinen Jüngern wird der Eintritt ins Reich Gottes wohl nicht unbeschränkt sein. Dabei spielen die räumlichen Verhältnisse und ein eventueller Andrang keine Rolle. Es ist ein anderes Zugangskriterium gegeben.

Selbst nicht alle, die mit Jesus auf der Wanderung durch Städte und Dörfer in Berührung kommen, werden dabei sein. Nicht allen, die an die Tür klopfen, wird aufgemacht. Der Hausherr selbst entscheidet. Dann wird es Jubel und Freude geben, aber auch Heulen und Zähneklappern.

Jesus hält eine strenge Rede auf dem Weg nach Jerusalem, der Stadt des triumphalen Einzugs und der brutalen Kreuzigung.

Noch ist nicht alles entschieden, weder für Jesus selbst noch für die, die ihn begleiten. Auf die Frage des einen, ob viele oder wenige selig werden, gibt der Herr die auch heute und morgen entscheidende Antwort: „Ringt darum, dass ihr durch die enge Pforte hineingeht; denn viele werden hineinkommen wollen und werden es nicht können."

Wo ist bei uns ein wirkliches Ringen um christliche Werte spürbar und sichtbar? Ein Ringen gegen kirchenferne Gleichgültigkeit oder nebulose Religiosität? Bischof Noack hat gestern eine Palette von Möglichkeiten und Notwendigkeiten vorgestellt, wie wir als Christen Flagge zeigen müssten, damit das Evangelium von Gottes Macht und Liebe neue Freunde findet und etwas mehr Gerechtigkeit und Frieden die Welt prägt und trägt, bevor für uns das Ende kommt.

Es wird nicht ausreichen, dass man Jesu Wort auf der Straße oder in der Kirche gehört, vielleicht sogar mit ihm gegessen und getrunken hat.

Das Erstgeburtsrecht des Dabeigewesenseins gilt ebenso wenig in alle Ewigkeit wie die Abstammung vom Patriarchen Abraham, worauf die Juden hoffen und selbst die Muslime sich berufen.

Entscheidend ist, ob der Herr die Seinen kennt, die mit ihm rechnen und sich nichts ausrechnen. Und selbst dann kann es noch dazu kommen, dass vermeintlich Letzte Erste werden und umgekehrt, was aber immerhin noch angenehmer sein wird, als außen vor zu bleiben.

Was soll der Mensch tun, was sollen wir Christen uns immer wieder vor Augen führen und zu Herzen nehmen, welche Überzeugung und Haltung sollen wir unseren Kindern und Enkeln vorleben, damit sie nicht ohne den reichen Schatz biblischer Weisheit und Weisung aufwachsen und irgendwann in Krise und Not geistlich verkümmern?

Diese Frage hat Martin Luther dazu geführt, zunächst einen kleinen Katechismus für die ungeschulte Gemeinde herauszugeben, später dann den großen Katechismus für „alle Pfarrherrn und Prediger, dass sie sich täglich im Katechismus, so der ganzen Heiligen Schrift eine kurze Summa und Auszug ist, wohl üben und immer treiben sollen."

In dem kleinen Katechismus, der am heutigen 20. Januar 1529 erschienen ist, finden sich die wunderbar einfachen und doch so tiefgründigen Erläuterungen wie die zum ersten Gebot: „Wir sollen Gott über alle Dinge fürchten, lieben und vertrauen" und das in die Verfassung der Europäischen Union schreiben. Oder die Erläuterung zur zweiten Bitte des Vaterunsers „Dein Reich komme". „Gottes Reich kommt wohl ohne unser Gebet von sich selbst; aber wir bitten in diesem Gebet, dass es auch zu uns komme."

Für den christlichen Glauben in seiner orthodoxen, katholischen und evangelischen Prägung ist Jesus als der von Gott gesandte Christus Dreh- und Angelpunkt der inhaltlichen Füllung der Gottes- und der Menschenliebe. Sein irdisch-heilsames Handeln und seine Gleichnisse vom Reich Gottes, sein Leidensweg über das Kreuz zurück zum Vater im Himmel, die Botschaft der Apostel von der Versöhnung zwischen Gott und Mensch, zwischen Völkern und Religionen ist und bleibt für Christen Maßstab aller Dinge und Richtschnur für unser friedliches Werben um Gotteslob und Menschenwürde.

Selbstverständlich ergibt sich aus solcher Glaubensüberzeugung eine Art Absolutheitsanspruch.

Aber aus den Zeiten der Reformation in Deutschland mit einem 30-jährigen Krieg, aus dem Zeitalter der Aufklärung mit der Forderung nach religiöser Toleranz und nach zwei verheerenden Weltkriegen im letzten Jahrhundert hat sich für die evangelische Kirche der Ansatz eines „positionellen Pluralismus" herausgebildet. Demnach gilt ein Doppeltes: Die eigene Wahrheitsgewissheit besitzt unbedingte Geltung, aber fremde Wahrheitsansprüche verdienen unbedingte Beachtung.

Aber wir müssen es wohl letztlich der Weisheit Gottes überlassen, die Frage zu beantworten, was denn im Blick auf das Kommen des himmlischen Reiches mit den Menschen und Völkern geschehen wird, die nie von Jesus Christus gehört oder in der Geschichte unter Gewaltanwendung so von ihm gehört haben, dass sie sich nur erschrocken abzuwenden vermochten.

Wohin führt der Weg der Kirche, wohin führt unser Weg, liebe Herren und Brüder? Dem Ende entgegen. Mit der Verheißung vor Augen und mit dem Rückenwind des Heiligen Geistes sind wir nicht ganz rat- und hilflos.

In einer Woche findet in Wittenberg der Zukunftskongreß der EKD statt. Dort wird ein Impulspapier unter dem Titel „Kirche der Freiheit" beraten. In diesen Perspektiven für den Weg der evangelischen Kirche im 21. Jahrhundert sind vier biblisch geprägte Leitlinien zu finden.

1. Geistliche Profilierung statt undeutlicher Aktivität. Wo evangelisch drauf steht, muss Evangelium erfahrbar sein.
2. Schwerpunktsetzung statt Vollständigkeit. Kirchliches Wirken muss nicht überall vorhanden sein, wohl aber überall sichtbar.
3. Beweglichkeit in den Formen statt Klammern an Strukturen. Nicht überall muss um des gemeinsamen Zieles willen alles auf dieselbe Weise geschehen.
4. Außenorientierung statt Selbstgenügsamkeit. Auch der Fremde soll Gottes Güte erfahren können, auch der Ferne gehört zu Christus.

Das Bild von „Christus als Haupt der Gemeinde" veranschaulicht, dass seine Gegenwart immer größer und weiter ist als der je eigene Glaube und die je eigene Gemeinde.

Je vielfältiger, pluraler und globaler sich das Geschehen auf dieser Erde entwickelt, um so mehr bedürfen wir der geistlichen Orientierung, um in einer gemeinsamen Kraftanstrengung das Zusammenleben der Menschen und Völker in ökonomisch-sozialer Balance und in der Spannung von Zeit und Ewigkeit ins Bewusstsein zu bringen und dort zu erhalten.

Dort, wo Menschen das Wort Gottes hören und sich um Brot und Wein versammeln, ist der Herr mitten unter ihnen, genießt die Ökumene aller Himmelsrichtungen einen Vorgeschmack des Reiches Gottes, das in Jesus Christus schon angebrochen ist und seine Wirkung überall entfaltet, wo die Gemeinde bittet: Dein Reich komme!

Amen

Predigt bei den „Himmlischen Fortbildungstagen" der Ev. Jugend Oldenburg am 04.02.2007 in Dümmerlohausen

Liebe jugendliche Gemeinde!

Lasst uns zunächst die erste Strophe des jüngsten Liedes im evangelischen Gesangbuch Nr. 395 anstimmen: Vertraut den neuen Wegen.

– 1. Strophe –

Vertraut den neuen Wegen, auf die der Herr uns weist,
weil Leben heißt: sich regen, weil Leben wandern heißt.
Seit leuchtend Gottes Bogen am hohen Himmel stand,
sind Menschen aus gezogen in das gelobte Land.

Dieses Lied wird recht oft und gerne gesungen. Warum?

Anders als beim Wittenberger Zukunftskongress am vorigen Wochenende, als es mehr um die Konzepte unserer evangelischen Kirche von morgen ging, anders als die Theorie wirkt dieses Lied in die Praxis unseres christlichen Glaubens hinein. Ohne Gottvertrauen lässt sich keine Zukunft bauen.

Dieses Lied mit den schönen Bildern vom Leben als Wanderschaft und vom Regenbogen als Zeichen der Treue Gottes hat ein Theologe aus Jena gedichtet. Er ist seit der Kindheit sehbehindert und sieht doch mit seinem geistigen Auge mehr als mancher Zeitgenosse.

Das Lied hat er 1989 geschrieben. Ich habe mich gefragt, hat er den Text vor oder nach der politischen Wende verfaßt. Was meint Ihr?

Die richtige Antwort: Es war vier Monate vor dem Fall der Berliner Mauer. Da konnte man in Osteuropa und in der DDR allenfalls ahnen, dass die Trennung Deutschlands und Europas irgendwann und irgendwie überwunden wird.

Der Anlass für die drei Strophen war jedoch ein privat-familiärer.

Der Jenaer Professor für praktische Theologie Klaus-Peter Hertzsch hat das Lied zur Trauung einer seiner Patentöchter am 4. August 1989 in der Annenkirche im Eisenach gedichtet. Die Hochzeitsgäste haben in den Zeilen den geistlichen Aufbruch gespürt, weit über die Hochzeit hinaus. Einige haben das Liedblatt mit nach Hause genommen und es in ihren Gemeinden in der DDR und in der Bundesrepublik gesungen.

Dieses Lied nahm das Lebensgefühl und die Hoffnungen vieler Menschen auf. Hier wurde Zuversicht in Worte gefasst, christlicher Glaube artikuliert. Und das Lied wurde im letzten Moment in das neue evangelische Gesangbuch aufgenommen. So können auch wir es in Dümmerlohausen anstimmen.

„Vertraut den neuen Wegen" – so beginnt jede Strophe. Das Wegmotiv erweist sich von Generation zu Generation als jung und frisch.

„Wege" können sich auf den gemeinsamen Lebensweg zweier Menschen beziehen und auf den Weg unserer Kirche. Die Gottesgemeinde weiß: Gott geht mit – seit den Zeiten des Volkes Israel.

Die alttestamentlichen Bezüge im Lied sind deutlich. Zunächst erscheint der Regenbogen als buntes Zeichen für Noah nach der Sintflut. In 1. Mose 8 hören wir das Versprechen Gottes: „So lange die Erde steht, soll nicht aufhören Saat und Ernte, Frost und Hitze, Sommer und Winter, Tag und Nacht."

Die Erde soll den Menschen tragen und ertragen, wenn wir an Not und Elend, an Krieg und fast unerträgliche Belastung von Wasser, Erde und Luft denken.

Mit der Vision vom gelobten Land denken wir an das Volk Israel beim Auszug aus Ägypten unter Mose und an Abraham, den großen Wanderer und Vater im Glauben.

In dem Programm dieser „Himmlischen Fortbildungstage" hat Abraham den Donnerstag als Leitmotiv geprägt. Über seinen geistlichen Aufbruch und unsere Perspektiven wollen wir etwas nachdenken, wenn wir die zweite Strophe gesungen haben.

– 2. Strophe –

Vertraut den neuen Wegen und wandert in die Zeit!
Gott will, daß ihr ein Segen für seine Erde seid.
Der uns in frühen Zeiten das Leben eingehaucht, der wird uns dahin leiten,
wo er uns will und braucht.

Jahwe sprach zu Abraham, so lesen wir 1. Mose 12 am Anfang: „Geh aus deinem Land und aus deiner Verwandtschaft und aus dem Haus deines Vaters in das Land, das ich dir zeigen werde. Ich will dich zu einem großen Volk machen und will dich segnen und deinen Namen groß machen, und du sollst ein Segen sein."

Mit Abraham fand eine Wende im Glauben statt, so haben alttestamentliche Theologen herausgefunden. Vor Abraham wurde der Segen und auch der Fluch als ein Machtwort verstanden, das sofort wirkte und den Menschen in seiner Situation beeinflusste oder veränderte.

Seit Abraham wird Segen versprochen auch auf künftige Zeiten. Mit dem hebräischen Wortstamm barach verbindet sich die Vorstellung, dass Segen wächst, dass im Segen die Kraft der Fruchtbarkeit und des Gelingens steckt wie in einem Samenkorn, das in die Erde gelegt wird und langsam aufgeht und seine Frucht bringt zu seiner Zeit.

Erst seit Abraham verdichtet sich auch der Gedanke, dass über einen Menschen hinaus Segen weitergegeben werden kann auf andere Generationen und andere Völker, dass Segen wachsen soll und sich entfalten wie ein großer Baum mit seinen Ästen und mit seiner Krone.

Für uns Christen, liebe Mitarbeiterinnen und Mitarbeiter, ist Jesus Christus zum Segen geworden, zum Träger der Hoffnung, dass auch wir Gesegnete des Herrn werden und sind und bleiben und seinen Segen weitergeben in Kirche und Welt.

Viele Menschen in unseren Gemeinden, aber auch der Kirche Fernstehende, warten auf unser segensreiches Wirken. Ihnen geht es oft zu langsam bei der Lösung vieler Probleme, unter denen die Menschheit mehr oder weniger leidet. Sie möchten bald spüren und sehen, wie sich ihr dem Tode geweihtes Leben unter der Obhut Gottes verändert und verbessert.

„Ein junger Mann hatte einen Traum. Er betrat einen Laden. Hinter der Theke sah er einen Engel. Hastig fragte er ihn: Was verkaufen Sie, mein Herr? Der Engel gab freundlich zur Antwort: Alles, was Sie wollen. Da sagte der junge Mann: Dann hätte ich gerne das Ende der Kriege in aller Welt, die Beseitigung der Elendsviertel in Lateinamerika, Arbeit für alle Arbeitssuchenden ....". Da fiel ihm der Engel ins Wort und sagte: Entschuldigen Sie, junger Mann, Sie haben mich verkehrt verstanden. Wir verkaufen keine Früchte hier, wir verkaufen nur den Samen."

Gottes Segen muss wachsen, dazu braucht er Zeit und Menschen, die seine segensreiche Botschaft weitergeben und selbst zu lebendigen Vorbildern heranreifen.

„Wenn es der Kirche gelingt, erhebliche Ressourcen für die Arbeit mit Kindern, Jugendlichen und Familien zu konzentrieren, braucht sie sich keinerlei Sorgen um ihre Zukunft zu machen." Das ist das Ergebnis aus Deutschlands zweitgrößter kirchlichen Befragung, die die Hannoversche Landeskirche mit der Kirchenvorstandswahl verbunden hatte.

Manche kirchlichen Kreise denken und sagen, Kirche solle sich aus allen weltlichen Fragen heraushalten und nur den Segen für den inneren Frieden verkündigen. Ich denke, das ist nicht der Weg, den die Bibel weist.

Abraham musste aufbrechen aus dem Behütetsein der Heimat, um Segensbringer für das eigene Volk und für fremde Völker zu werden. Jesus Christus ist aus seiner Gottbehütetheit herausgetreten, ist Mensch geworden, um segensreich in dieser Welt zu wirken, um Schuld aufzudecken und Vergebung anzubieten, um auf Krankes zuzugehen und Heilung zu bewirken, um dem Fluch der bösen Taten mit den Worten des Segens zu begegnen und für das Reich Gottes zu werben.

Dietrich Bonhoeffer, der große Theologe, dessen Leben im April 1945 gewaltsam beendet wurde, schrieb folgende Sätze:

„Es gibt Menschen, die es für unernst, Christen, die es für unfromm halten, auf eine bessere irdische Zukunft zu hoffen und sich auf sie vorzubereiten. Sie glauben an das Chaos, die Unordnung, die Katastrophe als den Sinn des gegenwärtigen Geschehens und entziehen sich der Verantwortung für das Weiterleben, für den neuen Aufbau, für die kommenden Geschlechter. Mag sein, dass der jüngste Tag morgen anbricht, dann wollen wir gerne die Arbeit für eine bessere Zukunft aus der Hand legen, vorher nicht."

Lasst uns nun die dritte Strophe anstimmen.

– 3. Strophe –

Vertraut den neuen Wegen, auf die uns Gott gesandt!
Er selbst kommt uns entgegen. Die Zukunft ist sein Land.
Wer aufbricht, der kann hoffen in Zeit und Ewigkeit.
Die Tore stehen offen. Das Land ist hell und weit.

Liebe Schwestern und Brüder in der Arbeit mit Kindern und Jugendlichen!

„Das Land ist hell und weit." Gott hat etwas mit uns vor. Wir dürfen ihn nicht auf das uns Zumutbare und Wünschbare einengen. Gott ist für Überraschungen gut, damals mit Abraham im Lande Kanaan, heute mit seiner Kirche in Deutschland und aller Welt.

Das Lied ruft zur Zuversicht gegen kleinliche Nörgelei auf. Es gibt keine Rezepte. Aber es gibt Mut. Warum?
Weil er selbst uns entgegen kommt. Nicht nur in der Adventszeit. Täglich will Gott uns einstimmen auf sein Reich in dieser Zeit und Welt, auf sein Reich der Versöhnung, des Friedens und himmlischer Freude, auf sein Reich, das mit Jesus Christus angebrochen ist und sich segensreich weiterentwickelt – auch durch uns, wo wir ihm vertrauen, auch an uns vorbei, wenn wir eigene und damit fremde Wege gehen, auch gegen uns und unsere Kirche, wenn wir auf Eigensinn und Selbstherrlichkeit setzen.

In der Zeit des Nationalsozialismus von 1933 bis 1945, wo leider viele Christen und auch unsere oldenburgische Kirche mehr auf den irdischen Führer Adolf Hitler als auf den Vater Jesu Christi gesetzt haben, verblasste die frohe Botschaft nicht nur, sie wurde im Judenhass und im deutschen Größenwahn auf übelste Weise verfälscht.

Das Ergebnis war nicht nur ein total verlorener Krieg, sondern auch die Zerstörung christlicher Nächstenliebe und Kultur.

Es ist heute beschämend, wie rechtsradikale Gruppen erneut junge Menschen mit dürftigen und dummen Parolen zu verführen trachten, um sie dann in Abhängigkeit von finsteren Mächten zu führen. Wir alle, besonders auch in der Jugendarbeit, haben eine große Verantwortung, diesem Trend entgegenzusteuern und solche Entwicklungen in unserem freiheitlich-demokratischen Rechtsstaat so friedlich wie möglich zu verhindern. Durch Argumente, nicht durch Gewalt.

In dem Wittenberger Impulspapier der EKD mit dem Titel „Kirche der Freiheit" ist die erste von vier Thesen für alle Handlungsfelder unserer Kirche äußerst wichtig.

Da heißt es:

„Geistliche Profilierung statt undeutlicher Aktivität. Wo evangelisch drauf steht, muss Evangelium erfahrbar sein."

Ich möchte Euch ermutigen, bei der Programmplanung für Kinder und Jugendliche in den Gemeinden und neuen Kirchenkreisen immer wieder zu bedenken, was in Euren Angeboten, in Gruppenstunden und auf Freizeiten wirklich evangelisch ist und wie junge Menschen das spüren und in der Gemeinschaft erleben können.

Ich bin auf diesen wichtigen Punkt auch deshalb gestoßen, weil eine ganze Reihe biblisch-theologischer Angebote bei diesen Himmlischen Fortbildungstagen faktisch abgewählt worden sind. Die mehr irdischen Themen fanden mehr Interesse. Das mag Zufall sein. Oder es besteht im Augenblick mehr Bedarf nach praktischen Arbeitshilfen für die Gruppen- und Freizeitarbeit.

Wichtig aber, geradezu lebenswichtig für uns selbst und unser kirchliches Engagement ist und bleibt der geistliche Aufbruch, wie er in dem jüngsten Liede unseres Gesangbuches so schön und klar beschrieben wird: „Vertraut den neuen Wegen, auf die uns Gott gesandt. Er selbst kommt uns entgegen, die Zukunft ist sein Land."

Abraham brach seinerzeit unter viel undeutlicheren Perspektiven für seine Zukunft in ein neues Land auf. Er hatte schon einige Jahrzehnte an Lebensalter auf dem Buckel. Seine Frau und er hatten noch keine Kinder. Es gab viel Anlass für ihn, an der Verheißung Gottes zu zweifeln, für sein Volk und die Völker der Erde ein Segen zu werden.

Dennoch hat er dem Versprechen Gottes vertraut: „Ich will dich segnen und du sollst, du kannst, du wirst ein Segen sein."

Diese Verheißung ist mir seit der Kindheit vertraut, weil ich dieses Wort als Taufspruch am 1. Mai 1944 auf den eigenen Lebensweg mitbekam. Erst nach und nach habe ich begriffen in der eigenen Jugendzeit, die ich im CVJM erlebt habe, was das für einen jungen Menschen bedeuten kann, der mit drei Jahren seinen Vater und mit 13 Jahren seine Mutter verloren hat und seitdem als Vollwaise das Leben zu bestreiten hatte.

Gott sei Dank dafür, dass mir in einem Internat der christliche Glaube nahegebracht und durch die Jugendarbeit lebendig erhalten und durch das Studium der Theologie vertieft wurde.

Aber das Wort gilt uns allen, unserer evangelischen Kirche und den Kirchen in der Ökumene, es gilt den Menschen, die von der frohen Botschaft noch nichts gehört haben, und denen, die trotz des Hörens gleichgültig geblieben sind oder die Kirche, in der sie getauft worden sind, wieder verlassen haben.

Liebe Schwestern und Brüder! Wer aufbricht, der kann hoffen in Zeit und Ewigkeit. Die Tore stehen offen. Das Land ist hell und weit. Auf solchem Gottvertrauen lasst uns in der Zukunft bauen.

Amen.

Predigt zum 50. Jahrestag der Unterzeichnung des Militärseelsorgevertrages am 22.02.2007 in Köln-Wahn

Liebe Gemeinde hier in Köln – Wahn und dort bei Euch im Auslandseinsatz!
Hochgeehrte Frau Bundeskanzlerin und lieber Ratsvorsitzender der EKD!

Nichts kann einen Keil treiben zwischen Gottes Liebe und unseren christlichen Glauben. Nicht einmal der Tod hat die Macht, die Gemeinschaft mit dem gekreuzigten und auferweckten Christus zu zerstören.

Das ist die feste Überzeugung des Apostels Paulus, die mich seit meinem Studium tief beeindruckt. Wir mussten diesen Abschnitt für das Examen in Düsseldorf auswendig lernen, damit er inwendig wirke. Das war eine gute Übung, die weiter gepflegt werden sollte.

In diesem Kerntext christlicher Theologie begründet Paulus, in welcher Geborgenheit getaufte Menschen frohen Mutes leben, wenn es sein muss, geduldig leiden und, wenn es Zeit ist, getrost sterben können.

Die Losung unserer evangelischen Seelsorge in der Bundeswehr nimmt diese Glaubensgewissheit des Apostels in komprimierter Form auf. Domini sumus: Wir sind des Herrn.

In allem, was unser Leben glücklich und zufrieden macht, und in allem, was unser Herz beschwert und mitunter an der Güte Gottes zweifeln lässt, sind wir bei Gott in guten Händen und vertrauen auf seines Geistes Gegenwart. Davon soll im soldatischen Alltag etwas zu spüren sein.

Wir haben vorhin von guten Erfahrungen mit der Militärseelsorge gehört, weil die Pfarrer und Pfarrerinnen mit im Boot sind, weil sie die Belastungen des Einsatzes hautnah miterleben und oft genug die Trennung von Frau und Kindern genau so zu verkraften haben, weil sie ohne Vorbehalte zuhören und verschwiegen sind, weil sie im Gottesdienst ein Stück geistliche Heimat anbieten und kompetente Gesprächspartner in friedensethischen Fragen sind.

Aber es gibt auch Enttäuschungen, wo wir als Seelsorger die Nöte und Ängste der Kameraden zu wenig wahrnehmen und die erhoffte Zuwendung schuldig bleiben. Das tut weh, wenn es bewußt wird. Dann spürt auch der professionelle Seelsorger, wie sehr er selbst der Seelsorge und der Vergebung bedarf.

Manchmal ist es dann der unverzichtbare Pfarrhelfer oder der Beirat der Gemeinde, die ihrem Pfarrer das geistliche Rückgrat stärken und ihm wieder auf die Sprünge helfen, damit er weiter eine Stütze in der Truppe ist, auch für die Soldaten, die der Kirche fern sind.

In solchen Situationen leuchtet mitten in der Bundeswehr etwas vom Priestertum aller Glaubenden auf, wo Techniker und Theologinnen, Ärztinnen und Kommandeure zu Schwestern und Brüdern in Christus werden.

Als Martin Luther einmal mit Philipp Melanchthon über die Elbe setzen wollte, riet sein Freund von der Überfahrt ab. Der Fluss führte Hochwasser. Doch Luther soll ins Boot gesprungen sein mit dem Ruf: Domini sumus.

Bei dieser Aktion hatte der Reformator und Bibelübersetzer eine andere Stelle aus dem Römerbrief im Sinn, wo es im lateinischen Text wörtlich heißt: Wir leben oder wir sterben, wir sind des Herrn.

Solches Gottvertrauen ist löblich und nötig, das ist keine Frage. Aber sollten wir heute auf die fachliche Sorgfalt verzichten, mit der die Boote und Schiffe, die Spähwagen und die Flugzeuge gewartet werden?

Zwischentext

Musikstück

Liebe Gemeinde hier in der Heimat und dort in der Ferne!

„Immer öfter hat sich mein Gewissen geregt." Dieser Satz eben war unüberhörbar.

Schlagzeilen machen, das wissen wir alle, meist die negativen Ereignisse. Das gilt für alle Bereiche des gesellschaftlichen Lebens. Davon bleibt die Bundeswehr nicht unberührt.

Weniger spektakulär, aber unglaublich bedeutsamer ist die Nachdenklichkeit, der ich und unsere Pfarrerschaft im militärischen und politischen Kontext begegnen.

Es ist nicht nur die unmittelbare Konfrontation mit Tod und Verwundung, die Herzen und Sinne erschüttern.

Gerade hier an diesem Ort, zu dem die Rettungsflugzeuge nach ihrem Einsatz zurückkehren, wissen alle Beteiligten um die Grenzen noch so guter Vorsorge, die Risiken für Leib und Seele der Soldaten zu minimieren.

Es ist auch das Fragen nach den Erfolgschancen dieser und jener Einsätze mit dem bejahten Ziel, zwischen die Fronten zu treten und Zeit und Raum zu gewinnen für politische Lösungen. Besonders eine Gesprächsrunde ist mir noch in lebendiger Erinnerung. Wie enttäuscht waren die jungen Soldaten vor drei Jahren in Prizren, als sie die Zerstörung von Wohnvierteln, Kulturgütern und Kirchen nicht verhindern konnten, obwohl die zivil-militärische Zusammenarbeit erste Früchte wachsen ließ.

Es ist auch die nicht beneidenswerte Lage derer, die in Politik und Militär Entscheidungen zu treffen haben, wie politischem Extremismus und religiösem Fundamentalismus, die weder durch die Bibel noch durch den Koran zu rechtfertigen sind, so angemessen und wirksam wie möglich begegnet werden kann.

„Immer öfter hat sich mein Gewissen geregt."

Die Suche nach Orientierung, nach gangbaren Schritten zu einem gerechten Frieden treibt die Nachdenklichen innerhalb von Militär und Politik genau so um wie friedensbewegte Kreise, die häufig nicht in der Unmittelbarkeit konkreter Verantwortung stehen.

Jedem nachdenklichen Menschen ist mindestens seit den Kriegen des 20. Jahrhunderts bewußt, wie sich häufig nur noch die Wahl zwischen dem größeren oder kleineren Übel stellt. Darüber mag und muss dann gestritten werden, ohne den Respekt vor der Gewissensentscheidung der anderen zu verlieren.

Ein verdienter Offizier hat mir vor kurzem geschrieben:

> Militärische Macht kann nie ohne Schuld der Beteiligten zur Wirkung kommen. Im Großen Katechismus schreibt Martin Luther zum fünften Gebot „Du sollst nicht töten": Dieses Gebot gilt nicht nur dem, der Böses tut, sondern auch dem, der dem Nächsten Gutes tun, ihn schützen und retten kann, dass ihm kein Leid noch Schaden am Leibe widerfahre, und tut es nicht.

Und er kommt für sich zu dem Ergebnis:

> Ich weiß, dass die Frage, welches Maß an Gewalt und Verfügung über Menschen nach christlicher Norm vertretbar sind, unbeantwortet bleibt.
> Deshalb muss die Kirche mitten im Geschehen sein, auch und gerade mitten unter den Soldaten.

Darum bemühen sich beide Militärseelsorgen seit fünf Jahrzehnten im Wandel der deutschen und internationalen Geschichte.

Natürlich finden solche tiefgehenden Gespräche nicht täglich oder wöchentlich statt. Im normalen Betriebsablauf werden mehr die Fragen und Sorgen diskutiert, um die sich der Bundeswehrverband und der Wehrbeauftragte kümmern und mitunter darüber bekümmert sind.

Aber es gibt auch so etwas wie eine stellvertretende Nachdenklichkeit, die in kritischer Solidarität für den Einzelnen und das Ganze Verantwortung übernimmt.

Unter den Grüßen und Wünschen zu dem heutigen Anlass hat mich der Schlusssatz eines journalistischen Kommentars berührt. Er lautet:

> „Es kann und darf also niemals Aufgabe der Militärseelsorge sein, den Soldaten und den Politikern, die ihnen Aufträge geben, ein gutes Gewissen zu verschaffen."

Angesichts der gelegentlichen Unausweichlichkeit, zwischen zwei Übeln entscheiden zu müssen, ist diese Wertung nachzuvollziehen. Aber was ist die Alternative, die uns der christliche Glaube bietet?

Kein Mensch vermag auf Dauer mit einem schlechten Gewissen zu leben. Damit wäre er ganz finsteren Mächten und Gewalten ausgeliefert, von denen der Apostel Paulus mit großem Pathos spricht.

Zu dem inneren Konflikt zwischen Schuldverstrickung und Schuldübernahme, zwischen den nicht wirklichen Alternativen eines guten oder schlechten Gewissens hat der Christ dennoch eine redlich Chance.

Dazu hat der ehemalige Militärgeneraldekan Reinhard Gramm in einem Vortrag über die „Macht und Verantwortung des militärischen Führers" sehr Hilfreiches gesagt, was für politisch und kirchlich verantwortliche Schwestern und Brüder entsprechend gelten kann.

> Er wird auch in diesen Strudeln eine Entscheidung vor Gott treffen müssen, eine Entscheidung, die ihm kein Mensch abnehmen kann, die möglicherweise sogar nicht die richtige sein muss. Zugleich aber darf er sich trösten, dass Gott diese seine Entscheidung kennt und weiß, dass er sich auch in dieser schweren Stunde von Gottes Treue umgeben sieht, die ihn nicht fallen und untergehen lässt.
> Er wird als Christ kein gutes Gewissen, aber ein getröstetes Gewissen haben dürfen.

Domini sumus. Wir sind und bleiben in Gottes Hand.

Mit unserer Seelsorge unter den Soldatinnen und Soldaten, in kritischer Solidarität mit allen, die schwere Entscheidungen zu treffen haben. Nichts kann uns trennen von der Liebe Gottes, die in Christus Jesus ist, unserm Herrn.

Das ist die wohltuende Botschaft am 50. Jahrestag der Unterzeichnung des Militärseelsorgevertrages, an dem wir kein Jubiläum feiern können, weil der himmlische Frieden nur bruchstückhaft in unserem irdischen Dasein aufleuchtet.

Wir feiern auch nicht die goldene Hochzeit zwischen Staat und Kirche, die ihre je eigene Zuständigkeit haben und behalten, auch wenn wir für 50 Jahre Partnerschaft zum Wohle der Soldatinnen und Soldaten dankbar sind.
Wir feiern heute den Geburtstag des Militärseelsorgevertrages und freuen uns über fünf Jahrzehnte gegenseitigen Vertrauens und vertraglicher Treue, ohne dass es der Anwendung der Freundschaftsklausel bedurft hätte.

Das tut uns allen gut, die wir um Gerechtigkeit und Frieden bei uns und in der Welt bemüht sind und bleiben wollen, so wahr uns Gott helfe.

Amen.

Festvortrag zur Diplomierungsfeier der Polizeikommissar-Anwärter am 29. März 2007 in Oldenburg

Herr Prodekan, Herr Bürgermeister, sehr geehrte Damen und Herren,
liebe Anwärterinnen und Anwärter!

Das Warten auf die Diplomierung zum polizeikommissarischen Dienst nimmt heute ein gutes Ende. Es dauert nur noch wenige Minuten, bis Sie die ersehnte Urkunde in der Hand halten und dann befreit wie das Ross von Niedersachsen in die gehobene Laufbahn springen können.

Wer je eine berufliche Prüfung erfolgreich abgelegt hat, weiß, wie die Fesseln der Anspannung sich mit einem Male zu lösen beginnen und die Freude fast keine Grenzen kennt. Wobei sich nur noch die Frage stellt, ob die Mütter und Väter noch aufgeregter hierher gekommen sind als die Söhne und Töchter selber.

Bedarf es da eigentlich noch eines Festvortrages zwischen den musikalischen Impressionen aus dem Straßenverkehr und einem Charleston aus den 20iger Jahren in geradem Takt und mit stark synkopiertem Grundrhythmus, den wohl nur wenige hier im Raum beherrschen. Oder sollte ich mich irren?

Dass die Wirklichkeit des persönlichen und gesellschaftlichen Lebens nicht nur aus Highlights besteht, das haben Sie in Theorie und Praxis Ihres dreijährigen Studiums mitunter sehr eindrücklich erlebt.

Familienstreit und Verkehrsunfälle rufen immer wieder die Polizei auf den Plan. Bei Gewaltdelikten und beim Überbringen einer Todesnachricht werden Sie mit den Schattenseiten des Lebens konfrontiert.

Trotz aller körperlichen Fitneß und psychischen Belastbarkeit sind und bleiben wir alle Menschen, die ihre Grenzen haben und hoffentlich auch kennen. Besonders in Extremsituationen kann es gut sein, wenn erfahrene Kollegen oder kirchliche Notfallseelsorger zur Seite stehen.

Das schöne Bild von der Polizei als Freund und Helfer, das sich bei der Verkehrserziehung im Kindergarten und bei der Begleitung älterer Menschen über den Zebrastreifen bewährt hat, kann sich urplötzlich verfärben und verzerren, wenn Überfälle mit Geiselnahme oder gewaltbereite Demonstranten ganz unfreundlich erscheinende Maßnahmen der Polizei erforderlich machen.

Das muss dann zum doppelten Schutz geschehen, für die Beamten selber und für die, die das Recht unseres demokratischen Staates brechen.

Dabei soll der mögliche Schaden begrenzt werden, die Angemessenheit der Mittel muss gewahrt bleiben. Das ist manchmal leichter gesagt als getan.

Wer beim Eintritt in den Dienst der Polizei den Schwur leistet, seine Kraft dem Volke und dem Lande zu widmen, das Grundgesetz für die Bundesrepublik Deutschland und die Niedersächsische Verfassung zu wahren und zu verteidigen und in Gehorsam gegen die Gesetze seine Amtspflichten gewissenhaft zu erfüllen und Gerechtigkeit gegenüber jedermann zu üben, kann zu diesem Zeitpunkt noch nicht umfassend abschätzen, welche Bewährungsproben im Laufe eines jahrzehntelangen Berufes zu bestehen sind.

Mein Vater war Polizeiinspektor in Dresden. So war ich selbst bei der Krankenkasse der Polizei in Sachsen versichert. In meiner Dokumentensammlung befindet sich noch ein Beleg über 8,83 Reichsmark für eine kinderärztliche Behandlung am 7. Mai 1945, also einen Tag vor Kriegsende. Wer damals in staatlichen Diensten war, musste nicht auf die Verfassung, sondern auf Volk und Führer schwören.
Die Quittung erhielten fast alle Polizeiangehörigen einige Monate später, als die russische Besatzung in einer Nacht meinen Vater und hunderte von Kollegen mit Lastwagen von zuhause abholten und nach Osten verschleppten. Kaum einer ist je zurückgekommen. 1950 hat meine Mutter ihren Mann für tot erklären lassen. Dabei weiß ich gar nicht, wie nationalsozialistisch meine Eltern eingestellt waren.

Mir bleibt es aber unbegreiflich, wie heutzutage noch behauptet werden kann, am 2. Weltkrieg seien nur andere Schuld gewesen und Konzentrationslager habe es nicht gegeben.

Ganz und gar unerfreulich sind die Schlagzeilen, die in letzter Zeit von der NPD auch auf oldenburgischem Gebiet produziert worden sind.

In Ihre Studienzeit, liebe Diplomanden, fällt schon die NPD-Demonstration und die Gegendemonstration vom 3. September 2005, die ein riesengroßes Polizeiaufgebot in Oldenburg nötig machte. Dann folgte die langwierige Auseinandersetzung um den Erwerb eines Delmenhorster Hotels, was nur durch die engagierte Unterstützung der Bevölkerung vereitelt werden konnte. Und jüngst wurde die Abhaltung eines NPD-Parteitages im PFL gerade noch verhindert.
Schwerwiegender jedoch ist der Schaden, den diese Partei in den Gemütern von jungen Menschen anrichtet, die sich in unserer Gesellschaft benachteiligt empfinden.
Ihnen wird mit dürftigsten und geschichtsfälschenden Argumenten eine Zukunft vorgegaukelt, die schon einmal in Unfreiheit und einem total verlorenen Krieg geendet hat.

Die Diskussion um die Begnadigung von Männern und Frauen, die aus linksradikaler Überzeugung der bundesrepublikanischen Gesellschaft ein neues Gesicht geben wollten und dabei wirtschaftliche und soziale Ungerechtigkeiten mit Attentaten bekämpften, fördert unser aller Wachsamkeit heraus, der Gewalt zu wehren und gleichzeitig unsere demokratischen Errungenschaften nach zwei Weltkriegen durch konstruktive Kritik politisch zu schützen und das Prinzip einer sozialen Marktwirtschaft in der Balance zu halten.

Was innenpolitisch einigermaßen gelingt, obwohl international agierende Konzerne ihre finanzpolitischen Interessen rigoros auf Kosten von Arbeitsplätzen ausspielen und der Mittelstand kaum in der Lage ist, diese Verluste auf dem Arbeitsmarkt auszugleichen, ist außenpolitisch viel schwerer umzusetzen.

Alle, die in Politik, Militär und Polizei Entscheidungen zu treffen haben, sind oft in einer nicht beneidenswerten Lage. Sie haben immer neu zu bedenken, wie politischem Extremismus und religiösem Fundamentalismus, die weder durch die Bibel noch durch den Koran zu rechtfertigen sind, so angemessen und wirksam wie möglich begegnet werden kann.

Es ist und bleibt wichtig und unentbehrlich, dass ethische Grundfragen in der polizeilichen Ausbildung ihren Platz haben. Denn beides gehört unbedingt zusammen: Ihre Fachkenntnis in den Polizeiführungs-, Einsatz- und Kriminalwissenschaften und Ihre erworbene Kompetenz in den Rechts-, Sozial- und Erziehungswissenschaften.

Es tut unserem freiheitlich-demokratischen Rechtsstaat, der sich über sechs Jahrzehnte positiv entwickelt hat, gut, wenn die Bevölkerung in der Begegnung mit der Polizei spürt, da wird weder willkürlich noch prinzipienstarr gehandelt, es sei denn, Rechtsbruch und Gewalttätigkeit lassen keine andere Reaktion zu.

Polizeibeamte sollen, wie die Studienordnung vorsieht, einen hohen Grad selbständiger Aufgabenerfüllung erreichen und dabei ein kreatives Problemlösen erlernen.

In meinem Arbeitszimmer zuhause hängt ein Gegenstand an dem Knauf einer Schranktür. Häufig benutzen Sie ihn beim polizeilichen Einsatz im Straßenverkehr zum Schrecken zu eiliger oder rücksichtsloser Verkehrsteilnehmer.
Ich habe diese Kelle zu meinem runden Geburtstag geschenkt bekommen mit dem ausdrücklichen Vermerk:

> Für noch viele Stoppelmärkte und andere Anlässe. Dabei dachte der Polizeidirektor Kühme an Reden und Vorträge mit sichtbaren Symbolen. Heute, wann denn sonst, ist der Tag gekommen, wo ich diese rot leuchtende Polizeikelle ohne kriminellen Anlass einsetzen kann.

Ich denke, wir brauchen gelegentlich einen Hinweis, der uns signalisiert: Halt, bis hier her und nicht weiter!
Jeder und jede mag sich ausmalen, wo und wann das nötig war oder sein könnte.

Den Polizisten geht es nicht anders als den Pastoren: Wir bleiben Menschen mit Stärken und Schwächen und sind bisweilen froh darüber, dass nicht jeder merkt, wie wir gerade mit heiler Haut oder blauem Auge davongekommen sind. Einer merkt es allerdings trotzdem.

Sie kennen vielleicht die kleine Anekdote. Weil ein Besitzer guter Obstbäume sich darüber ärgerte, dass Kinder ihm die frischen Früchte, die über den Zaun hinausragten, regelmäßig abpflückten, stellte er ein Schild in seinem Grundstück auf. Darauf schrieb er die Worte: Gott sieht alles! Am nächsten Tag war darunter in kleinerer Schrift zu lesen: Aber er verpetzt uns nicht.

Manche Menschen leiden unter der Spannung zwischen ihren guten Absichten und den mitunter schlechten Ergebnissen ihres Handelns. Sie sehen zwar vor ihrem geistigen Auge das Stop-Schild und machen doch weiter wie bisher.

Anderen gelingt aus eigener Kraft oder mit fachlicher Hilfe die konsequente Änderung ihres Verhaltens. Dabei können biblische Weisheiten wie Navigationssysteme abgewandelt wirken: Wenn nötig, bitte wenden!

Der König David, der etliche Male in Gesetzeskonflikt geraten war, hat seine Schwächen und Launen im Gebet vor Gott gebracht. Im Psalm 139 heißt es am Ende:
Erforsche mich, Gott, und erkenne mein Herz; prüfe mich und erkenne, wie ich's meine. Und sieh, ob ich auf bösem Wege bin, und leite mich auf ewigem Wege.

Wer christlich geprägt und kirchlich gebunden ist, kann in solchen Worten Trost und Ermutigung finden. Für Menschen ohne religiöse Erziehung und Bindung, wie sie meine Schwiegertochter Franziska aus dem Osten Berlins erlebt hat, gilt die allgemeine Empfehlung: Zu Risiken und Nebenwirkungen biblischer Texte fragen Sie den Chef oder Ihren Polizeiseelsorger.

Wer die Diplomandenzeit hinter sich und die Diplom-Urkunde vor sich in Händen hat, steigt nicht wie selbstverständlich in den diplomatischen Dienst ein. Das könnte ja später einmal eine Perspektive werden. Aber diplomatisches Geschick im verantwortungsvollen Beruf und im täglichen Leben steht uns allen gut zu Gesicht, wo auch immer wir Verantwortung zu tragen haben.

Deshalb beende ich nun schnell meinen Vortrag und gratuliere Ihnen von Herzen zu Ihrem wichtigen Erfolg auf der beruflichen Leiter. Seien Sie Gott befohlen mit dem Charisma Ihrer persönlichen und beruflichen Qualifikation, ganz gleich, wie gut Sie den Charleston beherrschen!

7. Bericht des Bischofs vor der Synode am 10.05.2007 in Rastede

Herr Präsident, hohe Synode, liebe Schwestern und Brüder!

Der nach Martin Luther bekannteste evangelische Liederdichter, dessen 400. Geburtstag sich am 12. März gejährt hat und mit einer 55 Cent Briefmarke gewürdigt worden ist, dieser in seinem beruflichen und familiären Leben stark gebeutelte Pfarrer, in dessen 69 Lebensjahre der 30jährige Konfessionskrieg mitten hineinragte, Paul Gerhardt hat in seinen Liedern die breite Palette menschlicher Mühsal und christlicher Hoffnung theologisch bearbeitet und geistlich verdichtet.

Zu fast allen Anlässen des christlichen Lebens hat er gedanklich mitnehmende und sprachlich ansprechende Verse gereimt. So auch ein Lied, das im Evangelischen Gesangbuch unter der Rubrik Arbeit (Nr. 497) zu finden ist.

Mit jeweils drei Versen möchte ich diesen Bericht beginnen und beenden.

Ich weiß, mein Gott, dass all mein Tun
und Werk in deinem Willen ruhn,
von dir kommt Glück und Segen;
was du regierst, das geht und steht
auf rechten, guten Wegen.

Es steht in keines Menschen Macht,
dass sein Rat wird ins Werk gebracht
und seines Gangs sich freue;
des Höchsten Rat, der macht's allein,
dass Menschenrat gedeihe.

Gib mir Verstand aus deiner Höh,
auf dass ich ja nicht ruh und steh
auf meinem eignen Willen;
sei du mein Freund und treuer Rat,
was recht ist, zu erfüllen

Wir haben uns im Oberkirchenrat für diese Synode entschieden, über unsere kirchliche Arbeit in Ergänzung der Referate I bis V zu berichten und dabei Schwerpunkte zu setzen, was eine Beschränkung bei der Auswahl der Themen und der Länge der Texte zur Folge hat.

Meinen Beitrag gliedere ich in drei Abschnitte.

A. KIRCHLICHE AUFBRÜCHE

1. Zukunftskongress der EKD in der Lutherstadt Wittenberg

In seinem abschließenden Votum stellt der Ratsvorsitzende Bischof Huber am 27. Januar 2007 fest:

Man hat diesen Kongreß als ein erstmaliges Ereignis bezeichnet. Das stimmt. Aber was erstmalig war, braucht nicht einmalig zu bleiben. Die Veränderungen, die nötig sind, werden uns über die nächsten Jahre beschäftigen. Bei diesen Veränderungen wollen wir auch weiterhin voneinander lernen.

Unsere gemeinsamen Bemühungen um die Reform unserer Kirche verbinden unser Tun jetzt – jetzt sind wir „Kirche im Aufbruch". Dabei wollen wir die Menschen mitnehmen. (Dokumentation, S. 154)

Die Kirche Jesu Christi ist eine Gemeinschaft von Gemeinschaften. Unser Glaube vernetzt uns miteinander, unser Bekenntnis verbindet, unsere Verantwortung weist uns aneinander. Aus diesem Verständnis ergibt sich meiner Auffassung nach die Folgerung, dass Aufgaben jeweils an dem Ort und auf der Ebene gelöst werden, auf denen dies am besten möglich ist. (S. 157)

Diese Feststellungen sind wichtig für alle Ebenen kirchlichen Handelns. Für die Gemeinschaft der 23 Landeskirchen, für die evangelischen Kirchen in Niedersachsen, für die oldenburgische Kirche mit ihrer neuen Kirchenkreisstruktur und den darin verbundenen Gemeinden, Werken und Einrichtungen wie auch für die Arbeit in den Kirchengemeinden selbst.

Dabei bleiben die „vier biblisch geprägten Grundannahmen", wie sie im Impulspapier für den Wittenberger Zukunftskongreß formuliert worden sind, weiterhin nützlich.

Geistliche Profilierung statt undeutlicher Aktivität. Wo evangelisch drauf steht, muss Evangelium erfahrbar sein.

Schwerpunktsetzung statt Vollständigkeit. Kirchliches Wirken muss nicht überall vorhanden sein, wohl aber überall sichtbar.

Beweglichkeit in den Formen statt Klammern an Strukturen. Nicht überall muss um des gemeinsamen Zieles Willen alles auf dieselbe Weise geschehen.

Außenorientierung statt Selbstgenügsamkeit. Auch der Fremde soll Gottes Güte erfahren können, auch der Ferne gehört zu Christus.

(Impulspapier, S. 8)

2. Reformprozess in unserer oldenburgischen Kirche

Wenn diese Erkenntnisse auf der EKD-Ebene teilweise bekannt vorgekommen sein sollten, dann haben Sie sich nicht getäuscht.

Sowohl in den „Perspektiven kirchlichen Handelns in der Ev.-Luth. Kirche in Oldenburg" vom Mai 1998 (gelb) als auch in der „Weiterentwicklung der Perspektiven für die Ev.-Luth. Kirche in Oldenburg" vom Mai 2004 (grün) ist der Auftrag der Kirche in den Dimensionen des Evangeliums und die Gestalt der Kirche mit ihren Handlungsfeldern und Querschnittsaufgaben theologisch und ekklesiologisch schlüssig beschrieben worden.

Auf dieser Grundlage kommt nun nach mehr als 10 Jahren ein Reformprozess, der zur Zeit von Bischof Sievers begonnen wurde, zum vorläufigen Abschluss.

Der Aspekt der Vorläufigkeit hat grundsätzliche Bedeutung, weil alles, was wir tun und lassen, sub specie aeternitatis, nur irdisches Wirken unter bestimmten zeitlichen Bedingungen sein kann. Der Gesichtspunkt der Vorläufigkeit beinhaltet aber auch die Offenheit, nach geraumer Zeit aufgrund von wesentlichen Veränderungen in Kirche und Gesellschaft und im Blick auf die Gemeindegliederentwicklung und das verfügbare Finanzvolumen eine Neubewertung vorzunehmen und evtl. nachzusteuern.

Ich bin fest davon überzeugt, dass die oldenburgische Kirche mit den auf dieser Synode noch zu fassenden Beschlüssen gut aufgestellt ist, um im Rahmen veränderter volkskirchlicher Bedingungen den formulierten Zielen, das Evangelium in vier Dimensionen zu bezeugen, gerecht zu werden.

Durch die Einladung zum Glauben, durch die Vermittlung von Orientierung, in dem Angebot von Gemeinschaft und durch das Eintreten für Gerechtigkeit. (Grünes Papier, S. 7)

Was die Ebene der Konföderation der Evangelischen Kirchen in Niedersachsen angeht, ist neben dem bewährten Miteinander in manchen Handlungsfeldern noch eine engere Zusammenarbeit denkbar und möglich, die unter der Berücksichtigung der unterschiedlich großen Landeskirchen der verstärkten gemeinsamen Planung und Verantwortung von Gemeinschaftsaufgaben bedarf.

Auch in dieser Hinsicht genießen wir gegenüber jungen Kooperationsmodellen östlicher Gliedkirchen den Vorteil jahrzehntelanger Erfahrung und Erfolge.

Lassen Sie mich an dieser Stelle den bischöflichen Dank allen aktuellen und ehemaligen Mitgliedern der Steuerungsgruppe und ihren Untergliederungen aussprechen, die in synodaler und oberkirchenrätlicher Gemeinschaftsarbeit einen mitunter mühsamen und manchmal bis an die Grenze der Zermürbung gehenden Reformprozess für unsere Kirche durchgestanden und aus meiner Sicht zu einem guten Ende gebracht haben.

Dankbar bin ich gleichermaßen für die tägliche und wöchentliche Arbeit unserer engagierten Mitarbeiterinnen und Mitarbeiter, die in Beruf und Ehrenamt ihren besonderen Beitrag zu einer lebendigen vielfältigen Kirche leisten.

Manche Aktivitäten erregen größere Aufmerksamkeit als der „normale" Dienst in Verwaltung, Seelsorge, Bildung und Diakonie. Dennoch ist es gut, dass Kirchenjubiläen und Festveranstaltungen den manchmal grauen Alltag unterbrechen.

So werden Lange Nächte auch in Gotteshäusern zum Publikumsmagneten, wie sie z. B. von der Arbeitsgemeinschaft Christlicher Kirchen (ACK) im letzten Sommer veranstaltet worden sind.

Der erste Caritas-Diakonie-Tag auf dem Schlossplatz in Oldenburg verzeichnete großen Zuspruch. Die Passions-Punkte in Gestalt von sieben Abendandachten an „wunden" Punkten der Stadt Wilhelmshaven weisen auf konkrete Nöte hin und bringen Grenzfragen des Lebens zur Sprache.

Unter dem reichen Angebote der Kirchenmusik ragte in Wildeshausen die Uraufführung eines Gospels heraus. Oder eine Gemeinde macht zum dritten Mal gute Erfahrungen mit einem Trau-Erinnerungs-Gottesdienst wie in Krusenbusch.

Auch eine – vorübergehende – Kirchenschließung wie jetzt in St. Lamberti in Oldenburg lässt aufhorchen, weil nun endlich die Generalüberholung vom Heizungskeller bis zum Ausbau des neugotischen Gewölbes begonnen werden konnte. Was wird das für eine Freude sein, wenn die würdige Grablege von Graf Anton Günther und anderen fertig ist und ein geistlicher Aufbruch sich in neuem Glanz entfalten kann.

B. SOZIALE BEWÄHRUNGSPROBEN

So sehr wir in Zeiten, wo schon fast zu oft die Rede von weniger Gemeindegliedern, weniger Geld und weniger Personal die Rede ist, Zeichen des Aufbruchs und der Zuversicht als Balsam für die Seele brauchen, so sehr muss uns die wachsende Armut in unserem Lande alarmieren.

Es ist natürlich dankbar festzustellen, dass der wirtschaftliche Aufschwung kräftig zugenommen und die Zahl der Arbeitslosen deutlich abgenommen hat. Davon profitiert unsere Gesellschaft in weiten Teilen. Über diesen Erfolgsmeldungen treten die Menschen schnell in den Hintergund des allgemeinen Interesses, die im Schatten des Wohlstandes leben.

Im Oldenburger Bürger vom März 2007 war zu lesen:

> Noch nie hat es in Deutschland so viel Wohlstand gegeben, wie gegenwärtig. Gleichzeitig werden die Brotdosen von immer mehr Kindern zum Monatsende stetig leerer. Das ist ein Skandal, der kaum zur Kenntnis genommen wird. Erst ein paar Jahre auf der Welt, lernen Kinder bereits Armut kennen. Laufen mit knurrenden Mägen umher und müssen zusehen, wie andere Kinder gut und ausreichend zu essen haben.
> Armut und Ausgrenzung nehmen zu. Die Hartz-IV-Gesetzgebung beschleunigt diese Tendenz, stellt die Nationale Armutskonferenz fest. Allein die Zahl der auf Sozialhilfeniveau lebenden Kinder unter 15 Jahren hat sich binnen kürzester Zeit von einer auf 1,5 Millionen erhöht. (S. 3)

In der Stadt Oldenburg hat sich ein „Ökumenischer Arbeitskreis Wohnungshilfe" mit Delegierten aus der lutherischen, katholischen, methodistischen und baptistischen Kirche gegründet. Er will Menschen in sozialer Not Hilfe anbieten in Ergänzung zu den Sozialbehörden der Stadt und in Zusammenarbeit mit den karitativen Einrichtungen der Kirchen. Die finanziellen Mittel des ÖAW aus Spenden werden als zinslose Darlehn bei Mietkautionen und Maklerprovisionen zur Beschaffung neuen Wohnraums, bei Mietrückständen zur Vermeidung von Kündigung oder Zwangsräumung und bei Energiekostenrückständen zur Vermeidung oder Aufhebung einer Strom- oder Heizungssperre vergeben.

Bereits im letzten Jahr hat der Rat der EKD in seiner Denkschrift zur Armut in Deutschland ein eigenes Kapitel zum Stichwort extremer Armut verfasst.

Müssen Antragsteller auf Sozialhilfe oder Arbeitslosengeld II zum Teil schon erhebliche Einbußen hinnehmen, wenn sie arbeitslos werden, so geht es bei der extremen Armut um Menschen,

> die zumeist außerhalb des staatlichen Hilfesystems stehen und bei denen durch besondere Lebensumstände selbst minimale Grundbedürfnisse nicht gesichert sind. Diese Menschen sind zwar in Notunterkünften, Suppenküchen und ähnlichen sozialen Einrichtungen anzutreffen, ihre Situation ist jedoch kaum wissenschaftlich untersucht.
>
> Extreme Armut in diesem Sinne ist oft charakterisiert durch vielschichtige, gleichzeitige Problemlagen wie Langzeitarbeitslosigkeit, Einkommensarmut, Überschuldung, Woh-

nungslosigkeit, mangelnde Bildung, Drogen- und Suchtmittelgebrauch und Straffälligkeit sowie Krankheit. In besonderer Weise besteht die Gefahr einer Verfestigung von Armut im Lebenslauf. (S. 30)

Die Kirchen mit Diakonie und Caritas fordern daher zu Recht, dass die psychosoziale Hilfe für die Menschen, die nicht in der Lage sind ihre Rechte selbständig und erfolgreich wahrzunehmen, dringend erhalten bleibt und ausgebaut wird.

Im November letzten Jahres haben die Landesjugendpfarrämter der fünf evangelischen Kirchen in Niedersachsen einen Jugendsozialgipfel veranstaltet, bei dem auch der Zusammenhang von Kinderarmut und Bildungsarmut dokumentiert worden ist.

Es ist aller Ehren wert, an dem Bild einer heilen Familie im Prinzip festzuhalten. Aber zum einen ist das Leben in vielen Familien, selbst wenn eine gewisse finanzielle Ausstattung zur Verfügung steht, nicht überall heil. Zum anderen sind auch nicht alle Eltern in der Lage, weil der miterziehende generationsübergreifende Lebenszusammenhang von früher nicht mehr gegeben ist, ihre Kinder von klein auf so zu erziehen, dass sie den Herausforderungen ihres jungen Lebens gewachsen sind.

Darum sind alle staatlichen Maßnahmen zu begrüßen, die es besonders den sozial belasteten Familien und Teilfamilien ermöglichen, in Kinderkrippen, Kindertagesstätten und anderen Einrichtungen der Wohlfahrt ersatzweise Erziehung und Bildung zu erlangen.

Nur wer dieser Realität ins Auge sieht und die Not mit vereinten Kräften und Maßnahmen zu lindern sucht, kann sich dann auch über das Ergebnis einer Umfrage, die die hannoversche Landeskirche mit der Kirchenvorstandswahl verbunden hatte, freuen.

Demnach lautet das Fazit: „Wenn es der Kirche gelingt, erhebliche Ressourcen für die Arbeit mit Kindern, Jugendlichen und Familien zu konzentrieren, braucht sie sich keinerlei Sorgen um ihre Zukunft zu machen."

Gerne war ich Anfang Februar bei den „Himmlischen Fortbildungstagen" für Mitarbeiterinnen und Mitarbeiter in der Arbeit mit Kindern und Jugendlichen in Dümmerlohausen. In meiner Predigt zu dem Tagungsthema „Aufbrechen" habe ich auf ein Grundproblem unseres Lebens und Arbeitens hingewiesen. Viele Menschen in unseren Gemeinden, aber auch der Kirche Fernstehende, warten auf unser segensreiches Wirken. Ihnen geht es oft zu langsam bei der Lösung vieler Probleme, unter denen die Menschheit mehr oder weniger leidet. Sie möchten bald spüren und sehen, wie sich ihr dem Tode geweihtes Leben unter der Obhut Gottes verändert und verbessert.

> Ein junger Mann hatte einen Traum. Er betrat einen Laden. Hinter der Theke sah er einen Engel. Hastig fragte er ihn: Was verkaufen Sie, mein Herr? Der Engel gab freundlich zur Antwort: Alles, was Sie wollen. Da sagte der junge Mann: Dann hätte ich gerne das Ende der Kriege in aller Welt, die Beseitigung der Elendsviertel in Lateinamerika, Arbeit für alle Arbeitssuchenden ... Da fiel ihm der Engel ins Wort und sagte: Entschuldigen Sie, junger Mann, Sie haben mich verkehrt verstanden. Wir verkaufen keine Früchte hier, wir verkaufen nur den Samen.

Gottes Segen muss wachsen, dazu braucht er Zeit und Menschen, die seine segensreiche Botschaft weitergeben, selbst zu lebendigen Vorbildern heranreifen und dort zupacken, wo die Not am größten ist.

C. RELIGIÖSE HERAUSFORDERUNGEN

Angesichts der vielen Konfirmationen, die in diesen Wochen gefeiert worden sind, kann uns deutlich werden, wie wir selbst immer neu der confirmatio, der Festigung im Glauben, der Stärkung in der Liebe und der Bestätigung in der Hoffnung bedürfen. Es reicht nicht, die Glocken zu läuten und die Kirchengebäude renovieren zu lassen, wenn wir nicht selbst am Sonntag in der Gemeinschaft des Herrn fröhlich und getrost miteinander Gottesdienst feiern. Es reicht nicht, je einmal mit großem Aufwand Taufe und Konfirmation, Hochzeit und Beerdigung zu zelebrieren, wenn in den Lebensabschnitten dazwischen das Aggregat des Glaubens ausgeschaltet, die Nächstenliebe ins Kühlfach für die Seniorenzeit gelegt und die Hoffnung auf Gottes Reich eingemottet wird.

Der Monatsspruch für diesen Mai steht in Philipper 2, 11 und lautet: Alle Zungen sollen bekennen, dass Jesus Christus der Herr ist, zur Ehre Gottes, des Vaters. Mit diesem Wort verbindet sich wie mit vielen christozentrischen Aussagen der Heiligen Schrift, die wir von Jugend auf gelernt und vielleicht auch schätzen gelernt haben, mit diesem Wort verbindet sich ein Ausschließlichkeitsanspruch des christlichen Glaubens, wenn es heißt im Vers zuvor, dass in dem Namen Jesu sich beugen sollen aller derer Knie, die im Himmel und auf Erden und unter der Erde sind.

Als junger CVJMer im grünen Fahrtenhemd mit blauem Halstuch und bronzefarbenem Knoten habe ich gerne über solche Worte eine Andacht gehalten.

Und wir zitieren in den unterschiedlichsten Zusammenhängen gerne die Barmer Theologische Erklärung von 1934, in der in der sechsten These der Auftrag der Kirche beschrieben wird, „an Christi statt und also im Dienst seines eigenen Wortes und Werkes durch Predigt und Sakrament die Botschaft von der freien Gnade Gottes auszurichten an alles Volk".

Allerdings sind mir im Studium der Theologie neben dem Geschenk einer durch Taufe und Konfirmation bestätigten christlichen Identität auch die Grenzen und Gefahren bewußt geworden, die sich mit einem Absolutheitsanspruch der eigenen religiösen Überzeugungen verbinden.

Diese Gefahr müssen wir grundsätzlich im Auge behalten. Denn jede Art von religiösem und häufig verbundenem politischen Fundamentalismus hat in der langen Geschichte der Religionen viel zu oft zu Unterdrückung und Krieg geführt.

Die Selbstmordattentate der Gegenwart sind schrecklichster Ausdruck religiöser Verblendung, die sich auch nach muslimischer Interpretation des Koran nicht rechtfertigen lassen.

Was ist zu tun und zu lassen, um in einer global sich verändernden Zeit und Welt dem Missionsauftrag Jesu an seine Jünger treu zu bleiben und gleichzeitig das Evangelium von der Liebe Gottes zu allen seinen Geschöpfen wirksam zu verkündigen?

Für mich bleibt die Verkündigung der Liebe Gottes in Jesus Christus das vernünftigste Angebot auf dem Markt der religiösen Vielfalt. Diese Überzeugung vertrat schon in der Urchristenheit der Apostel Paulus bei seinem denkwürdigen Auftritt auf dem Areopag in Athen.

Ich frage uns und unsere Kritiker: Welche andere Religion oder Weltanschauung bietet im Doppelpack den Frieden mit Gott und die Versöhnung unter den Menschen und Völkern so konsequent und so menschenwürdig an wie der christliche Glaube?

Gerade weil wir die Kreuzzüge, Hexenverbrennungen und Konzentrationslager als extreme Fehlentwicklungen der Kirchen- und Weltgeschichte erkannt und bereut haben, wird der zeitweilig verschüttete Zugang zum Fundament christlicher Identität mit dem jüdischen Doppelgebot der Liebe wieder freigelegt.

Auf dem Hintergrund solcher in gutem Sinne theologischen Aufklärung ist mit Sorge zu beobachten, wie von fundamentalistischen Kreisen z. B. in der USA ein religiöser Kreuzzug über osteuropäische Länder nach Brüssel organisiert und finanziert wird.

Die Inhalte dieses missionarischen Eifers wie die Verdammung der Evolutionstheorie, die Ablehnung der Gleichberechtigung der Geschlechter vor Gott und die insgeheime Befürwortung der Todesstrafe wirft diese durch Torheit und Tyrannei gebeutelte Schöpfung um Jahrhunderte zurück.

Selbst der mühsam entwickelte Konsens der Menschenrechte in der Charta der Vereinten Nationen wird wieder in Frage gestellt.

Ähnlich kritische Fragen sind natürlich an andere Kulturkreise und Religionen zu stellen, aber zunächst muss sich die Christenheit an die eigene Nase fassen.

Wenn sich in Deutschland wichtige, muslimische Organisationen, die allerdings nur gut 10 % der 3,5 Millionen Muslime in Deutschland vertreten, in einem Koordinierungsrat zusammenschließen, um im Verhältnis zu unserem freiheitlich-demokratischen Rechtsstaat ein berechenbares und verlässliches Gegenüber zu bilden, so ist diese Entwicklung zu begrüßen, zumal im Blick auf die Ausbildung muslimischer Religionslehrer und die Erteilung solchen Unterrichtes nach deutschen Standards.

Der Rat der EKD hat im November letzten Jahres eine Handreichung herausgegeben zum Verhältnis Christen und Muslime in Deutschland unter der Überschrift „Klarheit und gute Nachbarschaft".

Die Zahl der gelegentlichen Begegnungen und Besuche von Christen in Moscheen und umgekehrt von Muslimen in Kirchen nimmt auch im Oldenburgischen zu. Von einem echten Kennenlernen der jeweils anderen Religion kann in der Regel keine Rede sein. Das muss sich ändern, indem die Kontakte behutsam ausgebaut werden, auf gemeindlich-kommunaler Ebene und darüber hinaus.

In der März-Ausgabe der Evangelischen Kommentare „Zeitzeichen" werden in einem Artikel Gemeinsamkeiten und Unterschiede zwischen Islam und Christentum bedacht.

Dabei wird hervorgehoben, dass es „das" Christentum oder „den" Islam weder theoretisch noch praktisch gibt. Man müsse genau hinsehen, um der Verallgemeinerungsfalle, die auf beiden Seiten mit Vorurteilen und Klischees einhergeht, zu entgehen.

Das breite Spektrum könne in beiden Religionen mindestens sechsfach differenziert werden: In traditionsorientierte Konservative, reformbereite Liberale, Säkulare, für die die Religion sich auf religiöse Folklore reduziert, Mystiker und Esoteriker, die ihre eigenen spirituellen Wege gehen sowie Fundamentalisten und militante Extremisten.

Die Gretchenfrage lautet: „Wie hältst du es mit der Gewalt?"

Während der fachliche Dialog auf anderer Ebene intensiv zu führen ist, stellen sich auf der lokalen und regionalen Ebene bisweilen Fragen zu gemeinsamen Gebeten und gemeinsamen religiösen Feiern. Gerade aus Anlass eines Unglückes hier oder einer Katastrophe an anderen Orten dieser einen Welt wird nach wirkungsvollen Zeichen gemeinsamer Verantwortung, Betroffenheit und Solidarität gesucht.

Solche Handlungen können auch zu Mißverständnissen führen und den Eindruck erwecken, dass Unterschiede zwischen den Religionen überspielt oder preisgegeben werden. In der Handreichung der EKD werden praktische Folgerungen vermittelt:

> Eine legitime Form, die Verbundenheit zwischen Muslimen und Christen zum Ausdruck zu bringen, ist die respektvolle Teilnahme am Gebet der jeweils anderen Religion und, damit verbunden, das innerste Einstimmen in Aussagen, die man aus seiner eigenen Glaubensüberzeugung vollziehen kann. Dies kann in der Weise geschehen, dass beispielsweise Christen am Freitagsgebet in einer Moschee zugegen sind und andächtig teilnehmen oder umgekehrt Muslime bei einem christlichen Gottesdienst als Gäste anwesend sind. Auch manche Feste der beiden Religionen ermöglichen eine wechselseitige Teilnahme. Ein Grußwort oder ein verlesener Text kann die Verbundenheit von Gastgebern und Gästen zum Ausdruck bringen.
>
> Es kann begründete Anlässe geben, bei denen Christen und Muslime (oder auch Mitglieder anderer Religionen) in einer Veranstaltung nebeneinander bzw. nacheinander beten. Im Hinblick auf die Friedensgebete von Assisi, an denen Vertreter zahlreicher Religionen teilnahmen, formulierte Papst Johannes Paul II., dass man zusammenkomme, um zu beten, nicht aber komme, um zusammen zu beten.

Wir sollten in unseren Breiten den Dialog suchen und Einladungen seitens der Muslime annehmen, um gerade bei unterschiedlicher Theologie und religiöser Praxis zu spüren, „wie wichtig die gegenseitige Information, der geistige Austausch, die gemeinsame Beratung von Konfliktfällen und ein einvernehmliches Handeln in religiösen und gesellschaftlichen Fragen für ein gutes Leben „der Muslime und Christen in Deutschland sind". (S. 116 – 119 i .A.)

Dass die über Jahrzehnte gewachsenen Beziehungen in der christlich-jüdischen Zusammenarbeit einen anderen Charakter haben, soll nur um der Klarheit willen benannt werden.

Auf einem völlig anderen Blatt stehen die Fragen zum Dialog mit nichtkonfessionell gebundenen Menschen, die religiös ungebunden sind und bleiben wollen. Dazu hat es in jüngerer Vergangenheit mehrere Veranstaltungen im Oldenburgischen gegeben.

Zum Schluss möchte ich nicht nur, weil gestern der Europatag war und im März der 50. Jahrestag der Unterzeichnung der „Römischen Verträge" in Berlin begangen worden ist, auf die Dritte Europäische Ökumenische Versammlung im September in Sibiu / Hermannstadt hinweisen. Für die Evangelische Kirche in Deutschland nehmen 60 Delegierte teil, ein Delegierter davon ist Dekan Jürgen Walter aus Oldenburg, der mich für die Evangelische Seelsorge in der Bundeswehr vertreten wird.

Diese fünftägige Veranstaltung mit etwa 2500 Delegierten aus nahezu allen Kirchen der Ökumene in Europa wird sowohl kircheninterne Fragen wie die Spannungen unter den Kirchen Europas als auch Themen des konziliaren Prozesses und insbesondere das Thema der Dekade zur Überwindung von Gewalt behandeln.

Unter drei Oberthemen, die das Licht Christi und die Kirche, das Licht Christi und Europa, das Licht Christi und die Welt beleuchten, werden jeweils drei Unterthemen in Arbeitsgruppen behandelt werden. Es bleibt eine spannende Frage, wie diese Großveranstaltung zu Ergebnissen kommen kann, die von vielen Teilnehmerinnen und Teilnehmern aus so unterschiedlichen Kontexten getragen werden.

In vielen Kirchen hat die Charta Oecumenica von 2001 eine Vorreiterrolle zu wachsender ökumenischer Gemeinschaft an vielen Orten und europaweit geführt. So wird dieses ökumenische Zeugnis von den in der Arbeitsgemeinschaft Christlicher Kirchen in Niedersachsen verbundenen Denominationen am 13. Mai feierlich unterzeichnet.

Vor uns liegen die beiden Kirchentage sowohl dieses Jahr in Köln als auch 2009 in Bremen. Eine symbolische Verbindung zwischen diesen beiden Ereignissen ist dadurch geschaffen, dass eine Kirchentagskogge am 26. Mai 2007 im Oldenburger Hafen kurz vor Anker geht, die Grüße unserer Ev.-Luth. Kirche in Oldenburg entgegennimmt und danach über mehrere Stationen nach Köln segelt, um für den Kirchentag 2009 in Bremen, an dem wir in der Vorbereitung beteiligt sind, zu werben.

Bei so vielen Plänen und manchen Sorgen, die Mühe und Arbeit machen, tut es wohl gut, noch einmal das Lied vom Anfang aufzunehmen, das Paul Gerhardt 1653, fünf Jahre nach dem Ende des 30jährigen Krieges gedichtet hat.

Der Weg zum Guten ist gar wild,
mit Dorn und Hecken ausgefüllt;
doch wer ihn freudig gehet,
kommt endlich, Herr, durch deinen Geist,
wo Freud und Sonne stehet.

Du bist mein Vater, ich dein Kind;
Was ich bei mir nicht hab und find,
hast du zu aller G'nüge.
So hilf nur, dass ich meinen Stand
wohl halt und herrlich siege.

Dein soll sein aller Ruhm und Ehr,
ich will dein Tun je mehr und mehr
aus hocherfreuter Seelen
vor deinem Volk und aller Welt,
so lang ich leb, erzählen.

An der Bürotür einer irischen Kirchengemeinde war zu lesen: Herr, gieße deinen Segen aus auf alle, die hier arbeiten, beflügle unsere gemeinsamen Bemühungen, begrenze unsere Rivalitäten und Eifersüchteleien, füge uns zusammen, um dein Reich zu bauen.

So soll es sein!

Pfingstpredigt zur 950-Jahr-Feier der St. Johannes-Kirche in Wiefelstede am 27.05.2007

Liebe Festgemeinde!

950 Jahre Kirche im Dorf. Zu diesem fast 1.000jährigen Jubiläum gratuliere ich von ganzem Herzen und mit großer Freude.

Diese St. Johannes-Kirche, mit uraltem Felsgestein errichtet, ist unbestritten Mutterkirche des alten Ammergaues, der einen wesentlich größeren Bereich erfaßte als das heutige Ammerland. Erst zwei Jahre später wurde die St. Ulrich Kirche in Rastede gebaut. 77 Jahre danach folgte die Zwischenahner und 175 Jahre später die Westersteder Kirche.

Auf diesem Hintergrund der geschichtlichen Entwicklung wirkt das Motto von der „Kirche im Dorf" sehr bescheiden. Denn dieses Gotteshaus mit seinen Türmen erscheint eher wie eine Trutzburg als wie eine schlichte Dorfkirche.

Aber vielleicht wirkt diese fast schon angelsächsische Untertreibung wieder sympatisch und geradezu programmatisch. Wer nämlich die Kirche im Dorf lassen will, gibt unmissverständlich zu erkennen: Kirchen- und Kommunalgemeinde, mit ihren 15.000 Einwohnern kleinstadtwürdig, suchen gemeinsam nach Lebensqualität für Leib und Seele der Menschen, die hier wohnen und arbeiten, die alteingesessen und neu zugezogen sind, die sich im Vereinsleben und sozial, gesellschaftspolitisch und kirchlich, zum Teil in mehrfacher Kombination und überwiegend ehrenamtlich engagieren.

Das bedarf der Anerkennung und des Dankes von Seiten des Staates und der Kirche, die zwar unabhängig voneinander wirken, aber doch aufeinander angewiesen bleiben um der Menschen und Familien Willen.

Entscheidend am Pfingstsonntag ist die Frage, wes Geistes Kind wir sind als Kirchenmitglieder und Bürgerinnen und Bürger in einem freiheitlich-demokratischen Rechtsstaat, für den Deutschland mit zwei Weltkriegen und allem, was dazwischen lag, teures Lehrgeld bezahlt hat.

Frischer Wind durch Gottes Geist, das wäre doch ein Geschenk zum Geburtstag dieser Kirche und unserer Gesellschaft überhaupt.

Pfingsten geschieht, wie wir vorhin gehört haben, plötzlich und unerwartet. Völlig überraschend bricht über die versammelte Gemeinde der Heilige Geist herein. Niemand kann das Ereignis aufhalten. Was da geschieht, lässt sich nicht sofort begreifen. Vielmehr sind die Menschen ergriffen und überwältigt.

Begeisterung und Bestürzung sind die Folge – wie immer, wenn Wunderbares geschieht. Ausländische Gäste hören in ihrer Heimatsprache die Jünger Jesu von den großen Taten Gottes reden. Andere wehren sich mit Kopfschütteln und Spott gegen das außergewöhnliche Geschehen.

Was will das werden? – So fragen Sie sich untereinander. Ich möchte diese Frage für uns aufnehmen und dreimal gedanklich umkreisen.

Mein erstes Stichwort lautet: Glaubensstark.

Angesichts der vielen Konfirmationen, die in den letzten Wochen gefeiert worden sind, kann uns deutlich werden, wie wir selbst immer neu der confirmatio, der Festigung im Glauben, der Stärkung in der Liebe und der Bestätigung in der Hoffnung bedürfen.

Es reicht nicht, die Glocken zu läuten und die Kirchengebäude zu renovieren, wenn wir nicht selbst in gewisser Regelmäßigkeit Gottesdienst miteinander feiern.

Es reicht nicht, wie ich schon auf der Synode gesagt habe, je einmal mit großem Aufwand Taufe und Konfirmation, Hochzeit und Beerdigung zu zelebrieren, wenn in den Lebensabschnitten dazwischen das Aggregat des Glaubens ausgeschaltet, die Nächstenliebe ins Kühlfach für die Seniorenzeit gelegt und die Hoffnung auf Gottes Reich eingemottet wird.

Die erste Christenheit hat durch Pfingsten einen ungeheuren Auftrieb im Glauben erfahren. Die Wirkung des Heiligen Geistes hat durch die Predigt des Petrus und seiner Apostelkollegen zu dem unerwarteten Ergebnis geführt, dass die Gemeinde in Gottesdienst und Lehre, im Abendmahl und im Gebet, in Gütergemeinschaft und täglichem Gotteslob beieinander blieb und füreinander sorgte.

Wir wissen zwar, dass dieses Modell der Urgemeinde nur kurz und nicht flächendeckend funktioniert hat.

Hananias und Zaphira (Acta 5), die nicht alle ihre Güter im Vertrauen auf Gott und aus Liebe zur Gemeinde verkauft hatten, fielen tot um, als ihr Betrug offenkundig wurde. Das wollen wir nun niemandem wünschen, der einen Teil seiner Steuern hinterzieht und damit auch die Finanzkraft unserer Kirche schwächt.

Aber im Prinzip bewirkte das Pfingstgeschehen eine ungeheure Zuwendung der Gemeindeglieder untereinander und stärkte ihren Zusammenhalt gegenüber anderen religiösen Bewegungen.

Glaubensstärke hat es im Kern mit Gottvertrauen und Erkenntnis der wichtigsten Inhalte zu tun.

Zur Vorbereitung auf meine Konfirmation 1958 im reformierten Neukirchen am Niederrhein mussten wir eine Menge auswendig lernen, damit es inwendig wirke.

Darunter war auch die Frage 21 des Heidelberger Katechismus. „Was ist wahrer Glaube?" Die Antwort lautet: „Wahrer Glaube ist nicht allein die sichere Erkenntnis, in der ich alles für wahr halte, was uns Gott in seinem Wort offenbart hat, sondern auch ein herzliches Vertrauen, welches der Heilige Geist durchs Evangelium in mir wirkt."

Martin Luther setzt in seinem Katechismus den ersten Akzent auf das Vertrauen in Gottes Wort und Gegenwart und den zweiten auf die gedankliche Durchdringung von Gnade und Gerechtigkeit um Jesu Christi Willen. Diese feinen Unterschiede spielen heute in unserer Evangelischen Kirche in Deutschland keine große Rolle mehr.

Rudolf Bultmann, der 1884 hier in Wiefelstede geboren wurde und dessen wir nachher noch mit einer würdigen Plakette gedenken werden, hat sein theologisches Schaffen unter das Motto „Glauben und Verstehen" gestellt, was mich nach wie vor beeindruckt, auch deshalb, weil er als weltberühmter Professor Sonntags in der Marburger Kirche die Kollekte einsammelte.

Wir müssen den frischen Wind von Gottes Geist wieder verstärkt hineinblasen lassen in unsere persönliche Frömmigkeit mit Gebet und Bibelstudium. In die religionspädagogische Arbeit in den Kindergärten und Schulen. Unsere Diakonie und die Akademien brauchen in ihrem sozialen und kulturellen Engagement erkennbaren Tiefgang.

Wo evangelisch drauf steht, muss Evangelium erfahrbar sein. Das war einer der Kernsätze des Evangelischen Zukunftskongresses am Anfang des Jahres in Wittenberg.

Warum brauchen wir eine Rückbesinnung auf die Stärken unseres evangelisch-reformatorischen Glaubens? Aus mehreren wichtigen Gründen.

Zum einen sind wir nach biblischem Auftrag und der Barmer Theologischen Erklärung von 1934 der Welt, in der wir leben, das Zeugnis des Evangeliums schuldig.

Zum andern erweckt die Rede von der Wiederkehr der Religion oder des Religiösen den Eindruck, alle Angebote auf dem Markt seien gleich gültig und gleichwertig – von der Scientology-Sekte bis zum Fundamentalismus christlicher Kreise in Amerika und zunehmend in Europa, die die Gleichberechtigung der Geschlechter ablehnen, die Evolutionstheorie verdammen und die Todesstrafe wieder einführen wollen.

Zum Dritten begegnet uns im Islam eine religiöse Welt, die wir viel besser kennenlernen müssen, um in unserem Lande unter der Überschrift „Klarheit und gute Nachbarschaft", wie die EKD sie in einer Schrift gefordert hat, den jüdisch-christlichen Zusammenhang von Gottesfurcht, Menschenwürde und Nächstenliebe glaubwürdig zu vertreten.

Einen Rückfall hinter Reformation und Aufklärung dürfen wir uns um einer Zukunft mit mehr Gerechtigkeit und Frieden in einer globalisierten Welt nicht leisten.

Glaubensstärke ist gefragt und möglich, weil uns biblische Schätze und theologische Erkenntnisse geschenkt sind, die Gottes Schöpfung alle Ehre machen.

Das zweite Stichwort, das ich kürzer umkreisen werde, lautet: „Liebeshungrig".

Keine Angst oder keine falsche Hoffnung, liebe Schwestern und Brüder! Ich werde keine Neuigkeiten über die Geschlechterrolle oder die Sexualpädagogik ausbreiten. Dazu fehlt mir trotz dreier Kinder und fünf Enkelkinder die nötige Vorbildung.

Mit dem Begriff „liebeshungrig" verbinde ich ein Doppeltes.

Auf der einen Seite denke ich an den Hunger vieler Menschen nach Liebe, Anerkennung und Unterstützung in ihrer seelischen, sozialen und wirtschaftlichen Not.

Auf der anderen Seite denke ich an die regelmäßige Sättigung und auch Sattheit vieler Menschen in Deutschland, denen ein neuer Hunger nach Nächstenliebe gut anstünde, weil der eigene Bedarf an Zufriedenheit weitgehend gedeckt ist.

In meinem Bericht vor der Synode unserer Kirche habe ich vor kurzem auf die wachsende Armut hingewiesen, obwohl es in Deutschland noch nie so viel Wohlstand gegeben hat wie heute.

Die Brotdosen von immer mehr Kindern werden zum Monatsende stetig leerer. Kindergärten und Schulen wissen um die knurrenden Mägen, die unzureichende Bekleidung und um die seelische Verwahrlosung der Jüngsten in unserer Gesellschaft.

Allein die Zahl der auf Sozialhilfeniveau lebenden Kinder unter 15 Jahren hat sich binnen kürzester Zeit von einer auf 1,5 Millionen erhöht.

Noch schlimmer steht es um Menschen, die in extremer Armut leben oder vegetieren. Sie sind zwar in Notunterkünften, Suppenküchen und ähnlichen sozialen Einrichtungen anzutreffen, ihre Situation ist jedoch kaum wissenschaftlich untersucht. Für sie ist psychosoziale Hilfe dringend notwendig.

Was will das werden? So fragten die vom Heiligen Geist überraschten Pfingstteilnehmer in Jerusalem. Und wenig später wurden sieben Armenpfleger für den Dienst an Witwen und Waisen und anderen Bedürftigen gewählt.

Wir können dankbar sein, liebe Gemeinde, dass uns in Deutschland ein wirtschaftlicher Aufschwung erfasst hat, dass wir auf viele soziale Absicherungen und Netze im Notfall zurückgreifen können, dass es eine große Zahl von Abgeordneten in unseren Parlamenten gibt, deren soziales Gewissen intakt ist und die kreative Lösungen suchen und finden, um den in Not geratenen Menschen in unserer Mitte den Hunger nach Liebe zu stillen, die unser Gott und Vater allen seinen Geschöpfen zugedacht hat.

Das dritte Stichwort, und damit kehre ich wieder zurück zum Pfingstfest 2007 in der 950 Jahre alten Kirche in Wiefelstede, das dritte Stichwort lautet: Geistesgegenwärtig.

Wenn der evangelische Singkreis recht bald seinen Beitrag anstimmen wird: Gott hat uns nicht den Geist der Furcht gegeben, dann unterstreicht er damit ein gesundes Selbstbewußtsein, das auch in dem halbjährigen Jubiläumsprogramm seinen geistreichen Niederschlag gefunden hat.

Was hier an Kunst und Kultur, an Musik und Besinnung, an sportlichem Wettkampf und Begegnung im Pfarrgarten, an plattdeutschem „All so wat up hoch und platt" und „Open-Air-Night-Church" geboten wird, macht unmissverständlich klar, welche pfingstliche Weite und geistliche Tiefe über das Wiefelsteder Dorf hereingebrochen ist und sich – fast wie in Jerusalem – in Jubelstürmen und Geistesblitzen entladen wird.

Die engagierte Beteiligung aller Vereine und Gruppen sowie die Gäste der Partnerschaftsgemeinden dokumentieren den weiten Horizont des Ammerlandes auf dem Boden heimatlicher Verbundenheit. Das hat pfingstliche und europäische Dimensionen gleichermaßen.

Da wollten auch die Werbetexter in der Festschrift mit sich überbietenden Glückwünschen und Ratschlägen nicht nachstehen, wenn das tägliche Trinken frischer Milch mindestens 63 Lebensjahre zu garantieren scheint, wenn topfrischer hiesiger Spargel auf Anmeldung zu genießen ist und wenn bei gesundheitlicher Therapie weitere 950 Jahre in Aussicht gestellt werden.

So ist der Wiefelsteder Gemeinde, kommunal und kirchlich, ein wirklich segensreiches Jubiläumsjahr zu wünschen! Mögen aus dem reichen Schatz der Kirchengeschichte Früchte der Glaubensgewissheit und des Verständnisses für mehr Gerechtigkeit und Frieden in der Welt erwachsen.

Es ist gut und tut manchmal auch Not, dass die Kirche im Dorf bleibt und Wiefelstede auch weiterhin ein starkes Stück Geschichte schreibt.

Der engagierte Christ und liebenswürdige Kabarettist Hanns Dieter Hüsch hat in einem seiner Segenswünsche Geistesgegenwart und Zuversicht als Absicht Gottes in schöne Worte gefaßt.

> Dass der Herr uns nämlich aufrechten Ganges fröhlich sehen will, weil wir es dürfen und nicht nur dürfen, sondern auch müssen.
>
> Wir müssen endlich damit beginnen, das Zaghafte und Unterwürfige abzuschütteln. Denn wir sind Kinder Gottes: Gottes Kinder!
>
> Und jeder soll es sehen und ganz erstaunt sein, dass Gottes Kinder so leicht und fröhlich sein können und sagen: Donnerwetter!
>
> Jeder soll es sehen und jeder soll nach Hause laufen und sagen: Er habe Gottes Kinder gesehen, und die seien ungebrochen freundlich und heiter gewesen, weil die Zukunft Jesus heiße und weil die Zukunft alles überwindet und Himmel und Erde eins wären und Leben und Tod sich vermählen und der Mensch ein neuer Mensch werde durch Jesus Christus.

Seit Pfingsten wissen wir: Völlig überraschend bricht der Geist über die Menschen herein. Niemand kann das Ereignis aufhalten. Darum bleiben wir geistesgegenwärtig, liebeshungrig und glaubensstark.

Amen.

Predigt auf dem Evangelischen Kirchentag zu Köln am 8. Juni 2007

Liebe Schwestern und Brüder!

Was vermag einen Christenmenschen zu tragen, wenn er entschieden für Frieden sein und bleiben möchte?

Was vermag den Soldaten und seine Familie seelisch zu tragen, wenn sie durch den Auslandseinsatz auf Zeit getrennt werden und sich bei aller Friedensbereitschaft die Sorgen um das Wohl und Wehe nicht wegdrücken lassen?

Da helfen ja keine volkstümlichen Mutmach-Parolen wie § 4 des kölschen Grundgesetzes: Et hät noch immer jot jejange.

Wer am 23. Mai im Hangar III in Köln-Wahn an der Trauer für die drei in Kundus heimtückisch ermordeten Kameraden teilgenommen hat, wird sich der Kargheit seiner Worte bewusst, auch wenn sie gut gemeint sind.

In der Losung dieses Kirchentages ist von etwas die Rede, was lebendig und kräftig und schärfer sei. Was das denn sei, ist nur für Eingeweihte verständlich. Man muss schon bibelkundig sein, um den Klammerzusatz mit „Hebr. 4. 12" zu entschlüsseln.

Noch schwieriger ist die gedankliche Brücke zu dem Symbol des Fisches zu schlagen, wenn man die Bedeutung des altchristlichen Geheimzeichens nicht kennt.

Wer schließlich mit welcher Hilfe auch zu immer zu dem Ergebnis gelangt, dass das griechische Wort für Fisch „Ichthys" lautet und dass dessen fünf Einzelbuchstaben die abgekürzte Botschaft „Jesus Christus, Gottes Sohn, Retter" beinhalten, wer endlich im Hebräerbrief das vollständige Zitat im vierten Kapitel vor Augen hat, wo vom „Wort Gottes" die Rede ist, das „lebendig und kräftig und schärfer als jedes zweischneidige Schwert"und „ein Richter der Gedanken und Sinne des Herzens" sei, könnte fast auf die verwegene Idee kommen, diese Losung passe ausgezeichnet für die Friedensmission der Bundeswehr und ihre Militärseelsorger.

Dieser Eindruck ließe sich noch durch den Hinweis auf das Augsburger Bekenntnis der lutherischen Kirche von 1530 verstärken, wo es in Artikel 16 von dem staatlichen Regiment heißt: „Dass Christen ohne Sünde in Obrigkeit tätig seien, nach kaiserlichen und anderen geltenden Rechten urteilen und Recht sprechen, Übeltäter mit dem Schwert bestrafen, rechtmäßig Kriege führen können usw.".

Ob diese komplizierten Gedankengänge einer Kirchentagslosung vom Schwertfisch zum Worte Gottes tröstlich und ermutigend sind, gerade für Soldatinnen und Soldaten, die im Ernstfall zur Waffe greifen müssen und der Waffengewalt anderer bis zum Sprengstoffanschlag ausgesetzt sind, bleibt für mich fragwürdig.

Fairerweise muss ich hinzufügen, dass ich vor zwei Jahren über diesen Text mit einem Schwert aus Plastik vor der jährlichen Generale- und Admirale-Tagung gepredigt habe, aber das war eine andere Gemeindesituation mit einer besonderen Thematik.

Was vermag einen Christenmenschen zu tragen, zu trösten und zu stärken, wenn er entschieden für Frieden in allen Lebenslagen sein und bleiben möchte?

Was bleibt im Auf und Ab meiner persönlichen und familiären Lebensgeschichte, was bleibt und hat Bestand im Wechsel von Saat und Ernte, von Ebbe und Flut, von Krieg und Frieden, von Tod und Leben?

Seit 1984 hängt in meinem Arbeitszimmer dieses Bronzekreuz, das der rheinische Präses uns Superintendenten geschenkt hat. Darauf steht ein Wort ohne Verfallsdatum.

Es ist ein Wort, das bleibt. Nicht unterworfen dem Wandel der Zeiten. Ohne die Reibungs- und Energieverluste durch schier endlose Redeschlachten und papierne Kompromisse auf Synoden und in Parlamenten.

Es ist ein Wort, das mit sich selbst im Reinen bleibt und eine Bleibe bietet allen, die nach Wahrheit suchen und sich nach Frieden sehnen.

Es ist ein Wort auch, das die Geister scheidet und mitunter wirken kann wie ein Hammer, der Felsen zerschmeißt (Jer. 23, 29), oder mit der Schärfe eines Schwertes, wenn Lug und Trug die Welt vernebeln und die Herzen der Menschen betören und verwirren.

Der Satz aus 1. Petrus 1, 25 lautet: Des Herrn Wort bleibt in Ewigkeit.

Es ist ein Wort, anders als die Blume auf dem Felde, anders als das Geschöpf Mensch, das „am Morgen blüht und sproßt und des Abends welkt und verdorrt", wie es im Psalm 90 beschrieben wird.

Was bleibt denn, wenn einer geht, ein anderer kommt? Der Name, die Ausstrahlung, bedeutende Werke, letzte Worte und Weisheiten?

Was bleibt denn schon, wenn der Sarg zum Friedhof gefahren, die Urne mit dem Häuflein Asche in die Erde versenkt wird? Die Erinnerung, das Album, die Nachkommen?

Die Bibel antwortet schon mit dem Propheten Jesaja (40, 8): „Aber das Wort unseres Gottes bleibt ewiglich."

Der 1. Petrus nimmt dieses Zitat aus dem Trostbuch von der Erlösung Israels auf und baut es in seinen Brief der Hoffnung ein.

Er spricht seinem Leserkreis, der Anfeindungen und Schmähungen ausgesetzt war, mit einem vertrauten Bild Mut zu. Sie seien durch den Christusglauben wiedergeboren aus einem unvergänglichen Samen, „nämlich aus dem lebendigen Wort Gottes, das da bleibt".

Das ist, liebe Gemeinde, das Paradoxe und Wunderbare und Heilsame: Aus seiner Ewigkeit heraus hat Gott Geschichte gemacht, unverbrüchlich mit seinem Volke Israel, unverwechselbar in dem Mann aus Nazareth, unbeirrbar und unermüdlich bis in unsere Zeit.

Welche Lebensbejahung leuchtet in dem Psalm 23 auf, wenn ich selbst oder mit der Gemeinde zusammen bete: „Der Herr ist mein Hirte; mir wird nichts mangeln."

Welcher Trost steckt in dem alten Gotteswort bei Jesaja (43, 1): „Fürchte dich nicht, denn ich habe dich erlöst; ich habe dich bei deinem Namen gerufen, du bist mein!"

Welche Erweckung ergreift den Gelähmten, als er aus Jesu Mund den Zuspruch hört: „Sei getrost, mein Sohn; deine Sünden sind dir vergeben. Steh auf und geh heim." (Math. 9)

Welche Kraft und Verheißung strahlen die Seligpreisungen Jesu ins persönliche und politische Leben aus, z.B. diese: „Selig sind, die da hungert und dürstet nach Gerechtigkeit, denn sie sollen satt werden." (Math. 5, 6)

Welch tiefes Gottvertrauen legt der Apostel Paulus an den Tag: „Ich bin gewiss, dass nichts uns scheiden kann von der Liebe Gottes, die in Christus Jesus ist, unserem Herrn." (Röm. 8, 39)

Das alles ist Evangelium, frohe Botschaft, fester Halt zu jeder Zeit.

Der Altpräses der rheinischen Kirche, Manfred Kock, hat zum Kirchentag geschrieben:

> Die Kirche hat „nichts anderes als das Wort. Sie hat keine Legionen von Engeln, den Gekreuzigten zu befreien; kein Heer von Rittern, das Heilige Land zu erobern. Keine Armada von Schiffen, den Glauben mit Gewalt zu verbreiten; keine Sicherheitspolizei, die Irrlehrer und Häretiker zu vernichten; keine 120.000 GIs – und nun noch 21.000 weitere dazu, um die Terroristen in Schach zu halten, die Demokratie zu verbreiten und die Ölvorräte zu sichern. Nichts als das Wort hat die Kirche Jesu Christi. (zeitzeichen, 6, 2007, S. 35)

So sehr das in der Bibel bezeugte Wort Gottes unsere Herzen und Sinne trösten und ermuntern möchte, dem Leben in seiner bunten Vielfalt gewachsen zu sein und in den dunklen Stunden nicht zu verzagen, so sehr weist Gottes Wort uns als Botschafterinnen und Botschafter mitten hinein in diese Welt mit Licht und Schatten.

Dieses Bronzekreuz von 1984 sollte an die Barmer Theologische Erklärung von 1934 in der Zeit schwerer Bedrohung durch den Nationalsozialismus erinnern.

„Verbum dei manet in aeternum", diese lateinische Fassung von „des Herrn Wort bleibt in Ewigkeit" haben in Wuppertal 139 Abgeordnete aus 18 evangelischen Landeskirchen als Schlusswort unter ihre Erklärung gesetzt, diese Resolution besteht aus sechs evangelischen Wahrheiten gegen die „die Kirche verwüstenden ... Irrtümer der deutschen Christen und der gegenwärtigen Reichskirchenregierung""

Die Kernaussage der ersten These lautet: „Jesus Christus, wie er in der Heiligen Schrift bezeugt wird, ist das eine Wort Gottes, das wir zu hören, dem wir im Leben und im Sterben zu vertrauen und zu gehorchen haben."

Was dann noch zur politischen Lage und über „mit Herrschaftsbefugnisssen ausgestattete Führer" geschrieben wurde, war mutig und für viele Gemeinden und Kirchen eine wahrhaft geistliche Orientierung.

Gottlob, dass wir heute in einem freiheitlich-demokratischen Rechtsstaat leben können mit der Möglichkeit, für Gutes dankbar zu sein, vor Gefahren zu warnen und für mehr Gerechtigkeit und Frieden in der Welt einzutreten.

Dabei leitet uns nach zwei Weltkriegen, für die Deutschland teuer mit Leid und Schuld bezahlt hat, die klare Vorrangigkeit von vermehrter Krisenprävention und gewaltfreier Konfliktregelung, bevor es zu militärischen Interventionen kommen kann und als ultima ratio kommen muss.

Wenn sich doch Konflikte im privaten und im politischen Leben öfter so regeln ließen, wie sie in einer Anekdote erzählt werden, die nicht in der Bibel steht, aber aus dem Vorderen Orient stammt.

> Zu einem alten Araber kamen drei junge Leute und sagten ihm: „Unser Vater ist gestorben. Er hat uns 17 Kamele hinterlassen und im Testament verfügt, dass der Älteste die Hälfte, der Zweite ein Drittel und der Jüngste ein Neuntel der Kamele bekommen soll. Jetzt können wir uns über die Teilung nicht einigen; übernimm du die Entscheidung!"
>
> Der Araber dachte nach und sagte: „Wie ich sehe, habt ihr, um gut teilen zu können, ein Kamel zu wenig. Ich selbst besitze nur ein einziges Kamel, aber es steht euch zur Verfügung. Nehmt es und teilt."
>
> Sie bedankten sich für den Freundschaftsdienst, nahmen das Kamel mit und teilten die 18 Kamele nun so, dass der Älteste die Hälfte, das sind 9, der Zweite ein Drittel, das sind 6, und der Jüngste ein Neuntel, das sind 2 Kamele, bekam.
>
> Zu ihrem Erstaunen blieb, als sie ihre Kamele zur Seite geführt hatten, ein Kamel übrig. Dieses brachten sie, ihren Dank erneuernd, ihrem alten Freund zurück.

Was vermag einen Christenmenschen zu tragen, wenn er entschieden für Frieden sein und bleiben möchte?

Was vermag den Soldaten und seine Familie seelisch zu tragen, wenn sie zeitlich bedingte Trennungen zu verkraften haben und sich um das Wohl und Wehe der Zukunft Sorgen machen?

Da hilft nicht § 3 des kölschen Grundgesetzes: Nix bliev, wie et es. Wir setzen dagegen: Des Herrn Wort bleibt in Ewigkeit.

„Im übrigen meine ich", so der evangelische Christ und begnadete Kabarettist Hanns Dieter Hüsch:

> Gott der Herr rufe in uns alle guten Dinge und Gedanken, die in uns schlummern durch die Jahrtausende, in Herz und Hirn und Leib und Seele wieder wach.
>
> Der Herr möge uns nach seinen Sätzen den Frieden lehren, nach seinen Haupt- und Nebensätzen, allumfassend ohne Rest, für den Himmel und für die Erde, und nicht nach unseren Grundsätzen, mit denen wir uns oft genug zugrunde richten, wenn wir Hintergründe suchen, um dem Abgrund zu entgehen.
>
> Gott der Herr mache uns wieder anfällig für seine Geschichte, die nicht von dieser Welt ist, nicht erklärbar, keine Diskussion braucht und uns doch tröstet, hoffen läßt, Mut macht, frohgemut macht, und alles in allem Kraft gibt und uns Zuversicht schenkt.

Amen.

Predigt im Abschlussgottesdienst der EKD-Synode am 07.11.2007 in der Frauenkirche zu Dresden

Liebe Gemeinde!

Abendgottesdienste tun gut. Die Zeit zwischen Tag und Nacht hat ihre eigene Prägung. Viele Menschen können die berufliche Arbeit hinter sich lassen und die verbleibenden Stunden nach eigenem Belieben füllen. Mit mehr oder weniger Tiefgang. Mit Wasser oder Wein oder beidem.

Für die Mitglieder der Synode der Evangelischen Kirche in Deutschland gehen fünf kompakt gefüllte Tage zuende. So viel lesen, reden und hören, so viel sitzen und so wenig schlafen, so viele geistliche Früchte, bisweilen gewürzt mit einem Schuss Humor aus Sachsen oder dem Rheinland oder den anderen 21 Landeskirchen, so viele gute Vorsätze bei einer Menge offener Fragen und mancher Sorgen um die Zukunft der eigenen Existenz und um den Frieden in der Welt – das alles lässt sich nicht einfach abschalten.

Hier in dieser wunderschönen Frauenkirche ist aber jetzt Raum und Zeit, eine Weile mit unseren Gedanken und Gefühlen Gottes Wort und Sakrament zu begegnen.

In der Geschichte aus Matth. 14, die wir in der Lesung gehört haben, stieg Jesus gegen Abend auf einen Berg, um zu beten. Ein anstrengender Tag lag hinter ihm. Kranke Menschen erhofften sich Linderung ihrer Leiden. Sie jammerten den Herrn, und er heilte sie. Vor einer großen Menschenmenge hatte er am Nachmittag die Botschaft vom Himmelreich verkündet.

Nun wollte er mit Gott allein sein, ihm danken für die Kraft, die ihm geschenkt war, und ihn bitten um Erleuchtung und Weisheit für sein jüdisches Volk und die Nachbarvölker, die an andere Götter glaubten. Jesus war mit seinen Gedanken bei den Jüngern, die noch so wenig verstanden hatten von der Freiheit und der Zuversicht des neuen Menschen in der Nähe und Nachfolge ihres Herrn und Meisters.

Der evangelische Reformator Martin Luther hat uns einen Abendsegen hinterlassen, mit dem er sich und seine Familie vor einer müden Art der Gottvergesslichkeit bewahren wollte. Ihm war es für seine seelische Gesundheit wichtig geworden, so zu beten:

Ich danke dir, mein himmlischer Vater, durch Jesus Christus, deinen lieben Sohn, dass du mich diesen Tag gnädiglich behütet hast, und bitte dich, du wollest mir vergeben alle meine Sünde, wo ich Unrecht getan habe, und mich diese Nacht auch gnädiglich behüten.

Denn ich befehle mich, meinen Leib und Seele und alles in deine Hände. Dein heiliger Engel sei mit mir, dass der böse Feind keine Macht an mir finde.

Und dann folgt die fast schon wieder aufmunternde Regieanweisung Luthers:

Alsdann flugs und fröhlich geschlafen!

Wer davon gehört hat, welchen geistlichen Nöten und weltlichen Bedrohungen Martin Luther in seinem Leben von 1483 bis 1546 ausgesetzt war, kann sich dem Eindruck gar nicht entziehen, wie lebensnotwendig ihm das Zwiegespräch mit dem Gott des Himmels und der Erde bis zum Ende seines Lebens war.

Luther hatte in seiner schweren Jugend- und Studienzeit vielfach schätzen gelernt, gnädiglich behütet zu sein.

In der biblischen Geschichte von Jesus und dem sinkenden Petrus wird von einer ausgesprochen unruhigen Nacht auf dem See Genezareth erzählt.

Es ist eine der eindrücklichsten Glaubensgeschichten des Neuen Testamentes.

Die Jünger sind auf dem nächtlichen Wasser allein mit den Elementen und geraten in Seenot. Sie erleben in ihrem Schiffsmanöver vorweg, was die Kirche seit Karfreitag, Ostern und Himmelfahrt als einen Dauerzustand zu bewältigen hat: Der Herr ist weg, er ist ins Unsichtbare entrückt und darum für den Glauben nur schwer begreifbar.

Manchmal scheint die Gemeinde Jesu Christi von allen guten Geistern verlassen zu sein. Dann befindet sie sich nicht auf einer beschaulichen Fahrt mit dem Raddampfer der Weißen Flotte an Pillnitz vorbei bis nach Bad Schandau.

Haben wir auch als getaufte, konfirmierte und in die Synode der EKD berufene Christenmenschen bisweilen das Gefühl, allein und verlassen zu sein? Wir müssen doch auch sehen, wie wir uns über Wasser halten und mit all dem fertig werden, was unser Lebensschifflein leck geschlagen hat oder gar verschlingen will.

Ich kann mich natürlich nicht mehr daran erinnern, wie ich mit anderthalb Jahren am Abend des 13. Februar 1945 eingeschlafen bin, als Dresden in der Nacht durch drei aufeinanderfolgende Bombenangriffe furchtbar zerstört wurde.

Wir waren bei meinen Großeltern in Blasewitz und haben im Keller auch den zweiten Angriff am 15. Februar überlebt, während etwa 35.000 Menschen in der Innenstadt dem Inferno zum Opfer gefallen sind.

Erst Ende der vierziger Jahre ist mir als gebürtigem Dresdener so recht bewußt geworden, welches Ausmaß an Zerstörung der Stadt und an Erschütterung des Glaubens und Lebens der Wahnsinn des Krieges bewirkt hat.

Mein Großvater starb Ende 1946 an Unterernährung. Von meinem Vater kam nie wieder ein Lebenszeichen aus der Gefangenschaft.

Als meine Mutter 1951 mit mir nach Düsseldorf übergesiedelt war, wuchs ich weiter in einer Stadt auf, deren Ruinen erst nach und nach beseitigt werden konnten.

Die Jünger Jesu leben in solchen Zeiten wohl weniger davon, dass sie kluge Gedanken über Gott im Kopf gespeichert haben. In der Not verbreitet sich zu viel Nebel um das, was uns an Glaubensbekenntnissen mit auf den Weg gegeben worden ist.

In solchen Situationen, liebe Schwestern und Brüder, leben wir davon, dass Jesus Christus an uns denkt. Der Griff unseres Glaubens, mit dem wir den Herrn festhalten wollen, mag sich lockern. Aber der, dem wir vertrauen, hält uns mit seinem Griff fest, wie den Petrus damals, der zu versinken drohte.

Als Jesus über das Wasser zu den Jüngern kommt und sie an seiner Stimme hören, dass ihnen mitten im Sturm nicht ein Gespenst begegnet, da wirken seine Worte Wunder: „Seid getrost, ich bin's; fürchtet euch nicht!"

Das ist Evangelium pur, frohe Botschaft, die allein alles Widrige, Zweifelhafte und im Glauben Verkümmerte zu beleben vermag.

In jener Nacht steigert sich Petrus in eine Art Hochform des Glaubens, die schon in Übermut zu kippen droht. Ist es nicht ungemein keck, wenn Petrus den Herrn auffordert, ihm zu befehlen, über das Wasser zu gehen?

Und Jesus bejaht das etwas ausgefallene Experiment und hat vielleicht seine Freude daran, dass da jemand einmal ganz ohne theologische Bremsen seinen Glauben um Jesu Willen aufs Spiel setzt.

Wer allzu sehr darüber nachdenkt, was er beten soll und wie weit er mit seinem Beten gehen darf, und wer vor lauter Angst, etwas Unmögliches von Gott zu fordern, schließlich immer nur sagt: Dein Wille geschehe, der traut am Ende Gott gar nichts mehr zu.

Aber Petrus hält sich nur so lange über Wasser, wie er den Herrn im Auge behält. In dem Augenblick, wo sein Blick auf Wind und Wellen wandert, droht er zu ertrinken.

Im Grunde ist der Glaube nichts anderes als eine bestimmte Blickrichtung. Ein dauerhaft falscher Blick kann mich in den Abgrund sinken lassen.

Wenn ich unaufhörlich an das denke, was alles an Komplikationen und Gefahren mein Leben bedrängen könnte, was etwa passieren würde, wenn ich durchs Examen falle, was geschehen würde, wenn jede Anstrengung zu einem Herzinfarkt führen, wenn das Kind, das wir erwarten, behindert sein sollte, wenn ein Selbstmordattentäter sich neben mir in die Luft sprengen würde, wenn ich wie gelähmt auf dies alles blicke, was an bedrohlichen Möglichkeiten vor mir steht, dann saugt mich irgendwann der Strudel der Angst an und die Freude an meinem Leben wird schwinden.

Mit allerletzter Kraft brüllt Petrus seinen Hilferuf gegen Sturm und Wellen an die richtige Adresse: Herr, hilf mir!

Dieses Minimum an Glauben und dieser kümmerliche Rest seiner Tollkühnheit, auf dem See wandeln zu wollen, das genügt Jesus Christus, um auf den Plan zu treten und ihn in seine rettenden Arme zu schließen.

Die Geschichte vom Seewandel Jesu und der Begegnung mit Petrus auf dem Wasser bleibt einmalig. Sie ist eine Lerngeschichte für den Glauben. Für jeden persönlich und für die Kirche insgesamt.

Glauben heißt: Die Stimme Jesu hören und seine Hand ergreifen. Nicht mehr und nicht weniger braucht die evangelische Christenheit im Herzen, wenn sie als Kirche der Freiheit von Wittenberg über Dresden unter vollen Segeln unterwegs sein will – auf jedem Meer der Zeit.

Die neue Schrift der EKD zum Frieden setzt dabei einen ausgesprochen hilfreichen Akzent für unser persönliches Ergehen und für den Weg unserer evangelischen Kirche reformatorischer Prägung durch diese Zeit mit ihren Krisen und Kriegen und den vielfältigen Bemühungen, Frieden zu stiften und Frieden zu bewahren.

Der Titel gibt geistliche Orientierung, die Schrift ermutigt zu so viel Gewaltfreiheit wie nur irgend möglich und bleibt dort redlich, wo friedensethische Postulate und friedenspolitische Entscheidungen möglicherweise nicht zur Deckung gebracht werden können.

Der Titel lautet: „Aus Gottes Frieden leben – für gerechten Frieden sorgen." Fürchtet euch nicht bei diesem Engagement! spricht unser Herr.

Abendgottesdienste tun gut, manchmal auch Not. Die Zeit zwischen Tag und Nacht hat ihre eigene Prägung. Wie gut ist es dann, wenn uns gute Wünsche vom Tag in die Nacht geleiten.

Seit Jugendzeiten begleitet mich das Wort meiner Großmutter, die eine waschechte Dresdnerin war und in den 50er Jahren in ein Westberliner Altenheim gezogen war.

Sie hatte ein über und über von Runzeln gezeichnetes Gesicht. Auf ihrer schmalen Nase klemmte solch eine alte Brille ohne Bügel. Auf ihrem einen Auge hatte sie einen Grünen, auf dem anderen einen Grauen Star.

Dennoch schickte sie mir alle 14 Tage einen mit ihrem Füllfederhalter geschriebenen Brief in alter deutscher Schrift.

Anfangs waren mir die beigelegten Geldscheine von 2 Mark bis später 20 Mark wichtiger als die letzten beiden Zeilen ihrer Briefe. Dort war jedes mal zu lesen: Gott behüte Dich! Deine Omi. Je älter ich wurde und zu studieren begann, desto mehr erspürte ich, was sie in ihrem Glauben und Leben getragen und geprägt hatte.

Was ich unseren Kindern am Abend nach Liedern und Gebet zugesprochen und dabei mit der Hand auf ihrem Haupt bestätigt habe, was ich nun meinen Enkelkindern, wenn ich sie denn ein paar mal im Jahr zu Gesicht bekomme, zu sagen und zu verstehen gebe, möchte ich auch Dir, liebe Gemeinde, an diesem Abend ans Herz legen, damit niemand ein Blaues Wunder erlebe: Gott behüte Dich!

In diesem Sinne eine geruhsame Nacht!

Ansprache am Ehrenmal des Deutschen Heeres am 22. November 2007 in Koblenz

Meine Herren Generale, liebe Soldaten und Soldatinnen der Bundeswehr, sehr geehrte Gäste am Ehrenmal des Deutschen Heeres!

Die heutige Gedenkfeier, die seit 35 Jahren an diesem geschichtsträchtigen Ort mit seiner würdevollen Ausgestaltung begangen wird, möchte ich unter drei Gesichtspunkte stellen.

Gedenken tut weh, es tut Not, und es tut gut.

1. Warum tut Gedenken weh?

Wer noch selbst am II. Weltkrieg aktiv teilgenommen und seinen kleinen Ausschnitt des unermeßlichen Leides im Gedächtnis bewahrt hat, wer sich als Frau, Sohn oder Tochter nach der Todesnachricht mit der Durchkreuzung seiner Lebensentwürfe in einem tiefen finsteren Tal des Glaubens befand, wer sich jahrelang wie meine Mutter um das Schicksal des Ehemannes auf dem Marsch in die Gefangenschaft ohne Erfolg bemüht hat, wer nach dem nackten Überleben noch Flucht und Vertreibung zu bewältigen hatte und nicht gänzlich abgestumpft ist, wird den Schmerz von damals nicht vergessen.

Die Intensität der seelischen Niedergeschlagenheit geht zwar über die Jahrzehnte spürbar zurück, aber jedes Leid der Gegenwart vermag die düsteren Bilder der Vergangenheit zu neuem Leben zu erwecken. Das dokumentieren immer wieder Interviews mit Zeitzeugen jener Epoche.

Lange Zeit hatten wir uns daran gewöhnt, am Volkstrauertag der Toten einer sich immer weiter entfernenden Vergangenheit zu gedenken. Das wollen wir auch heute und weiterhin tun, insbesondere was das dunkelste Kapitel deutscher Geschichte von 1933 bis 1945 betrifft. Aber die Zahl derer, die in jüngster Vergangenheit ihr Leben im Dienste der Bundeswehr verloren haben, nimmt zu.

Beim Blick auf die friedlich ruhende Gestalt des jungen Soldaten, für dessen Stahlhelm bewußt eine Zwischenform des in den beiden großen Kriegen des 20. Jahrhunderts getragenen Helms gewählt wurde, beim Anblick dieses Symboles also für Millionen von Soldaten des Deutschen Heeres tritt für mich wie in einer filmischen Überblendung das frische Bild der drei Soldaten vor Augen, die im Mai dieses Jahres auf einer Fußpatrouille im afghanischen Kunduz durch einen Selbstmordattentäter heimtückisch ums Leben gebracht worden sind.

Am 23. Mai haben etliche von den hier Versammelten, mit dem Herrn Minister Dr. Jung an der Spitze, bei der Trauerfeier in Köln-Wahn die Angehörigen der drei Kameraden begleitet. Das hat allen direkt und indirekt Betroffenen im Herzen wehgetan.

Für etliche in der Trauergemeinde war die Erfahrung mit dem Tod im Einsatz der Bundeswehr neu, im Gedächtnis älterer Menschen wurden beim Anblick der mit der Nationalflagge eingehüllten Särge alte Erinnerungen wieder wach.

Wir sind hier in der Woche des Volkstrauertages versammelt, um stellvertretend für die Mehrheit des Volkes, die nicht trauert oder zu trauern vermag, der Toten des Deutschen Heeres zu gedenken, die von 1914 bis 1918 im Gehorsam gegenüber einer fragwürdigen Politik und von 1939 bis 1945 unter dem Oberbefehl eines verbrecherischen Regimes ihr Leben gelassen haben.

Zugleich gedenken wir all der Toten des Deutschen Heeres, die im Friedensdienst der Bundesrepublik Deutschlands gestorben sind.

2. Gedenken tut Not

Ein verdienter Offizier hat mir vor einiger Zeit geschrieben: Militärische Macht kann nie ohne Schuld der Beteiligten zur Wirkung kommen. Und er zitiert Martin Luther zum fünften Gebot, wo es heißt: Du sollst nicht töten.

Dieses Gebot, so der Offizier, gilt nicht nur dem, der Böses tut, sondern auch dem, der dem Nächsten Gutes tun, ihn schützen und retten kann, dass ihm kein Leid noch Schaden am Leibe widerfahre, und tut es nicht. Militär und Politik im Großen wie auch wir alle im Kleinformat unseres Lebens begegnen immer wieder den schweren Fragen, ob wir etwas zu tun oder zu lassen haben.

Und wenn wir uns für das Handeln entscheiden, dann stellt sich die neue Frage, mit welcher Absicht, mit welcher Verhältnismäßigkeit der Mittel und mit welchen Erfolgsaussichten wir agieren oder reagieren können, dürfen oder müssen.

Vor allem von Konfliktsituationen wissen wir alle, dass sie in ein Dilemma führen können. Ganz gleich, was ich tue oder lasse, ich mache mich vor einem Gesetz, vor meinem Gewissen, vor dem Gebot der Menschlichkeit paradoxerweise um der Menschlichkeit Willen schuldig.

Selbst wenn höchstrichterliche Urteile einen Orientierungsrahmen aus juristischer Sicht abstecken, bleibt in dem nicht aufzulösenden Spannungsfeld von Notwehr und Nothilfe die persönlich zu verantwortende politische oder militärische Entscheidung.

Wenn Sie mich nun als evangelischen Christen fragen wollten, wie ich selbst mit solch einem inneren Konflikt zurechtzukommen hoffe, mir nämlich kein gutes Gewissen leisten zu dürfen, aber auch nicht mit einem dauerhaft schlechten Gewissen leben zu können, dann eröffnet sich für mich der einzige Ausweg eines getrösteten Gewissens.

Dazu hat der ehemalige Militärgeneraldekan Reinhard Gramm einmal über die Macht und Verantwortung des militärischen Führers sehr Hilfreiches gesagt:

Er wird auch in diesen Stunden eine Entscheidung vor Gott treffen müssen, eine Entscheidung, die ihm kein Mensch abnehmen kann, die möglicherweise sogar nicht die richtige sein muss. Zugleich aber darf er sich trösten, dass Gott diese seine Entscheidung kennt und weiß, dass er sich auch in dieser schweren Stunde von Gottes Treue umgeben sieht, die ihn nicht fallen und untergehen lässt.

Alle Soldatinnen und Soldaten, die in diesem Jahre am Volkstrauertag zusammenkommen, möchten insgeheim wissen, ob denn politisch-militärische Entscheidungen, die ihr Leben kosten können, so bedacht und abgewogen werden, dass im Todesfalle ihrer mit aufrichtiger

Dankbarkeit und nationalem Respekt an welchem Ehrenmal auch immer gedacht werden kann.

Mir ist in meinem Nebenamt als Militärbischof ausgesprochen viel Nachdenklichkeit im militärischen und politischen Bereich begegnet. Dafür bin ich persönlich und im Interesse aller Angehörigen der Bundeswehr und meiner Militärgeistlichen sehr dankbar.

Und ich erbitte gerade in Konfliktsituationen die Weisheit und Entscheidungsfähigkeit für die Frauen und Männer, die in Regierung, Bundestag und Ministerien herausragende Verantwortung für den Einsatz unserer Truppen tragen.

In einem Park in Japan ist zu lesen: „Ruhet in Frieden. Wir werden dieselben Fehler nicht noch einmal machen."

3. Gedenken tut gut

Das Gedenken am Ehrenmal für die Toten des Deutschen Heeres kann genau so tröstlich wirken wie der Gang zum Friedhof mit dem inneren Zwiegespräch über die Grenze zwischen Tod und Leben hinweg.

Die Solidarität vieler Menschen mit ähnlicher Trauergeschichte kann das erfahrene Leid auf mehrere Schultern verteilen.

Die Tradition der jährlichen Gedenkfeiern zum Volkstrauertag
kann eine Hilfe sein in den Nöten, die Jahrzehnte oder nur Jahre zurückliegen.

Und sie kann den Blick nach vorne lenken in der Hoffnung, dass den Kindern und Enkeln mehr Einigkeit und Recht und Freiheit vergönnt ist, als es während und in der Folge zweier Weltkriege in Deutschland, Europa und über die Kontinente hinweg der Fall war und teilweise ist.

Der Rat der Evangelischen Kirche in Deutschland hat soeben eine Denkschrift herausgegeben. Sie trägt den Titel: „Aus Gottes Frieden leben – für gerechten Frieden sorgen."

In vier größeren Kapiteln werden die Friedensgefährdungen der heutigen Zeit, der Friedensbeitrag der Christen, das Leitmotiv vom gerechten Frieden durch Recht und politische Friedensaufgaben eingehend bedacht.

Wer den Frieden will, muss den Frieden vorbereiten.

Der Wunsch nach Frieden ist stärker als je zuvor in den erklärten Zielsetzungen wichtiger Institutionen der internationalen Gemeinschaft und in der deutschen Gesellschaft. Das lässt trotz der bekannten Krisen und bewaffneter Auseinandersetzungen hoffen.

Aber schon das Beispiel Kosovo auf europäischem Boden zeigt, wie der militärische Einsatz im Zwischen-die-Fronten-treten politischer Lösungen bedarf. Der Einsatz von Soldaten schafft selbst keinen Frieden, wohl aber Zeit und Raum für die Konfliktbearbeitung auf dem Boden internationaler Rechtsordnung.

Das ist schwer genug, wie die Verhandlungen in den Vereinten Nationen immer wieder zeigen. Dennoch gibt es dazu keine Alternative.

Und der Friede in einer globalisierten Welt lebt von einem immer erneut zu gewährleistenden Prozess der Förderung von Freiheit, des Schutzes vor Gewalt, des Abbaus von Not und der Anerkennung kultureller Verschiedenheit.

Soweit ich es beurteilen kann, bieten einerseits unsere Bundeswehr mit dem stets weiter entwickelten Konzept der Inneren Führung und andererseits der Bundestag mit seinen bisher mit großer Mehrheit gefaßten Beschlüssen zu den Auslandseinsätzen die Gewähr für ein maßvolles Handeln im internationalen Kontext.

Viele Menschen innerhalb und außerhalb der Bundeswehr fragen sich jedoch, wie lange sich diese Strategie im Rahmen anwachsender Bündniszusagen durchhalten lässt.

Der Bundespräsident selbst hat vor einem Jahr ausdrücklich die Bevölkerung aufgerufen, sich an der Diskussion der verteidigungs-, außen- und entwicklungspolitischen Zusammenhänge zu beteiligen. Wann hat es das in der zurückliegenden Geschichte Deutschlands je gegeben?

Gemeinsames Gedenken von Gesellschaft und Soldaten tut gut.
Das schulden wir den gefallenen Soldaten und zivilen Opfern aller Kriege. Die Toten von gestern, unsere Jugend von heute und unsere Enkel von morgen haben es verdient, dass alle Schritte auf dem Weg zum Frieden äußerst sorgfältig gewogen werden, damit diese Erwägungen in der späteren geschichtlichen Rückschau nicht als zu leicht befunden werden.

Wer aus dem Frieden Gottes lebt, tritt für den Frieden in der Welt ein. Das verbindet Christen und alle, die Menschenwürde und Nächstenliebe als Grundwerte jeder sozialen Gemeinschaft unterstreichen.

Gedenkfeiern am Volkstrauertag können weh und gut tun, vor allem aber tun sie Not, solange das Reich Gottes auf Erden warten lässt.

Heute verneigen wir uns in Respekt und Dankbarkeit vor den Toten, und wir erheben unser Haupt zu dem barmherzigen Gott, der uns sagen lässt: „Fürchte dich nicht; denn ich habe dich erlöst; ich habe dich bei deinem Namen gerufen; du bist mein!"

Ansprache bei der Leitertagung der Landessparkasse zu Oldenburg am 23. November 2007 in Osnabrück

Herr Grapentin, meine sehr geehrten Damen und Herren!

I. Einleitung

Wer bei der Sparkasse arbeitet und Verantwortung trägt, muss ein fröhlicher Mensch sein und über eine ansehnliche Portion Humor verfügen.

Wenn Gabi ihrem verdutzten Ex den Säugling in die Arme drückt, die neue Freundin ihn deswegen einen Schuft nennt, der Vermieter ihm die Wohnung kündigt, die Nachmieter ihn vor die Türe setzen, dann spielt es kaum eine Rolle, welches Rezept für sein Dilemma angeboten wird, Hauptsache ist der positiv besetzte Eindruck: Die Marke, die hilft, heißt Sparkasse.

Niemand käme bei diesem Werbespot auf die Idee, da wäre ein Scharlatan am Werke, der bestimmte Fähigkeiten vortäuschte, alle Probleme in Ehe und Familie, bei Mietverhältnissen und Schuldentilgung mit einem Streich lösen zu können.

Es ist das in und hinter diesem Kurzfilm aufleuchtende Leitmotiv der Sparkassen, in einer lebensbejahenden Philosophie, die den Alltag mit seinen Chancen und Risiken einschließt, dem Kunden gegenüber fair, menschlich und nahe zu sein.

Mit diesen drei herausgehobenen Eigenschaften Ihrer Leitlinien sind die Sparkassen ganz dicht an der biblischen Botschaft. Dabei spielt es keine besondere Rolle, ob den Werbefachleuten dieser Zusammenhang bewußt war oder nicht.

In dem Titel meines Vortrages mögen Sie eine nicht ganz humorlose Analogie zu dem pfiffigen Fernsehspot der Sparkassen mit Recht vermuten und freundlich prüfen, ob sich dahinter tatsächlich Insidertips eines Schwindlers verbergen.

„Kommt her und kauft ohne Geld!"

Unter diesem Motto soll nicht zum bargeldlosen Zahlungsverkehr mit Plastikkarte oder per Internet aufgerufen werden. Das hieße ja, Eulen nach Athen zu tragen.

Es geht auch nicht um solche betörenden Lockangebote nach der verführerisch klingenden Masche: Heute kaufen, in einem Jahr zahlen!

Und es ist auch nicht an die mancherorts geübte kirchliche Praxis gedacht, zu einem Konzert ausdrücklich ohne Eintritt einzuladen, aber am Ausgang um eine Spende zu bitten.

Der Satz „Kommt her und kauft ohne Geld!" steht in der Bibel. Er möchte auf ein besonderes Angebot Gottes aufmerksam machen, wobei er sich schmunzelnd eines absurden Vergleiches aus der Geschäftswelt bedient.

Der Prophet Jesaja verkündet in der Mitte des 6. Jahrhunderts v. Chr. im Auftrag Gottes, was auf das Volk Israel nach seiner Rückkehr aus dem Exil in Babylonien wartet: Das Leben in seiner ganzen Fülle. Leib und Seele sollen aufatmen, Güte und Treue werden einander begegnen, Gerechtigkeit und Friede sollen sich küssen, Gotteslob und Nächstenliebe werden den Alltag und den Feiertag prägen.

> Wörtlich heißt es in Jesaja 55:
> Wohlan, alle, die ihr durstig seid, kommt her und kauft ohne Geld Wein und Milch! Warum zahlt ihr Geld dar für das, was kein Brot ist, und sauren Verdienst für das, was nicht satt macht?
> Hört doch auf mich, so werdet ihr Gutes essen und euch am Köstlichen laben. Neigt eure Ohren her und kommt her zu mir! Höret, so werdet ihr leben!

Es geht in diesen Sätzen um eine umfassende Lebensqualität, die Essen und Trinken, Arbeiten und Feiern, Empfangen und Teilen, irdische Existenz und himmlisches Leben im Blick hat.

Ich möchte versuchen, aus diesem theologischen Ansatz eine Brücke zu schlagen zu dem Selbstverständnis eines Geldinstitutes, das im ökonomischen Wettbewerb auf dem schmalen Grat zwischen wirtschaftlich orientiertem Unternehmensgeist und ausdrücklich betonter Kundenfreundlichkeit zu wandern versucht.

In meinen Ausführungen will ich die Stichworte der Sparkassen nah, menschlich und fair in umgekehrter Reihenfolge aufnehmen und ins Gespräch mit theologisch-ethischen Positionen unseres Glaubens und unserer Kirche bringen. Hin und wieder will ich bei aller Ernsthaftigkeit, wenn es um Fragen des Geldes geht, auch an Ihre Humorbereitschaft appellieren.

II. Hauptteil

1. Die Nähe

Zunächst ist es die räumliche Nähe, mit der die Sparkassen durch das dichte Netz der Filialen zu einer pekuniären Grundversorgung der Bevölkerung beitragen, auch wenn andere Kreditinstitute im Oldenburger Land ebenfalls relativ gut verbreitet sind.

Aber das rote S mit der fiktiven Münze, die den Weg in die Spardose sucht und findet, gehört fast wie die Apotheke mit dem roten A und wie die Kirche mit ihrem Turm ins Dorf.

Meine Frau und ich erinnern uns noch an Fräulein Nieswandt in der Sparkasse zu Neukirchen Kreis Moers. Die Dame blieb über die Jahrzehnte hinweg ein Fräulein, machte wohl nie Urlaub, denn immer wenn wir mit kleinen Geldgeschäften auftauchten, bediente uns dasselbe freundliche Gesicht. Man kannte sich und wußte sich gut bedient.

Zur räumlichen Nähe der Sparkasse tritt so die Nähe der Mitarbeitenden. Das schafft Vertrauen. Gerade ältere Leute schätzen den kurzen Wortwechsel beim Überweisen und Abheben, wenn sie fast schon wie in der ärztlichen Praxis oder im Gespräch mit dem Pfarrer begründen, warum sie nun gerade heute für die Tochter oder das Enkelkind eine größere Summe brauchen als sonst.

Und was war das für eine Freude, wenn man beim Prämiensparen einen kleinen Gewinn einfahren und am Ende des Jahres die vollgeklebte Karte einlösen konnte.

Das klingt wie die nostalgische Beschreibung einer Idylle, die teilweise überholt ist.

Aber sie drückt ein hohes Maß an Wertschätzung des kleinen Mannes aus, an dem andere Geldinstitute nicht so interessiert sind, weil sie mehr auf die Geschäftsbeziehungen mit Firmen und Großkunden ausgerichtet sind.

Überdies bieten die Sparkassen eine relativ große Zahl von Arbeitsplätzen, die der Region zugute kommen und damit zu sozialer Stabilität in der Gesellschaft beitragen.

Die evangelischen Kirchen geben übrigens 80 % ihrer verfügbaren Mittel für Personalkosten in Kirche und Diakonie aus und leisten damit, weil sie nicht an finanzieller Gewinnmaximierung, sondern an der Qualität ihrer Arbeit durch Fachleute interessiert sind, einen ganz erheblichen Beitrag zum Arbeitsmarkt und inneren Frieden in unserem Gemeinwesen.

Die katholischen Kirchen wenden etwa 20 % weniger für Personalkosten auf.

Weil, wie es in Ihren Leitlinien heißt, nur zufriedene Mitarbeiter Kunden ausgewogen, freundlich und kompetent beraten können, liegt es wesentlich an Ihrer Professionalität als Leitungskräfte, den Mitarbeiterinnen und Mitarbeitern auch in Belastungsphasen den Sinn und die Notwendigkeit ihres Einsatzes für die Erhaltung des guten Image nahezubringen.

Das wird aber in der Regel bei hoher Arbeitsplatzsicherheit leichter gelingen, als es auf dem freien Markt mit viel stärkerer konjunktureller Abhängigkeit der Fall ist.

Jesus bedient sich in manchen seiner Gleichnisse der Geschäftswelt, um Glaubensinhalte zu veranschaulichen.

Ein Paradebeispiel ist der Kaufmann, „der gute Perlen suchte, und als er eine kostbare Perle fand, ging er hin und verkaufte alles, was er hatte, und kaufte sie" (Mt. 13, 45).

Würde jemand in einer Ihrer Sparkassen auftauchen mit dem Ansinnen, Haus und Hof verkaufen und alle seine Geldanlagen auflösen zu wollen, würden Sie wahrscheinlich alle Überzeugungskunst aufbieten, um Ihren solventen Kunden von einer solchen wahnwitzigen Idee abzuhalten. Auch wohl deshalb, damit er später nicht ohne jede Sicherheit um Darlehen bettelt oder gar eine Schuldnerberatung eingeschaltet werden muss.

Um nun Jesus nicht eine ausgesprochene Weltfremdheit zu unterstellen, muss man wissen, was das Tertium Comparationis, also der Vergleichspunkt, ist. Das Gleichnis beginnt mit den Worten: Das Himmelreich gleicht einem Kaufmann, der alles für die eine kostbare Perle auszugeben bereit ist.

Natürlich wußten die Jünger, dass sie sich wie auch wir mit beiden Beinen durch die Wirklichkeit dieser Zeit und Welt bewegen. Aber Jesus lag und liegt mit seiner Botschaft von der himmlischen Heimat sehr daran, die mitmenschliche Nähe in der irdischen Existenz mit allen Gaben und Fähigkeiten, die einem Menschen gegeben sind, zu unterstreichen und mit dem Prinzip der Nächstenliebe zu würdigen. Ich könnte auch sagen: Jesus will mehr Engagement für den Himmel auf Erden erzielen.

In einer kleinen Geschichte möchte ich den Übergang von dem Stichwort Nähe zum Stichwort Menschlichkeit vorbereiten.

Zu einem alten Araber kamen drei junge Leute und sagten ihm: „Unser Vater ist gestorben. Er hat uns 17 Kamele hinterlassen und im Testament verfügt, dass der Älteste die Hälfte, der Zweite ein Drittel und der Jüngste ein Neuntel der Kamele bekommen soll.
Jetzt können wir uns über die Teilung nicht einigen; übernimm du die Entscheidung!"

Nicht nur deshalb, weil wohl das Kopfrechnen auch in Sparkassen nicht mehr zum täglichen Training zählt, werden selbst Schnellrechner an dieser Stelle noch keine Lösung bieten können.

Der Araber dachte nach und sagte: „Wie ich sehe, habt ihr, um gut teilen zu können, ein Kamel zu wenig. Ich habe selbst nur ein einziges Kamel, aber es steht euch zur Verfügung. Nehmt es und teilt."

Ich mache an dieser Stelle eine kleine Pause und trinke einen Schluck Wasser. Vielleicht hat jemand die Lösung gleich parat. Das wäre mir eine sehr schöne CD mit 18 Chorälen von Paul Gerhardt als Anerkennung hervorragender Rechenkünste wert.

Sie bedankten sich für den Freundschaftsdienst, nahmen das Kamel mit und teilten die 18 Kamele nun so, dass der Älteste die Hälfte, das sind 9, der Zweite ein Drittel, das sind 6 und der Jüngste ein Neuntel, das sind 2, bekam. Zu ihrem Erstaunen blieb, als sie ihre Kamele zur Seite geführt hatten, ein Kamel übrig. Dieses brachten sie, ihren Dank erneuernd, ihrem alten Freund zurück.

2. Die Menschlichkeit

Natürlich kann sich keine Sparkasse, die ihre Angestellten zu bezahlen hat, die Rücklagen bilden muss, die das Stiftungswesen fördert, die auch Anlagegeschäfte betreibt, sich in die menschenfreundliche Rolle des Arabers versetzen und sozusagen mit kostenlosem katalysatorischen Effekt die Probleme bei Erbschaften oder anderen Gelegenheiten des täglichen Lebens schlichten wollen.

Aber Sparkassen, und das ist ihnen ethisch hoch anzurechnen, verfolgen das Ziel „Wohlstand für alle".

Wir haben es in unseren Kirchengemeinden und insbesondere in der diakonischen Beratung und Begleitung immer häufiger mit Menschen und ganzen Familien zu tun, die aus dem Teufelskreis der Armut nicht herausfinden. In solchen Lagen ist es schon eine gute Nachricht, dass die Sparkassen grundsätzlich jedermann ein Girokonto anbieten, um ihn so am wirtschaftlichen Leben teilhaben zu lassen.

Ich habe vor der Sommersynode unserer Ev.-Luth. Kirche in Oldenburg auf ein Problem wachsender Armut hingewiesen, dass man in einem an sich reichen Land gar nicht vermutet. Dabei habe ich mich nur einem kleinen Ausschnitt aus der gesellschaftlichen Armut gewidmet, die viele Gesichter hat.

Bei der neuen Armut geht es um bundesweit rund 2,6 Mio. Kinder unter 15 Jahren auf dem früheren Sozialhilfeniveau. 2004 waren es noch 1,1 Mio. In der Stadt Oldenburg wachsen 23 von 100 Kindern bis 15 Jahren in Armut auf, und das mit steigender Tendenz.

Da muss die einzige Jeans nach dem Waschen nachts auf die Heizung, damit sie am nächsten Tag wieder angezogen werden kann. Diese Kinder können nie der Einladung von Klassenkameraden zum Geburtstag folgen, weil das Geld für ein Geschenk fehlt. Sie bleiben bei Klassenfahrten zuhause, weil das Taschengeld nicht reicht. Ein 10jähriges Kind einer Hartz-IV-Familie bekommt für das tägliche Frühstück, Mittag- und Abendessen insgesamt 2,57 Euro. Für Schuhe, von Haus- bis Sportschuhen, hat dieses Kind 3,85 Euro im Monat zur Verfügung. Für Freizeitaktivitäten wie Kinobesuch und Sportverein sind 1,36 Euro pro Monat vorgesehen.

Der höhere wachstumsbedingte Bedarf von Kindern ab 6 Jahren und die Kosten, die für Kinder bei Schuleintritt entstehen, werden seit 2005 nicht mehr anerkannt.

Das Problem einer erkennbar wachsenden Armutsbevölkerung beschäftigt unsere kirchlichen Anlaufstellen. Wir entdecken die „verdeckte" Armut in unseren Kindertagesstätten, in den Schulen und in den Konfirmandengruppen. Wir unterstützen die Familien durch individuelle finanzielle Beihilfen aus der Diakoniekasse der Kirchengemeinde, durch gezielte Zuwendungen aus privaten und kirchlichen Stiftungen, wenn z. B. das notwendige Auto kaputtgegangen ist und damit die Chance auf den Erhalt des neuen Arbeitsplatzes gen Null zu sinken droht. Wir intervenieren, wenn Strom abgestellt und der Gashahn zugedreht werden sollen, und springen finanziell ein, wenn, was vorkommt, das Energieversorgungsunternehmen kein Entgegenkommen mehr zeigt. Wir helfen durch Lebensmittel von der Tafel.

Wir vermitteln Menschen in berufsqualifizierende Maßnahmen und arbeiten mit Jugendlichen an einer Klärung und Entwicklung ihrer persönlichen und beruflichen Perspektive.

In solchen familiären Konfliktsituationen ist es eine wirkliche Hilfe, wenn die Sparkassen ein Konto für jedermann garantieren, wenn sie bei ihren hart geprüften Stammkunden die Sperrung des Kontos um einen zeitlich begrenzten Spalt öffnen und wenn sie sich in der Finanzierung der Schuldnerberatung engagieren.

Gerade weil die Sparkassen am Wohlstand unserer Region ausgerichtet und in ihrer Geschäftstätigkeit auf diese regionalen Belange konzentriert sind, stärken sie mit jeder auch noch so kleinen, aber vertretbaren Maßnahme zugunsten der Schwächsten in unserer Gesellschaft das Zusammengehörigkeitsgefühl in der Bevölkerung und das nachhaltige Vertrauen in ein von den Städten und Landkreisen getragenes Wirtschaftsunternehmen mit einer 221jährigen Sparkassengeschichte.

Die soziale Geschäftsidee der Sparkassen, die ihre Parallelen auch im Genossenschaftswesen der Raiffeisen- und Volksbanken hat, korrespondiert auch mit den Grundelementen des sozialen Protestantismus.

Zu den bekanntesten Personen gehören die Initiatoren der Mitte des 19. Jahrhunderts entstehenden freien Werke der Diakonie und Inneren Mission. Johann Hinrich Wicherns Haus in Hamburg, Theodor und Friederike Fliedners Diakonissenarbeit in Kaiserswerth oder auch Gustav Werners Bruderhaus in Reutlingen sind bekannt Beispiele dafür. Ihre Leistungen treten besonders plastisch hervor, wenn sie mit dem damaligen Handeln der Kirche verglichen werden.

Denn diese brachte, nicht zuletzt wegen ihrer Einbindung in den obrigkeitlichen Staat, nur selten adäquate Reaktionen auf die sozialen Notlagen jener Zeit hervor.

Allerdings ist für unsere Region die eindrucksvolle positive Ausnahme von Gerhard Uhlhorn zu nennen, damals Abt zu Loccum. Seine offensive Auseinandersetzung mit sozialen Fragen führte zu der Gründung wichtiger diakonischer Einrichtungen wie des Henrietten- und des Friederikenstifts in Hannover.

Bei allen Hilfsmaßnahmen, die wir kirchlich und gesellschaftlich in die Wege leiten, sollte das Prinzip der Hilfe zur Selbsthilfe zielführend sein. Denn dauernde wirtschaftliche Abhängigkeit führt nach und nach in die Unfreiheit, die nach unserem christlichen Verständnis eines Geschöpfes Gottes nicht würdig ist.

Mit jedem kleinen Erfolg wächst die Bereitschaft, die Herausforderungen des Lebens anzunehmen und in bescheidenem Maße an dem Wohlstand für alle zu partizipieren.

3. Die Fairness

Im letzten halben Jahr überschlagen sich positive und negative Schlagzeilen durch die am Hypothekenmarkt ausgelösten Turbulenzen.

„Zittern mit der Citi", Amerikas Großbanken feuern ihre Chefs, aber Vertrauen gewinnen sie damit nicht zurück. Gierige Manager und steigende Preise: Viele Menschen haben das Vertrauen in die Kraft des Marktes verloren – auch solche, die gestern noch fest daran glaubten. (Die Zeit, 08.11.2007)

Dagegen waren positive Schlagzeilen zu lesen: LzO stärkt CEWE Color den Rücken. Banken erlassen Delmenhorst die Schulden beim Kauf des umstrittenen Hotels am Stadtpark. LzO glänzt mit Spitzenergebnis für 2006. Oldenburger deutlich besser als der niedersächsische Sparkassensektor. (NWZ, 08.02., 09.02., 10.02.2007)

Wenn tatsächlich trotz der regionalen Wirtschaftsdynamik im Oldenburger Land, besonders bei den Mittelständlern, die Ertragslage leicht unter das Vorjahresniveau sinken sollte, weil die enger werdenden Zinsmargen und Investitionen in den Filialen das Betriebsergebnis senken sollten, dann können wir im Oldenburger Land dennoch dankbar für diese nachhaltige und soziale Geschäftspolitik sein.

Wenn Sie, meine sehr geehrten Damen und Herren in der Leitung der Filialen, katholisch sind, wird Ihnen dieses Verdienst um die Allgemeinheit dereinst sicherlich zugute kommen. Wir Evangelischen sind in der Bewertung positiver Leistung etwas bescheidener und hoffen darauf, dass uns die Erfolge jedenfalls nicht zum Nachteil gereichen werden.

Fairness bedeutet Gerechtigkeit.

Mit der Globalisierung stellen sich neue wirtschaftliche und soziale Fragen, die mutige Entscheidungen erfordern. Technologische Entwicklungen haben Zeit und Raum in nie gekannter Weise schrumpfen lassen. Wir leben nicht länger in geschlossenen Häusern, in denen wir unseren Geschäften nachgehen können. Entscheidungen, die irgendwo am anderen Ende der Welt getroffen werden, beeinflussen nachhaltig unser Leben.

Das ist zunächst einmal gut so, denn wir spüren so, was der christliche Glaube immer wußte, dass alle Menschen als Kinder Gottes zusammengehören und aufeinander angewiesen sind. Aber das alles macht auch Angst, weil gewohnte Ordnungen wegbrechen und vieles, was als normal galt, nicht mehr normal ist.

Von Manchester nach Madchester, so war ein Essay in der WELT im Februar dieses Jahres überschrieben. Die Gütermärkte bestimmen nicht mehr über die Finanzmärkte, sondern die Finanzmärkte regieren die Gütersphäre.

Es gibt nicht mehr den großen Gegensatz zwischen der „freien Marktwirtschaft" und den Planwirtschaften, sondern eine Vielfalt von unterschiedlichen Kapitalismen und damit verbundenen wirtschafts- und sozialpolitischen Pfaden in die Zukunft. Damit kommt es zu einem verschärften Benchmarking.

Welcher Weg – in Europa: der skandinavische, der angelsächsische, der südeuropäische oder der mitteleuropäische und deutsche Weg – erreicht einen hohen und gut verteilten Wohlstand für alle? Welcher Weg sichert den inneren Frieden und bietet Chancen auf Teilhabe für möglichst viele seiner Bürger? Darüber gehen die Diskussionen.

In dieser Situation stellt sich die Frage nach der Gerechtigkeit neu. Es ist vor allem die Erfahrung, in neuer Weise den Mechanismen der weltweiten Finanzmärkte ausgeliefert zu sein, die uns in den letzten Jahren in Deutschland – aber auch anderswo – zu schaffen gemacht hat.

Das sind Hintergründe, die Sie als Fachleute viel besser verstehen und bewerten können als ein Theologe, der überall ohne Geld zu kaufen vermag, weil er bei Gott Kredit hat.

Früher konnte man den Eindruck haben, dass der in Deutschland erwirtschaftete Reichtum in irgendeiner Form auch wieder investiert wurde und so für den Erhalt von Arbeitsplätzen sorgte. Zwar war die Einkommens- und Vermögensverteilung nie wirklich gerecht, aber man konnte doch den Eindruck haben, dass alle Menschen genug zum Leben und zur Teilhabe abbekamen.

Die Evangelische Kirche in Deutschland empfiehlt unserem Land, aus diesen Gründen auf eine effiziente Regulierung der internationalen Finanzmärkte hinzuwirken. Es müsse ein hohes Maß an Transparenz zur Steuerung eines fairen Wettbewerbs mit der verstärkten Abschöpfung von spekulativen Gewinnen einhergehen.

In einer vom sozialen Protestantismus mitgeprägten deutschen Tradition sind Unternehmen nie nur den Shareholdern, sondern auch den Mitarbeitenden verpflichtet und tragen Verantwortung für das Gemeinwohl.

Ich bin froh, dass sich die Sparkassen der Entwicklung eines immer kurzfristigeren Denkens und der Verengung des Blickwinkels vieler Finanzmarktakteure, die ausschließlich auf eine Maximierung der Renditen setzen, verweigern.

Auch wenn Sie sich dem Globalisierungsdruck stellen, halten Sie an ihrer nachhaltigen Geschäftspolitik in den Regionen und zum Wohle der Regionen fest. Die Masse der vielen kleinen Leute bis hin zu den Ärmsten wird es Ihnen danken, dass Ihre Anlagen in hohem Maße sicher verwaltet werden, auch wenn die Zinsen vielleicht nur den Wertverfall ausgleichen.
Wer das Risiko liebt und sich auf Angebote mit kurzfristigen Gewinnen von 20 oder mehr Prozent einlässt, ist nun wirklich nicht zu bedauern, wenn so ein Einsatz wie beim Roulett oder Pokern mit einem Schlag verloren geht.

III. Zum Schluss

„Kommt her und kauft ohne Geld!" Das sind wahrlich keine Insidertips eines Scharlatans. Es ist der eindrückliche und nachdrückliche Hinweis des Propheten auf noch andere Werte als die des Geldes und des materiellen Reichtums.

Wenn ich krank werde, wenn der Lebenspartner das Zeitliche segnet, wenn ein mehrfach behindertes Enkelkind geboren wird, wenn uns Enttäuschung und Verletzung in irgendeiner Form begegnet und wenn wir selbst am Anderen schuldig werden, dann sind nun wirklich andere Werte gefragt.

Ein Glaube, der mich trägt und prägt in der Gewissheit von Gottes Geleit, eine Liebe, die ihre Stärkung und ihren Reichtum aus dem Wissen um die Gnade Gottes und um die Treue meiner engsten Wegbegleiter erfährt, eine Hoffnung, die mir Flügel verleiht in den Zeiten der Angst und der Not, weil ich den guten Geist Gottes als Balsam für meine Gedanken und für meine Seele erahne und spüre.

Das sind Kredite, mit denen Gott in Jesus Christus uns gerecht wird, die normalerweise nicht im Beratungsgespräch einer der 121 Sparkassen im Oldenburger Land mit einer Bilanzsumme von ca. 7,1 Milliarden Euro und 1.700 Mitarbeitenden gefragt sind.

Aber die Leitlinien der Sparkassen für eine nachhaltige Geschäftspolitik im Interesse der Kunden und der örtlichen Gemeinschaft unter den drei Akzenten fair, menschlich und nah weisen in der Sache und in der Terminologie auf Entsprechungen der jüdisch-christlichen Theologie hin. Unser Heil besteht nicht in einer Flucht zu gleichgültiger Toleranz gegenüber einer sich selbst steuernden Ökonomisierung aller Lebensbereiche.

Unser Heil liegt in der Nachfolge Jesu Christi von Nazareth, der mit seinem Tod menschlicher Willkür ein Ende gesetzt und die Tür für christliche Verantwortung für mehr Himmel auf Erden geöffnet hat.

Wie Gott im Hintergrund christlicher Verantwortung auch den Vordergrund des täglichen Lebens und Arbeitens bereichern und mit einem Quantum an Humor durchdringen kann, macht ein irischer Segen deutlich, mit dem ich diesen unverkäuflichen Vortrag beenden möchte:

Gott segne meinen Laptop, wenn ich ihn morgens anschalte. Möge sein Speicher meine mühsam erarbeiteten Gedanken sicher bewahren. Mögen seine Programme meinen Mangel an technischem Wissen ausgleichen. Möge sein Hilfsprogramm verständlich sein, wenn ich nicht mehr weiter weiß.

Möge sein Rechtschreibprogramm die richtigen Korrekturen vornehmen. Möge er bescheiden genug sein, um mir zu vermitteln, dass ich noch Herr der Lage bin. Möge unsere heutige Begegnung knapp und zufriedenstellend sein.

Wie gut, dass alle, die bei der Sparkasse arbeiten und Verantwortung tragen, fröhliche Menschen sind und über eine ansehnliche Portion Humor verfügen.

Predigt am Heiligabend 2007
in der St. Lamberti-Kirche zu Oldenburg

Liebe Gemeinde in der Heiligen Nacht!

Weihnachten löst nach wie vor Verwunderung aus.

Im Wiegenlied der Maria, das wir gerade hören durften. In der Mischung aus Furcht und Ehrfurcht, von der die Hirten erfasst wurden. In der Kombination von wissenschaftlicher Neugier und erstaunlicher Demut der Weisen aus dem Morgenland, die dem Stern zum Stall von Bethlehem gefolgt waren.

Weihnachten hat die Langzeitwirkung von Verwunderung ausgelöst. Vom Kind in der Krippe bis zum Mann am Kreuz. Von der Österlichen Auferstehungsbotschaft bis zur pfingstlichen Ausgießung des Heiligen Geistes. Von den frommen Bekenntnissen des Augustin über das reformatorische Erbe von Luther und Calvin bis zu Martin Luther Kings gewaltlosem Widerstand gegen die Diskriminierung der Schwarzen und Mutter Theresas Einsatz als „Engel der Armen" in Indien.

Weihnachten löst nach wie vor Verwunderung aus.

Es begann in jener Nacht auf dem Felde bei den Hürden, als den Hirten die himmlische Botschaft auf wundersame Weise eröffnet wird. „Euch ist heute der Heiland geboren." (Lk 2, 11). Als der Bote Gottes diese „große Freude" verkündet, sind es Menschen ohne besondere Qualifikation religiöser Natur oder gesellschaftlicher Anerkennung, die zuerst zu Zeugen und dann zu Botschaftern einer guten Nachricht werden, die die Welt verändert hat.
Dass diese göttliche Erleuchtung im Laufe der Geschichte auch zu fundamentalistischer Verblendung und wahnsinniger Vernichtung von Gottes Geschöpfen mit ihrem unterschiedlichen Wesen und Glauben, mit anderer Kultur und Philosophie geführt hat, bleibt einerseits ein unauslöschlicher Makel, der immer wieder Erschrecken auslösen wird, und andererseits eine unaufhörliche Herausforderung für alle Menschen und Völker, die sich für mehr Frieden auf Erden einsetzen, um Gott in der Höhe seine unanfechtbare Ehre zu geben.

Manche mögen sich nun langsam fragen, was denn der Fisch in ihrer Hand oder Tasche mit Weihnachten zu tun haben könne. Da waren doch die kleinen Geschenke der vergangenen Jahre viel schneller und eindeutiger zuzuordnen: der Strohhalm, das Transparent, der Stern, der Engel, Wolle und Myrrhe.Der Fisch ist seit der frühen Christenheit zu einem damals noch geheimen Symbol der Christus-Gläubigen geworden. Wer griechisch gelernt hat, weiß um die sprachliche Bedeutung des ICHTHYS mit seinen fünf Buchstaben. Das Wort selbst bedeutet – waagerecht gelesen – nichts anderes als Fisch, den man mehr oder weniger mag, auch als Alternative zur Weihnachtsgans oder zu Würstchen mit Kartoffelsalat.
Nimmt man – wie beim Scrabble-Spiel – die fünf einzelnen griechischen Buchstaben als Anfangsbuchstaben zur Bildung neuer senkrechter Begriffe, dann lassen sich in deutscher Übersetzung die Worte bilden: Jesus Christus, Gottes Sohn, Retter.
Wenn sich in der Urchristenheit Menschen begegneten und wissen wollten, welchen Glauben die andere Person hatte, malten sie die Umrisse eines Fisches in den Sand oder in die Luft und wussten schnell voneinander, ob sie Brüder und Schwestern im christlichen Glauben waren.

Heute sind auf etlichen Autos am Heck Aufkleber mit einem kleinen Fisch zu sehen. Beim nächsten längeren Stau empfiehlt es sich, einmal auszusteigen, an die Scheibe des vorderen Wagens zu klopfen und dann über den gemeinsamen christlichen Glauben ins Gespräch zu kommen.
Euch ist heute der Heiland, der Sotär, der Retter, geboren. Euch – den Eltern aus Nazareth und den Hirten in Bethlehem, den Weisen aus dem Morgenland und den Völkern im Abendland, der Ökumene rund um den Globus und den Menschen in Oldenburg und umzu.
Also uns, liebe Gemeinde! Dir und mir, den Nachbarn in den Bänken und auf den Emporen, allen Geschöpfen dieser einen Erde Gottes gilt die weihnachtliche Botschaft: Für Euch ist der Retter aus Sünde, Not und Tod geboren.
Heiland war die altsächsische Übersetzung des griechischen Sotär und des lateinischen Salvator. Martin Luther hat dann in seiner Bibelübersetzung und in den Liedern den Begriff „Heiland" verdichtet. Wir haben vorhin gesungen: „Es ist der Herr Christ, unser Gott, der will Euch führ`n aus aller Not, er will Eu'r Heiland selber sein, von allen Sünden machen rein."
Nehmen wir dieses Evangelium, nehmen wir den Christus selber beim Wort. In Familie und Beruf. In Gesellschaft und Politik. In dem Bemühen um eine verantwortliche Gestaltung weltweiter Wirtschaft, im Eintreten für einigermaßen faire Friedensbedingungen – ganz gleich, wo und wie man sich misstraut und bekriegt.

Am 3. Advent habe ich mit deutschen Soldaten in einem Zelt des Lagers in Prizren Gottesdienst gefeiert und versprochen, dass wir heute abend derer gedenken werden, die im Kosovo den Heiligabend verbringen.
Sie würden viel lieber zuhause sein und mit ihrer Familie Weihnachten feiern. Aber ihr Einsatz für den Frieden dauert vier Monate, bis sie Ende Januar abgelöst werden. Ähnliches gilt für die Soldatinnen und Soldaten an vier Orten in Afghanistan und vor der Küste des Libanon auf den Fregatten, die ich von Gründonnerstag bis Ostermontag besucht habe.
Gerade zu Weihnachten spüren die Kameraden das Heimweh nach Hause besonders. Aber sie hoffen, dass ihre Anwesenheit zwischen den Fronten der Gegner dazu beiträgt, dass politische Lösungen für einen dauerhaften Frieden erarbeitet und akzeptiert werden. Manchen dauert dieser Prozess über viele Jahre hinweg viel zu lang. Aber Kriege lösen keine Probleme, sie schaffen nur neue. Frieden muss vorbereitet werden mit friedlichen Mitteln.
Was wäre das für eine weihnachtliche Spitzenmeldung, wenn sich zwischen Israel und Palästina oder auf dem Balkan, wie es Psalm 85 als Vision entwickelt, Gerechtigkeit und Friede küssen würden.
Lasst uns nun mit dem Liede von der Stillen und Heiligen Nacht eine geistliche Brücke schlagen zu allen, derer wir gedenken möchten und die sich wo auch immer auf ein Wiedersehen mit uns freuen.

Lied „Stille Nacht, Heilige Nacht"

Weihnachten löst nach wie vor Verwunderung aus.

Die Botschaft von der Menschwerdung Gottes in einem Kinde, das im Stall geboren wird, und in einer Futterkrippe Platz gefunden hat, hat die Künstler vieler Jahrhunderte zu Bildern und Schnitzwerken angeregt. Dabei wollten manche ganz bewusst der Gefahr einer Verniedlichung des Gottessohnes begegnen.
So steht etwa in der St. Elisabeth-Kirche zu Hude in dem Altarausschnitt der kleine Christus aufrecht auf dem Schoße der Mutter, während einer der drei Könige vor ihm kniet und seine Krone abgelegt hat. Welch ein Zeichen der Demut!
Das Lied vom holden Knaben im lockigen Haar war jahrzehntelang in evangelischen Gottesdiensten verpönt, obwohl es die zentrale Weihnachtsbotschaft in der zweiten Strophe weitergibt: „Christ, der Retter, der Sotär, der Heiland, ist da!"

Und was könnte das heißen in unseren Tagen?
Mit der Menschwerdung Gottes verbindet sich die Verantwortung für ein menschenwürdiges Leben vom Anfang über die Mitte bis zum Ende.
Gerade den christlichen Kirchen liegt an der Würde jedes Menschen als Gottes Geschöpf. Vom respektvollen Umgang mit den Embryonen bis zum letzten Atemzug am Ende unserer Zeit. Im Blick auf den Reichtum von Entfaltungsmöglichkeiten in den Jahrzehnten dazwischen ist ständige Wachsamkeit geboten, um angemessen und maßvoll mit dem Geschenk des Lebens umzugehen.
Das Bedürfnis nach neuen Medikamenten zur Linderung oder Behebung schwerer Krankheiten ist verständlich und zu unterstützen, aber auch abzuwägen gegenüber dem ethischen Anspruch auf Wertschätzung werdenden Lebens.
Die Forschung wird wohl bald nicht mehr der umstrittenen Stammzellen im embryonalem Stadium bedürfen.
Um die Würde des Menschen am Ende des Lebens wird zunehmend heftiger und, wie ich finde, unwürdiger gestritten, wobei beide Kirchen mit guten Gründen für eine passive Sterbehilfe eintreten, allerdings mit deutlich verbesserter Schmerzvermeidung und seelsorgerlicher Begleitung. Die letzte Entscheidung freilich für das würdige Ausklingen eines in sich erschöpften Lebens muss aus der konkreten Lage der Sterbenden getroffen werden. Für die Vorbereitung solcher Entscheidungen kann die christliche Patientenverfügung mit Vorsorgevollmacht und Betreuungsverfügung eine gute Hilfe sein.
Als Kirche und Gesellschaft müssen wir aber genauso der Würde der Menschen zwischen Geburt und Tod mehr gerecht werden, was Erziehung und Bildung, was Forschung und Umwelt, was Krisenmanagement und Friedensstiftung betrifft.
Ob ich an die technisch hervorragenden Waffen denke, die in Deutschland und anderswo produziert, dann exportiert werden und schließlich in einer Reihe von Ländern, nicht um des Friedens willen, schreckliches Unheil anrichten, ob ich an die wachsende Armut gerade unter Kindern in unserem an sich reichen Land denke, deren einzige Jeans am Abend gewaschen und nachts auf die Heizung gehängt wird, damit sie am nächsten Tag wieder angezogen werden kann, immer steht die Menschenwürde auf dem Spiel oder die Ehrfurcht vor dem Leben, wie sie Albert Schweitzer für die gesamte Schöpfung gefordert hat.

In den meisten Fällen sozialer Armut kommt keine oder wenig Weihnachtsfreude auf, obwohl es immer wieder erstaunliche Nachrichten, etwa aus unseren Partnerkirchen in Togo und Ghana darüber gibt, wie trotz materieller Ärmlichkeit gerade Gotteslob und Nächstenliebe in voller Blüte stehen.
Solche äußere und innere Lebensbewältigung sollte uns Europäer anspornen, in unserem Engagement für mehr Brot für die Welt, für mehr Hilfe zur Selbsthilfe nicht nachzulassen.
„Euch ist heute der Retter geboren." So wird es uns im Weihnachtsevangelium von dem Boten Gottes verkündet.
Der Gedanke der Lebensrettung ist uns vielfach vertraut. Längst vor den Rettungshubschraubern gab es die Lebensrettungsgesellschaften an der Küste. Das SOS-Zeichen mit dem Morse-Notruf „save our souls" erinnert an den ganzen Menschen mit Leib und Seele, dem so gut wie möglich geholfen werden soll aus seiner Not.
Als die bei uns frömmsten Rettungskräfte könnten die Feuerwehrleute bezeichnet werden. Sie helfen unter dem Leitmotiv, das allen Ortes an einer Wand ihrer Räume zu lesen ist: Gott zur Ehr, dem Nächsten zur Wehr.
Wichtig erscheint mir, liebe Schwestern und Brüder, dass wir von Neuem beides lernen, die Verwunderung, die Weihnachten auslöst, mit Staunen und Dankbarkeit aufzunehmen in unsere Herzen und Sinne, und gleichermaßen die Ernüchterung, die der Blick auf Jesu Kreuz auslöst, in uns wirken zu lassen. Krippe und Kreuz sind aus demselben Holz geschnitzt.

Spannen wir in unserem Glauben, Hoffen und Lieben einen geistlichen Bogen rückwärts von Ostern zu Weihnachten und dann wieder vorwärts von Ostern zu Pfingsten, dann ist Leben angesagt aus Schuld und Elend heraus, zur Ehre Gottes in der Höhe und zum Frieden auf Erden bei den Menschen, in Zeit und Ewigkeit.
Das sollte uns doch wundern, wenn von dem Wunder der Weihnacht in diesem Jahre keine Verwunderung ausginge, gerade in diesem wunderschönen Oldenburger Land, wo doch, wie auf unserer letzten Synode ein Bischof aus Süddeutschland schmunzelnd bemerkte, der Glaube schon alle Berge versetzt habe.
Sind das nicht wunderbare Aussichten für die Feiertage und das Neue Jahr, das auf wundersame Weise einen Tag länger dauern wird?
Fürchtet Euch nicht! Denn Euch ist heute der Heiland geboren, welcher ist „Jesus Christus, Gottes Sohn, Retter." Diese erlösende Botschaft möge uns begleiten – quicklebendig, wie dieser Regenbogen-bunte Fisch, in dessen fünf griechischen Buchstaben das ganze Evangelium enthalten ist.

Amen.

Grußwort beim Neujahrsempfang von Weihbischof Timmerevers am 05.01.08 in Vechta

Herr Weihbischof und bischöflicher Offizial, verehrte Gäste des Neujahrsempfanges, liebe Schwestern und Brüder in Christus!

Dankbar bin ich für die Gelegenheit, ein Wort der ökumenischen Weggemeinschaft an Sie zu richten. Ich habe mich für dieses charakteristische Merkmal unseres ökumenischen Miteinanders aus drei Gründen entschieden.

1. Das Bild einer ökumenischen Weggemeinschaft will mehr beschreiben als definieren, was wir seit einigen Jahrzehnten zum Wohle der Menschen und Gemeindeglieder im Oldenburger Land gemeinsam tun und damit Gott die Ehre geben wollen.

Jeder Versuch, das Verhältnis der beiden großen Kirchen in Deutschland definitorisch zu bestimmen, stößt, wie wir wissen, immer wieder auf dieselben Unterschiede im Kirchen-, Amts- und Sakramentsverständnis.

Die Diskussion darüber wird und muss auf unterschiedlichen fachlichen Ebenen weitergeführt werden, was ja auch zu gewissen Erfolgen z.B. im Verständnis der Rechtfertigung des Sünders vor Gott 1999 und in der offiziellen wechselseitigen Anerkennung der Taufe 2007 geführt hat.

2. In Ihrem Bischöflichen Wappen, lieber Bruder Timmerevers, haben Sie sich für das Leitwort entschieden: „Suchet, wo Christus ist".

Diese Wahl fand ich von Anfang an sympathisch, weil sie sowohl im Leben und Streben der eigenen Glaubensüberzeugung als auch im grenzüberschreitenden Dialog ein gewisses Maß an Offenheit in der persönlichen und geschichtlichen Begegnung mit Christus als dem Gekommenen und zu Erwartenden signalisiert und dem Wirken des Heiligen Geistes keine Schranken setzen will.

3. Da ist der neue „Routenplaner", den mir der Verfasser bei unserem evangelischen Neujahrsempfang im Advent überreicht hat, zu nennen.

Diese schöne Idee einer Sammlung von Gebeten für Fernfahrer und andere Reisende durch diese Zeit und Welt unterstützt den Gedanken einer ökumenischen Weggemeinschaft, wobei Gott der Herr der Vielfalt christlicher Denominationen und anderer Religionen mit dem geistlichen Rat begegnen mag: wenn möglich oder gar nötig – bitte wenden!

Heute freue ich mich darüber, Ihnen, lieber Bruder Timmerevers, und der katholischen Christenheit herzliche Grüße und segensreiche Wünsche von der evangelischen Kirche im Oldenburgischen vom münsterländischen Süden bis zum Butjadinger Norden überbringen zu können.

In den letzten 10 Jahren, die ich überblicke, hat sich unsere ökumenische Weggemeinschaft weiter entwickelt, durch viele gemeinsame Besuche und Gottesdienste, durch Beratungen auf

Kirchenleitungsebene und durch fachliche Konsultationen vertieft und angesichts neuer Herausforderungen an unsere internen Strukturen einerseits und an unseren caritativ-diakonischen Auftrag in dieser Gesellschaft andererseits enger zusammengeführt.

Das gilt sowohl für gemeinsame Denkschriften und Aktionen auf der bundesdeutschen Ebene als auch für etliche Anstrengungen in unserer nordwestdeutschen Region von den Dammer Bergen bis nach Wangerooge.

Lassen Sie mich in aller Kürze zwei Herausforderungen sowohl lokal als auch global an den Stichworten „Armut" und „Gerechtigkeit und Frieden" konkretisieren.

Mit der Menschwerdung Gottes in Christus, die wir Weihnachten wieder gefeiert haben, verbindet sich die Verantwortung für ein menschenwürdiges Leben vom Anfang über die Mitte bis zum Ende.

Gerade den christlichen Kirchen liegt an der Würde jedes Menschen als Gottes Geschöpf. Das betrifft den respektvollen Umgang mit dem werdenden Leben bis zum letzten Atemzug am Ende unserer Zeit wie vor allem auch die wertvollen Jahrzehnte dazwischen. Immer ist Wachsamkeit geboten, dass wir Menschen angemessen und maßvoll mit dem Leben als einem Geschenk Gottes umgehen.

1. Neben guten Schlagzeilen, dass die Welt friedlicher geworden, weil die Zahl weltweiter Kriege und Krisen von 31 und 26 gesunken ist, dass 64 % der Deutschen mit Zuversicht ins neue Jahr gehen, vor allem die 18 bis 29-jährigen, und dass die Bevölkerung mit 70 % religiöser sei, als bisher geglaubt wurde, wobei die Art der Religiosität zu untersuchen wäre, neben diesen positiven Meldungen erschrecken mich die Schlagzeilen von dem dramatischen Anstieg der Kinderarmut, die sich alle zehn Jahre verdoppelt.

Allein in der recht friedlichen Stadt Oldenburg leben 23 von 100 Kindern in unserem an sich reichen Land in materieller Armut, die seelische und soziale Folgen hat.

Da wird die einzige Jeans der Jungen und Mädchen bis 15 Jahre am Abend gewaschen und auf die Heizung gehängt, damit sie morgens wieder angezogen werden kann.

Der Regelsatz öffentlicher Unterstützung für Frühstück, Mittag- und Abendessen liegt bei 2,57 Euro. Sportliche Betätigung, kulturelle Bildung und die Pflege von Klassenfreundschaften können kaum wahrgenommen und gepflegt werden.

Das Leben dieser jungen Menschen wird so nicht nur durch „Armut in der Kindheit", sondern auch durch „Armut an Kindheit" geprägt.

In solchen Fällen verfängt der Appell nach der intakten Familie nur begrenzt, wenn Väter und Mütter schon selbst nicht mehr in einer Familie groß geworden sind. Hier ist gesellschaftliche Hilfe mit staatlichen Mitteln dringend geboten. Caritas und Diakonie können materielle und soziale Unterstützung nur in begrenztem Maße anbieten.

2. Im November hat der Rat der EKD eine lesenswerte Denkschrift herausgegeben, von der ich Ihnen ein Exemplar überreichen werde. Die Schrift trägt den Titel: Aus Gottes Frieden leben – für gerechten Frieden sorgen.

Neben einer sorgfältigen Analyse der vielen Gründe für nationale und internationale Krisen in unserer Zeit wird der Friedensbeitrag der Christen und der Kirche mit biblischen Visionen und politischen Forderungen herausgearbeitet.
Vor allem in meinem Nebenamt als evangelischer Militärbischof betone ich immer wieder: religiöser Fundamentalismus und politischer Extremismus lassen sich heute weder durch den Koran noch durch die Bibel begründen.

Wer den Frieden will, muss den Frieden vorbereiten. Wer aus dem Frieden Gottes lebt, tritt für den Frieden in der Welt ein.

Dazu ist die Leitidee eines gerechten Friedens auf der Grundlage internationaler Rechtsordnung entwickelt worden.

Gerade bei meinem Besuch am 3. Advent im Kosovo ist mir erneut deutlich geworden, dass militärische Einsätze von sich aus keinen Frieden bewirken können. Wohl aber ermöglicht das militärische Zwischen-die-Fronten-treten Raum und Zeit für politische Lösungen, die unverzichtbar sind und bleiben.

In dieser wichtigen Frage wie auch in der notwendigen Seelsorge für die Soldatinnen und Soldaten sind wir auf einer guten ökumenischen Weggemeinschaft.

Nun warten schon die Sternensinger mit ihrem Gruß für unsere Herzen und Sinne. Ihr Engagement dient ja auch der Stärkung vieler Menschen an Leib und Seele in Ländern mit wirtschaftlich und politisch instabilen Bedingungen.

Der Auftritt der Jungen und Mädchen erinnert mich an die Karikatur in einer Zeitung.

Vor dem Christkind in der Krippe kniet der erste der drei Könige aus dem Morgenland. Der zweite steht dicht hinter ihm. Der dritte folgt mit etwas Abstand mit der einen Hand am Ohr. Darunter steht der Satz: „Du, ich bin mitten in der Anbetung, kann ich gleich zurückrufen?".

Ich wünsche uns allen ein auch ökumenisch gesegnetes neues Jahr!

Ansprache zur Eröffnung der Anne-Frank-Ausstellung am 27.01.2008 in Oldenburg – Osternburg

Meine sehr geehrten Damen und Herren,
liebe jungen Leute!

Ich beginne mit den Worten eines jüdischen Bürgers der Gegenwart.

> Ich sehe ein Bild vor Augen: 1938, Pogromnacht, ein kleiner jüdischer Junge, 10, 12 Jahre alt, läuft und läuft, von einer Horde HJ-Jungen verfolgt, abgehetzt, läuft um sein Leben.
>
> Er kommt an Kirchen vorbei, Kapellen und Pfarrhäusern. Warum läuft er überall vorbei? Warum kommt er gar nicht auf den Gedanken, dort Zuflucht zu nehmen? Ist es für ihn so abwegig, bei Christen Schutz zu suchen?

Diesen Fragen haben wir uns so lange zu stellen, wie es in unserer Gesellschaft Einzelne und Gruppen, sogenannte Kameradschaftsbünde und Parteien wie die NPD gibt, die aus irregeleiteten Phantasien die deutsche Geschichte verfälschen und mit kümmerlichen Scheinargumenten vor allem junge Menschen zu Größenwahn und Diskriminierung anderer Rassen und Religionen verführen wollen.

Obwohl die Familie Otto Frank bereits 1933 mit Beginn der Nazi-Herrschaft in Deutschland nach Amsterdam geflüchtet war, ereilte sie 11 Jahre später in den mittlerweile besetzten Niederlanden durch den Verrat ihres Versteckes die Verhaftung und Deportation mit dem letzten Transport in die Vernichtungslager nach Osten.

Gerade weil die Geschwister Margot und Anne Frank schließlich Ende Februar / Anfang März 1945 im niedersächsischen Konzentrationslager Bergen-Belsen etwa sechs Wochen vor der Befreiung des Lagers durch englische Truppen an einer Typhus-Epidemie starben, rückt uns das Schicksal von Anne Frank und ihrer Familie auch geographisch sehr nahe.

Darum bin ich allen Beteiligten sehr dankbar dafür, dass die Idee der Kirchengemeinde Osternburg, die renommierte Anne-Frank-Ausstellung in Oldenburg zu zeigen, mit vereinten Kräften umgesetzt werden konnte.

Wir sollten auch nicht vergessen, dass sich bereits Mitte 1932 im Freistaat Oldenburg die erste nationalsozialistische Landesregierung in Deutschland etabliert hatte.

Die Vorgeschichte christlicher Abwendung vom jüdischen Volk reicht bis in die frühen Phasen des Christentums zurück.

In diese unheilvolle Geschichte gehört auch der „treue Rat" des späten Martin Luther, „dass man ihre Synagoga oder Schule mit Feuer anstecke".

Der Historiker Heinrich von Treitschke prägte im 19. Jahrhundert die Parole: „Die Juden sind unser Unglück!" Der Berliner Hofprediger und Politiker Adolf Stoecker rühmte sich, derjenige gewesen zu sein, „der die Judenfrage aus dem literarischen Gebiet in die politische Praxis der Volksversammlungen eingeführt hat".

Solche Denker kannten die kriminelle Potenz noch nicht, die im 20. Jahrhundert einen modernen Staat den Massenmord am jüdischen Volk planen und durchführen ließ und dabei gleich andere Minderheiten mit ermordete.

Dieses schwärzeste Kapitel deutscher Geschichte muss uns alle, Ältere wie Jüngere, wachrütteln, wenn sich neue autoritäre und menschenverachtende Gesinnungspotentiale in unserer Mitte verdeckt oder offener entwickeln.

Gerade deshalb ist das Konzept der heute zu eröffnenden Anne-Frank-Ausstellung sehr zu begrüßen, weil Jugendliche Jugendliche begleiten. Und es ist zu wünschen, dass sich Schulklassen, Gemeindegruppen und natürlich Einzelbesuche die Klinke in die Hand geben, um am Beispiel der jungen Anne Frank und ihrem Tagebuch aus der Geschichte heute für die Geschichte von morgen zu lernen.

Nicht die Hölle, sondern mehr Himmel auf Erden ist angesagt. Das ist die Botschaft, die mir in Kurzform am Herzen liegt.

Wir wollen uns am heutigen Gedenktag an die Opfer des Holocaust verpflichten, keiner Gruppe in unserem Lande religiöse Diffamierung, gesellschaftliche Ächtung und rassistisches Gebaren zu gestatten. Wir haben gelernt, dass Menschenwürde und Nächstenliebe unverzichtbar sind.

Ich schließe mit der Hoffnungsvision des jüdischen Bürgers vom Anfang.

> Wenn übermorgen, Gott behüte, ein solcher Junge wieder laufen muss, was Gott verhüten möge!, wenn der wüßte: Das nächste Pfarrhaus, und du bist in Sicherheit!, dann wären wir nicht mehr die anderen, das wäre Ökumene auch mit uns. Das genügt uns. Dann haben wir genug zu hoffen und zu leben.

Ich wünsche dieser Anne-Frank-Ausstellung einen zahlreichen und gesegneten Zuspruch.

Vortrag beim Kreislandvolkverband Oldenburg am 29.02.2008 in Wardenburg

„Es soll nicht aufhören ..."

Himmlische Anmerkungen zur irdischen Landwirtschaft.

Herr Vorsitzender, Herr Geschäftsführer, meine sehr geehrten Damen und Herren im Kreislandvolkverband Oldenburg!

Als ich im Juli letzten Jahres einen Vortrag für den heutigen 29. Februar, der uns nur alle vier Jahre zusätzlich geschenkt ist, versprochen habe, war mir gar nicht so ganz klar, welch großen Aufgabenbereich Sie als Bauernverband zu vertreten und zu beackern haben.

Schon der Name „Kreislandvolkverband" löst Respekt aus bei der Frage, wo man denn diesen vierteiligen Begriff notfalls trennen darf, ohne Mißverständnisse zu produzieren wie z. B. Kreisland und Volkverband.

Aber da trägt Ihr Internetauftritt zur Klärung bei: Das Landvolk steht eindeutig im Mittelpunkt und verdient alle Hochachtung im Einsatz für das Wohl der Bevölkerung im Oldenburgischen.

Wenn ich mir dann den Katalog der Dienstleistungen anschaue, die Sie im Sozialbereich, in der Buchhaltung, in der Rechtsberatung, in der Begleitung bei behördlichen Maßnahmen und bei der Interessenvertretung in der Agrarpolitik zu bewältigen haben, dann bekommt die vierte Bitte im Vaterunser „Unser tägliches Brot gib uns heute" ein noch größeres Gewicht in der Anerkennung bäuerlicher Leistungen und der Dankbarkeit Gott gegenüber, der Wachstum und Gedeihen immer neu schenken möge.

Mein Thema „Es soll nicht aufhören ..." kann auf diesem Hintergrund eine doppelte Reaktion auslösen. Man könnte es als Verheißung oder Drohung verstehen.

Auf Menschen, die mit ihrem Herzen mehr an der Natur und der Praxis von Ackerbau und Viehzucht als an der Verwaltung und gesetzlichen Richtlinien hängen, kann der stetige Wandel der Rahmenbedingungen in der Landwirtschaft bedrohlich wirken. Die wirtschaftlichen Eckdaten ändern sich so schnell, dass immer wieder ein Umdenken und Anpassen erforderlich ist.

Ich zitiere Oliver Schulze aus dem Ministerium in Hannover:

> Wer hätte vor zwei Jahren einen solchen Preisauftrieb bei Milch oder Getreide vorhergesagt?
> Wer hätte sich vor fünf Jahren handelbare Zahlungsansprüche oder Cross compliance vorstellen können?
> Wer hätte vor zehn Jahren geahnt, dass Satelliten nicht nur Fernsehbilder senden, sondern auch den Trecker lenken können?
> Und wer hat vor zwanzig Jahren geglaubt, dass der Klimawandel uns einmal so beschäftigen würde?

> Die Anforderungen, aber auch die Möglichkeiten verändern sich ständig. Langfristig werden nur diejenigen erfolgreich sein, die erstens produktionstechnisch zu den Besten gehören und die sich zweitens immer wieder auf Neues einstellen können. Fundierte betriebswirtschaftliche Kenntnisse sind ebenso wichtig wie das Gespür für die richtigen zukunftsweisenden Entscheidungen. Bei der Größe der heutigen Investitionsschritte ist neben der Rentabilität auch immer die Liquidität zu beachten. (Vortrag 11.01.2008)

Auf diesem Hintergrund kommen mir die alten Worte Gottes an Adam nach dem Sündenfall in den Sinn, die ich etwas paraphrasiere:

> Mit Mühsal sollst du dich von deinem Acker nähren dein Leben lang. Dornen des schwer kalkulierbaren Risikos von Witterung und Wettbewerb und Disteln deutscher Bürokratie und europäischer Richtlinien soll er dir tragen. Im Schweiße deines Angesichtes sollst du dein Brot essen. (1. Mose 3, 17-19)

Aber, meine sehr geehrten Damen und Herren, als frommes Landvolk wissen Sie natürlich auch um den Verheißungscharakter des Themas, das Gott den Noah nach der Sintflut wissen lässt:

> Solange die Erde steht, soll nicht aufhören Saat und Ernte, Frost und Hitze, Sommer und Winter, Tag und Nacht, und wie ich gerne in unseren Breiten hinzufüge: Ebbe und Flut. (1. Mose 8, 22)

Unter dieser himmlischen Voraussetzung alles Lebens und Wirkens der Menschen, unter der Zusage, dass der Regenbogen das Zeichen des Bundes zwischen Gott und der Erde sein und bleiben solle, möchte ich drei Themenkreise beleuchten, wobei ich natürlich nicht als Fachmann, aber vielleicht in einer Mischung als aufmerksamer Zeitgenosse und ein wenig als Seelsorger sprechen kann.

1. Die wichtige Arbeit der Landfrauen

Die Kompetenz und der Einsatz der Landfrauenverbände und der hauswirtschaftlichen Beratungskräfte der Landwirtschaftskammern dient der besseren Verständigung von Erzeugern und Verbrauchern.

Sie werben für die Qualität der einheimischen Lebensmittelproduktion, sie pflegen die Familientraditionen, ohne nostalgischer Verklärung des Berufes zu erliegen, sie haben sich als Direktvermarkterinnen und Betreiberinnen von Hofcafes bewährt. Damit üben sie eine Vermittlerfunktion mit hoher Glaubwürdigkeit aus.

Wer in Sachen Land- und Hauswirtschaft berät, schaut auch hinter die mitunter feingetünchte Fassade des bäuerlichen Standes. Denn nach wie vor ziehen sich die Arbeitszeiten, besonders bei Viehhaltung und Milchwirtschaft, in eine Länge, die sich „vom Aufgang der Sonne bis zu ihrem Niedergang" und darüber hinaus ausdehnen.

Wenn der gleichnamige Kanon in der Kirche gesungen und dabei der Name des Herrn gelobt wird, denkt der Chor der Bürobeamten und Hausfrauen kaum an das immense Arbeitspensum in der scheinbaren Idylle eines Bauernhofes, womöglich noch durch Ferienangebote für Kinder ergänzt, weil solche Zusatzleistungen der Höfe mit dazu beitragen, die Einkommensseite der bäuerlichen Familien zu stabilisieren oder marktbedingte Einbußen abzumildern.

Wir machten vor 25 Jahren zum ersten Male in Schweden Urlaub. Dort haben wir einen Betrieb mit drei Brüdern kennengelernt. Sie hatten sehr viele Kühe zu versorgen, die immer wieder gemolken werden wollten und mußten. Die Geschwister, heute zwischen 50 und 60, haben keine Frauen zur Heirat gefunden. Niemand wollte sich die ganze Ehe lang einer ununterbrochenen Angebundenheit an den Hof aussetzen.

Auch in unseren Breiten ist es oft genug schwierig bei diesen Arbeitsbelastungen und wirklich nicht unbescheidenen Einkommensverhältnissen Fachkräfte oder gar qualifizierte Erben für die Höfe zu finden.

In einem kirchlichen Wort heißt es darum:

> So lastet auf vielen bäuerlichen Familienbetrieben der Entscheidungsdruck, sich durch stetiges Wachstum den hohen ökonomischen Anforderungen anzupassen, sich auf neue Richtlinien umzustellen oder, was immer häufiger geschieht, ganz aufzugeben.
> Um den vielfältigen Herausforderungen gerecht zu werden, stehen wir vor einer gesamtgesellschaftlichen Aufgabe, die nur gemeinsam von den in der Landwirtschaft Tätigen und den Verbrauchern, aber auch von der Futtermittelindustrie, Agrarchemie und Agrarforschung sowie den Verbänden und politisch Verantwortlichen bewältigt werden kann.
> (Gemeinsamer Text Nr. 18, 2003)

„Frauenpower auf dem Lande" – so lautete der griffige Titel einer Ausstellung in Hessen im vergangenen Jahr. Dieses Engagement trifft auch auf unsere Breiten zu, wo sich die Frauen auf dem Lande als Unternehmerinnen und Managerinnen, im Büro und im Betrieb wie auch in der Familie hervorragend bewähren und noch dazu Ehrenämter im kirchlichen oder gesellschaftlichen Bereich übernehmen. Hut ab vor diesem Einsatz zur Wohlfahrt im Lande!

2. Der neue Markt der Bioenergie

Ich zitiere noch einmal Oliver Schulze aus Hannover:

> Der weltweit steigende Energiehunger bei gleichzeitig knapper werdenden Ressourcen lässt alternative Energieträger interessanter werden. Die Bioenergie ist auf dem Vormarsch, die USA, Europa und nun auch China bekennen sich zu ihrem Ausbau.
> Die Bioenergie ist unentbehrlich, um die Ziele im Klimaschutz und bei der Schonung endlicher Ressourcen zu erreichen. Die Bioenergiebranche ist bereits heute in Landwirtschaft und Anlagenbau zu einem wichtigen Wirtschaftsfaktor für den ländlichen Raum geworden.
> Niedersachsen hat an den wirtschaftlichen Erfolgen an der Bioenergiebranche erheblichen Anteil. Bei Biogas, Biotreibstoffen und im Energiepflanzenanbau haben wir Spitzenpositionen erreicht. (Seite 9 und 10)

Mir ist schon seit langem deutlich geworden, dass wir zur Energieversorgung der Zukunft viel schneller zu einem vernünftigen Mix mit erheblich größeren Anteilen erneuerbarer Energien kommen müssen. Wasser, Wind und Sonne verdienen mehr Investitionen als bisher. Bioenergie kann die Abhängigkeit von Oel- und Atomenergie etwas reduzieren helfen.
Aber es stellen sich natürlich auch kritische Fragen.

So hat die Evangelische Kirche im Rheinland aus theologischen Gründen davor gewarnt, Weizen zur Energieerzeugung zu verbrennen, weil damit auch die alte Symbolik von Brot und Wein beim Abendmahl Schaden nehme.

Wichtiger sind mir die Sorgen um einen Ausgleich zwischen der Ernährungssicherstellung für Mensch und Vieh und bioenergetischen Verwendungen als Treibstoff für Autos und Heizungen.

Experten warnen auch vor zu einseitiger Positionierung, weil sich die Marktchancen im Nahrungs- und Energiesektor schnell verändern können, wie Sie viel besser wissen als ich.

Gerade haben kirchliche Hilfswerke die von der Bundesregierung geplante Ausweitung des Einsatzes von Biosprit abgelehnt. Diese Agro-Treibstoffe schädigten schon heute die Nahrungsmittelversorgung in den Entwicklungsländern, erklärten „Brot für die Welt", Misereor und der Evangelische Entwicklungsdienst. Der Biosprit-Boom schaffe Konflikte in Ländern wie Brasilien, Indonesien oder Malaysia, so ein Vertreter dieser Hilfswerke. Die Bundesregierung müsse nachhaltige ökologische und soziale Kriterien für Agro-Treibstoffe entwickeln. (epd, 23.02.2008)

Dennoch erscheint mir ein behutsamer Umgang mit der Bioenergie nicht nur notwendig, sondern auch schöpfungsverträglich, weil sich die Bevölkerung auf dieser einen Erde enorm vermehrt und sowohl Brot als auch Arbeit verdient hat.

Wie aber solche himmlischen Aspekte in der irdischen Vermarktung schöpfungsfreundlich und menschengerecht umgesetzt werden können, bleibt eine der herausragenden Aufgaben dieser und der nächsten Generation, damit sich unsere Kinder und Enkel weiterhin der Natur und der Nächstenliebe unter Gottes guten Verheißungen erfreuen können.

3. Das Spannungsverhältnis zwischen Tier- und Verbraucherschutz

Wir kennen aus dem ersten Kapitel der Bibel das Wort des Schöpfers zu Adam und Eva:

> Seid fruchtbar und mehret euch und füllet die Erde und machet sie euch untertan und herrschet über die Fische im Meer und die Vögel unter dem Himmel und über das Vieh und über alles Getier, das auf Erden kriecht. (1. Mose 1, 28)

Über eine vernünftige Interpretation des „Herrschens" über die Tiere hat es unter Jägern und Viehzüchtern nie Streit gegeben. Das Tier ist überall, wo Augenmaß herrschte, als Mitgeschöpf und bei Nutztieren zugleich als Lebensmittel gesehen und behandelt worden.

Auch heute ist der Tierschutz für den Landwirt ein wirtschaftliches und ethisches Anliegen, zumal er täglich Kontakt zu ihnen hat und eine Beziehung aufbaut und früher alle Namen seiner Kühe und Ochsen kannte. Da stellt sich der verschmitzte Vergleich zum Lehrer und seinen Schülern ein, der alle seine Schäflein genau kennt.

Gleichwohl wirbt der niedersächsische Minister für Landwirtschaft dafür, dass Tierschutz nicht isoliert betrachtet werden darf:

Tierschutz einschließlich Tiergesundheit, Verbraucherschutz, Umweltschutz, Arbeitsschutz und Wirtschaftlichkeit müssen bei der Beurteilung von Haltungssystemen gleichermaßen Berücksichtigung finden. Dabei darf der eine Bereich den anderen jedoch nicht aushebeln. (Rede 04.11.2004, Seite 12)

Das klingt überzeugend, aber es treten dann auch Interessenkonflikte in Bezug auf die Freilandhaltung, den Medikamenteneinsatz und das Kaufverhalten des Verbrauchers auf.

Im Rahmen meiner Besuche im Oldenburger Land stand vor ein paar Jahren auch die Besichtigung eines Putenzuchtbetriebes auf dem Programm. Dort wird der Versuch gemacht, eine erfolgreiche Putenmast unter der Berücksichtigung eines natürlichen Wachstums und der Förderung der Tiergesundheit zu betreiben.

Dabei spielen Stall- und Fütterungshygiene sowie Desinfektion und Krankheitsvorsorge eine wichtige Rolle. Die Haltung der Tiere in großen Hallen mit Rennstrecken und Versorgungsterminals hat mich beeindruckt.
Die freie Landhaltung großer Bestände von Legehennen ist ja wegen einer durch Bakterien, Viren und Parasiten verursachten Todesrate von bis zu 25 % ökonomisch und tierschutzrechtlich problematisch.
Wer hätte sich früher träumen lassen, dass gerade die unverdrossene Vogelschar sich mit ihrem willkürlichen Entsorgungsdrang nicht an die Spielregeln einer auf Sauberkeit bedachten Globalisierung hält?
Damit plädiere ich keineswegs für Massentierhaltung auf engstem und eingepferchtem Raum. Aber es sind offensichtlich Kompromisse zu schließen, wobei das Wohl der Tiere vorrangig zu gewährleisten ist.

Ein anderer Punkt ist aus meiner Sicht allerdings kritisch zu hinterfragen.

Bei Mensch und Tier scheinen die Immunkräfte gegen alte und neue Erkrankungen immer mehr abzunehmen. Zu starke Medikamente zu früh geschluckt oder geimpft macht beispielsweise Malaria zum ernsten Feind des Menschen. Wer bei jedem grippalen Infekt Antibiotika nimmt, muss sich nicht wundern, wenn irgendwann die Kräfte zur Abwehr einer Lungenentzündung nicht mehr ausreichen.

Ich frage mich schon länger, ob und welche Folgen mit dem Verzehr von genmanipuliertem Mais auf Tiere und Menschen in dieser oder der nächsten Generation zukommen? Vielleicht ist das eine übertriebene Befürchtung oder aber ein weiterer Schritt zur Schwächung der körperlichen Immunität.

Welche Gefahren im Klonen wohnen, malen sich mittlerweile Kabarettisten aus: „Schrecklich wär's, einen Klon daheim zu haben; noch schrecklicher ein Klon zu sein; der Schrecken aller Schrecken aber, Deutschland von 6, 17, 300 oder ... heimgesucht zu sehen. Totschlag läge in der Luft." (SZ, 02.05.2003)

Meine sehr geehrten Damen und Herren im Kreislandvolkverband Oldenburg!

Erfreuliches ist dem Jahresbericht 2007 des Landvolkes in Niedersachsen zu entnehmen. „Erstmals mehr Optimisten als Pessimisten in der Landwirtschaft."

Das Konjunkturbarometer des Deutschen Bauernverbandes zeigte bereits am Jahresanfang seine Tendenz nach oben.

Der Impuls für die Bewertung ging vor allem vom Ackerbau aus und verbreitete sich auf andere Bereiche der Landwirtschaft und auf alle Regionen. Grundlage des Index ist dabei die Einschätzung von Landwirten zu ihrer aktuellen und zukünftigen wirtschaftlichen Lage, nicht der Rückblick.

Das klingt so verheißungsvoll wie die Worte, die Noah nach der Sintflut hören durfte:

Es soll nicht aufhören Saat und Ernte, Frost und Hitze, Sommer und Winter, Tag und Nacht, Ebbe und Flut.

So weit so gut.

Ich hoffe, dass meine himmlischen Anmerkungen zur irdischen Landwirtschaft trotz mancher Fragen und Sorgen, die Sie wohl selber haben und bewegen, mehr als Verheißung gehört und verstanden werden konnten.

Verheißungen wollen ja gerade nicht drohen, sondern vor hausgemachten oder fremdgesteuerten Bedrohungen schützen.

Erfreulicherweise ist es der Forschung in den letzten Jahrhunderten immer wieder gelungen, negativen Entwicklungen zu begegnen oder sie gar zu stoppen.

Diese Schöpfung ist so weise und so schön, und dabei sind für mich das biblische Staunen und die demütige Beschreibung der himmlischen Natur im irdischen Alltag keine unüberbrückbaren Gegensätze zur Evolutionstheorie, die von der Naturwissenschaft her ansetzt, diese Schöpfung ist so weise und so schön, dass wir Menschen, ob Christen oder Andersgläubige, nur voller Hochachtung und Wertschätzung in ihr leben und verantwortungsvoll wirken sollten.

Dazu sollten wir unsere fünf Sinne immer wieder aktivieren. Für die Landesgartenschau 2002 in Rostrup habe ich fünf Wünsche, schon ein wenig poetisch, formuliert. Damit möchte ich diesen Vortrag nun langsam beschließen.

1. S e h e n mögen die Menschen das leuchtende Gelb der Osterglocken, das üppige Grün an Sträuchern und Bäumen, die bunte Vielfalt der Rhododendren, im Blick bleibe die Verantwortung für Pflanze, Tier und Mensch, und es wachse die Rücksicht auf die Würde aller Völker unter dem Regenbogen der Güte Gottes.

2. H ö r e n mögen Kinder und Erwachsene das Plätschern des Regens, das Pfeifen des Windes, das Zwitschern der Vögel, das Summen der Bienen und die Stille der Nacht, horchen mögen sie auf die Seufzer gequälter Kreaturen und auf das Stöhnen derer, die unter Schmerzen leiden, und die Ohren mögen gespitzt sein für das zaghafte Wort der Versöhnung, das unbekümmerte Jauchzen der Jugend und das Tönen der Lieder.

3. R i e c h e n möge das Volk den Duft der Rosen, die Blüte der Linden und das Aroma der Kräuter, eine gute Nase möge es haben für die unnötige Belastung von Wasser, Erde und Luft, ein Gespür für üble Gerüchte und böse Verleumdung, Wohlgeruch breite sich aus über Stadt und Land durch die Freude am Guten, die Stärkung der Schwachen, den Dank für Nächstenliebe und die Anerkennung von Redlichkeit und Demut.

4. S c h m e c k e n möge die Menschheit die kostbaren Gaben der Natur und Sättigung erfahren durch Getreide und Obst, durch Fischfang und Viehzucht, durch Milch und Honig, der Beigeschmack übertriebenen Eigennutzes und bedrückender Wirtschaftsstrukturen möge sich stetig verlieren, und wie Brot und Wein sollen Gerechtigkeit und Frieden denen munden, die sich danach sehnen.

5. F ü h l e n mögen wir alle die Nähe von Freundschaft und Liebe, die Verlässlichkeit in Ehe und Familie, den Schutz der Einheimischen und Fremden in Staat und Gesellschaft und in dem allen die Gegenwart Gottes, damit der Teufel keine Macht an uns findet.

So oder so ähnlich, liebes Landvolk, mögt Ihr alle fünf Sinne beisammen halten und dabei gesund alt werden!

Predigt auf der 41. Kommandeurtagung am 11. März 2008 im Berliner Dom

Liebe Gemeinde in ökumenischer Verbundenheit!

Dieses „Lied der Freude" mit seiner europäischen Melodie nach Ludwig van Beethoven gehört mittlerweile zur Grundausstattung jedes festlichen Gottesdienstes der Militärseelsorgen. Es lässt die Herzen höher schlagen und regt die Sinne zum aufgeschlossenen Nachdenken über Gott und die Welt an. Auf andere Weise, aber ebenso eindrücklich und nachhaltig, können Bilder und Gleichnisse der Heiligen Schrift wirken. Dazu gehört für mich der Psalm 1, den wir vorhin gebetet haben. Dieser Weisheitspsalm ist dem ganzen Psalter als mottoartiger Vorspruch vorangestellt. Glücklich gepriesen werden die Menschen, die in Verbindung mit Gott aus seinem Wort leben. Darin heißt es vom Menschen, der Gott vertraut: Er ist wie ein Baum, der an Wasserbächen gepflanzt ist, der zur rechten Zeit seine Frucht bringt und dessen Blätter nicht welken. Alles, was er tut, wird ihm gut gelingen.
Dieses Bild von einem gut gewachsenen Baum ist oft mit dem Wesen und Wirken eines aufrechten Menschen verglichen worden. Der Baum wird als Freund besungen, in seiner Kahlheit und in vollem Laub gemalt und betrauert, wenn ihm der Sturm zu heftig oder er der Last von Schnee und Eis nicht mehr gewachsen war. Der Baum ist zum Sinnbild geworden für das menschliche Leben vom Aufblühen bis zum Absterben und für alle Phasen, die dazwischen liegen.

Auf der 40. Kommandeurtagung 2005 in Bonn hat der Generalinspekteur in knappen Worten das Bild eines Soldaten, insbesondere des militärischen Führers, beschrieben, das dem Baum in biblisch verstandenem Sinne recht nahe kommt. Gefordert ist weiterhin eine charakterstarke und in der Urteilskraft gefestigte Persönlichkeit mit emotionaler und moralischer Stabilität, die auch in Krisensituationen unter hohem psychischen und physischen Druck bestehen kann. (S. 16)
Als ich am vorletzten Samstag diese Predigt geschrieben habe, tobten Orkanböen über Oldenburg hinweg und prüften die Standfestigkeit fünf hochgewachsener Nadelbäume in unserem Garten. Sie boten alle dem Wind und dem Wetter Paroli. Wie – und dabei habe ich wirklich an Sie gedacht – wie die Inspekteure und Kommandeure unserer Bundeswehr, soweit ich sie kennengelernt habe. Aber nicht an allen Standorten wachsen solche guten Bäume, wobei ich jetzt wieder an die Standorte in der Natur denke. Ich würde mich hüten, mich auf das Glatteis eines Rankings der Evaluation zu begeben.

Der Psalmbeter weiß um die Voraussetzungen eines geeigneten Bodens, einer in die Tiefe und in die Fläche gehenden Verwurzelung, einer befriedigenden Wasserzufuhr, eines harmonischen Wachstums des Stammes im Umfang und in der Höhe, einer ausbalancierten Entwicklung des Geästes und schließlich der Krone. Der am Wasser stehende Baum ist für ihn ein einprägsames Bild für das stets fruchtbringende Leben eines Menschen, der von der nie versiegenden Quelle des göttlichen Wortes getränkt wird. Stellt dieses Bild vom Symbol eines Baumes nicht wichtige Fragen an unsere Gesellschaft in der Gegenwart? Woraus schöpfen die Menschen geistige Kräfte und geistliche Orientierung? Wer nicht weiß, wes Geistes Kind er oder sie ist, gerade auch in Fragen des Glaubens, droht innerlich auszutrocknen.

Mir kommt dazu die repräsentative Studie zur Splritualität in den Sinn. Danach wurden 40 % der deutschen Bevölkerung mit einer neuen Wortschöpfung als „unbekümmerte Alltagspragmatiker" identifiziert. Sie verstehen sich als Produkt der Naturgesetze, deren Lebenssinn es ist, aus ihrem Dasein das Beste für sich herauszuholen und sich darin geradezu zu erschöpfen bis zum Winkel in der letzten Ecke. Oder da ist die Äußerung von Jugendlichen auf dem Leipziger Hauptbahnhof. Auf die Frage, ob sie sich „eher christlich oder atheistisch" verstehen, haben sie geantwortet: „Weder noch, normal halt". In diesem Kontext, der ja zunehmend in unserer Gesellschaft und damit auch in der Bundeswehr präsent ist, ohne darüber ein Werturteil fällen zu wollen, weil viele dieser modernen Heiden weder eine religiöse Gemeinschaft noch eine Kirche kennengelernt haben, in diesem Kontext sind wir als Christenmenschen gefragt und gefordert, die Überzeugung auszustrahlen, dass ein aufgeklärter Glaube, der nicht zu religiösem Fundamentalismus oder politischem Extremismus neigt, die große Hilte zur Persönlichkeitsbildung und zur Bewältigung des Lebens in Familie und Beruf ist.

Bäume können nur Formen, Farben und Früchte hervorbringen, wenn sie Nährstoffe mit dem Wasser in sich aufgesogen, sozusagen verinnerlicht haben. Am Anfang des Psalmes heißt es: Wohl dem Mann, der nicht dem Rat der Frevler folgt, nicht auf den Weg der Sünder geht, nicht im Kreis der Spötter sitzt, sondern Freude hat an der Weisung des Herrn. Solche warnenden Worte Gottes sind zu allen Zeiten nötig gewesen, weil der Mensch seit dem ersten Sündenfall dazu neigt, vom Weg der Tugend vorübergehend oder gänzlich abzuweichen, das klare Ziel der Gottes- und der Nächstenliebe aus den Augen zu verlieren. Selbst Menschen aus christlichem Hause oder dem sogenannten christlichen Abendland sind nicht davor gefeit, irgendwann dem Frevel, der Sünde und dem Spott über Gott zu verfallen, wie auch unsere deutsche Geschichte leider vor Augen geführt hat.

In der letzten Woche habe ich in Polen einen Besuch bei der dortigen Militärseelsorge gemacht und mit Soldaten Gespräche geführt. Dabei habe ich an meine erste internationale Jugendbegegnung erinnert, die mich als jungen Pastor vor 35 Jahren mit 25 jungen Menschen nach Stutthoff bei Danzig geführt hat. Nach 14 Tagen harter Arbeit in den Außenanlagen und im Archiv des ehemaligen Konzentrationslagers habe ich eine kleine Abschiedsrede gehalten. Das, was uns beeindruckte und bedrückte, trug ich unter dem Titel „Der Baum als Zeichen des Lebens" vor. In dem waldreichen Gebiet am Baltyk haben wir viel Schönes erlebt. Wir rochen die Kiefern und genossen den Schatten des Laubes. Wir erlebten die nächtliche Stille des Waldes und die Röte des neuen Morgens. Das Zwitschern der Vögel begleitete uns zum Strand. Wir haben den Baum als Zeichen des Lebens, des Zusammenlebens, erfahren in den Stühlen und Betten, auf die wir uns müde niederließen, in den Tischen, an denen wir reichlich und gerne aßen, in dem Werkzeug, das uns die Arbeit erleichterte, in den Türen, die sich bereitwillig zum Gespräch öffneten.

Doch das Bedrückende der Vergangenheit verfolgte uns auf Schritt und Tritt. Der Baum als Zeichen des Lebens war schrecklich mißbraucht worden. Sein Holz diente einer planmäßigen und teuflisch ordentlichen Menschenvernichtung. Man baute Tore, die 85.000 Menschen nur einmal durchschritten haben. Man errichtete Wachtürme und Zäune, man nagelte Betten dreistöckig zusammen, man erstellte Prügelböcke und fertigte Schlagstöcke. Man stellte den Baum des Lebens als Galgen der Hinrichtung auf und verwendete seine Äste und Zweige für den Scheiterhaufen.

Liebe Schwestern und Brüderl Warum ich die Geschehnisse vor fast 70 Jahren mir und uns in Kurzform vor Augen führe? Es sind zwei Gründe. Zum einen darf und wird sich solches Grauen in deutschem Namen mit pseudochristlichem Hintergrund nicht wiederholen. Zum anderen ist dieses Erinnern für mich die tiefste Motivation, dass wir in unserer Zeit mit allen Mitteln politischen Geschickes, wirtschaftlicher Fairneß und, wenn es denn keinen anderen Weg gibt, auch mit militärischen Einsätzen zur Bewahrung und Wiederherstellung der Würde und der

Rechte von Menschen und Völkern beitragen, die durch Folter und Mord in dieser einen Schöpfung ums Leben gebracht werden.

Über diesem Grundmotiv humanitärer Einsätze um Gottes und der Menschen Willen treten für mich andere Motive wie der schwierige Export europäischer Demokratie in islamische Länder oder der Import von begehrten Rohstoffen weit zurück. Wohl dem Menschen, der Freude hat an der Weisung des Herrn und darüber nachsinnt Tag und Nacht. Wohl jedem Volk auf dem Balkan und in Vorderasien, das aus seiner Geschichte zu lernen vermag und sich aus seinem Gottesverständnis heraus die Augen öffnen lässt für mehr Gerechtigkeit und Frieden unter den Menschen. Für uns Christen konzentrieren sich die biblischen Weisungen nicht allein auf die 10 Gebote des jüdischen Glaubens, obwohl sie im Prinzip alles enthalten, was an Gotteslob und Menschenliebe wichtig ist und bleibt. Uns Christenmenschen steht gerade in dieser Passionszeit der Christus vor Augen, der Gott und die Menschheit versöhnt, sofern sie ihm zu glauben und nachzufolgen bereit ist.

Kurz vor Weihnachten haben die beiden Militärbischöfe zusammen mit dem Herrn Minister den neuen Andachtsraum im Bendlerblock des Ministeriums einweihen können. Dort ist eine dreiteilige Skulpturengruppe aus Holz zu sehen. Altar, ein kleiner Mensch auf einem zu großen Stuhl und eine angedeutete Christusfigur sind aus einem Stamm geschnitzt, genauer: gefräst worden. Der Künstler hat mit der Technik des Zerklüftens die Zerbrechlichkeit, das Verletzbare, das in jedem Menschen steckt, zum Vorschein gebracht. Biblische Bilder der Passion Jesu, des Wissens um sein Verraten-, Verleumdet- und an den Pranger gestellt werden drängen sich auf. Ein Blick auf diesen Gekreuzigten kann uns, theologisch gesprochen, das pro nobis Gottes zusprechen, seine Solidarität im Leiden, gar im Sterben vermitteln. Der Blick auf den am Holz Gekreuzigte kann uns Kraft für unseren Dienst schenken und gibt uns Dank seiner Auferweckung dem Leben zurück. Für die unbestimmte Zwischenzeit zwischen Geburt und Sterben, zwischen Anfang und Ende der Schöpfung wirbt Jesus in seiner Bergpredigt dafür, dass seine Jüngerschaft wie gute Bäume gute Früchte bringen soll, jeder auf seine Weise. Dem entspricht in etwa der soldatische Wertekanon unserer Bundeswehr mit dem Ziel, zum einen selbstverantwortlich zu leben und zu handeln und zum anderen Verantwortung für andere übernehmen zu können. Dazu sind solche Eigenschaften wie tapfer und urteilsfähig, treu und gewissenhaft, kameradschaftlich und fürsorglich, fachlich befähigt und lernwillig unverzichtbar

Sie, meine Damen und Herren Kommandeure, bewegen sich ganz dicht an der biblischen Weisung des Herrn, wenn Sie dazu beitragen, dass Ihre Leute in der Marine nicht zu oft wegtauchen, in der Luft nicht allzu sehr abheben, dass bei den Landstreitkräften die Sehnsucht nach den himmlischen Heerscharen nicht überhand nimmt, dass in der Logistik nicht nur die eigene Logik gilt und im Sanitätsdienst immer der ganze Mensch mit Leib und Seele im Blick bleibt: Und wir von den Militärseelsorgen, lieber Bruder Wakenhut, dürfen nicht den Eindruck vermitteln, dass die Bäume in den Himmel wachsen. Auch ein Seelsorger braucht von Zeit zu Zeit Seelsorge. Wohl dem Menschen, der Freude hat an der Weisung des Herrn und darüber nachsinnt bei Tag und bei Nacht und bei der jetzt folgenden Canzone.

Amen.

Predigt im synodalen Abendmahlsgottesdienst am 22. Mai 2008 in Rastede

Liebe Schwestern und Brüder!

Zwei inhaltsreiche und bedeutsame Arbeitstage erwarten unsere oldenburgische Synode.

Auch wenn der Ablaufplan in seiner nüchternen Struktur von Tagesordnungspunkten und Zeitvorgaben den Eindruck einer geschäftsmäßigen Normalität erwecken kann, so springt doch der Begriff Wahl in mehrfacher Kombination ins Auge.

Dabei sorgen wohl weniger die Nachwahl zu den Ausschüssen oder die Wahl zum Kuratorium im Blockhaus Ahlhorn für Gesprächsstoff, es ist mehr eine andere Wahl, die alle 10 bis 20 Jahre die Gedanken und Gemüter in Kirche und Gesellschaft bewegt.

Soll der Prediger sich für solch einen Anlass selbst einen Text suchen oder lieber auf ein angebotenes Wort der Heiligen Schrift vertrauen?

Wie gut, dass die Lutherische Liturgische Konferenz Deutschlands in ihrem „Lektionar für alle Tage" den folgenden Abschnitt aus dem Epheserbrief Kapitel 4 unserer Nachdenklichkeit empfiehlt.

Dort beginnt der kurze Text für den heutigen Donnerstag mit einem griechischen Verb, dem eine dreifache Bedeutung innewohnt, die mir in ihrer Ergänzung wichtig erscheint.

So parakaliere ich euch nun, ich, der Gefangene in dem Herrn, dass ihr der Berufung würdig lebt, mit der ihr berufen seid, in aller Demut und Sanftmut, in Geduld. Ertragt einer den andern in Liebe und seid darauf bedacht, zu wahren die Einigkeit im Geist durch das Band des Friedens. (Eph. 4, 1-3)

Martin Luther hat das griechische Parakalein mit der mittleren Bedeutungsnuance übersetzt: „So ermahne ich euch nun."

In der Guten Nachricht in heutigem Deutsch heißt es: „Nun bitte ich euch als einer, der für den Herrn im Gefängnis ist."

Es schwingt aber drittens auch ein tröstlicher Aspekt mit, der für das Gelingen der Ratschläge unentbehrlich ist.

Es ist in Verkündigung und Seelsorge wie im pädagogischen und diakonischen Bemühen kirchlicher Arbeit nicht selten die Kunst, aus einer Vielfalt begrifflicher Möglichkeiten den einen oder anderen Ton stärker oder schwächer anzuschlagen, um die Herzen und Sinne der uns anvertrauten Menschen für den Reichtum des Evangeliums öffnen zu helfen.

Dass der Geist Gottes natürlich weht, wo und wann er will, ist gut und hilfreich zu wissen, weil wir immer wieder an eigene und fremde Grenzen stoßen. Parakalein steht also im Dreiklang für das bittende Ersuchen, den ermahnenden Zuspruch und die tröstliche Hilfe, derer alle Menschen bedürfen und gewiss sein sollen, die in der Nachfolge Jesu unterwegs sind.

1. Die erste Paraklese lautet: Der Berufung würdig leben.

Wir haben, liebe Schwestern und Brüder, Grund zu feiern und fröhlich zu sein, weil wir berufen sind zur Freiheit und Verantwortung der Kinder Gottes in dieser Zeit für die Ewigkeit.

Die Urchristenheit hatte verstanden: Nicht nur das natürliche Dasein ist ein Geschenk des Schöpfers von Himmel und Erde, erst recht gewinnt das irdische Leben an himmlischem Wert durch Gottes Geist, der Orientierung stiftet und Gemeinschaft begründet. Das Motto unseres Landeskirchentages 2004 lautete: Mehr Himmel auf Erden.

Wir wissen, dass das Modell der Urgemeinde nach dem Prinzip „ein Herz und eine Seele" nur im Auf und Ab und nicht durchgängig funktioniert hat.

Im Prinzip jedoch bewirkte das Pfingstgeschehen eine starke Zuwendung der Gemeindeglieder untereinander. Sie blieben beieinander und sorgten füreinander.

In der jüngeren Gegenwart sind in Kirche und Diakonie, in der Jugendarbeit und in Akademien Leitbilder entwickelt worden, die ihre Annäherung suchen an die geistlichen Aufbrüche der Reformation, des sozialen Erwachens um Johann Hinrich Wichern und der Theologischen Erklärung der Barmer Synode von 1934.

Unsere Kirche möchte biblisch und geistlich fundiert sein, missionarisch ausstrahlen und diakonisch beispielhaft wirken, sie muss gesellschaftspolitisch wachsam bleiben und sich zusammen mit anderen für mehr Gerechtigkeit und Frieden, für weniger Gewalt und Terror einsetzen.

Bei diesen Aufbrüchen spüren wir natürlich auch den Gegenwind aus einer sich verändernden Gesellschaft, in der der Anteil konfessionsloser Menschen zunimmt und die Zahl muslimischer Nachbarn wächst.

Es gilt, immer neu und gemeinsam theologisch Farbe zu bekennen und Flagge zu zeigen, wes Geistes Kind wir sind und worauf wir unsere Hoffnung im Leben und im Sterben setzen.

Dazu gehört ganz sicher nicht die Durchkommerzialisierung des öffentlichen Lebens,wenn bei geschickter Terminierung in angrenzenden Stadtteilen fast das ganze Jahr über am Sonntag eingekauft werden kann.

Es war vor 4000 Jahren eine religiöse und ökonomische Errungenschaft, am siebten Tag der Woche Mensch und Vieh Ruhe von der Arbeit zu gönnen, um sich körperlich und seelisch zu erholen.

Allerdings: Jedes noch so sorgfältig und kritisch formulierte Leitbild braucht lebendige Vorbilder. Ohne Vorbilder bleiben Leitbilder wirkungslos!

Die Würde unserer Berufung kommt besonders zum Ausdruck in der Demut, das ist der Mut vor Gott „klein" und zum Dienen bereit zu sein, in der Sanftmut, das ist der Mut, sich großzügig zu zeigen ohne die Sorge, ausgenutzt zu werden, und in der Geduld, das ist der Mut zum Ausharren und im Letzten alles von Gott selbst zu erwarten.

2. Die zweite Paraklese lautet: Einer den Andern in Liebe ertragen.

Es gibt immer wieder Phasen in unserem Leben, auch in einer Gemeinde oder der ganzen Kirche, wo einiges von der zugedachten Würde auf der Strecke bleibt, wo christliche Tugenden in einem Zerrbild der Lieblosigkeit verschwimmen, wo man sich fragt: Was ist denn aus mir, aus dir, aus uns geworden, haben wir vergessen, wer uns berufen hat?

Der Mann im Gefängnis kommt zu einer interessanten Erkenntnis in Bezug auf das Lieben.

Ähnlich wie Paulus in seinem Hohen Lied der Liebe, das oft genug nur einmal zu Beginn einer Ehe in seiner Reinheit und Klarheit gesungen und gehört wird, unterstreicht der Epheserbrief das wechselseitige Tragen und Ertragen in Liebe.

Dieser Gesichtspunkt schließt das sachgerechte Streiten in Gemeinden und auf Synoden nicht aus, sondern ein.

Es muss unter Christenmenschen in den wichtigen Fragen des Glaubens, z. B. der Menschenwürde am Anfang, in der Mitte und am Ende des Lebens, theologisch und ethisch gerungen werden, wie das in den schwierigen Feldern der Stammzellenforschung, der Sterbehilfe und der materiellen und geistlichen Armut in unserer Gesellschaft vielfältig geschieht.

Es wird bei der Finanzplanung einer Landeskirche immer Widersprüche in Teilinteressen, die subjektiv nachzuvollziehen sind, geben, mitunter auch geben müssen, das haben wir seit 1998 vom gelben über das grüne Papier bis heute erlebt.

Was kirchliche Gremien aber bei allem Streit um Prioritäten und Posterioritäten, bei der Rücksicht auf die vermeintlich Starken und Schwachen, wobei die Rollen nicht immer eindeutig zu bestimmen sind und wechseln können, auszeichnen soll, ist das Einander-ertragen in Liebe, damit die Gemeinschaft unter Gottes Wort und am Tisch des Herrn nicht nur erträglich bleibt, sondern in versöhntem Respekt zu neuer Stärkung der Minderheiten und Mehrheiten im Dienste Jesu und der Kirche beiträgt.

3. Die dritte Paraklese lautet: Die Einigkeit im Geist wahren.

Das soll durch das Band des Friedens geschehen.

Mit diesem Band ist nicht die phantasievolle und kunstfertige Schleife gemeint, mit der ein Geschenk so liebevoll verschnürt wird, dass man es gar nicht öffnen möchte.

Die vom Epheserbrief erbetene und erhoffte Einigkeit im Geist erweist sich darin, dass wir unabhängig von der Verpackung wohlgemeinter Friedensangebote dem pfingstlichen Geiste trauen und an dem Frieden festhalten, der uns in Christus begegnet und verbindet.

Das ist auch eine ökumenische Aufgabe der Kirchen untereinander, aber zu allererst ein Geschehen in den jeweiligen Konfessionen und Freikirchen.

Im Frieden des Herrn sind und bleiben wir verbunden, als Menschen mit unterschiedlichen Überzeugungen und Erwartungen, mit mehr oder weniger Gesundheit und Erfolg, mit mutigerem oder verzagterem Glauben, aber doch alle durch die Taufe berufen als Geschöpfe seiner Gnade in der Gemeinschaft der Heiligen.

Eine neue Denkschrift des Rates der EKD trägt den Titel: Aus Gottes Frieden leben – für gerechten Frieden sorgen.

In dieser Schrift mit vier Kapiteln zu den aktuellen Friedensgefährdungen, dem Ziel eines gerechten Friedens durch Recht und den politischen Friedensaufgaben aus evangelischer Sicht widmet sich das zweite Kapitel dem Friedensbeitrag der Christen und der Kirche.

In ihm ist eine umfassende Deutung des menschlichen Lebens im Verhältnis zu Gott, zum Mitmenschen und zum gesellschaftlichen Zusammenleben enthalten. (S. 28)

Jeder Kirchengemeinde vor Ort und der Christenheit in aller Welt sind fünf ständige Aufträge gegeben, nämlich den Frieden Gottes zu vergegenwärtigen und zu bezeugen, für den Frieden zu bilden und zu erziehen, die Gewissen zu schützen und zu beraten, für Frieden und Versöhnung zu arbeiten und vom gerechten Frieden her zu denken.

Unsere oldenburgische Kirche ist mit guten Projekten von den Kindertagesstätten über die Jugendarbeit bis in die Erwachsenenbildung hinein an der Dekade zur Überwindung von Gewalt beteiligt.

Wie sehr innerer und äußerer Friede in Gedanken, Worten und Werken zusammengehören, kommt in der wie selbstverständlich klingenden These zum Ausdruck: Wer aus dem Frieden Gottes lebt, tritt für den Frieden in der Welt ein und bereitet ihn vor.

Der Abschnitt aus dem Epheserbrief möchte uns parakalieren, also bittend ersuchen, ermahnend zusprechen und tröstlich hilfreich sein, unserer Berufung würdig zu leben, einander in Liebe zu ertragen und die Einigkeit im Geist durch das Band des Friedens zu wahren.

Welch eine verheißungsvolle Botschaft für diese Tage mit wichtigen Entscheidungen für die nähere Zukunft.
Es bleibt ununterbrochen notwendig, uns in Gebet und Gottesdienst zurüsten zu lassen auf die Grundlagen unseres Glaubens, damit uns nicht Stürme des Zeitgeistes, jeder Art von Ungeist oder der Geistlosigkeit von außen oder gar von innen wegfegen, als hätte es nie eine Taufe oder Konfirmation gegeben.

Wenn in einer der laufenden Quiz-Sendungen gefragt würde, welcher der vier Begriffe „Paradigma, Parabel, Paraklet oder Pamphlet" mit Pfingsten zu tun habe, kämen manche Kandidaten in Verlegenheit.

Wir aber wissen, welcher Reichtum uns und unserer Kirche mit dem Heiligen Geist als Parakleten geschenkt ist. Bleiben wir, liebe Schwestern und Brüder, geistesgegenwärtig. Damit haben wir schon jetzt eine gute Wahl getroffen.

Amen

Grußwort zum Projekt „Kunst am Deich- der Skulpturenpfad rund um den Jadebusen" am 30.07.2008

Die Kunst am Deich strebt in die Höhe.

Nach den sieben Tagen der Schöpfung (2000) und der Sintflut mit Arche und Regenbogen (2004) rundet nun das dritte Projekt den Skulpturenpfad rund um den Jadebusen ab: Der Turmbau zu Babel? – Die Hütte Gottes bei den Menschen!

Damit fordern wesentliche Themen der biblischen Urgeschichte (Genesis 1-11) als Seh-Zeichen zur Nachdenklichkeit heraus.

Die Erzählung vom Turmbau zu Babel endet bekanntlich mit der göttlich verfügten Sprachverwirrung der Menschen und ihrer Zerstreuung in alle Länder. Der Turm, der „bis an den Himmel" reichen sollte, blieb unvollendet. Über Jahrtausende hinweg war das Zusammenleben immer wieder von Machtgelüsten und Völkerschlachten geprägt.

So soll es aber nach der Theologie des Alten und Neuen Testamentes nicht bleiben. Vielmehr sollen sich Gerechtigkeit und Friede küssen (Psalm 85). Und nach der Vision der Offenbarung des Johannes (Kapitel 21) wird die Hoffnung auf einen neuen Himmel und eine neue Erde geweckt mit der Hütte Gottes bei den Menschen!

Die neue Skulptur mit den sieben Stahlstelen lässt sich in doppelter Weise deuten: Von unten nach oben kommt das unvollendete Bemühen der Menschheitsgeschichte um Einheit und Friedfertigkeit zum Ausdruck, von oben nach unten lassen sich Strahlen Gottes vermuten, der Pfingsten seinen Geist der weltweiten Verständigung über Menschen und Völkern ausgegossen hat.

Überdies ist es eine schöne Idee, der Begegnung und Versöhnung der sieben Erdteile in den offenen Hütten Ausdruck zu verleihen.

Als Schirmherr dieses letzten Abschnittes des Skulpturenpfades möchte ich allen herzlich danken, die über ein Jahrzehnt hinweg dieses Werk begonnen, gefördert und vollendet haben: Dem unermüdlichen Initiator Pfarrer i. R. Frank Klimmeck, dem Kirchenkreis Wesermarsch als Träger, dem II. Oldenburgischen Deichband und der Oldenburgischen Landschaft als Partner und den Stiftungen und Spendern, ohne deren Unterstützung die Kreativität und Gestaltungsfreude der Künstler nicht hätte ins Werk gesetzt werden können. Letzteren gilt ein besonderer Dank für ihr Engagement.

Die Kunst am Deich strebt in die Höhe. Auch die Deiche sind in den letzten Jahren erhöht worden, um Mensch und Vieh vor den Fluten des Meeres zu bewahren. Mögen auch die Herzen aller höher schlagen, die vom Wasser und vom Lande her oder aus der Luft die Fingerzeige der Güte und Treue Gottes in seiner Schöpfung entdecken.

Gott befohlen!

Predigt am 24. August 2008
in der St. Lamberti Kirche zu Oldenburg

Die Gnade unseres Herrn Jesus Christus und die Liebe Gottes und die Gemeinschaft des Heiligen Geistes sei mit uns allen, Amen!

Liebe Schwestern und Brüder!

In meiner Jugendzeit am Niederrhein wurde kaum ein Geburtstag gefeiert, ohne dass der Psalm 103 gelesen worden wäre. Er war Bestandteil jeder häuslichen Andacht oder gemeindlichen Feier so, wie die Weihnachtsgeschichte zum Heiligen Abend gehört.

Der alttestamentliche Theologe Artur Weiser gerät 1950, als er seinen Psalmenkommentar veröffentlicht, in ein ganz unwissenschaftliches Schwärmen über diese feine Art des Gotteslobes.

Vor der Exegese der einzelnen Verse schreibt er aus tiefer Überzeugung heraus:

> Der Psalm ist eine der reinsten Blüten am Baume des biblischen Glaubens. In seinen Wurzeln tief hinabreichend bis dahin, wo die stärksten Quellen biblischer Frömmigkeit sprudeln, hat das Lied durch die edlen und ungetrübten Klänge, mit denen es die Gnade Gottes besingt, Dichtung und Leben im Laufe der Jahrhunderte befruchtet. Der Mann, der hier spricht, kann reden aus persönlicher Erfahrung, die ihn durch Leid und Sündennot hineingeführt in das volle Sonnenlicht der Gnade seines Gottes.

Um 1530 herum hat der Königsberger Pfarrer Johann Gramann auf Bitten des Herzogs Albrecht von Preußen den Psalm 103 „gesangsweise in schöne, gute, deutsche Verse" gebracht und damit der evangelischen Christenheit einen ihrer schönsten Choräle geschenkt, den wir gerade gesungen haben. (EG 289, 1-4)

Nun lese ich die ersten fünf Verse, aus denen der zweite Vers als Wochenspruch etwas herausragt.

> Lobe den Herrn, meine Seele, und was in mir ist, seinen heiligen Namen!
> Lobe den Herrn, meine Seele, und vergiß nicht, was er dir Gutes getan hat:
> Der dir alle deine Sünde vergibt und heilet alle deine Gebrechen,
> der dein Leben vom Verderben erlöst, der dich krönet mit Gnade und Barmherzigkeit,
> der deinen Mund fröhlich macht, und du wieder jung wirst wie ein Adler.

Ehe der Psalmist sich die Wohltaten ins Gedächtnis ruft, mit welchen der Herr ihn in seinem bisherigen Leben beglückt hat, ermuntert er sich selbst zum Lob des Gottesnamens. Darüber liest man leicht hinweg. Und doch ist gerade diese Reihenfolge wichtig.

Wird nämlich der Herr nur um seiner Wohltaten, nicht aber um seiner selbst willen gelobt, so ist das Gotteslob nicht rein und lauter, sondern mit Eigensucht vermischt.

Es hat einmal jemand gesagt: Gott hat viele Kostgänger, deren Lob und Dank nur soweit reicht, als sie seine schenkende Güte an sich selbst erfahren.

Martin Luther hat zu dieser Neigung des Menschen folgendes vermerkt:

> Solche Liebhaber Gottes sind dann „nit mehr denn lauter Nießlinge, die das Ihre an Gott suchen, die lieben und loben nicht seine bloße Gütigkeit, sondern achten nur, wieviel Gott über sie gut sei, das ist, wieviel er seine Güte empfindlich ihnen erzeige. (Zitat bei Lamparter, S. 179)

Der Psalmdichter weiß um den mitunter fern und verborgen erscheinenden Gott, vor dessen Erhabenheit und Ernst der Mensch zu versinken droht, und er weiß um den nahen Gott, der sich des Menschen liebevoll annimmt.

Immer wieder werden auch Christenmenschen hart auf die Probe ihres Vertrauens in Gott gestellt, wenn eine schwere Erkrankung oder ein plötzlicher Tod die Sprache verschlagen und die Herzen zuzuschnüren drohen. Dann verstummt zunächst einmal jede Art von Gotteslob. Und es braucht seine Zeit, die wie eine kleine Ewigkeit erscheinen mag, bis der Horizont sich langsam wieder weitet und eine alte oder neue Nähe Gottes in den Blick kommt.

Ich habe in dieser Kirche schon einmal an das gleichermaßen erschütternde und großartige Gebet eines Juden erinnert, der vor der Inquisition fliehen musste, dabei Frau und Kinder verlor und sich allein auf einer wüsten Felseninsel vorfand.

> „Gott von Israel", so redete er, „ich bin hierher geflohen, um dir ungestört dienen zu können. Du aber hast alles getan, damit ich nicht an dich glaube. Solltest du meinen, es wird dir gelingen, mich von meinem Weg abzubringen, so sage ich dir, mein Gott und Gott meiner Väter: Es wird dir nicht gelingen. Du kannst mich schlagen, mir das Beste und Teuerste nehmen, das ich auf der Welt habe. Ich werde immer an dich glauben. Ich werde dich immer lieb haben – dir selbst zum Trotz!"

Solch ein Maß an theologischer Dichte und ehrfürchtiger Reife in Glaube, Hoffnung und Liebe möge uns, liebe Gemeinde, nicht zugemutet werden!

Um wieviel mehr aber möchte in uns die Erkenntnis wachsen, das um Gottes Willen nicht zu vergessen, was er uns, dir und mir, an kleinen und größeren Dingen Gutes getan hat und weiter tut.

Es war vor 45 Jahren sicher verdienstvoll, dass der badische Theologe und Kirchenmusiker Martin Gotthard Schneider unseren Gemeinden das Danke-Lied geschenkt hat. Noch heute werden in Kindergarten und Grundschule, in Kindergottesdienst und auf Konfirmandenfreizeiten die sechs Danke-Strophen mit großem Eifer gesungen. Und wofür wird da gedankt?

Für alle guten Freunde, sogar für jedermann, wobei junge Damen mitunter an jeden Mann denken. Für die Gabe, selbst dem größten Feinde verzeihen zu können.

Für den Arbeitsplatz und für die Musik. Auch für manche Traurigkeiten und Gottes gutes Geleit an jedem Ort.

Dafür, dass ich dein Wort verstehe, dass deinen Geist du gibst, dass in der Fern und Nähe du die Menschen liebst.

Und schließlich wird sinnigerweise dafür gedankt, dass ich überhaupt danken kann.

Es ist gut, dass es dieses Lied wider die Vergesslichkeit gibt, Gott in unserer Sprache und Zeit für viel erfahrene Güte Danke zu sagen.

Der Dichter des 103. Psalmes, wenn es David gewesen ist, sieht seinen Dank in noch tieferen Dimensionen eines um Frömmigkeit bemühten Lebens. Dreimal schnürt er einen gedanklichen Doppelpack auf, der aus der Niedergeschlagenheit und Verzweiflung eines Menschen herauszuführen vermag in eine neue Freiheit des Geistes und der Seele.
„Der dir alle deine Sünde vergibt und heilet alle deine Gebrechen."
Bemerkenswert ist das sich ergänzende Nebeneinander von Vergebung und Heilung. Die Krankheit wird im Alten Testament als Folge einer Verfehlung verstanden. In dem körperlichen Leiden spiegelt sich eine sündige Tat wieder.
Interessant ist, dass Jesus dem Gelähmten, der von vier Freunden vor seine Füße gelegt wird, zuerst die Sünde vergibt und dieser dann seine Sprungkraft zurückgewinnt, um voller Freude und Dank nach Hause zu laufen.

Auch wenn sich solche Wunder Jesu nicht nachahmen lassen, so ist uns doch deutlich, wie entlastet und psychosomatisch erfrischt wir sind, wenn ein Zerwürfnis zwischen zwei Menschen oder in der Beziehung zu Gott erkannt und ausgesprochen, nicht vergessen, aber vergeben werden kann.

Wo die Bitte um Entschuldigung gehört und angenommen wird, lösen sich Verkrampfungen in Herz und Sinn, fängt eine fast schon verwelkte Beziehung neu zu wachsen und zu blühen an.

„Der dein Leben vom Verderben erlöst, der dich krönet mit Gnade und Barmherzigkeit."
Der Psalmist rühmt das Wunder der Erlösung, das an ihm geschah. Aus drohender Todesgefahr hat ihn der Herr herausgerettet. Die Frucht und Folge dieser Art von Wiedergeburt zu neuem Anfang wird in durchaus irdischen Farben geschildert.

Wem das Geschenk eines zweiten Lebens zuteil wird und das Wunder darüber aufgeht, wem noch einmal ein Quantum Zeit für das irdische Dasein zur Verfügung gestellt wird, soll sich als ein mit Barmherzigkeit gekrönter Mensch erfahren und bewähren.

Das kommt ja in gar nicht so seltenen Äußerungen zum Ausdruck, wenn Menschen nach einem sogenannten Schuß vor den Bug und einer Rehabilitationsphase fest entschlossen sind, ihr gewohntes Leben umzugestalten, neue Akzente zu setzen, auf Überflüssiges zu verzichten und ihren neuen Reichtum an Lebensfreude in Nächstenliebe zu teilen.

„Der deinen Mund fröhlich macht und du wieder jung wirst wie ein Adler", so übersetzt Martin Luther diesen Vers. Wörtlicher kann es auch heißen: „Der mit Gutem gesättigt deine Tage, dass sich erneut wie beim Adler deine Jugend."

In beiden Fällen sind deutlich Fröhlichkeit und Zufriedenheit zu erspüren, die dem Leben unabhängig vom Alter eine Unbeschwertheit verleihen mit ungeahnten Folgen im Umgang mit den eigenen Fragen und Sorgen und den Nöten und Gräßlichkeiten der dunklen Seiten dieser Welt.

„Lobe den Herrn, meine Seele, und vergiss nicht, was er dir Gutes getan hat."

Wer erst einmal Gott zu loben beginnt, dessen Blick wird geweitet und dessen Glauben vertieft. Gottes Walten in Geschichte und Gegenwart gewinnt neue Konturen, die im turbulenten Geschehen oft verdeckt und unsichtbar bleiben und erst im Nachhinein, wenn die Nebel der Machtgelüste und Völkerschlachten sich allmählich lichten, ihre Klarheit und Schönheit gewinnen.

Als ich vor etwa 10 Tagen diese Gedanken niederschrieb, gewann ich den Eindruck einer gewissen Wehmut, die den Stil meiner letzten regulären Sonntagspredigt in dieser für mich wunderschönen Lambertikirche geprägt haben könnte.

Es gab natürlich auch die Andacht nach dem 11. September 2001. Es gab natürlich auch die eindeutige Sicht zum Beginn des Irakkrieges 2003. Aber es gab auch den Landeskirchentag 2004 hier und auf dem Platz vor dem Schloß. Und es gab die Heiligabend-Gottesdienste, die mit zu den schönsten Erinnerungen in dieser oldenburgischen Kirche zählen.

„Lobe den Herrn, meine Seele, und vergiß nicht, was Er dir Gutes getan hat."

Dieses Wort gilt euch, liebe Schwestern und Brüder, die ihr dem Glauben und dieser Kirche treu verbunden bleiben werdet. Dieses Wort gilt mir, der ich in die neue Freiheit eines Christenmenschen gehen darf, und es gilt dem, der kommt und schon darauf wartet, weiterhin „die Botschaft von der freien Gnade Gottes auszurichten an alles Volk". (Barmen VI)

Amen.

Predigt in dem ökumenischen Mitternachtsgottesdienst zum 900-Jahr-Jubiläum der Stadt Oldenburg am 05.09.2008 in St. Lamberti

Liebe Gemeinde in Oldenburg und umzu!

Auf der 900jährigen Zeitreise der Stadt Oldenburg hat es mindestens 800 Jahre lang Nachtwächter gegeben. Von ihrer Aufmerksamkeit hing viel ab, wenn ein Feuer ausbrach. Wer schläfrig wurde, riskierte die Sicherheit der Bevölkerung. Wer aufmerksam war, dem entging in der Stille der Nacht nur wenig.

Ein kleines Beispiel aus den städtischen Akten, deren Aufarbeitung manche Kuriosität ans Tageslicht bringen würde, mag den vielfältigen Dienst des Nachtwächters beleuchten.

> Am 18. Januar 1856 traf ich in der Ritterstraße einen Hund, welcher jaulte und welchen der Assessor Claussen mich selbigen Abends gebeten hatte, einzufangen oder wegzujagen. Ich lockte den Hund an mich, er folgte mir auch. Der Hilfspolizeidiener Ahlers hatte in jener Nacht die Nachtwache. Er sagte, ich solle den Hund mit nach Hause nehmen, um zu warten, ob der Eigentümer sich meldet.
> Der Polizeiexpedient Janssen meldete sich alsbald und fragte, was er bezahlen müsse. Er zahlte 24 Groschen Fütterungskosten und 24 Groschen Brüche. Bruch meint in der alten Rechtssprache ein Vergehen sowie die darauf gesetzte Strafe.

Wachsamkeit ist angesagt, liebe Oldenburger, damit wir nicht auf den Hund kommen, damit uns am Steuer nicht der Sekundenschlaf überfällt, damit bei wichtigen Entscheidungen nicht der Bauch durch den Kopf übertrumpft wird oder umgekehrt, damit wir nicht für ein Linsengericht unsere Herkunft oder Zukunft verspielen.

Als Jesus im Garten Gethsemane mit Gott um Tod und Leben rang, hätte er dringend des seelsorgerlichen Beistandes bedurft. Aber seine Jünger schliefen dreimal fest und hörten noch nicht einmal die rhetorische Frage ihres Meisters: „Könnt ihr denn nicht eine Stunde mit mir wachen?"

Wachsamkeit ist angesagt. Das wissen die Nachtwächter aller Zeiten und Breiten, oft fromme Leute und aufgeweckter als manche Tagträumer. Gerade weil sie um die Notwendigkeit ihres Dienstes in den engen Städten, aber auch um die Begrenztheit ihrer nächtlichen Fürsorge wußten, tönte ihr Lied mit seiner eindringlichen Botschaft durch die stillen Gassen.

„Menschenwachen kann nichts nützen; Gott muss wachen, Gott muss schützen." Bei diesem Kehrreim hatten sie nicht nur die Vermeidung von Diebstahl und Feuersbrunst im Blick, sondern das ganze Leben in seiner Anspannung zwischen Zuneigung und Abneigung, zwischen der Sehnsucht nach Frieden und der Neigung zum Streit, zwischen teuflischen Gelüsten und Gottergebenheit.

Laßt uns die erste Strophe des alten Nachtwächter-Liedes anstimmen.

1. Hört, ihr Herrn und lasst euch sagen,
unsre Glock hat zehn geschlagen!
Zehn Gebote setzt Gott ein,
Gib, das wir gehorsam sein.
Menschenwachen kann nichts nützen,
Gott muss wachen, Gott muss schützen.
Herr, durch deine Güt und Macht
Schenk uns eine gute Nacht!

Menschen, die eine Kirche betreten und einen Gottesdienst mitfeiern, sollten eigentlich wissen, was die Glocke geschlagen hat.

Dazu bedarf es nicht des Glockensachverstandes von Fachleuten, die das fein abgestimmte Zusammenspiel der Glockentöne in dieser Lambertikirche zweifelsfrei heraushören.

Eigentlich sollten alle, die mit einem gewissen Maß an Nachdenklichkeit ausgestattet sind, wissen, was die Glocke in ihrem Leben geschlagen hat. Nicht nur am Sonntag, bei der Trauung oder beim Sterben, sondern mitten im Alltag im Auf und Ab von Freude und Leid, von Erfolg und Versagen, von Verheißung und Erfüllung.

Der Nachtwächter erinnert in der ersten Strophe an die 10 Gebote, in denen im Prinzip alles enthalten ist, was an Gotteslob und Nächstenliebe heilsam und nützlich ist.

Gewiß, es gilt immer wieder mit Jesu Auslegung die 10 Gebote zu bedenken, was die Heiligung des Sonntages oder das Verbot des Tötens konkret zu bedeuten hat.

Aber die Grundsätze im Bezug auf Gott und die Menschheit sind doch völlig klar. Jede Feuerwehr weiß das. Ihr Motto lautet, selbst für Nichtchristen: Gott zur Ehr, dem Nächsten zur Wehr.

Dennoch verstehen sich nach einer repräsentativen Studie zur Spiritualität 40 Prozent der deutschen Bevölkerung als „unbekümmerte Alltagspragmatiker", deren Lebenssinn es ist, aus ihrem Dasein das Beste für sich herauszuholen und sich darin gerade zu erschöpfen.

Oder da ist die Äußerung von Jugendlichen auf dem Leipziger Hauptbahnhof. Auf die Frage, ob sie sich „eher christlich oder atheistisch" verstehen, haben sie geantwortet: „Weder noch, normal halt".

Wachsamkeit ist angesagt gegenüber einer gesellschaftlichen Entwicklung, in der bisweilen nur noch schemenhaft bewährte Werte jüdisch-christlicher Überlieferung aufleuchten.

Wir brauchen heute mehr denn je einen aufgeklärten Glauben, der nicht zu religiösem Fundamentalismus oder politischem Extremismus neigt, sondern unsere Seelen mit Frieden füllt und eine echte Hilfe zur Bewältigung des Lebens ist am Tage und in der Nacht.

Laßt uns die zweite Strophe miteinander singen.

2. Hört ihr Herrn und lasst euch sagen:
unsre Glock hat elf geschlagen!
Elf der Jünger blieben treu;
Hilf Gott, dass kein Abfall sei.
Menschenwachen kann nichts nützen,
Gott muss wachen, Gott muss schützen.
Herr, durch deine Güt und Macht
Schenk uns eine gute Nacht!

Von der Treue im Glauben ist die Rede, nicht von Kirchenaus- und Wiedereintritten, sondern vom Bleiben dicht in der Spur und Nachfolge Jesu.

Obwohl die Herren angeredet werden, sind Männer und Frauen gemeint, längst vor der Einrichtung von Gleichstellungsstellen und der biblischen Interpretation in vermeintlich gerechter Sprache.

Interessant ist die Behauptung im Liede, dass 11 der Jünger Jesu treu blieben. Zwar hat Judas den Herrn regelrecht und obendrein für Geld verraten. Deshalb wurde für ihn mit Matthias später ein neuer Mann als 12. Apostel berufen.

Aber wie steht es in Bezug auf die Treue bei der Verleugnung des Petrus? Was war mit den neun geheilten Aussätzigen, die ohne Dank an den lieben Meister, der sich ihrer erbarmt hatte, sich in ihr neues Leben stürzten, das dann auch irgendwann mit dem Tod endete – mit oder ohne Reue?

Die Heilige Schrift Alten und Neuen Testamentes ist voll von ehrlichen Beispielen, wie gerade auch Väter und Mütter des Glaubens, der prophetischen Erwählung und der Berufung in Jesu Nachfolge in ihrer Glaubenstreue um den Preis weltlicher Kompromissbereitschaft wankelmütig geworden sind.

In der jüngeren Vergangenheit dürfen wir nicht nur an die Rolle der Christen während der Nazizeit und in der DDR-Diktatur denken. Wir alle müssen uns immer wieder auf den Prüfstand unserer Zuverlässigkeit in Sachen Glaube, Liebe Hoffnung stellen.

Nebenbei: Dabei sind wir vielleicht ganz froh, dass nicht alle um uns herum merken, wie auch wir bisweilen in Familie und Kirche, in Gesellschaft, Politik und Medien vom klaren Pfad der Tugend abweichen.

Darum laßt uns mit wachen Sinnen die dritte Strophe anstimmen.

3. Hört, ihr Herrn und lasst euch sagen:
unsre Glock hat zwölf geschlagen!
Zwölf, das ist das Ziel der Zeit,
Mensch, bedenk die Ewigkeit!
Menschenwachen kann nichts nützen,
Gott muss wachen, Gott muss schützen.
Herr, durch deine Güt und Macht
Schenk uns eine gute Nacht!

Du, Mensch, bedarfst mit allem, was du hast und bist, der Obhut Gottes auf der Zeitreise Richtung Ewigkeit.

Wenn der Herr dich nicht behütet und du dich nicht behüten läßt, kannst du noch so sehr auf der Hut sein, es ist umsonst – so lautet eine der salomonischen Weisheiten.

Wo der Herr nicht das Haus baut und die Stadt behütet, werden zwar weiter Familien gegründet, Länder verteidigt und moderne goldene Kälber gegossen, aber in den errichteten Wohnstätten zerbrechen Ehen und Familien, nimmt trotz oder wegen der immensen Rüstung die Angst der Menschen vor neuem Terror oder Krieg zu, steigt die seelische Unzufriedenheit mit einem Gefühl des Ausgebranntseins.

Wo wir uns aber aufschließen für die Frische des Evangeliums, für Verläßlichkeit unter den Menschen und für faire Beziehungen unter den Religionen und Kulturen, da werten wir unser Leben unter dem Blickwinkel der Ewigkeit in der Hoffnung auf, dass der dreieinige Gott Gnade vor Recht ergehen lässt.

Wo Gott seine Hand im Spiel hat und Menschen sich von ihm segnen lassen, wo seine Ewigkeit rettend in unsere Zeit hineinwirkt, da verlieren wir uns nicht an Dinge ohne Wert, die letztlich erdrücken anstatt zu befreien.

Noch ein anderes Beispiel aus dem Dienste eines oldenburgischen Nachtwächters im September 1858.

Hülfsnachtwächter Schulte hat seinen Bruder im Dienst vertreten, soll aber betrunken gewesen sein. Der Vorfall wird über mehrere Wochen untersucht. Schließlich wird Schulte selber befragt. Er antwortet:

> „Ich heiße Johann Anton Schulte, bin geboren zu Osternburg 1821, wohnhaft auf dem Drielaker Hof, Arbeiter und Hülfsnachtwächter.
> Als ich kürzlich einmal von meinem Bruder bestellt war, um für ihn einzutreten, war ich keineswegs betrunken, sondern unwohl. Ich hatte etwas Lugenbier getrunken, das ich zu rasch getrunken hab. Ich bekam Leibschmerzen und musste mich übergeben. Beweisen kann ich dies nicht."

Unser Nachtwächterlied mit seinem Wechsel vom Vierviertel- zum Sechsvierteltakt ist mir seit dem jugendlichen Üben im Posaunenchor in Melodie und Text sehr lebendig geblieben.

Dieses Lied von der Glocke im Unterschied zu Schillers Dichtung mit den schier endlosen Strophen, dieses Lied fränkischer und schwäbischer Nachtwächter schlägt Grundtöne unseres christlichen Glaubens so schlicht und darum so einleuchtend an, dass mir, wenn wir es denn gleich zuende gesungen haben, um die Zukunft im Oldenburgischen in puncto Wachsamkeit und Nachdenklichkeit nicht bange ist. Oder sollte ich mich am Ende meiner Dienstzeit irren?

In dem ständigen Wechsel des Erscheinens und Schwindens der Sterne am Himmel verkündet schließlich der eine Glockenschlag mit dogmatisch-seelsorgerlicher Klarheit die tröstliche Botschaft: „Eins ist allein der ewge Gott, der uns trägt aus aller Not." Auch auf unserer Zeitreise in das nächste Jahrhundert! Amen.

Laßt uns zum Abschluss die vierte Strophe anstimmen.

4. Hört, ihr Herrn und lasst euch sagen:
unsre Glock hat eins geschlagen!!
Eins ist allein der einge Gott,
Der uns trägt aus aller Not.
Menschenwachen kann nichts nützen,
Gott muss wachen, Gott muss schützen.
Herr, durch deine Güt und Macht
Schenk uns eine gute Nacht!

Ansprache zur Einführung von Bischof Jan Janssen als mein Nachfolger am 29.09.2008 in Oldenburg

Liebe Festgemeinde aus Fern und Nah!

Wenn sich an einem Montagvormittag so viel Prominenz aus Provinz und Residenz zum Gottesdienst versammelt, dann muss wohl ein besonderer Anlass zum Feiern gegeben sein.

Dieser ist noch nicht die offizielle Einweihung dieser wunderschön restaurierten St. Lambertikirche, obwohl die neu konzipierten Etagen und Räume in der neugotischen Ummantelung hinter Altar, Kanzel und Orgel schon begehbar sind. Davon können wir uns nachher überzeugen.

Der Grund unseres heutigen Feierns ist der nicht alljährliche Wechsel im Bischofsamt der Ev.-Luth. Kirche in Oldenburg, deren Ansehen in den vergangenen Tagen durch schmerzliche finanzielle Verluste überschattet worden ist. Das haben wir uns nicht vorstellen können, schon gar nicht für diesen Tag gewünscht. Aufklärung tut not. Und die Hoffnung auf eine Begrenzung des Schadens bleibt bestehen.

Als der jetzt noch wenige Minuten amtierende Bischof Ende August seine letzte Predigt in dieser Rotunde hielt, saßen Sie, lieber Bruder Janssen, als der neue Leitende Geistliche schon mitten unter der Gemeinde.

Meine Predigt über den Psalmvers „Lobe den Herrn, meine Seele, und vergiß nicht, was er dir Gutes getan hat", endete mit den Sätzen:

> „Dieses Wort gilt euch, liebe Schwestern und Brüder, die ihr dem Glauben und dieser Kirche treu verbunden bleiben werdet. Dieses Wort gilt mir, der ich in die neue Freiheit eines Christenmenschen gehen darf, und es gilt dem, der kommt und schon darauf wartet, weiterhin „die Botschaft von der freien Gnade Gottes auszurichten an alles Volk." (Barmen VI)

Nun hat das Warten ein Ende. Der eine geht, der andere ist bereits angekommen und mit seiner Familie in der Händelstraße sesshaft geworden, wo seit vier Generationen die oldenburgischen Bischöfe ihre Zelte aufgeschlagen haben.

Nach sechs spannenden und kreativen Jahren bei der Vorbereitung und Durchführung zweier evangelischer und eines ökumenischen Kirchentages und mitten in der Vorbereitung des Bremer Kirchentages 2009 folgt nun für Sie, Bruder Janssen, nach der Wahl durch die oldenburgische Synode eine ganz neue Herausforderung als Bischof einer evangelischen Kirche, die für ihr mildes Luthertum und ihre bewusste Gastmitgliedschaft in der VELKD und in der UEK bekannt ist.

Es gibt gute theologische und historische Gründe, vor allem seit der 1849er Reform der oldenburgischen Kirchenordnung bis zu der 1950 erneuten Revision, diesen dritten Weg aus Respekt vor den beiden Hauptströmen evangelischen Bekenntnisses reformatorischer Prägung im Prinzip weiter zu beschreiten. Man lese dazu Artikel 1 Absatz 4 der Kirchenordnung mit einer Art Selbstverpflichtung in Bezug auf die Barmer Synode und ihre Theologische Erklärung 1934.

Lutherische und reformiert-unierte Tradition bergen theologische und ekklesiologische Schätze, die unter dem Dach der EKD weiterhin fruchtbare Wirkung entfalten können – füreinander und miteinander!

Aber nun zurück nach Oldenburg im Jahre 2008.

Die Herrnhuter Losung für den heutigen Montag tut uns allen gut, die wir hier in großer Eintracht und ökumenischer Verbundenheit versammelt sind.

Sie lautet:

„Gott sende seine Güte und Treue."

Dieses Wort, lieber Bruder Nachfolger, mag Sie nicht erschrecken, wenn Sie den Kontext betrachten. Dort heißt es zwar: „Ich liege mitten unter Löwen; verzehrende Flammen sind die Menschen, ihre Zähne sind Spieße und Pfeile und ihre Zungen scharfe Schwerter", aber solche Menschen sind mir in der oldenburgischen Landschaft nur ganz vereinzelt begegnet. Zudem ist von unserer Region seit dem Stedinger Bauernaufstand 1234 keine kriegerische Aktion mehr ausgegangen. Allerdings hat auch keine umfassende und nachhaltige Erweckungsbewegung stattgefunden. Da wäre noch etwas zu erbitten und zu erwarten.

Gott sende auch in Zukunft seine Güte und Treue zu den Menschen von den Dammer Bergen bis nach Wangerooge, die sich auf den ersten Besuch des neuen Bischofs freuen. Und was die zeitliche Dimension Ihres Dienstes, lieber Bruder Janssen, angeht, so könnte auf die Episoden Ihrer beiden Vorgänger Sievers und Krug eine ganze Ära des neuen Bischofs folgen, in der viele Kalendertage zu Kirchentagen heranreifen mögen.

Ein herzliches „Gott befohlen!" – Ihnen, Ihrer Familie, unserer oldenburgischen Kirche und der gesamten Christenheit.

Amen.

Tabellarischer Lebenslauf des Verfassers

Peter Krug

1943	geboren in Dresden, verheiratet, 3 Kinder
seit 1951	aufgewachsen in Düsseldorf und Neukirchen-Vluyn
1963 – 1969	Studium der evangelischen Theologie in Marburg, Tübingen und Bonn
1969 – 1972	Vikar und Hilfsprediger in Hüffelsheim und Bad Sobernheim
1972 – 1977	Pfarrer in Duisburg-Wanheimerort
1977 – 1995	Pfarrer in Alt-Saarbrücken
1980 – 1995	Superintendent des Kirchenkreises Saarbrücken
1995 – 1998	Kirchenrat und Beauftrager der rheinischen, westfälischen und lippischen Kirche bei Landtag und Landesregierung des Landes Nordrhein-Westfalen in Düsseldorf.
1998 – 2008	Bischof der Ev.-Luth. Kirche in Oldenburg (Oldb.)
2003 – 2008	Ev. Militärbischof in Deutschland
	Ruhestand in Xanten am Niederrhein